Fin de ciclo

Financiarización, territorio y sociedad de propietarios en la onda larga del capitalismo hispano (1959-2010)

traficantes de sueños

Traficantes de Sueños no es una casa editorial, ni siquiera una editorial independiente que contempla la publicación de una colección variable de textos críticos. Es, por el contrario, un proyecto, en el sentido estricto de «apuesta», que se dirige a cartografiar las líneas constituyentes de otras formas de vida. La construcción teórica y práctica de la caja de herramientas que, con palabras propias, puede componer el ciclo de luchas de las próximas décadas.

Sin complacencias con la arcaica sacralidad del libro, sin concesiones con el narcisismo literario, sin lealtad alguna a los usurpadores del saber, TdS adopta sin ambages la libertad de acceso al conocimiento. Queda, por tanto, permitida y abierta la reproducción total o parcial de los textos publicados, en cualquier formato imaginable, salvo por explícita voluntad del autor o de la autora y sólo en el caso de las ediciones con ánimo de lucro.

Omnia sunt communia!

útiles 9

Útiles es un tren en marcha que anima la discusión en el seno de los movimientos sociales. Alienta la creación de nuevos terrenos de conflicto en el trabajo precario y en el trabajo de los migrantes, estimula la autorreflexión de los grupos feministas, de las asociaciones locales y de los proyectos de comunicación social, incita a la apertura de nuevos campos de batalla en una frontera digital todavía abierta.

Útiles recoge materiales de encuesta y de investigación. Se propone como un proyecto editorial autoproducido por los movimientos sociales. Trata de poner a disposición del «común» saberes y conocimientos generados en el centro de las dinámicas de explotación y dominio y desde las prácticas de autoorganización. Conocimientos que quieren ser las herramientas de futuras prácticas de libertad.

1ª edición: 1000 ejemplares. [Abril de 2010]
Título:
Fin de ciclo. Financiarización, territorio y sociedad de propietarios en la onda larga del capitalismo hispano (1959-2010)
Autores:
Isidro López Hernández y Emmanuel Rodriguez López
Maquetación y diseño de cubierta:
Traficantes de Sueños.
taller@traficantes.net
Edición:
Traficantes de Sueños
C/ Embajadores 35, local 6
28012 Madrid. Tlf: 915320928
e-mail:editorial@traficantes.net
Impresión:
Queimada Gráficas.
C/ Salitre, 15 28012, Madrid
Tlf: 915305211
ISBN 13: 978-84-96453-47-0
Depósito legal: M-12264-2010

Fin de ciclo

Financiarización, territorio y sociedad de propietarios en la onda larga del capitalismo hispano (1959-2010)

Isidro López Hernández
Emmanuel Rodríguez López
[Observatorio metropolitano]

traficantes de sueños
útiles

Índice

Segunda parte. La economía de la burbuja

Índice de gráficos

Índice de tablas

Introducción

La gran crisis financiera de 2007-2009, los signos de la devastación que ya empiezan a rebosar sobre los frágiles diques de los sistemas de protección social, pero sobre todo la posibilidad de revertir la hegemonía absoluta del *common sense* económico —o si se quiere del más descarado dominio de los intereses de una estrecha fracción social— parecen motivos más que suficientes para un buen ejercicio de investigación y ensayo. El primer objetivo de este libro es, por lo tanto, dar cuenta de nuestra actual coyuntura: la crisis, la saturación del orden económico que durante las últimas décadas ha gobernado el curso real de la «sociedad global» y de la pequeña provincia española.

Para responder, no obstante, a las necesidades de este objeto se requiere un largo rodeo. Ni el *crash* financiero de 2008, ni la crisis inmobiliaria española se explican a partir de los datos inmediatos que aparentemente están en juego. Probar una respuesta no periodística y no sometida a la habitual demagogia de la propaganda mediática exige tanto profundidad como un largo recorrido. Animados por esta exigencia, este trabajo ha acabado por convertirse en un análisis sobre la formación del régimen de acumulación español. Con este concepto de inspiración regulacionista,[1] que nos permite hablar de «régimen», y no simplemente de «modo», se quiere desbordar las fronteras de la economía y, por ende,

[1] Nos referimos aquí a la Escuela de la Regulación y a sus clásicos estudios sobre el fordismo keynesiano en EEUU y Europa Occidental. El concepto de «régimen de acumulación» apunta tanto a las regularidades que aseguran la acumulación —organización de la producción, reparto del valor entre capital y salarios, composición de la demanda—, como también a las relaciones sociales y a los conjuntos institucionales —no sólo estatales— que dotaban de una relativa coherencia a los modos capitalistas históricamente concretos. Estos elementos formaban la imprescindible parte «extraeconómica», la «regulación», de la dinámica económica.

entrar de lleno en las relaciones sociales que han sido tanto el soporte de la reproducción del «régimen» como su principal resultado. Igualmente, se quiere reconsiderar el papel del Estado y sus aparatos en la formación capitalista española.

Pero, ¿por qué la economía española habría de interesar como objeto de estudio, siquiera como marco «natural» de conflicto? A lo largo de estas páginas, se escribe sobre el capitalismo hispano como algo más homogéneo y definido de lo que en principio parece. Y esto, obviamente, no porque se quiera destacar la irreductibilidad de la «provincia España» al capitalismo global —en un sentido nacional que, por avanzar algo, nos importa un bledo—, sino antes al contrario por su ejemplar adaptación al proceso de la globalización financiera a través de la histórica función de su sector inmobiliario. Recordemos:

Entre finales de 1994 y principios de 2008, la economía española creció a un ritmo continuo y sostenido, generalmente más alto que el de la mayor parte de sus socios europeos. La elevada tasa de creación de empleo permitió incorporar el mayor contingente de fuerza de trabajo de toda su historia: siete millones de trabajadores, la mitad migrantes de los países del Sur global. El motor de la euforia pareció residir en la llamada «economía del ladrillo». La fuerte expansión del sector de la construcción se tradujo, en efecto, en la producción de más de cuatro millones de viviendas, al tiempo que el país se convertía, por mor de la fuerte inversión pública, en el primer Estado de la Unión Europea por kilómetros de autovía, y luego por kilómetros de ferrocarril de alta velocidad. De todos modos, el dato más significativo de estos años, no estaba en la fuerte tasa de inversión inmobiliaria, sino en el espectacular incremento del valor del patrimonio de las familias que creció en más de tres veces en sólo diez años gracias a la continua alza de los precios de la vivienda.

Mientras duró, fueron pocos los que se atrevieron ya no a criticar, sino incluso a querer conocer abiertamente estos mecanismos. La manta de asfalto sobre los últimos espacios abiertos de la costa mediterránea y sobre las vegas y montañas situadas alrededor de las principales áreas metropolitanas, la amenaza sobre un creciente número de ecosistemas, el irreversible agotamiento de los ciclos hídricos de las regiones más deficitarias y el fuerte aumento de los consumos de materiales, especialmente energía, no pasaron inadvertidos, pero fueron infravalorados como un «coste menor» de un modelo de crecimiento que proveía riqueza a espuertas, tanto a los agentes empresariales y a las arcas públicas como a importantes franjas sociales. Mucho menos señalada fue la aparente paradoja de cómo se podía crecer a ese ritmo con un modelo laboral caracterizado por una creciente precarización y segregación —al que se añadía el *apartheid* legal de los migrantes de los países del Sur— y por un estancamiento a largo plazo de los salarios reales de al menos ¡el 60 % de la población! Indudablemente, esto fue posible porque el rápido crecimiento del crédito y la evolución de la burbuja patrimonial permitieron un significativo incremento del consumo doméstico que, otra vez, fue mayor que el de los países europeos. Es aquí, y no tanto en una conspiración política, donde se debe encontrar el sello de consenso del modelo de desarrollo. La riqueza había parecido beneficiar a prácticamente todos, porque prácticamente todos habían tenido acceso a la propiedad del bien que estaba sirviendo de base a la burbuja especulativa: la vivienda. Nadie podía pensar entonces que, en poco más de un año, la antigua riqueza se convirtiera en quiebras empresariales, endeudamiento, paro y la amenaza de una implosión social de efectos imprevisibles. La crisis demostró la enorme fragilidad de las bases del modelo.

La cuestión está en saber por qué este relato resulta tan oscuro. Más allá de la acusación, siempre demasiado moralista, volcada sobre la codicia del sector inmobiliario y financiero, y de la facilidad con la que se apunta a la dejadez y a la corrupción de la clase política —real, por otro lado—; y más allá también de la reiteración analítica, por sofisticada que sea, del fundamentalismo de la tecnocracia neoliberal; la explicación de los mecanismos que hicieron posible la mayor burbuja inmobiliario-financiera de la historia española sigue estando significativamente ausente. Los ámbitos académicos tampoco han servido de tabla de salvación. Salvo honrosas excepciones —es aquí obligado mencionar, entre muchos otros, a José Manuel Naredo, Óscar Carpintero, Diego Guerrero, Maximiliá Nieto, Miren Etxezarreta— los estudios amplios y con una perspectiva no reducida a apartados demasiado concretos, son escasísimos.

La primera ambición de este libro consiste, por lo tanto, en ofrecer una primera síntesis provisoria de este proceso. En este propósito, se nos tendrá que perdonar que éste no sea un trabajo de expertos y para expertos, así como la tosquedad de algunas partes que apenas superan el nivel periodístico, la torpeza en el manejo del léxico financiero y sobre todo la ausencia, por otra parte intencionada, de modelizaciones económicas. Ninguno de los autores tiene, de hecho, formación económica. A cambio, sin embargo, de lo que algún lector pueda experimentar como amateurismo e intrusismo, hemos querido ofrecer bastante más de lo que normalmente ofrece un libro de economía. El presente texto puede ser leído también como una historia político-económica o como una evaluación de las políticas públicas, al tiempo que incluye un abundante aparato crítico sobre la estructura social española, los dispositivos ideológicos y subjetivos que han sostenido el modelo económico y las transformaciones urbanas que de forma inevitable acompañan a un ciclo de crecimiento que se ha realizado principalmente a partir de la producción de ciudad. Dicho de otro modo, el enfoque que aquí se presenta es el de la crítica de la economía política, antes que el del estricto, y restrictivo, análisis económico.

No obstante, sería completamente pueril, además de vacuo y pretencioso, que hubiéramos concentrado el esfuerzo en una intención puramente analítica. Somos de los que creemos que el análisis sólo adquiere sentido si es capaz de mover las inteligencias y las energías hacia un propósito político. No descubrimos nada nuevo, hablar de economía no es sino una forma encubierta, las más de las veces profundamente mistificada, de hablar de política: concretamente, de las condiciones de producción y reparto del producto social. En este aspecto nos daríamos por satisfechos si este libro sirviese para atinar el tiro y devolver a la discusión aquello de lo que realmente se quiere decir cuando se habla de la crisis económica y de las medidas necesarias para la «recuperación».

Desde esta perspectiva, aquí se trataría sólo de retomar el hilo de la historia que pareció abandonarse a principios de los años ochenta por efecto de la dura ofensiva patronal. Si hasta aquellos años resulta imposible analizar ninguna variable macroeconómica sin reconocer la fuerza de una resistencia organizada a los mecanismos de extorsión y de extracción de beneficio —el movimiento obrero, las luchas sociales—, a partir de entonces los procesos de resistencia y creación social se dispersan en una miríada de prácticas difusas y subterráneas que difícilmente encuentran expresión política, o siquiera estadística. No sorprende, por lo tanto, que lo que no deja de ser una versión moderna de la economía capitalista se haya naturalizado como economía *tout court*.

Aunque nuestro deseo sería situar esta crítica en la arena pública, somos conscientes de que esto está lejos de ser posible, siquiera entre los sectores militantes más críticos. Sabemos que un texto cuyos principales personajes conceptuales son «financiarización», «circuito secundario de acumulación» o «keynesianismo de precio de activos» no puede aspirar —y quizás tampoco lo deba, a fin de conservar la alegría y la salud mental— a tener difusión masiva. Por eso pedimos a la lectora o al lector comprometido por la urgencia de estos tiempos, que no se detenga o se atasque en aquello que no entiende, que siga sobre las partes y capítulos que le puedan sugerir o dar pistas para atacar la realidad con sus propios medios.

Con el fin de articular esta explicación, este texto se ha dividido en tres grandes partes. La primera atiende exclusivamente al contexto global: a lo que clásicamente se podría definir como la evolución del sistema-mundo capitalista desde la última gran cesura de los años setenta. En este recorrido general no hay quizás ningún elemento nuevo. Únicamente, se ha querido mantener una tesis que recorre toda la explicación de la actual crisis: la deriva financiera de la economía global, y con ella el asalto de las finanzas a los principales centros económicos internacionales, responde a una crisis subyacente de los mecanismos clásicos de acumulación por medio de la producción de bienes y servicios. En el centro de este análisis se debe situar, de nuevo, la conquista obligada de los aparatos de Estado por el capital financiero y el papel de las políticas públicas en la articulación de las estrategias asociadas a la financiarización. Históricamente, es el triunfo de la contrarrevolución neoliberal. En definitiva, en esta parte se presentan algunos de los principales elementos que servirán de guía para la explicación del ciclo largo del capitalismo español.

El segundo bloque, que compone la mayor parte del libro y el centro de la investigación, se dedica propiamente a analizar el régimen de acumulación hispano. El objeto de estudio no es sólo el reciente ciclo económico, el largo *boom* de la burbuja patrimonial que comienza en 1995 y termina en 2007 (y al que se dedica íntegramente el capítulo 4), sino también los factores históricos que explican la exitosa especialización de la economía española en los circuitos inmobiliario-financieros (capítulos 3), el nuevo sistema de relaciones sociales asociado a este modelo (capítulo 5) y las líneas de intervención política que permitieron su articulación eficaz (capítulos 6 y 7). Como se ve, no es posible establecer una oposición entre mercado y Estado. La imbricación constante de los mecanismos de extracción de beneficio y de los instrumentos de regulación estatal conforman un orden propio, si bien altamente dinámico, que los hace, en definitiva, indisociables. Esta clase de oposiciones, ya vengan de la «izquierda» o de la «derecha», no son sino espejismos ideológicos de poca o nula capacidad analítica.

La parte tercera está dedicada a la última fase del ciclo: el colapso de las burbujas patrimoniales que, tanto a escala global como regional, han conducido a la crisis de 2007-2009. En ese periodo, se asistió a una completa inversión del sentido de los mecanismos de crecimiento de la década inmediatamente anterior: de la explosión de los mercados financieros e inmobiliarios a su rápida devaluación; del «efecto riqueza» al «efecto pobreza». Más allá, no obstante, de la crónica de este proceso, la crisis habría desvelado las graves fracturas subyacentes a la formación social española: el estancamiento de los salarios reales, el sobreendeudamiento de importantes franjas de población y una incrementada dualizacion social que en épocas de crecimiento se materializa en la creación de gran cantidad de empleos precarios y en las de crisis en un espectacular ascenso del paro. La crisis económica estaría así en trámites de desplazarse sobre el cuerpo social, en un movimiento que en caso de prolongarse en el tiempo elevaría, a buen seguro, los umbrales de vulnerabilidad, explotación y depauperación de las mayorías.

Éste es, de hecho, el escenario que se contempla tanto en el último epígrafe (capítulo 10) como en el epílogo con el que termina este libro. En ambos apartados se supone una conclusión más bien contraria a los cantos de sirena de la salida de la recesión. Para el capitalismo hispano, y quizás para buena parte de las economías de los países avanzados, no hay más escenario inmediato que o la continuidad de la crisis, o el ensayo de una solución inmobiliario-financiera que repita con nuevas armas el milagro económico de la década precedente. Ahora bien, un nuevo reescalamiento del proceso de financiarización, mucho más probable que el proclamado «cambio del modelo productivo», supondría una agudización de la proletarización y de la fragilidad de importantes sectores de población. En cierta medida, no sería muy distinto a una prolongación de la crisis por otros medios, la cual acabaría por estallar necesariamente en el próximo *crash* financiero con una onda expansiva aun mayor. Esta conclusión desesperanzada debería ser suficiente para animar la ruptura con cualquier forma de delegación en la clase política existente, así como para tratar de recuperar, simple y llanamente, lo que antiguamente se conocía como lucha de clases —si bien adaptada a las condiciones culturales, tecnológicas y sociales de la «postmodernidad»— en tanto escenario obligado, y a un tiempo apasionado, vibrante, divertido, de los tiempos que corren. Como hemos dicho, a ello, y no a otra cosa, es a lo que este libro debería servir.

* * *

Antes de empezar con la lectura propiamente dicha, nos resulta imprescindible hacer dos menciones. La primera tiene que ver con la firma que aparece en la portada. Los dos autores forman parte de un colectivo atípico y más bien bizarro, que lleva por nombre Observatorio Metropolitano. Esta alianza de activistas, militantes, investigadores, concernidas y afectados por la financiarización y la creciente precariedad produjo en 2007 una investigación colectiva sobre las transformaciones recientes de la metrópolis madrileña.[2] De ese trabajo y de la trayectoria particular de este grupo arranca la idea y un

2 Observatorio Metropolitano, *Madrid, ¿la suma de todos? Globalización, territorio, desigualdad*, Madrid, Traficantes de Sueños, 2007.

buen número de los materiales de este libro. El Observatorio Metropolitano es, así también, parte del autor colectivo de *Fin de ciclo,* sin que por ello se comprometa en los errores e insuficiencias que aquí se encuentran, seguramente en cantidades generosas. Es obligado reconocer también la ayuda de algunos grupos y personas que de una forma u otra han facilitado la realización de este trabajo. En primer lugar, la labor de Traficantes de Sueños que, otra vez, ha hecho posible la publicación y, en no pocos aspectos, la producción del libro. También queremos agradecer las lecturas y sugerencias de Almudena Sánchez Moya, Nerea Fillat Oiz, Carolina del Olmo, Rita Arroyo Campbell y Pablo Carmona Pascual, así como los datos y correcciones específicas de Fernando Álvarez Ude, Alexandra Delgado y Diego Guerrero, especialmente en lo que se refiere a algunos apartados espinosos y para los que estábamos singularmente mal preparados.

Primera parte.
Capitalismo anómalo. Los problemas estructurales de la acumulación de capital

1. La formación histórica del capitalismo financiero global

Quizás el principal punto de acuerdo entre teóricos y expertos de toda condición ideológica es que el capitalismo actual tiene un funcionamiento más bien anómalo; el proceso de financiarización, la pérdida de centralidad de la industria, la emergencia de las llamadas economías del conocimiento son los signos apurados de esta fase extraña, quizás los síntomas de una transición hacia otro modo de producción. Este funcionamiento, heterodoxo, del capitalismo no es, sin embargo, de condición histórica. Considerada en la *longue durée* de la historia de la economía mundo capitalista, la fase actual, si bien distinta en casi todo, no es más singular y especial que las transiciones del capitalismo comercial de base todavía artesanal de los siglos XVII y XVIII al capitalismo industrial del siglo XIX, o que las «fases financieras» de los siglos XVIII y XIX.[1] La historia del capitalismo es una historia a saltos, salpicada de agudas fases de violencia e innovación, en las que las etapas hegemonizadas por las «economías productivas» son seguidas por fases de dominio financiero.

No por reconocer, de todos modos, más anomalías en la historia económica, el capitalismo actual deja de ser ajeno a mucho de lo que se puede aprender en los textos de referencia de los economistas, y especialmente a mucho de lo que conocemos acerca de la acumulación de capital característica de la producción industrial de masas. La razón de este desajuste se debe buscar en la específica coyuntura en la que se encuentran las principales economías del planeta desde hace al menos tres décadas. La historia nos ha hecho testigos de una difícil encrucijada: el agotamiento del viejo modelo capitalista basado

1 Para un desarrollo histórico de la historia del capitalismo mundial resulta aquí imprescindible citar la obra mayor de Immanuel Wallerstein, *El moderno sistema mundial*, 3 vols. Madrid, Siglo XXI, varias ediciones.

en la gran industria, marcado por la crisis de su propio éxito —esto es, el logro de una inmensa potencia productiva de la que, sin embargo, cada vez es más difícil asegurar su rentabilidad— y la promesa de un nacimiento que nunca acaba de arrancar: el capitalismo de los servicios y del conocimiento, basado en una colección de «nuevas industrias» que lógicamente tendrían que reconducir el capital acumulado en las décadas pasadas hacia una nueva era de progreso y conquistas económicas. En definitiva, ni los viejos modos producción industrial, acusados por un creciente exceso de capacidad a nivel internacional, ni las nuevas economías cognitivas, en este caso por la notable dificultad que entraña su adecuación a la lógica de la acumulación, parecen en condiciones de augurar una nueva época de prospera y rápida acumulación.

En este marco, el síntoma principal de la economía actual, la *financiarización*, o si se quiere el específico resumen de la acumulación de capital sin mediación de la producción de mercancías, reflejaría simplemente este creciente desafío a la realización de valor en términos capitalistas. Bajo esta perspectiva, la financiarización es sólo la prolongación de una solución, en principio temporal y transitoria, a los problemas de la economía en general. Como se podrá adivinar, la cuestión central que guía este capítulo, y en general todo el libro, es absolutamente clásica: se trata de los problemas de realización del valor en términos capitalistas[2] y de la recuperación de unas tasas de beneficio que en las últimas décadas han experimentado trayectorias erráticas y mucho menos vibrantes que las de épocas pasadas.

La trayectoria del capitalismo español, su especialización inmobiliaria y financiera, sus éxitos relativos de las últimas décadas, incluso su relativa coherencia interna que permite sostenerlo como objeto de análisis y de ataque político, son indisociables del contexto general de esta coyuntura. Es por esta razón por lo que dedicamos los dos siguientes capítulos a intentar acercarnos lo más posible al centro de esta gran transición del capitalismo contemporáneo. Dentro de este esquema, este primer epígrafe tratará de destapar las tres grandes *facies* de la reciente evolución histórica: la crisis industrial subyacente, la difícil viabilidad del capitalismo cognitivo y la financiarización como solución a los problemas de realización de los beneficios en otros sectores. A pesar de que este recorrido pudiera parecer

2 Dicho de una forma sucinta, y que nos ahorrará una larga discusión filológica: los problemas de realización capitalista, o si se quiere los problemas de la reproducción ampliada del capital invertido en el proceso productivo, tendrían que ver precisamente con la relativa insolvencia para traducir los capitales invertidos en una tasa de beneficio aceptable. Esto está, obviamente, relacionado con la capacidad de someter el «trabajo» y la producción de riqueza en un juego de precios capaz de mantener los beneficios.

exclusivamente económico, ésta es ante todo una historia política, hecha de derrotas obreras y de victorias, a veces espectaculares, de las facciones capitalistas más agresivas. En el siguiente capítulo trataremos de explorar esta historia como si de un gran experimento contrarrevolucionario se tratase: el triunfo del llamado neoliberalismo y la decantación de las políticas económicas concretas que, en la historia política reciente, han articulado la «solución financiera».

Breve historia del capitalismo actual

Toda explicación de la actual trayectoria capitalista se encuentra, antes o después, con la gran crisis de la última mitad del siglo XX. La mal llamada crisis del petróleo, con sus dos episodios de 1973 y 1979, sirve efectivamente de gozne entre el periodo actual y los treinta años de acelerado desarrollo que siguieron al final de la Segunda Guerra Mundial. Es, de hecho, en la discusión sobre la naturaleza de esta crisis donde se dirime la explicación del capitalismo actual.

Los hechos superficiales son bien conocidos. Desde finales de la década de 1960, o principios de la siguiente, las principales economías industriales, pero singularmente Estados Unidos, comenzaron a mostrar signos de agotamiento, con acusados descensos de las principales variables macroeconómicas. En 1973, la ya deteriorada eficiencia de las economías industriales cayó en picado por el rápido aumento de los costes del petróleo, que lejos de mitigarse se repitió de nuevo en 1979-1980 con otro brusco incremento de los precios del crudo. Todavía durante el primer quinquenio de la década de 1980, la situación económica era incluso peor que en la década precedente. Las preguntas salen casi sin querer: ¿por qué este declive? ¿Qué factores, más allá del incremento de los precios del petróleo, podían generar esta feroz espiral a la baja de unas economías que pocos años antes habían crecido a ritmos sorprendentes?

La crisis de 1973-1979

La explicación periodística atiende normalmente a los grandes episodios de estos quince años convulsos: las dos crisis del petróleo, los episodios políticos de Mayo del '68 y la Guerra de Vietnam, algunas huelgas famosas, el terremoto económico provocado por el desenganche del dólar al patrón oro, etc. El dato que se muestra más persistente en esta década y media es, sin embargo, de naturaleza estadística: la rápida caída de la tasa de beneficio y su estancamiento en niveles sorprendentemente bajos durante más de 15 años.[3]

Efectivamente, la tasa de beneficio de las principales economías avanzadas entró a partir de los últimos años de la década de 1960 en un largo declive, empujada a la baja precisamente por los sectores industriales que habían protagonizado el crecimiento anterior. Nótese bien: en el marco de la economía política capitalista, la tasa de beneficio es la variable determinante del crecimiento económico. La tasa de beneficio mide la parte del capital excedente después del pago de salarios, bienes intermedios, materias primas y amortización de capital, en relación con el stock de capital invertido.[4] La tasa de beneficio determina no sólo los beneficios netos de los propietarios de capital, sino en buena medida la capacidad de inversión potencial, y con ella la evolución futura del empleo. Bajo esta perspectiva, la tasa de beneficio es el principal factor de regulación de la oferta de bienes y servicios en el sistema capitalista.

En tanto síntesis de la eficacia del proceso de valorización, la tasa de beneficio es extremadamente sensible a un conjunto bastante complejo de variables. Un crecimiento brusco de los salarios, un aumento de la presión fiscal, fluctuaciones del coste de las materias primas o de los tipos de interés pueden llegar a afectar a la baja la tasa de beneficio de un sector industrial o del conjunto del sector privado. Situaciones de mercado fuertemente competitivas y un ritmo menor de innovación tiran, igualmente, hacia abajo la tasa de beneficio. Pues bien, en los años setenta una compleja alineación de estos factores acabó por combinarse en una poderosa alianza contra los beneficios capitalistas, principalmente en los sectores industriales punteros del ciclo anterior.

---

3 De acuerdo con la mayor parte de las fuentes, la tasa media de beneficio de las economías privadas de Estados Unidos, Japón y los principales países europeos, alcanzó su máximo (según países) entre mediados de la década de 1960 y principios de la siguiente, para caer rápidamente a partir de entonces. El grueso de la caída se concentró en los sectores industriales, que habían sido el motor del crecimiento en las década pasadas. Así, por ejemplo, la tasa de beneficio del sector industrial privado estadounidense cayó de su máximo en 1969 a bastante menos de la mitad a finales de la década de 1970, con otra nueva depresión a principios de la siguiente década. En conjunto, las tasas de beneficio de los sectores industriales estadounidense, japonés y alemán durante la década de 1970 fueron entre un 55 % y un 35 % inferiores a las de la década de 1960. En una economía relativamente periférica, como es la española, la trayectoria fue similar, con una reducción de más del 60 % entre el máximo de la década de 1960 y el mínimo de 1979. La depresión de los beneficios empresariales se mantuvo en todos los casos hasta el segundo quinquenio de la década de 1980, lo que da cuenta de la enorme presión económica que tuvo que soportar el capital industrial durante este periodo.

4 Normalmente la tasa de beneficio se calcula dividiendo los beneficios por el valor del capital fijo ya invertido. Una posible fórmula consiste en dividir los beneficios netos por el stock de capital neto, donde los beneficios netos son el resultado de restar al valor añadido de la producción de un sector o economía, las retribuciones salariales y los impuestos; y el stock de capital neto es el valor de las instalaciones y equipos ya existentes.

La combinación exacta de los factores subyacentes a esta merma de los beneficios ha sido objeto de una interesante guerra de interpretaciones, estrechamente conectada con la selección de las políticas económicas de los años ochenta y noventa. Básicamente, existe: 1) un grupo de interpretaciones que tienden a pensar la crisis a partir de los desajustes internos del modelo de acumulación precedente; y 2) otro que pone todo su énfasis en lo que propiamente podríamos llamar el episodio de lucha de clases más importante desde los años treinta del siglo XX.

1. De una parte, la mayoría de los economistas serios han atribuido el largo ciclo de crisis de los años setenta y primeros ochenta a un menor ritmo de innovación tecnológica. El principal argumento para sostener esta opinión proviene de la lenta caída de la productividad del trabajo en los principales países industriales desde finales de los años sesenta.[5] El relativo bloqueo de las mejoras productivas respondía a una situación de madurez de las grandes industrias del ciclo anterior —como el automóvil, los electrodomésticos, los astilleros o la industria petrolífera. Según esta tesis, la tendencia a la disminución de la introducción de mejoras productivas hizo cada vez más difícil el logro de mayores rendimientos, al menos por medio de los instrumentos que tan buenos resultados habían reportado a lo largo del siglo XX: las economías de escala, la descomposición de tareas característica del taylorismo, etc.

En contra de esta línea explicativa, algunos autores y especialmente Robert Brenner[6] han invertido los términos. El menor ritmo de innovación tecnológica y organizativa, en cualquier caso relativo —el crecimiento de la productividad del trabajo fue todavía muy alto en la década de 1970—, respondía en realidad a una ralentización de la inversión, provocada fundamentalmente por unas oportunidades de beneficio menguantes. La causa última de la merma de la tasa de beneficio se encontraba en el viejo eje horizontal de la relaciones

5 Ésta es, por ejemplo, la opinión de dos antiguos regulacionistas como G. Duménil y D. Lévy, *Crisis y salida de la crisis. Orden y desorden neoliberales,* México, FCE, 2007. Para estos autores, la causa última de la crisis de los años setenta fue la rápida desaceleración del progreso técnico a partir de mediados de la década de 1960, lo que supuso una drástica reducción de la tasa de beneficio y un menor ritmo de acumulación e inversión, que finalmente repercutieron en el empleo. La desaceleración del progreso técnico significaba tanto un crecimiento menor de la productividad del trabajo, como de la productividad del capital. Esta explicación, como se ve, pone todo el acento en una suerte de determinismo tecnológico (ampliado, en tanto considera también los aspectos organizacionales), que no obstante resiste poco a la prueba de los hechos.

6 Véase R. Brenner, *La expansión económica y la burbuja bursátil. Estados Unidos y la economía mundial,* Madrid, Akal. Cuestiones de Antagonismo, 2002; y especialmente, la obra mayor de esta tesis y que aquí tomaremos como referencia en numerosas ocasiones, *La economía de la turbulencia global. Las economías capitalistas avanzadas de la larga expansión al largo declive, 1945-2005,* Madrid, Akal. Cuestiones de Antagonismo, 2009.

capitalistas: la competencia entre capitales. Desde esta perspectiva, la llamada madurez de las industrias centrales del desarrollo de postguerra significaba no tanto una creciente dificultad para obtener mejoras productivas, como una incapacidad cada vez mayor de obtener las anteriores tasas medias de beneficio que venía provocada por la progresiva saturación de los mercados. Según Brenner, esta situación se había larvado lentamente durante las décadas de 1950 y 1960, en una contexto internacional cada vez más interdependiente y en el que la división internacional del trabajo, hegemonizada por Estados Unidos, estaba siendo puesta a prueba duramente.

Desde mediados de la década de 1960, el acelerado ritmo de crecimiento de los sectores industriales de Japón y de las principales economías europeas, colocó a sus industriales —incluidas las filiales estadounidenses en esos países— en condiciones de competir con los productos estadounidenses, ya no sólo en el reparto de los mercados internacionales, sino también en el mercado doméstico del gigante americano. En otras palabras, durante los treinta años de postguerra se había producido una incorporación exitosa de nuevos bloques regionales de capital, con capacidad suficiente para desplazar al bloque hegemónico estadounidense en algunos de los sectores industriales clave. Por añadidura, una de las principales características del modelo de desarrollo de estos *new commers* es que, debido a su tamaño económico relativamente reducido, sus políticas económicas se orientaron casi desde el principio a la exportación, lo que forzosamente condujo a una exacerbación de las condiciones de competencia.

De otra parte, esta singular adaptación de la teoría del desarrollo desigual a la trayectoria de la economía mundial durante el largo periodo fordista, no termina en la simple afirmación de que durante las décadas de 1960 y 1970 se produjo un rápido aumento de las tensiones asociadas a un mercado mundial crecientemente competitivo. El verdadero problema subyacente al largo periodo de crisis comprendido entre 1973 y 1985, y que para Brenner realmente no habría culminado siquiera en la primera década del siglo XXI, estaba en un permanente exceso de capacidad industrial. La mayoría de los sectores industriales que actuaron como motor del desarrollo de las décadas previas requerían extraordinarias inversiones de capital fijo.[7] Incluso en una

7 La valorización de los elementos del capital fijo está sujeta a un horizonte temporal distinto al de los demás elementos que componen el proceso de producción capitalista. Al durar más que el trabajo o que las materias primas que se utilizan en el proceso de producción, el capital fijo se consume a lo largo de un periodo de tiempo durante el cual transmite su valor a las mercancías, imponiendo a su vez sus costes al capitalista de manera prolongada. Según Marx, la duración de este proceso depende fundamentalmente de la duración física del medio de trabajo, cuanto más tarde en extinguirse su valor de uso, más lenta será la rotación de capital. Sin embargo, la óptica económica habitual mide los ritmos de valorización del capital fijo conforme a sus precios. Cuanto más alta sea la cuantía desembolsada en un medio de trabajo más tardará en realizar su rotación.

situación de beneficios menguantes, resultaba más racional el mantenimiento de la actividad y la opción por introducir nuevas mejoras técnicas, que el abandono de esas enormes masas de capital fijo materializadas en las grandes fábricas e instalaciones que caracterizaron a la industria del periodo fordista.[8]

Por otro lado, la propia lógica del desarrollo desigual, la búsqueda de inversiones rentables y la centralidad de la industria tendieron a reproducirse durante los años de crisis con la formación de nuevos «bloques de capital» en las llamadas economías emergentes como Brasil, Taiwan, Corea del sur y, ya en los años ochenta, el gigante chino. De acuerdo con esta explicación, el exceso de capacidad industrial, que en definitiva provocó la crisis, lejos de haber encontrado una solución en las décadas siguientes se vio permanentemente agravado por este patrón de «pocas salidas y muchas entradas».

Los efectos de esta tendencia explican el desencadenamiento del primer maremoto financiero de este largo periodo de crisis: la renuncia de la administración Nixon a respaldar el valor del dólar con sus reservas propias de oro. El «desenganche» de 1971 vino prácticamente obligado por la crisis latente de la economía estadounidense, especialmente por el incontenible flujo de salida de dólares fuera de la economía norteamericana con el fin de hacer frente a los pagos de las importaciones provenientes de sus principales competidores. La renuncia a la convertibilidad suponía, por otra parte, mucho más que una medida de ajuste; daba por liquidado el régimen de cambios fijos que había gobernado los intercambios monetarios durante más de 25 años. *De facto*, suponía el ingreso en un régimen de libre flotación de los tipos de cambio y una devaluación encubierta del dólar, que iba a poner a los industriales estadounidenses en condiciones de competir frente a sus rivales japoneses y europeos. En el momento en que Estados Unidos decidió blindar su mercado nacional a la importación de productos industriales del exterior, reduciendo drásticamente la tasa de crecimiento de las exportaciones europeas y japonesas, la crisis se extendió al resto de los países industriales.

---

8 Es decir, aunque las nuevas instalaciones industriales produjeran con costes más baratos y, por lo tanto, supusieran un aumento temporal de los beneficios de una empresa particular, las enormes inversiones en capital fijo realizadas en el pasado animan a las industrias relativamente obsoletas a mantener la actividad, al menos mientras siga siendo rentable producir en relación con los costes del capital circulante. Se construye, así, una suerte de jaula de hierro de la competencia intercapitalista. Las enormes economías de escala necesarias para la producción industrial de la época fordista lejos de conducir a la «destrucción creativa» de las crisis schumpeterianas, produjeron su contrario: un creciente exceso de capacidad. Si a ello sumamos el interés de los Estados por mantener o desarrollar los sectores industriales llamados estratégicos (ya sea vía subvención, facilidades al crédito o incentivos a la modernización) se obtiene el cuadro característico de las décadas de 1970 y siguientes. R. Brenner, *La economía de la turbulencia global, op. cit.*, pp. 137-154.

2. La otra línea de explicación se localiza, sin embargo, en otra de las dimensiones clásicas de la economía política capitalista: las relaciones capital/trabajo. En muchos países, los años finales de la década de 1960 y la mayor parte de la década de 1970 han pasado a formar parte de sus historias nacionales como la época más convulsa de la última mitad del siglo XX. En las economías desarrolladas, 1968 fue el epicentro de un vasto movimiento de protesta que, con sede en París y Praga, se extendió, con mayor o menor intensidad, por casi todas partes.[9] Conocidos por los más celebrados episodios estudiantiles y el gran impacto de las revoluciones culturales, los sesentayochos tuvieron también una importante dimensión obrera. La huelga general en Francia, el llamado Otoño Caliente de 1969 en Italia, la ofensiva obrera de las *unions* inglesas en los años siguientes, la agitación laboral en las principales fábricas alemanas y un largo etcétera de episodios regionales invirtieron el signo de las relaciones de mando en la fábrica, con graves consecuencias no sólo para el mantenimiento del orden interno en las unidades productivas, sino también para su propia viabilidad económica.

Por otra parte, los sesentayochos y sus coletazos posteriores consumaron el largo trabajo de una militancia de base desajustada de las viejas culturas sindicales y políticas que habían gestionado el pacto fordista. Liderado por cuadros jóvenes, formado por los obreros descualificados, que habían sido la base de las industrias taylorizadas de las grandes cadenas de montaje, y fuertemente influido por las ideas de la extrema izquierda, este nuevo movimiento obrero se sentía poco o nada comprometido con los pactos sociales y políticos de los años precedentes.[10] Esta emergencia política era también el producto de una posición subjetiva diferente, que había crecido en paralelo a las nuevas demandas culturales del '68. Una nueva atmósfera dominada por una profunda desafección por el trabajo industrial —el trabajo descualificado en la cadena de montaje, el trabajo sin atributos—, se hizo

9 1968 debe ser considerado como algo más que una oleada de protesta cultural. Animado por los mecanismos reproductivos que proporcionaban los nuevos media, las huelgas y manifestaciones se extendieron a partir de los primeros ejemplos de protesta urbana, por la mayor parte de las economías industriales desarrolladas. Las movilizaciones compartieron tanto el protagonismo de los estudiantes, como de una nueva generación obrera extremadamente radicalizada. A fin de recordar su carácter mundial, véase el DVD multimedia *1968. Una revolución mundial*, Madrid, Akal. Cuestiones de Antagonismo, 2001.

10 Quizás la mejor lectura de este nuevo tipo de figuras obreras haya venido de la mano de las aportaciones políticas del llamado *operaismo* italiano y especialmente del concepto de obrero-masa (en referencia al trabajador descualificado de la cadena de montaje). Véanse los trabajos reunidos en la revista *Quaderni Rossi*, o en castellano Mario Tronti, *Obreros y capital*, Madrid, Akal. Cuestiones de Antagonismo, 2001. También los libros y libelos escritos por Antonio Negri durante los años setenta: *Los libros de la autonomía obrera*, Madrid, Akal. Cuestiones de Antagonismo, 2004.

patente en la generalización de epidemias laborales como el absentismo y el *turn over*, que en esos años fueron práctica frecuente de las generaciones más jóvenes.[11] En conjunto, la radicalidad de los conflictos, sumada a esta difusa constelación de prácticas de deserción, aceleró la obsolescencia de lo que había sido la pieza política fundamental del fordismo: el ajuste del salario a los crecimientos de la productividad.

La presión de estas nuevas formas de subjetividad radical provocó la explosión salarial característica de aquellos años. Nada podía ser menos asumible en un momento en el que la agudización de la competencia intercapitalista y el agotamiento de la tasa de productividad reducían la parte del excedente empresarial que podía ser «repartida» entre la masa salarial y el beneficio empresarial. Dicho de otro modo: la presión laboral sobre el excedente capitalista estaba cada vez más costreñida a operar en un juego de suma cero en el que la subida de salarios ya no podía compensarse con los menguantes crecimientos de la productividad. Sencillamente, los márgenes de crecimiento salarial o bien habían saltado por los aires o estaban a punto de hacerlo. El correlato de la ofensiva obrera fue la entrada de un buen número de economías industriales en una zona de enorme inestabilidad política. Quizás sólo las patronales japonesas, y en parte las estadounidenses, lograron contener los niveles salariales, y reajustarlos a los crecimientos de la productividad, y siempre después del primer golpe de 1968-1971.[12] En la mayor parte de las economías europeas, y especialmente en las meridionales (Francia, Italia, España), se abrió una situación que parecía erradicada desde los años treinta.

---

11 Es especialmente significativo el informe *Work in America* encargado por el gobierno estadounidense y que tuvo una amplia proyección en el diseño de políticas institucionales. Este estudio recogía la profunda desafección de los obreros de cadena al trabajo en fábrica y la rápida generalización de las más variadas estrategias de fuga: absentismo, *turn over*, ritmos lentos, pequeños sabotajes, etc. Véase *Work in America*, USA, The Colonial Press, 1973. Sobre la politización de este descontento se puede también leer la amplia literatura militante de las distintas autonomías obreras en Europa, de la que recogemos una breve selección en la nota 14 de este capítulo.

12 Algunos autores han señalado que la «explosión salarial» de los años comprendidos entre 1968 y 1979 no fue, en realidad, tan explosiva y que siguió un curso más bien contenido y moderado, siempre a la par de los aumentos de productividad. Según Robert Brenner el aumento de la presión salarial fue una respuesta tardía de los trabajadores a una situación de depresión salarial relativa y previa, concentrada en el periodo 1965-1970 en el que empezaron a dejarse sentir los efectos del exceso de capacidad industrial a nivel internacional. En apoyo de esta argumentación, muestra la franca colaboración sindical y política de las organizaciones obreras en Japón, y en menor medida en EEUU desde mediados de los años setenta (véase: R. Brenner, *La economía de la turbulencia global, op. cit.)*. En contra de esta tesis sería necesario reconocer los efectos de la lucha de clases abierta en Europa, pero también la incertidumbre y la creciente ingobernabilidad tanto de los centros productivos como de los principales ámbitos de reproducción social. Una buena crítica de las tesis de Brenner se puede encontrar en G. Arrighi, «La economía social y política de la turbulencia global», *New Left Review*, núm. 20, 2003, especialmente pp. 33-37.

El ciclo de luchas no se limitó, por otro lado, a los países industrializados. El '68 y la agitada década de 1970 tuvieron formas de expresión aún más agudas en los países del entonces llamado Tercer Mundo. En estos países, el '68 fue un medio de prolongación de los movimientos de Liberación Nacional y de la revoluciones comunistas de las décadas de 1940 y 1950, con los episodios de China, Cuba y Argelia a la cabeza, además de las efímeras experiencias comunistas de Malasia e Indonesia. El recrudecimiento de la Guerra Fría, y la alternativa bipolar entre el Occidente capitalista y el socialismo real habían hecho posible una cierta autonomía respecto de los centros de mando occidentales. El recrudecimiento de las luchas en el Sur global a partir de finales de la década de 1960 tuvo dos importantes efectos sobre las principales economías capitalistas. Por un lado, puso realmente en jaque el dominio militar de la potencia militar hegemónica. Por otro, amenazó con desarbolar el control de Occidente sobre algunas materias primas estratégicas para los sectores industriales más avanzados.

En relación con el primero de estos efectos, conviene recordar la desastrosa intervención militar de Estados Unidos en Vietnam, que comenzó en 1965 con la promesa de un paseo marcial en un país pobre y casi completamente rural, y acabó en 1973-1975 con una humillante retirada de sus tropas, la instauración de un gobierno comunista en la zona sur y un grave descalabro de la credibilidad de la primera potencial mundial, tanto en términos militares como ideológicos, y tanto a nivel doméstico como internacional. En lo que respecta al segundo, la subida unilateral de los precios del crudo en 1973 por parte de la OPEP, como castigo a los países que apoyaban a Israel en la guerra del Yom Kipur, quizás sólo pueda ser interpretada dentro del contexto de un creciente desajuste de las relaciones de poder internacional que hasta entonces habían regulado los intercambios comerciales entre los países centrales y los periféricos.[13] Por otra parte, la sobrerreacción de Estados Unidos, en su apoyo al infame golpe de Estado de 1973 en Chile, frente a la nacionalización de las minas de cobre por parte de un gobierno moderadamente socialdemócrata, da prueba también del grado de estrés que provocaban las luchas sociales en los suministros de algunos recursos estratégicos para la economía mundial.

---

13 Es probable, en cualquier caso, que este repentino crecimiento de los precios del crudo no hubiese podido realizarse sin el consentimiento de EEUU. Parece probado que la administración Nixon jugó esta baza como un instrumento más en la guerra comercial contra sus rivales europeos y japoneses, mucho más dependientes del petróleo árabe que la potencia norteamericana. Otro de los efectos, entonces apenas intuido, de las crisis del petróleo, fue la posterior afluencia masiva de los petrodólares a la eficaz máquina de reciclaje del sistema financiero estadounidense. Véase Peter Gowan, *La apuesta por la globalización. La geoeconomía y la geopolítica del imperialismo euro-estadounidense*, Akal. Cuestiones de Antagonismo, 2000, pp. 39-41.

Ya fuera por el propio agotamiento del ciclo de crecimiento anterior, ya por la conflictividad de los sujetos subalternos de todo el planeta, lo cierto, en cualquier caso, es que las tasas de beneficio acabaron por derrumbarse. En el corto plazo, los efectos combinados de *profit squeeze* o si se quiere de la rápida licuefacción de los beneficios empresariales, sólo pudieron ser contrarrestados mediante su incorporación a los precios finales. Pero la respuesta inflaccionaria tenía límites evidentes. La espiral de los precios se vio rápidamente reforzada por aumentos salariales aun mayores. Los gabinetes de crisis de todos los Estados estaban angustiados por la misma urgencia: ¿qué medidas se podían tomar frente al rápido deterioro económico y la caída de los beneficios empresariales?

Por un lado, la natural tendencia de los gobiernos a reprimir los crecimientos salariales caminaba sobre terreno minado. Durante toda la década de 1970, resultó del todo imposible una recuperación de los excedentes de capital sobre la parte de los salarios. El recorte relativo de los mismos que las patronales lograron obtener gracias al impacto de un desempleo creciente, durante la depresión de 1973-1975, fue rápidamente remontado en casi todos los grandes países de Europa Occidental. El nuevo ciclo de luchas de 1976-1979 volvió a poner sobre la mesa la dificultades para asimilar las demandas obreras. De hecho, la radicalidad de episodios como el de las luchas autónomas de 1976-1977 en el Estado español, el invierno «caliente» inglés de 1978-1979 o el llamado 77' italiano se expresó de una forma que iba mucho más allá de las exigencias salariales para apuntar al propio modelo de Estado.[14] Sorprende poco, entonces, que frente a la persistencia de la oposición obrera, casi todos los países optaran por desarrollar una política de estímulos keynesianos,

14 En todos estos casos, la conflictividad saltó de la arena de lo puramente salarial al cuestionamiento del Estado. En Italia, las luchas obreras desembocaron en increíbles e imaginativas revueltas urbanas, que sin vías de solución política acabaron desgraciadamente en derrota y en la involución de la lucha armada de lo que periodísticamente se ha dado a conocer como los Años de Plomo. En el Estado español, las huelgas salvajes del ciclo de 1976 (que en buena medida se prolongó hasta 1979) sólo pudieron ser contenidas, a duras penas, con una mezcla de represión e integración, con el telón de fondo de la Transición política. En Reino Unido, las huelgas del metal, de los ferroviarios y de los mineros de ese invierno acabaron por tumbar al gobierno del laborista Callaghan. En todos los casos, la circulación entre movilización obrera, luchas metropolitanas y violencia social condujo a una crisis irreversible de los modelos de regulación social que habían gobernado estas sociedades desde la postguerra. La bibliografía de referencia para estos movimientos es, desde luego, muy extensa. Baste aquí algunas muestras de la historia de estos movimientos escritas por algunos de sus protagonistas: Nanni Balestrini y Primo Moroni, *La horda de oro (1968-1977). La gran ola revolucionaria y creativa, política y existencial*, Madrid, Traficantes de Sueños, 2006; Espai en Blanc (coord), *Luchas autónomas en los años setenta*, Madrid, Traficantes de Sueños, 2008; P. Quintana (coord.), *Asalto a la fábrica. Luchas autónomas y reestructuración capitalista 1960-1990*, Barcelona, Alikornio, 2002.

que animara el consumo, sin atacar a los salarios. Así lo hizo EEUU, con un nuevo paquete de medidas de gasto que sólo contribuyó a acelerar un poco más la inflación, aumentar las importaciones en detrimento de su propio sector industrial y a generar, por primera vez en cincuenta años, un déficit comercial potencialmente inasumible. Dicho de otra forma, las élites políticas se vieron forzadas a aceptar un modelo de gestión por vía inflacionaria, aun cuando la deflación hubiera sido una respuesta más adecuada a las necesidades de rentabilidad.[15]

Por su parte, las alternativas al alcance del sector privado tenían también importantes contrapartidas. La explosión de las luchas en el Sur global, limitó severamente las clásicas estrategias «de solución espacial», que básicamente consistían en el desplazamiento de la inversión y de la producción a los países de reciente industrialización, ya sea a la búsqueda de nuevos mercados, ya sea de menores costes laborales. Aparte de que esta estrategia tenía serios inconvenientes —suponía abandonar un enorme capital fijo inmovilizado en los países desarrollados, mano de obra cualificada y la cercanía a los principales mercados—, se puede decir que allí donde se instalaron las nuevas industrias se encontraron rápidamente con la emergencia de nuevos movimientos obreros, en muchos casos tan agresivos y eficaces como los que habían dejado atrás.[16] La secuencia de este movimiento parece verificar la afirmación de que «allí donde va el capital le sigue el conflicto». Los picos huelguísticos de la industria del automóvil se localizaron primero en Europa meridional, durante la primera parte de los años setenta, para situarse luego, desde mediados de los años setenta y durante toda la década de 1980, en los principales países latinoamericanos y Corea del Sur. Baste señalar que la oleada de huelgas que atravesó Argentina a principios y mediados de los años setenta, y que desgraciadamente acabó en las dictaduras militares del periodo 1976-1982, estuvo principalmente centrada en las industrias del

15 Efectivamente, la presión obrera no sólo determinó una merma de la rentabilidad capitalista, sino los modos de gestión de la crisis. La movilización social y obrera inutilizó, durante casi una década, las soluciones antiinflaccionista, debido a los enormes costes políticos que podía suponer una brusca contracción del nivel de vida. Véase, de nuevo, G. Arrighi, «La economía social y política de la turbulencia global», *op. cit.*, especialmente pp. 23-43.

16 Véase el monumental trabajo de Beverly Silver, *Fuerzas de trabajo. Los movimientos obreros y la globalización desde 1870,* Madrid, Akal. Cuestiones de Antagonismo, 2003. Este estudio está apoyado en la que quizás es la primera y única base de datos sobre conflictividad laboral a nivel internacional: la base del World Labor Group, construida a partir de las referencias en la prensa internacional durante un periodo tan largo como 1870-1995. Los resultados de este estudio señalan la persistencia de la oposición obrera en los principales ciclos de producto (textil entre 1870-1930 y automóvil entre 1920 y 1990), y la rápida composición de clases obreras periféricas a medida que las industrias se iban desplazando de los países centrales a los países periféricos.

automóvil de propiedad europea o estadounidense.[17] O con un resultado diferente: que la formación de la principal fuerza de oposición a la dictadura brasileña, que terminó finalmente con ella en 1984, se construyó en torno a los polos obreros del automóvil y del metal de la metrópolis de Sao Paulo, cuna por otra parte del Partido de los Trabajadores, elegido para el gobierno del país en 2003. En pocos años, por lo tanto, la presión de las clases obreras emergentes acabó por derrumbar las ventajas que habían orientado los flujos de inversión: la relativa docilidad laboral y los bajísimos costes laborales de los países del Sur.

En lo que se refiere a la dimensión tecnológica y organizativa de la producción, la respuesta capitalista fue también temprana, pero de escaso éxito a corto plazo. Con centro en Japón, desde finales de la década de 1960 se produjo una completa revolución en la gestión y organización de la fuerza de trabajo. El toyotismo, los métodos Kan-Ban, los círculos de calidad, los nuevos procesos de automatización, la polivalencia obrera trataron de desarticular las bases de la fuerza estructural de la organización obrera en las cadenas de montaje.[18] La economía japonesa consiguió, de este modo, una increíble mejora de sus relaciones industriales, elevando rápidamente la productividad del trabajo, al tiempo que adquiría una nueva preponderancia internacional en las líneas productivas de mayor intensidad tecnológica. No obstante, si por un lado la rápida carrera tecnológica del país oriental permitió a sus industriales corregir parcialmente la caída de sus beneficios, por otro hizo a su economía mucho más dependiente de las exportaciones en una época de fuerte inestabilidad, con la consiguiente exposición a las variaciones de la demanda internacional.

La contrarrevolución neoliberal y la persistencia del largo declive de las economías industriales maduras

Recapitulemos. A finales de la década de 1970, parecía cada vez más evidente que el recurso a las políticas keynesianas sólo había conseguido aplazar los impactos más duros de la crisis. El estímulo presupuestario estadounidense y la laxitud crediticia de muchos países permitieron sostener el consumo y

---

17 Véase, por ejemplo: Ruth Wermer y Facundo Aguirre, *Insurgencia obrera en la Argentina 1969-1976. Clasismo, coordinadoras interfabriles y estrategias de la izquierda,* Buenos Aires, IPS, 2007.

18 Estudio ya clásico de estas transformaciones son los dos trabajos de Benjamin Coriat, *Pensar al revés. Trabajo y organización en la empresa japonesa,* Madrid, Siglo XXI, 1993; y *El taller y el robot. Ensayos sobre el fordismo y la producción en masa en la era de la electrónica,* Madrid, Siglo XXI, 1993.

la demanda, actuando de hecho como el principal soporte de la economía mundial. Sin embargo, la inflación y la insidiosa conflictividad social seguían presentándose como un permanente escollo para un relanzamiento económico eficaz. Los títulos de deuda y los beneficios empresariales, continuamente recortados y devaluados por la doble tijera de la presión salarial y de la competencia internacional, estaban produciendo una presión insostenible.

El despertar de la *mauvais bête* burguesa vino de la mano de un nuevo bloque político determinado a romper la baraja y a reequilibrar la relación de fuerzas a favor de los intereses empresariales y financieros. Su presupuesto ideológico era extremadamente sencillo: «Había que dejar trabajar a los mercados sin la molesta intervención de la subvención estatal o del "corporativismo social" para volver a ver la recuperación de la economía». Fueron los primeros pasos de lo que luego se conocería como la contrarrevolución neoliberal, cuya interminable deriva política trataremos en el siguiente capítulo.

El signo de este cambio de época vino de la mano del fuerte golpetazo que, en el verano de 1979, propinó la Reserva Federal de EEUU sobre el tablero económico internacional. Casi sin previo aviso, Paul Volcker, monetarista convencido, y desde ese mismo año presidente de la FED, dio la vuelta a las políticas keynesianas con una brutal subida de los tipos de interés del 11 % al 20 % en poco más de un año. El objetivo: acabar con la inflación vía restricción del crédito y del endeudamiento público. La medida, de acuerdo con una lógica diametralmente opuesta a las recetas y propósitos keynesianos, debería repercutir en una rápida contracción de los salarios, aunque el precio fuera una nueva recesión y la generalización del desempleo. El resultado se ajustó a lo previsto. La inflación bajó, los salarios pararon en seco y el paro se disparó. Pero como siempre pasa con las políticas dogmáticamente liberales, los costes fueron mucho mayores de lo esperado. La demanda se hundió por los suelos y la economía entró en una profunda recesión que llegó a amenazar con un colapso total. Sólo el más ambicioso programa de gasto público que haya conocido la historia de ese país consiguió sacar a la economía estadounidense de su agujero. Fue la era del keynesianismo militar del muy liberal Ronald Reagan.

Entre los haberes del golpe monetarista de la Reserva Federal se cuenta, también, el hecho de que fuera el primer ensayo de la nueva orientación financiera de la economía estadounidense. En un abrir y cerrar de ojos, la subida de los tipos de interés, rápidamente imitada por los países europeos, puso en manos del sector financiero una potente arma para invertir la menguante trayectoria de la rentabilidad de los títulos de deuda. Quedó así abierto el camino para obtener unas tasas de beneficio, más que golosas, ya no a través del saturado sector industrial, sino de la explotación del masivo endeudamiento de casi todos los agentes económicos.

El giro financiero se produjo en paralelo —quizás sólo así pudo realizarse— a un poderoso cambio en la relación de fuerzas de la década precedente. Desde finales de los años setenta, el frente patronal se había reorganizado por completo con el objetivo de lanzar una nueva ofensiva a todos los niveles: político, social, ideológico y cultural. La situación era propicia. El agotamiento del ciclo de luchas, la vías muertas que había emprendido la extrema izquierda y el efecto disciplinador del creciente desempleo, habían dejado el suficiente hueco como para que esta nueva generación política pudiera capitalizar el descontento de lo que ella misma bautizó con el nombre de «mayoría moral». Se trataba de un movimiento radicalmente contrario al signo de los años precedentes; una suerte de inversión de los «años setenta» en un sentido agudamente agresivo y conservador, lo que definitivamente hace que no haya mejor manera para describir este proceso que con el sustantivo contrarrevolución.[19] Dos acontecimientos marcaron la pauta: la victoria *tory* de Margaret Thatcher en Reino Unido en 1979 y la del republicano Ronald Reagan en EEUU en 1980.

Con ellos, se hizo hegemónica la típica retórica anti-estatista: las bondades naturales de la libertad de mercado, los perniciosos efectos de la intervención estatal, las políticas de privatización y de desregulación. Y también: la necesidad de reducir el gasto social y la permanente acusación de que la «irresponsabilidad salarial» era la razón última de la crisis y del bloqueo de una rápida recuperación. La novedad del tándem Reagan-Thatcher estaba en el hecho de que ambos aceptaron sin ambages el reto de una lucha de clases abierta, que debía acabar ya no con la derrota de los elementos más radicales que habían armado el ciclo precedente de luchas, sino directamente con cualquier vestigio político de los pactos fordistas que sirviera de soporte a la expansión del Estado de bienestar.

En Reino Unido, el nadir de la derrota obrera se alcanzó con la derrota de la huelga de los mineros de 1984-1985. La huelga comenzó, precisamente, como reacción a uno de los puntos del programa neoliberal: el cierre de las explotaciones poco rentables y la privatización de las minas viables. Después

---

19 Valga aquí la bella cita de Paolo Virno acerca del curso de los acontecimientos de finales de la década de 1970: «La "contrarrevolución" es, literalmente, una revolución a la inversa. Es decir: una innovación impetuosa de los modos de producir, de las formas de vida, de las relaciones sociales que, sin embargo, consolida y relanza el mando capitalista. La "contrarrevolución", al igual que su opuesto simétrico, no deja nada intacto. Determina un largo estado de excepción, en el cual parece acelerarse la expansión de los acontecimientos. Construye activamente su peculiar "nuevo orden". Forja mentalidades, actitudes culturales, gustos, usos y costumbres, en suma, un inédito *common sense*. Va a la raíz de las cosas y trabaja con método». Paolo Virno, *Virtuosismo y revolución. La acción política en la era del desencanto*, Madrid, Traficantes de Sueños, 2003, p. 127.

de un año de paros, la capitulación del poderoso sindicato minero puso fin no sólo al principal bastión de la oposición obrera, sino también a toda capacidad de ofensiva en los años siguientes.[20] De forma parecida, en Estados Unidos fue reprimida una interminable colección de protestas obreras, que encontraron su punto de condensación en la huelga de los controladores aéreos de 1981. La derrota y destrucción del sindicato del transporte norteamericano supuso, como para sus hermanos británicos, el desarme de la oposición obrera durante más de una década.

En Europa continental, epicentro de la explosión política de la década precedente, la desarticulación de la oposición obrera no careció, desde luego, de violencia, pero se apoyó en parte en el sindicalismo corporativo, que tan eficazmente había regulado el crecimiento salarial durante los Treinta Gloriosos (1945-1973).[21] El «modelo continental» se ajustó a la llamada «política de rentas» que, con la colaboración de los principales sindicatos de cada país, debía reajustar los salarios a los ya ínfimos crecimientos de la productividad del trabajo, al tiempo que la represión selectiva aislaba y destruía a las minorías más activas y radicales.[22]

Destruido el principal escollo político, ya no importaron las diferencias entre un supuesto modelo «continental» y otro anglosajón. En todas partes se adoptó la misma política de desregulación de los mercados laborales, siempre acusados por el mantra ortodoxo de ser demasiado rígidos. De acuerdo con las prescripciones de la OCDE a principios de los años noventa: «Los altos costes del despido y de la contratación, los requerimientos de los salarios mínimos y la negociación colectiva desligadas de las condiciones de los mercados locales aparecen —a pesar de las reformas ocasionales— como obstáculos para los

20 La batalla comenzó con los primeros paros del 12 de marzo de 1984 y duró hasta el 3 de marzo de 1985. Para tratarse de un conflicto laboral, la huelga estuvo caracterizada por una extrema violencia: 9 muertos, 11.300 arrestos (además de varias condenas de cárcel), 20.000 heridos y numerosos enfrentamientos entre policías, piquetes y esquiroles. Algún periodista llegó a decir, con no pocos visos de realidad para un país como Reino Unido, que la huelga de 1984 fue «lo más cerca que estuvo el país de la guerra civil en los últimos 400 años».

21 En la mayor parte de los países europeos la consecución de las huelgas y la propia personalidad de los conflictos recayó en una militancia de base, que muchas veces llegó a organizarse al margen y en contra de los grandes sindicatos de matriz comunista o socialista que habían sellado el modelo de concertación de las décadas de postguerra.

22 El sello político de esta estrategia adquirió distintos nombres según los países: en Italia se llamó Compromiso Histórico y llevó al pacto de la Democracia Cristina y el Partido Comunista para reprimir y frenar al movimiento social; en España fue la Transición política pero especialmente los Pactos de la Moncloa, que comprometieron a los sindicatos mayoritarios en el control de los salarios; y en Francia vino de la mano del triunfo del partido socialista. La guía que sirvió para todos los casos fue el llamado *Informe McCracken* de la OCDE que apostaba por un modelo de concertación, obtenido con el mayor nivel de centralización posible.

ajustes del mercado laboral y, por lo tanto, para la creación de empleo».[23] Con ligeras variaciones, la mayor parte de los gobiernos occidentales fueron erosionando, poco a poco, las conquistas garantizadas en la legislación laboral, extendiendo las figuras atípicas de contratación (temporales, tiempo parcial, etc.), abaratando el despido, dando entrada a los intermediarios laborales privados y reduciendo las prestaciones por desempleo. El sector privado recogió rápidamente estas oportunidades. Adoptó los nuevos métodos japoneses de gestión y organización del trabajo y los convirtió en una poderosa arma de precarización y control de la fuerza de trabajo a través de la generalización de las prácticas de externalización y subcontratación.

A primera vista, el éxito de la contraofensiva patronal era rotundo. La derrota de la oposición obrera, los ataques al trabajo y la desregulación laboral consiguieron deprimir los salarios, que en Estados Unidos no volvieron a crecer hasta mediados de la década de 1990. El hundimiento del salario obrero y la desarticulación de las formas organizadas de conflictividad laboral permitieron el florecimiento de toda una nueva economía de servicios, alimentada por trabajadores precarios infrarremunerados. De hecho, la liquidación del molesto «enemigo interno» y la libertad financiera de finales de la década de 1980 consiguieron levantar una ambivalente sensación de prosperidad, que en algunos países —como Japón, Reino Unido o España— se manifestó en forma de burbujas patrimoniales.

A pesar, no obstante, de esta notable lista de éxitos patronales, el balance de la década larga de ofensiva neoliberal no pudo ser más agridulce. La era Reagan-Thatcher proporciona una *performance* económica más bien austera. El crecimiento económico durante el quinquenio 1985-1990, de las principales economías del mundo, fue inferior al del conjunto de la década de 1970, la tasa de beneficio en el sector servicios se elevó gracias a la depresión de los salarios, pero la de la industria sólo mostró una ligera mejoría, que incluso en sus mejores años quedó bastante por debajo de la década anterior.[24] ¿Se podía dar por acabada la crisis de los años setenta? ¿Era posible volver a crecer sin los potentes motores industriales de las pasadas décadas? Y sobre todo, ¿por qué estos no acababan de funcionar cuando, liberales *dixit*, se había conseguido romper con las perturbadoras prácticas que alteraban el natural funcionamiento del mercado?

---

23 OCDE, *Economic outlook*, junio de 1992 citado en A. Glyn, «The costs of stability: Advanced capitalist countries in the 80's», *New Left Review*, núm 195, 1992.

24 De acuerdo con los datos de Brenner, la tasa de beneficio del sector privado japonés, alemán y estadounidense en la década de 1980 fue inferior entre un 5 y un 10 % respecto de la tasa de los años setenta, incluso cuando el control de los salarios permitió un fuerte recuperación de la misma a partir de 1984-1985. *La economía de la turbulencia global, op. cit.*, p. 31.

Aunque los apologetas del programa liberal nunca se cansaran de repetir que la debilidad de estos ciclos de crecimiento era consecuencia de la insuficiente radicalidad de las reformas —privatizaciones, control del gasto público, reducción de las prestaciones sociales, etc.—, una de las principales razones de la mediocridad económica del periodo se encontraba en el otro conjunto de factores que había actuado como detonante de la crisis, y que no había encontrado solución alguna durante la misma.

A lo largo de los años ochenta y noventa, los sectores industriales de las principales economías mostraron tasas medias de beneficio apenas un poco mejores que las de los años más duros de la crisis. La caída de la demanda, derivada del control de los salarios y de la atonía económica general, redundó en la persistencia del exceso de capacidad industrial a nivel internacional, y juntos convirtieron la realización de los beneficios industriales en una dura prueba que dependía tanto de la tasa de innovación, como de la propia posición de cada economía nacional en el reparto del comercio internacional. Por otra parte, a diferencia de lo que sucedió en otras fases del capitalismo mundial, la resistencia social, las medidas contra-cíclicas keynesianas y los apoyos de los Estados a sus sectores industriales, impidieron que la crisis funcionara como el filtro selectivo que desecharía a las empresas y sectores poco rentables. La necesaria destrucción del capital excedente por medio del cierre masivo de fábricas y la ruina de regiones enteras habrían dado pie a una crisis de gobernabilidad, quizás ingestionable en los países centrales. Obviamente, en la era atómica, el recurso a la guerra, con el fin de dirimir por medios no económicos el reparto del mercado internacional, estaba fuera de todo marco razonable de pervivencia del sistema. Dicho de otro modo: a los gobiernos de las principales potencias industriales no les quedó otra opción que hacer lo posible por conservar, modernizar o incluso ampliar los sectores industriales, que por razones estrictamente económicas o sociales, eran considerados prioritarios. Sólo en algunos países periféricos, o en algunas regiones especializadas en las industrias más maduras y obsoletas, la crisis dio pie a una operación de desindustrialización pura y dura.

En este contexto, el moderado crecimiento del mercado internacional, animado por las políticas de desmantelamiento arancelario, no consiguió articular un juego de suma positiva que garantizase las ganancias de todos los jugadores. Antes al contrario, las ganancias de cuota de mercado de las exportaciones de un país repercutían inmediatamente en la producción y en la viabilidad de los sectores industriales del resto. La gestión del reparto de los mercados internacionales se convirtió en un complejo mecanismo de negociación de las posiciones de cada una de las principales economías industriales.

Este precario equilibrio fue posible gracias a la negociación de los tipos de cambio monetarios; «negociación», en cualquier caso, asimétrica en la misma medida en que siempre estuvo dirigida por la preponderancia del dólar y de la economía estadounidense en la arena internacional. Así, la crisis de competitividad de los industriales estadounidenses de finales de la década de 1960, fue en realidad solucionada por la vía de la «exportación» a las economías europeas y japonesa. La devaluación de la moneda americana, que siguió a la renuncia de la convertibilidad con el oro en 1971, permitió a EEUU ganar en competitividad a costa de sus principales rivales. Posteriormente, la prolongación de la crisis y la amenaza de un colapso de la economía estadounidense obligó a su gobierno a conducir dos nuevos capítulos de fuertes incentivos keynesianos primero en 1976-1979 y luego en 1980-1985. Los programas de inversión estatal y la rápida expansión de la demanda resucitaron, en realidad, no sólo a la economía norteamericana, sino también a los sectores exportadores de Japón y de los principales países europeos. A medio plazo, sin embargo, el efecto de estas políticas fue una fuerte apreciación del dólar y los gigantescos déficit de la era Reagan. El ascenso insostenible de estos desajustes macroeconómicos y la amenaza de una nueva recesión americana que arrastraría indudablemente a la economía internacional, llevó tanto a europeos como japoneses, a aceptar —por el llamado Acuerdo Plaza de 1985— una nueva apreciación de sus monedas en favor del reequilibrio de las cuentas estadounidenses y de la recuperación de su sector industrial.

Tampoco durante la década de 1990, la crisis industrial subyacente encontró una solución viable. Antes al contrario, para los países de industrialización antigua, el triunfo del neoliberalismo convirtió el control del gasto público, la inflación y los salarios en la más importante de las prescripciones políticas. La paradoja de esta situación es que los mercados domésticos perdieron importancia relativa como motor de crecimiento. Salvo algunas excepciones, que han tenido una cierta relevancia en la nueva deriva financiera de la economía global —entre ellos Reino Unido y España—, las economías nacionales tuvieron que bascular su modelo de crecimiento hacia la exportación, lo que obviamente tendió a exacerbar aún más la competencia intercapitalista y el exceso de capacidad.

Tabla 1.1 Crecimiento del PIB de las principales economías del planeta 1980-2009

	1980-1984	1985-1989	1990-1994	1995-1999	2000-2004	2005-2009	1980-2009	% del PIB mundial 2008	% del PIB mundial en dólares PPA*
Estados Unidos	2,41	*3,69***	2,39	3,97	2,61	**1,1*****	2,69	23,44	23,44
China	9,64	9,84	*10,86*	**9,11**	9,18	10,5	9,85	7,15	13,02
Japón	3,64	*5,15*	2,14	0,78	1,49	**0,11**	2,22	8,1	7,17
India	4,97	5,79	**4,65**	6,48	5,77	*8,21*	5,97	2,01	5,58
Alemania	0,99	2,75	*2,97*	1,67	1,06	**0,47**	1,65	6,02	4,88
Rusia	n.d.	n.d.	**-4**	-1,04	*6,86*	4,05	0,97	2,65	3,76
Reino Unido	0,99	*3,89*	1,2	3,26	2,84	**0,78**	2,16	4,36	3,58
Francia	1,58	*3,09*	1,23	2,44	2,04	**0,92**	1,83	4,69	3,47
Brasil	1,46	*4,5*	**1,43**	2,01	3,02	3,44	2,65	2,66	3,25
Italia	0,41	*3,28*	1,12	1,17	1,49	**-0,38**	1,18	3,75	3,03
México	3,48	1,24	*3,85*	2,9	2,58	**1,14**	2,53	1,79	2,53
España	1,07	*4,35*	1,64	3,92	3,6	**1,66**	2,71	2,64	2,39
Corea del Sur	6,17	*9,87*	7,81	4,68	5,4	**3,09**	6,05	1,53	2,23
Canadá	2,26	*3,8*	**1,22**	3,65	2,98	1,26	2,54	2,31	2,01

Fuente: elaboración propia a partir de las series históricas del Fondo Monetario Internacional.

* La medida en dólares PPA (a paridad de poder adquisitivo) resulta más adecuada para comparar el PIB real de las economías, ya que corrige las diferencias entre los cambios monetarios.

** El quinquenio de mayor crecimiento viene destacado en cursiva.

*** El quinquenio de menor crecimiento viene destacado en negrita.

Por si esto fuera poco, la saturación de los mercados internacionales se vio constantemente agravada por la entrada de nuevos países en la carrera industrial: primero Taiwan y Corea, luego el gigante chino y progresivamente también casi todos los países del Sureste asiático e India. Sus bajísimos costes laborales, la fuerte regulación financiera por parte del Estado y, de nuevo, el enorme diferencial de desarrollo respecto a los países de industrialización antigua —y por lo tanto su enorme potencial de crecimiento— les permitieron ir ganando cuota de mercado en casi todas las líneas de producción: primero en las de baja intensidad tecnológica y, ya en la primera década del siglo XXI, en las de alto contenido tecnológico. El nuevo reparto industrial repercutió en el estancamiento de los sectores industriales de las economías avanzadas, al tiempo que la única región que logró mantener un crecimiento real y sostenido durante todo el periodo fue la de Asia oriental y sudoriental. Tal y como se puede ver en la tabla 1.1, esta tendencia parece anunciar no sólo un significativo desplazamiento de la geografía productiva internacional hacia los polos asiáticos de acumulación de capital, sino también de la hegemonía económica en un futuro próximo.[25]

En estas condiciones, ¿qué ha sostenido el relativo equilibrio de las relaciones internacionales? Sin duda, la hegemonía financiera de la economía estadounidense.[26] A pesar de su orientación neoliberal, los privilegios del dólar le han permitido mantener una política casi permanente de déficit comercial y presupuestario. El crecimiento de la deuda y de la demanda de este país ha sostenido el crecimiento de la mayor parte de las economías exportadoras, tanto de Asia como en menor medida de Europa. Todo ello a costa de un dólar sobrevalorado y de un creciente déficit por cuenta corriente que entre 1995 y 2007 se decuplicó hasta alcanzar un volumen similar al 10 % de su PIB. En 2007, la economía norteamericana requería la entrada diaria de 2.000 millones de dólares.[27] La solución: el retorno de los dólares que sirvieron para pagar las importaciones masivas, por parte de los principales países exportadores, Japón y sobre todo China.

El asalto de las finanzas a la economía global

El relato de la evolución reciente de la economía global sería absolutamente deficiente si no se reconociese otra línea argumental que ha determinado con una fuerza impresionante el curso de las últimas décadas. Se trata del asalto de las finanzas a los principales centros de mando del capitalismo global. Correlato imprescindible de la ofensiva neoliberal, la financiarización ha logrado reforzar el control político de las élites capitalistas sobre las

25 Las implicaciones del ascenso chino a medio plazo podrían ser la definitiva ruptura de la hegemonía estadounidense. Para un análisis amplio de este fenómeno, véase: Giovanni Arrighi, *Adam Smith en Pekín. Orígenes y fundamentos del siglo XXI*, Madrid, Akal. Cuestiones de Antagonismo, 2007.

26 Evidentemente, la hegemonía financiera norteamericana tiene una estrecha relación con su dominio militar. El poder militar sigue sirviendo de soporte «en ultima instancia» de los derechos de señoreaje del dólar y de «garantía» de la solvencia estadounidense frente a sus acreedores internacionales. En las últimas décadas, los innumerables programas de keynesianismo militar han servido para contrarrestar las tambaleantes tasas de beneficio de la industria americana, pero también para aumentar la base tecnológica de su poder militar.

27 Véase Brenner, *La economía de la turbulencia global, op. cit.;* y también, Brenner, «¿Nueva expansión o nueva burbuja? La trayectoria de la economía estadounidense», *New Left Review*, núm. 25, 2004, especialmente pp. 55-96.

fuerzas de trabajo de los países centrales así como sobre la mayor parte de las economías de los países del Sur, que habían obtenido una relativa autonomía política durante los años setenta. De otro lado, este cambio en las estrategias políticas y económicas de los agentes capitalistas ha tratado de salvar los crecientes problemas de realización de los beneficios industriales, a través del reforzamiento de las posiciones del sector financiero y de la expansión de la rentas financieras. En la medida en que estas estrategias de valorización se realizan sin el recurso a la inversión productiva, el capitalismo actual ha tendido a persistir así en una paradójica dinámica de *beneficio sin acumulación*.[28]

El despliegue de la *financiarización*, que en buena medida se confunde con lo que la literatura sociológica llama globalización, estuvo impulsado, desde muy pronto, por los problemas de realización de las inversiones industriales. Ya en la década de 1960, y a pesar de los fuertes controles sobre los movimientos de capital, surgieron lo que podríamos considerar como los primeros mercados financieros extraterritoriales. Estos mercados, y especialmente el mercado de eurodólares de la *city* de Londres, se desarrollaron con el fin de dar una colocación rentable a una parte creciente de los beneficios de las multinacionales estadounidenses en el extranjero. Para estas corporaciones resultaba más rentable la negociación financiera en operaciones de préstamo y cambio de divisas que la reinversión en sus filiales europeas —sometidas a una creciente presión salarial— o en su propio país de origen —en el que reinaban unas oportunidades de realización menguantes debido a la creciente pérdida de competitividad de su economía.

El abandono de la convertibilidad dólar-oro en 1971 tuvo mucho que ver con esta creciente cantidad de dólares depositados fuera del territorio estadounidense y de los que la FED no podía responder con sus reservas propias. Aparte, además, de que esta medida produjese una automática revalorización de las monedas de sus principales competidores comerciales, el desenganche tuvo otro efecto de enorme trascendencia en el ascenso de las finanzas al centro del poder económico internacional. La renuncia a la convertibilidad inauguró una época de tipos de cambio monetarios flexibles y, al mismo tiempo, aumentó notablemente el poder de señoreaje del dólar. Al fin y al cabo, desde entonces sólo el gobierno estadounidense podía decidir libremente el precio de la principal moneda de cambio internacional.

28 Lo que caracteriza a las «soluciones financieras» es la transformación del sector financiero. Éste pierde su antigua finalidad como instrumento de distribución del ahorro hacia las inversiones productivas, al tiempo que se convierte en una máquina especulativa sin más finalidad que la producción de rentas financieras. Véase G. Duménil y D. Lévy, *Crisis y salida de la crisis, op. cit.*

Las consecuencias fueron fundamentalmente dos. Por un lado, se inauguró una interesante vía de obtención de rendimientos financieros a través de la especulación con divisas y la apuesta al alza o a la baja de los tipos de cambio monetarios. Durante los siguientes 35 años, esto supuso una considerable preocupación para casi todos los Estados, e igualmente se convirtió en el principal mecanismo de disciplinamiento de las políticas económicas de medio mundo. De otra parte, la confirmación del dólar como principal moneda de referencia para las transacciones internacionales, dotó a la política monetaria estadounidense de una capacidad inusitada para determinar la políticas económicas de todos los países capitalistas.[29] Esto es lo que iba a permitir a EEUU financiar sus constantes y casi siempre crecientes déficit —tanto comerciales como presupuestarios.

Fue en este contexto en el que se desató la increíble tormenta financiera de los años setenta. Tras el desenganche del dólar, el segundo momento de esta opereta estuvo protagonizado por la crisis del petróleo. La enorme afluencia de dólares a los países productores generó una increíble masa monetaria a disposición de operaciones de crédito privadas no controladas por los Estados de los países del centro. Una parte no pequeña de los llamados petrodólares fue «reciclada» en préstamos masivos a los países del Sur, que encontraron aquí una fuente de financiación extremadamente barata. Paradójicamente, la liquidez y la facilidad del crédito liberó a un importante grupo de países de los poderes de señoreaje financiero de EEUU. Sus gobiernos y sus empresas podían recurrir al préstamo de dólares de manos privadas, incluso fuera de EEUU.

Entre otras razones, el golpe de timón monetarista de 1979 trató de responder a esta expansión financiera que excedía el control de EEUU y competía con su propia política financiera. La subida de los tipos de interés de 1979 logró revertir, eficazmente, los flujos financieros de los países del Sur hacia su propia economía. La consecuencia fue una inmediata subida del dólar y un rápido crecimiento del sector financiero de ese país. No se olvide, tampoco, que los efectos inflacionarios de la crisis industrial trastocaron completamente la relación interna de las élites capitalistas. En EEUU, el *lobbyng* financiero no sólo desencadenó el triunfo de los monetaristas en la

---

29 Estas medidas reforzaron los criterios disciplinarios sobre los déficit internos de los gobiernos. Desde ese momento, y en la medida en que el valor de las monedas nacionales estaba determinado ya no sólo por la balanza de pagos, sino por los juegos especulativos en los mercados de inversión, mantener la «credibilidad» de la economía a través de políticas estrictas de ajuste se convirtió en una prescripción para casi todos los gobiernos del planeta salvo el estadounidense.

Reserva Federal,[30] también obligó a una reforma estructural de las normas que habían gobernado la actuación de los agentes financieros desde la II Guerra Mundial: fueron los primeros pasos de la desregulación financiera.

La llamada «liberalización financiera» se concretó en una serie de medidas que acabaron por desmantelar los principales instrumentos de control, tanto de la actividad de los agentes financieros, como de los movimientos de capital. Baste decir que entre 1980 y 1988, EEUU liberalizó los tipos de interés, amplió el campo de acción de las instituciones de ahorro, dotó a Wall Street de un estatuto prácticamente desregulado y finalmente abolió la Ley Glass-Steagal que establecía la distinción entre banca comercial y banca de inversión que se estableció por prudencia tras la crisis de 1929. Esta política fue reproducida de una forma casi mimética por casi todos los países europeos y Japón. Y lo que es mucho más importante, uno por uno, todos los países desarrollados acabaron por echar por tierra todas las restricciones sobre las inversiones extranjeras y los movimientos financieros que habían regulado sus cuentas de capital desde 1945: Reino Unido lo hizo en 1979, Holanda en 1981, Alemania en 1982 y finalmente Francia en 1989.

La desregulación de los movimientos financieros permitió también la rápida emergencia de un mercado global de capitales. Entre 1975 y 1990, las operaciones financieras privadas se multiplicaron por 10. Los grandes centros de negociación de estos valores fueron las Bolsas de Nueva York y Londres, si bien el incremento de la negociación financiera fue tan amplio y generalizado que el desarrollo de plazas financieras de relevancia internacional (como Tokio, Frankfurt o Hong-Kong) se repartió por casi todas las regiones económicas del planeta.

La expansión de estos mercados financieros hubiera sido imposible si no se hubiese acompañado por un cambio sustancial de la posición de las empresas no financieras respecto del capital financiero. En contra de la vulgata neoliberal, el triunfo de las finanzas no significó una mejor y mayor asignación de las inversiones. Antes al contrario, durante la década de 1980, los altos tipos de interés permitieron detraer hacia el sector financiero una parte considerable de los beneficios industriales, reduciendo la ganancia retenida por éste y, a la postre, mermando la capacidad inversora. No obstante, las transformaciones más importantes no provinieron de esta creciente extorsión financiera sobre el capital productivo, sino de lo que

30 Tal y como señala Peter Gowan, la imposición de las políticas anti-inflación suponía en realidad el triunfo de la facción financiera del capital sobre la industrial-productiva. A partir de entonces se trataba de mantener, a toda costa, «la función del dinero como medida fija de valor en aras del capital que negocia en los mercados financieros e inducir al capital que opera en el sector productivo al despido de fuerza de trabajo y a ejercer una presión a la baja sobre los costes salariales». P. Gowan, *La apuesta por la globalización, op. cit.*, p. 69

propiamente implicó la financiarización de las corporaciones industriales. Desde finales de la década de 1970, la emisión de bonos y acciones se convirtió en una práctica generalizada de las grandes empresas multinacionales. Con ello, buscaban una vía de capitalización diferente a la del préstamo bancario.

La emisión de bonos y acciones fue también correlativa a una importante transformación en las relaciones internas de la empresa —en sus formas de gobierno y en sus flujos de tesorería. Estos cambios obedecieron a los principios de lo que en la jerga empresarial se denomina *shareholder based management*. Según este nuevo estilo de gobernanza, el objetivo central de la administración de la empresa era la maximización de la renta de los accionistas. Aunque la justificación era sencilla —al favorecer los beneficios de los agentes financieros y de los propietarios de capital se producía, en realidad, una mejor asignación de las inversiones, y a la vez se imponía una mayor disciplina a los administradores—, el triunfo del *shareholder value* no era sino el triunfo de la forma neoliberal de gobierno de la empresa. La primacía del valor del accionista era expresión tanto de la creciente dificultad de realización de los beneficios, como la conclusión natural de la estrategia financiera: la creciente separación entre las figuras del gestor del capital y el propietario del mismo, o del emprendedor y el especulador, en favor de este último.

En cualquier caso, la primacía *shareholder value* y la continua emisión de bonos y acciones no redundó ni en un aumento significativo de la inversión productiva, ni tampoco llegó a constituir una nueva vía de financiación de las empresas. El resultado de este proceso fue bien diferente: las empresas emitieron muchas más acciones;[31] recurrieron masivamente al crédito para comprar acciones en operaciones de fusión y adquisición o, en muchos casos, para comprar sus propias acciones a fin de incrementar a corto plazo los dividendos y el flujo de tesorería[32] y emitir así más acciones a precio inflado. El juego con los balances financieros permitió gigantescos procesos de concentración de la propiedad empresarial (fue la gran época de las compras y fusiones), pero sobre todo convirtió una parte creciente del beneficio de las empresas en beneficio financiero, lo que demuestra hasta que punto la distinción entre capitalismo industrial y capitalismo financiero se había hecho inútil.

En el contexto internacional, el ascenso de las finanzas tuvo también un importante impacto, y esto tanto en las estrategias de desarrollo de los distintos países como en sus propios equilibrios internos. Por un lado, los nuevos privilegios del dólar y la política de elevados tipos de interés permitió a EEUU recuperar por medios financieros lo que estaba perdiendo

31 Gérard Duménil y Dominique Lévy, *Crisis y salida de la crisis*, *op. cit.*, especialmente pp. 175-185.

32 Robert Brenner, *La expansión económica y la burbuja bursátil*, *op. cit.*

en el terreno de la carrera industrial. Por otra parte, el gobierno mundial de las finanzas instauró, en su propio provecho, nuevos mecanismos de gobierno que en muchos casos conllevaron la ruina y la destrucción de economías enteras.

Para los países centrales, el nuevo gobierno financiero basado en el dólar tuvo efectos ambivalentes. De una parte, tuvieron que conformarse a la nueva situación por medio de la imitación del programa estadounidense de desregulación financiera y del reposicionamiento de las finanzas en sus propias economías. De otra, era patente que esta posición del dólar no dejaba de suponer una nueva fuente de vulnerabilidad que provenía sobre todo de la inestabilidad de los tipos cambiarios. Las reacciones fueron distintas en Europa y en Asia oriental. Los europeos, bajo la autoridad del marco alemán, trataron de acelerar el camino hacia la integración económica plena y, tras el fracaso del Sistema Monetario Europeo en 1989-1992, emprendieron la marcha hacia la unión monetaria, concluida finalmente al término de la década de 1990. Japón, por su parte, reorientó significativamente sus flujos de inversión hacia los países de Asia oriental y sudoriental, lo que ayudó a consolidar el espectacular crecimiento de esa región.

Para los países del Sur, no obstante, el ascenso de las finanzas al centro de la economía-mundo se convirtió en la más dura prueba económica desde tiempos del colonialismo. Para estos países, el ascenso de las finanzas fue un nuevo medio de gobierno a distancia, cuando no directamente de expolio económico. Como se recordará, durante la década de 1970, muchos estados del Sur recurrieron al endeudamiento. Las condiciones de liquidez que generó la masiva afluencia de dólares al sistema bancario, los bajos tipos de interés —en relación con la inflación— y la propia inercia de las políticas de industrialización que respiraban gracias a las «soluciones espaciales» de los capitales occidentales hicieron del recurso al préstamo una opción más que razonable como vía de desarrollo. A partir, sin embargo, de 1979, la política estadounidense de atracción de capitales, añadida a la rápida subida de los tipos de interés, consiguieron redireccionar los flujos de inversión hacia el gigante americano. Esto secó, literalmente, el crédito dirigido hacia al Sur global, al tiempo que hizo aumentar drásticamente las servidumbres de la deuda.

Desde el punto de vista de los intereses financieros, durante la década de 1970 la explosión del préstamo internacional había sido el principal instrumento de colocación de los excedentes de capital. Tal y como hemos visto, la subida de los tipos de interés de 1979 trató de incrementar la rentabilidad de estas obligaciones rápidamente devaluadas por efecto de la inflación, pero ¿qué se podía hacer cuando la consecuencia de este medida era un acelerado incremento de los riesgos de impago por parte de los países más endeudados? Las piezas que mantuvieron firme este engranaje financiero fueron los agentes internacionales auxiliares como el Banco Mundial y, sobre todo, el FMI. Las viejas instituciones de Bretton Woods, reconvertidas en guardianes del poder de las finanzas, condicionaron los nuevos préstamos de rescate de las economías endeudadas, a la aplicación de los llamados programas de ajuste y reestructuración. Estos programas, que debían asegurar la solvencia, la «credibilidad» y finalmente el pago de las obligaciones financieras, tenían unos requisitos singularmente duros: control de la inflación por medio de brutales reducciones salariales, privatización del sector público y apertura del país a los capitales extranjeros.

Los protocolos de intervención del FMI estaban diseñados, obviamente, no tanto para reflotar las economías en crisis, como para reforzar el propio poder de las finanzas. Cada crisis financiera suponía, en realidad, una oportunidad de adquisición de activos a bajo precio por parte de los capitales occidentales.[33] Al mismo tiempo, para que los países en crisis pudieran hacer frente a sus obligaciones en dólares debían conseguirlos por la vía de la exportación, reforzando así sus canales de dependencia.[34] No obstante, la consecuencia quizás más perversa del modelo estaba en los efectos derivados de la reestructuración social de los países en bancarrota, la consiguiente concentración de la riqueza por arriba y la libertad de movimientos de capital; juntos, estos tres factores animaron la masiva evasión fiscal de las fortunas «indígenas» a los grandes bancos y mercados financieros de Occidente, proporcionando así más combustible a la circulación financiera.

Para el capital financiero estadounidense, pero también europeo y japonés, el sometimiento de las economías del Sur a este mecanismo supuso un éxito rotundo. Entre 1980 y 1995, dos tercios de los países socios del FMI estuvieron en, o al borde de la suspensión de pagos, siendo obligados a someterse a programas de ajuste. Por ámbitos geográficos, las primeras quiebras de 1980-1982 (México, Argentina y Venezuela) se prolongaron durante toda la década alcanzando a los países de Europa Oriental a principios de los noventa y luego, de nuevo, a América Latina con la crisis mexicana de 1994-1995. Nada expresa mejor los resultados de esta política de «rescate» que para los países hispano-parlantes los años ochenta fueran considerados la «década perdida», al igual que los primeros años noventa lo fueron para los antiguos países de Europa del este.

Sólo la nueva área de crecimiento de Asia Oriental, apoyada en la fuerte inversión japonesa, pareció escapar a esta espiral de endeudamiento, inversión y dependencia de los países del Sur. Y sin embargo, esto debe

33 El imperio empresarial que las principales multinacionales españolas construyeron en América Latina durante la década de 1990 se realizó principalmente a caballo de estas políticas neoliberales impuestas por los organismos internacionales.

34 P. Gowan, *La apuesta por la globalización, op. cit.*, p. 58 y ss.

ponerse también entre paréntesis. Como se ha visto, a diferencia del resto de países desarrollados, la estrategia japonesa de salida de la crisis se basó —sin que por ello dejase de promover una espectacular burbuja financiera en 1985-1991— en los viejos parámetros del capitalismo industrial. Desde mediados de la década 1970, las corporaciones japonesas exportaron capital, tecnología y saberes expertos a los tigres asiáticos (Corea, Taiwan, Singapur, pero también Thailandia, China e Indonesia) coadyuvando de forma decisiva al desarrollo industrial de la región, que a principios de la década de 1990 representaba una parte creciente del PIB y del comercio internacional. Esto no impidió, sin embargo, que los grandes agentes financieros occidentales exigieran la liberalización de los movimientos de capital en la región. Prueba de ello fue que la pertenencia a la OCDE quedase condicionada a la liberalización de los movimientos de capital —Corea acababa de ser incorporado a este organismo—, que la OMC exigiese la liberalización de los servicios financieros y que la mayor parte de los países occidentales apoyasen el Acuerdo Multilateral de Inversiones que debía permitir a sus multinacionales comprar empresas locales de otras economías.[35] Forzadas por este juego de presiones, entre 1990 y 1995, Corea, Indonesia y Thailandia tuvieron que levantar, parcial o totalmente, los controles sobre sus cuentas de capital.

A diferencia del resto de los países del Sur, la mayor parte de las economías asiáticas no tenían un Estado política y socialmente débil, y sus niveles de endeudamiento estaban muy lejos de ser elevados. Constituidas en el único polo de crecimiento real del planeta, su único eslabón débil eran las bruscas alteraciones del valor de sus monedas respecto al dólar. Y fue precisamente en este punto donde se originó su creciente inestabilidad tras la repentina elevación del cambio del dólar respecto al yen a partir de 1995. Puesto que la mayoría de estas economías dependían de sus exportaciones a Japón, pero sus monedas estaban atadas al dólar, fue inevitable que se desencadenaran tensiones inflacionistas. Esto unido a la rápida entrada de dinero caliente a sus mercados fue lo que desencadenó la gran crisis financiera de 1997.[36]

---

35 Según la letra del AMI los gobiernos no podrían interferir en los contratos de inversión extranjera, de tal modo que las multinacionales obtendrían una total libertad en sus operaciones de compra y fusión. Este acuerdo quedó paralizado en 1998 por los movimientos de protesta y la oposición de muchos gobiernos del Sur global.

36 La liberalización financiera abrió las puertas a la inversión especulativa en los mercados asiáticos, pero a tal velocidad que entre 1992 y 1997 se multiplicó por seis. La creciente inestabilidad acabo por estallar con el ataque especulativo de algunos fondos de inversión occidentales contra el baht tailandés en mayo de 1997. La crisis tailandesa se extendió a Indonesia y después a Corea. Las monedas se hundieron, al tiempo que se hizo cada vez más difícil saldar las obligaciones, siempre valoradas en dólares. En este contexto, se produjo el intento del FMI de imponer un programa de ajuste especialmente estricto para Corea, que pasaba por la desarticulación del modelo capitalista coreano y de sus relaciones sociales internas.

La conclusión de la crisis asiática fue, no obstante, del todo distinta a las crisis de la deuda de los países de América del Sur. El peso creciente de Asia Oriental en la economía internacional hizo imposible la solución neocolonial. El riesgo de impago coreano produjo el pánico financiero de 1998[37] y obligó a los agentes financieros internacionales a ayudar a Corea, prácticamente sin contraprestaciones. La crisis demostró también la invulnerabilidad de aquellos países que no habían cedido el control sobre sus cuentas de capital, como por ejemplo China, Taiwan e India. Este episodio tuvo también otra importante consecuencia en las economías asiáticas. Reorientó su modelo de crecimiento a la exportación, lo que les reportó una indudable fortaleza financiera —gracias a sus enormes superávit y sus crecientes reservas de divisas—, si bien contribuyó a profundizar los problemas de exceso de capacidad industrial y el basculamiento de la producción mundial hacia el continente asiático.

En definitiva, la liberalización de los movimientos de capital, las nuevas formas de dependencia de las economías del Sur y la financiarización de las corporaciones, acabaron por definir los rasgos de la globalización financiera. Este conjunto de dispositivos que componen el *core* de la solución financiera habría no sólo ampliado los beneficios globales de los propietarios de capital, sino que también estaba dirigido a producir un importante desplazamiento del beneficio desde los sectores productivos hacia el sector financiero. Durante la década de 1980, los beneficios del sector financiero —entendido en un sentido amplio, que incluye a los agentes financieros pero también a las empresas de seguros y a las actividades inmobiliarias— igualaron a los beneficios industriales en las principales economías occidentales, para superarlos a lo largo de la década de 1990.

A este resultado contribuyó, además de los elementos ya mencionados, la nueva oleada de innovaciones institucionales y financieras que desde finales de los años ochenta y principios de los noventa, aumentaron la escala y la profundidad de la globalización financiera. Entre las más importantes: la expansión de los fondos de inversión, la integración y liberalización del sistema bancario (los supermercados financieros integrados de la época Clinton), la explosión del mercado de derivados financieros y el nuevo protagonismo de los *hedge funds* o fondos de cobertura. Fueron estas innovaciones y el continuo reescalamiento del proceso de financiarización

37 La crisis se extendió por la depresión de la demanda asiática, con la suspensión de pagos en Rusia y otros países de América Latina, y volvió a EEUU con la célebre intervención de uno de los agentes especulativos más importantes en la región, el *hedge fund* Long Term Capital Management (que tenía un capital propio de 2.500 millones pero que llegó a apalancarse por valor de 650.000 millones procedentes de los principales agentes financieros norteamericanos). Sobre la crisis de 1997 véase P. Gowan, *La apuesta por la globalización, op. cit.*, pp. 139-165.

lo que permitió abrir nuevas formas de ganancia financiera para las que paradójicamente ya no eran tan necesarios los clásicos apoyos institucionales a través del precio del dinero.

Efectivamente, si la percepción incrementada de intereses a través de la subida de los tipos de interés fue la primera forma de generación de beneficios financieros, a ésta le siguió un fuerte aumento de las ganancias de capital en forma de flujos de dividendos, crecimiento de los mercados bursátiles y generación de nuevos útiles financieros.[38] A partir de 1994, las ganancias de capital se consolidaron, de este modo, como la forma hegemónica del beneficio financiero en todos los países de la OCDE, en perjuicio de una menguante percepción de intereses.[39] A su vez, la sustitución de las formas del beneficio financiero fue relajando progresivamente la presión política para subir los tipos de interés y generó unos contextos progresivamente favorables a una extensión del endeudamiento a las economías domésticas.

Después de la liberalización y desarrollo de los mercados de capital y de la introyección de las lógicas financieras en las formas de gobierno de las corporaciones industriales, lo que podemos llamar «financiarización de las economías domésticas» se convirtió en la mayor revolución financiera del último cuarto del siglo XX. Desde finales de la década de 1980 la penetración de los útiles financieros sobre las formas de ahorro y consumo de las familias fue ganando posiciones gracias a la reforma de los mercados hipotecarios y a la generalización de las instituciones de inversión colectiva destinadas a los pequeños ahorradores —especialmente los fondos de pensiones que pretendían complementar o incluso sustituir a los sistemas públicos de jubilación. Estas reformas, añadidas al abaratamiento del crédito, crearon las condiciones de partida para nuevas formas de renta financiera socialmente relevantes y para las burbujas patrimoniales de los años noventa y dos mil.

De nuevo el reescalamiento del proceso de financiarización vino de la mano de los problemas internos de la economía estadounidense y de sus persistentes problemas para articular un ciclo de acumulación viable. El último intento consistente de recuperación del protagonismo de su sector

38 Gérard Duménil y Dominique Lévy, «Neoliberal income trends. Wealth, class and ownership in USA», *New Left Review*, núm. 30, noviembre-diciembre de 2004.

39 Epstein *et alli*, «Trends in the Rentier Income Share in OECD Countries, 1960-2000», Political Economy Research Institute, *Working Papers*, núm. 57, 2003. Según este estudio, la percepción de intereses en España habría pasado de representar un 11,1 % del PIB en el periodo 1970-1979 a un 7,7 % en el periodo 1990-1999, pasando por un 8,6 % en el periodo 1980-1989. Por lo que respecta a las ganancias de capital por revalorización de activos, éstas habrían superado el umbral del 50 % del conjunto de los beneficios financieros en 1995, manteniéndose en torno a este valor hasta 1999, año final del periodo de estudio.

industrial tuvo lugar entre 1990 y 1993, año en el que su balanza por cuenta corriente alcanzó una situación de casi equilibrio. A partir de ese momento, la situación de su balanza comercial se volvió a deteriorar con velocidad debido a las caídas de los precios de las exportaciones industriales y al continuo declive de la situación económica en Europa y Japón. La respuesta de la administración Clinton no fue novedosa: desde 1995 volvió a favorecer la apreciación del dólar, al tiempo que promovía una nueva ronda de innovaciones financieras.[40]

La nueva ingeniería económica, como luego veremos, consistió en una suerte de keynesianismo financiero con el que se trató de probar, al menos temporalmente, una síntesis entre crecimiento de la demanda agregada, endeudamiento privado y burbujas patrimoniales. Baste señalar, por ahora, que el estallido del mercado de valores estadounidense de 1995-2000 —y que realmente salvó la crisis asiática de 1997-1998— benefició sobremanera a las rentas medias y altas estadounidenses, promocionando un fuerte incremento del consumo privado y dando continuidad al ciclo de crecimiento de la economía estadounidense que venía del periodo anterior. Una importante novedad de este ciclo financiero es que los activos que impulsaron hacia arriba los mercados financieros y por ende el conjunto de la economía fueron las empresas tecnológicas. Intento frustrado de redirigir la inversión sobre los principales agentes empresariales del nuevo capitalismo cognitivo, la aventura se vino abajo a una velocidad vertiginosa: entre marzo del año 2000 y el otoño de 2001 el índice NASDAQ (que recoge los valores tecnológicos) cayó en las profundidades, con una depreciación acumulada del 70 %.

Más allá, en cualquier caso, de que esto demostrase los problemas de realización de las nuevas industrias cognitivas, lo cierto es que esta crisis puso al gobierno de EEUU y también a algunos países europeos en el camino hacia una profundización de la financiarización sobre ámbitos cada vez más extensos del cuerpo social. Frente a la crisis de los valores bursátiles, la respuesta de la Reserva Federal entre 2002 y 2003 fue una rebaja continua de los tipos de interés que prácticamente llegaron a ser negativos. Estas medidas estaban dirigidas a producir un extraordinario estímulo al endeudamiento privado; un flujo de liquidez que fue rápidamente redireccionado sobre el mercado inmobiliario. Como ocurrió otrora con el valor de las acciones, pero con una extensión social que afectaba en este caso a casi toda la población, incluidos los sectores más depauperados gracias a las hipotecas *subprime*, el rápido crecimiento de los precios de la vivienda sostuvo el «efecto riqueza» de los primeros años del siglo XXI. En palabras de Brenner: «La expansión

40 R. Brenner, *La expansión económica y la burbuja bursátil*, *op. cit.*

en marcha quedaría asegurada no por una diferencia cada vez mayor entre los gastos y los ingresos del gobierno, sino por la diferencia entre los gastos familiares y de las empresas por un lado, y sus ingresos por otro; esto es, por crecientes déficit familiares y empresariales, posibilitados por el alza de las cotizaciones bursátiles» y los valores inmobiliarios.[41] Pero esto es ya la historia de este libro y no la de un capítulo introductorio.

Los problemas de realización a largo plazo: la imposible articulación del capitalismo cognitivo

De acuerdo con la perspectiva que aquí se sostiene, ni la contrarrevolución neoliberal, ni la revolución financiera han conseguido estabilizar el horizonte económico. La incertidumbre sigue siendo la consigna de una época marcada por la inestabilidad de las reglas monetarias que gobiernan el juego internacional; una larga tendencia al estancamiento de las economías centrales, sólo en parte compensada por el rápido crecimiento de los países emergentes; y una persistente caída de los beneficios globales del sector privado que ha tratado de ser corregida por medio de un brutal ataque a los salarios y una igualmente salvaje captura del producto social por parte del sector financiero. En definitiva ¿qué sucedió entre 1973 y las tres décadas siguientes para que no se iniciara una nueva fase de crecimiento comparable a la del periodo anterior? De acuerdo con los modelos clásicos de cambio económico, la saturación de un determinado ciclo debería dar lugar al desarrollo de nuevas líneas productivas, muchas veces financiadas con los beneficios acumulados en los ciclos anteriores. ¿Qué explica, entonces, que el largo declive de las viejas industrias fordistas no haya desplazado la inversión hacia sectores más rentables?

Ya en el siglo XIX, pero especialmente en el curso de las dos grandes crisis del siglo XX (las crisis de 1929 y la de 1973), la inteligencia económica trató de describir y explicar las regularidades del movimiento económico. Desde ámbitos tan distintos como el marxismo (Lenin, Trotsky, Mandel), la historia económica (Kondratieff) o la teoría del cambio económico (Schumpeter), la constatación de que existía un cierto orden de los ciclos de acumulación acabó por dar cuerpo a la teoría de las ondas largas. Según la acepción más amplia de las ondas largas, desde finales del siglo XVIII sería posible reconocer

41 *Ibidem*, p. 189.

una sucesión, más o menos nítida, de ciclos largos, en los que cada fase de crecimiento habría ido seguida por una larga fase de relativo estancamiento. Cada ciclo tenía una duración aproximada de cincuenta años, repartidos aproximadamente igual en dos fases: una de crecimiento y otra de depresión.

Éste no es, desde luego, el sitio para una revisión crítica de la bibliografía sobre la teoría de los ciclos económicos. No obstante, en la nebulosa teórica de las ondas largas existen dos aproximaciones que pueden resultar significativas a la hora de afrontar el largo declive industrial que se abre con la crisis de 1973. El primero viene de la mano de algunos economistas marxistas[42] que en los primeros años del derrumbe del ciclo fordista —finales de la década de 1960— renovaron el enfoque de las ondas largas, para vaticinar la entrada, entonces casi impensable, del capitalismo mundial en una nueva fase de estancamiento. De acuerdo con su planteamiento general, el modelo de crecimiento de postguerra estaba entrando en barrena por efecto del aumento de la composición orgánica de capital (o de la relación capital/trabajo) característica de las industrias fordistas,[43] la intensificación de la lucha de clases y el recrudecimiento de la competencia intercapitalista.

En este marco teórico, el relanzamiento del proceso de acumulación dependía en última instancia de una relación de fuerzas compleja entre las distintas burguesías nacionales y entre éstas y la clase obrera multinacional. Sólo por medio de una elevación sostenida de la tasa de ganancia se podía dar comienzo a un nuevo ciclo de acumulación viable, lo que pasaba por infringir una grave derrota a la clase obrera, además de por liquidar el

42 El autor más representativo de este tipo de interpretaciones es, sin duda, Ernest Mandel. Entre finales de los sesenta y principios de los ochenta, el que fuera entonces el principal economista del trotskismo, diagnosticó los problemas estructurales del capitalismo según este modelo de las ondas largas. Véase: *El capitalismo tardío,* México, Era, 1979; y el más pequeño, *Las ondas largas del desarrollo capitalista. La interpretación marxista,* Madrid, Siglo XXI, 1986.

43 No se trata aquí sino de la versión renovada de la caída tendencial de la tasa de ganancia, explicada por Marx, en el volumen III de *El capital.* Según Marx la aplicación de la técnica a la industria implica unos requerimientos crecientes de inversión de capital (para producir más con menos trabajo, pero vendiendo más barato por efecto de la competencia). El empleo creciente de capital por unidad de trabajo hace disminuir la tasa de ganancia, aun cuando el volumen de beneficio aumente. En otras palabras, el aumento de la composición orgánica de capital (la reducción del trabajo vivo en relación con el trabajo objetivado, o del trabajo en relación con el capital fijo) redunda en una reducción de la tasa de ganancia. Esta ley, a veces considerada por sus críticos como ejemplo del determinismo marxiano y de su fracaso rotundo como prognosis histórica, olvida que el propio Marx se encargó de completarla con un conjunto de «causas contrarrestantes», entre otras el aumento de la explotación (como en los ochenta, por vía de reducción salarial), la creación de nuevos mercados o industrias, lo que permitiría explicar los ciclos económicos a partir de la permanente expansión del capitalismo, o de la intensificación del uso de materiales. Véase K. Marx, *El capital. Crítica de la economía política,* libro III, sección III, Madrid, Akal, 2007 [1894].

exceso de capital productivo.[44] Hasta aquí todo parece coincidir con el relato esbozado sobre la crisis de los años setenta, y sin embargo el resultado no fue el esperado. Reunidas las condiciones óptimas para el relanzamiento de la acumulación, éste no se produjo. ¿Qué lo impidió?

Durante las décadas de 1980 y 1990, la tasa de rentabilidad consiguió recuperar algo del terreno perdido gracias fundamentalmente a la contención salarial, pero este restablecimiento del beneficio no llevó a las economías capitalistas a una nueva fase de crecimiento sostenido.[45] Antes al contrario, si algo ha caracterizado esta «última fase del capitalismo tardío» es que la recuperación de la rentabilidad se ha producido sobre todo en provecho del sector financiero, pero sin una explosión correlativa de la inversión industrial comparable a la de las décadas de 1950 y 1960. Parece necesario indagar, por lo tanto, en las otras posibles superficies de rozamiento que más allá de los salarios hayan podido impedir este movimiento hacia una «nueva época de prosperidad».

El comienzo de nuestra respuesta se puede encontrar en otro de los enfoques de las ondas largas. La teoría schumpeteriana de los ciclos económicos, de mucha mayor proyección académica y política que el enfoque marxista, y de la que en definitiva cuelgan todas las teorías actuales del llamado desarrollo endógeno,[46] viene afirmando de modo vehemente que la «evolución económica» sólo tiene un único motor interno: la innovación. Innovación era, en palabras del propio Schumpeter, «cualquier forma de hacer las cosas de manera diferente en la esfera de la vida económica».[47] Todo cambio en la función de producción —esto es, no en la cantidad de

---

44 Desde esta perspectiva, las fases descendentes de las ondas largas se consideran endógenas al modelo, sin embargo las ascendentes dependen de las condiciones históricas concretas y de la posibilidad de que la lucha de clases abra un nuevo horizonte social y económico. E. Mandel, *Las ondas largas del desarrollo capitalista, op. cit.*

45 En realidad, esta tesis marxista más o menos ortodoxa, sigue siendo con todas las variaciones que se quiera el eje de orientación de Robert Brenner y Giovanni Arrighi citados más arriba.

46 En estos modelos, actualmente hegemónicos en la ciencia económica, la función motor del desarrollo económico se encuentra en la mejora del capital humano y en la innovación tecnológica. A pesar de su evidente reduccionismo, se trata de una perspectiva que trata de superar las aporías de la teoría neoclásica y su fijación microeconómica en las decisiones de ahorro e inversión.

47 Ejemplos de innovación son para Schumpeter: «El cambio tecnológico en la producción de mercancías que ya se encuentran en uso, la apertura de nuevos mercados o el hallazgo de nuevas fuentes de aprovisionamiento, la taylorización del trabajo, la mejor manipulación del material, la introducción de nuevas organizaciones económicas tales como los grandes almacenes —en pocas palabras cualquier "forma de hacer las cosas de manera diferente" en la esfera de la vida económica». Joseph A. Schumpeter, *Ciclos económicos. Análisis teórico, histórico y estadístico del proceso capitalista*, Zaragoza, Prensas Universitarias de Zaragoza, 2002 [1939], p. 63.

los factores productivos, sino en la forma de la función— guarda, en su trastienda, la incorporación de mecanismos de innovación. La centralidad de la innovación era paralela a la centralidad del papel del empresario (el portador de la innovación) en el funcionamiento económico normal. Schumpeter reservaba, de hecho, el concepto de beneficio para aquellas rentas que provenían directamente de la innovación, siendo el resto simples rentas de monopolio o de propiedad. Los beneficios *stricto sensu*, y con ellos los beneficios extraordinarios, provenían de la aplicación de nuevas innovaciones que durante un tiempo permitían mantener una posición de privilegio de unas empresas sobre otras.[48]

Según este enfoque, las innovaciones han tendido a incorporarse a la circulación económica en forma de racimo. El efecto de estas oleadas de innovación son las ondas largas del capitalismo, que según Schumpeter se habrían organizado en torno a los principales ciclos de producto de la era industrial: el vapor y el acero (1842-1897), la química y la electricidad (1898-1929), el automóvil y la electrónica (1929-1973). El impacto de cada una de estas oleadas de innovación se prolongaría de acuerdo a tiempos medios-largos, antes que cortos, ya que traería aparejados importantes cambios tanto en la estructura de la producción industrial, como en los órdenes sociales que le acompañan —modelos urbanos y territoriales, estructura de clases, gobierno, etc. El agotamiento de los efectos de las innovaciones, en forma de adaptaciones, innovaciones menores, etc., traería consigo, por efecto de la asimilación y la competencia, el propio declive del ciclo.

La nueva revolución industrial y el proceso de terciarización de las economías centrales

Considerando, por lo tanto, la aportación de la teoría de las ondas largas y de la expansiva dinámica del capitalismo, siempre sediento de nuevas innovaciones, ¿no tendría la inteligencia capitalista que haber encontrado nuevos mercados o nuevas líneas de producción capaces de estimular al alza la rentabilidad capitalista y, por lo tanto, la inversión, la productividad y el PIB? Nuestra tesis aquí es que los actuales problemas del capitalismo, más allá del constante desplazamiento de líneas de producción a los países emergentes, y especialmente a China, tiene que ver con los problemas de registro y captura de la «innovación»; o si se quiere, con la capacidad del capitalismo actual de convertir los «inventos» y las nuevas formas sociales

48 Naturalmente, esta prima de innovación era temporal y tendía a desparecer a medida que la imitación y adaptación la disuelven en una fase de mayor competencia empresarial. *Ibidem*, p. 85.

en «innovaciones con relevancia económica». Esto nos llevará mucho más allá de la explicación schumpeteriana para devolvernos otra vez a la temática marxiana del gobierno sobre el trabajo. Pero antes de eso, es preciso atender a dos cuestiones clave: 1) ¿qué «fue» de la industria? ¿Acaso estas últimas tres décadas no han sido protagonistas de una nueva revolución tecnológica? ¿Por qué ésta no ha dado lugar a un ciclo sostenido de crecimiento?; y 2) si la industria ha perdido relevancia como motor económico, ¿no tendría que haberse comportado el espectacular crecimiento del sector servicios como un motor económico similar al de las anteriores oleadas de innovación industrial?

1. A la luz de la historia económica reciente, la tesis del declive del capitalismo industrial se debería cuando menos relativizar por la expansión de un conjunto de industrias novedosas, que han llegado a ser consideradas portadoras de una nueva revolución industrial (la IV según los anales históricos). La microelectrónica, las máquinas herramienta de control numérico, los ordenadores y el hardware de las telecomunicaciones han dado origen a sectores industriales prometedores. Durante los años setenta, ochenta y noventa, tanto las economías avanzadas, como los nuevos países emergentes, han tratado de desarrollar una posición de ventaja en estos sectores. Sin embargo, ninguna de estas nuevas industrias ha tenido el impacto que tuvieron los gigantes industriales de las décadas de postguerra, al menos en lo que a creación de empleo, generación de crecimiento y participación en el PIB se refiere. ¿Por qué?

La explicación es relativamente sencilla. Por un lado, estas nuevas industrias se han caracterizado por su alta tasa de cambio con ciclos cada vez más rápidos de innovación y saturación de producto. La adaptación de la acumulación tecnológica de ya más de dos siglos de historia industrial y la creciente automatización de los procesos productivos han limitado sobremanera su impacto en la generación de empleo, y por ende en el crecimiento económico. De otro lado, estos sectores no han funcionado según la lógica de las economías de escala y de la producción masiva y estandarizada de las industrias típicamente fordistas. Organizados en unidades productivas mucho más pequeñas y competitivas, la lógica de crecimiento de estos sectores se ha basado en una rápida obsolescencia de los productos y en una fuerte competitividad tecnológica que se traduce en fuertes requerimientos de I+D. Por último, a pesar de la incuestionable centralidad de estas industrias en el ciclo económico actual, su impacto en el PIB no deja de ser relativamente menor, debido también a que la producción de infraestructuras que las acompañan exige niveles de inversión mucho más reducidos que los de los ciclos anteriores.[49] En conjunto, se podría decir que estas nuevas industrias, de ciclos cortos de producto, han entrado rápidamente en situaciones de mercado altamente competitivas, que exigen una continua aceleración de la innovación a fin de sostener y alimentar el beneficio por medio de las llamadas rentas tecnológicas.

2. El limitado impacto en el empleo y en el crecimiento del PIB de los nuevos sectores industriales ha sido compensado con creces, no obstante, por el rápido proceso de terciarización de los países de industrialización antigua. Desde principios de la década de 1970, todas las economías de los países avanzados experimentaron un rápido desplazamiento de la población activa desde las actividades típicamente industriales (y también agrarias) hacia las actividades englobadas en la nebulosa del sector terciario. Este movimiento adquirió las proporciones y la velocidad de una vasta transformación económica: en sólo treinta años —desde 1973 a la actualidad— el porcentaje de población activa dedicada a actividades terciarias creció entre 20 y 30 puntos, hasta llegar a representar entre el 60 y el 80 % de los trabajadores de casi todos los países de la OCDE.[50] Correlativamente al cambio de la composición laboral, la parte mayor de la producción de valor en términos capitalistas, dejó de realizarse por medio de la producción de bienes industriales, para hacerlo a través de la prestación e intercambio de servicios.

Decir terciarización viene a ser, sin embargo, tanto como decir demasiado, o demasiado poco. El particular cajón de sastre del sector servicios incluye tal número de actividades y tan diversas que sólo por oposición a la producción de bienes materiales encuentra una relativa coherencia interna. Como se sabe, el único cemento de la definición del sector servicios es que incluye toda actividad económica que no produce bienes tangibles; a partir de ahí, sin embargo, la complejidad del proceso provoca su bifurcación en múltiples direcciones.

En una parte no pequeña, la terciarización de las economías desarrolladas responde a las rápidas transformaciones del sector industrial o, propiamente, a la llamada terciarización de la industria. Las políticas industriales de externalización alcanzaron no sólo a las distintas fases del ciclo productivo, sino también a un amplio conjunto de funciones y departamentos, que antes estaban

49 En este sentido se podrían comparar las inversiones necesarias para construir las redes férreas y de carreteras, que durante los siglos XIX y XX acompañaron a las industrias del hierro y el carbón, y luego del automóvil, con las muchísimo más reducidas que requiere una tecnología como Internet.

50 En 1970 la población activa española se distribuía de la siguiente forma: un 38 % en el sector industrial, un 29 % en el sector primario y tan sólo un 33 % en el sector servicios. En 2009, más del 70 % de la población ocupada trabajaba en actividades terciarias. Fuente: EPA, INE.

integrados verticalmente en la misma unidad de gestión. Por abajo, la seguridad, el mantenimiento y la limpieza fueron rápidamente desprendidas de las matrices empresariales para dar cuerpo a un nuevo sector de bajos salarios y condiciones altamente precarizadas. Por arriba, las labores de diseño, asesoramiento técnico, financiero o legal, investigación y desarrollo, soporte informático, publicidad y marketing, fueron creciendo también por fuera de las empresas industriales a medida que se descomponían y recomponían las cadenas de valor, y los mercados se hacían cada vez mas diversificados y competitivos. Por otro lado, la mutación de los ciclos de producción y de sus mercados potenciales, además de la generalización de las nuevas técnicas de gestión y organización del trabajo imprimieron cambios radicales en los sectores dedicados a la distribución y el transporte. La agilidad, la rapidez y la eficiencia se convirtieron en prerrequisitos de la producción ajustada a demanda, del *just in time* y de las nuevas culturas de consumo, cada vez más singularizadas. La ciencia de la logística pasó así de la guerra a la industria, convirtiéndose en una de las ramas de empleo más dinámicas. En conjunto, la «terciarización de la industria» no ha sido sino el espejo de las rápidas transformaciones de las formas de producción. La búsqueda de mayores oportunidades de beneficio, ha producido una creciente autonomía y externalización de algunas actividades que antiguamente habían sido gestionadas directamente por los aparatos productivos.

Otro de los componentes que añaden heterogeneidad a este paisaje y que han contribuido al rápido crecimiento del sector servicios ha venido de la mano de la dinámica expansiva del Estado del bienestar. Las luchas de los años sesenta y setenta trataron de estirar el *welfare*, tanto como medio de expansión de los derechos sociales como de crecimiento de los salarios indirectos. Esta expansión fue el resultado de una inercia histórica de largo recorrido, que no pudo ser eficazmente respondida por la contrarrevolución neoliberal y su ataques al «universalismo de los derechos» y a la «caridad a cargo del Estado». Durante la década de 1970, e incluso durante la de 1980 —salvo quizás en EEUU y Reino Unido—, las tasas de crecimiento de los sistemas públicos de salud y educación, y de otros servicios sociales, se mantuvieron a niveles notables.

Por último, la ofensiva neoliberal y la fuerte descomposición social que arrumbó con ella permitieron la expansión de una gran cantidad de nichos de empleo infrarremunerados y muy precarizados que no hubieran tenido espacio según las normas laborales de las décadas anteriores. Y lo que es mucho más grave: al revertir la relación de fuerzas en favor de los más ricos y al promover la inversión del viejo equilibrio social fordista abrieron la espita para la explosión de una nueva «economía de servicios personales y domésticos», que incluía tanto la externalización de los cuidados familiares como un sinfín de actividades de ocio y cuidado.

De todos modos, la parte fundamental, al menos en términos cualitativos y de proyección a largo plazo, de esta expansión del terciario se debe encontrar en la breve pero abrupta revolución «antropológica» de las décadas de 1960 y 1970. Este proceso, a veces poco conocido, por subterráneo, acabó por modificar sustancialmente tanto los propios contenidos de la actividad laboral como el terreno de las «necesidades» —o si se quiere el plano del deseo social— al que se refiere siempre la ciencia económica. De hecho, buena parte de los procesos de recomposición del sector industrial estaban ligados no sólo a la reducción de costes o las mejoras de productividad del proceso productivo, cuanto a la nueva importancia de los «aspectos culturales de la mercancía», que requerían fuertes inputs de diseño, publicidad e innovación.

Los efectos de esta pequeña revolución antropológica no se limitaron, por otro lado, a informar a la industria: en buena medida han sido el principal motor de las innovaciones técnicas y sociales más importante de los últimos treinta años. En ningún otro sitio, se puede localizar mejor estos procesos que en el sector, de límites cada vez más difusos, de la «comunicación». En este conjunto de actividades se conjuga a un tiempo la experimentación (contra)cultural de los años setenta,[51] la emergencia de las nuevas Tecnologías de la Información y la Comunicación (las TIC, especialmente el ordenador personal o PC, e Internet[52]) y la expansión de una novedosa tipología de empresas que capitalizan y conjugan las nuevas demandas sociales con las nuevas posibilidades tecnológicas. Esta peculiar alineación conforma una de las mayores potencias económicas recientes, en una suerte de hibridación de nuevos nichos de negocio, comunidades sociales y formas de vida. Muchos de los fenómenos asociados a Internet, las redes sociales virtuales o en parte la industria del videojuego son buenos ejemplos de ello.

Tomadas en su conjunto, las mutaciones de la producción industrial y este complejo proceso de terciarización de las economías desarrolladas, podrían haber entretejido los mimbres para una nueva oleada de expansión económica.

---

51 Ciertamente, estas transformaciones se pueden entender mucho mejor a partir de sus expresiones estéticas y políticas más radicales: como situacionistas, provos, squatters o la vasta constelación de las subculturas urbanas de los años setenta y ochenta en Europa; o beatniks, hippies, psicodelia y subculturas negras y chicanas en EEUU. Ello sin dejar de lado las ricas manifestaciones de los movimientos de gays y lesbianas y de los distintos feminismos de la época.

52 El origen de estas tecnologías resulta controvertido. En muchas ocasiones se menciona que la primitiva Internet es, en realidad, el resultado del desarrollo de un prototipo militar, Arpanet. Consideradas, no obstante, con un mínimo de detenimiento, parece imposible no reconocer la centralidad protagónica de la cultura hacker de los años sesenta. Las mayores innovaciones tecnológicas del periodo tendrían así un claro origen político, situado en la contracultura y en la actividad de comunidades vocacionales decididas a experimentar y miniaturizar los dispositivos tecnológicos, que antes sólo estaban al alcance de los gobiernos y de las grandes corporaciones. Véase por ejemplo Steven Levy, *Hackers: Heroes of the Computer Revolution*, Nueva York, Anchor Press, 1984.

Casi todos los elementos referidos tienen fuertes componentes de innovación en términos schumpeterianos. Sin embargo, su eficacia económica a la luz de la evolución económica de los años noventa y de los primeros años del siglo XXI ha sido más bien pobre. Tal y como se puede ver en la Tabla 1.1, el crecimiento del PIB de los países OCDE durante el ciclo expansivo de 1995-2005 ha sido poco mejor que el del segundo lustro de la década de 1980, inferior al de los años setenta y muy por debajo de los de las décadas anteriores. La inversión no ha experimentado crecimientos sustanciales respecto al anterior ciclo de crecimiento. La tasa de incremento de la productividad ha estado también muy por debajo de la onda larga fordista, además de estar fuertemente concentrada en los países y sectores industriales más competitivos.[53] ¿Qué ha fallado, por lo tanto, en esta oleada de innovaciones? O en otras palabras, ¿qué parece estar bloqueando el proceso de acumulación?

La emergencia del capitalismo cognitivo[54] *y los nuevos problemas de realización*

En la medida en que el elemento que parece más o menos transversal a todas estas transformaciones proviene del hecho de que los contenidos del trabajo, ahora incorporados a la dinámica de producción, tienen un carácter esencialmente intangible y/o inmaterial, la ciencia económica y los principales departamentos de política económica de casi todos los países han concedido una nueva atención a lo que parecía ser su principal motor interno: la producción y aprovechamiento del conocimiento. En un típico modelo de retroalimentación positiva, la acuñación de conceptos como economías del conocimiento, economías de la información o *knowledge based economies* se ha acompañado de una serie de intervenciones

53 Si bien las tasas de productividad en el periodo 1995-2005 observaron una ligera mejora respecto a las de la década precedente, las tasas de beneficio, tanto del conjunto del sector privado como de los sectores industriales más avanzados, no mostraron crecimientos significativos. Esto parece demostrar la pervivencia de los mismos problemas de exceso de capacidad de las décadas precedentes, aun a pesar del crecimiento extensivo del sector servicios. Véase de nuevo: R. Brenner, *La economía de la turbulencia global, op. cit.*

54 La decantación de este concepto ha sido bastante larga. Las primeras aproximaciones fueron realizadas en la década de 1990 en torno al laboratorio teórico de la revista francesa *Futur Antérieur*. De clara matriz operaista, la reflexión se centró en las mutaciones del trabajo productivo en el «postfordismo» y en la creciente relevancia de los elementos inmateriales y subjetivos en la valorización capitalista. De acuerdo con este enfoque, el sujeto productivo ha mutado de tal modo que tiende a confundirse con el saber social general, o *general intellect*, por tomar la intuición del último Marx. Quizás la primera síntesis fue la realizada por el también operaista italiano Maurizio Lazzarato, *Lavoro immateriale. Forme de vita e produzione di soggettività*, Verona, Ombre Corte, 1997. La acuñación del concepto, y los intentos de sistematización teórica más acabados se realizaron ya en los primeros años del siglo XXI en torno a la revista *Multitudes*.

institucionales, que básicamente han tratado de promover la aplicación del conocimiento a la producción. El objetivo es animar las dinámicas de desarrollo y beneficio típicamente asociadas a la innovación —monopolios de innovación, rentas tecnológicas, rentas de adaptación, etc. No obstante, estas transformaciones, apenas esbozadas, podrían ser explicadas de otra manera menos descriptiva y economicista.

Desde el punto de vista del capital, tanto la nueva revolución tecnológica, como el avance de la terciariación, o incluso la propia dinámica de descomposición-recomposición de los procesos productivos, deben ser comprendidos como un vasto proceso de colonización de lo que en términos clásicos se conocía como las esferas de distribución y reproducción. Las mutaciones económicas recientes no se agotan en una simple intensificación de las relaciones entre producción y conocimiento. Van mucho más allá. De lo que se trata aquí es de una penetración intensiva de los procesos de valorización capitalista sobre el cuerpo social, correlativa a la propia transformación de los contenidos del trabajo y a la creciente centralidad de aspectos anteriormente fuera de la esfera de producción capitalista. Dicho de otra manera, lo que aparece ahora incorporado a los circuitos de producción es la propia esfera de la vida: no sólo los conocimientos —y la información— sino elementos relacionales, afectivos, comunicativos, subjetivos que antes parecían excluidos del ámbito de la producción propiamente dicho.

En este sentido, y en la medida en que prácticamente casi todas las dimensiones de la esfera de la vida están siendo «subsumidas» en las lógicas de la valorización, parece pertinente la acuñación de algún tipo de aproximación conceptual que tenga algo más de mordiente. Biocapitalismo —si se atiende a la subsunción de la vida al capital— o capitalismo cognitivo —si se atiende a la nueva centralidad del conocimiento y otros intangibles en las dinámicas productivas— han sido los dos conceptos más utilizados.[55]

---

55 La bibliografía en castellano sobre esta cuestión es tristemente escueta. La mayor parte de los títulos han sido publicados por la misma editorial que publica esta obra, concretamente: *Capitalismo cognitivo, propiedad intelectual y creación colectiva,* Madrid, Traficantes de Sueños, 2004; Andrea Fumagalli, *Bioeconomía y capitalismo cognitivo,* Madrid, Traficantes de Sueños, 2010; Christian Marazzi, *El sitio de los calcetines. El giro lingüístico de la economía y sus efectos sobre la política,* Madrid, Akal. Cuestiones de Antagonismo, 2003. De todos modos, las referencias en otras lenguas son ya abundantes, por sólo citar las más importantes: Andre Gorz, *Le immateriel. Connoisance, Valeur et Capital,* París, Galilée, 2003; Yann Moulier Boutang, *Le capitalisme cognitif. Nouvelle grande transformation,* París, Amsterdam, 2006; del mismo autor *La societé pollen,* París, Amsterdam (en preparación); M. Lazzarato, *Lavoro immateriale. Forme de vita e produzione di soggettività,* Verona, Ombre Corte, 1997; L. Bazzicalupo, *Il governo delle vite. Biopolitica ed economia,* Roma, La Terza, 2005. También el sitio de la revista francesa *Multitudes:* http://multitudes.samizdat.net/

Estos enfoques conceptuales comparten la idea de que estas transformaciones implican una ruptura epistémica con las categorías analíticas precedentes, así como una serie de problemas que no remiten a lo que tradicionalmente entendemos por economía capitalista. La colonización de las dinámicas de producción capitalista sobre antiguas esferas extraeconómicas —o si se quiere de la integración en el PIB de una parte creciente de las actividades humanas— es, en efecto, del todo ambivalente. El conocimiento y los elementos cognitivos, relacionales o afectivos tienen comportamientos muy diferentes a los de las mercancías basadas en los bienes tangibles convencionales. Esto se manifiesta, en primer lugar, en el hecho de que las condiciones de posibilidad del capitalismo cognitivo se han apoyado sobre un sustrato social extraño a las lógicas del capitalismo industrial. La genealogía del capitalismo cognitivo es indisociable tanto de la revolución técnica que en los años setenta y ochenta dio lugar a los dispositivos tecnológicos de computación y comunicación, como de la revolución cultural que permitió la ampliación del campo de experimentación social, que por otra parte no dejan de transpirar esas mismas tecnologías. Del mismo modo, el capitalismo cognitivo toma como prerrequisito algunas de las consecuencias de la expansión del *welfare,* especialmente la escolarización universal y la masificación de la enseñanza superior. Dicho de otra forma, tanto por sus condiciones filogenéticas como por la propia naturaleza «inmaterial» del trabajo y la producción, el problema de la articulación eficaz del capitalismo cognitivo radica en su condición forzada y artificial en relación con la gramática heredada del capitalismo industrial.

Al igual que ocurría con la nueva generación de industrias de los años ochenta y noventa —que por otra parte tienen una alta composición tecnológica y cognitiva—, lo que más sorprende de esta incorporación de contenidos inmateriales o cognitivos a la producción es que no ha conseguido romper, al menos no de una forma clara, con la situación de relativo estancamiento de las economías desarrolladas. La crisis financiera de los valores tecnológicos del año 2000 parece quizás una más de esas pruebas que señalan la falta de simetría entre la vieja gramática del capitalismo industrial y los procesos de valorización del capitalismo cognitivo. La tesis que aquí se quiere defender es que si el término «fracaso» parece pertinente a la hora de concebir esta nueva oleada de innovaciones como base de un nuevo ciclo de acumulación —¿«el comienzo de la onda larga del capitalismo cognitivo»?—, esto es así porque existen serios problemas de realización del beneficio a partir de los contenidos y productos del trabajo cognitivo. En los sectores de mayor prevalencia de estos elementos, la valorización del trabajo, los canales de inversión y de retorno de la misma o los mecanismos que aseguraban la obtención de un tasa de ganancia aceptable están siendo sometidos a una creciente incertidumbre y complejidad que, aparentemente, hacen del capitalismo cognitivo una suerte de vía muerta, al menos como alternativa a los modelos industriales tradicionales. Aunque podrían ser muchos más, cuatro son aquí los principales factores que limitan la reproducción ampliada del capital por medio de estas particulares mercancías: 1) la crisis de la medida del trabajo y de la productividad —no extrañe que estos problemas se expresen, en muchas ocasiones, como problemas contables—; 2) la extrañeza de las clásicas divisiones (capital fijo / capital circulante, capital constante / capital variable) que tan eficazmente gobernaron los procesos de acumulación de la gran industria; 3) la artificialidad del principio de escasez en las economías del conocimiento; y 4) la creciente preponderancia de las llamadas economías externas.

1. La primera referencia de la ciencia económica en relación con la crisis de medida del capitalismo actual fue provista en 1987 por el economista Robert Solow. Según sus propias palabras: «Los efectos de la era de los ordenadores se pueden ver en todas partes menos en las estadísticas de productividad». Conocida como la paradoja de Solow o la paradoja de la productividad, esta formulación reflejaba sintéticamente la creciente incapacidad de medida de la productividad en la producción cognitiva. Las TIC habrían permitido multiplicar la velocidad de las comunicaciones, una nueva oleada de lanzamiento de productos, cambios sustanciales en las formas de organización del trabajo, nuevos campos de negocio y sin embargo era, y es, realmente difícil encontrar conexiones directas, en términos empíricos, entre TIC y aumentos sustanciales de la productividad.

La productividad del trabajo viene definida, canónicamente, como el valor de la producción por unidad de tiempo de trabajo.[56] En los sectores industriales la generación de tasas elevadas de crecimiento de la productividad está directamente relacionado con la introducción o mejora del capital fijo existente o con una división y gestión del trabajo más eficaz. Estas mejoras repercuten tanto en la magnitud absoluta del producto como en el valor del mismo por una unidad discreta de tiempo de trabajo. Ahora bien, en el momento en que la producción se torna una relación de prestación de servicios o de elaboración de conocimientos y bienes culturales, estos dos elementos pierden buena parte de su antigua eficacia. La gramática del capitalismo cognitivo se compone con elementos no directamente mensurables —creatividad, imaginación, atención, capital humano—, que es lo que, en las nuevas condiciones, refiere esa nueva potencia del trabajo como factor valorizante.

---

56 Se podría añadir aquí la productividad del capital, que tampoco ha experimentado un crecimiento sustancial en relación con la revolución informática.

Nótese bien: esta centralidad de los elementos intangibles en los procesos de valorización —que es antigua, pero que en la últimas décadas ha adquirido una centralidad inusitada—, significa sencillamente que los procesos de gobierno del trabajo a través de su completa reducción a trabajo simple descualificado se ha vuelto imposible.[57] La estandarización y simplificación de las actividades de alta intensidad de conocimientos y la de aquéllas que tienen un fuerte componente comunicativo-afectivo, tiene límites severos. El resultado es obviamente el creciente desajuste de la medida del valor/tiempo de trabajo, y también la operación típicamente marxiana, compartida por la pragmática empresarial, de reducción por equivalencia de todo trabajo concreto a trabajo abstracto o a unidades discretas de trabajo simple.[58]

2. Estrechamente relacionado con esta «crisis de la medida», se debe reconocer también la pérdida de relevancia estratégica del capital fijo como eje del sistema productivo. De acuerdo con el paradigma tradicional del capitalismo industrial, el crecimiento aparece gobernado por la inversión, la mejora tecnológica y las economías de escala. El crecimiento está basado, entonces, en medios de acumulación «clásicos»: la reproducción ampliada del capital repercute en un crecimiento aún mayor del stock de capital en forma de nuevas y mayores instalaciones y más y mejor maquinaria. Precisamente esto es lo que aseguraba la competitividad de las empresas y una tasa constante, e incluso creciente, de incremento de la productividad.

---

57 Esta ingobernabilidad potencial del trabajo ha estado en la base de la modificación de las formas salariales, que antes quedaban referidas a la productividad del trabajo, y que en el nuevo paradigma han sido fragmentadas e individualizadas sobre las posiciones laborales personales. En todo caso, la generalización de la precariedad y de las tecnologías de «automovilización» han servido para contrarrestar eficazmente los efectos más emancipadores del trabajo inmaterial. Para un mayor desarrollo de estas cuestiones véase sobre todo: M. Lazzarato, *Lavoro immateriale, op. cit.*

58 En la formulación clásica de la economía marxista la llamada ley del valor estaba fundada sobre una operación aritmética relativamente sencilla: todo trabajo se puede reducir, en última instancia, a unidades de tiempo de trabajo simple. Esta reducción permitía hacer tabula rasa de las condiciones y cualidades concretas del trabajo, al mismo tiempo que mantenía, a pesar de la complejidad y la diversidad de los puestos de trabajo concretos, la «ficción» de una medida de la productividad del trabajador individual, aunque en realidad ésta sólo pudiese ser calculada a partir de los resultados del «trabajador colectivo» en una fábrica concreta o en una región económica específica. Bajo el paradigma del capitalismo cognitivo, esta operación resulta cada vez más arbitraria, en la misma medida en que el trabajo que produce valor, lo hace no en la fabricación de una mercancía estandarizada, sino de una actividad, servicio o conocimiento con un valor y una calidad propios, y a veces únicos. Para un desarrollo más exhaustivo véase, de nuevo, los títulos referidos en la nota 55.

Las economías del conocimiento tienen, no obstante, una base completamente distinta. Lo que asegura la calidad y la cualidad del producto es precisamente la calidad y la cualidad del trabajo o, en otras palabras, la potencia de los cerebros y cuerpos humanos trabajando conjuntamente. Pero no sólo eso, en el marco de las economías del conocimiento o de las economías relacionales, la distinción entre medios de producción y el cuerpo y la inteligencia de la fuerza de trabajo pierde casi toda su operatividad. Del mismo modo, lo que se convierte forzosamente en mercancía, es muchas veces no sólo los productos del trabajo, sino la propia actividad humana, en una suerte de devenir virtuoso del trabajo bajo condiciones capitalistas.[59]

Los elementos, por consiguiente, de mayor relevancia estratégica para la producción cognitiva son las cualidades singulares (afectivas, comunicativas, intelectuales) de la fuerza de trabajo. Este cambio de prioridades resalta, de nuevo, la dependencia genética del capitalismo cognitivo respecto del programa de resocialización de la economía que adquirió materialidad histórica en la figura del Estado del bienestar. En el capitalismo cognitivo, las nuevas potencias productivas de la fuerza de trabajo dependen, en definitiva, de un determinado tipo de inversiones que no puede ser comprendido de acuerdo con la contabilidad tradicional del capital fijo. En este aspecto, resulta imprescindible ya no sólo un fuerte nivel de inversión pública y social en educación, salud y bienestar, sino también en otro conjunto de intangibles menos evidentes —como la cohesión social, cierta riqueza de la vida cultural, etc.— a fin de garantizar la «productividad» del trabajo.

La ciencia económica se encuentra muy mal armada para comprender estas transformaciones. A pesar de que ha acuñado un buen número de neologismos (capital humano, *wetware*) con el propósito de reconocer la centralidad de la actividad neuronal en el proceso productivo, las síntesis teóricas al uso son tan deficitarias y limitadas que difícilmente pueden servir para capturar la raíz del problema. Por ejemplo, las diversas aproximaciones al concepto de capital humano[60] yerran doblemente: por su incapacidad para

59 Se trata aquí de todas «las actividades que encuentran en sí mismas su propia realización, sin objetivarse en una obra que las sobrepase». Tradicionalmente asociada al trabajo de los artistas intérpretes (también al de los oradores, los médicos, etc...), a día de hoy puede ser referido a prácticamente toda actividad performativa o relacional. Tanto el cuidado como la mayor parte de la comunicación audiovisual son así trabajo virtuoso. Véase Paolo Virno, *Virtuosismo y revolución, op. cit.*

60 El concepto de capital humano arranca de la economía neoclásica. El capital humano coincide con las capacidades productivas de un individuo concreto, producto de la acumulación de saberes y conocimientos. De acuerdo con esta aproximación, el capital humano es en realidad una inversión que tiene obviamente unos costes, tanto monetarios como de oportunidad: el salario que recibiría ese individuo en caso de que renunciase a la formación.

reconocer el carácter cooperativo y colectivo de este tipo de producción; y, también, porque al comprender la formación como una «inversión» individual, comprometen precisamente lo que ha permitido la acumulación crítica de esta intelectualidad colectiva. De hecho, la mayor parte de las políticas inspiradas en el concepto de capital humano corresponden, punto por punto, con las estrategias neoliberales de desmantelamiento del Estado del bienestar, y por lo tanto con el deterioro de la única posición de inversión efectiva para la mejora real del «capital humano» colectivo. Paradójicamente, la aproximación convencional a la nueva centralidad del conocimiento, al igual que las políticas que inspira, son en realidad claramente anti-productivas.

3. Casi todas las definiciones al uso de la ciencia económica comparten estos dos elementos: el principio de la búsqueda de eficiencia y una situación de escasez relativa. El principal diccionario de la lengua castellana, define la economía como «la ciencia que estudia los métodos más eficaces para satisfacer las necesidades humanas materiales, mediante el empleo de bienes escasos».[61] No obstante, la aplicación del principio de escasez en las economías del conocimiento tiene una dudosa relevancia. No en el conjunto del sector terciario, ni especialmente en todo lo que tiene que ver con la reproducción social —como pueda ser el cuidado—, pero sí en la producción de conocimientos y de bienes culturales. En las condiciones actuales, la producción de la primera unidad de producto —valga decir un programa, una película, un videojuego o un libro— puede necesitar de una considerable inversión de capital y tiempo, pero la producción de las copias del primer original puede ser tan abundante y barata como los dispositivos de almacenamiento. La digitalización y la rápida innovación de los equipos informáticos ha hecho que la reproducción del conocimiento tenga unos costes tendencialmente nulos.

Desde el punto de vista del proceso de producción, las condiciones actuales de la producción de bienes cognitivos representan un importante avance respecto de la industria tradicional, o incluso de las condiciones de circulación de los bienes culturales de hace unas pocas décadas. Por muy altos que sean los costes de diseño de un producto industrial, la producción física de cada unidad de producto conllevaba, y conlleva, unos costes asociados considerables: el consumo de los materiales empleados en su fabricación, el desgaste correlativo de maquinaria e

---

61 Diccionario de la Real Academia de la Lengua. Si se quiere, también, se puede usar la del manual de economía más vendido en los países occidentales: «El estudio de la manera en que las sociedades utilizan los recursos escasos para producir mercancías valiosas y distribuirlas entre los diferentes individuos». P. Samuelson, *Economía,* Madrid, Mc Graw Hill, varias ediciones.

instalaciones, y un determinado *quantum* de trabajo. Todavía en la era analógica, las industrias culturales establecían sus costes de producción en relación con los precios de los soportes de reproducción —como pueda ser un libro o un disco. La digitalización, sin embargo, ha pulverizado estos escollos: los costes de almacenamiento de los 500 o 1.000 gigabytes en los que se puede comprimir y reproducir buena parte de la literatura universal suponen un asunto relativamente banal y al alcance de la mayor parte de las poblaciones de los países ricos.

Desde el punto de vista, no obstante, del proceso de valorización, esta «conquista humana» dista mucho de ser un avance; representa un nuevo obstáculo a la producción de beneficio. En la medida en que el retorno del capital invertido depende de la venta de las copias del original, la inversión inicial se puede ver comprometida por las prácticas sociales de intercambio y compartición de copias. Y esto es lo que de hecho ocurre: Internet facilita tanto la inmediatez del acceso al conocimiento, como resalta la arbitrariedad de los títulos de propiedad sobre el conocimiento y la cultura.

El conflicto resulta inevitable: desde el punto de vista de la producción social, el conocimiento sólo puede y debe ser libre; del lado de la producción según parámetros capitalistas, la escasez es un prerrequisito de la acumulación. La solución de la industria ha sido plenamente coherente: se trata de reintroducir el principio de escasez por medios artificiales, como pueda ser la norma legal y los dispositivos técnicos anti-copia.[62] En un sentido muy anti-liberal, ambas estrategias, derechos de autor y tecnologías anti-copia, están orientadas a generar situaciones y rentas de monopolio sobre los bienes cognitivos. El resultado es de nuevo contradictorio y antriproductivo. Al reforzar las restricciones de acceso y los monopolios privados se promueve el expolio sobre el único espacio que alimenta la «reproducción ampliada del conocimiento»: el propio conocimiento. En este aspecto, el movimiento pro-privatización del conocimiento se parece bastante al de la primera acumulación originaria, si bien en este caso lo que se trata de cercar no son las tierras comunales, sino los *comunes del conocimiento*.[63]

4. La economía política clásica entendía la producción como un proceso completamente interno a los agentes comprometidos en su realización: la empresa o empresas encargadas de la fabricación de un bien o de la prestación

62 Más conocidos por sus siglas en inglés DRM, Digital Rights Management, se trata de todas las tecnologías de restricción de copia y reproducción a disposición de los titulares de derechos de autor. Nótese bien que añadir nuevos dispositivos tecnológicos de control y restricción de la copia supone una adaptación, tremendamente costosa, de los diseños originales del software y el hardware de las TIC.

63 Véase aquí, otra vez, el volumen colectivo: *Capitalismo cognitivo, propiedad intelectual y creación colectiva, op. cit.*

de un servicio. Los fenómenos de interdependencia y los efectos externos que contribuían, de una forma u otra, al proceso productivo recibieron una escasa atención. Su reconocimiento tardío vino de la mano del concepto de economías externas o externalidades:[64] primero para designar los efectos positivos que tenía la aglomeración empresarial en la productividad total de las mismas y luego para destacar el papel de la inversión pública en la educación como motor de la productividad total de la economía. Las externalidades negativas fueron luego incorporadas a la lista por la crítica ecologista, principalmente para designar los efectos que tenía la contaminación y la polución de algunas empresas y sectores en la merma de la producción y de las oportunidades de bienestar de la sociedad en su conjunto.[65]

En la producción cognitiva y/o relacional la distinción entre economías internas y economías externas es, sin embargo, arbitraria. La empresa ya no define el perímetro de las actividades realmente productivas. Tomado en su totalidad, el proceso de trabajo tiende a desbordar el marco del trabajo asalariado. Por ejemplo, si se considera la función crucial que juega la formación en la producción cognitiva —lo que obligaría a dotarla de un estatuto directamente productivo—, es preciso reconocer que ésta se realiza, de forma abrumadora, fuera de los dispositivos empresariales y gracias fundamentalmente a la inversión pública. Del mismo modo, en la mayoría de los trabajos creativos y de producción de conocimientos, aspectos tan centrales como el *know how,* los canales de comunicación y compartición de ideas, los «bancos» de conocimiento o incluso lo que podríamos dar el nombre de «tendencia» se reproducen no tanto dentro de la empresa, como en comunidades específicas que a veces se confunden con formas de vida. Es lo que en la literatura especializada se conoce como entornos creativos o *millieus innovateurs* o, si se quiere con un término de mayor valencia política, como cuencas de cooperación.[66] Se trata, por lo tanto, de una auténtica externalización de los procesos de producción sobre las redes sociales.

64 La primera definición se encuentra en uno de los primeros tratados de la economía neoclásica moderna: Alfred Marshall, *Principios de economía,* Madrid, Síntesis / Fundación ICO, 2005 [1890].

65 El economista institucionalista Karl William Kapp fue pionero en la detección de las externalidades negativas o, como el lo denominaba «los costes sociales de la empresa privada». Para Kapp, estos costes sociales no registrados ponen en suspenso cualquier evaluación de aspectos tan centrales para la dinámica expansiva del capitalismo como el crecimiento del PIB o la eficiencia social del cambio tecnológico. Véase K. W. Kapp, *Los costes sociales de la empresa privada,* Madrid, La Catarata, 2006.

66 El concepto fue elaborado a partir de los primeros trabajos empíricos (realizados por una parte del equipo político de la revista *Futur Antérieur*) sobre las nuevas realidades del trabajo inmaterial. Véase Antonella Corsani, Maurizio Lazzarato y Antonio Negri, *Le bassin de travail inmmatériel dans la métropole parisienne,* París, L'Harmattan, 1996; también M. Lazzarato, Y. Moulier-Boutang, A Negri y G. Santilli, *Des entreprises pas comme les autres. Benetton en Italie. Le Sentier a Paris,* París, Publisud, 1995.

El problema del aprovechamiento de estas externalidades positivas de la cooperación y de la producción de intangibles es que, al igual que hemos visto en los apartados anteriores, muchas veces se muestra contradictorio y antiproductivo. Normalmente, las empresas intervienen en la cadena de valor por medio de la captura y el sometimiento de aquellos eslabones que son considerados estratégicos, como pueda ser la producción de bienes finales y su posterior monopolización por medio de patentes, derechos de autor, etc. Sin embargo, en la mayor parte de los modelos de negocio «cognitivo», la contribución a las comunidades productivas y a los sistemas públicos de formación es mínima. No parece difícil adivinar que sin políticas públicas, y especialmente fiscales, que reviertan algún tipo de compensación sobre los caladeros sociales que en definitiva permiten este tipo de producción, el aprovechamiento de las economías externas cognitivas se convierte en pura y simple depredación.

Algunas notas sobre la solución financiera

Los grandes problemas de realización del beneficio; la saturación de las lógicas de acumulación del capitalismo industrial —por exceso de capacidad— y el todavía raquítico desarrollo del capitalismo cognitivo —debido a la ingobernabilidad intrínseca a la producción de intangibles— han definido el confuso escenario político de las tres últimas décadas. Como se ha visto, la respuesta de las élites capitalistas a la falta de alternativas viables de colocación de las inversiones ha ido pasando por largas series de ensayo y error que guardan al menos tres puntos en común: la recuperación de los beneficios empresariales por medio del sometimiento salarial; la redistribución del producto social a través de lo que sumariamente podríamos definir como financiarización; y un estímulo de los procesos de acumulación mediante formas brutales y «primitivas», como puedan ser la privatización de los servicios y bienes administrados por el Estado, la destrucción de activos naturales, la imposición de nuevas barreras y monopolios sobre el conocimiento, etc.

De estas tres estrategias, la financiarización ha sido la que sin duda ha tenido un mayor poder de estructuración de la lógica económica contemporánea. Lo que este término quiere nombrar es, no obstante, algo controvertido. Para muchos, nostálgicos de la época del buen capitalismo industrial, la «irracional exuberancia de los mercados financieros» de estas décadas sería el resultado de un preocupante desenganche de la economía financiera respecto de la economía real. En términos clásicos, la economía financiera es aquí considerada como un circuito ficticio y autorreferencial, una suerte de movimiento especulativo de las clases propietarias, condenado en última instancia al fracaso, cuando no al desastre social, por las mismas razones que lo acaban haciendo encallar con los límites de la economía productiva. Para los apologetas de la explosión de las finanzas, la ingeniería financiera representa, por el contrario, un considerable avance, tanto como garantía de eficiencia en la asignación de las inversiones, que como mecanismo de cobertura de riesgos y de obtención de rentas. Pero a fin de cuentas ¿qué es la financiarización?

En términos clásicos, la financiarización implica una suerte de transmutación de los medios de acumulación de capital: el proceso de valorización a través de la producción de mercancías y la reproducción ampliada del capital (D-M-D') cede ante un modelo de realización de la ganancia por vías exclusivamente monetarias (D-D'). En la medida en que este proceso de abstracción tiende reiteradamente a generar la «ficción» de la capacidad autovalorizante del capital, con independencia de los activos reales subyacentes y del trabajo que los produce, el capitalismo financiero recae constantemente en esa pendiente característica de las burbujas especulativas.[67] Este mismo carácter autorreferencial de las finanzas las confiere, por lo tanto, una notable inconsistencia frente a las vías tradicionales de acumulación basadas en la producción de bienes y servicios.

En lo que aquí nos interesa, el abordaje teórico de la posición de las finanzas en el proceso económico general ha sido enfocado desde dos puntos de vista que tienden a coincidir con las dos grandes escuelas de economía crítica: la teoría del capital ficticio, centrada en la dinámica financiera y sus crisis; y la teoría del dinero endógeno, enfocada sobre la función de los sistemas financieros en el interior del proceso económico.

En términos históricos, el marxismo planteó la proliferación de títulos financieros negociables desde la categoría interpretativa de *capital ficticio.* Básicamente el capital ficticio se forma a partir de los títulos de propiedad sobre un flujo futuro de plusvalor.[68] Marx planteaba una genealogía del capital ficticio que se inicia con los adelantos que los comerciantes se hacían entre sí mediante letras de cambio emitidas sobre mercancías no vendidas. Posteriormente, la centralización bancaria operó a partir de los adelantos crediticios sobre la

---

67 Un breve y divertido relato histórico de este fenómeno, a un tiempo económico y psicológico, se puede leer en el clásico de John Kenneth Galbraith, *Historia de la euforia financiera*, Barcelona, Ariel, 1983.

68 Este carácter de propiedad de los beneficios futuros emparenta a los títulos financieros como las acciones y los bonos con las patentes y la propiedad intelectual, que en este sentido también pueden ser entendidos como capital ficticio. Véase C. Rendueles, «Copiar, robar, mandar», *Archipielago*, núm. 55, 2003.

producción de mercancías. El desarrollo del capital a interés funcionó, en efecto, como trampolín del sistema bancario capitalista.[69] Marx señaló que era imposible distinguir la parte de los títulos validados por operaciones de producción de plusvalor de los títulos que simplemente servían como medios de circulación, esto es, aquellos títulos que no tenían ninguna contraparte cuyo origen estuviera en un ciclo productivo. El término «ficticio» se aplicaba, en rigor, al segundo caso, aunque la propia opacidad del proceso hacía que el segundo tipo de títulos creciese más que el primero, tendiendo a la generación de una esfera de circulación relativamente autónoma de la producción de plusvalor. Es por eso, por lo que el término *capital ficticio* ha pasado a nombrar toda la esfera de la circulación de los instrumentos financieros.[70]

Según esta interpretación, en ningún caso se debe entender que el capital «ficticio» carezca de efectos en la producción de bienes reales o que sea una mera superestructura jurídica fácilmente adaptable a los dictados de la economía real.[71] La gran aportación del concepto se mueve en un terreno diferente. Se trata de la definición de dos esferas diferentes de circulación que han adquirido autonomía relativa: la de los títulos financieros y el crédito, y la de la realización de los ciclos de plusvalor. En la medida en que representan dos escalas temporales diferentes (el presente y el futuro) pueden llegar a desajustarse e incluso a ser contradictorias, si bien están sujetas a bruscos ajustes en forma de crisis financieras.

La segunda tradición de interpretación de los fenómenos financieros proviene de la escuela postkeynesiana. Para estos teóricos, la proliferación de títulos financieros sería una muestra del carácter *endógeno* del dinero. Una de las críticas más frecuentes de los postkeynesianos a la economía neoclásica es que ésta es una economía sin dinero, una economía de trueque en la que las relaciones monetarias no juegan ningún papel relevante. Frente a estas posiciones los postkeynesianos afirman que la disponibilidad de dinero es una variable fundamental para el desarrollo de los ciclos de crecimiento y que ésta es, de hecho, generada de forma interna y descentralizada dentro

69 K. Marx, *El Capital, op. cit,* Libro III, Capitulo XXV.

70 «Cuanto mayor sea la facilidad con que puedan obtenerse anticipos sobre mercancías aún no vendidas, más anticipos de éstos se contraerán y mayor será la tentación de obtener anticipos sobre mercancías aún no vendidas y mayor será la tentación de fabricar mercancías o de regar en lejanos mercados mercancías fabricadas para obtener esta clase de anticipos en dinero». *Ibidem,* p. 387.

71 El propio Marx era muy consciente de los problemas implícitos en las relaciones entre lo que hoy llamariamos economía real y economía financiera. En el libro III de *El Capital* utiliza una cita de Gilbart para formular esta cuestión: «Todo lo que facilita los negocios facilita también la especulación y ambos van, en muchos casos tan íntimamente unidos que resulta difícil decir donde acaban los negocios y donde empieza la especulación». *Ibidem,* p. 387.

del sistema de crédito. La noción de creación de *dinero endógeno*[72] se basa en dos principios: uno, cualquier préstamo genera dinero y, dos, los ciclos de crecimiento tienden a generar la cantidad de dinero que necesitan para su desarrollo. Los bancos centrales pueden controlar el tipo de interés pero no la cantidad de dinero. Ésta última es una variable altamente descentralizada que se negocia en las relaciones entre los bancos y sus clientes. En el recorrido de este proceso se lubrica la demanda efectiva. Al mismo tiempo, el sistema financiero se coloca en el centro de la actividad económica ya que posee la capacidad de validar las decisiones de inversión de los capitalistas, incluidas las de los propios operadores financieros, a las que hoy habría que añadir las de las economías domésticas. Desde este punto de vista, las finanzas son auténticas máquinas de generación de liquidez. Dentro de la dinámica general del proceso de acumulación de capital, esta propiedad es especialmente valiosa. Si los problemas de realización que venimos señalando son fundamentalmente problemas de traducción de la producción social en beneficios monetarios, éstos han sido en gran medida contrarrestados mediante unos dispositivos financieros capaces de crear el dinero necesario para dinamizar el proceso económico.

El concepto de financiarización, que hasta aquí sólo hemos empezado a desentrañar, se apoya en estos análisis convencionales del capital financiero, pero pretende ir más allá de su descripción histórica. El actual proceso de financiarización se distingue de otras fases precedentes, en relación directa a su aguda y rápida aceleración que se manifiesta en una espectacular colonización financiera de todas las esferas económicas. En ningún otro periodo histórico, las economías financieras han mostrado una capacidad expansiva similar.

Este poder invasivo de las finanzas tiene su fuerza principal en los mecanismos dirigidos a respaldar todo activo y todo trabajo —ya sea material o inmaterial, presente o futuro—, con un instrumento financiero susceptible de ser intercambiado, vendido o comprado por medio de contratos privados o en mercados establecidos para este fin. La financiarización apunta, por lo tanto, a un proceso por el que bienes y servicios de todo tipo pasan a

72 El trasfondo histórico del surgimiento de las teorías del dinero endógeno es la polémica frente al monetarismo y, más en concreto, frente a su proposición más celebre: los bancos centrales deben controlar la oferta de dinero para evitar los procesos inflacionistas. Frente a esta imagen «exógena» de un banco central que lanza dinero a voluntad a un ciclo económico independiente de sus decisiones, postkeynesianos como Minsky y Kaldor plantearon una visión de la formación de dinero como un proceso que sucede dentro del ciclo de crecimiento. Por eso es «endógeno». En el capitulo siguiente analizaremos a fondo la relación entre las finanzas y la oferta monertaria. Para una buena compilación de las aportaciones de los economistas postkeynesianos véase J. E. King, *Una historia de la economía postkeynesiana desde 1936*, Madrid, Akal, 2009 y M. Lavoie, *La economía postkeynesiana*, Barcelona, Icaria, 2005.

ser transformados y gestionados en forma de útiles financieros. Una característica de estos instrumentos financieros es que pueden operar con un grado de complejidad y de abstracción muy superior al de los intercambios monetarios convencionales en los que el contravalor es una mercancía o servicio. Los instrumentos financieros pueden tener activos subyacentes completamente distintos, y normalmente conllevan una temporalidad específica que permite efectuar en el presente ganancias y rendimientos futuros, o garantizar retornos seguros sobre inversiones o prestamos comprometidos en el presente. La emisión de acciones y su venta en Bolsa por las que una empresa trata de recapitalizarse, la negociación de un contrato de futuros por el que esa misma empresa puede comprar las mismas acciones que ha vendido a un determinado precio a varios meses vista, el contrato por el que un comprador de esas acciones asegura el valor mínimo de las mismas, la hipoteca por la que un trabajador puede comprar una vivienda sobre la base de los rendimientos futuros de su trabajo, son todos ellos instrumentos distintos de financiarización de la vida económica.

En términos históricos, la financiarización ha sido la respuesta al agotamiento de la larga fase de crecimiento de las décadas gloriosas del fordismo, el producto de una gran época de acumulación, que en la fase descendente (a partir de 1973) se decantó por la clásica preferencia por la liquidez y la inversión financiera. No obstante, la persistente ausencia de alternativas viables de colocación de inversiones a gran escala ha empujado a las finanzas a una continua depredación de todos los niveles económicos. Este proceso ha abocado a los diferentes agentes económicos —empresas no financieras, economías domésticas e incluso el sector público— a responder y a mantener sus cuentas por medios financieros.

Como se puede imaginar, la dinámica predatoria de las finanzas dista mucho de haber encontrado un equilibrio aceptable. Desde el punto de vista de la estabilidad macroeconómica, los últimos veinte años vienen caracterizados por una sucesión de crisis en la que cada nuevo episodio es más agudo y tiene mayor extensión que el precedente. Así, el colapso del sistema monetario europeo de 1992-1993, la crisis mexicana 1994-1995, el pánico asiático de 1997-1998, las punto.com de 2000-2001 y la gran depresión de 2007-2009. Quizás por eso, la financiarización se entiende mucho mejor a partir de sus valencias políticas, que de sus presuntas funciones económicas.

Lo que aquí llamamos financiarización no corresponde con la vieja función del sector financiero, si es que ésta fue alguna vez su principal propósito. Difícilmente podríamos decir que los mercados o entidades financieras son principalmente mecanismos de asignación de las inversiones. Antes al contrario, el triunfo del neoliberalismo y el ensayo de las soluciones financieras parecen haber querido superar las dificultades de realización de las ganancias industriales por medio de un renovado protagonismo de la renta; y por lo tanto con una renovada preeminencia de la figura del rentista.

El retorno triunfal del protagonismo de la renta ha producido, tal y como se había escrito en su guión, un notable trastocamiento de las relaciones de clase y de los medios de acumulación. En la medida en que los títulos financieros son, en definitiva, derechos de propiedad sobre el producto social, su extensión ha desplazado su distribución masiva hacia arriba. Y al mismo tiempo, ha hecho posible la apropiación de una enorme cantidad de trabajo no pagado o no valorizado por medios convencionales —como es el caso del trabajo cognitivo—, muchas veces a través de un conjunto de mecanismos dirigidos a someter la vida social a la propia suerte de los mercados financieros —especialmente a través del endeudamiento.

Según la sintética formulación de C. Vercellone, la financiarización se puede leer en realidad como un proceso masivo de *devenir renta de la ganancia;*[73] o si se quiere, como la transformación de buena parte del beneficio empresarial en rentas financieras e inmobiliarias. En contra de la *vulgata* neoliberal, la eficacia de la financiarización se mide en relación con su capacidad para controlar los aparatos del Estado, hasta el punto de que las derivas de la política económica de las últimas décadas reflejan, capítulo a capítulo, los ritmos de aprendizaje de la clase capitalista sobre los usos financieros de los resortes institucionales. La expansión financiera tiene, efectivamente requerimientos políticos elevados, exige una ingeniería social extremadamente sofisticada. La premisa principal es, sin embargo, sencilla; para meter los instrumentos financieros en casi todos los ámbitos económicos, se debe utilizar el calzador de los mecanismos de escasez allá donde ésta viene limitada, ya sea por la propiedad pública que conquistaron las luchas precedentes (el Estado de bienestar), ya por la naturaleza irreductible de las nuevas producciones cognitivas a las formas convencionales de propiedad, ya por los viejos bienes comunes de origen natural.

Dicho de otro modo, desde el punto de vista social, la financiarización viene asociada a modelos de privatización de las condiciones sociales de producción y reproducción. Bajo esta perspectiva, es correlativa a una suerte de renovación continua de la «violencia originaria»: de las condiciones de expropiación que en el relato de Marx dejaron completamente listos a los obreros para su empleo en la fábrica, recién despojados de toda otra alternativa de vida posible. Es por ello, por lo que la hegemonía del orden

---

73 Carlo Vercellone, «Crisis de la ley del valor y devenir renta de la ganancia. Apuntes sobre la crisis sistémica del capitalismo cognitivo», en *La gran crisis de la economía global. Mercados financieros, luchas sociales y nuevos escenarios políticos*, Madrid, Traficantes de Sueños, 2009.

neoliberal-financiero se enmarca dentro de lo que algunos han llamado *acumulación por desposesión*. Este término emparentado con el imperialismo hace referencia a todo un conjunto de prácticas extremadamente familiares que en realidad operan en favor de la extracción de beneficios, a través de instrumentos «directos» y brutales,[74] como: la expropiación de bienes comunes —como los ecológicos o los servicios públicos—, los procesos de privatización del conocimiento —prerrequisito para el desarrollo del capitalismo cognitivo— o la reconducción de la propiedad pública hacia el proceso de acumulación de capital.[75] O también: el sometimiento y desestructuración de las relaciones sociales del Sur global en favor de los grandes prestamistas internacionales, la transmisión de los riesgos financieros a las mayorías sociales a través de la privatización de bienes básicos sociales elementales —como la vivienda o las pensiones— y la subordinación de la política económica a los intereses financieros.

De todo lo dicho se puede extraer ya una conclusión sencilla y contundente. En el contexto de las soluciones financieras, el triunfo del rentista no tiende a aumentar la riqueza general. El rentista, como en época de Keynes, no es una figura productiva, sino todo lo contrario. En la misma medida en que la renta sólo se sostiene sobre la creación de unas condiciones de escasez artificial, la renta capitalista no cumple ninguna función productiva. Se moviliza como una relación de pura distribución del producto social, sin añadir nada al mismo. Al final, la expansión de los títulos de propiedad y crédito, como formas de apropiación de otras tantas formas del producto social, ha acabado por proclamar el «agotamiento de la fuerza progresiva del capital y el carácter cada vez más parasitario» del capitalismo.[76]

---

74 David Harvey, «El nuevo imperialismo: acumulación por desposesión», *Socialist Register*, 2004. Véase también *El nuevo imperialismo*, Madrid, Akal. Cuestiones de Antagonismo, 2003.

75 «Las promociones bursátiles, los esquemas de Ponzi, la destrucción estructurada de activos a través de la inflación, el vaciamiento a través de fusiones y adquisiciones, la promoción de niveles de endeudamiento que aun en los países capitalistas avanzados reducen a la servidumbre por deudas a poblaciones enteras, por no mencionar el fraude corporativo, la desposesión de activos (el ataque de los fondos de pensiones y su liquidación por los colapsos accionarios y corporativos) mediante la manipulación de crédito y acciones, todos estos son rasgos centrales de lo que es el capitalismo contemporáneo». David Harvey, «El nuevo imperialismo: acumulación por desposesión», *op. cit.*

76 La remuneración del capital (ganancia como rédito de unos capitales colocados en la producción) aparecería como pura y simple renta, y no como una remuneración del trabajo de coordinación e innovación asociado al capitalista-empresario y que normalmente justifica la posición progresiva del capitalismo industrial. En palabras de Vercellone «En el capitalismo cognitivo la relación positiva entre valor y riqueza se rompe y evoluciona hacia una auténtica disociación. En efecto, la actual supremacía de la lógica del valor de cambio, como la de la propiedad capitalista, se funda cada vez más sobre la destrucción de recursos escasos no renovables y/o sobre la creación de una escasez artificial de recursos, todo esto a través de mecanismos en los cuales la ganancia se confunde con la renta». Carlo Vercellone, «Crisis de la ley del valor y devenir renta de la ganancia», *op. cit.*, p. 70.

2. Neoliberalismo y nuevo keynesianismo: las políticas económicas de la financiarización

La articulación de la solución financiera a la gran crisis sistémica de acumulación no fue lineal y en ningún modo obedeció a un programa bien estructurado y definido. Como se ha visto, «financiarización» nombra procesos muy distintos, que en cualquier caso tienen unos requerimientos políticos muy altos. *A contrario* de la opinión convencional sobre el capitalismo neoliberal, los mecanismos de captura del producto social por medios financieros no son el resultado del libre funcionamiento del mercado. Necesitan una ingeniería institucional que promueva la expansión de los útiles financieros, sostenga —por vías tanto económicas como políticas y militares— las operaciones de los principales agentes capitalistas y permita transmitir los riesgos de estas operaciones sobre el sector público o el cuerpo social de los países en los que opera. Por eso, el primer objetivo de la contrarrevolución neoliberal no fue simplemente la desarticulación de los mecanismos de intervención pública, sino el asalto sobre los aparatos del Estado con el fin de convertirlos en una eficaz correa de transmisión de los intereses financieros. Como se puede imaginar, esto ha tenido profundos efectos sociales. El hundimiento de los salarios y la redistribución hacia arriba del producto social han acabado por provocar una creciente polarización social, que sólo en parte se ha compensado con los efectos materiales e ideológicos de lo que aquí llamamos *sociedad de propietarios*.

Curiosamente, a pesar del fuerte dogmatismo que ha acompañado la aplicación de estas políticas, una de las pocas constantes que se puede rastrear en todo el periodo es la permanente inestabilidad de la brújula económica y el fuerte pragmatismo de las intervenciones institucionales que han tenido que toparse, una y otra vez, con el gran problema keynesiano de la formación de la demanda. Efectivamente, desterrado el viejo modelo industrial por la vía de la elevación de los salarios, la única solución eficaz al problema de la demanda ha sido su recomposición por vía financiera, es lo que aquí llamamos *keynesianismo financiero* o *de precio de activos*.

Por último, en este epígrafe se dedica también un importante lugar al otro gran elemento de articulación de las soluciones financieras: el territorio y los mercados inmobiliarios. La solución espacial ha sido el perfecto complemento, y para el caso español el gran instrumento, de los procesos de financiarización.

¿Qué fue y qué queda del neoliberalismo?

Desde que en los años ochenta triunfase una concepción ideológica del papel económico del Estado como un mero garante jurídico de las operaciones de un mercado «autorregulado», se ha ido formando un sistema de dominio de clase, que ha sido conocido bajo el paraguas omniabarcante de *neoliberalismo*. El término *neoliberalismo* recubre una serie de prácticas económicas, de distinto alcance, bajo un manto de fuerte espesor ideológico, y siempre con mucha mayor eficacia política que homogeneidad doctrinal. Los distintos significados del concepto en los países capitalistas avanzados —en los países pobres y emergentes la tipología sería distinta, aunque el sentido de dominio de clase sería semejante— deben ser analizados para intentar comprender qué persiste y qué se ha transformado dentro del modelo económico y social dominante en los últimos veinte años.

Para entender la naturaleza del cambio operado en las políticas públicas resulta indispensable despojar al término neoliberalismo de las connotaciones que lo refieren a la no intervención estatal[1] en los asuntos económicos. Es preciso enmarcar el neoliberalismo dentro de la misma estrategia de dominio de clase basada en la redistribución del producto social hacia las fracciones superiores de la clase capitalista.

Como se sabe, el aprendizaje político de las elites capitalistas durante los años posteriores a la crisis de 1973 estuvo centrado antes en el perfeccionamiento del control del Estado, de sus grandes instituciones financieras y de su política macroeconómica, que en su mero abandono a

[1] Como se verá repetidamente y de manera más específica a lo largo de este libro, hablar de una recuperación de la posición del Estado en el proceso económico, no implica una vuelta a una concentración visible de poder en manos de un foco único de acción estatal. Antes al contrario, las estrategias de intervención pública en el proceso de acumulación se benefician enormemente de la dispersión y descentralización de las formas de poder político en distintas escalas y entre distintos agentes. El aire nebuloso que acompaña a la descentralización de la toma de decisiones suele favorecer una imagen de reproducción automática de los mecanismos económicos, muy conveniente para la eficacia simbólica del discurso neoliberal de la no intervención.

la libertad de los mercados. El objetivo último era la articulación de una solución financiera a la crisis de rentabilidad de los circuitos económicos convencionales. Y el instrumento fue un obvio reforzamiento de lo que Marx definió como la posición del «capitalista en dinero» *(geldkapitalist).*[2]

La emergencia histórica, y posterior hegemonía, del capitalista en dinero, ha estado asociada a la separación originaria entre propiedad y gestión que sirvió de punto de partida para el modelo de reparto del plusvalor del *compromiso keynesiano.* Si el modelo monopolista implicaba una alianza de clases entre el *geldkapitalist* y el capitalista industrial, constituida desde las posiciones respectivas del propietario y el gestor,[3] para el reparto del plusvalor generado en los ciclos industriales; el neoliberalismo implica la ruptura de esta alianza por la parte de la propiedad y la progresiva construcción de un gigantesco mercado de títulos de propiedad relativamente independiente de los ciclos industriales.[4] Tal y como hemos visto, esto es lo que la tradición marxista denomina *capital ficticio.* En términos históricos, el triunfo de las finanzas ha supuesto la canalización de un porcentaje creciente del plusvalor y de los flujos primarios de interés[5] hacia las finanzas; amplificando el poder de los propietarios sobre el capitalista industrial. La duplicación de la estructura económica entre capital real y capital ficticio, implicaba la aparición de toda una nueva clase de gestores estrictamente financieros, concebidos desde los parámetros e intereses del nuevo dominio de clase.

Siguiendo con este esquema simplificado del poder de clase,[6] la nueva política de intervención neoliberal se ha venido fraguando bajo la forma de una incrustación de un conjunto nuevo de gestores financieros en los distintos

---

2 G. Dumenil y D. Levy, *La finance capitaliste: rapports de production et rapports de classe,* disponible en www. jourdan.ens.fr/levy

3 Según la formulación marxiana clásica, la posición del capitalista industrial se define por el ciclo D-M-D', mientras que la posición del capitalista en dinero se define por el ciclo D-D'. «Es en el capital a interés donde la relación de capital toma su forma más externa y fetichista. Aquí nos encontramos con D-D' dinero que engendra más dinero, valor que se valoriza a sí mismo, sin el proceso intermedio entre ambos extremos». K. Marx, *El capital,* México, FCE, 1959, libro III, p. 373.

4 Una de las críticas clásicas al espejismo de la «riqueza» que genera el sistema financiero, consiste en denunciar ésta como un espejismo provocado por la doble contabilidad que se deriva de que el capital ficticio sea contabilizado efectivamente como riqueza y sus títulos de propiedad asuman funciones de dinero, dando derechos de «señoreaje» a las instituciones financieras frente al resto de la estructura económica.

5 Estos flujos parten directamente desde los salarios hacia las distintas modalidades de la propiedad financiera, y conforman la vertiente monetaria de la acumulación por desposesión. G. Dumenil y D. Levy, *La finance capitaliste, op. cit.*

6 Hablamos de clases dominantes en un sentido restringido pero pertinente, según la posición de los grupos en los mecanismos de distribución social del plusvalor. Aunque no sea una traducción automática esta posición guarda una relación estrecha con la posición de las clases en la producción. Somos conscientes de las limitaciones de esta definición a la hora de hablar de clases en un sentido pleno.

estamentos del mando capitalista. Éstos representan el actual *geldkapitalist,* cuyos intereses se han extendido a fracciones cada vez más amplias del cuerpo social. La apuesta política por la extensión y la profundización de la financiarización hasta los rincones más recónditos de la vida cotidiana, señala simplemente el poder de esta nueva clase capitalista.[7]

A las primeras manifestaciones de este nuevo dominio de clase, desde sus comienzos thatcherianos hasta los programas de estabilidad de principios de los años noventa, se les ha venido llamando neoliberalismo *tout court.* Precisamente en esos años, un programa de reformas de los principales Estados capitalistas acabaron por determinar el objetivo explicito de consolidar institucionalmente las subidas de la tasa de beneficio por medios propiamente financieros. Conviene recordar que la disolución de las políticas institucionales del keynesianismo se produjo durante los años ochenta a velocidades muy distintas y con un impacto geoeconómico muy diferenciado. Si Reino Unido entró de lleno en el desmantelamiento de las políticas del ciclo de postguerra, Alemania y los países nórdicos reorientaron su gasto público hacia nuevos objetivos y los Estados de los países periféricos, además de Francia, incrementaron el gasto público agregado.[8] La resistencia del gasto social a decrecer rápidamente en Europa contrasta, sin embargo, con la rapidez y unanimidad con que se impuso el control salarial, que fue el motor real, aunque limitado, de la recuperación de la tasa de beneficio en los años ochenta.

El nombre *neoliberalismo* hace referencia, pues, al discurso ideológico que unificó simbólicamente estas prácticas económicas bajo una referencia explícita a la esencia del capitalismo industrial decimonónico. La paradoja de esta referencia, situada en un momento mítico en el que supuestamente la acumulación de capital era «sencilla» y daba pocos quebraderos de cabeza, es que el neoliberalismo ha operado desde una lógica completamente diferente, encauzada precisamente a favorecer la articulación del beneficio financiero antes que el industrial. La formación de la hegemonía neoliberal es bien sabida. Fueron las instituciones transnacionales del Consenso de Washington (el FMI, el Banco Mundial y, en el caso que nos ocupa, la OCDE) las encargadas de proporcionar el recetario, el discurso y una supuesta dimensión global —que no soporta, por otra parte, un análisis a fondo— de las nuevas prerrogativas de intervención económica. Los principios eran sencillos: los Estados debían reducir sus déficit fiscales y desregular los mercados financieros.

7 R. Martin, *The financiarization of daily life,* Filadelfia, Temple, 2002.

8 A. Glyn, «The costs of stability: Advanced capitalist countries in the 80's», *New Left Review,* núm I/195, 1992

El gobierno sobre el déficit fiscal no llegó a ser efectivo durante la década de 1980. A principios de los años noventa, los presupuesto públicos volvieron a desequilibrarse debido al menor crecimiento, pero también, y esto era novedoso, a las fuertes reducciones de impuestos y a los altos tipos de interés de la época.[9] La OCDE llamó, entonces, a una menor financiación pública con el fin de «no desincentivar» la iniciativa privada. Igualmente, el FMI pidió presupuestos más equilibrados, esta vez mediante el recorte de los gastos y no a través de una subida de impuestos.[10] Estos llamamientos eran en realidad una simple revisión de las llamadas *economías de oferta* que, como luego se verá, se impusieron en los años ochenta como alternativa al keynesianismo.

Pero la operación central del discurso neoliberal fue la de justificar ideológicamente y dotar de un cuerpo sistemático al proceso de desregulación financiera que se había iniciado a principios de la década de 1980. En este sentido, el neoliberalismo ha conseguido subsumir los aspectos históricos concretos de la formación y apropiación del beneficio por parte de las finanzas en un discurso esencialista que remite a los elementos centrales de la ideología liberal. En ningún ámbito se puede apreciar tan nítidamente esta maniobra ideológica como en el proceso de conversión de la desregulación financiera en una no-intervención estatal en el proceso económico. Las innovaciones bancarias, que aparecieron en Estados Unidos en el periodo de postguerra[11] y luego en Reino Unido, han servido así para producir un ámbito de innovación financiera de vastas proporciones. Esta evolución ha tenido básicamente dos consecuencias. Por un lado, ha aumentado enormemente las posibilidades de endeudamiento a corto plazo de los bancos, generando nuevas oportunidades de beneficio financiero a partir de la conversión de esa nueva masa de deuda en activos canjeables. Por otro, ha alejado la inspección más o menos directa, que la Reserva Federal o los bancos centrales llevaban a cabo. De hecho, uno de los aspectos en los que más se ha dejado sentir la desregulación financiera ha sido la falta de supervisión de los numerosos instrumentos financieros que han venido surgiendo en las últimas décadas al calor del crecimiento del sector.

La innovación financiera y la desregulación estatal de estos ámbitos se enmarcan, pues, en el proceso de formación del beneficio financiero, esto es, del reparto de los flujos de liquidez transferidos a las finanzas a partir de títulos de

---

9 G. Dumenil y D. Levy, *Crisis y salida de la crisis. Orden y desorden neoliberales, op cit.*

10 «Porque la oferta y la demanda se incrementarán como una respuesta a la mayor eficiencia, productividad y crecimiento». FMI, *World economic outlook,* mayo de 1992 citado en Glyn, *op. cit.*

11 Estas innovaciones estuvieron dirigidas a incrementar la financiación privada de los bancos frente a un modelo clásico en el que las entidades bancarias financiaban su deuda a corto plazo exclusivamente mediante operaciones de adquisición y venta de deuda pública. H. Minsky, *Stabilizing an unstable economy,* Nueva York, Mc Graw Hill, 1986.

propiedad sobre el plusvalor futuro. Hay que recordar que las finanzas, en la medida en que son improductivas desde un punto de vista técnico,[12] necesitan de formas crecientemente complejas, que combinen socialización y restricción de la propiedad en los grados y tiempos adecuados, a fin de asegurar la apropiación de un beneficio creciente. Un buen ejemplo sería la imparable creación y uso de nuevos derivados financieros, en los que la mera novedad y la complejidad creciente del producto suponen la creación de nichos de beneficios extraordinarios.

Esta libertad para generar nuevos productos financieros sería una de las causas que estarían detrás de la paradoja del sector financiero: ¿cómo pueden crecer simultáneamente los niveles de competencia y la tasa de beneficio?[13] Por eso quizás sea más apropiado entender la desregulación financiera como una fuerte intervención institucional dirigida a crear un espacio financiero libre de obstáculos, en el que el objetivo es antes la reproducción ampliada del sector financiero, que la utópica apuesta por un *laissez faire* económico generalizado, tal y como es proclamado por la vulgata neoliberal.

La estructura de clases del neoliberalismo: la sociedad de propietarios

A pesar de ser un aspecto menos visible, o quizás por serlo, de las medidas neoliberales de estabilización, el proceso central y más duradero de las prácticas económicas neoliberales ha sido el reforzamiento del dominio de clase de los capitalistas en dinero a través de la transferencia de porciones

---

12 La cuestión del origen y la expansión de los beneficios en las finanzas no se resuelve apelando a su carácter técnicamente improductivo. Esta apelación supone, más bien, el punto de partida del análisis desde el que se deben recomponer las redes más amplias de realización del plusvalor en la circulación sin las que simplemente sería imposible la acumulación de capital. Este tema fue objeto de un interesante debate en las páginas de la *New Left Review* entre Robert Pollin y Giovanni Arrighi a propósito de la identificación de fases históricas de hegemonía del capital financiero. Robert Pollin se preguntaba: «¿De donde surge el beneficio financiero?» Y apuntaba tres posibilidades: a) algunos capitalistas ganan dinero a expensas de otros capitalistas; b) la clase capitalista fuerza una distribución a su favor del producto social cuyo reparto final se dirime por medios financieros; c) las finanzas pueden generar beneficios sostenidos en el movimiento de capitales de líneas productivas y de distribución con tasas reducidas de beneficio a otras líneas con tasas crecientes de beneficio. Esta última visión coincide con la calificación del trabajo financiero en su relación con los procesos productivos a la que Gerard Dumenil ha denominado trabajo maximizador de la tasa de beneficio. R. Pollin, «Contemporary stagnation in world historical perspective», *New Left Review,* núm. I/219, 1996 y G. Arrighi, «Financial expansions in a world historical perspective. A reply to Robert Pollin», *New Left Review,* núm. I/224, 1997.

13 J. Crotty, «If Financial Market Competition is so Intense, «Why Are Financial Firm Profits so High?», *PERI Working paper series,* núm. 134, 2007.

crecientes del producto social hacia los sectores más altos de la escala salarial.[14] En una situación de estancamiento generalizado del salario medio, el creciente control de distribución del plusvalor por parte de los más ricos se ha consolidado mediante una alianza con la capa más alta de los asalariados. En paralelo, así, a la rápida concentración de la riqueza en el pequeño segmento de los superricos, se ha producido una fuerte subida en el porcentaje de la masa salarial captada por el 10 o el 20 % superior de la distribución de ingresos.[15] Esta capa está formada principalmente por los nuevos gestores financieros, pero también por toda la superestructura laboral que les proporciona servicios de «alta gama», tanto en los ámbitos laborales como personales, desde los gabinetes jurídicos hasta los servicios privados de salud.[16] A esta capa de asalariados ricos se le suele denominar *working rich*[17] como contraposición al otro fenómeno social emergente que genera la redistribución neoliberal, los *working poor*,[18] o trabajadores a los que su salario nominal no les permite superar los umbrales de pobreza.

Por consiguiente, si la complicidad del 10 o el 20 % más rico con el orden neoliberal se ha generado fundamentalmente a partir de una mayor captación de los salarios, el dominio del 1 % superior se ha basado en un fuerte control de las rentas de capital y, desde mediados de los años noventa, de las ganancias de capital por revalorización de activos.[19] Consecuentemente,

14 Dumenil y Levy muestran que la concentración de los ingresos en las capas más altas de la pirámide (el 1 % y el 0,01 % más rico) ha seguido una trayectoria en U desde principios de siglo hasta ahora, pasando por su punto más bajo durante la Segunda Guerra Mundial. G. Dumenil y D. Levy, «Neoliberal income trends», *New Left Review*, núm. 30, 2004.

15 Es ya clásico el análisis comparativo de Piketty y Saez sobre los patrones de desigualdad del periodo de postguerra y los que surgen de la crisis de 1973 en EEUU. T. Piketty y E. Saez, «Income Inequality In The United States 1913-1998», *The Quarterly Journal of Economics*, vol. CXVIII, Issue 1, febrero de 2003.

16 El papel que han desempeñado los servicios a la producción ligados al crecimiento del sector financiero, entendido en un sentido amplio, en la reestructuración del empleo de los últimos treinta años ha sido extensamente analizado, tanto en el marco de la nueva distribución sectorial del trabajo como de sus impactos sobre las configuraciones urbanas. En este último campo es clásico el análisis de Saskia Sassen, *Cities in a world economy*, Pine Forge, Thousand Oaks, 2000.

17 «La categoría de los trabajadores ricos se construye como un espejo inverso de la categoría de los trabajadores pobres *(working poor)*, de la misma manera que se puede ser pobre y muy pobre teniendo un trabajo asalariado, se puede ser rico gracias al trabajo». O. Godechot, *Working Rich*, París, La Decouverte, 2007.

18 El surgimiento de los modernos *working poor* como categoría social se puede rastrear fácilmente en las diferentes encuestas de condiciones de vida bajo la rúbrica trabajadores en riesgo de pobreza. España con una tasa de trabajadores en riesgo de pobreza cercana al 10 % es uno de los países con peores resultados en este indicador.

19 D. Power, B. Epstein y G. Abrena, «Trends in the Rentier Income Share in OECD Countries 1960-2000», *PERI Working paper*, núm. 58a, 2003.

aunque existen fuertes diferencias entre los *superricos* y los *working rich*, durante los años del neoliberalismo ha habido una diferencia aún mayor entre éstos y el resto de la población, que fundamentalmente ha visto cómo su salario real seguía decreciendo. Un deterioro generalizado del poder adquisitivo de las mayorías sociales que sólo se ha visto compensado, tal y como se verá, con cargo a unos niveles de endeudamiento nunca vistos.

Se podría afirmar que el discurso neoliberal constituye la justificación institucional de la emergencia de un capitalismo de «dos niveles», en permanente oposición al resto de la población.[20] Estos dos niveles estarían representados por las dos posiciones mencionadas respecto al reparto del plusvalor y la captación de rentas salariales, y sólo resultarían legibles a partir de las distintas composiciones patrimoniales de ambos grupos. En el primer nivel, se encontrarían, por lo tanto, las formas de propiedad financiera de la clase capitalista. Todo lo más el 1 % de la población. El poder de estas capas se basa en la fuerza de sus instituciones financieras para ejercer presión sobre el reparto de beneficios de las empresas no financieras. Esta modalidad incluye el uso de los fondos de inversión así como instituciones de inversión especiales,[21] dirigidas a la consecución de ingresos financieros. En un segundo nivel, se encontrarían las capas salariales superiores, que accedieron a las rentas de capital a partir de una posición pasiva en el uso de los fondos de jubilación o de los títulos bursátiles.

Pero ¿cómo afecta el proceso de financiarización al 80 o 90 % restante de la población? Las mayorías sociales han sido indudablemente las principales perjudicadas de la política de rentas y de control salarial; y también de las estrategias de acumulación por desposesión —desarme parcial del *welfare*, privatización de servicios públicos y sistemas de pensiones, destrucción ambiental— que están detrás de la estrategia de elevación de la tasa de beneficio de las últimas décadas. Sin embargo, la rapidez de las innovaciones en el sector financiero y la incorporación al análisis de la propiedad inmobiliaria pueden haber dejado completamente atrás la idea de que la mayor parte de la población ha sido un mero receptor pasivo de la solución financiera. De hecho, la gran innovación social y económica de la última década ha sido la integración de buena parte de la población —incluidas las capas sociales más pobres— a los procesos de financiarización. La razón se encuentra en las nuevas posibilidades de diversificación en la composición de los patrimonios, así como en la aparición de formas socialmente extensivas

---

20 G. Dumenil y D. Levy, *Neoliberal income trends, op. cit.*

21 Es el caso de las SICAV (Sociedades de Inversión en Capital Variable) en España, vehículos especiales de inversión de las grandes fortunas, con unas condiciones fiscales especialmente ventajosas, pues sólo tributan el 1 % de sus beneficios.

de obtención de ingresos ligados a la subida de los precios de los activos y que tendrían como contraparte la expansión del endeudamiento personal a niveles nunca antes vistos.

A falta de una alternativa mejor, el concepto que aquí debe servir de referencia para entender este desarrollo es el de *keynesianismo de precio de activos*.[22] Con este término, Robert Brenner nombraba el mecanismo que había permitido el largo crecimiento de las economías occidentales entre 1995 y 2007 —muy especialmente la estadounidense, pero también la española— a partir de una sucesión de burbujas financieras e inmobiliarias en las que la expansión del consumo y del endeudamiento de las familias había tenido un papel protagonista. De forma sucinta, el *keynesianismo de precio de activos* señala los efectos que tienen sobre el consumo (efecto riqueza) las burbujas del precio de los «activos» —ya sean financieros o inmobiliarios— en manos de las familias. El crecimiento de los valores nominales de los patrimonios domésticos tiende a estimular nuevas rondas de aumento del consumo y del endeudamiento, con obvias consecuencias tanto en la demanda agregada como en los beneficios financieros.

El doble «circulo virtuoso» del keynesianismo de precio de activos se cierra sin necesidad de incrementar los salarios ni de aumentar el gasto público, animando el crecimiento simultáneo de la demanda agregada y de los beneficios financieros. Pero para entender bien lo que supone esta dinámica económica en la nueva estructura de clase asociada a los procesos de financiarización es importante anunciar el papel que ha jugado el principal bien patrimonial de las familias, la vivienda; lo que nos pondrá en camino de entender también la propia solución espacial a la doble crisis del capitalismo global.

En los análisis de la financiarización de las economías domésticas desarrollados en Estados Unidos durante los primeros años de este siglo no se solían considerar los activos inmobiliarios. Y sin embargo, este tipo de bienes fue el verdadero soporte de la oleada de generación de beneficios financieros que acabó por desembocar en el *crash* de 2007. El resultado de esta omisión ha sido, no pocas veces, una estimación a la baja de la penetración efectiva de los

22 Quien acuñó el concepto, Robert Brenner, no da una definición sistemática del keynesianismo de precio de activos; prefiere referirlo a un contexto histórico concreto que, por ahora, ha durado desde la segunda mitad de los años noventa hasta la crisis de 2007. Esta misma indefinición nos anima a ampliar el espectro conceptual de esta noción de alto poder explicativo. Formación de demanda y endeudamiento remiten, desde luego, al keynesianismo clásico. Sin embargo, en el keynesianismo de precio de activos, la demanda depende de las burbujas de precios de activos, en lugar de los salarios. Y el endeudamiento es soportado principalmente por los hogares, en lugar del Estado. Robert Brenner, *La economía de la turbulencia global*, Madrid, Akal. Cuestiones de Antagonismo, 2009.

mecanismos financieros más allá de sus reductos en la clase alta, y del peso que pueden llegar a adquirir los *efectos riqueza* en la determinación de los volúmenes de actividad económica y en la economía de las familias. Como bien sabemos por el caso español, el «tercer nivel» de esta estructura de remuneración basada en activos financieros es fácilmente reconocible en los mercados inmobiliarios: las rentas medias y medias bajas han aumentado sus niveles de consumo a través de la revalorización de sus viviendas —desde luego, en mucha mayor medida, que por sus activos propiamente financieros[23]— apoyadas siempre en el aumento de sus niveles de endeudamiento.

Las políticas de *keynesianismo de precio de activos*, y la aparición correlativa de este «tercer nivel» social, han provocado un importante cambio en la posición del Estado en el ciclo económico y en el uso intencional de las políticas dirigidas a extender la financiarización de la vida social. Aunque este movimiento implique una socialización de la propiedad de activos financieros o inmobiliarios que es determinante a la hora de plantear la eficacia de esta reinvención del «keynesianismo» a través del endeudamiento privado, es necesario aclarar que las desigualdades en términos del valor de los activos, aún en sus momentos de mayor cotización, son aún más profundas que las que se registran en la distribución de los ingresos salariales. En términos generales, la financiarización reduplica los efectos de desigualdad de las antiguas estructuras de clase, a lo que habría que añadir la pesada servidumbre que conllevan los enormes volúmenes de endeudamiento. Como ya hemos anunciados y luego veremos para el caso español, el proceso de financiarización de las mayorías sociales ligado a los *booms* inmobiliario-financieros ha trasladado los riesgos de colapso financiero sobre unas economías domésticas cada más endeudadas y con una débil posición salarial.

En conjunto, este nuevo orden social neoliberal, en la medida en que ha producido beneficios aparentes en casi todos los estratos sociales —a pesar de la obvia depauperación salarial de las capas más débiles y del aumento de los riesgos asociados a la financiarización—, ha sido también capaz de generar fuertes efectos ideológicos que, al menos hasta fecha reciente, han tenido un cierto carácter de hegemonía. Esta hegemonía social neoliberal se podría resumir sintéticamente en otro de sus principales eslóganes: el advenimiento

---

23 Aunque oficialmente se establece una diferencia entre los activos financieros y los activos inmobiliarios, a los que se engloba dentro de los activos reales, que se mantiene en el lenguaje financiero, lo cierto es que la formación de precios de los activos inmobiliarios y su explotación hasta el límite por parte del sector financiero, los emparentan de forma directa con otros activos financieros. Por ejemplo, los precios de la vivienda se comportan de una forma mucho más parecida a los precios de una acción negociada en bolsa que a los precios de la maquinaria industrial.

de la *sociedad de propietarios*, o del llamado *capitalismo popular*.[24] Se trata, otra vez, de una de las típicas visiones utópicas de la sociedad igualitaria liberal, situada más allá del conflicto capital-trabajo: una sociedad donde el capital ha dejado de ser escaso y todo ciudadano tiene la posibilidad de superar su posición de clase a través de la validación monetaria de esta riqueza. En este constructo ideológico, el Estado es un mero armonizador que garantiza la convertibilidad entre las distintas formas de capital.

En el plano histórico, las políticas de capitalismo popular, desarrolladas en los países anglosajones a partir de finales de los años setenta, trataron de extender los títulos de propiedad a través de la posesión de activos financieros como puedan ser fondos de pensiones, pequeños paquetes de acciones y, cómo no, la vivienda por medio de las facilidades hipotecarias. Su objetivo político central era cambiar el régimen de fidelidades de la mayoría trabajadora generando un proceso de desafiliación social que debilitase las redes del movimiento obrero. Aunque se suele reconocer al gobierno de Margaret Thatcher como autor de la idea lo cierto es que, por ejemplo, el Franquismo, aunque desprovisto de la conexión financiera, había descubierto los usos políticos de la propiedad mucho antes. Por otro lado, la vivienda y el automóvil en propiedad eran ya elementos constitutivos de las *normas de consumo obrero* que constituían el núcleo del fordismo.[25]

A pesar no obstante de estas políticas, las primeras formas de estímulo de los beneficios financieros sobre la base del aumento de los tipos de interés, durante los años ochenta, dañaron sensiblemente la posibilidad de articulación de un experimento ambicioso basado en la idea de la sociedad de propietarios. Todo lo más, los ensayos thatcherianos y reaganianos de financiarización social se tuvieron que conformar con un aumento relativo del ahorro financiero de las clases mejor posicionadas, primero en forma de títulos bursátiles y, luego, por medio de instituciones de inversión colectiva como fondos de pensiones y de inversión. No fue hasta mediados de los años noventa cuando se consiguió vincular progresivamente el papel de los mercados financieros a la vieja idea de la extensión social de la propiedad mediante una política de abaratamiento del dinero que lógicamente favoreció el endeudamiento privado a todos los niveles. George Bush retomó explícitamente la vieja idea de la sociedad de

24 Robin Blackburn, «El nuevo colectivismo: reforma de las pensiones, capitalismo gris y socialismo complejo», *New Left Review*, núm. II/2, 2000.

25 Si bien ésta era la situación en unos entornos sociales dominados por el crecimiento institucionalizado de la lucha de clases, el crecimiento sostenido de la productividad del trabajo y un acotamiento férreo de los espacios del beneficio financiero. M. Aglietta, *Crisis y regulación del capitalismo*, Madrid, Siglo XXI, 1997.

propietarios en 2004 para resumir la visión de los *think tanks* republicanos de la estructura social ideal. Esta ingeniería social se estaba viendo claramente favorecida por la constante caída de los tipos de interés sobre los préstamos hipotecarios efectivos, que en ese año fueron casi negativos.

Además del viejo significado político de la idea, la apelación a la sociedad de propietarios promovía unas funciones económicas muy definidas. Esta doctrina ideológica aliada con el ascenso de las finanzas fue dando forma a una dinámica de circulación de la liquidez que acaba y empieza en las instituciones financieras y que, a través de la intervención decidida del Estado en puntos estratégicos, reestructura tanto el tejido productivo como la dinámica de ahorro y consumo de los hogares. El efecto social de las políticas de la sociedad de propietarios ha consistido en generar una fortísima barrera excluyente en torno al momento de adjudicación del titulo de propiedad: todo aquel que queda fuera de la barrera queda fuera del «circulo virtuoso» de las revalorizaciones de los precios de los títulos de propiedad.

El ojo del huracán de la crisis de 2007-2010 se encuentra precisamente en las políticas de continuo desplazamiento de esta barrera hacia los más pobres. Es el caso, entre 2003 y 2006, del apoyo de la administración Bush a la firma masiva de hipotecas *subprime* mediante medios tan descabellados como las *teaser rate*, o tipos de interés casi nulos que se mantienen durante los primeros años para luego converger con los tipos medios, siempre con la convicción de que los efectos mágicos de la propiedad convertirían a las masas pobres en fornidos consumidores,[26] compensando los enormes volúmenes de deuda que se imponían a una población compuesta básicamente por *working poors* y desempleados.[27]

En cualquier caso, la *sociedad de propietarios* no se ha desarrollado sin contradicciones ni ambigüedades. En primer lugar, la expansión masiva del endeudamiento familiar, tanto en EEUU como en España y otros países, difícilmente puede englobarse en un movimiento de subjetivación unívocamente adaptado a los presupuestos ideológicos de la sociedad de propietarios. En este masivo recurso al crédito existe, desde luego, un proceso de resistencia a la dinámica de re-proletarización de masas implícita en la precarización de la vida y en el estancamiento salarial.

---

26 Robin Blackburn, «The Subprime Crisis», *New Left Review*, núm. II/50, marzo-abril de 2008.

27 A este respecto, Alan Greenspan ofrece una buena muestra de la fuerza ideológica de la sociedad de propietarios: «Yo estaba al tanto de que la relajación en las condiciones de concesión de los créditos hipotecarios para clientes subprime incrementaba los riesgos financieros [...] Pero creía, como creo ahora, que los beneficios de una generalización de la propiedad inmobiliaria hacen que merezca la pena correr el riesgo». Citado en Robin Blackburn, «The Subprime Crisis», *op. cit.*, p. 82.

En segundo lugar, la socialización de la propiedad financiera induce en palabras de Robin Blackburn a la constitución de un *capitalismo gris*. Una zona de sombra en la que las relaciones de propiedad se difuminan, al tiempo que aparecen innumerables problemas del tipo principal-agente.[28] Problemas como la falta de control que tienen los beneficiarios de los fondos de jubilación sobre las decisiones de los gestores de fondos o también el perfil difuminado de la conversión del comprador de un préstamo hipotecario —especialmente si su préstamo ha sido titulizado y lanzado al mercado de valores— en «propietario» de una vivienda. Desde este punto de vista, la socialización que implica la extensión de la financiarización parece presentar una enorme potencialidad transformadora, siempre a condición de una intervención política tendente a restaurar la noción de propiedad social en los muchos espacios de penumbra de este capitalismo gris.[29]

El retorno de la demanda: la formación del keynesianismo de precio de activos

La teoría económica que surgió al calor de la contrarrevolución que lideraron los propietarios del capital puede ser vista como la traducción en términos de política macroeconómica de las estrategias de acumulación por desposesión. En este aparato teórico, la remuneración del trabajo como factor determinante del crecimiento económico y de la acumulación de capital sencillamente desaparece. Sin embargo, al suprimir el salario como fuente de demanda —principal pivote de la contrarrevolución neoliberal— el problema de la demanda fue soslayado en una suerte de improvisación teórica y política que sólo parece haber encontrado una solución, probablemente transitoria, en lo que hemos llamado keynesianismo de precio de activos. Antes, por lo tanto, de analizar esta estrategia de producción de demanda conviene considerar la propia genealogía histórica del problema.

---

28 Los problemas principal-agente hacen referencia a un determinado tipo de fallo en los mecanismos de representación. Las divergencias entre los intereses de los representados, principales, y los de los representantes, agentes, constituyen el centro de estos problemas. Este término se utiliza en los estudios económicos sobre gestión pero también puede ser utilizado para describir los inevitables problemas de representación de la democracia de partidos.

29 «Lo cierto es que existe una tradición de "socialismo complejo" que siempre ha visto un aspecto progresivo en la organización de la sociedad capitalista. El comunismo o el socialismo se alcanzaría no anulando esa organización compleja para volver a un pasado idílico, sino sacando partido de la mayor productividad del trabajo para encaminarla hacia un futuro verdaderamente humano y sostenible». Robin Blackburn, «El nuevo colectivismo: reforma de las pensiones, capitalismo gris y socialismo complejo», *op. cit.*

Monetarismo y economías de oferta: los laberintos de la economía política neoliberal

Durante los primeros años ochenta, las políticas asociadas a la reacción de los propietarios del capital, impulsadas por los gobiernos Reagan y Thatcher, trajeron consigo una contracción sin precedentes del crédito y una fuerte elevación de los tipos de interés. Con ello se forzó una amplia redistribución del producto social desde el trabajo hacia el capital, concretamente hacia el sector financiero, acompañada por un brusco parón en el gasto público, especialmente de las prestaciones sociales. La articulación teórica de estas políticas estuvo basada en dos principios: el control de la inflación por medio de la restricción monetaria (monetarismo) y la primacía de la oferta, o lo que es lo mismo del beneficio empresarial como dinamo de la creación de riqueza. En la arena económica real este tipo de políticas produjeron, sin embargo, un *shock* tan fuerte en la demanda internacional, que sus efectos bien pudieran ser considerados tan calamitosos como los de la crisis de la deuda.

La obstinación de los malos datos macroeconómicos determinó un rápido cambio de rumbo político: Estados Unidos se alejó muy pronto de los programas de austeridad económica y emprendió un programa de inversión militar a gran escala que finalmente permitió mantener los niveles de la demanda doméstica.[30] De hecho, la administración Reagan no sólo ha pasado a la historia por su feroz ataque a las políticas de redistribución del ingreso social sino por su decidido apoyo a uno de los mayores programas keynesianos de todos los tiempos. Prueba del cinismo de la clase política es que el consenso necesario para hacer pasar este espectacular aumento del gasto se apoyó en el patético y triste retorno del fantasma soviético y de la Guerra Fría.

El fracaso práctico de las políticas de oferta y del monetarismo, manifiesto en esta reinvención del keynesianismo en términos de gasto militar, no impidió que durante las décadas de 1980 y 1990 se mantuvieran como el vademecum de la teoría neoliberal en todos los centros de mando económico. Si bien no tuvo los efectos prácticos deseados, esta posición de hegemonía le permitió alcanzar su principal objetivo: consolidó los efectos de la contrarrevolución económica por medio de un permanente chantaje y acoso sobre los salarios.

El núcleo de estas políticas es sorprendentemente simple. Se apoyó en variantes no muy alejadas de la formulación clásica de la Ley de Say. Esta ley fue sintetizada de forma canónica en el enunciado de que *toda oferta genera*

30 Hasta los años noventa incurrió así en fuertes déficits públicos. En ese momento se puede decir que triunfó definitivamente el programa de austeridad en el gasto público, pero esta vez acompañado de fuertes intervenciones para favorecer el endeudamiento privado tanto de las empresas como de las familias.

su propia demanda. En el periodo de la gran depresión de los años treinta, esta proposición fue eficazmente contestada por Keynes y, en la práctica, desapareció del repertorio de las técnicas de gobierno de postguerra. Keynes hizo notar que la expresión completa de la Ley de Say, «hay un precio de demanda para cualquier precio de oferta a cualquier volumen de producción, porque la demanda se ajusta automáticamente a la oferta», partía de una serie de principios dogmáticos no discutidos, que llevaban a conclusiones erróneas.[31] Según este principio, no existen límites a la plena ocupación más allá de la *desutilidad del trabajo*,[32] con lo cual la competencia entre empresarios siempre debe conducir a la formación de nuevos equilibrios al alza hasta alcanzar el límite de la capacidad de reacción de la oferta, esto es, su elasticidad.

En la economía neoclásica,[33] las causas del desempleo se sitúan fundamentalmente del lado del trabajo. Dentro del modelo clásico no cabe la desocupación involuntaria y, por eso, el paro sólo puede ser de dos tipos: friccional o voluntario. En el primer caso, un desplazamiento entre sectores de la producción puede producir desempleo por falta de cualificación o de información. En otras palabras, la fuerza de trabajo no se trasvasa automáticamente de un sector de producción a otro. En el segundo, los niveles del salario real marcan el límite en el que se sitúa la *desutilidad del trabajo*. La negociación colectiva, al fijar aumentos de los salarios reales por encima de los niveles *naturales* de desutilidad del trabajo, distorsiona el reparto de la masa de los salarios nominales provocando que menos trabajadores puedan acceder al trabajo asalariado. Se clasifica, por esta razón, como *desocupación voluntaria*. De aquí se sigue fácilmente que la vía para acabar con este peculiar tipo de *desocupación voluntaria* es la bajada de los salarios reales. De este modo, se trataría de animar una incorporación de un mayor número de trabajadores a los que, paradójicamente, la propia rigidez del mercado laboral y las organizaciones obreras estaría dejando fuera.

Keynes niega que haya relación alguna entre el nivel de los salarios reales y la *desutilidad del trabajo*, a partir de una constatación muy sencilla: los aumentos en el precio de las mercancías para consumo obrero, que también fuerzan una bajada de los salarios reales, no implican ni una mayor ocupación, ni grandes oleadas de resistencia obrera. Con ello, Keynes desecha la teoría clásica de la

31 J. M. Keynes, *Teoría general de la ocupación, el interés y el dinero*, FCE, México, 1997.

32 Por desutilidad del trabajo se entiende «cualquier motivo que induzca a un hombre o a un grupo de hombres a abstenerse de trabajar antes que aceptar un salario que represente para ellos una utilidad inferior a cierto límite». *Ibidem*, p. 39.

33 Keynes se suele referir como muestra más acabada de esta teoría neoclásica de la ocupación a *Theory of Unemployment* de Pigou.

ocupación y propone, en su lugar, el principio de la *demanda efectiva* como guía rectora del volumen de ocupación. El presupuesto de la demanda efectiva es la no equivalencia entre ingreso y consumo. Dicho de otro modo, los aumentos de los ingresos agregados nunca van seguidos de aumentos del consumo en igual proporción, por lo tanto:

> Para justificar cualquier cantidad dada de ocupación, debe de existir cierto volumen de inversión que baste para absorber el excedente que arroja la producción total sobre lo que la comunidad decide consumir cuando la ocupación se encuentra a dicho nivel; porque a menos que exista este volumen de inversión, los ingresos de los empresarios serán menores que los requeridos para inducirlos a ofrecer la cantidad de ocupación que se trate.[34]

Además de introducir un espacio para la función del gasto público como garantía de ese «cierto volumen de inversión» capaz de desbloquear el proceso de acumulación, Keynes articula una definición del dinamismo del sistema económico apoyándose en las modulaciones de dos conceptos básicos para el entramado económico de la edad de oro del keynesianismo, *consumo e inversión*. Con estos dos elementos buscaba una completa redefinición del papel del trabajo dentro de la acumulación capitalista: «La propensión a consumir y el coeficiente de inversión nueva determinan, entre ambos, el volumen de ocupación, y éste está ligado únicamente a un determinado nivel de los salarios reales, no al revés».[35] Dentro de este planteamiento, un nivel bajo de los salarios reales sólo puede ser considerado como un freno a la incorporación de más fuerza de trabajo al proceso productivo. Los salarios guardan una estrecha relación con los niveles de consumo e inversión y, en definitiva, de la *demanda efectiva* en que éstos se traducen.

Con variaciones temporales y nacionales, éste fue el marco sintético que permitió unificar en una sola ingeniería social tanto el crecimiento económico y el pleno empleo como la gestión de la relación capital-trabajo. Por medio, de lo que en definitiva fue el gran pacto social y político de la gran postguerra mundial, se estableció un patrón de incremento sostenido de los salarios de acuerdo al crecimiento de la productividad. Con este presupuesto, la oferta quedaba subordinada a la demanda.

Tal y como hemos visto, tras treinta años de hegemonía de este modelo, el retorno a las posiciones prekeynesianas fue una consecuencia de los efectos largos de la crisis de 1973. La combinación de la ruptura obrera del pacto fordista y de la aparición de excesos de capacidad productiva a nivel mundial, provocados por el recrudecimiento de la competencia internacional, tuvo como consecuencia

34 J. M. Keynes, *Teoría general de la ocupación, el interés y el dinero, op. cit.*, p. 57.

35 *Ibidem*, p. 60.

una caída de la tasa de beneficio. Esto acarreó un parón de la inversión en capital fijo en la industria y una caída de la productividad del trabajo. Quedó así completamente trastocado el equilibrio de las tres variables que regían la política macroeconómica keynesiana de animación de la *demanda efectiva*: en primer lugar, la *propensión a consumir* generada por los incrementos en el salario real; en segundo, la *eficiencia marginal del capital* determinada por los precios de oferta y la tasa de beneficio anticipada; y, en tercer lugar, los bajos niveles de los tipos de interés que propulsaban las fuertes tasas de formación de capital fijo.

Por un lado, la anticipación de la tasa de beneficio por parte del capitalista sólo era posible en un marco de incrementos sostenidos de la productividad del trabajo. Los conceptos de la gestión keynesiana de las economías occidentales fueron incapaces de evitar la aguda caída de la tasa de beneficio que definió globalmente la dinámica de la crisis de 1973. El capital tuvo que enfrentarse a estas menguantes tasas de beneficio en una situación de pleno empleo en la que los mecanismos de negociación colectiva determinaban en gran medida el nivel salarial.[36] Durante los primeros años de crisis, la presión de luchas obreras cada vez más radicalizadas condujo a que los salarios siguieran aumentando a un ritmo semejante al que mantenían cuando las altas tasas de productividad del trabajo permitían mantener los ratios de beneficios/salarios en la distribución del producto social. La subida de los salarios en un nuevo contexto de juego de suma cero provocó una alteración en el ámbito de la distribución. Y esto generó fuertes episodios de presión sobre los beneficios *(profit squeeze)* en casi todas las economías occidentales.

El *profit squeeze* agravó temporalmente la dinámica estructural de crisis ligada al aumento de la competencia internacional y provocó aún mayores caídas de la tasa de beneficio y una incorporación de los costes salariales a los precios finales. La subida de precios en un contexto de exceso de competencia, que estaba minando las estructuras monopolistas de formación de precios, contribuyó a unas menores tasas de retorno. Si a estos factores estructurales y geoeconómicos se le suma el *shock* «externo» de la subida de los precios del petróleo se obtiene un escenario marcadamente inflacionario.

La espiral salarios-precios sirvió para justificar dos importantes líneas de intervención en casi todos los países: la política de rentas y de control salarial, que estuvo en la base de la contrarevolución conservadora, y las políticas monetaristas. Conviene destacar que la base social de estas últimas ya no se encontraba en la presión de los capitanes de la industria, sino en los principales conglomerados

36 Los mecanismos por los que el pleno empleo supone un empoderamiento de la clase trabajadora fueron descritos en el clásico de Michal Kalecki, «Political Aspects of Full Employment», *Political Quarterly*, vol. 14, 1943.

financieros internacionales, esto es, en los capitalistas en dinero que veían como la deuda —su principal activo económico— se devaluaba de forma acelerada.[37] La primera respuesta «teórica» a esta demanda fue cocinada en la Escuela de Chicago, de la mano de Milton Friedman. La reacción monetarista tuvo, efectivamente, la virtud política de dar una serie de pautas muy simples para la gestión política de la crisis que enlazaban directamente con los intereses de los propietarios de deuda.

La proposición central del monetarismo friedmanita se puede resumir así: la clave de la intervención estabilizadora sobre el ciclo económico está en el control del stock de dinero y, por lo tanto, debe consistir exclusivamente en una política monetaria. Según los monetaristas, la política monetaria había demostrado una enorme solidez en el control de la demanda de dinero, incluso en situaciones de hiperinflación, mientras que otros acercamientos estaban invariablemente sometidos a una enorme incertidumbre sobre sus resultados. En concreto, se atacaba a las políticas de gestión de la demanda en tanto generadoras de inestabilidad monetaria. Estas políticas relajaban los criterios monetarios con el fin de financiar el gasto público necesario para incentivar la demanda. Según los monetaristas, la cualidad decisiva que deben tener las reglas que gobiernan la política económica es la de ser inequívocas. Todo lo que se debería hacer en política económica es que los bancos centrales vigilen los niveles de crecimiento del stock monetario y que establezcan automáticamente[38] la tasa de interés que corresponde al volumen deseado del stock monetario.[39] Por supuesto, este reduccionismo orientado a restablecer altas tasas de interés puede, fácilmente, ser recubierto de una ideología de minimización del papel del Estado en la vida económica y de una correlativa ganancia en libertad individual. Como ya hemos avanzado, las recetas monetaristas tomadas en sentido estricto tuvieron un recorrido muy corto, dando la razón a las teorías keynesianas del dinero endógeno.[40] Estas teorías habían señalado que las restricciones de la oferta monetaria son poco menos que imposibles en sentido estricto ya que cualquier préstamo[41] genera depósitos y, por tanto, dinero.

---

37 G. Dumenil y D. Levy, *Crisis y salida de la crisis. Orden y desorden neoliberales*, *op. cit.*

38 De hecho, en los momentos álgidos de la ideología monetarista, Friedman propuso sustituir la Reserva Federal por un ordenador que ajustase automáticamente la tasa de interés a los movimientos de los agregados monetarios. T. Palley, *Milton Friedman, the great conservative partisan.* Disponible en: http://www.thomaspalley.com/?p=59

39 B. De Long, «The triumph of monetarism?», *Journal of economic perspectives*, 2000.

40 Las teorías del dinero endógeno sostienen que el dinero se genera en la propia actividad económica, principalmente a través de los préstamos. Es decir, no hay ningún stock monetario previo a la demanda de dinero. En el marco de la teoría keynesiana, este es un proceso esencial para la formación de la demanda agregada. P. Arestis y M. Sawyer, «Aggregate demand, conflict and capacity in the inflationary process», *Cambridge Journal of Economy*, 2005.

41 Conscientes de este defecto de su teoría, los monetaristas llegaron a exigir que los bancos cubrieran el 100 % de los préstamos con sus propias reservas. B. de Long, «The triumph of monetarism?», *op. cit.*

No obstante, en un sentido laxo, la contrarrevolución monetarista caló muy profundo. El monetarismo elaboró dos líneas principales de ataque sobre la articulación social del modelo keynesiano. Por un lado, al descartar la posibilidad de intervenir en la política económica por medios extramonetarios, se deslegitimó cualquier posibilidad de estabilización a partir de las políticas fiscales. Las «economías de oferta» construyeron su armazón político sobre este descrédito. Por otro, la intervención monetarista señaló directamente al pleno empleo como causante de las espirales inflacionistas y recuperó la visión prekeynesiana de las subidas de los salarios reales y de la negociación colectiva como simples obstáculos para la creación de empleo. Se restableció así la concepción de la llamada tasa natural de desempleo como síntoma del correcto funcionamiento de la actividad económica.

En la práctica, esta recuperación significaba que la elección entre la estabilidad de los precios y el pleno empleo dejaba de existir para la política económica, ya que este último no se consideraba como prioridad para la única instancia posible de intervención: los bancos centrales. Esta posición política se materializó en la aceptación casi universal, entre la mayoría de los economistas, del elemento que ha guiado la relación entre la política económica y el mercado laboral durante las últimas dos décadas, la formulación de la NAIRU *(Non Accelerating Inflation Rate of Unemployment),* un constructo abstracto que genera una posición de equilibrio establecida desde el lado de la oferta y que trata de determinar el nivel de desempleo que genera una inflación estable. Según esta posición, cualquier política de gestión de la demanda orientada al pleno empleo conlleva presiones inflacionistas al hacer caer la tasa de desempleo por debajo de la NAIRU. Dicho en términos más familiares y simplificado notablemente, se puede decir que las políticas que se derivan del control de la NAIRU aspiran a mantener un ejército de reserva lo suficientemente amplio como para desarticular las presiones que ejerce el pleno empleo sobre las demandas salariales en la negociación colectiva.[42]

---

42 Las criticas de la NAIRU dentro de las corrientes económicas heterodoxas distan mucho de ser unánimes. Éstas van desde la identificación, siguiendo la tradición de Marx y Kalecki, de la NAIRU con el «ejercito de reserva industrial», pasando por la crítica postkeynesiana de las consecuencias del olvido de la demanda efectiva y la tasa de crecimiento del stock de capital como determinantes del nivel de ocupación, pasando por las posiciones que defienden la NAIRU como un simple constructo abstracto capaz de adaptarse a los presupuestos neokeynesianos, postkeynesianos y marxistas, al tiempo que rechazan su identificación con la tasa natural de desempleo de los monetaristas. En esta última posición es interesante el análisis de E. Stockhammer, «Is the NAIRU a Monetarist, Neokeynesian, Post Keynesian or a Marxist Theory?», *Working paper*, núm. 96, Vienna University of Economics, 2006.

Sin embargo, un factor que, ya en los años noventa, avisaba de un retorno de las políticas de gestión de la demanda en EEUU fue la caída de la tasa de desempleo por debajo de los niveles de la NAIRU. Esta situación era considerada como una política inevitablemente inflacionista desde el punto de vista del monetarismo y de las economías de oferta. Sin embargo, a pesar de que a lo largo de la década de 1990 el desempleo se mantuvo por debajo del 6 % —el presunto valor de la NAIRU en Estados Unidos—, no se registraron tensiones inflacionistas. La solución a este «misterio» se comprende mucho mejor si se tiene en cuenta que la reducción de la inflación distributiva, mediante las presiones a la baja sobre los salarios que ejerce el *ejercito laboral de reserva,* no requiere ningún nivel concreto de la tasa de desempleo siempre que la fuerza de trabajo sea lo suficientemente precaria y haya incorporado la precariedad a su condición subjetiva.[43] Por otro lado, desde un punto de vista estructural el estancamiento de la composición orgánica del capital, medida por la ratio capital/trabajo, que se registró a partir de mediados de los años noventa en Estados Unidos, y también en España, favoreció las políticas activas de empleo precarizado, al robar terreno al paro tecnológico.[44]

Otro de los efectos de larga duración del ataque ideológico del monetarismo fue la concepción de los bancos centrales como una entidad «independiente», encargada fundamentalmente de vigilar los niveles de inflación. Esta acotación suponía la eliminación *de facto* de todas aquellas funciones que los bancos centrales habían asumido dentro del marco keynesiano, en tanto agentes de desarrollo económico.[45] Estas funciones incluían los controles de capital, la fijación de los tipos de cambio o los controles de crédito, incluso si estos últimos son otra forma de control de la inflación. Desde la perspectiva de la contrarrevolución monetarista, estas funciones debían ser codificadas como injerencias políticas en la organización de los mercados. La desaparición de los controles sobre el crédito suponía la eliminación de toda posibilidad de organizar la estructuración sectorial de la economía mediante la gestión centralizada de la asignación del propio crédito y la afirmación, por la práctica, de que el único sector con legitimidad para beneficiarse de las políticas de los bancos centrales era el sector financiero.

La progresiva unificación entre los bancos centrales y el sector financiero, que en su día fue rechazada por los monetaristas, ha ido progresivamente afianzándose hasta la actual situación de fuerte dependencia de las finanzas de las políticas monetarias. La desaparición de los controles de capital —

43 Robert Pollin, *Los contornos del declive,* Madrid, Akal. Cuestiones de Antagonismo, 2006.

44 G. Dumenil y D. Levy, *Crisis y salida de la crisis, op. cit.*

45 Epstein, G. «Central banks as agents of economic development», *PERI working paper,* núm. 105, 2005.

considerada uno de los rasgos más sobresalientes de la globalización económica— ha supuesto enormes dificultades para la organización espacial de la producción dentro de cada país. Por ejemplo, esta ideología del banco central, como única instancia de regulación monetaria, ha sido particularmente visible en el proceso de creación del Banco Central Europeo, un organismo construido como regulador semiautomático de los niveles de inflación. Algo por completo alejado de cualquier tentación keynesiana.

El gran éxito político del monetarismo fue la nominación por Jimmy Carter del reconocido monetarista Paul Volcker como presidente de la Reserva Federal en 1979. Tal y como se ha visto, la medida de mayor calado de Volcker fue la radical alza de los tipos de interés, exigencia natural dentro del marco de la nueva orientación de la política monetaria. Esta medida tuvo como consecuencia la fortísima recesión de 1981-1982 que produjo un ascenso de las tasas de desempleo hasta niveles no conocidos en Estados Unidos desde la crisis de 1929. El drástico incremento de los tipos de interés que llegaron al 20 %[46] supuso también el aumento de los déficit públicos y la crisis de la deuda en Latinoamérica.[47] De acuerdo con sus propósitos, la inflación descendió desde el 13 % al 3 % en 1983, pero la economía norteamericana necesitó de un amplió programa de keynesianismo militar con el fin de que se mantuviera mínimamente la demanda de la manufactura industrial.

Al final, el monetarismo acabó por considerarse un impedimento y un límite para los propios intereses de los capitalistas en dinero. La extensión del proceso de financiarización estimuló un cambio organizacional desde el modelo del banco tradicional dependiente de la captación de intereses —proclive a los altos tipos de interés— hacia la hegemonía de los *hedge funds* (fondos de cobertura) y las firmas de *capital riesgo*, dependientes de altos niveles de apalancamiento para sus operaciones a gran escala, por un lado, y hacia la generalización de los servicios financieros personales que extraen el beneficio financiero a partir de una mayor penetración en el cuerpo social, por otro. Estos movimientos suponían una menor dependencia de los altos tipos de interés para la obtención de retornos financieros elevados. De hecho, los tipos de interés a corto plazo, los más importantes para las grandes operaciones de apalancamiento, bajaron desde el 7,25 % al 6,28 % después del *crash* de octubre de 1987. Esta medida antepuso, por primera vez desde el «golpe Volcker», la primacía de la estabilidad de los mercados financieros frente a la lucha contra la inflación. En septiembre de 1987, la Reserva Federal estadounidense y su recién nombrado presidente Alan Greenspan enmarcaban la medida en unos

46 J. K. Galbraith, «The collapse of monetarism and the irrelevance of the new monetary consensus», *The Levy institute of Bard College*, 2008-1.

47 G. Dumenil, y D. Levy, G. Dumenil y D. Levy, *Crisis y salida de la crisis*, *op. cit.*

términos que les servirían de guía durante los siguientes veinte años: «La Reserva Federal, de acuerdo con sus responsabilidades como banco central, afirma hoy su disposición a servir como fuente de liquidez para el sistema económico y financiero».[48] Nótese bien que frente a la constitución del banco central, según la biblia monetarista, como simple regulador de la masa monetaria, aquí la principal institución monetaria tenía funciones mucho más activas.

En realidad, a pesar de la hegemonía del discurso monetarista, la verdadera función de los bancos centrales en el entramado financiero que surgió de la crisis de 1973 ha sido, tal y como había analizado el postkeynesiano Hyman Minsky, la de asumir las funciones de prestamista de última instancia *(lender of last resort)*. De hecho, las actuaciones de rescate proliferaron, en todos los países occidentales, durante las crisis financieras de 1973-1975, 1981-1983 y 1986-1987. En estos episodios, como en los más recientes (2007-2008), los bancos centrales pusieron un suelo a las caídas de los valores financieros[49] mediante la compra de aquellos activos no canjeables en el mercado o que estaban seriamente devaluados. Ni que decir tiene que esto implicaba una fuerte socialización de los riesgos. Según este argumento, sólo la discrecionalidad y el carácter episódico de las crisis financieras permitieron que se desarrollara un espejismo monetarista que postulase para los bancos centrales prioridades diferentes de la estabilidad de los mercados financieros.

En términos políticos, el monetarismo *per se* fue incapaz de conquistar de forma permanente los centros decisionales del Estado, y esto no sólo debido a su disfuncionalidad «en última instancia» para los intereses financieros, sino también a su visión extraordinariamente negativa de la intervención pública. Los monetaristas insistían mucho en lo que el Estado no debía de hacer: regular la vida económica, redistribuir el ingreso, promover el consumo colectivo o incurrir en déficit presupuestario. Pero proporcionaban poca orientación a sus aliados de la derecha reaganiana y thatcheriana sobre cómo utilizar el aparato estatal. Como preveía James Tobin en 1981,[50] las economías de oferta *(supply side economics)* estaban mucho mejor diseñadas para este fin.

El énfasis de las economías de oferta se centró en la utilización del sistema fiscal como herramienta para generar flujos monetarios hacia los estratos más altos de la distribución de ingresos. En los propios términos de esta corriente, se trataba de que la política fiscal no estrangulase el lado de la

48 Citado en R. Parenteau, «The late 1990's US bubble», en G. Epstein (ed.), *Financialization and the world economy*, Cheltenham, Edward Elgar, 2005.

49 H. Minsky, *Stabilizing an unstable economy, op. cit.*

50 «Las *supply side economics* son una vertiente más positiva de la actual ideología derechista, ponen el enfasis en las reducciones de impuestos y la desregulación como incentivos para el trabajo, el ahorro y la eficiencia» J, Tobin. «The monetarist counter-revolution», *The Economic Journal*, núm. 361, 1981.

oferta *(supply side)*, es decir que los capitalistas no cargasen con los costes del déficit estatal y que, por idénticos motivos, no se impusiera una negociación colectiva centralizada que hiciera aumentar los costes del trabajo.

El término clave de las economías de oferta son los *incentivos*. Y éstos son de dos tipos: a la inversión y al trabajo. Los primeros se generarían recortando impuestos para los empresarios —incentivos a la inversión—; los segundos, forzando el estancamiento de los salarios reales y retirando las protecciones al trabajo como puedan ser los salarios indirectos y la protección social.

El segundo gran concepto de las economías de oferta fue el *goteo (trickle down)*.[51] Esta posición política mantiene, contra toda evidencia empírica, que dando dinero a los más ricos, éste se filtra hasta llegar hasta el último rincón de la sociedad generando una mejora general de los niveles de vida. Tal y como decían sus partidarios en los años ochenta: «Una marea alta hace flotar a todos los barcos». Aunque el *goteo* haya vuelto a la escena de la economía política con las economías de oferta se trata de una proposición económica mucho más antigua, y está muy relacionada con la llamada *Curva de Kuznets*. Este «teorema» económico sostiene que la desigualdad social se elimina automáticamente con un crecimiento sostenido del PIB.[52] Un principio, por lo tanto, clásico en el repertorio del desarrollismo y de los mitos del crecimiento económico.

Por supuesto, las economías de oferta y el monetarismo son dos aspectos de la contrarrevolución conservadora y como tales tienen muchos puntos en común: prioridad de la inflación, ataque a los salarios, la mitología del mercado autorregulado, etc. Sin embargo, es innegable que frente a los automatismos del monetarismo friedmanita, las economías de oferta proporcionaron herramientas políticas mucho más útiles; herramientas que en su mayoría siguen aún vigentes. La nueva gestión de la política fiscal y la ingeniería de un mercado laboral flexible a la medida del lado de la oferta han generado dispositivos disciplinarios de un amplio calado social; dispositivos que han resultado indispensables para el

---

51 Uno de los primeros lugares en los que se pudo ensayar las economías de oferta y las virtudes del «goteo» fue el Chile de Pinochet. Milton Friedman asesoró gustosamente a su amigo Pinochet en materia económica. En una cariñosa carta enviada al nuevo dictador, tras el golpe de estado de 1973, Friedman, le decía: «En la práctica, disminuir el gasto público es, de lejos, la manera más conveniente para reducir el déficit fiscal ya que, simultáneamente, contribuye al fortalecimiento del sector privado y, por ende, a sentar las bases de un saludable crecimiento económico». Milton y Rose Friedman, *Two Lucky People*, Chicago, The University of Chicago Press, 1998. Citado en LadinamoBlog: http://www.ladinamo.org/blog/?p=440

52 La Curva de Kuznets ha tenido muchas lecturas, una de las más frecuentes es la llamada Curva de Kuznets Ambiental, según la cual el crecimiento del PIB generaría por sí mismo una mejora de las variables ambientales. Sobra decir que las evidencias empíricas apuntan en un sentido diametralmente opuesto. Una crítica demoledora de esta posición se puede ver en O. Carpintero, *El metabolismo de la economía española 1956-2000*, Lanzarote, Fundación Cesar Manrique, 2004.

lanzamiento a gran escala de los mecanismos de acumulación por desposesión. Como muestra, basta comprobar que en una de las últimas encarnaciones del monetarismo, el *nuevo consenso monetario*, hasta el impávido banco central de Milton Friedman tomó un sesgo disciplinario. Según esta escuela, la función principal del banco central era la de mantener la credibilidad de su política antinflacionista. De este modo, los trabajadores tendrían que responsabilizase de los efectos de sus demandas salariales. Los propios «currelas» debían tener perfectamente claro que sus demandas, en caso de ser «excesivas», serían castigadas con altas tasas de interés.[53]

Por supuesto, el hecho de que tanto el monetarismo como las economías de oferta hayan producido un arsenal político e ideológico irrenunciable para la contrarrevolución de la derecha económica —aceptado gustosamente, en muchos puntos, por la antigua socialdemocracia— no quiere decir que sus soluciones doctrinarias hayan conseguido resolver el problema de la demanda efectiva. Ni tampoco que hayan solucionado el exceso de capacidad productiva a nivel mundial. La mera transferencia del producto social hacia las finanzas no es capaz de generar una contratendencia consistente a la caída de la tasa de beneficio. Únicamente puede crear las «condiciones de oferta» para futuras expansiones financieras al provocar mayores caídas en los márgenes de beneficio industriales y aumentar la preferencia por la liquidez de los capitalistas en un contexto caracterizado por el exceso de capacidad y la carestía de oportunidades rentables de inversión productiva. En palabras de Arrighi: «Las expansiones financieras sostenidas se materializan sólo cuando el aumento de la preferencia por la liquidez de las agencias capitalistas se encuentra con las condiciones de demanda adecuadas».[54]

La recomposición de la demanda: los efectos riqueza y las burbujas patrimoniales

La forma histórica que han tomado estas «condiciones de demanda adecuadas» durante los últimos años del siglo XX y primeros años del siglo XXI, han sido los *efectos riqueza*.

Recapitulemos: a pesar de la depauperación salarial, del «pleno empleo» precario asociado a la explosión del sector servicios y del *boom* de las cotizaciones bursátiles, las tasas de beneficio del sector privado de los principales países desarrollados no recuperaron los niveles previos a la crisis de 1973. En este

53 J. K. Galbraith, *The collapse of monetarism and the irrelevance of the new monetary consensus, op. cit.*

54 G. Arrighi, «Financial expansions in a world historical perspective. A reply to Robert Pollin», *New Left Review*, núm. I/224, 1997.

contexto, durante los 35 años que siguieron a la crisis de 1973 no se ha dejado de plantear la contradicción de fondo que define la dinámica del proceso de acumulación de los países capitalistas avanzados: «El crecimiento lento de la demanda agregada y el exceso de oferta agregada se refuerzan mutuamente en un circulo vicioso. Cuanto más se desarrollan las presiones competitivas, más se fuerza a las empresas a recortar salarios, a machacar a los sindicatos, a sustituir trabajo caro por trabajo barato y a presionar a los gobiernos para que recorten el gasto y las empresas y las familias más ricas puedan beneficiarse de las bajadas de impuestos sin erosionar el superávit presupuestario. Pero estas acciones constriñen aún con más fuerza la demanda global, generan unas presiones competitivas todavía mayores, y vuelta a empezar».[55] Se refuerza, así, la vieja predicción de Keynes respecto a la inevitabilidad, «salvo que nos pasemos al comunismo», de la disyuntiva entre restituir la tasa de beneficio por la vía expansionista de la demanda o por la vía contraccionista de la reducción de costes, esto es, la vía de la oferta[56] o lo que es lo mismo, del consumo interno frente a la exportación.

Por otro lado, a lo largo de los años noventa, tal y como hemos visto, las ramificaciones de la financiarización desbordaron paulatinamente el ámbito de los mercados de valores y de la financiación empresarial para penetrar progresivamente en el tejido social. La síntesis al problema de la demanda se encontró así en el *keynesianismo de precio de activos*. De este modo, los mecanismos financieros ligados a la facilidad del endeudamiento privado permitieron elevar la demanda de bienes de consumo y, a modo de bucle, la adquisición de nuevos productos financieros —el caso de las hipotecas sería paradigmático. Este mecanismo cumple un doble propósito. Por un lado, encaja perfectamente con el nuevo esquema de posiciones en la apropiación del producto social, puesto que aumenta el volumen de circulación de ingresos hacia las finanzas, cuyo beneficio alimenta a su vez a las nuevas elites propietarias. Y por otro, produce un aumento en la demanda que contrarresta la caída secular de los salarios reales. Dicho de otro modo, en los países capitalistas avanzados se ha articulado una nueva fuente de dinamismo económico, basada en la recomposición financiera de la demanda. El resultado debiera ser la restauración del beneficio capitalista en un contexto caracterizado por la depresión salarial y el estancamiento de la tasa de beneficio en los sectores centrales de la manufactura.

---

55 J. Crotty, «The Neoliberal Paradox: The Impact of Destructive Product Market Competition and "modern" financial markets on Non financial corporation performance in the Neoliberal Era» en Epstein (ed.) *Financialization and the world economy, op. cit.*

56 J. M. Keynes, «Mitigación por medio del arancel (1931)» en *Ensayos de persuasión*, Crítica, Barcelona, 1988.

Un ejemplo cercano, y quizás canónico de una de las primeras apariciones de esta nuevo mecanismo económico, es el *boom* inmobiliario español de 1985-1991. José Manuel Naredo, quizás el mejor especialista de las dinámicas patrimoniales en España, advirtió que en las interpretaciones al uso estaba pasando desapercibido un fenómeno que tenía un papel central en la coyuntura económica, en forma de aumento del consumo privado. Según sus cálculos, durante ese periodo, los ingresos derivados de las plusvalías inmobiliarias aumentaron en un 20 % el ingreso total disponible[57] de los residentes en España. Un incremento de esta magnitud no estaba relacionado con la producción de «valor añadido», tal y como viene registrada en los agregados de la Contabilidad Nacional, como el PIB o el VAB, sino con la captación de flujos de liquidez transnacionales y en la creación de dinero crediticio relacionado con los valores patrimoniales. Aunque Contabilidad Nacional mantenía la ficción de que la compraventa de activos inmobiliarios se saldaba entre residentes y que, por lo tanto, no tenía incidencia sobre las macromagnitudes del ahorro, el consumo y la inversión, Naredo afirmaba que: «Una parte no despreciable de las compras de activos inmobiliarios se realizaba con recursos de fuera del territorio y otra parte se financiaba con créditos, suponiendo ambas una importante inyección de medios de pago que contribuían a engrosar el consumo, el ahorro, la inversión o las transferencias de los vendedores residentes, creando la sensación de "bonanza" económica».[58]

Esta nueva dinámica económica, asociada a un ciclo inmobiliario alcista, suponía no sólo el deslizamiento de una gran parte del ahorro privado hacia el consumo y la inversión en previsión de los aumentos del valor del patrimonio inmobiliario personal y familiar, sino que implicaba también dos importantes movimientos económicos. Por un lado, la creación neta de dinero financiero mediante el crédito y, por otro, la captación de un ahorro extra procedente de la contribución de las inversiones extranjeras a la realización de plusvalías inmobiliarias. Si entendemos las políticas keynesianas esencialmente como medios para trasladar el ahorro hacia la inversión y el consumo —y desde ahí contribuir a la formación de la *demanda efectiva*—, cualquier política que tienda a promover la conversión de los activos inmobiliarios en liquidez para el consumo forma parte del ámbito del *keynesianismo de precio de activos*.

57 J. M. Naredo, *La burbuja inmobiliario financiera en la coyuntura económica reciente (1985-1995)*, Madrid, Siglo XXI, 1996.

58 Naredo resume este proceso de la siguiente manera: «En la contabilidad nacional se considera que: Recursos = Va+M = C+I+X = Empleos. Donde: Va = Valor añadido; M = Importaciones; C = Consumo; I = Inversión; X = Exportaciones. El cambio decisivo consiste en introducir los ingresos derivados de las revalorizaciones de los activos inmobiliarios como una nueva variable de la ecuación, quedando así: Recursos = Ra+Va+M = C+I+X = Empleos. Ra = ingresos derivados de la revalorización de los activos inmobiliarios». *Ibidem,* p. 10.

Lo que, en definitiva, Naredo llamaba «sensación de bonanza económica» se ha denominado en la literatura especializada «efecto riqueza». Esta literatura es relativamente reciente y viene comprendida, en su mayor parte, por intentos econométricos de modelizar la relación entre el crecimiento de los activos inmobiliarios y bursátiles de las familias y el aumento de sus niveles de consumo. El tipo de correlaciones estadísticas que persiguen estos análisis no suele tener una fácil demostración debido a problemas relacionados con el tamaño muestral. En la gran mayoría de los primeros estudios del *wealth effect* se concluye que existe una relación directa entre los precios de los activos financieros e inmobiliarios y un fuerte descenso de las tasas de ahorro, lo que invariablemente redunda en un incremento del consumo. En otras palabras, las burbujas bursátiles e inmobiliarias vienen acompañadas de fortísimos incrementos en el consumo de las familias.[59]

El efecto riqueza se describe como una variable psicológica, algo parecido a lo que los keynesianos denominan la *propensión a consumir*,[60] provocado por la expectativa de revalorización de los precios de los activos financieros o de los precios de los activos inmobiliarios. Desde este punto de vista, el *efecto riqueza* se modula a partir de categorías psicológicas como las «contabilidades mentales» que discriminan diferentes tipos de reacción en el consumo debidas a la revalorización de diferentes activos. No es de sorprender que los estudios realizados asociasen un *efecto riqueza* más fuerte y duradero al provocado por los precios de la vivienda, que los debidos a la subida de los valores cotizados en Bolsa. Si se tienen en cuenta las representaciones sociales de la estabilidad de los primeros y de la volatilidad de los segundos es obvio que la efectividad del efecto riqueza y su penetración social es mucho mayor en las burbujas inmobiliarias.[61] De hecho, se puede decir que

---

59 K. E. Case, J. Quigley y R. Shiller, «Comparing Wealth Effects, Stock Market versus Housing Market», *Cowles Foundation Discussion Paper*, núm. 1335, 2001 y D. Maki y M. Palumbo, «Disentangling the Wealth Effect: A Cohort Analysis of Household Saving in the 1990s», *FEDS Working Paper*, núm. 2001-21, 2001.

60 El propio Keynes preveyo la posibilidad de que se produjeran incrementos en la demanda efectiva basados en los movimientos alcistas de los precios de los activos. «El consumo de las clases propietarias de riqueza puede ser extraordinariamente sensible a cambios imprevistos en el valor monetario de la riqueza. Esto debería clasificarse entre los factores más importantes susceptibles de ocasionar cambios a corto plazo en la propensión a consumir». J. M. Keynes, *Teoría general de la ocupación, el interés y el dinero, op. cit.*, p. 112. Sin embargo, un poco más adelante Keynes sitúa esta posibilidad en un lugar marginal y afirma que: «El ingreso total medido en unidades de salario es, por regla general, la variable principal de la que depende el elemento consumo de la función de demanda agregada». *Ibidem*, p. 114.

61 «Hemos encontrado que en 2003, existían unas enormes expectativas acerca de los precios futuros de la vivienda, incluso en un momento en que los precios de las casas eran muy altos comparados con las normas históricas de precios relativos al ingreso. A la pregunta "¿cuánto cree que se va a revalorizar su vivienda cada año?" en Los Angeles, una ciudad donde se han vivido enormes incrementos de precios la respuesta media fue de 13,1 % y la mediana de

el último ciclo inmobiliario a nivel global, que dio comienzo a partir del pinchazo de la burbuja de los valores tecnológicos de 2001 y de la bajada de tipos de interés declarada por la Reserva Federal de EEUU, estuvo basado sobre este presupuesto. Obviamente, ya se trate de activos financiero o de activos inmobiliarios, está dinámica se apoya siempre en una asimetría constitutiva basada en la evolución del precio de los activos y el grado de endeudamiento personal y familiar. [62]

De todos modos, el tipo de «efecto riqueza» psicológico analizado por este tipo de estudios, no agota el fenómeno. Existen otros dos tipos de *wealth effect* específicamente relacionados con la subida de los precios de la vivienda. Como señala Naredo para el caso español, la aceleración de las transacciones que se produce en los momentos álgidos de los ciclos inmobiliarios genera importantes ingresos derivados de la compraventa de propiedades inmobiliarias revalorizadas —en este proceso juegan un papel no poco importante las segundas, terceras y cuartas viviendas. Por otro lado, y quizás con una importancia mayor en los últimos años, es preciso destacar la fuerte correlación entre las burbujas de activos y las diferentes formas de crédito destinado al consumo. Este tipo de crédito crece en cuantía a medida que se incrementan los precios de la vivienda. El crecimiento nominal del patrimonio sirve así de estímulo y aval para nuevas rondas de endeudamiento destinadas directamente al consumo. Los ingresos por compraventa, muy dependientes de la estructura de incentivos fiscales a la adquisición de viviendas, al igual que los créditos al consumo, ligados a las reformas en la legislación hipotecaria, están ya completamente fuera del ámbito psicológico para situarse en las dinámicas institucionales de generación de *efectos riqueza*.

El caso de Estados Unidos, durante el periodo que media entre 1995 y 2007, constituye el paradigma de la reciente escalada de burbujas patrimoniales, en la que los efectos riqueza bursátiles (1995-2001) son luego relevados por los inmobiliarios (2001-2007). La necesidad de liquidez del sector financiero se ha alimentado del aumento del valor nominal de los activos y de los niveles de endeudamiento de las empresas y las familias. Pero este ciclo largo es también un buen ejemplo para comprobar el distinto alcance

---

8,1 %. Si se espera este ritmo de revalorización [...] se están esperando unas tasas de retorno completamente extraordinarias» R. J., Shiller, «Household reactions to changes in housing wealth», *Cowles Foundation Discussion Paper*, núm. 1459, 2004

62 Tal y como escriben D. Papadimitriou, A. Shaikh, C. Dos Santos y G. Zezza: «Superficialmente podía parecer que la carga creciente de deuda del sector de los hogares se contrarrestaba por la espectacular subida en el precio relativo de sus activos financieros, pero ésta nunca fue una igualdad real. De un lado, existen unos compromisos de deuda que deben de ser cumplidos con flujos reales de interés y pago, y por otro, hay una valoración potencial compuesta por ganancias, expectativas e ilusiones». «Is personal debt sustainable?», *Levy Institute Strategic Analysys*, noviembre de 2002.

que pueden tener ambos tipos de efectos riqueza. Las burbujas bursátiles configuran los patrones de inversión y reparto de beneficios de las empresas y los patrones de ingreso y consumo del 20 % más rico de la población.[63] Las burbujas inmobiliarias penetran con mucha mayor profundidad en el tejido social, por la simple razón de que los mecanismos financieros se insertan, en este caso, en una mercancía de primera necesidad. Por otra parte, el mercado inmobiliario no se sitúa ni mucho menos al margen de los mercados financieros. Lo que demuestra el ciclo 2001-2007, en EEUU pero también en España, es que con las adecuadas políticas públicas de estímulo del régimen de tenencia propietario sobre un bien que admite poco margen de sustitución, se abre todo un universo de posibilidades de conversión de la gigantesca masa de los prestamos hipotecarios en títulos vendibles en el mercado —la llamada *titulización*— sobre los que producir nuevos derivados financieros.

La hipoteca se ha convertido, de este modo, en la base sobre la que descansa la expansión de todo el entramado económico. Tanto el sobreconsumo familiar como los beneficios de los grandes conglomerados financieros quedan ligados a la subida de los precios de la vivienda.[64] La reciente etapa de hegemonía del préstamo hipotecario financiado con titulizaciones, que asumen implícitamente una subida continua de los precios de la vivienda, nos ha conducido así a una nueva culminación del proceso de extensión de las finanzas al cuerpo social y de la llamada *financiarización de la vida cotidiana*.

En conjunto, durante el último ciclo inmobiliario-financiero se ha producido una completa reestructuración *por abajo* del sector financiero que se desplaza desde las operaciones corporativas —un campo de beneficios en riesgo de agotamiento desde la crisis bursátil de 2001[65]— hasta el terreno relativamente virgen de los servicios personales. Este movimiento ha tenido varias consecuencias de orden cultural. Por un lado, la socialización de los riesgos implícita a la actividad financiera se ha extendido sobre la base de figuras de propiedad cada vez más borrosas.[66] Y por otro, ha implicado la extensión de las lógicas corporativas, con sus ingentes necesidades de

63 D. Maki, y M. Palumbo, «Disentangling the Wealth Effect: A Cohort Analysis of Household Saving in the 1990s», cit.

64 Los primeros años del siglo XXI en Estados Unidos fueron testigos de una auténtica fiebre del oro ligada a la titulización. La mayoría de las hipotecas de vivienda y de locales comerciales, los préstamos a la compra de automóviles, la deuda de las tarjetas de crédito, los prestamos para comprar barcos y caravanas o los prestamos para estudios fueron todos titulizados por generadores de productos financieros de Wall Street. R. Martin, *The financialization of daily life, op. cit.*

65 R. Pollin, *Los contornos del declive, op. cit.*.

66 «Los ciclos de desposesión y propiedad que aparecen con la entrada en los mercados de valores y la titulización no generan la conciencia de la interconexión masiva que conllevan». R. Martin, *The financialization of daily life, op. cit.*

asesoramiento experto y servicios personales, hasta la escala individual.[67] Con este movimiento hacia formas extensivas de obtención de beneficios financieros se completaba la reestructuración del sector financiero que venía fraguándose desde mediados de los años ochenta con la primera oleada de adquisiciones apalancadas *(leverage buys out)*. Por eso antes de seguir, es preciso considerar las demás funciones de la producción inmobiliaria en la compleja solución de la crisis de rentabilidad del capital internacional.

La solución espacial: circuito secundario y competitividad territorial

La gran mayoría de los análisis sobre los cambios de orden económico y social acerca de la emergencia de un modelo de demanda financiarizada omiten o no explicitan suficientemente el hecho de que estos cambios en el modelo de acumulación se han producido a partir de una fuerte intervención sobre el medio físico. Tal y como hemos visto, el peso de los mercados inmobiliarios crecientemente financiarizados ha sido crucial en la formación de la demanda de consumo y en el modelo de crecimiento de las últimas décadas, especialmente en países como España. Naturalmente, el papel creciente de la propiedad inmobiliaria y de los ciclos patrimoniales en la formación de la demanda se desarrolla necesariamente sobre la materialidad inmediata del territorio y a partir de una apropiación permanente de activos naturales comunes —como el suelo, el agua, etc.[68]

Karl Polanyi fue el primero en señalar que la tierra forma parte de esa sustancia de la sociedad que es esencialmente ajena a la mercantilización y que junto con otras mercancías ficticias como el dinero y la fuerza de

67 Un «centro de coste y beneficio con dos piernas», ésta es la provechosa metáfora, con la que Robin Blackburn condensa la fuerte penetración social del proceso de financiarización. «Finance and the Fourth Dimension», *New Left Review*, núm. II/39, mayo-junio de 2006.

68 Lo cierto es que, como señalan los economistas ecológicos, el modelo de acumulación surgido de la crisis de 1973 hace un uso aún más intensivo de sus fuentes materiales de lo que lo hacía el modelo fordista keynesiano. La financiarización del capital ha ido de la mano de una mayor intensidad en recursos naturales, justamente en dirección opuesta al discurso oficial y al presupuesto de que las economías avanzadas se orientan hacia una gestión más ordenada de sus recursos físicos en el marco de una creciente desmaterialización. El incremento de las huellas ecológicas de los países capitalistas avanzados, la explosión de la urbanización discontinua *(urban sprawl)* y la persistencia de los altos niveles de emisiones de CO^2, hablan abiertamente de un modelo intensivo en materiales que requiere un consumo de suelo desorbitado. Para una crítica del discurso de la desmaterialización de la economía, véase Oscar Carpintero, *El metabolismo de la economía española, op. cit.*

trabajo —hoy tendríamos que añadir el conocimiento— conforman la dinámica depredadora del mercado sobre la sociedad.[69] Por otro lado, la mercantilización del suelo es, desde los albores del capitalismo, uno de los mecanismos de intervención más frecuentes sobre otro mercado basado en mercancías ficticias: el mercado de trabajo. La expropiación y la expulsión de la tierra y su puesta al servicio de usos más rentables son dinámicas de la formación histórica de la clase obrera que a día hoy mantienen su vigencia.[70] Pero, además de generar una violencia constante sobre su estatuto ontológico y de reproducir las divisiones de clase, la mercantilización del territorio ha cumplido unas funciones bien definidas dentro de la dinámica de la acumulación capitalista.

Las solución espacial: el spatial fix *y el circuito secundario de acumulación*

Con el objeto de entender estas nuevas funciones del territorio y el suelo en la dinámica capitalista es preciso emprender una discusión con el que todavía es el principal crítico de la geografía capitalista, David Harvey. Este autor ha desarrollado un importante trabajo conceptual que efectivamente resulta ineludible a la hora de abordar las dinámicas espaciales del capitalismo actual. El concepto que resulta aquí clave es el de arreglo o solución espacio-temporal *(spatio temporal fix),* que se inspira precisamente en una lectura clásica de imperialismo, entendido a su vez como una mezcla de expansión territorial, sometimiento político y saqueo natural.[71] Sobre la base de otra de las funcionalidades clásicas de la expansión imperialista en la tradición marxista —la necesidad de resolver las contradicciones en el interior de la metrópoli y, muy especialmente, la necesidad de atenuar la intensidad de la lucha de clases—, Harvey detecta la aparición recurrente de

69 «La función económica no es sino una más de las numerosas funciones vitales de la tierra. Ésta proporciona su estabilidad a la vida del hombre, es el lugar en el que habita, es una de las condiciones de su seguridad material, engloba el paisaje y las estaciones. [...] Sin embargo, separar la tierra del hombre y organizar la sociedad con el fin de que satisfaga las exigencias de un mercado inmobiliario, ha constituido una parte vital de la economía de mercado». K. Polanyi, *La gran transformación*, Madrid, La Piqueta, 1997, p. 290.

70 Véase en este sentido, la enorme importancia de los proceso de expulsión de las economías agrarias tradicionales y su papel en la formación de las migraciones contemporáneas, ya sea en el proceso de industrialización chino como en los nuevos proletariados de las metrópolis del Sur y del Norte global.

71 D. Harvey, «La solución espacial: Hegel, Von Thünen y Marx» en *Espacios del Capital*, Madrid Akal. Cuestiones de Antagonismo, 2007 y «El Nuevo imperialismo: acumulación por desposesión», *Socialist Register*, 2004.

arreglos espacio temporales. Estos arreglos tratan de dar solución a las crisis estructurales de sobreacumulación, con las que se topa, de forma reiterada, la reproducción ampliada del capital. Este tipo de crisis, como venimos señalando, se producen por un exceso de capital y trabajo en relación con las oportunidades existentes de valorización. Una explicación que, como se ve, corresponde con el contexto actual.

Harvey atribuye dos funciones muy delimitadas a estos dispositivos espacio-temporales: la expansión geográfica y el aplazamiento temporal de las contradicciones que derivan del exceso de producción. En realidad, bien pudiera decirse que la primera funcionalidad es un medio para la consecución de la segunda. La expansión geográfica produce nuevos entornos capitalistas en los que se abren vías para la solución de los problemas de exceso de acumulación:

> La producción del espacio, la organización de nuevas divisiones territoriales del trabajo, la apertura de nuevos y más baratos complejos de recursos, de nuevos espacios dinámicos para la acumulación de capital y de penetración de relaciones sociales y arreglos institucionales capitalistas (reglas contractuales, esquemas de propiedad privada) en formaciones sociales preexistentes brindan distintos modos de absorber los excedentes de capital y trabajo.[72]

No obstante, este impulso a la expansión geográfica, en el que son fácilmente reconocibles las prácticas históricas de colonización y el imperialismo, abre también nuevas contradicciones. En general, la dinámica del proceso de acumulación implica una aceleración creciente de la rotación de los capitales que se agudiza en los momentos de mayor competencia. La instalación de nuevos polos capitalistas de producción y consumo requiere de un despliegue de infraestructuras capaces, en palabras de Marx, de «aniquilar el espacio mediante el tiempo», es decir, de acercar los centros territoriales de acumulación mediante el desarrollo de las comunicaciones y el transporte. Al acortar, no obstante, el periodo temporal que media entre la producción de mercancías y su entrada efectiva en la esfera del consumo, el desarrollo histórico de los sistemas de comunicación y de transporte introduce nuevos problemas en los ciclos de acumulación. En otras palabras, la revolución en los transportes produce una aparición mucho más rápida de los problemas de sobreacumulación.

De esta nueva contradicción, se sigue el intento de construir una nueva funcionalidad temporal para las soluciones espaciales: retardar la rotación de capital a través de grandes cantidades de capital fijo instaladas en el territorio. Marx señaló que una de las fuentes fundamentales de

72 D. Harvey, «El Nuevo imperialismo: acumulación por desposesión», *Socialist Register*, 2004.

contradicciones en las secuencias temporales del proceso de acumulación capitalista reside en la peculiar forma de valorización del capital fijo. Frente a los elementos del capital circulante, el capital fijo no transmite su valor a la mercancía en un solo movimiento, sino que va lentamente transmitiendo una parte proporcional del mismo hasta completar el ciclo y, finalmente, quedar amortizado.

Aquí surge otro nuevo problema. El cambio tecnológico inducido por la competencia acorta la vida económica (que no la física) del capital fijo. Cuando un capitalista sustituye sus elementos de capital fijo por otros de mayor contenido tecnológico, que ahorran tiempo de trabajo y recursos materiales por cada unidad de producto, hace descender sus costes de producción y aumenta su tasa de beneficio. La competencia obliga a sus rivales a adoptar nuevas innovaciones tecnológicas o, en caso contrario, a aceptar menores tasas de beneficio con el riesgo que ello conlleva. El proceso de cambio tecnológico se acelera con la competencia y el cambio a nuevas tecnologías implica la destrucción de capitales fijos que aún no han completado su rotación. Los costes del capital fijo descartado por obsoleto se suman a los del nuevo equipo creando una situación de sobreabundancia de capital fijo o sobreacumulación. En este proceso, las irrupciones de la competencia y las crisis de sobreacumulación se suelen dar al mismo tiempo. Por el enorme volumen de inversión que ello implica, la construcción de lo que Harvey denomina entorno construido *(built environment)* es el lugar privilegiado de la solución espacio-temporal a las contradicciones que surgen del proceso de acumulación. La circulación del capital por el *entorno construido* tiene unas determinaciones muy peculiares que hacen que se convierta inmediatamente en producción de configuraciones urbanas, o de localizaciones específicas, dando lugar a un determinado *orden espacial,* en el que la posición de un determinado elemento no puede disociarse de la posición de los demás:

> La inmovilidad en el espacio significa que una mercancía no puede moverse sin que se destruya el valor cristalizado en ella. Los elementos del entorno construido tienen la posición o ubicación como atributo fundamental, en vez de incidental. Por lo tanto, tienen que ser construidos o armados *in situ* en la tierra, para que la tierra y la apropiación de la renta de la tierra lleguen a ser significativas.[73]

Así, cuando aparecen los problemas de exceso de acumulación, los capitales pasan del *circuito primario de acumulación* —la producción de plusvalor en los esquemas de reproducción ampliada— al *circuito secundario de acumulación* —la circulación del capital en el entorno construido. Las configuraciones

73 D. Harvey, *Los limites del capitalismo y la teoría marxista,* México, FCE, 1982. p. 238.

territoriales que puede tomar este desplazamiento de los excedentes de los ciclos productivos al circuito secundario van desde las grandes obras públicas hasta la construcción de viviendas. El circuito secundario se compone así de una combinación típica de bienes de consumo colectivo y privado. La organización del circuito secundario delimita además los distintos tipos de apropiación de las rentas del suelo y las modalidades de transferencia de dinero público al sector privado.

Por otro lado, debido a que en este tipo de configuraciones espaciales el valor de uso surge de la localización —por ejemplo, la cercanía de una vivienda a centros de trabajo o o consumo—, se puede obtener una renta sobre elementos cuyo valor ha sido plenamente realizado y devuelto al capital. Con el acto de venta de la vivienda se cierra la rotación de la mercancía-vivienda dentro del ciclo de producción. En rigor, dada la diferencia entre los costes de producción de la vivienda y su precio, este primer momento de venta ya incluye una enorme proporción de rentas. Sin embargo, mucho más allá de este momento, la vivienda sigue captando rentas a lo largo de su vida útil, bien de forma diferida mediante el alquiler, bien mediante la realización de plusvalías inmobiliarias.[74]

En definitiva, en el circuito secundario los beneficios toman una forma dual que comprende tanto las rentas sobre elementos antiguos, como la realización de plusvalías sobre los elementos nuevos. El mercado de viviendas de segunda mano sería un ejemplo perfecto de esta dualidad. Esta doble circulación hace del *circuito secundario* el único lugar posible en el que los beneficios del capitalista coexistan con las ganancias patrimoniales de las familias propietarias.

Por último, desde un punto de vista estructural, el *circuito secundario* abre un espacio específico para la apropiación de las rentas del suelo desde un punto de vista específicamente capitalista. Para Marx y gran parte de la tradición marxista, las rentas de suelo eran una supervivencia feudal que no tenía más destino que recibir los ataques del capital y del trabajo, teniendo incluso que acabar a disposición del Estado.[75] La apertura del

74 En el contexto inmobiliario el término plusvalía tiene un significado específico: los beneficios obtenidos por la venta de una vivienda a un precio mayor del que se compró. No debe de confundirse este termino con la plusvalía de la tradición marxista. En términos marxistas, las plusvalías inmobiliarias son simples captaciones de rentas y en ningún caso el resultado directo de un proceso de producción de valor.

75 «La existencia de la propiedad misma de la tierra se considera como una manifestación puramente transitoria, necesaria en cuanto acción del capital sobre las viejas relaciones de propiedad de la tierra y como un producto de la disolución de esas relaciones; pero en cuanto tal, una vez alcanzado ese objetivo la propiedad de la tierra no constituye otra cosa que una traba para el beneficio, en absoluto es necesario para la producción. El capital pues procura disolver la propiedad de la tierra en cuanto propiedad privada y transferirla al Estado. [...] Transformar internamente toda esa sociedad en capitalistas y asalariados. Cuando el capital ha

circuito secundario devuelve los derechos de apropiación[76] de las rentas del suelo a los operadores privados encargados de ampliar este tipo de circulación del capital en el entorno construido y, de esta manera, abre también la posibilidad de obtener rentas por elementos ya valorizados. Esto es, abre la posibilidad misma del *keynesianismo de precios de activos sobre una base territorial.*

El refugio que ofrecen los circuitos secundarios a las fuerzas de la competencia es, no obstante, sólo el de un desplazamiento temporal que acaba por encontrarse en el mismo callejón sin salida que los ciclos de acumulación convencionales. Las mismas tendencias de aparición de exceso de capacidad que se registran en las líneas del *circuito primario* operan también en el *circuito secundario*. Sin embargo, la mayor cuantía de las inversiones en capital fijo y los horizontes de valorización más largos hacen que la escala de los excesos de capacidad sea mucho más alta. Y del mismo modo, hacen que las crisis por desvalorización, en la medida en que afectan a todo un entramado territorial, sean mucho más devastadoras. Efectivamente, los procesos de desvalorización de las configuraciones territoriales de la producción capitalista, como bien pueden atestiguar muchas regiones industriales en decadencia, suelen tener como consecuencia la aparición y el enquistamiento de paisajes sociales devastados.

De todas formas, frente al dinamismo colonizador típico de la expansión geográfica, el crecimiento de los circuitos secundarios de capital no implica necesariamente la apertura de nuevos polos de producción y consumo capitalista sino que puede proceder a partir de la reconstrucción de entornos construidos que han sido sometidos a procesos de desvalorización y han perdido todas sus funcionalidades. En palabras de Harvey, el capital, «en su proceso de expansión geográfica y desplazamiento temporal que resuelve las crisis de acumulación a las que es proclive, crea un paisaje físico a su imagen y semejanza, sólo para destruirlo después».[77]

La circulación del capital por el *circuito secundario* está inexorablemente destinada al exceso de capacidad y a violentas desvalorizaciones que afectan a órdenes territoriales enteros. Pero el alargamiento de los horizontes

llegado a este punto, también el trabajo asalariado intenta, por un lado, de la misma manera que el burgués, quitarse de enmedio a los terratenientes como superfetación y ello con vistas a que se simplifique la relación […] y por el otro lado, para ponerse a salvo del trabajo asalariado y convertirse en productor independiente —para el uso directo— exige la parcelación de la gran propiedad». K. Marx, *Grundrisse*, México, Siglo XXI, 1989, vol. 1, p. 221.

76 Este tipo de cambio es meramente jurídico y no tiene por qué tener repercusión en la estructura positiva de la propiedad. Pero sí marca una diferencia decisiva entre la consideración de la renta del suelo como un atributo natural de la propiedad o un aprovechamiento otorgado.

77 D. Harvey, «El nuevo imperialismo: acumulación por desposesión», *op. cit.*, p. 103.

temporales en que se producen está sujeto a la intervención institucional. En la narración de Harvey, el desplazamiento de los capitales desde los circuitos primarios a los circuitos secundarios se produce típicamente mediante la formación de *capital ficticio*. Como se ha visto más arriba, este término, también tomado de Marx, se refiere a todas aquellas formas monetarias que no surgen de los ciclos de valorización por medio de mercancías, sino que adelantan la realización de beneficios como medio para «lubricar» el ámbito de la circulación abriendo un espacio para la autonomía relativa de los mecanismos financieros respecto de la producción de plusvalor. En la medida en que el Estado y las instituciones financieras generan crédito para dirigirlo hacia la circulación en el entorno construido, alargan los periodos de realización del capital fijo y atraen capitales que salen rebotados de la competencia salvaje en los ciclos productivos convencionales.

En lo esencial, el circuito secundario y las políticas estatales, que lo mantienen y fomentan, abren todo el espacio de la circulación del capital a través de valores de uso y de cambio que son por naturaleza, y no sólo contingentemente, territoriales. Este tipo de arreglo espacio temporal es necesario para entender la base física del keynesianismo de precios de activos y, por extensión, la extraordinaria materialidad y el desorbitado consumo de suelo de este régimen de acumulación. Pero para ajustar la teoría de Harvey a las transformaciones sucedidas durante la última década, es necesario efectuar algunas consideraciones críticas:

1. La narración de Harvey peca de exceso de funcionalismo. No contempla adecuadamente las posibles contradicciones que existen dentro del circuito secundario, entre los intereses del capital en general, que tienden a ralentizar la circulación para evitar la aparición de excedentes y los intereses de los capitalistas especializados que operan en estos mercados, y que inequívocamente quieren acelerar la circulación. (Es evidente que un promotor inmobiliario quiere vender lo antes posible todos sus pisos.) Harvey tiende a plantear las soluciones a la contradicción que implican los distintos ritmos de rotación como una función de los horizontes temporales que fijan los tipos de interés.[78] Sin embargo, este tipo de contradicciones, en la misma medida en que afectan a distintas fracciones de la clase capitalista presentan una carga política tan fuerte que no se puede resolver desde una decisión

78 «La diversidad de los tiempos de circulación potenciales es considerable. El sistema parece encaminarse hacia la incoherencia total, a menos que podamos localizar una sola fuerza unificadora que ponga su sello a los procesos temporales en general. La idea central que surge del estudio de la formación de capital fijo es que la tasa de interés lleva a cabo esa función precisamente. Relaciona el presente con el futuro y define un horizonte de tiempo para el capital en general». David Harvey, *Los límites del capitalismo y la teoría marxista, op. cit.*, p. 242.

técnica única, como es el tipo de interés. El caso europeo de control de los tipos de interés a escala continental puede ser el resultado de una síntesis de los intereses generales del sector financiero, no específicamente vinculada al circuito secundario. Pero esto no ha anulado la proliferación de intervenciones políticas a distintas escalas territoriales que tienen por propósito determinar los ritmos y las modalidades de obtención de beneficios de origen territorial. La función del Estado en el desarrollo temporal de los circuitos secundarios se entiende mejor desde su labor de mediación, en lo que Bob Jessop denomina *selectividad estratégica*[79] entre las distintas clases capitalistas beneficiarias de los distintos ritmos de rotación, incluidos los del propio Estado. Un buen ejemplo sería la gestión de la construcción de infraestructuras de transporte, en este caso, el operador privado recibe una transferencia de dinero público por la actividad de construcción y el Estado asume como propios los ciclos largos de rotación de la inversión en capital fijo.

2. Harvey plantea los *circuitos secundarios* como una solución a los problemas de oferta, esto es de inversión, que acarrean las crisis de sobreacumulación. De manera muy gráfica, llega a decir que «el circuito secundario aparece como algo venido del cielo para la absorción del capital excedente que se ha ido acumulando».[80] Y parece evidente que lo es, especialmente en lo que se refiere a las inversiones a muy largo plazo, como las grandes infraestructuras físicas. Sin embargo, la creciente centralidad de los mercados inmobiliarios residenciales en las configuraciones de la financiarización ha acabado por convertirlos en las piezas más dinámicas de los circuitos secundarios. En la última década, esta clase de mercados ha absorbido enormes cantidades de *capital ficticio* en busca de ciclos rentables.

Como se ha visto de manera especialmente clara en la exposición sobre la influencia de los flujos patrimoniales en el crecimiento económico, la expansión de los mercados inmobiliarios potencia enormemente la demanda agregada. Si llevamos esta evidencia hacia el ámbito funcional del circuito secundario se puede comprobar que los efectos riqueza de origen inmobiliario también solucionan problemas relacionados con la sobreacumulación a nivel mundial, pero no tanto por la vía de la ralentización de la circulación del capital fijo como por la de la formación de una demanda efectiva desligada de los aumentos salariales.

79 «Por selectividad estratégica entiendo la forma en la que el Estado, considerado como un conjunto social, posee un impacto específico y diferenciado sobre la capacidad de las distintas fuerzas políticas para perseguir sus intereses y estrategias particulares en contextos espaciotemporales específicos». R. Jessop, *El futuro del Estado capitalista*, Madrid, La Catarata, 2008.

80 David Harvey, *Los límites del capitalismo y la teoría marxista*, *op. cit.*, p. 241.

Tanto más cuanto, como se ha visto más arriba, las formas de producir los *efectos riqueza* han ido diversificándose, institucionalizándose y ganando en alcance y penetración social. Por ejemplo, parece evidente que dada la posición comercial de EEUU, o a menor escala de España, sus burbujas inmobiliario-financieras han sido una causa importante de que se hayan aliviado los problemas de sobreacumulación en las líneas manufactureras chinas o alemanas. Aunque esta capacidad de los activos inmobiliarios para contribuir a la formación de la demanda agregada transforma los circuitos secundarios en algo más que una forma ralentizar la realización de las inversiones en capital fijo, lejos de dañar la capacidad global para atraer capitales la refuerzan, configurando una nueva solución espacial a esos capitales excedentarios.[81] El resultado de estas dos tendencias es un fuerte aumento cuantitativo —en términos de consumo de suelo— y un salto cualitativo —distintos modos de relación con la reproducción ampliada— de los componentes territoriales en los procesos de acumulación de capital.

3. Para Harvey, el paso del circuito primario al circuito secundario de acumulación es relativamente aproblemático. El Estado, a través de la sanción y promoción de la creación de *capital ficticio,* abre franjas de beneficio para los capitales que se retiran de los ciclos industriales, huyendo del exceso de acumulación y de la competencia. Harvey admite que en este proceso se pueden producir «crisis de cambio de algún tipo»,[82] sin mayor especificación, pero en general asume que los capitales en transición acaban por fijarse en su nuevo destino. En principio, en la medida en que el Estado tiene un papel coordinador fuerte, no se contempla la *competencia dentro del circuito secundario* como un factor que contribuya a la aparición de problemas de sobreacumulación a escala territorial.[83]

En consecuencia, para intentar ver un poco más allá de estas limitaciones, es necesario detenerse a analizar la relación entre los factores que definen la emergencia y formación histórica de los *circuitos secundarios* a partir de

81 Robert Brenner plantea esta situación de complementariedad entre polos de acumulación de capital y países que forman la demanda de consumo a partir de burbujas de activos, como EEUU o España, como un «nuevo Bretton Woods». Este tipo de complementariedad, en la medida en que esta mediada por los tipos de cambio, es altamente volátil. Brenner, *La economía de la turbulencia global, op. cit.*, p. 35.

82 David Harvey, *Los límites del capitalismo y la teoría marxista, op. cit.*, p. 241.

83 Estas dos últimas carencias quizás tengan que ver más con la situación histórica del momento en el que se formula la teoría de los circuitos secundarios, que con un sesgo funcionalista que lleve a plantearlos como entidades menos conflictivas de lo que son en realidad. Hay que recordar que a principios de los años ochenta, el peso del Estado nacional en la configuración del territorio como activo económico era incomparablemente superior a la que tiene hoy en día y que el mercado inmobiliario era notablemente dependiente de la acción estatal.

la situación del capitalismo posterior a 1973. Se trata, en resumen, de ver qué formas ha tomado el territorio en este contexto de sobreacumulación crónica y de competencia feroz en las líneas manufactureras que fueran protagonistas del crecimiento en los años del fordismo-keynesianismo.

Globalización y competitividad territorial

La crisis larga de sobreacumulación ha generado su propio arreglo espacio temporal, es lo que se ha venido denominando *globalización*. De los muchos significados que ha tenido este término, quizás el más específico sea el de la recomposición de la *división internacional del trabajo*, a partir de la creación de nuevas cadenas de valor. Los capitales han tendido así a la concentración en áreas espaciales definidas, que dependen del tipo de bienes que se apropian y de las diferentes circulaciones a las que hacen frente.

El fenómeno sobre el que ha pivotado la construcción del nuevo mapa productivo ha sido la caída de las restricciones a los movimientos internacionales de capitales que se produce a partir de los años setenta. Es en ese momento cuando se empiezan a relajar, si no a desaparecer, las legislaciones sobre los flujos de capital que ligaban la inversión a los marcos nacionales de desarrollo industrial. Como se ha visto, los intereses estratégicos de EEUU, crecientemente acosados por la caída de las tasas de beneficio de sus empresas manufactureras, pasaron entonces por una alianza con el sector financiero. Los controles de los flujos de capital no tardarían en ir cayendo a medida que el poder global de los actores financieros que operaban en dólares se iba imponiendo como un *there is no alternative*.[84]

La consecuencia de esta estrategia fue la generación de una masa de capitales que circula sin demasiadas restricciones fronterizas en busca de oportunidades de valorización. Estos capitales se enfrentaban a varios ritmos de valorización que dependían de la intensidad en capital fijo de las inversiones: el corto plazo de las operaciones financieras en los que, en principio, no se forma capital fijo; el plazo medio de los ciclos industriales con los riesgos que implica la inversión en capital fijo en un contexto de alta competencia; y el largo plazo de las grandes inversiones sobre el territorio del circuito secundario. Ninguna de estas actividades podía escapar por completo a su reterritorialización y, por lo tanto, a una mínima fijación territorial. Incluso las actividades financieras de apariencia más abstracta requerían de centros de gestión, ejecución y decisión, que, no por casualidad, se han situado

84 Peter Gowan, *La apuesta por la globalización*, *op. cit.*

mayoritariamente en ciudades de EEUU, Europa y Japón.[85] En otras palabras, la contradicción general de esta nueva geografía productiva de capitales móviles se produce entre la preferencia absoluta por la liquidez de los agentes del capital dinero y la inevitabilidad de algún tipo de formula de fijación territorial que a su vez genera y se inserta en una determinada trama de localizaciones.

Durante los años triunfales de la *vulgata* de la globalización, el presupuesto de que el Estado-nación había perdido su poder de decisión se convirtió en un lugar común. El Estado habría asistido, poco menos que impotente, a la aparición de una esfera política global que le imponía una serie de dictados estructurales a los que era inútil resistirse. La versión más exagerada de este argumento concebía los movimientos de capital como un fenómeno puramente desterritorializado, en el que las *deslocalizaciones* se movían al ritmo de la más estricta racionalidad empresarial de rebaja de los costes de producción. Al Estado no le quedaba más opción que la puesta en marcha de *economías de oferta* que compitieran en el abaratamiento de los costes —control salarial, rebajas fiscales, devaluaciones de la moneda, etc. Esta «obligatoriedad» era, y de hecho es, uno de los parámetros políticos que la reacción neoliberal prescribe para el gobierno interno. De todos modos, como nada podía garantizar que los competidores no tomasen medidas idénticas, ni siquiera por esta vía se podía garantizar la retención de los capitales en el espacio nacional. A la manera de la predestinación protestante: era obligatorio ser competitivo independientemente de las consecuencias.

Una versión atenuada de este argumento, y de más éxito entre la antigua socialdemocracia, situaba en el aumento del contenido tecnológico de la producción una vía sustitutiva dirigida a alcanzar ventajas competitivas de larga duración. La relación, no obstante, entre tecnología y producción requiere de alguna aclaración. Dentro de este discurso, la incorporación de tecnología no se refiere esencialmente, aunque tampoco se descarta abiertamente, a la mejora y modernización del stock de capital, de modo que se maximice el valor monetario reduciendo los costes de producción. La noción de tecnología que se utiliza en este discurso es mucho más vaga y difusa que la anterior y se

85 La literatura sobre estas ciudades globales en las que se concentran las funciones de mando del sector financiero internacional es inacabable. Baste reseñar la formulación canónica de Saskia Sassen, *La ciudad global: Nueva York, Londres, Tokyo*, Buenos Aires, Eudeba, 1991. Es interesante también la reinterpretación de Edward Soja del concepto de «cosmópolis» que introduce modelos de ciudad global menos dependientes del capital financiero y más ligadas a la industria postfordista: modelos menos parecidos a Nueva York y más parecidos a Los Ángeles. Edward Soja, *Postmetropolis. Estudios críticos sobre ciudades y regiones*, Madrid, Traficantes de Sueños, 2008. Para una descripción específica del caso de Madrid, véase Emmanuel Rodríguez, «La ciudad global o la nueva centralidad de Madrid» en Observatorio Metropolitano, *Madrid ¿La suma de todos? Globalización, territorio, desigualdad*, Madrid, Traficantes de Sueños, 2007, pp. 25-67.

refiere de manera fundamental a configuraciones organizacionales, basadas en especializaciones productivas de alta cualificación profesional, que puedan convertirse en *escasas* frente a la competencia global.[86]

En conjunto, se trata de fabricar nichos monopolísticos exitosos, oponiendo distintas formas de economías de aglomeración intensivas en trabajo cualificado a los enormes riesgos de la competencia en los sectores intensivos en capital.[87] Lo característico dentro de este tipo de estrategias es la movilización de todos los recursos de la producción y la reproducción social, externos al ámbito de la empresa, para la creación y consolidación de estos nichos de beneficio a resguardo de la competencia. Para que este tipo de movilización sea exitosa es indispensable que el Estado se convierta en el gran demiurgo de la arquitectura ecológica implícita en este modelo. Es lo que Jessop llama el *Estado competitivo*:

> El Estado competitivo, como tal, otorga prioridad a la búsqueda de estrategias destinadas a crear, reestructurar o reforzar —siempre que resulte económica y políticamente viable— las ventajas competitivas de su territorio, población, medioambiente, instituciones sociales y agentes económicos.[88]

Sin embargo, este tipo de políticas fracasa en las escalas geográficamente más amplias y desterritorializadas.[89] En un sentido conceptual, la noción de competitividad internacional ha sufrido fuertes ataques dentro del propio

86 Son buenos ejemplos de este modelo tecnológico, las economías de alcance *(economies of scope)* que descansan más en la capacidad de diversificar productos sin afectar a los costes unitarios mediante economías de escala. Ésta es la clásica forma de dividir hasta el infinito los nichos sociales de consumo o las economías de red *(economies of networks)* en las que se explotan las externalidades positivas asociadas a las redes y las complementariedades entre organizaciones que controlan distintos activos compatibles. R. Jessop, *El futuro del Estado capitalista, op. cit.*, p. 121.

87 George Benko y Alain Lipietz clasifican las distintas declinaciones que se hicieron durante los años noventa de este planteamiento según el tipo de arreglo organizacional en el que se ponga el énfasis: distritos industriales de corte marshaliano, reducción de los costes de transacción, entornos *(millieux)* innovadores, las gobernanza de las redes y gobernanza basada en instituciones y convenciones. G. Benko y A. Lipietz, «From the regulation of space to the space of regulation», *Geojournal*, núm. 44-4, pp. 275-281.

88 La descripción del Estado competitivo de Jessop va de la mano del adjetivo schumpeteriano: «[…] el tipo dominante que está emergiendo en la actualidad puede caracterizarse como estado competitivo schumpeteriano por su preocupación por el cambio tecnológico, la innovación y la empresa y por su pretensión de desarrollar para tales fines nuevas técnicas de gobierno y de gobernanza». Bob Jessop, *El futuro del Estado capitalista, op. cit.*, p. 118.

89 Es por ejemplo, el caso del rotundo fracaso de la estrategia socioeconomica de Lisboa de la UE. Esta fue puesta en marcha en el año 2000 con el objetivo de hacer de Europa «la economía más competitiva del mundo», a través del cambio tecnológico y el capital humano. En 2005, Durao Barroso la redefinió como una estrategia que debía de centrarse específicamente en el crecimiento considerando que los objetivos sociales y ambientales eran secundarios. Cada país de la UE ha realizado una versión propia de la estrategia. En España se llama Programa Nacional de Reformas. Véase http://www.la-moncloa.es/NR/rdonlyres/36DD458E-EEBC-40C1-BC25-83D082015744/74194/NUEVOPROGRAMANACIONALDEREFORMASversi%C3%B3ncastellanode.pdf

ámbito de la economía ortodoxa. El más conocido de ellos es el del Nobel de economía Paul Krugman, que señalaba los límites de la analogía entre los países y las empresas al destacar que, en el marco de las grandes estrategias económicas nacionales, hablar de competitividad sería un circunloquio extraño para hablar de productividad y, a través de esta, de desarrollo de la demanda interna.[90]

Echando mano de una lectura del comercio internacional más respetuosa con la teoría ricardiana, Krugman afirma que en términos comerciales todos los países encuentran un proceso productivo en el que tienen una *ventaja comparativa*. Por ejemplo, si hay una diferencia de productividad entre dos líneas de producción en un solo país, el efecto del comercio será especializar al país en cuestión en la línea de mayor productividad y dejar la línea de menor productividad en manos de un tercero, ya que producir en las dos líneas supondría un aumento del *coste de oportunidad* derivado del ingreso que se pierde por dejar de producir en la línea más productiva.

Sin embargo, el discurso de la competitividad ha echado fuertes raíces en los ámbitos territoriales subestatatales, transformándose en la ideología de la *competitividad territorial*.[91] Este discurso no abandona el aire de inevitabilidad de los flujos monetarios globales, normalmente utilizando argumentos de orden comercial y esquivando pronunciarse sobre los flujos de capital financiero. Este discurso circunscribe, sin embargo, la necesidad de las políticas de competitividad a los ámbitos urbanos y regionales. Los defensores de estas políticas responden a Krugman que las regiones y las ciudades, contrariamente a los países, al carecer de la flexibilidad política de los ámbitos nacionales, no se mueven en el espectro de las *ventajas*

90 «Intentar definir la competitividad de una nación es mucho más problemático que definir la de una empresa. La línea de flotación de una empresa es literalmente su línea de flotación: si la empresa no puede pagar a sus trabajadores, proveedores y obligacionistas, tendrá que dejar su actividad. Por lo tanto, cuando decimos que una empresa no es competitiva decimos que su posición en el mercado no es sostenible. A menos que mejore su funcionamiento dejará de existir. Los países, por otro lado, no cierran. Pueden ser felices o infelices con su situación económica pero no tienen una línea de flotación bien definida. Como resultado, el concepto de competitividad nacional es engañoso». Por supuesto, esta crítica no impide que Krugman, como buen economista ortodoxo, acepte la identidad entre salarios reales y productividad del trabajo como un dogma transhistórico indiscutible. P. Krugman, *El internacionalismo «moderno»: la economía internacional y las mentiras de la competitividad*, Crítica, Barcelona, 2004, p. 17.

91 Este concepto es ampliamente utilizado en las estrategias europeas de desarrollo territorial como la ETE (Estrategia Territorial Europea) y se puede considerar como la guía central de las políticas de asignación de fondos estructurales y de cohesión. Eso sí, como sucede con la inmensa mayoría de documentos de la política económica y social europea, la omisión sistemática de las relaciones de dominación y de explotación hace que conceptos como «competitividad territorial» coexistan tranquilamente con otros como «sostenibilidad» o «cohesión social» sin que se planteen, siquiera remotamente, las contradicciones que implica el uso conjunto de unos y de otros. Véase http://ec.europa.eu/regional_policy/sources/docoffic/official/reports/pdf/sum_es.pdf

comparativas sino en el de las *ventajas absolutas*. Y, como consecuencia, puede haber regiones o ciudades en las que la ausencia de activos para el comercio interno y externo sea total.[92]

En un contraejemplo que remite a los paisajes sociales devastados por la desvalorización de sus configuraciones territoriales, la consecuencia de esta circunstancia sería la dependencia de las regiones y ciudades pobres de las transferencias de ingresos desde las regiones exitosas, así como la migración generalizada de su fuerza de trabajo y de su capital. La clave para evitar esta circunstancia consiste en que las políticas de competitividad se reescalen hasta situarse en los niveles territoriales en los que puedan adquirir sentido. Las vías del Estado competitivo, con su movilización de la producción y la reproducción social para formar el tipo peculiar de factores tecnológicos que requieren, se convierte aquí en la promoción de los agentes económicos locales en tanto que poseedores de un capital social y cultural propio, que es tan específico como el propio territorio sobre el que se asientan. Las variaciones que surgen de esta posición son múltiples. Por su relación, y por el papel que ocupa la atracción de capitales, se puede trazar una línea que va desde el discurso del *desarrollo local endógeno* hasta el *empresarialismo urbano* y la *ciudad marca*.

Quizás la variante más conocidas y «exitosa» de la competitividad territorial es el *empresarialismo urbano*. Frente a otras concepciones de orden más endógeno,[93] el empresarialismo urbano moviliza sin tapujos la necesidad de atraer inversiones procedentes de la masa del capital financiero global.[94] Se sigue queriendo movilizar los factores de tipo capital social y cultural pero se hace a través de una fuerte mediación simbólica que reestructura

---

92 R. Camagni, «On the concept of territorial competitiveness Sound or misleading?», *Urban Studies*, núm. 39-13, 2002.

93 En el caso de los modelos de desarrollo endógeno o de desarrollo local, la cuestión de la inversión externa procedente de los flujos globales se pone en segundo plano, lo importante es que el folklore económico local se convierta en una cultura empresarial no necesariamente orientada a la exportación y guiada por una gobernanza empoderante basada en redes horizontales. A pesar de lo atractivo de algunas propuestas, siempre surge la duda de saber en que consiste el éxito de estos partenariados. Desde ese punto, es aún más difícil saber como se podrían abstener estas empresas de aceptar las reglas de los movimientos del capital financiarizado. A. Lipietz, «Aménagement du territoire et développement endogène», *Informe para el Consejo de Análisis Económico*, 18 de enero de 2001.

94 Debemos el término empresarialismo urbano a David Harvey que lo utilizó por primera vez en 1989 en su ya clásico: «De la gestión al empresarialismo: la transformación de la gobernanza urbana en el capitalismo tardío» en *Espacios del Capital: Hacia una geografía crítica*, Madrid, Akal. Cuestiones de Antagonismo, 2008. La visión pionera de Harvey de este tipo de competencia no redundó, por desgracia, en una revisión de la teoría de los circuitos secundarios acorde con la aparición de esta perspectiva.

el espacio físico de la ciudad para convertirlo en un soporte publicitario. La operación publicitaria sintetiza las marcas caracteriológicas de la ciudad, con las representaciones de las virtudes colectivas que más gustan a esos inversores globales abstractos a los que se intenta atraer. La «innovación» y la «creatividad» se intentan plasmar sobre el espacio urbano por todos los medios, por sobreactuados y burdos que éstos sean. Y una vez más los factores del éxito competitivo residen en el entorno social y ambiental: se trata de «vender» estos entornos para generar *localizaciones* adecuadas para el capital móvil. Las representaciones que genera este modelo se gradúan a lo largo de un *continuum* que articula las versiones más productivas ligadas a la economía del conocimiento con los intentos de atraer el consumo exterior mediante la promoción de usos turísticos de lujo. En realidad, es muy frecuente que las estrategias simbólicas de la competitividad urbana mezclen ambas dimensiones.

Una vez atraída la atención de los inversores, normalmente la misión de las políticas públicas consiste en asumir la mayor cantidad posible de costes en capital fijo para no dañar la movilidad de estos capitales. Tal y como luego veremos para las ciudades y regiones españolas, en este lugar se crean las condiciones para una dependencia a largo plazo *(path dependency)* de las políticas públicas con respecto de estos mismos capitales, que tan sólo tienen que invocar la misma movilidad cuidadosamente fomentadas por las propias administraciones públicas para conseguir nuevas ventajas políticas. Aunque el *empresarialismo urbano* requiera una serie de políticas que van desde la publicidad institucional hasta el incremento del control social, es en este ámbito específico de la formación de capital fijo —abandonado por el sector privado— donde los gobiernos urbanos se convierten de una manera más literal en empresarios. Por este motivo, las crisis de este modelo económico se manifiestan en forma de exceso de endeudamiento de los poderes locales y regionales. Esta fórmula de asunción pública de los riesgos de devaluación del capital fijo instalado en el territorio permite traducir la pomposa jerga de los partenariados público-privados a un lenguaje más realista de costes públicos y beneficios privados.

Según sus partidarios el objetivo declarado de la competitividad territorial sería romper la competencia vía precios —del tipo que se practica en las estrategias económicas nacionales— creando ventajas comparativas dinámicas para determinados contextos locales.[95] Esta proposición se puede leer como la apertura de una esfera económica autónoma en la que las grandes directrices políticas de las economías de oferta —control salarial,

95 R. Camagni, «On the concept of territorial competitiveness Sound or misleading?», *op. cit.*

recortes fiscales a empresas y clases altas, etc.—, destinadas a aliviar el *profit squeeze,* se reconducen hacia contextos locales en los que, sin salir del ámbito de la oferta, se actúa sobre las relaciones sociales y el entorno físico —tanto el construido como el natural— con el fin de generar espacios monopolísticos que, finalmente vía creación de empresas y salarios altos, aumenten la base de recaudación fiscal local.

Lo cierto, no obstante, es que las políticas de las economías de oferta que actúan por medio de los precios han quedado perfectamente consolidadas en las escalas nacionales.[96] El férreo control salarial, la flexibilidad laboral y la aniquilación de la lucha de clases en grandes franjas del mercado de trabajo se han convertido en incentivos más que evidentes para la *competitividad territorial,* si bien ninguno de estos elementos está gestionado desde instancias locales y regionales.[97] La política fiscal, mucho más descentralizada que la negociación colectiva, se ha utilizado en el mismo sentido.

Por otro lado, es evidente que desde las administraciones se ha promocionado la competitividad de las regiones y, sobre todo, de las ciudades punteras, en una política de polos de crecimiento, a la manera de la financiación pública de las empresas punteras en los modelos de la manufactura monopolista. En general, las autoridades locales y regionales, en la medida en que asumen funciones empresariales, vienen a tener la misma autonomía respecto a sus estrategias y sus inversiones que el capitalismo concede al resto de empresarios. En pocos casos han desafiado las grandes directrices de la economía política neoliberal.

Queda así bastante claro que la gran fuerza del modelo de la *competitividad territorial* no ha residido tanto en que haya roto con los grandes contextos macroeconómicos nacionales, como en su capacidad política para generar alianzas amplias en torno a la idoneidad del papel empresarial de las administraciones subestatatales como agentes del crecimiento económico. En las concepciones de la competitividad territorial que venimos repasando,

96 Por otro lado, las políticas de competitividad territorial no han supuesto tanto una apertura de nuevas escalas económicas cuanto un blindaje de las escalas que coinciden con las administraciones locales y regionales existentes. La forma del Estado ha quedado en gran medida intacta. Si como dice Jessop, el reescalamiento de los procesos económicos en la fase postfordista significa fundamentalmente que la escala nacional «ha dejado de ser tenida por evidente», desde las instancias nacionales y continentales se ha tendido a cerrar esta incertidumbre acerca de la escala encerrándola en las estructuras administrativas existentes y asignándole un papel central en la creación de una sociedad de mercado. R. Jessop, *El futuro del Estado capitalista, op. cit.*

97 En los casos en que las competencias para la negociación colectiva se han trasladado a los contextos locales la tendencia al control salarial en nombre de la competitividad local ha sido tan fuerte o más que en los contextos nacionales y sectoriales, por otro lado mayoritarios en Europa.

este *corporativismo urbano* se desprendería de las distintas formas de valorización de las relaciones sociales específicas —capital social, economías de red, economías de aglomeración, etc.— que constituyen un entorno local.

***

La consolidación del *circuito secundario del capital* muy reforzado por las políticas de demanda que ponen el dinamismo del mercado inmobiliario en el centro de las estrategias de crecimiento, hace que el modelo descrito arriba deba ser reconsiderado. Lo cierto es que, allí donde se ha recurrido a este tipo de políticas, las cuestiones físicas del crecimiento urbano y la generación de localizaciones para producir aumentos de los precios del suelo se han situado en un primer plano de los modelos de gobierno urbano y de sus estrategias para atraer capital. Pero no lo han hecho desde un regreso a la escala puramente local, ni tampoco abandonando la retórica de la *competitividad territorial*, sino generando mercados de suelo competitivos capaces de captar flujos globales de capital financiero. De una manera bastante acorde con las intenciones declaradas de la competitividad territorial, el auge de los mercados inmobiliarios ha creado un contexto para la inversión en el que la competencia vía precios se rompe parcialmente y se sustituye por una lógica de la revalorización de la propiedad inmobiliaria. La intervención institucional, directamente ligada al modelo de keynesianismo de precio de activos, ha consistido en crear figuras desterritorializadas de inversión en activos inmobiliarios, como puedan ser la titulización o los fondos de inversión inmobiliaria. Estos instrumentos financieros han sido capaces de dirigir enormes masas de liquidez hacia los mercados inmobiliarios, que además no conllevan adquisiciones efectivas de propiedad en los lugares de inversión. El efecto social y político de estas formas de intervención es crear un entorno institucional de aparente homogeneidad transnacional. Este entorno lejos de suponer un perjuicio para el control local por parte de las elites que dirigen las alianzas locales, las conecta con los agentes de la financiarización. La participación de los agentes económicos localizados es indispensable para este nuevo modelo territorial. Los mercados de suelo se han convertido así en el gran nexo entre las «fuerzas globales de los flujos transnacionales, las redes de actividad y las fuerzas locales incrustadas en el territorio y en la particularidad de cada localización».[98]

98 K. Fox Gotham, «The secondary circuit of capital reconsidered: Globalization and the US real state sector» en *American Journal of Sociology*, núm. 112-1, julio de 2006, pp. 231-275.

El aterrizaje de las estrategias de competitividad territorial sobre la circulación en el entorno construido devuelve a las políticas nacionales de keynesianismo de precio de activos a su marco físico, así como al entorno local y regional del que dependen para producir el crecimiento del mercado inmobiliario. Al mismo tiempo, al poner las rentas del suelo y la revalorización de la vivienda en el primer plano de las estrategias de producción de *localizaciones competitivas*, vuelve comprensibles algunos rasgos de la nueva gobernanza urbana, como los megaproyectos de reforma interior[99] o la gentrificación, entendidas ambas como estrategias urbanas de carácter global.[100] La vuelta de las elites locales, de los actores financieros globales y de las rentas del suelo al primer plano del enfoque territorial difumina la ilusión inclusiva, heredera del *trickle down* (goteo), que estaba detrás de las estrategias de *competitividad territorial*. Por el contrario, nos devuelve, tal y como veremos con el caso español, a una realidad urbana y regional de exclusión social, dominio oligárquico, saqueo de los recursos comunes y degradación ambiental.

99 E. Swyngedouw, F. Moulaert y A. Rodriguez, «Neoliberal Urbanization in Europe: Large Scale Urban Development Projects and the New Urban Policy», *Antipode*, núm. 34-3, 2002, pp. 542-577.

100 Neil Smith, «New Globalism, New urbanism: Gentrification as Global Urban Strategy», *Antipode*, núm. 34-3, 2002, pp. 427-450.

Segunda parte.
La economía de la burbuja

3. La onda larga del capitalismo hispano (1950-1995)

La larga marcha de la economía internacional hacia la financiarización tuvo también su pequeño capítulo en la economía española. De forma harto paradójica, la singularidad del caso español, y también su éxito relativo, ha residido en la debilidad de su posición histórica en el ranking de los Estados industriales europeos. En territorio hispano, la implantación de los mecanismos de acumulación y regulación típicamente fordistas se efectuó de forma imperfecta, con un alto grado de dependencia respecto de la tecnología y la inversión extranjera y dentro de un marco de gestión marcadamente autoritario. El retardo y la relativa deficiencia, tanto de la estructura industrial como del propio aparato estatal, siempre reflejados en los continuos déficit de la balanza comercial, condicionó el temprano ensayo de alternativas de desarrollo «anómalas» desde la perspectiva de la ortodoxia keynesiano-fordista, así como la extraña sobrerrepresentación de sectores económicos ajenos a las típicas industrias del periodo. La crisis de la década de 1970, y la posterior derrota de la ofensiva obrera, lejos de impulsar una solución a los problemas estructurales del modelo industrial, profundizó su crisis. Sobre esta trayectoria, el ingreso español, vía Europa, al nuevo contexto de liberalización de los flujos de capital se efectuó a partir de un conjunto de apuestas económicas que acabarían por confluir y consolidarse en el primer gran episodio de euforia inmobiliario-financiera de 1985-1992.

Este capítulo tiene el objetivo de explicar la posición española en los ciclos globales financieros a partir de sus «especializaciones» de larga duración. Sólo así se comprende su temprana y exitosa realización como una de las economías más financiarizadas del planeta.

Industrialización y desarrollismo: ¿el fallido modelo fordista? (1950-1973)

El milagro español

La Guerra Civil ha sido la gran bisagra de la modernidad española. La guerra acabó con la larga trayectoria social y económica del siglo XIX y del primer tercio del siglo XX. Liquidó definitivamente la época de crisis permanente derivada de una irredenta, y casi siempre agresiva, clase obrera por medio de un expediente brutal: la persecución y la destrucción física de prácticamente todos los sujetos políticamente activos. Pero la dictadura, que salió de la guerra, también terminó con buena parte de la tradición patronal y de gestión industrial de los tiempos pasados. La inspiración fascista de los primeros años de Franco y el aislamiento internacional llevó a marginar o expulsar a los capitales extranjeros que antes del conflicto bélico dominaban los principales sectores económicos —producción eléctrica, ferrocarriles, minas— así como las mayores empresas del país. Nacionalizadas, ya sea por medio de la compra estatal, ya por la vía de la adquisición por parte de capitales *nacionales*, las industrias fueron gobernadas, más que gestionadas, gracias a la militarización de la fuerza de trabajo y a la imposición de criterios productivistas más propios de las escuelas de ingeniería que de una formación propiamente económica.[1] Desde esta perspectiva, si el régimen franquista fue desde sus orígenes un instrumento de las clases propietarias, lo fue más desde una posición militarista y revanchista, que desde una voluntad de modernización capitalista de una economía deprimida por una experiencia bélica.[2]

---

1 Sobre la militarización industrial véase por ejemplo la tesis doctoral de J. Babiano Mora, *El mundo del trabajo durante el franquismo: Madrid, 1951-1977*, Universidad Autónoma de Madrid, 1992; y también del mismo autor *Paternalismo industrial y disciplina fabril en España (1939-1958)*, Madrid, CES, 1998. Para las transformaciones de la organización industrial y de la propiedad de las empresas, véase este estudio de caso de la industria automotriz: Albert Carreras y Salvador Estapé-Triay, «Enterpreneurship, organization and Economic Performance among Spanish Firms 1930-1975. The Case of The Motor Industry», *paper* de la Universidad Pompeu Fabra.

2 Las principales leyes industriales que gobernaron la primera etapa autárquica fueron dictadas en 1939 con los significativos títulos de *Protección y defensa de las nuevas industrias* y *Ordenación y defensa de la industria*. En ambas leyes se establecía una abrupta política de sustitución de importaciones, al tiempo que se limitaba la inversión extranjera, se establecían complicados permisos para la instalación de nuevas empresas y se convertía el «consumo español» en deber nacional. Si a estas leyes se añaden las fuertes barreras arancelarias, el Fuero de los Trabajadores y la represión política generalizada se completa el cuadro de regulación del primer capitalismo autárquico.

Durante la larga postguerra que duró al menos hasta principios de la década de 1950,[3] el cuadro económico no pudo ser más desolador. La derrota de las potencias del Eje y el aislamiento internacional acabaron por hacer de la necesidad virtud en la famosa doctrina de la autarquía. El déficit de energía, de combustible y de bienes de capital —todos ellos dependientes del extranjero— impidieron durante más de una década la recuperación de los índices industriales de 1936; y la depresión de la industria y la agricultura, sumadas a la rígida intervención sobre los precios, llevaron a una permanente situación de carestía, con episodios recurrentes de desabastecimiento, sólo en parte suplidos por el desarrollo de un activo mercado negro, el célebre estraperlo. En cualquier caso, el gobierno de Franco nunca llegó a escapar a la idea de que la única vía de desarrollo pasaba por la industria. Un ideario que tenía sus raíces patrias en el viejo regeneracionismo noventayochista, pero que había encontrado su inspiración programática en la planificación de la Alemania nazi y de la Italia fascista.

Por extraño que parezca a la luz de la desatinada política económica, la industrialización fue, desde el principio, el gran objetivo de la regeneración nacional. En fecha tan temprana como 1941 se creó así el principal instrumento para su desarrollo: el Instituto Nacional de Industria. En la deprimente atmósfera de la represión laboral, del aislamiento respecto del capitalismo internacional y de la hegemonía de las clases propietarias que aprovecharon las condiciones de autarquía para imponer formas brutales de acumulación primitiva —siempre bajo la protección de toda competencia exterior—, el Estado terminó por afrontar los riesgos y los costes de inversión de la puesta en marcha de un modelo industrial basado en los principales sectores productivos. El INI se constituyó, por consiguiente, como un gran *holding* público orientado a suministrar la mayor parte de los bienes que requería la política de autarquía, si bien con una clara especialización en la industria siderúrgica, la energía eléctrica, los derivados y refinado de petróleo, además de algunos sectores considerados de prestigio como el automóvil y la aviación.[4]

---

3 La autarquía y la dictadura multiplicaron el tiempo de depresión postbélica en aproximadamente 15 años, frente a los 3-5 que les llevó a Francia o Italia superar la depresión de postguerra. En España, el PIB sólo se recuperó a nivel de 1936 en 1951 y la renta per cápita tuvo que esperar hasta un lejano 1956. Véase Gabriel Tortella, *El desarrollo de España contemporánea. Historia económica de los siglo XIX y XX,* Madrid, Alianza, 1995, pp 1-6 y pp. 197-206.

4 El INI tuvo un papel principal en el primer proceso de industrialización del Franquismo. Su orientación productivista (asociada a su primer presidente Jose Antonio Suanzes) y la escasísima coordinación de las empresas del grupo, en aras a generar un modelo industrial cohesionado, no impidió sin embargo que ya desde los primeros años de la década de 1950 se recuperase y se rebasasen rápidamente los niveles de producción industrial de preguerra. Véase Elena San Román, *Ejército e industria: el nacimiento del INI,* Barcelona, Crítica, 1999; y también *La empresa pública industrial en España: el INI,* Madrid, Instituto de Estudios Fiscales, 1973

La Guerra Fría iba a ofrecer, no obstante, una nueva oportunidad a la dictadura. Las ayudas de EEUU a partir de 1950 y la aceptación de la España franquista en los principales organismos internacionales dieron fin a los años duros de la autarquía, al tiempo que daban comienzo a una nueva fase de integración en la economía internacional. El paralelo ascenso de la tecnocracia del Opus y la sustitución de los ministros «azules» de Falange, abrieron el camino para un conjunto, más bien tibio, de reformas que apostaban por una relativa liberalización del comercio y de la inversión extranjera. Con ellas, la industria española pudo acceder tanto a la energía (el petróleo) que sirvió de alimento a las grandes industrias fordistas de Occidente, como a la tecnología que le permitiría incrementar los índices de producción industrial de forma constante. La importación de bienes de capital y de equipo —maquinaria, material de transporte— desde los países avanzados catapultó, efectivamente, la producción: primero de las industrias básicas y posteriormente de las industrias de consumo.[5] Durante la década de 1950, el sector industrial se convirtió, por fin, en el motor de la recuperación y el posterior desarrollo del país, acercando rápidamente a la economía española al modelo industrial fordista de los países centrales.[6]

Las reformas se aceleraron tras la crisis de finales de los años cincuenta. A lo largo de la década, la recuperación económica se había estado produciendo a costa de un creciente déficit exterior, implícito en los requerimientos de energía y bienes capital procedentes del extranjero, y sobre una base claramente inflacionaria, producida principalmente por la rigidez del marco de regulación estatal. En este contexto, la balanza comercial comenzó muy pronto a mostrar un deterioro preocupante, al tiempo que la importación de tecnología y maquinaria dejaban de poder ser compensadas por las clásicas exportaciones alimentarias (fundamentalmente cítricos). La respuesta de la dictadura fue el Plan de Estabilización de 1959. Sin cuestionar la naturaleza política del régimen, este plan propulsó una nueva ronda de reformas: liberalización de las importaciones, mayores facilidades para la inversión de capital extranjero, nuevos controles sobre el déficit fiscal y homologación de los tipos de cambio con el dólar, lo que en la práctica supuso una fuerte devaluación de la peseta.

5 El acceso a los bienes de capital fue quizás el principal factor de la rápida industrialización española de las décadas de 1950 y 1960. El crecimiento anual de las importaciones de este tipo de materiales fue del 21,7 % entre 1950 y 1958 y de cerca del 30 % entre 1961 y 1972. Ahora bien, los elevados índices de inversión de estos años, basados en la compra de tecnología, no significaron, en ningún caso, el desarrollo de una industria de bienes de capital competitiva. Los precios de este tipo de bienes siguieron siendo significativamente más elevados en España que en el resto de países avanzados. Véase Antonio Cubel y M. Teresa Sanchís, «Comercio de bienes de capital y desarrollo de la industria de bienes de equipo en España, 1950-1975», Universidad de Valencia.

6 J. B. Donges, *La industrialización en España*, Barcelona, Oikos-Tau, 1976.

Las reformas generaron las condiciones para que no se interrumpiese el flujo de maquinaria y bienes de equipo procedente de los países más avanzados,[7] al tiempo que el país se abría, siempre con muchos límites, a la inversión extranjera. De hecho, el incremento sostenido de la inversión —que en aquellos años mostró una curva superior a la de casi todos los países europeos[8]— generó una tasa espectacular de crecimiento del producto industrial, y con ello la primera entrada en escena del consumo de masas. Las industrias básicas y de bienes intermedios que habían sido las protagonistas del crecimiento de la década anterior —química, naval, siderurgia— siguieron siendo importantes, pero se vieron ampliadas por los sectores industriales asociadas a estas nuevas formas de consumo. La asociación entre crecimiento económico y el incipiente consumo de masas dotaron de efectividad y credibilidad al llamado «milagro español». La década de 1960 fue la de mayor y más rápido crecimiento de todo el siglo, con una tasa media anual cercana al 8 %.[9]

Particularidades y contradicciones del fordismo hispano

El término fordismo[10] ha venido siendo empleado para caracterizar el específico círculo virtuoso que, tanto en términos económicos como políticos, llevó al crecimiento sostenido de los países avanzados durante las tres décadas que siguieron a la larga postguerra mundial. En sus formulaciones

7 Las medidas del Plan de Estabilización, y otras posteriores, como la Ley de Industrias de Interés Preferente de 1963, trataron de fomentar un modelo de exportación basado en las industrias de bienes intermedios. Este modelo resultó completamente insuficiente, y no consiguió superar el deterioro de la balanza comercial, que acabó por producir recurrentes déficit en la balanza de pagos como los de 1966 y 1967. Sólo el desarrollo del turismo logró, como más adelante se verá, equilibrar el saldo exterior.

8 Se ha querido ver en el modelo de desarrollo español del ciclo 1960-1973 un ejemplo del patrón latino (véase: Gabriel Tortella, *op. cit.* ; Miren Etxezarreta *et alli La reestructuración del capitalismo en España 1970-1990,* Madrid, Fuhem / Icaria, 1991), similar al portugués o al griego, y en menor medida al italiano. En estos países, el crecimiento del PIB, promovido por un espectacular crecimiento de la inversión, habría sido mayor a los de los países europeos centrales, si bien en una fase mucho mucho más concentrada en el tiempo. Este crecimiento, mal articulado y dependiente en definitiva de las transferencias de tecnología de los países centrales, hizo que la larga época de depresión abierta en 1973 fuese mucho más aguda y prolongada.

9 A fin de calibrar oportunamente el crecimiento español entre los años 1965 y 1973, éste fue mayor que el de todos los países de Europa Occidental (aunque seguido de cerca por importantes economías como la italiana y la francesa) excepto Portugal y Grecia. Fuente: Banco Mundial.

10 El estudio clásico que ha servido como modelo de análisis del fordismo es el precursor trabajo de M. Aglietta, *Crisis y regulación del capitalismo,* Madrid, Siglo XXI, 1997.

más sofisticadas, elaboradas principalmente por los regulacionistas franceses,[11] las características salientes del fordismo se sintetizan en los siguientes elementos:

- Crecimiento constante de la producción y de la productividad industrial por medio de: 1) la constante incorporación de maquinaria y capital fijo; 2) la maximización de las ventajas de las economías de escala; y 3) la subdivisión del trabajo complejo en trabajo simple (taylorismo) en la cadena de montaje. Esto último permitía no sólo un aumento de la productividad del trabajo, sino también de la productividad del capital (producto por unidad de capital invertido).[12] El resultado era un considerable gigantismo industrial, típicamente representado en la estampa de las ciudades-fábrica del automóvil. Igualmente, la necesidad de escala derivaba en un régimen de competencia mediado por la presencia de situaciones de monopolio y oligopolio en los principales sectores productivos.[13]
- Una relación salarial caracterizada por *la indexación de los salarios con respecto del crecimiento de la productividad*. El nexo productividad / salarios era el resultado de los pactos políticos de postguerra y de la interiorización de la lucha de clases —siempre saturada por el límite salarios / productividad— dentro del proceso de acumulación. De este modo, la expansión salarial quedaba subordinada a los incrementos de la eficiencia industrial, convirtiéndose *de facto* en uno de sus principales estímulos. A su vez, la expansión de la masa salarial actuaba como la principal variable en la formación de la demanda agregada. Esta equivalencia permitió exorcizar las clásicas crisis de subconsumo del siglo y medio precedente, al tiempo que permitía la expansión del consumo de masas y la generalización de lo que se ha venido en llamar «norma de consumo obrero» —vivienda, automóvil, electrodomésticos y equipamientos del hogar.

11 Para una introducción a la llamada de la Escuela Regulación véase: Robert Boyer, *Teoría de la regulación. Un análisis crítico*, Valencia, Alfons el Magnànim, 1992; también del mismo autor, *Crisis y regímenes de crecimiento. Una introducción a la teoría de la regulación*, Buenos Aires, Niño Dávila / Ceil Piette, 2007

12 Este aspecto, rara vez tenido en cuenta, es sin embargo fundamental a la hora de pensar la trayectoria de las tasas de ganancia de las economías occidentales entre 1945 y 1973, y en el destierro de la ley tendencial de la disminución de la tasa de beneficio en el capitalismo industrial debido a la necesaria incorporación de una cantidad mayor de capital fijo para obtener el mismo plus-valor absoluto. Para un mayor desarrollo de estos argumentos véase Gérard Dúmenil y Dominique Lévy, *Crisis y salida de la crisis. Orden y desorden neoliberales*, FCE, México, 2004.

13 En este sentido, los marxistas americanos prefirieron hablar de *capitalismo monopolista* que de fordismo. Véase el clásico P. Baran y P.M. Sweezy, *El capital monopolista*, Mexico, S XXI, varias ediciones.

— El Estado-nación como ámbito territorial preferente y único instrumento de regulación de la política económica fordista. Si bien existió un creciente flujo comercial exterior y algunas economías nacionales se desarrollaron sobre un modelo de exportación —especialmente en países pequeños—, las principales variables de la época fueron el crecimiento de industria nacional y de la demanda interna. Los aparatos de Estado constituían el principal mecanismo de regulación económico. Sus funciones eran relativamente sencillas: mantener la demanda agregada a niveles próximos al pleno empleo a través del gasto público, apoyar la inversión mediante políticas monetarias moderadamente expansivas y contener el conflicto capital-trabajo en el margen de indexación de los salarios con la productividad. Era lo que los críticos de la época llamaron Estado-plan,[14] en tanto capitalista colectivo y principal organizador de la acumulación. En este marco, el Estado era también el valedor último de los pactos sociales y de los mecanismos de regulación de la lucha de clases típicamente fordistas. De este modo, el Estado quedó encargado de un conjunto de provisiones y medios de aseguramiento colectivo que tomaron la forma de un salario indirecto: subsidios de paro, pensiones, sanidad, educación, etc.

Consideradas conjuntamente, estas características se podrían aplicar también a la España de los años sesenta y primeros setenta. Sin embargo, las propias insuficiencias y contradicciones del modelo industrial, así como de las formas institucionales de regulación del ciclo —desde las relaciones salariales hasta la propia constitución del Estado—, parecen desencajadas de las vías clásicas de desarrollo económico de los países de Europa Occidental. Debido a estos desajustes, el modelo industrial español convivió, desde fechas muy tempranas, con procesos de acumulación anómalos desde la perspectiva keynesiano-fordista.

Ciertamente, el crecimiento industrial siguió las pautas de los países más avanzados: taylorismo, incorporación de nuevo y mejorado capital fijo y maximización de los beneficios de las economías de escala. Fue esto mismo lo que convirtió a la industria en el gran motor económico de la época y lo que permitió un crecimiento del PIB algo mayor que la media de los países de la OCDE. De todas formas, el modelo industrial español no logró superar un importante déficit: fue completamente dependiente de la tecnología extranjera. La importación de bienes de equipo fue, en todo momento, el motor principal de la constante mejora de la productividad

14 Véase a este respecto algunos de los análisis ya clásicos contenidos en la compilación de A. Negri, *La forma Estado,* Madrid, Akal. Cuestiones de Antagonismo, 2003.

industrial, que sin embargo nunca llegó a alcanzar a la de los países más avanzados. La incorporación tecnológica se basó en los contratos de licencia de fabricación de nuevos productos y de asistencia técnica —fundamentalmente para la creación de nuevas plantas— de empresas extranjeras.[15] En paralelo al bajo nivel de cualificación de la fuerza de trabajo y de los técnicos españoles, las empresas no tuvieron capacidad alguna de generar innovaciones propias. Prueba de ello es la situación de la industria del automóvil, la más dinámica en la segunda parte del periodo, y en la que todas las empresas eran filiales de una multinacional extranjera de la que dependían completamente en materia de tecnología y de diseño industrial. De otra parte, el modelo de desarrollo industrial vino caracterizado por un marcado dualismo entre un grupo de grandes empresas situadas en los sectores estratégicos, que podían maximizar los rendimientos de escala —si bien a un nivel menor al de los países más avanzados—, y un vasto tejido de pequeñas y medianas empresas de escaso contenido tecnológico. Las características de este tejido industrial sólo podían ser viables en un mercado altamente protegido y poco expuesto a la competencia internacional.

Por si esto fuera poco, el propio contexto político y laboral del Franquismo limitó severamente la viabilidad del mecanismo virtuoso que en los países occidentales hizo del consumo y de la demanda obrera instrumentos fiables de crecimiento. La dictadura fue el resultado de la gran derrota obrera de los años treinta: el reflejo exacto del triunfo de las clases propietarias españolas, en su mayoría completamente marginales en el concierto del capitalismo internacional. El autoritarismo y la violencia en el gobierno del trabajo se mantuvo, pues, hasta el final. No obstante, desde los años cincuenta, la emergente oposición obrera y la propia modernización impuesta por el crecimiento industrial empujaron al régimen a intentar establecer un marco de negociación salarial que funcionase de modo similar, aunque fuera lejanamente, al de los países occidentales. Las elecciones sindicales, la ley de convenios colectivos de 1958 y las operaciones del Ministerio de Trabajo, bajo el mandato de Solís, durante los años sesenta trataron, torpemente, de vincular y subordinar el crecimiento salarial a la productividad. El fracaso de este tipo de estrategias fue en buena medida responsable de la escalada continua de la presión salarial y de la radicalidad obrera de los años posteriores. En definitiva, el fuerte componente de clase de la estructura del Estado mantuvo los niveles salariales muy por debajo de los topes salariales potenciales —al

15 Mar Cebrían Villar, «La regulación industrial y la transferencia internacional de tecnología en España, 1959-1973», European Universty Institute.

menos hasta que en los primeros años setenta las luchas sociales hicieran añicos todo límite salarial— lo que dejo al consumo obrero con una función limitada en la expansión de la demanda agregada.[16]

Por último, el Estado franquista nunca abandonó totalmente la política proteccionista que se exacerbó en los años de la autarquía. Las medidas y controles mercantilistas permitieron un rápido desarrollo industrial sobre la base de una demanda interna relativamente expansiva. Sin embargo, la naturaleza, más bien estrecha y agresiva, de los intereses de clase dentro del Estado franquista limitó severamente las posibilidades y el alcance de la intervención pública en el ciclo industrial. La dictadura ni quiso ni pudo gravar las rentas de propiedad, así como tampoco los beneficios industriales de las clases propietarias con el objeto de constituir una sólida base fiscal. En 1973, los ingresos de la administración pública eran de sólo el 19 % del PIB, 13 puntos por debajo de la media de la OCDE. En estas condiciones, la base fiscal descansó casi en exclusiva en las clases trabajadoras, tal y como demuestra la clara preponderancia en la estructura recaudatoria de la seguridad social —que suponía cerca del 50 % de los ingresos totales y sirvió en repetidas ocasiones para sufragar el déficit público— y de los impuestos indirectos. El resultado fue una obvia debilidad del gasto público, y no sólo en lo que a prestaciones sociales se refiere, sino también en los capítulos de inversión y consumo público.[17] Además de la debilidad fiscal, la política de planificación franquista, tanto a nivel general (los planes de desarrollo iniciados en 1963) como territorial (los polos de desarrollo), tuvo un éxito muy limitado más allá de señalar ciertas orientaciones generales y de crear algunas islas industriales desconectadas de entornos mayoritariamente rurales.

En definitiva, a pesar de la espectacular evolución de las principales macromagnitudes, el «milagro español» ocultó una serie de problemas que acabarían por estallar en la crisis de 1973. La enorme dependencia energética y la necesidad de importar masivamente bienes de capital y maquinaria —que conjuntamente suponían entre el 35 y el 40 % del valor de las importaciones del periodo 1960-1973— correspondían con un modelo de crecimiento

---

16 Algo que viene reflejado en la estructura industrial española especializada en las líneas de producción de bienes intermedios (acero, cemento, refinados petrolíferos, naval) y con un desarrollo relativo más limitado y/o tardío de las industrias de consumo.

17 Es interesante a este respecto la lectura de Jordi Catalán sobre el modelo de crecimiento franquista. Inspirado en Kalecki el coste de la relativa exención fiscal a las clases propietarias habría sido: 1) un menor volumen de inversión pública, 2) tensiones inflacionista derivadas del consumo superfluo (vía importación) de las clases pudientes, 3) un mayor déficit comercial y 4) una pauta de crecimiento mucho más irregular, con repetidos altibajos. Jordi Catalán, «Del "milagro" a la crisis: la herencia económica del franquismo» en Miren Etxezarreta (coord.), *La reestructuración del capitalismo en España 1970-1990,* Madrid, Fuhem / Icaria, 1991, pp. 119 y ss.

industrial típicamente periférico. De hecho, el déficit comercial fue un síntoma crónico de todo el ciclo: ni las tradicionales exportaciones agrarias, ni la relativa especialización internacional de la industria española en bienes intermedios, consiguieron compensar el constante deterioro de la balanza comercial. La entrada de capitales destinados a abrir nuevas instalaciones industriales, tras la relativa liberalización de 1959, y las remesas de los emigrantes españoles ayudaron a equilibrar mínimamente las balanza de pagos, pero nunca fueron suficientes como para compensarla. El elemento que permitió sufragar el déficit comercial, y que en general prefiguró el camino de la nueva especialización económica del territorio español, se encontró en una estrategia que en principio se consideró marginal y paliativa del verdadero objetivo: la industrialización. Se trataba, en efecto, del turismo y de los sectores adyacentes.

Una extraña alternativa

Convertido en un país exótico por los relatos de los viajeros de los siglos XVIII y XIX, España se había elevado como uno de los principales destinos del turismo, siempre elitista, de principios del siglo XX. El largo periodo bélico y la autarquía parecieron interrumpir este flujo de visitantes, que en los ámbitos afines a la dictadura era considerado una molesta intromisión, y una influencia si no peligrosa, sí poco edificante, para la entonces «reserva moral de Europa». De todos modos, el rápido despegue de los años cincuenta cambió de forma fulminante la consideración de esta forma de «exportación de servicios» que, a pesar del desdén institucional, parecía seguir una trayectoria de moderado crecimiento. La temprana recuperación postbélica, el aumento del poder adquisitivo y la generalización de las vacaciones pagadas en los países avanzados estaban empezando a disparar el fenómeno que entonces se dio a conocer como turismo de masas. La oportunidad económica era evidente: para España el turismo era sinónimo de entrada de divisas, y éstas eran esenciales para financiar las compras de energía y maquinaria a los mismos países de los que provenía el grueso de los turistas.

Sobre estas bases, los esfuerzos económicos de la dictadura y de la nueva tecnocracia se reorientaron al fomento y expansión del turismo europeo. De la suspicacia incipiente, el turismo fue convertido en deber nacional. Así dio comienzo una campaña, casi permanente, de promoción de la «marca España» *(Spain is different):* se abrieron numerosas agencias turísticas en el extranjero, el INI creó sus propias empresas dedicadas a la gestión turística y la innovación institucional —escuelas, líneas de crédito, inversión pública— acabó finalmente en la creación de un ministerio específico.

A juzgar por la rápida evolución de las cifras, esta estrategia debió obtener un considerable éxito, pues de algo menos de un millón de turistas en 1950 se pasó a más de seis cinco años más tarde. Ya en fecha tan temprana como 1964, España se había convertido en el primer destino del mundo, con algo más de 14 millones de turistas, que crecieron en progresión geométrica hasta alcanzar la cifra de 24 millones en 1970 y de 34,5 en 1973.[18] La centralidad económica de esta «industria» especial, basada en la prestación de servicios y en la captación del consumo y la demanda europeos, permitió solventar algunas de las deficiencias del modelo industrial español. A finales de la década de 1960, el turismo representaba ya una cifra cercana al 9 % del PIB. Y aún más importante, el gasto de los turistas extranjeros fue la gran partida compensatoria del déficit comercial. Entre 1965 y 1973, el turismo supuso cerca del 25 % del total de ingresos en la balanza de pagos, con un volumen superior al doble de la suma de las entradas derivadas de las remesas de los emigrantes y de la inversión extranjera.

Todavía dentro de un marco económico principalmente volcado sobre el desarrollo industrial, la entrada de divisas fue la principal función del turismo. Desde muy temprano, sin embargo, el rápido desarrollo del sector tuvo dos «efectos modernizadores» que anunciaban su rápida emancipación de la subordinación al modelo industrial. Por un lado, el turismo fue el motor de un rápido proceso de terciarización de la economía española; por otro, el turismo fue el primer ensayo de captación de capitales en el incipiente circuito secundario de acumulación español.

En un periodo de tiempo mucho más reducido que el que normalmente llevaban los procesos regionales de industrialización, el turismo se convirtió en la primera actividad económica, tanto de los dos archipiélagos como de buena parte de la costa mediterránea. Los requerimientos del sector eran enormes: infraestructuras, instalaciones de hostelería y restauración, empresas de transporte, ejes comerciales, etc., y todo ello en comarcas y poblaciones que hasta poco antes habían mantenido formas de vida y consumo más propias del siglo XIX que del XX. Las transformaciones sociales y ambientales fueron tan brutales como rápidas, con episodios de enriquecimiento fulminante —propietarios de suelo, empresarias hosteleros, promotores— y de proletarización de masas —fundamentalmente la antigua

18 A fin de seguir la evolución de la industria turística y de las principales políticas del sector se puede consultar entre otros: VVAA, *Cincuenta años de turismo español: un análisis histórico y estructural*, Madrid, Fundación Ramón Areces, 1991 y también, por su interés para este caso, el pequeño estudio de Esther M. Sánchez-Sánchez, «Turismo, desarrollo e integración internacional de la España franquista», ponencia en la EBHA Annual Conference, Barcelona, septiembre de 2004.

población rural y los migrantes del interior. Alrededor del turismo, creció así una economía de servicios relativamente moderna y altamente competitiva. Como resultado de la especialización turística, se alcanzaron unos umbrales de terciarización que no correspondían con los niveles de renta del país. Y al mismo tiempo, la economía española adquirió todo un conjunto de intangibles —tradiciones empresariales, saberes, cualificaciones...— que se mostraría de gran valor en las décadas siguientes.

Más aun, el desarrollo turístico sirvió como primer laboratorio del circuito secundario de acumulación. A fin de favorecer el desarrollo del sector, la dictadura dio la más amplia cobertura a la construcción de las infraestructuras de transporte requeridas para multiplicar el flujo de personas desde el exterior. Los gobiernos franquistas ordenaron la creación y posterior modernización de la red aeroportuaria, mejoraron notablemente la red de carreteras de las zonas turísticas y construyeron las primeras vías de alta capacidad en el Mediterráneo (véase capítulo 6). Por añadidura, las poblaciones turísticas se convirtieron, junto con las emergentes metrópolis españolas, en los mercados inmobiliarios más activos del país, lo que dio pie a rápidas revalorizaciones del suelo, la construcción de hoteles y segundas residencias y todo un ciclo de innovaciones en la industria inmobiliaria. Para acompañar a estos desarrollos, la dictadura probó también las primeras fórmulas de excepción urbanística, que más tarde habrían de tener tanto futuro (es el caso de la Ley de Zonas y Centros Turísticos de Interés Nacional de 1963, véase capítulo 5).

Por otra parte, el desarrollo del turismo fue paralelo al despegue de otro importante motor de la economía española: la construcción. Más allá de que ambos sectores de actividad se retroalimentasen mutuamente, el primitivo desarrollo de las principales constructoras y promotoras españolas se dio al calor del rápido crecimiento de las ciudades de las décadas de 1960 y 1970. Si durante los años cuarenta y la primera parte de los cincuenta, la vivienda destinada a los nuevos inmigrantes proletarizados no era todavía un buen negocio, el desarrollo del urbanismo de urgencia —frente a la amenaza del chabolismo y de la potencial ingobernabilidad asociada al mismo—, las subvenciones y los apoyos crediticios oficiales dieron la vuelta a las perspectivas de beneficio empresarial.[19] A partir de entonces, la «iniciativa privada» se convirtió en el principal agente urbanizador del país, construyendo

19 La Ley del 15 de julio de 1954 de Viviendas de Renta Limitada establecía la posibilidad de que el Estado anticipase entre el 35 y el 75 % del coste total de las nuevas viviendas, y al mismo tiempo facilitaba un régimen de créditos ventajosos. Por otra parte, la Ley de Viviendas Subvencionadas de 13 de Noviembre de 1957 establecía una subvención de 300.000 pesetas a las viviendas de categoría inferior, además de préstamos complementarios y beneficios económicos al resto de las promociones protegidas.

a buen ritmo viviendas protegidas. Estos incentivos permitieron la formación de un puñado de grandes grupos empresariales capaces de poner en marcha promociones de varios cientos e incluso miles de viviendas.

Como ocurre con todos los ciclos económicos complejos el doble desarrollo del sector turístico y de la industria inmobiliaria tuvo efectos positivos en otras ramas de actividad. En primer lugar, animó un espectacular desarrollo de las llamadas industrias auxiliares (ladrillo, mueble, cemento). Por otra parte, sus efectos de mayor alcance se produjeron en el sector financiero. Desde muy pronto, los grupos bancarios españoles comprendieron que la construcción y el turismo representaban una gran oportunidad de negocio. A su conocida centralidad en la financiación de los equipamientos industriales, añadieron el crédito a los agentes responsables de los masivos crecimientos urbanos de la época. Para añadir más energía a este caldo, la enorme dependencia del sector público respecto de los recursos financieros del oligopolio bancario, se vio recompensada, de forma extraordinariamente generosa, con uno de los márgenes financieros más altos de Europa.[20]

Entre 1970 y 1973, esta matriz de interdependencias mutuas confluyó en lo que se debe considerar como el primer *boom* inmobiliario de la historia económica reciente.[21] En esos cuatro años, los precios de la vivienda subieron más de lo que lo habían hecho en la década pasada, al mismo tiempo que cada año salían al mercado 400.000 nuevas viviendas. Ciertamente, el origen de este primer episodio de explosión inmobiliaria, que venía ya precedido por el rápido proceso de urbanización de los 15 años anteriores, se encontraba en la dinámica demográfica de la población española: la emancipación de la segunda generación inmigrante —los hijos del éxodo rural de los veinte años precedentes— y la continuidad de los movimientos migratorios campo-ciudad. No obstante, el ciclo 1970-1973 fue novedoso en algunos aspectos que en los años posteriores tendrían una nueva y extraordinaria centralidad, como pueda ser la incorporación a la demanda inmobiliaria de capitales extranjeros y la construcción masiva de segundas residencias.[22]

20 El Estado actuó con una patente permisividad hacia el cobro de comisiones y otros importes, que permitían a los bancos sortear los topes de los tipos de interés. Al mismo tiempo, los acuerdos oligopolistas consiguieron mantener al nivel más bajo la remuneración de los pasivos y los depósitos. Para un desarrollo más amplio véase Francisco Javier Martínez de Pablos, «La banca, de los setenta al mercado único» en Miren Etxezarreta (coord.), *La reestructuración del capitalismo en España, op. cit.*, pp. 351-398.

21 Julio Rodríguez, «Tres boom inmobiliarios de la economía española», *Papeles de Economía Española*, núm. 109, 2006.

22 Luis Sastre Jiménez, «Simultaneidad e interdependencia entre los flujos de ingresos por turismo e inversión extranjera en inmuebles en España», *ICE. Sector Exterior Español*, núm. 802, octubre de 2002, pp. 129-140.

La gran crisis de 1973-1985

Tal y como hemos visto, la crisis internacional, iniciada oficialmente con el *shock* petrolífero de 1973, fue mucho más que una crisis coyuntural del modelo de acumulación y de las relaciones internacionales que se habían fabricado en los años de la gran postguerra. La crisis acabó por arruinar el conjunto de mecanismos que habían ordenado el crecimiento económico de las décadas precedentes. Se inauguró, así, la etapa fundacional de lo que luego se trataría de comprender con el término globalización financiera.

España recibió la crisis internacional desde una posición débil y relativamente periférica, sobre un telón de fondo polarizado por la crisis terminal de la dictadura y una emergente ofensiva obrera. Los acontecimientos tardaron en precipitarse: si todavía durante 1973 y 1974, el crecimiento fue muy alto —superior al 8 % del PIB—, a partir de 1975 la situación de deterioro se empezó a manifestar en una rápida pérdida de dinamismo y en una primera oleada de quiebras y suspensiones de pagos. A comienzos de 1976, el paro de masas hizo así su primera aparición cuando el número de desempleados alcanzó y superó el medio millón. En 1978 esta cifra llegó a redondear el millón. De forma paralela, la inversión que había sido la gran dinamo económica de las décadas pasadas se desplomó para presentar tasas sostenidas de crecimiento negativo.

¿Qué estaba deprimiendo de forma tan rápida la economía española? ¿La subida de los precios del crudo? Como en el caso de las economías más avanzadas este único elemento dista mucho de ser suficiente. Las principales contradicciones del fordismo español y el punto de no retorno alcanzado por la economía mundial respecto de los viejos equilibrios keynesianos fueron los hitos de un pasaje estructural mucho más complejo que el conducido por la crisis energética. Como en los principales países occidentales, los dos superfactores de la gran crisis de los años setenta fueron la creciente ingobernabilidad de los salarios en un contexto de profunda crisis institucional y los problemas de un sistema productivo poco competitivo.

La crisis se manifestó, primero, por medio de un síntoma, que si bien había sido constante en las fases de crecimiento, rara vez aparecía en las fases depresivas. Este fenómeno se denominó *estanflación*, o estancamiento con inflación. La inflación alcanzó muy pronto niveles desconocidos en las décadas precedentes: a partir de 1973 tomó cifras de dos dígitos y en 1977 llegó al 24,5 %. El origen de este desmesurado incremento de los precios estaba, además de en el crecimiento de los precios del crudo, en una continua presión salarial, que venía ejerciéndose con una intensidad redoblada desde los años 1971-1972. De hecho, el crecimiento sostenido de los salarios reales había empezado a romper los topes asociados a las tasas de incremento de la productividad y ya, desde principios de la década, sus efectos empezaron a sentirse en una significativa reducción de la participación de los beneficios en el producto social. En otras palabras, la expansión casi contagiosa de las luchas sociales (véase capítulo 5) puso en jaque el equilibrio distributivo sobre el excedente, actuando *de facto* como el principal factor de presión sobre los beneficios empresariales. La respuesta patronal, más allá de la represión laboral, se centró en rescatar, vía aumento de precios, parte de los recortes de las ganancias capitalistas. Era una típica situación de espiral salarios-precios.

Por si esto fuera poco, la muerte de Franco en 1975, con la subsiguiente parálisis gubernamental y la indefinición de las posibles salidas institucionales, acabaron por modelar un paisaje completamente abierto, sin árbitro ni regulador en la moderación del conflicto capital/trabajo. Los años centrales de la década de 1970 no sólo fueron testigos de las huelgas más duras desde los años treinta y de un increíble absentismo obrero, si no también de *lockouts* patronales, repentinos abandonos de la actividad, masivas fugas de capitales y de un fraude fiscal generalizado y consentido. Todas las medidas promulgadas durante el interregno franquista fueron completamente ineficaces. En ningún momento alcanzaron la legitimidad suficiente, ni tuvieron una orientación tan decidida —hasta seis paquetes de medidas fueron promulgados entre 1974 y 1976—, como para frenar la sangría económica. Hubo que esperar al menos tres años, a que el incipiente proceso de institucionalización de la democracia diera como resultado la decantación del sistema de partidos y la constitución de los principales sindicatos, para que existiese un espacio de interlocución social que hiciese posible el ejercicio de actuaciones con un mínimo de eficacia. Éstas recibieron el nombre del lugar en el que se elaboraron, fueron los llamados Pactos de la Moncloa.

Los Pactos de la Moncloa constituyen el documento fundante de la Transición económica. Firmados por las principales fuerzas políticas en octubre de 1977,[23] pretendieron ser el sello de las líneas directrices del modelo social y económico de la nueva democracia. Al lado de las nuevas recetas económicas, el texto contenía el proyecto de una importante reforma fiscal, la expansión de los principales servicios básicos como la educación y la sanidad, la regulación urbanística, etc. Sin embargo, la guía rectora de los pactos era la política de rentas y el control de la inflación. El principal

23 Sobre los Pactos de la Moncloa se puede leer el relato de uno de sus principales padres intelectuales: Ramón Tamames, *La economía española, 1975-1995*, Madrid, Temas de Hoy, 1995, pp. 138-164. Una monografía importante es también, Joan Trullen i Thomas, *Fundamentos económicos de la Transición política española. La política económica de los Acuerdos de la Moncloa*, Madrid, Ministerio de Trabajo y Seguridad Social, 1993.

instrumento para ello estaba en la inversión de la indexación salarial de matriz keynesiana. Los pactos establecían claramente que, en adelante, los aumentos salariales deberían estar subordinados a la inflación prevista, de tal modo que siguieran una curva descendente y previa a la de los precios, sin que importase la pérdida de poder adquisitivo resultante.

A juzgar por la evolución de la inflación, el éxito de la nueva política de rentas fue inmediato: en 1978 el IPC bajó la cifra del 20 %, y en 1980 se situó por debajo del 15 %. Crucial en este resultado fue la estricta aplicación de los sindicatos «mayoritarios», quienes se encargaron de negociar los convenios, si bien públicamente a regañadientes, sobre la base de la inflación prevista, a la vez que hicieron valer lo esencial de este tipo de políticas a través de la negociación corporativa con patronal y gobierno, durante los años siguientes. Por contra, la resistencia de los núcleos obreros más combativos no fue repentinamente vencida, pero si eficazmente aislada, al tiempo que el creciente ejército de reserva reclutado entre los recientes parados acababa por apaciguar buena parte de los focos de conflicto. Dicho de otro modo, el episodio más agudo del conflicto capital/trabajo desde la Guerra Civil había acabado otra vez en derrota obrera.

El control de la inflación era, no obstante, sólo la antesala del objetivo último de la política de rentas: la recuperación de los beneficios empresariales. Efectivamente, la ofensiva obrera y el impacto de la crisis internacional habían mermado rápidamente las tasas de beneficio de los capitales españoles que pasaron de unas cifras cercanas al 30 % en 1969 al 12 % en el año más bajo, 1979.[24] Teóricamente, la restauración del control patronal sobre el producto social debía acabar con la «huelga de inversiones» por parte del capital. En el final feliz de este cuento ideológico, el retorno de la «colaboración empresarial» terminaría por producir un nuevo aumento del nivel de empleo.

En lo que respecta a su propósito inmediato, la política de rentas logró todos sus objetivos: entre 1978 y 1986 la masa salarial no sólo se estancó sino que sufrió una ligera disminución en precios constantes, al tiempo que los excedentes empresariales ganaban hasta 10 puntos en la participación del PIB. Sin embargo, la inversión no se recuperó, y sólo en 1986 consiguió alcanzar los niveles de 1974. ¿Por qué este largo retraso, cuando el factor salarial había sido ya efectivamente controlado 5 ó 6 años antes?

La razón se encontraba en el segundo superfactor de la gran crisis de los años setenta: las deficiencias del modelo de acumulación español. La industria española, formada en líneas generales durante el periodo

---

24 Estimaciones de M. Nieto «Rentabilidad y distribución en el capitalismo Español (1954-2003)», *Laberinto*, núm. 24, 2007. Véase gráfico 4.7 del siguiente capítulo.

autárquico y siempre al amparo de un grueso abrigo proteccionista, estaba estructurada según un patrón marcadamente dual: de un lado, un grupo de grandes empresas, fuertemente penetradas por capital extranjero y que operaban en mercados fundamentalmente oligopólicos y, de otro, una constelación de pequeñas y medianas empresas, normalmente con una escasa capitalización. El *shock* petrolífero de 1973, la espiral de costes y la reducción de la demanda, tanto interna como externa, llevaron a la quiebra a muchas de estas últimas, al tiempo que ponía en dificultades crecientes a las primeras. El sector industrial español había experimentado también problemas crecientes de exceso de capacidad, debido a su especialización relativa en sectores de bienes intermedios que a principios de la década concentraron buena parte de las inversiones, y que ahora se veían en serias dificultades de ser amortizadas, y esto no sólo por la caída de la demanda sino también por la irrupción de los «países de reciente industrialización» en las mismas líneas de producción — como por ejemplo Corea en la industria naval.[25]

De otra parte, la inestabilidad política no llevó a tomar ninguna medida encaminada a la reestructuración de estos sectores. Hasta el segundo *shock* petrolífero de 1979-1980, que interrumpió bruscamente la débil recuperación de las economías occidentales, la crisis fue considerada un episodio pasajero. En la tónica de las décadas pasadas, el Estado trató de absorber las pérdidas empresariales, interiorizando en sus gastos corrientes la lucha distributiva de los grandes agentes industriales del país.[26] En otras palabras, los primeros gobiernos democráticos no tuvieron más línea de intervención que la política de rentas diseñada en 1977 y la subvención a los industriales en apuros. Todavía en 1978-1981, el gobierno de la UCD puso en marcha una política indiscriminada de avales y créditos públicos, nacionalizaciones de empresas y subvenciones, sin ninguna visión profunda sobre los problemas estructurales de la industria.[27] Se perdieron varios años, soslayando los problemas financieros de las empresas o trasladándolos a una futura recuperación que en una coyuntura correosamente depresiva se suponía no podía estar muy lejana. El resultado fue

V. Franco policies

25 Sobre la situación de la industria durante la Transición y sus problemas estructurales véase: J. B. Donges, *La industria española en la Transición*, Barcelona, Orbis, 1985.

26 Josep González Calvet, «Crisis, transición y estancamiento. La política española 1973-1982» en Miren Etxezarreta (coord.), *La reestructuración del capitalismo en España, op. cit.*, pp. 133-175.

27 Otro de los grandes errores del periodo fue el Plan Energético Nacional de 1979. Articulado sobre unas previsiones de espectacular crecimiento de la demanda energética, se propuso como una gran operación de inversión en costosas centrales nucleares y grandes centrales térmicas. El estancamiento de la demanda, la desindustrialización parcial y la mayor eficacia de las medidas de ahorro (en un sistema industrial poco eficiente en términos energéticos) convirtieron al programa en un enorme sumidero de recursos públicos, que rápidamente creó en un considerable exceso de capacidad energética. Además de la fuerte oposición social, ésta fue una de las principales razones de la moratoria nuclear de mediados de los ochente.

un nuevo y espectacular aumento del paro que en 1980 alcanzó la cifra de un millón y medio de desempleados, para ponerse en dos millones al siguiente invierno y en cerca de tres a finales de 1984.

Muy tarde, la *Ley de Reconversión* de 1981 (todavía de la UCD) y especialmente la *Ley de Reconversión y Reindustrialización* de 1984 (ya del PSOE) trataron de orientar la inversión hacia la modernización empresarial y la transferencia de mano de obra a los sectores de mayor futuro. Los resultados fueron modestos. En la mayor parte de los casos, los préstamos se utilizaron para enjuagar los balances comerciales de las corporaciones; y en los casos en los que sirvieron para reorganizar y modernizar las empresas, fue normalmente a través de una fuerte sustitución de trabajo por capital. De hecho, estos años vinieron caracterizados por un rápido aumento de la productividad por hora gracias al «efecto eficiencia» y al mantenimiento o aumento relativo de la producción con un menor tasa de utilización del trabajo. No hubo una transferencia significativa de capital de los sectores obsoletos a un nuevo y dinámico sector industrial con capacidad competitiva.

La evolución de más de 10 años de crisis industrial terminó en un significativo adelgazamiento del sector industrial, ya fuera en términos de empleo como de su participación en el valor añadido total; una industria algo más eficiente en términos de productividad, más orientada y especializada a la demanda internacional; y un menor grado de diversidad sectorial, debido al retroceso de ramas enteras de la producción. La industria española conservó, en cambio, muchos de los problemas estructurales que venían de las décadas del desarrollismo, en concreto la especialización en sectores de demanda media o baja —bienes intermedios, automóvil, textil—; la falta de capacidad de innovación propia; la dependencia tecnológica del exterior y una estructura empresarial marcadamente dual.[28] Estos factores volvían a colocar a la economía española en una mala posición de partida en la división internacional del trabajo que se había estado gestando durante la década de crisis. Prueba de ello, fue que salvo en algunos sectores —electrónica, máquina-herramienta— y regiones concretas —primero Cataluña y Madrid, y ya en los noventa el País Vasco y el corredor del Ebro—, las industrias emergentes de la revolución tecnológica asociada a la microelectrónica y la informática tuvieran una presencia escasa, cuando no testimonial. La fuerte inversión industrial de los años sesenta no volvería a convertirse en el motor de explosión de la economía española.

28 Véase Mikel Gómez Uranga, «La internacionalización de la industria española: un proceso acelerado» en Miren Etxezarreta (coord.), *La reestructuración del capitalismo,. op. cit.*, pp. 467-500.

Banks also got hit in 70's

La depresión de los años setenta no produjo, en cualquier caso, el mismo efecto en todos los sectores de la economía. El sector financiero también padeció una intensa crisis, en lo que quizás fuera el capítulo de quiebras bancarias más importante de los países avanzados, hasta el colapso de las cajas de ahorro estadounidenses en la década de 1980.[29] El epicentro de la crisis financiera se encontraba en un grupo de bancos medianos y pequeños que durante la década de 1970 habían contraído demasiados riesgos en operaciones especulativas —fundamentalmente en la captación de depósitos con rentabilidades espectaculares y también en el explosivo sector inmobiliario de los primeros años de la década—, casi al mismo tiempo que se empezaba a pagar la falta de liquidez de los grupos industriales a los que muchas veces estaban ligados sus principales intereses. Los primeros casos de quiebra aparecieron en 1978 para continuar durante los cinco años siguientes hasta sumar un total de 55 bancos: el 20 % de los activos totales. La decisión del gobierno pasó por reflotar a las entidades en crisis, a través del Fondo de Garantía de Depósitos. La crisis no minó, sin embargo, la fuerza del oligopolio financiero. Antes al contrario sirvió para reforzar la posición de los grandes grupos que se hicieron cargo de las entidades en bancarrota. El caso más sonado, y también el más controvertido, fue la expropiación y posterior reprivatización de Rumasa en 1983. En conjunto, la intervención y rescate de las entidades en crisis se saldó con un notable esfuerzo del erario público, que en buena medida recuerda al más reciente de 2008-2010.[30]

La crisis bancaria corrió también en paralelo a una serie de medidas y reformas tendentes a la liberalización del sector. Las principales: la ley de 1974 que permitía abrir nuevas oficinas y crear nuevos bancos; y la de 1977 que levantó la prohibición a la banca extranjera de operar en España, disminuyó los coeficientes de caja y equiparó en buena medida a las cajas de ahorro con la banca privada. A pesar, sin embargo, de que estas reformas fueron conocidas formalmente como medidas de «liberalización», se ejecutaron sobre un trasfondo general de protección de los márgenes de beneficio financiero, que pudo transmitir la elevación de los costes sobre el crédito, al tiempo que se mantenían importantes limitaciones a las actividades tanto de la banca extranjera, como de las cajas de ahorro.

El principal efecto de la «liberalización» fue, por consiguiente, una mayor concentración. La crisis había reforzado a la industria bancaria española que adquirió una ventajosa posición de salida respecto a la de cualquier otro

29 Francisco Javier Martínez de Pablos, «La banca, de los setenta al mercado único» en Miren Etxezarreta (coord.), *La reestructuración del capitalismo en España, op. cit.*, pp. 357.

30 Entre 1979 y 1985, el Estado hizo un desembolso neto de un billón de pesetas (algo más del 4 % del PIB de 1984) en intervenciones de rescate o expropiación de entidades financieras.

sector económico de capital español en la integración europea.[31] El oligopolio financiero había conseguido subordinar completamente las medidas de rescate y la «liberalización» a sus propios intereses. Baste decir que a finales de 1984, los siete grandes grupos financieros controlaban 65 bancos y el 73 % de los activos totales del sistema bancario, mucho más de lo que tenían en 1973.[32]

Los costes sociales y la gestión de la crisis

La crisis se transmitió muy rápidamente por el cuerpo social. El rápido crecimiento del paro, que alcanzó al 20 % de la población activa al final del periodo, dejó a una parte creciente de la población sin fuentes efectivas de renta. El desempleo no se expandió por igual en todos los grupos profesionales. Destruyó, primero, miles de puestos de trabajo en la construcción, que retrocedió rápidamente hasta perder la mitad de sus efectivos laborales; también sobre el sector industrial, y especialmente sobre las pequeñas y medianas empresas y las ramas de actividad más vulnerables; y cundió, de forma masiva, entre los jóvenes que se incorporaban en ese momento al mercado de trabajo y que vieron radicalmente reducidas sus posibilidades de autonomía e independencia. Curiosamente, sin embargo, fue el sector primario el que acumuló la mayor pérdida neta de empleos, síntoma suficiente de que la crisis agraria distaba mucho de haber tocado fondo.

El paro produjo un obvio reforzamiento disciplinario y demostró, de nuevo, la valencia política de los efectos del «ejército de reserva». Su desigual distribución contribuyó también a invertir las tendencias igualitarias que se habían desarrollado al ritmo de las luchas obreras y de la fuerte socialización de la producción de la era de la gran industria fordista. La primeros años de la década de 1980 vinieron caracterizados así por una creciente división social y simbólica entre ocupados y parados, empleados públicos y asalariados del sector privado, asalariados de las grandes empresas relativamente protegidas y de las pequeñas unidades productivas en condiciones cada vez más precarizadas. Por otra parte, el fuerte desplazamiento de los costes sociales sobre la generación más joven prolongó, bajo nuevas formas, la crisis urbana que había estallado con la saturación de los precarios cinturones obreros que

---

31 A mediados de la década de 1980, la banca española tenía los margenes financieros más elevados de los principales países europeos y conseguía una rentabilidad sobre sus activos dos veces superior a la media de los bancos del mercado común. Francisco Javier Martínez de Pablos, «La banca, de los setenta al mercado único», *op. cit.*, pp. 352 y 353.

32 Rafael Termes, «Los últimos doce años del sistema bancario español» en *Historias de una década. Sistema financiero y economía española 1984-1994*, Madrid, AB Asesores, 1995 p. 195

se habían levantado con urgencia en la periferia de las grandes ciudades.[33] Al hacinamiento, la falta de equipamientos y la escasez de servicios sociales se sumó la desesperanza de una generación más joven, sin recursos propios, marginada política y socialmente y cada vez más atrapada por un nihilismo autodestructivo que halló su propia sima en el polvo marrón de la heroína.[34]

Derrotados, de todas formas, los sectores más activos de la sociedad —ya fueran o no de origen obrero— y más allá de un buen número de experimentos de autodefensa y construcción comunitaria, la crisis acabó por naturalizarse en un imaginario social derrotista (el llamado *desencanto)* y apático (el llamado *pasotismo)* particularmente en las generaciones más jóvenes. En este contexto de despojamiento y abandono de la capacidad social de decisión, la gestión de la crisis dependió casi exclusivamente del Estado; y ésta fue sencillamente brutal.

Según las nuevas retóricas neoliberales, las políticas de aquellos años subrayaron un cambio fundamental en las funciones económicas del Estado. Por resumir lo ya sabido, la política de rentas y la medidas monetaristas antiinflacionistas trasladaron sin ambages los costes de la crisis a los sectores más vulnerables, al tiempo que el objetivo del pleno empleo se desvaneció frente a la prioridad, obvia por aquel entonces, de aumentar los excedentes empresariales y facilitar la incipiente integración internacional de la economía española. El Estado dejó de asumir lo que hasta hacía una década era el marco de toda política económica: el desarrollo de un sector industrial coherente, capaz de cubrir la demanda nacional. En adelante, se trató de calibrar aquellas líneas más competitivas en la emergente economía global, casi todas ellas en manos de multinacionales, y de proteger los sectores estratégicos de los principales capitales nacionales: la banca, pero también la construcción, algunas grandes empresas industriales y las empresas energéticas. Los salarios pasaron de ser la parte fundamental de la demanda nacional para convertirse básicamente en costes de producción: y por lo tanto en objetivo prioritario de las políticas de recorte de gastos con el fin de aumentar los beneficios y mejorar la competitividad.

33 Sobre estos aspectos existe una notable bibliografía. Algunos estudios significativos para el caso de Madrid son: P. Aldanondo Ochoa, *La influencia de la crisis económica sobre el territorio*, Madrid, COTMAVI, 1984; *Cambios en las relaciones sociales y en las formas de vida de la población trabajadora madrileña durante la crisis (1975-1985)*, Madrid, COTMAVI, 1985; VVAA, *Crisis social de la ciudad*, Madrid, Alfoz, 1988.

34 Sobre los efectos sociales de la crisis en los barrios obreros, y muy en particular el impacto social de la heroína, se puede leer la reciente síntesis para el caso de Madrid: Pablo Carmona y Emmanuel Rodríguez, «Barrios: planificación, inmigración y movimiento vecinal (1939-1986)» en *Madrid ¿la suma de todos? Globalización, territorio, desigualdad*, Madrid, Traficantes de Sueños, 2007, pp. 333-389.

No obstante, en un país relativamente periférico, todavía consumido por las herencias de clase del Franquismo y de los costes políticos de la Transición, el Estado sólo pudo aplicar estas políticas sobre la base de un constante crecimiento del gasto público y el recurso a un amplio déficit presupuestario.[35] De forma consecuente, la arquitectura de esta expansión del gasto no fue de raíz keynesiana: la inversión pública se mantuvo estancada en niveles muy bajos durante todo el periodo. La parte mayor de esta línea expansiva obedecía, antes al contrario, a las nuevas responsabilidades públicas en el conflicto distributivo. Una parte sustancial del gasto público fue así consumida en la *socialización de las pérdidas del capital* —subvenciones y ayudas a empresas en crisis, saneamiento de la banca, etc...—; otra se destinó a paliar los efectos más abusivos del paro, que fueron el principal responsable del crecimiento del gasto social en estos años; y otra última, a terminar de desarrollar el armazón del precario Estado del bienestar español.

En lo que se refiere a este último capítulo los avances fueron ambivalentes. Durante la década de 1970, la presión social y las luchas urbanas habían conseguido una constante ampliación del gasto social según la lógica de conquista y ampliación del salario indirecto. Tras las promesas de los Pactos de la Moncloa y la desactivación de la oposición obrera, la política se orientó con un criterio formal de ajuste presupuestario que congeló las principales partidas del *welfare*, siempre en niveles muy inferiores a los europeos.[36] Sin innovaciones destacables, el primer gobierno socialista que salió de las elecciones de 1982 continuó y amplió las restricciones de esta política.

En España, el Estado de bienestar estuvo tarado y limitado desde el primer momento. La insuficiencia de la reforma fiscal —ya en su primera elaboración, aun más recortada por la llamada contrarreforma fiscal de la UCD— mantuvo la herencia franquista e hizo depender el grueso de los ingresos fiscales en las rentas de los asalariados, las cotizaciones sociales y los impuestos indirectos, que juntos sumaban el 92 % de los ingresos fiscales de 1984. Los beneficios empresariales, y sobre todo las rentas del capital,

35 Entre 1978 y 1984 el gasto creció de algo menos del 30 % del PIB a cerca del 43 %, al tiempo que la presión fiscal pasó del 24,3 al 30,4 %. La diferencia se cubrió con recurso al endeudamiento.

36 En 1978 el gasto público en educación y sanidad era respectivamente un 3 y un 4,1 % del PIB; en 1984 estas cifras eran un 3,3 y un 4 %, en clara demostración que en lo que respecta al *welfare* hispano lo más importante se hizo antes o después de este periodo. En esto y en casi todo lo que sigue en relación con las cuentas públicas seguimos el sistemático trabajo de Josep González i Calvet, «Transformación del sector público e intervención en la economía» en Miren Etxezarreta (coord.), *La reestructuración del capitalismo en España, op. cit.*, pp. 177-237.

estaban virtualmente exentos. Por añadidura, las economías de oferta, la nueva doctrina de moda entre los teóricos de la revolución neoliberal sirvió en España, si bien no para justificar, sí para echar la mirada hacia otro lado frente al fraude fiscal, el crecimiento de la economía clandestina y el trabajo negro.

Dicho de otra manera, a comienzos de la década de 1980, el escenario social parecía sellado por unos niveles alarmantes de desempleo, la rápida desmovilización social y la creciente apatía de la mayor parte de la población. Que esos años fueran de relativa paz social dependió también de una promesa que la Transición había traído consigo y que se cumplió definitivamente a principios de 1986.

El ciclo 1985-1993. Primer ensayo de la estrategia inmobiliaria-financiera

A partir de 1985 los síntomas de recuperación económica se irían poco a poco confirmando para dar comienzo a una pequeña *belle époque* de euforia económica, y sobre todo financiera. Este ciclo económico, en cuyos años centrales (1987-1989) se llegó a acumular un incremento medio del PIB del 6 %, constituye el laboratorio económico más importante de la historia reciente. A diferencia de los años del desarrollismo franquista, el notable crecimiento de la última mitad de la década de 1980 no se sostuvo —desde luego, no principalmente— sobre la inversión en equipamiento y maquinaria industrial, sino sobre un conjunto de elementos que señalaban, al mismo tiempo, la internacionalización de la economía española y su incipiente financiarización. Desde esta perspectiva, los años que mediaron entre 1985 y 1993 fueron el primer ensayo de lo que luego se repetiría a escala ampliada, y algo modificada, entre 1995 y 2007. Supusieron un temprano experimento de *bubblenomics* y acabaron por configurar una estrategia de acumulación basada en las rentas financieras e inmobiliarias, todo ello con un trasfondo en el que se conjugaban elementos preexistentes —como la temprana vocación turística e inmobiliaria del país— e innovaciones institucionales que posteriormente se verían consolidadas. No en vano, durante la década de 1980 se acabó por producir el definitivo abandono de la posibilidad de generar una economía industrial de exportación competitiva a escala internacional. Por contra, entre mediados y finales de los años ochenta, el Estado español encontró definitivamente su propia vía de modernización e inserción internacional a través de la activación de sus mercados financieros e inmobiliarios y de la creación de demanda a partir de las dinámicas especulativas sobre los activos en manos de las familias.[37]

Como todo ciclo económico, éste tuvo una fase ascendente que coincidió con los primeros años de España en la Comunidad Europea, caracterizados por la entrada masiva de inversión extranjera y un espumoso incremento del precio de los activos inmobiliarios y financieros. Y una parte descendente, que se inició relativamente pronto, en 1989, pero que consiguió prolongarse hasta 1992 gracias a los fastos asociados a esa fecha.

La internacionalización económica y el boom *inmobiliario-financiero*

El acontecimiento central del periodo fue sin duda el ingreso en la Comunidad Económica Europea. La entrada de España en Europa fue también el principal vehículo de su incorporación a una economía internacional crecientemente sometida a la lógica impuesta por la libertad de los movimientos de capital y la emergente centralidad de los mercados financieros. Los comienzos no fueron fáciles; el protocolo de integración fue largo y tortuoso. En 1977, se pidió la incorporación con unas credenciales democráticas que la dictadura precedente no podía aportar, y por las cuales parecía imposible recibir la negativa anterior. Las negociaciones se prolongaron, sin embargo, hasta la primavera de 1985. El motivo: los acuerdos acerca del futuro de la agricultura y la pesca y de algunos sectores industriales, que podían entrar en peligrosa competencia con los aparatos productivos de los países centrales; así como las medidas compensatorias al respecto. Estas negociaciones resultarían cruciales, tal y como luego se verá. Finalmente, los dos países ibéricos se incorporaron al Tratado el 1 de enero de 1986.

Para la mayoría de la población, Europa era sinónimo de modernización. Simbolizaba el abandono del oscurantismo franquista, la recuperación de una senda histórica abandonada en algún momento entre los siglos XIX y XX, la homologación definitiva con los países desarrollados, con todo el aura que esto podía tener para un país todavía sumergido en una atmósfera

---

[37] Sorprende todavía que esta línea de interpretación de la evolución económica reciente siga siendo herética, cuando no es directamente ninguneada por los análisis convencionales. La única excepción, que además se debe considerar fundadora de este tipo de análisis en España, es la de J. M. Naredo, *La burbuja inmobiliario-financiera en la coyuntura económica reciente (1985-1995)*, Madrid, Siglo XXI, 1996.

provinciana. Europa era además la promesa de que la depresión sería tan solo un episodio pasajero en una nueva era de prosperidad. Por eso, los años previos a la incorporación vinieron marcados por una enorme expectación; una burbuja de expectativas que acabó por encontrar su traslación económica en forma de burbuja financiera.

En los años previos e inmediatamente posteriores a la adhesión, España era un país con un mercado interior relativamente importante; un tejido industrial obsoleto o en reconversión, aunque con cierto peso a nivel internacional; y una de las industrias turísticas más importantes del mundo. Éstas eran razones suficientes para que los capitales europeos tomaran posiciones en el país, ya fuera con el fin de reforzar sus divisiones multinacionales, ganar cuota en el mercado hispano o comprar empresas que pudieran ser viables con los debidos ajustes.[38] Aprovechando esta estructura de oportunidad, el volumen de inversión extranjera directa sobre activos españoles se duplicó en tan sólo tres años, 1985 y 1987. Las sucesivas devaluaciones de la peseta durante los años previos[39] y las buenas perspectivas de negocio animaron también la entrada de nuevas oleadas de capital inversor.

De todos modos, la entrada de capitales no se limitó a la compra de empresas, la instalación de filiales extranjeras o a la ampliación de las ya existentes. Las inversiones se dirigieron también a las bolsas españolas y al mercado inmobiliario. De hecho, las inversiones netas en inmuebles por parte de residentes extranjeros pasaron de 150.000 millones de pesetas de 1985 a más de 300.000 en 1989. E igualmente, a partir de 1986 el capital extranjero se hizo mayoritario en las contrataciones de la bolsa de Madrid. De 1986 a 1987 la balanza de capital privado multiplicó su superávit por 10. Entre 1988 y 1991 la entrada de capitales se mantuvo a un ritmo medio cercano al billón y medio de pesetas (más del 3 % del PIB de aquellos años), un 50 % más que las entradas por turismo.

La masiva entrada de capital extranjero tuvo un fuerte impacto en los mercados financieros e inmobiliarios, que se fueron calentando al mismo ritmo que llegaban las inversiones. No obstante, el factor que verdaderamente hizo subir la temperatura de los mercados, hasta el punto de que estos se pusieran

38 Sobre la significación económica de la entrada en la CEE como medio de integración económica se puede leer Pedro Montes, «La integración en la Comunidad Económica Europea en el marco de la internacionalización del capitalismo español», en Miren Etxezarreta (coord.), *La reestructuración del capitalismo en España*, pp. 239-275.

39 Nos referimos a las devaluaciones de febrero de 1976, julio de 1977 y de diciembre de 1982, ya con el primer gobierno socialista. La apreciación del dólar desde principios de los ochenta y las devaluaciones, derivadas del siempre mayor diferencial de inflación respecto a los países de la OCDE, llevó a la peseta de una posición de 60 unidades por dólar a 127 en 1982.

al rojo vivo, estaba en el hecho de que a la vorágine de compra-ventas de acciones, inmuebles, terrenos y empresas por parte de extranjeros, se sumó inmediatamente el ahorro financiero de los residentes españoles. Había comenzado la primera burbuja financiera de la historia económica reciente. Unos pocos datos pueden servir quizás para comprender la velocidad y la magnitud de lo que entonces se conoció como la fiebre española:

- Entre 1980 y 1989 las cotizaciones de la Bolsa de Madrid se multiplicaron por un factor, 6,5, siendo mayor que el de los mejores momentos de las bolsas de Nueva York, Londres, Tokyo o Francfort.
- Entre 1985 y 1990 los precios del suelo, la vivienda y las oficinas del municipio madrileño se multiplicaron por cuatro, con un crecimiento mayor al de cualquier otra gran ciudad del planeta para ese periodo.
- También entre 1985 y 1990, el valor del patrimonio inmobiliario urbano del conjunto de España creció a un ritmo anual de un 24,51 % en precios nominales —cerca de un 20 % en pesetas constantes.[40]

Las fuertes alzas de los precios de los activos tuvieron importantes repercusiones sobre los efectivos monetarios de los agentes económicos. Las revalorizaciones de los activos financieros e inmobiliarios permitieron una rápida capitalización de los tenedores de títulos de propiedad, ya fuesen éstos propietarios de suelo, familias con propiedades inmobiliarias o empresarios que aprovecharon la ocasión para desprenderse total o parcialmente de la propiedad de sus empresas. Aunque sólo una pequeña parte de estas plusvalía se arrojase a gastos de consumo, era de esperar efectos significativos sobre la demanda agregada.[41] Y esto es hecho lo que ocurrió: la demanda privada fue el componente más expansivo del PIB en aquellos años, arrastrando hacia arriba el crecimiento económico en cifras superiores al 6 % entre 1988 y 1989.

---

40 Véase J. M. Naredo, *La burbuja inmobiliario-financiera, op. cit.*, p. 75 y anexos.

41 Naredo señalaba, ya en esos años, que en la medida en que Contabilidad Nacional no tenía en cuenta el cálculo de estas plusvalías era muy difícil determinar la renta real de los agentes económicos. De hecho, para los años 1987 y 1988, el capítulo que Naredo denomina «promoción de activos» (y que incluye las plusvalías realizadas por la venta de activos reales y financieros y la venta neta de activos al exterior) debió suponer una cifra superior al 10 % del PIB español. Si estas mismas partidas fuesen consideradas por la Contabilidad Nacional hubieran representado para esos dos años el 19 y el 23 % respectivamente del Excedente Bruto de Explotación. Una cifra espectacular que, sin duda, multiplica los beneficios empresariales por vías exclusivamente financieras. *Ibidem*, pp. 22-30.

La centralidad del mercado inmobiliario en esta primitiva economía de burbuja y la fuerte extensión de la propiedad de vivienda entre las familias españolas —el 73 % de los hogares según el censo de 1981—, convirtieron al ciclo 1985-1990 en el primer episodio hispano del keynesianismo de precio de activos. De este modo, si las fuertes alzas de los activos fueron, en principio, realizadas gracias a las compras de residentes extranjeros, la alta tasa de incremento de los precios durante todo el periodo sólo pudo sostenerse por medio de un continuo calentamiento de los mercados, que fue sostenido básicamente sobre la base del endeudamiento de los hogares españoles. Cuando una parte no desdeñable de esta expansión de la liquidez fue dirigida hacia al consumo, se cerró el efecto positivo de creación de demanda por medio de la dinámica especulativa.

El ciclo no tuvo, en todo caso, ni la duración ni la profundidad que tendría la larga década de prosperidad de 1995-2007. La burbuja inmobiliario-financiera sólo pudo mantenerse hasta 1989. En ese año el sobrecalentamiento de los mercados acabó por producir importantes caídas de las bolsas españolas, que se acompañaron en 1990 con una parada en seco de los precios inmobiliarios. Las expectativas creadas por los fastos de 1992 y la expansión del gasto público permitieron sostener el crecimiento a lo largo de año y medio.[42] A finales de ese año, ya no hubo forma de detener la hemorragia. Los indicadores macroeconómicos acabaron por hundirse en una breve recesión que duró año y medio, en la que los niveles de paro se dispararon hasta los tres millones y medio.

La euforia financiera de los años ochenta fue el resultado de una conjunción compleja de elementos. Algunos, completamente casuales, tenían su origen en la coyuntura internacional y en los efectos imprevistos de la integración europea. Otros, sin embargo, fueron alineándose en un conjunto institucional coherente que acabó por constituir el núcleo de la versión española de la estrategia financiera. Entre los elementos coyunturales se deberían señalar las medidas monetaristas que elevaron rápidamente los tipos de interés reales a partir de 1986. El incremento del precio del dinero convirtió a España en el país con los tipos de interés más altos de todos los países de la OCDE. Además de proporcionar unos beneficios extraordinarios a la banca, el alto precio del dinero empujó una rápida apreciación de la peseta. Lógicamente, estos dos factores entraron en perfecta resonancia en el ciclo virtuoso de la captación de capitales internacionales.

42 Las Olimpiadas de Barcelona y la Exposición Universal de Sevilla, al lado de la construcción de la primera línea de alta velocidad que unía Madrid con la capital andaluza, fueron tanto un ejercicio de movilización social y creación de consenso (la gran fiesta de la modernización del país) como una operación de marketing financiero-inmobiliario del territorio español.

Otro de los factores no previstos se encuentra en la coyuntura de los mercados financieros internacionales. Concretamente, la crisis de la deuda externa y el colapso de las principales economías latinoamericanas «liberó», de nuevo, una gran cantidad de liquidez a la búsqueda de alternativas rentables de colocación. Por extraño que parezca, España era una de las mejores opciones, hasta el punto de que se convirtió en el primer destino de la inversión internacional.[43] Las inversiones europeas se vieron reforzadas y multiplicadas por un extraordinario volumen de dinero caliente que fue invertido en todo tipo de activos y mercados.[44] Ni que decir tiene, que el capital internacional fue un combustible de alto octanaje para la burbuja española, que propiamente debería ser considerada un pequeño hito en el proceso de financiarización global.

La favorable coyuntura a la inversión internacional no se hubiera traducido en una burbuja financiera, si no hubiera encontrado también un sólido soporte en el ámbito de la intervención pública. Tal y como se ha visto con los tipos de interés y la fuerte apreciación de la peseta, durante los años ochenta, las políticas económicas estuvieron dirigidas principalmente a reforzar la ventajosa posición de la economía española en los mercados financieros internacionales. De hecho, la innovación institucional acabaría por dar consistencia a un modelo de regulación económica, bien distinto de aquel del desarrollismo franquista. El objetivo primordial de estas intervenciones estaba precisamente en lo que había constituido la gran anomalía del fordismo franquista: la fuerte preponderancia del sector inmobiliario y financiero en la estructura económica. De forma más concreta, el continuo impulso legislativo dio luz verde a la «modernización y liberalización» de los mercados de suelo, hipotecario y de vivienda (véase capítulo 6). A grandes líneas, se promulgaron importantes desgravaciones fiscales a la compra de vivienda (reforma fiscal de 1978), se acabó por marginar el mercado de alquiler y el parque público de viviendas (Decreto Boyer de 1985) y se flexibilizaron las condiciones para la concesión de créditos hipotecarios. Estas medidas pretendían reforzar, obviamente, la tradicional «propensión a la propiedad» de los hogares españoles, rearticulando en términos propiamente financieros el primer experimento franquista de sociedad de propietarios. También se trató de adaptar los mercados financieros españoles a su nueva función a nivel internacional. Como había pasado en la mayor parte de los países

43 Véase Francisco Javier Martínez de Pablos, «La banca, de los setenta al mercado único» en Miren Etxezarreta (coord.), *La reestructuración del capitalismo en España, op. cit.*, p. 369

44 Ejemplo paradigmático de las funciones de la inversión extranjera en activos españoles, durante aquellos años, fue la rápida aparición y espectacular retirada de las operaciones del fondo soberano de Kuwait, Kuvait Investment Organization (KIO).

europeos, el gobierno español liberalizó completamente los movimientos de la cuenta de capital, derribando las principales restricciones a la inversión extranjera. En la misma línea, autorizó la creación de sociedades de inversión colectiva y puso en marcha, en un sentido claramente desregulador, una profunda reforma de los mercados de valores.[45]

Las consecuencias estructurales de la estrategia inmobiliario-financiera

Si la euforia financiera e inmobiliaria de los años ochenta pareció definir un conjunto de reglas económicas novedosas, al mismo tiempo que las políticas económicas empezaban a orientarse según las lógicas financieras y especulativas de la *bubblenomics*, los cambios estructurales en los principales órdenes sistémicos no pudieron dejar de ser radicales y profundos. Agrupándolos en cuatro grandes capítulos, los principales transformaciones provinieron de: 1) la pérdida de peso específico de la industria en el conjunto del tejido económico; 2) la consolidación de un nuevo bloque hegemónico trabado en la alianza de los sectores financiero e inmobiliario; 3) un nuevo reparto geográfico de la riqueza y del dinamismo económico; y 4) la rápida marcha hacia un modelo social caracterizado por una insidiosa tendencia a la polarización.

1. Durante los años más duros de crisis, los déficit estructurales de la industria española —fundamentalmente la marcada dualización del sistema productivo, la dependencia de la tecnología extranjera, su especialización en sectores de demanda media y la falta de competitividad— hicieron crujir, hasta los cimientos, el edificio productivo español. La destrucción de tejido industrial y el inicio de la reconversión permitieron, no obstante, el saneamiento relativo de un conjunto de sectores y empresas con ciertas posibilidades de competir en los mercados internacionales. En 1985, la cobertura de las exportaciones en la balanza comercial alcanzó el 80 %, e incluso si se excluían los productos energéticos sobresalía un pequeño superávit del 15 %. Las razones de esta evolución, no alcanzada ni en los mejores tiempos del desarrollismo, estaban en la fuerte depreciación de la peseta de los años previos y en la prolongación de los efectos de la integración

45 La reforma de los mercados financieros se articuló a través de la Ley del Mercado de Valores de 1988, que a su vez estaba inspirada en la que dio lugar al llamado *big bang* de la Bolsa de Londres de 1986. La ley estableció básicamente nuevas figuras para la intermediación financiera, la posibilidad de la creación de un mercado de futuros y un nuevo organismo de supervisión, la Comisión Nacional del Mercado de Valores (CNMV).

arancelaria en Europa.[46] Esta situación no parecía anunciar una superación definitiva de los problemas estructurales de la industria, pero sí la dejaba en una situación de partida aceptable.

El siguiente lustro confirmaría, sin embargo, la tendencia contraria. Dos factores fueron determinantes en la definitiva desindustrialización española y en el abandono de un régimen de acumulación basado en el ciclo industrial: de un lado, la incorporación a Europa y la asignación de un papel modesto en el concierto industrial europeo; y de otro, los efectos de la burbuja especulativa y la correlativa sobrevaloración de la peseta.

Tal y como ya se ha visto, las negociaciones para el ingreso de España en la CEE se vieron trabadas repetidas veces por la amenaza que para algunos países centrales suponía la competencia española en determinadas líneas de producción. Por paradójico que parezca a la vista de los problemas estructurales de la industria española, la importancia relativa de la misma y los niveles salariales más bajos de sus trabajadores podían inspirar cierto miedo a no pocos segmentos de los agentes económicos europeos, por otra parte sumergidos también en una profunda crisis industrial. El temor al llamado *dumping* social español[47] impuso en las negociaciones previas y posteriores al ingreso, el criterio de que las subvenciones agrarias de la PAC no serían aplicadas con igual generosidad en los países mediterráneos y en los centrales, y que la política de subvenciones y ayudas industriales del gobierno español sería suprimida. De hecho, las transferencias europeas quedaron condicionadas a este principio, por el cual la industria española debía dejar de ser subsidiada.

Organizadas a través de diversos instrumentos (FEDER, Fondos de Cohesión, etc.), las ayudas habían sido diseñadas como medidas compensatorias para las regiones europeas más deprimidas, incluidas

46 Se trata del Acuerdo Arancelario Preferencial de 1970 que supuso un desarme arancelario completamente asimétrico y claramente favorable para España, que como contrapartida al casi total desarme de las barreras proteccionistas europeas, sólo redujo parcialmente sus derechos de aduana. Para este respecto, y la evolución de la penetración de los capitales europeos en el tejido industrial español véase de nuevo: Pedro Montes, «La integración en la Comunidad Económica Europea en el marco de la internacionalización del capitalismo español», en Miren Etxezarreta (coord.), *La reestructuración del capitalismo en España, op. cit.*, pp. 239-275.

47 Esta es la idea de Álvaro Espina, quien llega a sugerir, incluso, que la movilización laboral que siguió a la incorporación y que acabó en la huelga de 1988 fue, en realidad, motivada por la presión de la Confederación Europea de Sindicatos, ante la injusta competencia de la industria española con salarios mucho más bajos. Una idea que desde luego obvia las presiones internas y los proceso de movilización que desde abajo empujaron realmente la espiral de conflictividad de aquellos años (véase capítulo 5). Álvaro Espina, «La vuelta del hijo pródigo: el Estado de Bienestar español en el camino hacia la Unión Económica y Monetaria», *Política y sociedad*, núm. 44-2, 2007, pp. 45-67.

aquellas profundamente devastadas por la crisis industrial. Perfectamente entonces podrían haber sido utilizadas con el fin de reestructurar los tejidos industriales de los países ibéricos. La CEE dejó, sin embargo, taxativamente claro que no financiaría programas de desarrollo industrial. Siempre con la retórica de la libertad de mercado, España debía ser ante todo un país de servicios, especializado si se quiere en su principal producto de exportación: el turismo.

El gobierno socialista aceptó este reparto a cambio de explotar al máximo el flujo de transferencias europeas.[48] A juzgar por los resultados de la cuenta de capital la operación fue bastante rentable. España se convirtió en el estado europeo con el saldo de transferencias presupuestarias más favorable de toda la CEE: alrededor de medio billón de pesetas anuales entre 1988 y 1992 (el 1 % del PIB español). Ingresos tan notables permitieron el desarrollo de un ambicioso plan de infraestructuras que sería plenamente funcional en los próximos ciclos inmobiliarios[49] (véase capítulo 7). Por otro lado, la adhesión significaba la entrada en el mercado común y la rápida supresión de todas las barreras arancelarias. De por sí, la pérdida de esta posición de ventaja suponía otro nuevo golpe a las industria española que perdió los beneficios de la asimetría arancelaria pactada en el acuerdo de 1970.

La última consecuencia del *efecto Europa* tuvo que ver con la rápida entrada de capitales europeos que siguió a la incorporación. La compra de títulos y acciones cambió radicalmente la estructura de propiedad de buena parte del tejido industrial español. Entre 1983 y 1992, la propiedad de las acciones de los extranjeros en las sociedades no financieras, y por lo tanto de todas las grandes empresas, pasó del 14 al 40 % del total. La propia política de privatizaciones del gobierno llevó a desmantelar el viejo Instituto Nacional de Industria y a poner a la venta la mayor parte de sus empresas, entre ellas los grandes gigantes del automóvil como SEAT y Enasa adquiridos por multinacionales alemanas. Por sectores económicos, la penetración de los capitales extranjeros llegó a ser prácticamente total en todas las ramas que

48 Basta hojear la prensa de aquellos años (1986-1992) para verificar este propósito. Artículos de Borrell, Felipe González, Pedro Solbes apuntan constantemente a su labor de presión sobre la CEE con vistas a aumentar las transferencias europeas destinadas a infraestructuras, presentadas como un ejercicio de justicia social ante el menor desarrollo de los «meridionales» y su permanente déficit de infraestructuras.

49 Esta política estaba plenamente respaldada por las instituciones globales. En 1990 un informe sobre la economía española de la OCDE señalaba la necesidad de un mayor desarrollo de las infraestructuras frente a lo que consideraba unos excesivos niveles de ayuda a las empresas. Esta observación resume bien el sentido que tuvieron las negociaciones para el acceso a la CEE. Citado en M. Etxezarreta «La economía política del proceso de acumulación» en Miren Etxezarreta (coord.), *La reestructuración del capitalismo en España, op. cit.*, p. 75.

desde el principio habían sido dominadas por corporaciones extranjeras —como la automoción, la industria química, la electrónica—, pero también avanzó notablemente, en ocasiones hasta comprar todas las empresas de importancia, en industrias que antes habían tenido un «carácter» marcadamente nacional como la alimentación, las bebidas o el textil. Sólo dos grupos económicos se salvaron de esta vorágine de adquisiciones: las industrias en reconversión, en buena medida condenadas por el exceso de capacidad internacional y la competencia de los países asiáticos —como la industria naval o la siderurgia integral—; y precisamente los sectores más beneficiados por el ciclo especulativo de 1985-1990: las finanzas y la construcción.[50]

El balance de la incorporación a Europa no pudo ser más negativo para la industria española. Reducida a un papel económico marginal, fue completamente subordinada a las grandes multinacionales europeas. Para muchos sectores críticos, incluida parte de la izquierda más inteligente, la ocasión perdida para organizar un modelo industrial coherente supuso el abandono de la función progresiva del viejo fordismo europeo, además de una notable pérdida de autonomía política, sin que por ello las transferencias europeas fuesen compensación suficiente.[51]

El otro gran factor de deterioro de la industria española fue la propia burbuja financiera. Confluyeron aquí dos elementos. Por un lado, la realización de enormes plusvalías derivadas de este masivo proceso de «exportación de activos patrimoniales» fue en parte redirigida hacia el consumo privado. El consiguiente calentamiento de la demanda, que estuvo en la base del crecimiento de aquellos años, impulsó rápidamente el crecimiento de las importaciones. A su vez, las importaciones se vieron especialmente favorecidas por la fuerte apreciación de la peseta. De hecho, cuando en 1989 la moneda española fue incluida en el Sistema Monetario Europeo, lo hizo con una relación bastante favorable respecto del marco alemán. La política de apreciación de la peseta era obviamente incompatible con el desarrollo de una industria de exportación poderosa. Así las cosas, el porcentaje de cobertura de las exportaciones españolas cayó del 80 % en 1985 a menos del 60 % en 1989. Y la evolución del intercambio de mercancías con el exterior

50 Mikel Gómez Uranga, «La internacionalización de la industria española», en Miren Etxezarreta (coord.), *La reestructuración en España, op. cit.*, especialmente pp. 489-492.

51 Esta es la idea que planea, por ejemplo, en la casi totalidad de los artículos recogidos en el libro coordinado por Miren Etxezarreta (*La reestructuración del capitalismo en España 1970-1980*) y que en este apartado nos ha servido de guía.

excluidos los bienes energéticos paso del 115 % al 67 %.[52] El deterioro de la balanza comercial fue el principal síntoma de la propia pérdida de competitividad del sector industrial.

En el gráfico 3.1 se pueden observar las consecuencias de este modelo: el estancamiento, e incluso el retroceso de la acumulación de capital en la industria durante los años ochenta, al tiempo que los servicios y sobre todo la construcción, apoyada tanto en la política de infraestructuras como en el *boom* inmobiliario, se convertían en los sectores más dinámicos y con mayor crecimiento del stock de capital acumulado.

GRÁFICO 3.1 EVOLUCIÓN DEL STOCK DE CAPITAL NETO EN LOS PRINCIPALES SECTORES ECONÓMICOS

(1964 = 100)

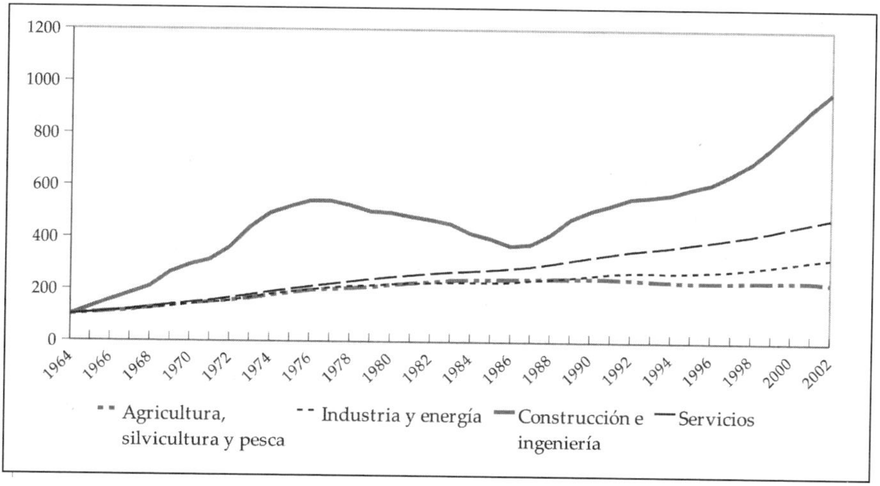

Fuente: Fundación BBVA, *El stock y los servicios de capital en España y su distribución territorial,* Bilbao, 2007.

52 En concreto entre 1985 y 1989 las importaciones no energéticas crecieron en un 127,7 %, mientras que las exportaciones del mismo tipo sólo lo hicieron en un 33 %, de hecho sólo crecieron por la integración el mercado común. Las exportaciones al resto del planeta disminuyeron de en un 12 %. Fuente: Dirección General de Aduanas, cit en Pedro Montes, «La integración en la Comunidad Económica Europea», *op. cit.,* p. 258.

2. Al menos dos sectores quedaron relativamente al margen de la penetración de los capitales europeos. La propiedad de las principales empresas de construcción y la de los grandes grupos bancarios permanecieron bajo la dirección de las fortunas «nacionales». Convertidas en las principales beneficiarias de los efectos de la burbuja, estas coporaciones consolidaron *de facto* una posición oligárquica que ya venía de largo gracias a la continua protección del Estado y a su considerable sobrerrepresentación en la estructura económica del país.

Entre 1985-1989, la banca batió efectivamente todos los récord de beneficio. La política monetarista que acabó por desembocar en los tipos de interés más altos de Europa entre 1986 y 1988,[53] la reducción de los coeficientes de caja y la posterior liberalización de los tipos de crédito en 1987, sirvieron como el mejor de los trampolines para la rápida elevación de la demanda crediticia que acompañó a la burbuja. Durante estos años, los hogares adquirieron, por primera vez, una importante función como demandantes de dinero, en forma de créditos hipotecarios y de préstamos al consumo que a su vez crecieron a un ritmo muy superior a los depósitos. De esta forma, el sector financiero —incluidas las cajas de ahorro— supo apuntar en su cuenta de beneficios una parte sustancial de las plusvalías derivadas de la burbuja patrimonial. Por otro lado, el proceso de desintermediación financiera que en muchos países habría de colocar buena parte del ahorro financiero en los mercados bursátiles por medio de una nueva generación de sociedades financieras, fue en España enteramente controlado por el oligopolio de los grandes grupos financieros privados. Baste decir que en 1993 el 60 % de las instituciones de inversión colectiva estaban controladas por los grandes bancos y que otro 29 % lo era por las cajas de ahorro.

Los años de euforia no sólo dieron lugar a una espectacular crecimiento del balance contable y del volumen de negocio del sector financiero. Su posición central en la financiación del ciclo y en la creación del dinero

---

53 Es interesante considerar qué es lo que condujo a esta situación de tipos de interés tan altos. La opinión domiante se refiere al enorme peso del sector público y a la captación que éste hizo de los recursos bancarios por medio del llamado coeficiente obligatorio de inversión [una opinión sostenida, por ejemplo, por el entonces presidente de la Asociación Española de la Banca Privada: Rafael Termes, «Los últimos doce años del sistema bancario español» en *Historias de una década, op. cit.*, pp. 185-220.]. Este hecho no sólo tendría por efecto la elevación de los tipos de interés sino que también implicaría una expulsión del sector privado en favor de la financiación del sector público (valga el dato de que en 1984, el 64 % del crédito bancario fue destinado a la financiación pública). Sin embargo, las necesidades financieras del Estado se moderaron a partir de 1985, y al mismo tiempo se abrió la época dorada de la banca. Aparte de que la huelga de inversiones en el sector industrial no parece motivada, al menos no de forma fundamental, por la carestía del crédito: ¿por qué no se redujeron los tipos a costa del margen empresarial y de los abultados beneficios del sector financiero en aquellos años?

necesario para la realización de las subidas del precio de la vivienda, les dotó de una redoblada influencia sobre los poderes públicos. La decantación de la estrategia inmobiliario-financiera, en tanto eje vertebrador de la intervención pública, es incomprensible si no se atiende a la pequeña historia de las alianzas y los conflictos internos a la oligarquía financiera y a su creciente peso en las decisiones políticas. Siendo extremadamente sintéticos, el Estado actuó como recurso financiero de última instancia e instrumento de las luchas internas dentro de la difícil familia bancaria española. Así lo demuestran sus principales intervenciones sobre el sector: las exenciones fiscales para facilitar el proceso de fusiones bancarias, primero del Bilbao-Vizcaya en 1988 y luego la de Central-Hispano Americano en 1991; la intervención de Banesto en 1993, poco después puesto en manos del Santander; y la privatización de la banca pública (con la marca Argentaria) a favor del BBVA.

Los grandes consorcios de la construcción se vieron igualmente favorecidos por una coyuntura alcista que, tras un largo periodo de atonía, empujó la producción residencial a niveles parecidos a los de la década de 1970. La creciente demanda de vivienda permitió poner en marcha nuevas promociones tanto en las ciudades como en los complejos turísticos costeros, que sufrieron en esos años su penúltima oleada urbanizadora. Pero quizás más importante, al menos para las grandes empresas, fue la reactivación de la obra pública empujada en buena medida por las transferencias europeas. A finales de la década, el volumen de licitaciones de obra pública llegó a superar el 3 % del PIB —casi el 9 % del presupuesto público—, una cifra muy considerable, que vino sostenida por la masiva ampliación de la red de carreteras de alta capacidad y la construcción del primer proyecto de alta velocidad. La absorción de partidas tan importantes del gasto público permitió multiplicar el tamaño de las principales constructoras que experimentaron un proceso de concentración y fusiones similar al de los grandes bancos.

3. La larga crisis iniciada en 1973 y la particular «vía de desarrollo» iniciada en la década de 1980 no sólo inauguraron un nicho de especialización inédito para la economía española en el terreno de la captación de flujos de liquidez internacional, sino que también configuraron una geografía económica bastante distinta de aquella que se había ido constituyendo en los distintos ciclos de industrialización. Esta geografía estaba (y está) protagonizada por un grupo de ganadores —aquellos territorios y sectores sociales situados en una posición privilegiada respecto al nuevo régimen de acumulación— y otro de perdedores. Estos últimos fueron las víctimas de la obsolescencia de un paisaje económico y humano, que por su especialización en determinadas

actividades y por la falta de viabilidad de una enorme cantidad de capital fijo inmovilizado, se vieron abocados a un prolongado estancamiento económico que afectó a todos los ordenes de la vida social —desde el demográfico hasta el cultural.[54] Los grandes derrotados fueron obviamente las regiones fabriles, especialmente aquellas muy especializadas y dominadas por las ramas en reconversión como la siderurgia, la industria naval y algunas extracciones mineras. Se trataba de las entonces llamadas regiones sin futuro: las cuencas mineras asturianas, Avilés-Gijón, Torrelavega, la margen izquierda de la ría de Bilbao, la bahía de Cádiz, Sagunto, y un largo etcétera.

La desindustrialización galopó también sobre los cinturones industriales de las grandes ciudades como Barcelona o Madrid. Sin embargo, allí la terciarización y la puesta en marcha de nuevas líneas productivas de mayor futuro, esto es, la propia diversidad las estructuras económicas metropolitanas, redujo los procesos de destrucción de los tejidos industriales obsoletos a un problema de «gestión urbana» concentrado en determinadas barrios o polígonos. La continuación de la crisis se mantuvo así sobre el estrecho perímetro de polígonos y barrios con altos niveles de paro y marginación juvenil.

El grupo de las regiones perdedoras no acababa, sin embargo, con los tradicionales núcleos fabriles. El ingreso en la Comunidad Económica Europea y la aplicación de la Política Agraria Común, profundizó la crisis agraria que se venía decantando desde hacía al menos cuatro décadas. Las zonas de montaña fueron condenadas por su «obvia» incapacidad para competir con la productos agro-industriales, pero también las grandes extensiones de secano explotadas de forma extensiva y la franja cantábrica especializada en la producción de vacuno y leche —que entraba en competencia con la agricultura de los países del centro— fueron sometidas a una severa política de cupos y recortes. Sólo los latifundios del Guadalquivir, que observaron un rápido proceso de tecnificación, y los emergentes distritos agroindustriales de Almería, Murcia y Huelva, orientados a la exportación hortifrutícola, lograron obtener una posición de ventaja competitiva[55].

54 Si se quiere recoger esta increíble contradicción en palabras de Harvey: «El paisaje geográfico que el capital fijo e inmóvil comprende es a un tiempo la gloria coronada del anterior desarrollo del capital y una prisión que inhibe un mayor progreso de la acumulación, porque la misma construcción de este paisaje es antitética a la "destrucción de los obstáculos espaciales" y en último término incluso a la "aniquilación del espacio mediante el tiempo"». Ésta es la contradicción que el capital industrial experimenta frente a la necesaria territorialización de «todo tipo de capital fijo». David Harvey, *Espacios del capital. Hacia una geografía crítica*, Madrid, Akal. Cuestiones de Antagonismo, 2007, p. 265.

55 La desvalorización de gran parte del suelo agrícola, en concreto de todo aquel que no pudo reconvertirse al *agrobussiness* competitivo, es una de las causas de la gran extensión del ciclo inmobiliario en años posteriores. Enfrentados a rentas agrarias estancadas, los propietarios de suelos agrícolas se vieron completamente fagocitados por las revalorizaciones del suelo urbano.

Frente a este amplio grupo de regiones y comarcas condenadas por la obsolescencia y la falta de competitividad de sus producciones —que comprenden todavía hoy el 80 % del territorio español—, se conformó un grupo de regiones y ciudades que mantuvieron o reforzaron su posición «competitiva». Las grandes ganadoras fueron las principales metrópolis españolas. Protagonista indiscutida del ciclo, Madrid engulló en esos años el 50 % de la inversión extranjera y se consolidó como una importante plaza a nivel europeo, además de como el mercado inmobiliario más caliente del mundo, a excepción quizás de Hong-Kong. Fueron los años de su formación como ciudad global, un proceso que acabaría por consolidarse a finales de la década de 1990.[56] Por las mismas razones aducidas para Madrid, Barcelona, Valencia, Bilbao y Zaragoza, experimentaron también un pequeño renacimiento, al tiempo que se beneficiaban de los principales impulsos de la reorientación industrial y del crecimiento del nuevo sector terciario. Además de las grandes ciudades, el otro gran grupo de regiones ganadoras fueron las comarcas de larga especialización turística. Entre 1985 y 1992, la costa mediterránea y los dos archipiélagos recuperaron su posición como destinos de relevancia internacional, a la vez que la burbuja inmobiliaria dejaba una nueva capa de hormigón sobre las líneas litorales. Ejemplo singular y de fuerte carga simbólica de los efectos urbanos, culturales y sociales de la euforia financiera fue la constitución de Marbella como capital de la *jet set* internacional.

En estos años, por lo tanto, se conformó un nuevo arreglo espacial *(spatial fix)* que privilegiaba un conjunto de especializaciones territoriales de antiguo y nuevo cuño: turismo, centros financieros, mercados inmobiliarios maduros y emergentes, etc. El anudamiento de este nuevo *spatial fix* se realizó, al igual que en el caso de los mercados financieros e inmobiliarios, sobre un trasfondo de reformas institucionales que acabaron por convertir a la unidades territoriales —comunidades autónomas y ayuntamientos— en empresas económicas orientadas al desarrollo y promoción de sus propias ventajas competitivas. Y esto ya no sólo en relación con determinadas producciones industriales, como sobre todo en la prestación de servicios —fundamentalmente turismo— y en la absorción de liquidez internacional en forma de inversiones inmobiliarias o financieras. Si se quiere, la carta constituyente de las nuevas estrategias asociadas al empresarialismo urbano fueron los fastos de 1992, que convirtieron a Sevilla y a Barcelona en focos de atención internacional, al tiempo que iniciaban costosas reformas de

56 Acerca de este proceso se puede leer el ya mencionado Observatorio Metropolitano, *Madrid ¿la suma de todos? op. cit.* Si se quiere una lectura específica para estos años se pueden consultar los artículos de J. M. Naredo, «Sobre la naturaleza de la actual recuperación económica madrileña» y «Sobre la naturaleza del declive actual y su relación con la economía madrileña» ambos en J. M. Naredo, *La burbuja inmobiliario-financiera, op. cit.*, respectivamente pp. 3-19 pp. 73-113.

renovación urbana (véase capítulo 6). El carácter de vanguardia de estas operaciones vendría pronto confirmado por la generalización hegemónica de este tipo de políticas entre las regiones y ciudades «perdedoras», que en el ciclo de 1995-2007 iniciaron así su verdadera reconversión económica.

4. De parecido modo a la contraposición entre regiones ganadoras y perdedoras, el cuerpo social se vio atravesado por una creciente polarización entre los grandes beneficiados de la fiesta financiera y las mayorías excluidas del nuevo modelo económico. Los extremos de este proceso de dualización se podrían reconocer en las figuras del yonky y el yuppie. El último, icono de la posibilidad del enriquecimiento rápido en el sector financiero, rostro del éxito y de una vida laboral corta e intensa, bajo la garantía de un retiro de oro en alguno de los escenarios de la «gente guapa» en la costa española. El yonqui, por el contrario, resquicio, entre la vida y la muerte, de la devastación social de los años setenta: un triste zombi urbano.

En términos menos extremados, para segmentos sociales importantes la crisis no terminó en 1985. Atrapados en barrios y cualificaciones sin futuro, muchos no pudieron reciclarse a tiempo, malviviendo en el trabajo negro, el paro o la marginalidad. La máquina del empleo asociada a la burbuja tuvo fundamentos completamente distintos a la de los años del desarrollismo. Como en el reciente ciclo de 1995-2007, la mayor parte de los puestos de trabajo se generaron en el sector servicios y en la construcción: empleos de cualificación media o baja y remuneración casi siempre escasa. Por si esto fuera poco, el impacto de las reformas laborales hizo de la precarización laboral la nueva norma de gobierno para este nuevo proletariado de los servicios.

En el lado afortunado de la moneda, la «exportación patrimonial» permitió acrecentar la riqueza de las clases propietarias. Como en los países anglosajones, la incipiente financiarización de las economías domésticas actuó como disparador de las desigualdades sociales y dio el pistoletazo de salida a larga marcha hacia el desenganche de los más ricos respecto del resto de la sociedad. Fueron los años de la *jet* y de la explosión del mundo del corazón —quizás la mejor crónica social de aquellos años. De forma parecida, el efecto riqueza asociado a la burbuja tendió a reforzar la posición adquisitiva de las clases medias. En este primer ensayo de keynesianismo de precio de activos, la fuerte extensión de la propiedad se tradujo en una rápida capitalización de las clases medias propietarias que, si bien a costa de un masivo endeudamiento, y de una creciente amenaza de desclasamiento por abajo, les permitió sostener y, en la mayor parte de los casos, aumentar sus niveles de consumo.

El balance del periodo debe ser, por consiguiente, matizado. La sensación de riqueza no alcanzó a los sectores más débiles todavía sumergidos en la crisis precedente, incorporados de forma precaria a un mercado de trabajo cada vez más segmentado. Abandonados los tiempos más duros de la crisis, el Estado y las élites quisieron construir un nuevo consenso social sobre la base de una imagen de modernización y progreso. Materialmente, trataron de reforzar la operación con un débil incremento de las partidas del Estado del bienestar —en cualquier caso por debajo de los niveles europeos— y la indiscriminada utilización del gasto público como herramienta de contención social.[57] No obstante, el creciente descontento social y los efectos disciplinarios de la crisis declarada en 1993 acabaron por arruinar los resortes de este equilibrio socialmente tan precario.

Las crisis de 1992-1994

Las expectativas creadas por los eventos de 1992 no alcanzaron a salvar el año. Desde los primeros meses, la economía española mostró síntomas de estancamiento, para entrar directamente en recesión a finales del mismo. En 1993 el decrecimiento fue del 1 %. En poco más de 12 meses el desempleo repuntó en más de un millón de personas, alcanzando la histórica cifra de tres millones y medio de parados. Las «bondades» de la dualización del mercado de trabajo y de la rápida precarización de importantes segmentos laborales se hicieron patentes en el rápido ajuste del factor trabajo respecto de la caída de la demanda y de la nueva coyuntura empresarial. De otra parte, al enorme déficit de la balanza comercial, se sumaron las presiones especulativas que desde 1990 operaron con plena libertad sobre las monedas europeas. La liberalización total del control de cambios y del movimiento de capitales decretada en ese mismo año debió jugar un importante papel en la creciente inestabilidad de la peseta, que a partir de 1991 fue alcanzada por los movimientos financieros que jugaban en su contra. En una rápida carrera hacia al deterioro, y en paralelo a la crisis del Sistema Monetario Europeo,

57 En estos años estalló la ambigua polémica, todavía hoy agitada, sobre los llamados «sectores subsidiados». En primer lugar, una creciente burocracia ligada fundamentalmente a las administraciones locales y que ha actuado como garante de mayorías estables en numerosas administraciones. También los viejos trabajadores de los núcleos industriales más combativos (carbón, siderurgia, naval) que fueron retirados del mercado de trabajo, vía fondos de promoción de empleo o prejubilaciones. Y por último los excedentes laborales de los latifundios meridionales a los que a finales de los setenta se compensó con el llamado Plan de Empleo Rural, un pobre subsidio, administrado a nivel municipal, que también tuvo, y tiene, discutidos efectos electorales.

primero en septiembre y luego en noviembre de 1992, se produjeron dos importantes devaluaciones, que fueron finalmente completadas con una tercera en 1993. La peseta perdió su prestigio tan rápido como lo había ganado, la devaluación total acumulada fue del 17,84 %.[58]

La cuestión, que no por obvia sigue siendo pertinente, se contiene en una única pregunta: ¿por qué no pudo sostenerse el ciclo económico virtuoso que había empezado en 1985? En relación con las causas de la crisis de 1993 se han vertido todo un conjunto de explicaciones que normalmente apuntan a la pérdida de competitividad de la economía española, unos crecimientos salariales insostenibles y la ineficiencia de unas economías públicas consideradas abusivas y predatorias del sector privado. Con mayor o menor cantidad de cada uno de estos ingredientes, esta receta constituye la explicación de la mayoría de los economistas liberales, y por ende de las principales instancias e institutos oficiales. A la luz, no obstante, de un análisis un poco más detenido, esta explicación parece más bien un pastiche ideológico sin una base fundada. Sencillamente se le escapa lo fundamental: la propia dinámica de la burbuja financiero-inmobiliaria. Antes, por lo tanto, de avanzar en esta línea vamos a intentar analizar lo que todavía hoy es la opinión mayoritaria.

El consenso generalizado entre los expertos responde que la crisis de los primeros noventa se debió básicamente al déficit estructural de competitividad de la economía española. En un mercado globalizado, los productos y los servicios españoles resultaban cada vez más caros. Y esto es lo que parecía reflejarse en el continuado deterioro del comercio exterior. Efectivamente, el déficit comercial llegó a alcanzar cifras espectaculares, con un valor cercano a cuatro billones de pesetas a principios la década de 1990 (el 6 % del PIB). Pero, ¿qué estaba detrás de la falta de competitividad? Tres factores principalmente.

El primero, ya suficientemente explicado, era la fuerte apreciación de la peseta que se consolidó con la incorporación al SME y el régimen de cambio negociado (65 pesetas por marco alemán). La sobrevaloración de la peseta impidió que las exportaciones españolas pudieran encontrar su camino en los mercados europeos, al mismo tiempo que abarataba las importaciones, en un momento en que Europa exigía el desmantelamiento arancelario. El segundo era, y es, el elemento fundamental de toda interpretación liberal tipo: el aumento de los costes salariales y la rigidez del mercado de trabajo español. Se trata del superfactor de la sempiterna ineficiencia de la economía

58 Sobre la evolución de la moneda véase Luis M. Linde, «La evolución de la peseta 1984-1994» en *Historias de una década, op. cit.*, pp. 111-136.

española.[59] Y el tercero, era la fuerte expansión del gasto público financiado con recurso al déficit y a una fiscalidad carnívora y bulímica, todo ello organizado por un gobierno cada vez más descaradamente corrupto.[60]

En lo que al primer elemento se refiere, la explicación parece obvia. No obstante, es preciso reconocer que la solvencia de una moneda fuerte retroalimentó también la masiva entrada de capitales e inversiones sobre los activos españoles. La paradoja de la vía de acumulación financiera es que normalmente ésta es incompatible con las políticas de apoyo a la competitividad.

El segundo es más cuestionable. Ciertamente, entre 1986 y 1993 se produjo un alza moderada de los salarios, debido en buena medida a un nuevo ciclo de conflictividad laboral. Éste había sido el resultado de la movilización de las trabajadores del sector servicios, principalmente los trabajadores del transportes y algunos servicios públicos (véase capítulo 5). Estos conflictos sumados al creciente descontento con las reformas laborales acabaron por empujar a los sindicatos mayoritarios a las huelgas generales de 1988 y1993. De todos modos, los crecimientos salariales no amenazaron, en ningún caso, el nuevo reparto del producto social impuesto por la larga década de reformas instituciones. Su curso fue más bien moderado, y apenas corrigió los años de estancamiento que habían experimentado entre 1979 y 1986. De hecho, los coste laborales unitarios en el sector privado no sólo no aumentaron sino que descendieron, al menos hasta 1989.[61] Por otro lado, la rigidez del mercado laboral, y concretamente los costes de despido, no impidieron que los empresarios se deshiciesen a voluntad y en un tiempo de plusmarca, de sus excedentes laborales. Simplemente bastaba con no renovar al 30 % de los trabajadores cuya relación laboral estaba «regulada» bajo la nueva figura de la contratación temporal.

El último elemento destacable de esta rejilla explicativa es el comportamiento del sector público. Durante los años del *boom*, el Estado operó de acuerdo con una lógica expansiva que se vio reforzada por ingresos

59 Éste es, por ejemplo, el caso del futuro jefe de estudios del Banco de España J. L. Malo de Molina, «Diez años de la economía española» y de Luis M. Linde, «La evolución de la peseta 1984-1994» ambos en *Historias de una década, op. cit.*

60 Valga aquí la interpretación de Ramón Tamames de lo que llama el «Estado cleptocrático», *La economía española, 1975-1995, op. cit.*, pp. 253-331.

61 El argumento centrado en los costes laborales unitarios ha sido la pieza clave en la explicación liberal. Sin embargo, si se atiende a los datos de un estudioso como Jesús Albarracín, los costes unitarios de los asalariados del sector privado habrían experimentado un descenso acumulado superior al 8 % entre 1985 y 1989. Jesús Albarracín, «La extracción del excedente y el proceso de acumulación» en Miren Etxezarreta (coord.), *La reestructuración del capitalismo en España, op. cit.*, tablas pp. 331-332.

fiscales siempre por encima de las previsiones presupuestarias. Era el resultado fiscal de las revalorizaciones patrimoniales. En relación al PIB, sin embargo, el gasto de las administraciones públicas pasó del 42,7 % en 1985 a «sólo» el 43,5 %, al tiempo que el déficit presupuestario se mantuvo en una horquilla entre el 3 y el 4 % entre 1987 y 1989. Ciertamente, la expansión del empleo público —fundamentalmente a cargo de las administraciones autonómicas— manifestaba el indiscriminado uso político del gasto, al tiempo que los casos de corrupción, que desde principios de los años noventa empezaron a saltar prácticamente en cascada a la arena mediática, mostraban el pernicioso contagio de los efectos de la euforia financiera sobre el dinero público. Por otro lado, es irrebatible que en estos años los tipos de interés se mantuvieron bastante altos, si bien la financiación del déficit y la emisión de deuda sólo en parte explican los elevados tipos de interés. En cualquier caso, cuando se consideran todos estos factores en su conjunto se concluye que el sector público no fue un lastre del crecimiento, al menos durante la fase alcista. Todo lo más se podría decir que sus políticas se alinearon de forma eficaz con la emergente estrategia financiero-inmobiliaria, con todos los costes de oportunidad que esto entrañaba —principalmente el abandono de la inversión productiva—, y que por consiguiente sus previsiones fueron erróneas, atrapadas en la repetida idea de que el crecimiento por medio de la lógica especulativa podía ser indefinido; un efecto siempre repetido en las burbujas financieras.[62] En definitiva, la crisis sólo puede ser explicada a partir de los mismos factores que animaron el auge anterior.

Recapitulemos: el crecimiento había estado animado por una espiral de ventas masivas de activos financieros e inmobiliarios, que a su vez se había visto alimentada, de una forma aparentemente inagotable, por la entrada masiva de liquidez internacional. El resultado: un aumento espectacular de los efectivos monetarios en manos de los agentes económicos y con ello un aumento moderado y sostenido de la demanda y el consumo privado. La envergadura de este proceso hubiese sido más limitada, si en el mismo no hubiesen operado también las lógicas de endeudamiento asociadas al keynesianismo de precio de activos. No obstante, la explosión financiera llevó a las familias a endeudarse con avidez ya fuera con el propósito de adquirir viviendas o simplemente de acceder al consumo. En otras palabras, después de la inversión extranjera, el endeudamiento de las familias actuó como la segunda fuente de financiación de la burbuja. Como es lógico, este

62 Esto es lo que llevó al sector público a aplicar una política expansionista frente a la caída bursátil e inmobiliaria y siempre con el objetivo político de sostener las operaciones de 1992. Esta política sumada a la crisis remontó el gasto público a cerca del 50 % del PIB en 1993, al tiempo que en ese mismo año el déficit alcanzaba más del 7 % y el volumen de la deuda pública amenazaba rebasar el techo del 60 % del PIB.

proceso tenía que acabar encontrándose con sus propios límites. A partir de un determinado momento, la deuda de importantes sectores de población alcanzó niveles insostenibles en relación con su renta disponible efectiva.[63]

Hacia 1990, el fin de las espectaculares alzas bursátiles y el estancamiento del precio de la vivienda anunciaron el fin de la burbuja y el comienzo del ciclo recesivo. Sin embargo, la fase alcista tuvo una pequeña prolongación debido fundamentalmente a dos causas. Por un lado, la cercanía de 1992 animó al gobierno a iniciar una política de gasto expansiva que permitió relanzar de nuevo la demanda, al menos hasta ya comenzado el año. Por otra parte, la peseta mantuvo su posición hasta la crisis del SME en 1992. El colapso del club monetario europeo, volvió a dejar sola a la peseta frente a los inversores extranjeros, que en ese momento empezaron a dejar de bombear sus capitales al mismo ritmo que antes. Por primera vez, las inversiones extranjeras no alcanzaron a cubrir un déficit por cuenta corriente de 2,5 billones de pesetas (un 4 % del PIB), y la balanza de pagos se volvió negativa. Bastó este único factor para motivar las sucesivas devaluaciones.

Como ya se ha visto, la vuelta a la vía «normal» de acumulación basada en el crecimiento de la capacidad productiva y en la exportación de bienes y servicios se había cortado, en gran medida por las opciones tomadas en los momentos de auge. El coste de oportunidad del *boom* de 1985-1992 fue una fuerte desincentivación de la inversión industrial, según un patrón diseñado en la adquisición de riqueza, antes que en la producción de la misma.[64] Cuando en 1993-1994, el Estado tuvo que empezar a hacer frente a la crisis, éste se encontraba ya entrampado en un fuerte déficit acumulado por su falta de previsión. El retorno a las políticas de ajuste —impulsada además por la firma del Tratado de Maastricht[65] de 1992— impidió la activación de una política económica anticícilica. De hecho, el crecimiento del gasto se consumió de nuevo en rescates de los intereses oligárquicos y en las partidas compensatorias a desempleados y empresas.

¿Que podía sacar entonces a la economía hispana de este atolladero? Sin duda un nuevo ciclo inmobiliario-financiero.

---

63 Entre 1985 y 1990 el crédito al consumo para los hogares creció a una tasa media anual del 28,6 % y los deudas totales de los hogares al 23,3 %, un ritmo muy superior al de su renta. Para todo lo que se refiere a la explicación de la crisis seguimos de nuevo J. M. Naredo, *La burbuja inmobiliario-financiera, op. cit.*

64 Según la feliz expresión de J. M. Naredo. *Ibidem.*

65 El Tratado se diseñó como el paso previo a la unión monetaria efectiva. Establecía las siguientes condiciones: la tasa de inflación no podía pasar del 1,5 % de la media de los tres países con menor inflación; los tipos de interés tenían que cuadrarse en un margen de dos puntos por encima de la media de los Estados con menores tipos; el déficit fiscal anual no podía ser superior al 3 % del PIB; y la deuda pública no podía ser mayor al 60 % del PIB.

4. Los años del *boom* (1995-2007)

Los años que median entre 1995 y 2007 han sido engarzados como la joya de la corona de la economía española después de la Transición. Un crecimiento anual del PIB en torno al 4 %, siete millones de nuevos puestos de trabajo, una tasa de inflación baja y un incremento sostenido y espectacular del crédito: todos los indicadores estándar han encajado a la perfección en unos modelos económicos construidos bajo el presupuesto triunfalista de un crecimiento ilimitado. En una triste alineación con esta idea, expertos, políticos y medios de comunicación decretaron que el momento de España había llegado, que por fin se había entrado en un ciclo de prosperidad envidiado en Europa. Tan sólo unos pocos —críticos marginales y algunas minorías sociales— se atrevieron a levantar la voz para cuestionar los costes sociales y ambientales de este crecimiento «modélico».

Por desgracia para la gran mayoría de la población, los mismos datos y procesos testarudos que sólo vislumbraron un puñado de aguafiestas han acabado por tumbar el espejismo del crecimiento económico. Declarada la crisis en 2008, la situación económica, social y ambiental no ha podido mantener su *label* de excelencia por el simple expediente del pacto entre los partidos políticos mayoritarios, los expertos a sueldo de los ministerios y los funcionarios mediáticos.

Pero si las explicaciones al uso son insuficientes, ¿qué nos puede explicar esta larga fase alcista? Sin duda, los factores patrimoniales, las revalorizaciones de los activos financieros e inmobiliarios que resultaron decisivos en el *boom* económico de 1985-1991[1] volvieron a aparecer, con mayor fuerza incluso, a partir de 1994 y muy especialmente de 1997. Tal y como se ha visto, la filia patrimonialista hace que muchos de los elementos que conformaron la inserción exitosa del ciclo 1994-2007 en el marco de la globalización financiera sean viejos

1 Véase, de nuevo, Jose Manuel Naredo, *La burbuja inmobiliario-financiera en la coyuntura económica reciente (1985-1995)*, Madrid, Siglo XXI, 1996.

conocidos de la economía española. Elementos que, en muchas interpretaciones, eran considerados como lastres para el crecimiento, síntomas del sempiterno subdesarrollo hispano han pasado a ubicarse, de esta forma, en el centro de las soluciones financieras surgidas de la reestructuración capitalista posterior a 1973.

Las ventajas competitivas en el sector inmobiliario, la amplia disposición de «activos naturales» para su explotación turística e inmobiliaria, la extraordinaria tolerancia política con la dependencia energética, el alto consumo de materiales, el abandono de la competencia a gran escala en los sectores industriales afectados por la sobreproducción, la desaparición del parque público de viviendas en alquiler o la búsqueda de ventajas competitivas en el mercado de trabajo, a partir de los bajos salarios relativos, deben retomar, otra vez, su condición de protagonistas en la nueva edición del «milagro español». Lo que en definitiva parecían señas de identidad de una periferia subalterna se han convertido en fuertes atractores de capital, por obra y gracia del «arreglo espaciotemporal»[2] con el que el proceso de acumulación ha sorteado las dificultades, insalvables a la larga, del exceso de capacidad industrial a nivel global y de la problemática valorización de las nuevas industrias cognitivas.

De lo dicho, se sigue por fuerza que en el análisis de este ciclo tenemos que retomar la narración de la crisis de 1992-1993: leer sus evoluciones en el marco de las llamadas políticas de estabilidad que instrumentaron la reacción neoliberal a escala continental durante la década de 1990. El análisis de las políticas de reducción del gasto público y de control de la inflación nos debería llevar a las nuevas políticas monetarias de bajos tipos de interés auspiciadas por Europa y el Tratado de Maastricht y, desde allí, al fuerte endeudamiento de las empresas y las familias. El siguiente paso viene marcado propiamente por el análisis los grandes rasgos del ciclo inmobiliario. Para ello se ha revisado el papel de los efectos riqueza en el ascenso del consumo privado. Por último, retomando todas estas tendencias interrelacionadas, hemos reconsiderado someramente las principales variables del modelo de acumulación: capital, productividad, trabajo y rentabilidad.

De la crisis a la reactivación: las políticas monetarias asociadas al Tratado de Maastricht

En 1993 España se encontraba en una situación de recesión: la caída del mercado inmobiliario había llevado a un desplome del consumo que, a su vez, había redundado en un fuerte repunte del paro. Tal y como se ha advertido, durante el ciclo

---

2 David Harvey, *Espacios del Capital. Hacia una geografía crítica,* Madrid, Akal. Cuestiones de Antagonismo, 2008, pp. 304-331.

alcista 1985-1991, la riqueza inmobiliaria había entrado en el juego económico con un protagonismo que todavía hoy no se reconoce suficientemente. La centralidad de estos elementos patrimoniales había sido sancionada favorablemente con fuertes entradas de capital extranjero, que venían animadas también por los altos tipos de interés españoles y la fuerte apreciación de la peseta. La crisis del Sistema Monetario Europeo durante el verano de 1992 dio al traste con la estabilidad del tipo de cambio. Los ataques especulativos, que apostaban por la debilidad de la moneda española, acabaron por reflejar los problemas estructurales de una economía que se mantenía con un déficit exterior en relación al PIB del 6 %, una tasa de paro del 20 % y un déficit público superior al 4 %.

En un primer momento, el gobierno apostó por una política de «prestigio», que consistía en mantener la cotización de la peseta por todos los medios, aunque fuera a costa de gastar una notable cantidad de las reservas de divisas. Visto retrospectivamente, este esfuerzo por salvar el valor moneda se debe considerar como una temprana apuesta por la financiarización, muy semejante a la que pondría en marcha EEUU con la subida del dólar de 1995 y que, por la enorme presión a que sometía a los sectores manufactureros exportadores, debería ser analizada como el complemento monetario a las políticas de desindustrialización. De todos modos, España no es Estados Unidos y la peseta no es el dólar. El esfuerzo por mantener la peseta fue perfectamente inútil a partir del verano de 1992, con la serie de devaluaciones que se prolongaron hasta 1995.

Se suele señalar que en España los *booms* de la construcción, al menos hasta la entrada en el euro, han acabado normalmente con la irrupción de fuertes desequilibrios externos, que forzaban una devaluación de la moneda y cortocircuitaban el ciclo alcista.[3] Sin embargo, los gestores institucionales leyeron la recesión de 1992 en las mismas claves monetaristas que venían gobernando la política económica de la última década. Los crecientes riesgos de inflación no tardaron en ser percibidos como el enemigo número uno, en un contexto todavía bajo el apogeo de la ideología monetarista. La respuesta institucional consistió, por lo tanto, en una serie de devaluaciones destinadas a restablecer la competitividad de las exportaciones españolas, la estricta adhesión a los criterios de control de gasto público y una nueva oleada de control salarial, todo ello sancionado a nivel europeo por el Tratado de Maastricht.[4]

El efecto imprevisto de estas políticas es que, aunque ni de lejos apuntaran al centro de las dinámicas económicas reales, sirvieron de soporte para perfeccionar algunos mecanismos de lo que hemos llamado

3 Julio Rodriguez, «Los booms inmobiliarios en España. Un análisis de tres periodos», *Papeles de economía española*, núm. 109, 2006.

4 J. L. Malo de Molina, «Una larga fase de expansión de la economía española», *Serie «Documentos Ocasionales»*, núm. 0505, Banco de España, 2005.

keynesianismo de precio de activos. El control político de la fuerza de trabajo y la reducción del gasto público fueron considerados esenciales en la nueva lógica de crecimiento que acabaría por consolidarse en 1997. Por eso, conviene entender bien las políticas de esos años. Sancionadas por el Tratado de Maastricht, estas políticas fueron impuestas como condición inapelable para la integración en una futura moneda única europea.

En conjunto, el Tratado diseñó una política de convergencia de todos los países europeos hacia tres objetivos clave en la doxa política neoliberal: el control de la inflación, la reducción del gasto público y la disminución de los tipos de interés. La estrategia subyacente apostaba, obviamente, por una amplia redistribución del ingreso hacia las clases capitalistas y muy especialmente hacia los propietarios de dinero. En estos años, la UE acabó por consolidarse como un club al servicio de las elites nacionales, reforzando su posición dentro de cada país, y sellando con el marchamo de la necesaria «convergencia europea» políticas neoliberales que en muchos casos suscitaban, y suscitan, una fuerte oposición interna.[5]

En lo que se refiere al primer objetivo —la lucha contra la inflación— conviene recordar que se trataba de la más importante herencia de la tradición monetarista. Su traducción política fundamental eran las políticas de control salarial. Desde la década de 1970, el desempleo había sido el arma predilecta para controlar las subidas salariales y su cargo sobre la revalorización monetaria. En general, esta forma de gestión del conflicto distributivo, sancionada con la eufemística «política de rentas» en casi todos los países europeos, adquirió una nueva carta de naturaleza a partir del Tratado de Maastricht. La creciente complejidad de las devaluaciones monetarias, en un contexto de especulación financiera generalizada, pareció dar la puntilla a las vías alternativas de favorecer la competitividad de las exportaciones sin poner límites a los aumentos salariales. En 1991, la concesión sueca a este tipo de políticas de control de los salarios selló la unanimidad europea respecto a su idoneidad.[6]

En España, como se sabe, el principio de contención salarial fundado en el presupuesto de que los salarios altos eran el factor determinante de la elevada inflación, y por ende del elevado desempleo «estructural», habían gobernado las políticas económicas desde los Pactos de la Moncloa. El balance de las mismas fue una fuerte caída de los salarios reales durante los primeros años ochenta. La virulencia de la contención salarial fue tal que, como ya se ha señalado, los salarios reales crecieron muy por debajo de la productividad. Bastaron, sin embargo, tres años de subidas por encima de este índice (1989-1991) para que se renovase la ofensiva contra los salarios y el trabajo.

---

5 Carolina del Olmo, «El secuestro de Europa, Entrevista con Peter Gowan», *Minerva*, núm. I/IV, 2006.

6 A. Glyn, *Capitalism Unleashed*, Oxford, Oxford University Press, 2006.

La coyuntura del capitalismo hispano era en ese momento ciertamente delicada. La dinámica de revalorizaciones patrimoniales del ciclo anterior había enmascarado una caída de la tasa de beneficio provocada fundamentalmente por la caída de la productividad del capital. La causa de este fenómeno estaba en la fuerte destrucción de capital asociada a la desinversión productiva de los años precedentes. Por otra parte, a la muy profunda caída de la productividad del capital se le añadió una caída del Excedente Bruto de Explotación provocada por la subida salarial. Durante los años del *boom* inmobiliario, este descenso no había sido reconocido porque los ingresos obtenidos por las revalorizaciones de las acciones y de los precios inmobiliarios sencillamente lo ocultaban. La burbuja patrimonial permitía operar con tasas de beneficio decrecientes y evitar el conflicto distributivo con los trabajadores. El desplome de la burbuja dejó bruscamente al descubierto una situación de rentabilidad decreciente.

Dicho de otra forma, la crisis de 1993 dio nuevo impulso a los viejos objetivos neoliberales de ataque sobre el trabajo, si bien en esta ocasión bajo el paraguas político de Maastricht. Estos años sirvieron para que la clase capitalista española aprendiera una lección fundamental para el desarrollo de las economías de burbuja: en una situación de subida de beneficios provocada por los activos financieros e inmobiliarios no se debe escamotear ningún esfuerzo en limitar la capacidad de negociación del trabajo. Por eso, las políticas del keynesianismo de precios de activos, para ser efectivas en la consecución de beneficios sostenidos en el tiempo, debían ir de la mano de la precarización laboral y de la captación de un porcentaje creciente del producto social.

La otra gran directiva de Maastricht, y de los documentos adjuntos, fue el control del gasto público. El gobierno de Margaret Thatcher había sido pionero en el ataque a los métodos keynesianos de formación de la demanda. En el marco de la regulación keynesiana, los llamados «estabilizadores automáticos» ponían en marcha el mecanismo del gasto público en cuanto se percibían los primeros síntomas de una caída de la recaudación fiscal: de este modo, se incurría en un déficit que duraba el tiempo que la demanda tardaba en recuperarse. Este tipo de déficit no estaba pensado como una solución a largo plazo, sino como una medida anticíclica que confiaba en la fuerza de la inversión privada para suplementar la inversión pública. Como se ha visto, en los años posteriores a la crisis de 1973, la debilidad de la inversión productiva provocada por la sobreacumulación a nivel mundial y la fuerte presión salarial impidió la recuperación fiscal en el medio plazo. El resultado fue que muchos países desarrollaron déficit fiscales de larga duración.

Como en muchos otros terrenos, el incontenible ascenso de la financiarización reescribió las normas acerca del gasto público. Desde la nueva perspectiva hegemónica, el déficit público significaba riesgo de inflación y, por lo tanto, pérdida de beneficios financieros. Consecuentemente, los mercados financieros comenzaron a presionar a los gobiernos para obtener un mayor tipo de interés sobre la compra de bonos.[7] En general, esta presión política directa se tradujo a un lenguaje que enfatizaba la necesidad de dotar de «confianza» a los inversores, de dotar de estabilidad a las cuentas públicas y de imponer una urgente e inapelable disciplina económica a los gobiernos.[8] Pero los mercados financieros tenían algo más que decir acerca de la reducción del déficit: debería obtenerse según los cánones de las economías de oferta. De las dos vías posibles de reducción del déficit público, las subidas de impuestos y la reducción del gasto público, sólo debía de utilizarse la segunda. Los costes de la reducción del déficit no se podían cargar sobre el capital.

En el camino hacia la unión monetaria, la Unión Europea abrazó de lleno este tipo de argumentaciones y puso como condición para la entrada en la moneda única que el déficit fiscal se situase por debajo del 3 %.[9] Por supuesto, las medidas que había que tomar se centraron en el recorte de los programas sociales de los Estados miembros. Y aunque la bajada de los tipos de interés también contribuyera a reducir el coste del endeudamiento público, el recorte del gasto social debía convertirse en una prioridad política indiscutida.

Otro de los efectos colaterales del mandato de reducción del gasto público fue la fuerte oleada de privatizaciones de empresas públicas que se llevaron a cabo en esta época. El Tratado de Maastricht prescribió la liberalización de un buen número de sectores económicos hasta entonces dominados por empresas públicas —como las telecomunicaciones y la electricidad. De acuerdo con estas directrices, los Estados miembros procedieron a la privatización de enormes conglomerados públicos. Paradójicamente, esto supuso una increíble oportunidad para los capitales españoles que se adueñaron de los viejos «monopolios naturales» para convertirlos en auténticas multinacionales. El secreto del éxito fue una agresiva expansión

---

7 *Ibidem.*

8 De este proceso no debe deducirse que este tipo de estímulos keynesianos desaparecieran durante los años ochenta o noventa. La reunificación alemana o el keynesianismo militar estadounidense, son dos buenos ejemplos de programas masivos de expansión del gasto público.

9 Uno de los acuerdos de mayor repercusión derivados del Tratado de Maastricht, fue el Pacto de Estabilidad, aprobado en 1997 en el Consejo Europeo de Dublín. Este pacto limitaba el déficit presupuestario al 3 % anual.

internacional que durante la década de 1990 les llevó a colonizar los mercados, también obligatoriamente liberalizados por los programas de ajuste, de América Latina.[10]

Este tipo de orientaciones políticas tuvieron también otras importantes consecuencias. Como ya se ha mencionado, el final del ciclo inmobiliario financiero en 1990 fue acompañado por una fuerte expansión del gasto público que mantuvo los niveles de demanda hasta 1992. La debacle de la peseta y los nuevos aires que venían de Europa acabaron por inducir, no obstante, un replanteamiento de esta estrategia. El *shock* económico de la devaluación y la aplicación de las medidas de Maastricht lograron obtener efectos muy tempranos. La devaluación trajo consigo una recuperación del saldo comercial en 1993, pero además tuvo una consecuencia decisiva sobre el nuevo circuito económico global en el que este país parecía encontrar una fuerte ventaja competitiva. A partir de 1993, se consolidó una nueva fase alcista de los ingresos por turismo también apoyada por los menores costes laborales.

El verdadero instrumento de la recuperación económica fue sin embargo otro: la bajada de los tipos de interés. El descenso de los tipos, a partir de 1992, trajo consigo un nuevo escenario económico que definitivamente trasladaría el *deficit spending* del Estado a las empresas y a las familias por medio del aumento sostenido de los niveles endeudamiento. Este giro decisivo en la política económica, además de cumplir con los requisitos doctrinales de Maastricht, amplió todo un campo de beneficios para el sector financiero que, si bien se conocía anteriormente, alcanzaría a partir de entonces una dimensión central en el ciclo económico: la deuda familiar y personal. En sí, esta transformación necesitó de un modelo propio de gobernanza en el que las políticas públicas jugaron el papel de avalistas del creciente flujo de crédito desde los operadores de mercado a los actores de la economía privada.

España inició así su larga marcha desde una posición que presumía tener los tipos de interés más altos de Europa, hasta convertirse en el país con los mayores niveles de endeudamiento interno del continente. La vía de incorporación, por medio del cumplimiento de los criterios de Maastricht, supuso que algunas de las fuentes de inestabilidad económica, como el tipo de cambio y el tipo de interés, se desligaran de los factores internos y, sin embargo, se vincularan de una manera mucho más inmediata a los contextos internacionales. El resultado de la desaparición de estos factores unido a la

10 Sobre este aspecto véase: William Chislett, *The Internationalization of Spanish Economy*, Madrid, Real Instituo El Cano de Estudios Internacionales y Estratégicos, 2002; también del mismo autor, *La inversión española directa en América Latina: retos y oportunidades*, Madrid, Real Instituo El Cano de Estudios Internacionales y Estratégicos, 2003.

nueva coyuntura financiera, marcada por un dólar fuerte, tuvo su expresión de mayor calado en un descenso continuado de los tipos de interés.[11] Fue este monumental impulso monetario lo que animó la demanda agregada. Y es por ello que este proceso exige un análisis mucho más sistemático y exhaustivo.

Los aspectos monetarios de las nuevas políticas de demanda: la bajada de los tipos de interés y el aumento del endeudamiento privado

La literatura oficial ha tendido a interpretar la reducción de los diferentes tipos de interés en Europa como un efecto del optimismo financiero frente a la llegada de la moneda única y, a escala global, como un efecto colateral de la confianza en un nuevo ciclo de acumulación marcado por las políticas monetarias de control de la inflación y del gasto público. Es muy posible, sin embargo, que esta lectura sea inadecuada y que la aparición de un nuevo contexto geoeconómico tenga una centralidad mucho mayor de lo que normalmente se reconoce.

De acuerdo con la necesaria importancia del contexto internacional, la firma, en 1995, del denominado «acuerdo del plaza inverso»[12] por parte del G7, dio como resultado un nuevo régimen financiero basado en el decidido

11 Este desplazamiento del foco de la política monetaria hacia las instituciones rectoras del Sistema Monetario Europeo también supuso un cambio cualitativo en las políticas del monetarismo español, que culminaron un proceso que comenzó en 1989 con el abandono de las políticas de control de la inflación por medio de los agregados monetarios M3. El M3 es una de las muchas medidas de la cantidad de dinero circulante que existen para pasar a una política de control de la inflación por medio de los tipos de interés. En principio este cambio, aunque abandonaba los fundamentos de la teoría de la cantidad de dinero de M. Friedman, mantenía algunos de los rasgos básicos del programa monetarista, como las respuestas automáticas de los tipos a los datos de la inflación y, sobre todo, la preeminencia absoluta de las reglas simples en la política monetaria. C. Díaz Roldán, «La política monetaria española: evolución reciente e implicaciones macroeconómicas», *Información Comercial Española*, julio-agosto de 2007.

12 Por ser el contrario del «acuerdo del plaza de 1985, que devaluaba el yen y el marco y revalorizaba el dólar: a mediados de la década de 1980, japoneses y alemanes se habían visto obligados a rescatar a la industria estadounidense en crisis a causa de la vertiginosa subida del dólar en un contexto de exceso de capacidad y de sobreproducción a nivel mundial. Ahora, a mediados de la década de 1990, Estados Unidos se vio obligado a salvar de forma similar a la industria japonesa debido al alza del yen en idénticas circunstancias. Estados Unidos renunciaba así a las ventajas que una moneda barata había proporcionado a su industria durante casi un decenio, pero a cambio, por un lado, aseguraba un enorme flujo de fondos que podían ayudarle a cubrir su creciente déficit por cuenta corriente, a bajar tipos de interés y a elevar el precio de las acciones y, por otro, garantizaba un torrente de importaciones baratas que seguramente iba a ejercer una fuerte presión a la baja sobre los precios, exonerando a la Reserva Federal de gran parte de la tarea de contener la inflación». R. Brenner, *La Expansión Económica y la Burbuja Bursátil*, Madrid, Akal. Cuestiones de Antagonismo, 2003, p. 148.

descenso de los tipos de interés norteamericanos y la subida del dólar. El objetivo logrado: una drástica reorientación de los flujos financieros hacia Wall Street. En un escenario estratégico global, en el que la llegada del euro esbozaba una amenaza para los «derechos de señoreaje» del dólar como moneda de cambio internacional, unido a la posibilidad de un bloque de integración regional asiática de alto crecimiento, el dominio estadounidense sobre el proceso de acumulación global parecía cada vez más frágil. La línea de defensa del gigante norteamericano consistió en reforzar la hegemonía financiera de Wall Street.

Como medida de acompañamiento a la subida del dólar y a la bajada de los tipos de interés, se reestructuraron de nuevo las instituciones multinacionales del denominado el Régimen Dólar Wall-Street: el FMI y el Banco Mundial. Se trataba de aumentar la apertura de las cuentas de capital de las economías emergentes con el fin de acelerar la movilidad de los flujos de capitales a la búsqueda de beneficios financieros en plazos progresivamente más cortos. Las turbulencias monetarias de 1992 y la recesión que le siguió estuvieron marcadas por las actividades especulativas a gran escala de unos actores financieros nuevos: los *hedge funds*.[13] Tras la progresiva desregulación de los mercados de capital, una de las prácticas financieras más frecuentes a principios de los años noventa fue el llamado *arbitraje*. En el contexto internacional, esta práctica consiste en explotar las diferencias entre los tipos de interés y los tipos de cambio de las divisas internacionales para obtener beneficios astronómicos.[14] El efecto de estas prácticas financieras fue la convergencia entre los diferentes tipos de interés. Como hemos visto, esta bajada progresiva de los tipos fue causa y consecuencia de un desplazamiento de las formas predominantes de formación del beneficio financiero: desde las formas intensivas basadas

---

13 Peter Gowan explica a la perfección en qué consistieron las maniobras de los *hedge funds* en los mercados de derivados de divisas que acabaron por dinamitar el SME: «La llave que permite a los especuladores de los *hedge funds* servirse de estos mercados a plazo se encuentra sobre todo en el tamaño de los fondos que pueden pedir prestados con relación al tamaño del mercado. Si los fondos del especulador son grandes en relación con el tamaño del mercado, entonces puede alterar los precios del mercado con sus propios recursos y provocar luego un efecto multiplicador; a medida que especuladores más pequeños refuerzan al seguirle la alteración del precio inicialmente provocada; a medida que continúa el efecto multiplicador, el especulador principal puede abandonar su posición y recoger beneficios.» Peter Gowan, *La apuesta por la globalización: La geoeconomía y la geopolítica del imperialismo estadounidense*, Madrid, Akal. Cuestiones de Antagonismo, 2000, p. 133.

14 El ejemplo más sonado de arbitraje fue el de Long Term Capital Management, un *hedge fund* que quebró en 1997 debido a la crisis rusa por impago de la deuda externa y que fue rescatado por la Reserva Federal de Estados Unidos. LTCM operaba con un apalancamiento cien veces superior a su capital.

en altos tipos de interés, hacia formas más extensivas basadas en una penetración creciente de las dinámicas financieras en el tejido social y en operaciones financieras basadas en el apalancamiento masivo.

A contracorriente de su propia historia, la incorporación de la economía española al nuevo contexto global se produjo de una manera mucho más rápida que en otros momentos. La progresiva desaparición de las diferencias entre los tipos de interés, se fue acompasando al ritmo de la incorporación a la moneda única europea. La evolución de los tipos de interés en España se puede dividir de hecho en dos grandes fases. Una fase descendente, entre 1990 y 1999, en la que se registró una caída continúa de todos los tipos[15] y un progresivo estrechamiento de las diferencias entre los mismos. Entre enero de 1990 y enero de 1999, los tipos de interés bajaron así de un 13,5 % de media a un 3,2 %. Posteriormente, entre 1999 y 2001 se registró una fase de estancamiento en niveles que oscilaron en torno al 4%, para iniciar otra nueva agudización de las bajadas, entre 2003 y 2005 dando lugar a un periodo de tipos bajos estables entre el 3% y el 2% y un endeudamiento completamente disparado. A partir de 2005, en un último coletazo monetarista, se inició una lenta subida ante las tensiones inflacionistas detectadas por el BCE. En cualquier caso, entre 2005 y 2007 la diferencia entre los préstamos en el mercado interbancario y los tipos hipotecarios alcanzaron sus niveles históricos mínimos.[16]

La contrapartida de este progresivo abaratamiento del coste del capital fue, obviamente, un alto crecimiento de los niveles de endeudamiento que alcanzaron umbrales nunca antes vistos en la economía española. Desde una perspectiva histórica de medio alcance, en este decenio culminó el proceso de sustitución del endeudamiento del Estado por el endeudamiento privado de las familias y empresas. El salvaje incremento de la deuda en los años del ciclo expansivo 1995-2007 es, efectivamente, el mejor indicador de la extensión y profundización de la financiarización de la economía española. Como se puede ver en el gráfico 4.1, si bien la deuda de las administraciones públicas permaneció estable, la deuda de los hogares y de las empresas se disparó hasta multiplicarse por tres. La deuda de las familias creció

---

15 La diferencia entre tipos de interés puede variar considerablemente. Tradicionalmente los tipos a corto plazo son más bajos que los tipos a largo plazo porque el negocio tradicional de los bancos ha consistido normalmente en tomar prestado a corto plazo del banco central y prestar a un tipo de interés más alto a sus clientes. La minimización de las diferencias entre unos y otros implica dificultades para obtener beneficios financieros a la manera clásica. En el ciclo que nos ocupa estos problemas se subsanaron mediante un mayor número total de prestamos.

16 La irrupción de la crisis financiera a partir de 2007 cambió el patrón de la política de tipos volviéndose a abrir las diferencias entre los tipos interbancarios y los hipotecarios.

efectivamente en un 200 % en sólo siete años y la deuda de las empre hizo en un 186 %. En términos absolutos, las empresas, que ya estaban m endeudadas al principio de este periodo, se confirmaron como el sector más deficitario de la economía española con una necesidad de financiación de 120.000 millones de euros en 2007.

Gráfico 4.1. Endeudamiento por sectores institucionales 2000=100

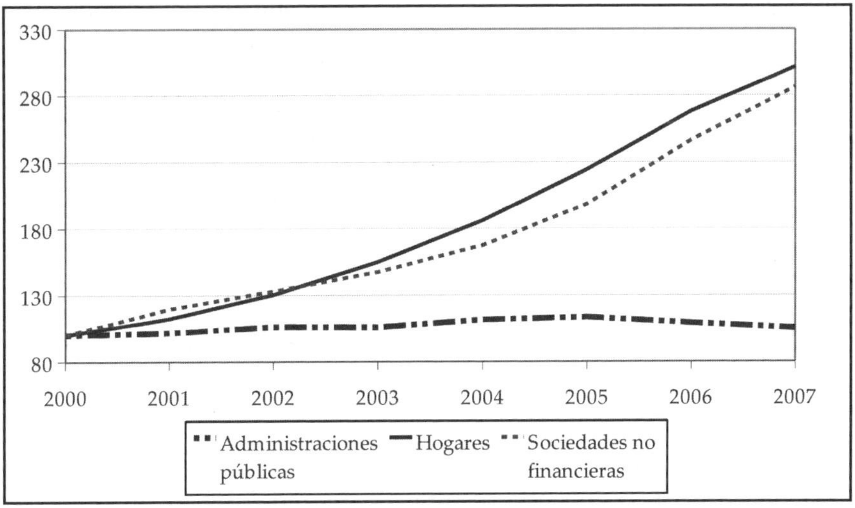

Fuente: elaboración propia a partir de datos del Banco de España.

Más significativo fue aun que la curva de endeudamiento de los hogares fuera mayor que la de cualquier otro agente económico, hasta el punto de que a partir de 2003 llegaran a convertirse en demandantes netos de financiación. Según el Banco de España, de un superávit de 9.000 millones de euros en el año 2000 los hogares pasaron a tener unas necesidades de financiación de 23.000 millones en 2007. Las familias habían entrado en una zona de ahorro negativo. La nueva posición de las economías domésticas suponía toda una novedad dentro del marco de la teoría económica ortodoxa. En los aparatos teóricos de los economistas, el ahorro de los hogares es la fuente de financiación que el sistema financiero canaliza, de forma más o menos eficiente, hacia el tejido empresarial. A pesar de estas pétreas bases ideológicas, lo cierto es que el crecimiento de la deuda familiar durante

dos pilares: por un lado el crecimiento de la deuda ›tro, el crecimiento agregado de los precios de los activos cialmente de la vivienda, que servían como «colateral» o a al crecimiento de la deuda.

to, no sorprende que el crecimiento de los préstamos hipotecarios se acompasase con el fuerte crecimiento de los precios de la vivienda registrado desde 2000. Las cifras son mareantes, en 1994 el volumen total de los préstamos hipotecarios ascendía a 24.000 millones de euros corrientes. Trece años más tarde, en 2007, la cantidad ascendía a 300.000 millones de euros corrientes. Es decir, para el conjunto del periodo 1994-2007, las cifras de endeudamiento hipotecario se multiplicaron por doce. Si a la carga de la deuda se le añadía el estancamiento de las rentas salariales, se puede comprender fácilmente que los niveles de endeudamiento de una parte importante de la población hayan crecido por encima de los criterios técnicos de riesgo.[17] Lo que en una situación de crisis se traduce en la actual bancarrota de multitud de economías domésticas.

El ciclo inmobiliario: pieza central del modelo de desarrollo español

La mayoría de las interpretaciones ortodoxas del reciente ciclo económico mantienen una visión que se ha hecho muy popular en el periodo de crisis desatado en 2008. Según esta lectura, la «pérdida» de los instrumentos de la política monetaria por parte del Estado —tipos de interés y tipos de cambio— habría producido, poco menos que de suyo, el *boom* de la demanda española.[18] Desde este punto de vista, el factor más sobresaliente del modelo económico de esos años, la euforia inmobiliaria, habría sido una especie de externalidad, positiva en principio pero siempre sujeta al riesgo de generar deseconomías de escala, generada por el escaso coste del dinero y la ausencia de restricciones monetarias en una situación, como la española, de fuerte desequilibrio exterior.

---

[17] Se considera que cuando la deuda supera en más de tres veces la renta disponible se está por encima de los niveles de riesgo. Como luego veremos, si se atiende a los datos que proporciona la Encuesta Financiera de las Familias del Banco de España para el período 2002-2005, fase central del ciclo inmobiliario, estos riesgos no estaban repartidos de la misma manera en los diferentes estratos sociales. En concreto, era en los estratos medios y medios bajos (percentiles 20 y 40 de la distribución de ingresos) donde más había crecido la brecha entre los ingresos y la deuda.

[18] Jose Luis Malo de Molina, «Los principales rasgos y experiencias de la integración española en la UEM», *Serie Documentos Ocasionales,* núm. 0701, Banco de España, 2007.

Topamos aquí otra vez con los graves defectos epistémicos que afectan a todo el aparato teórico de la economía ortodoxa. El primero y más evidente: concebir los procesos económicos como formas desligadas del medio social y material en el que se desenvuelven. Desde nuestra perspectiva, la identificación de estas variables —que fundamentalmente aumentan la sensibilidad del contexto económico español a los posicionamientos de la UE en la geoeconomía global— con la formación de la demanda supone un error interesado. En contraposición, proponemos otra interpretación del ciclo expansivo. De acuerdo con este lectura, el ciclo inmobiliario lejos de ser una consecuencia imprevista de las políticas de estimulo de la demanda, es el lugar central donde se anuda toda la eficacia social y económica del régimen de acumulación.

Durante este periodo, la vivienda se posicionó de manera aún más profunda como activo central de las familias. La nota más característica fue el calado con el que las dinámicas del ciclo inmobiliario colonizaron las economías domésticas. Se articularon así los principales elementos de la financiarización de las mismas, lo que era fácilmente reconocible en los niveles de consumo que colgaban del endeudamiento. De hecho, el peso que ganaron las economías familiares en la formación de la demanda frente a la demanda del Estado se puede hacer extensivo a todo el modelo de crecimiento español.

Por otra parte, el posicionamiento de la vivienda como elemento central de la economía familiar fue fuertemente incentivado por una serie de políticas públicas que tenían como punto común servir de apoyo a una profunda reforma financiera y territorial que simultáneamente disparó, tanto el número de viviendas iniciadas, como los precios de las mismas y la demanda de bienes de consumo. Como más adelante veremos (capítulos 6 y 7), la dimensión política e institucional manifiesta en las políticas inmobiliarias, la reforma del mercado hipotecario, los planes de infraestructuras, las leyes de suelo, la específica estructura territorial del Estado y las formas de gobernanza territorial fueron los ejes constituyentes del ciclo inmobiliario y de la constante elevación de los precios de la vivienda.

De todos modos, que la «buena salud» económica dependiese directamente de los altos precios de la vivienda, entraba en contradicción directa con el discurso oficial con respecto de los precios de la vivienda.[19] Desde un punto de vista pragmático, no explicitado casi nunca, los gobiernos, las administraciones autonómicas y los ayuntamientos han tenido un gran interés en —y han puesto

19 Éste es un punto de conflicto más o menos latente que atraviesa todos los discursos oficiales y paraoficiales sobre la vivienda. En los términos de la publicística institucional, sigue extraordinariamente vigente la noción de que el Estado está obligado a mantener una política de abaratamiento de los precios de la vivienda con el fin de garantizar el acceso a un bien indispensable para la reproducción social.

los medios para— que los precios de la vivienda crecieran lo más posible y, con ello, se desencadenasen tanto los efectos económicos «directos» de crecimiento y empleo en el sector inmobiliario como los «efectos riqueza» que estaban detrás del disparadero de la demanda de las familias y de la actividad económica. La declaración de la crisis inmobiliaria, a partir de mediados de 2007, lejos de cambiar esta dinámica la ha vuelto extraordinariamente agonística.

Desde el punto de vista del mercado inmobiliario, quizás la mayor diferencia específica en el modo en el que se desarrolló el ciclo 1994-2007, fue la perfecta consonancia con la que funcionaron tanto la actividad constructora como las espirales de crecimiento del precio de los activos inmobiliarios. Esto supuso la apertura de dos canales paralelos e interrelacionados para la obtención de beneficios inmobiliarios: la obra nueva y la capitalización del *stock* existente, o en otras palabras, la revalorización de lo ya construido. De acuerdo con estas dos variables, otros países registraron también fuertes alzas de alguno de los dos elementos —o se dispararon los precios de la vivienda o se construyeron muchas viviendas— pero ninguno de ellos, salvo quizás Irlanda, alcanzó los niveles de concertación entre ciclo inmobiliario, reestructuración territorial y financiarización económica que ha experimentado España. Consecuentemente, cualquier análisis sobre el ciclo español que no se detenga, con cierto nivel de detalle, sobre las evolución de la «primera industria nacional» corre el riesgo de perder el centro sobre el que gravita el proceso de acumulación de capital. Por ejemplo, sería difícil comprender el *boom* inversor en España sin mencionar los increíbles niveles de inversión del sector de la construcción. Tampoco serían comprensibles los bajos niveles de productividad del trabajo sin tener en cuenta el ciclo de la construcción y su relación con el estallido del precio de los activos inmobiliarios.

Precisamente, la capacidad del sector inmobiliario para captar los flujos de inversión forma parte de la perspectiva económica tradicional de corte keynesiano. Este punto de vista tiende a centrarse en el enorme peso que, en términos históricos, ha supuesto la inversión en construcción, incluida la obra civil, en la formación bruta de capital fijo.[20] En el análisis de la dinámica de la inversión en construcción en España, aún sin profundizar demasiado, aparece enseguida el papel del Estado como gran promotor. Como se ha visto en el capitulo anterior, el gran impulso de todas las categorías de

20 De acuerdo con la evolución de este indicador se pueden diferenciar tres grandes ciclos de formación de capital desde 1970. Uno primero situado entre 1970-1985, en el que tiende a descender la inversión en construcción y la inversión productiva privada y sube la inversión pública, sobre todo a partir de 1980. Un segundo ciclo entre 1985 y 1995, tras la entrada de España en la Unión Europea, y en el que crece tanto la inversión pública como la privada. Y por último el tercer gran ciclo de inversión en construcción que se abre a partir de 1995. La inversión privada sube con fuerza y el dato agregado alcanza sus niveles máximos desde 1970.

inversión durante el ciclo 1985-1992 estuvo ligado al enorme aumento de la inversión pública en construcción no residencial y, más concretamente, en infraestructuras de transporte, y dentro de éstas las autovías.

Efectivamente, el ciclo de la construcción en España ha venido fabricando su ventaja comparativa, a nivel internacional, en los sectores intensivos en territorio —el inmobiliario y el turístico— gracias a la función de la inversión pública en infraestructuras. Esta función es doble. Por un lado, la inversión pública es una forma de transferencia de capital al sector de la construcción que absorbe fuerza de trabajo y sirve como mecanismo anticiclíco para la caída de la tasa de inversión general y del sector de la construcción en particular. Se trata de la función clásica de matriz keynesiana de la construcción de infraestructuras. Pero tal y como veremos (capítulo 6), en un contexto de centralidad del precio de los activos inmobiliarios, la construcción de infraestructuras toma una segunda función como fuerza motriz de lo que podemos denominar «valorización del territorio», es decir, de la formación de las redes territoriales necesarias para la incorporación de una determinada parcela al proceso de la formación de precios del suelo inmobiliario, con la consecuente generación de «rentas de posición».[21]

Se suele sostener, con razón, que los precios del suelo no son otra cosa que el precio anticipado de las edificaciones que se van a construir en él. Las infraestructuras de transporte y de conexión territorial suponen la condición para la materialización de estos precios especulativos sobre el suelo nuevo. Se establece así una relación entre la construcción de infraestructuras y la demanda privada, en la que estos dos términos son los dos polos de una cadena de condiciones materiales necesarias para que las espirales de especulación inmobiliaria se conviertan en construcción de viviendas y ocupación de territorio: las infraestructuras materializan la subida de los precios del suelo nuevo, la subida de los precios del suelo es la condición para la construcción de viviendas y a su vez las viviendas nuevas son nuevos activos inmobiliarios que recogen y aumentan el valor del suelo y los activos inmobiliarios. Finalmente, el valor creciente de estos activos patrimoniales es la base que permite el aumento del consumo privado, ya sea por medio

21 El concepto de rentas de posición fue utilizado extensamente en el análisis que hacen Logan y Molotch de las *growth machines.* Como se analizará en el capitulo 7, estas máquinas de crecimiento se conciben como objeto de las luchas de los especuladores por generar ventajas de localización a través de la influencia sobre los poderes locales. La importancia de este proceso es tal que les llevó a afirmar que: «Las localizaciones no se ven simplemente afectadas por las maquinaciones institucionales que se desarrollan en su entorno. Las localizaciones son esas maquinaciones.» J. Logan y H. Molotch. *Urban Fortunes: The political economy of place,* University of California Press, 2007.

de consumo del ahorro materializado y revalorizado en los inmuebles, ya por medio de la realización de las plusvalías inmobiliarias o de más endeudamiento soportado en el valor de los activos.

La cadena se convierte en círculo cuando el crecimiento de los precios de los activos inmobiliarios favorece la construcción de nuevas infraestructuras que reinician el proceso anterior a escala ampliada. Ésta sería la función de la inversión en infraestructuras dentro de un contexto de lo que hemos venido llamando keynesianismo de precio de activos. Pero aun teniendo en cuenta que las infraestructuras han sido una condición material indispensable para el desarrollo del ciclo inmobiliario, el rasgo que mejor define el ciclo de inversión en la construcción en el periodo 1995-2007 es la importancia indiscutida del mercado de la vivienda. Esta dinámica enloquecida de construcción de obra nueva se refleja perfectamente en la evolución de las viviendas iniciadas desde la crisis de 1992-1993:

— 1994-1997. Un primer periodo de caída y estabilización de los niveles de construcción de viviendas. Los niveles anuales más bajos se registran en 1993 con 216.000 viviendas iniciadas y, desde entonces, toman una dirección moderadamente alcista hasta 1997, año en el que se inician 337.700 viviendas.

— 1998-2002. Primeros años de la burbuja inmobiliaria. Los niveles constructores se aceleran y sobrepasan a partir de 1999 las 500.000 viviendas anuales. Los años 2001 y 2002 registran ligeros retrocesos frente al valor más alto del periodo, 535.000 viviendas en 2000.

— 2003-2007. Fase central de la burbuja inmobiliaria. El número de viviendas iniciadas alcanza niveles nunca antes vistos. A partir de 2003 los valores de viviendas iniciadas se elevan por encima de las 600.000 viviendas anuales, 2005 y 2006 marcan valores récord, 729.000 y 863.800 viviendas respectivamente. Se trata de cifras difíciles de concebir en etapas anteriores, cuando el mercado de la vivienda guardaba una relación más estrecha con la evolución demográfica. El efecto euforizante de la entrada en el euro, que alejó definitivamente el fantasma de las devaluaciones de la peseta por el déficit externo, se dejó sentir con dos años de retraso sobre la oferta de vivienda construida.

— Sólo en el año 2007 se registró la primera caída de las viviendas iniciadas, con un total de 566.000 viviendas. De todos modos, a pesar de la fuerte caída porcentual, un 35 %, los niveles absolutos de viviendas iniciadas estaban todavía en valores similares a los de 2002.

Gráfico 4.2 Viviendas iniciadas 1994-2007

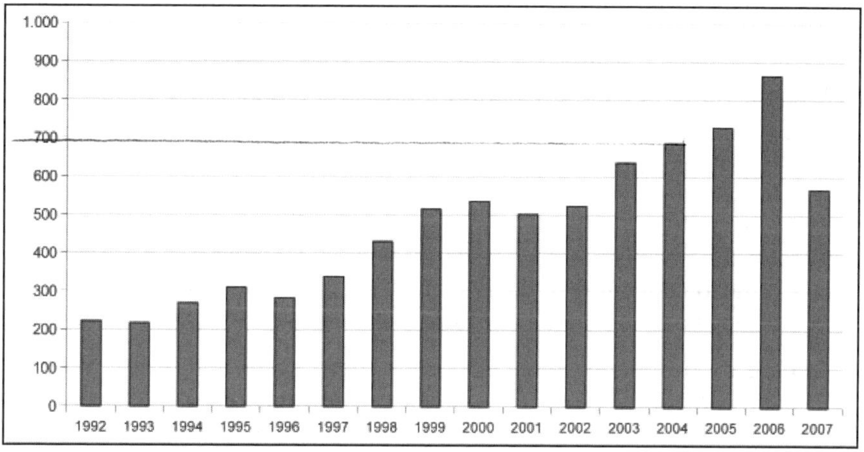

Fuente: Ministerio de Fomento.

Tras la caída del sector a partir de mediados de 2007, la herencia más visible de este ciclo de construcción de viviendas fue un descomunal exceso de capacidad que pesará sobre el mercado de la vivienda libre y sobre las políticas públicas durante varios años. Al final del ciclo, este exceso de oferta se contaba en un stock de entre uno y dos millones de viviendas sin vender.

Recordemos también, que en el contexto europeo marcado por la atonía económica generalizada, esta dinámica fue ampliamente ensalzada por todos los organismos económicos internacionales, hasta el punto de hablar de un «modelo español». Sólo en 2006-2007, sin que nada hubiera cambiado aparentemente, la actitud de estas instituciones comenzó a cambiar con la publicación de multitud de avisos acerca de la plétora de riesgos que acechaban al ahora modelo «especulativo» español. Este cambio de percepción resulta incomprensible si no se restaura el papel central de los activos de las familias en la nueva coyuntura económica.

En España, el protagonismo de los activos patrimoniales, y muy especialmente de los activos inmobiliarios, en la formación de la demanda ha sido correlativo a la fuerte represión del crecimiento de los salarios reales. Cuando se considera que el consumo privado ha sido el verdadero puntal de la expansión económica, aparece en toda su magnitud la importancia de la revalorización del patrimonio de las familias. La subida de los precios de la vivienda es, por lo tanto, una señal que se interpreta directamente por los agentes financieros como aumentos netos de riqueza que permiten aumentar los niveles de crédito, en la misma medida en que se acepta que las viviendas sirvan como colateral de las deudas. Entre 1997 y 2007, la centralidad de los precios de la vivienda ha sido tal que este cronograma en cinco fases se puede considerar como el verdadero esquema de los ritmos económicos, sociales y políticos que marcaron el ciclo que nos ocupa:

1. Fase de estancamiento. Desde el primer cuatrimestre de 1995 hasta el cuarto cuatrimestre de 1997, los precios de la vivienda registraron subidas medias por cuatrimestre del 0,43 %.
2. Fase de despegue. Entre el primer cuatrimestre de 1998 y el cuarto cuatrimestre de 2001, los precios cuatrimestrales de la vivienda crecieron a una media del 3,93 %, lo que suponía un crecimiento anual de cerca del 16 %.
3. Fase central de la burbuja inmobiliaria. Entre el primer cuatrimestre de 2002 y el segundo de 2006, los precios de la vivienda crecieron a una media cuatrimestral del 7,86 % (30 % anual); la mayor registrada en todo el ciclo. Este periodo viene a coincidir con el periodo central de la actividad constructora que reflejan las estadísticas de la vivienda.
4. Fase de moderación de las subidas. Entre el tercer trimestre de 2006 y el primer trimestre de 2008, se abre una fase de «moderación» de las subidas de los precios, con una media cuatrimestral para todo el periodo del 3,08 %.
5. Inicio de la fase de caídas. Los datos del segundo y tercer cuatrimestre de 2008 registraron caídas de precios de un -0,94 % y un -5,31 % respectivamente, que se prolongaron durante todo 2009.

GRÁFICO 4.3 ÍNDICE GENERAL DE PRECIOS DE LA VIVIENDA POR CUATRIMESTRES (EUROS CORRIENTES/M²)

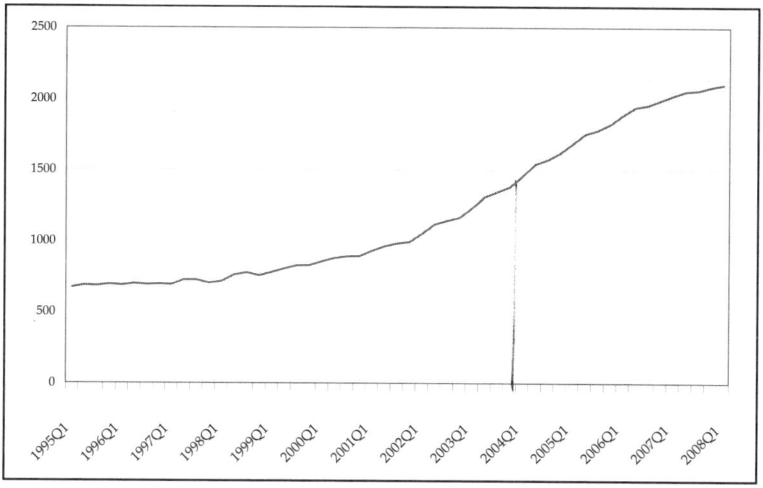

Fuente: Instituto Nacional de Estadística, 2009.

Los precios de la vivienda se han convertido, de este modo, en el mejor indicador del estado de salud económica de los modelos de crecimiento basados en los efectos riqueza. Como ya se ha mencionado, el precio de la vivienda es el componente principal, por no decir único, del precio del suelo. Pero la vivienda no es una mercancía como las demás, su proceso de formación de precios difiere fundamentalmente de las mercancías que están sujetas a procesos productivos en los que interviene un capital fijo y un capital circulante y cuyo mercado está sometido a un grado determinado de competencia. Dado que el suelo no es una mercancía producida, sino que como muchos otros activos naturales se limita a «estar ahí», los aumentos del precio del suelo y, en consecuencia de la vivienda, no reflejan más que las expectativas de revalorización.[22] Dicho de una forma que podría parecer tautológica: los precios de la vivienda suben porque se prevé su subida.

22 La discusión sobre la formación de las rentas del suelo y su relación con los valores intrínsecos del suelo es muy larga y compleja. Para el punto de vista que adoptamos en este trabajo nos sirve la aportación de Polanyi que considera que la tierra, al igual que el dinero y la fuerza de trabajo, es una mercancía ficticia. Además esta perspectiva implica la necesidad de una esfera estatal que garantice una oferta de suelo constante, lo que está en clara concordancia con el análisis que seguimos aquí. Karl Polanyi, *La gran transformación,* Madrid, La Piqueta, 1997.

O en otras palabras, tanto las subidas como las bajadas de precios de la vivienda tienden a retroalimentarse. Esta forma de profecía autocumplida, que también está en la base de la formación de los precios de los activos financieros, es el gran animador del mercado de compraventa de la vivienda nueva y usada. Por supuesto, la modificación de las expectativas del precio de la vivienda es una variable plenamente sujeta a la intervención política, aunque concurran en ella cientos de factores territoriales y financieros. Por su parte, la intervención pública favoreció de forma decisiva el aumento de las expectativas durante el periodo alcista. Igualmente en la fase descendente del ciclo, ha estado intentando favorecer las expectativas de una caída breve, que anticiparía una nueva subida de los precios.

Esta peculiaridad del proceso de formación de los precios de la vivienda es importante para comprender la cronología específica del ciclo que nos ocupa, así como las formas de intervención política que lo han acompañado y amplificado. Según los datos agregados que acabamos de ver, los precios de la vivienda no comenzaron a revalorizarse hasta 1997 y sin embargo la actividad constructora se reanuda en 1994. ¿Cómo explicar este desajuste temporal? Dejando de lado la evolución de los precios en los contextos locales, lo cierto es que desde 1994 los precios de la vivienda ya se estaban descontando en la construcción de vivienda, debido fundamentalmente a la intervención estatal. Durante este periodo, ésta funcionó en dos sentidos. Por un lado, con la bajada de tipos de interés se pudo anticipar que el crédito inmobiliario llegase a más familias y que se pudieran conceder préstamos de mayor cuantía y por periodos de tiempo más largos. Por otro, en 1993 se produjo un nuevo recorte de la producción de vivienda de protección oficial que se sumó al brutal descenso de la producción de este tipo de vivienda que se había efectuado entre 1984 y 1989. Por lo tanto, los dos elementos centrales dirigidos a descontar el precio futuro de la vivienda estaban ya ahí antes de la subida de precios: una masa de compradores expulsados al mercado libre de vivienda y unos menores costes del endeudamiento (véanse capítulos 5 y 6). A estos dos elementos nuevos se le añadieron al menos otros dos: la funcionalidad de las nuevas redes de transporte que se siguieron construyendo durante toda la década y la reanimación de las entradas de ingresos por el turismo impulsadas por la bajada de la peseta y la nueva reducción de los costes laborales.

El efecto riqueza: del precio de la vivienda al consumo privado

El círculo de efectos económicos asociado a la elevación del precio de los activos continuó con los efectos riqueza que dispararon el consumo privado y, a partir de esta partida, contribuyeron decisivamente al crecimiento del PIB y el empleo. Sin esta variable hubiese sido imposible que el ciclo inmobiliario se hubiera articulado con un fuerte estímulo de la demanda. La función de generación de demanda a través del consumo familiar convirtió en una variable central de la política económica lo que antes era un fenómeno marginal asociado al lanzamiento del ahorro a la circulación, por previsión de revalorización de los activos de inversión.[23]

La explicación de esta función de los efectos riqueza hay que buscarla de nuevo en el estancamiento y la pérdida de poder adquisitivo de los salarios. En el ciclo reciente, los salarios reales alcanzaron su valor más alto en 1993 y desde ese punto y hasta 2003, iniciaron la fase de pérdida de poder adquisitivo más agresiva de la historia económica reciente. Estos datos demuestran que la represión de los salarios reales ha sido, de nuevo, uno de los factores centrales del ciclo expansivo que comenzó tras la recesión de 1992, en clara continuidad con una de las principales líneas de intervención política de la historia económica reciente.

De todos modos, y antes descomponer la relación entre los efectos riqueza y el crecimiento del PIB, conviene avanzar uno de los principales efectos sociales de las políticas de keynesianismo de precio de activos. Se trata de la paradójica recomposición de la clase media, curiosamente sobre el mismo trasfondo de estancamiento salarial y proletarización subyacente que siguió a la agresiva contrarrevolución conservadora de las décadas de 1980 y 1990. Los estratos medios se han visto profundamente afectados por la movilidad social descendente que está en la base de la creciente precarización del trabajo y de la vida de estas últimas décadas. Sin embargo, las clases medias han parecido recobrar el aliento a partir del recurso masivo al endeudamiento, normalmente por encima de los niveles de riesgo, colateralizado sobre los precios de la vivienda. Esta ingeniería social financiera sólo ha sido posible a partir de una redefinición contable de la carga de deuda pendiente como «riqueza» patrimonial. De esta forma, la riqueza que venía marcada por unos precios de la vivienda *in crescendo*, podría responder en principio por los niveles, igualmente crecientes, de endeudamiento. Por medio de esta convención contable se ha tomado por automática la realización efectiva de los precios nominales de la vivienda.

---

23 Recordamos que una de las modalidades del efecto riqueza funciona mediante la fórmula de las expectativas de revalorización. Es decir, el ahorro se gasta en previsión de que la vivienda o un paquete de acciones aumente de valor y compense este gasto.

El cambio contable que desplaza la medida de la riqueza de las familias desde las rentas y, en concreto, de los salarios, hacia el valor patrimonial, convierte de un plumazo a amplias franjas de la población en «ganadoras» del ciclo inmobiliario, por efímera que sea esta condición. A partir de este punto, se plantea un problema que se ha intentado resolver mediante la incorporación de las entidades de crédito a la gobernanza del keynesianismo de precio de activos. El problema central de este planteamiento consiste en la conversión de la «riqueza» inmobiliaria en liquidez disponible para el consumo, a partir del momento en que el ahorro se ha lanzado por completo a la circulación inmobiliario-financiera. En este aspecto, las legislaciones hipotecarias y los créditos al consumo con garantía hipotecaria han cumplido un papel central. Otra forma de favorecer la conversión del patrimonio en renta consiste en mantener un alto nivel de transacciones en el mercado inmobiliario, de manera que en cualquier momento se puedan realizar las plusvalías que genera la compraventa de inmuebles.[24] Mediante estas dos líneas de intervención se han tratado de resolver los problemas de duración y extensión de los efectos riqueza.

Tradicionalmente, los efectos riqueza tendían a durar lo que duraba el ahorro. Como mucho afectaban al 20 % de la población; el segmento más rico. En unas condiciones como las señaladas para el caso español, se ha conseguido implicar hasta el 80 % de las economías domésticas —precisamente la cantidad de hogares que disponen de una vivienda en propiedad— al tiempo que se conseguía la prolongación del «efecto» durante más de una década.

En términos puramente contables, el rastro de los incrementos globales del consumo durante este periodo es fácil de detectar tanto en la Contabilidad Nacional como en los datos de empleo. Por un lado, el crecimiento del consumo personal y familiar ha generado una fuerte sinergia con la recomposición del mercado de trabajo, disparando los niveles de empleo en los servicios de baja cualificación y peor remuneración. Por otro lado, entre 1997 y 2007, el consumo en España creció a un ritmo mucho más rápido que en las economías más grandes de la OCDE. Como se puede ver en el gráfico 4.4 para el conjunto del periodo, el consumo de los hogares creció en este país un 91 %. Sólo Reino Unido, la otra economía ultrafinanciarizada de Europa pudo acercarse a los niveles de España, con un 87 % de crecimiento agregado. Por comparar con otros países, en Alemania, el consumo creció un

---

24 Ésta es la forma central de efecto riqueza en la magistral explicación del ciclo inmobiliario de 1985-1992 que hace José Manuel Naredo. También se relaciona la primacía de este tipo de realización de los valores inmobiliarios con la entrada de capitales extranjeros que hacen que las transacciones inmobiliarias sean algo más que una mera transferencia del ahorro nacional y generen una dimensión patrimonial no registrada en el sistema de cuentas nacionales. J. M. Naredo, *La burbuja inmobiliario-financiera, op. cit.*

12 %, Francia e Italia registraron subidas agregadas cercanas al 40 % y Japón, todavía bajo los efectos del pinchazo de su propia burbuja inmobiliaria, tenía en 2007 los mismos niveles de consumo que en 1997.

GRÁFICO 4.4 EVOLUCIÓN DEL CONSUMO PRIVADO. Principales países OCDE (1997-2007)

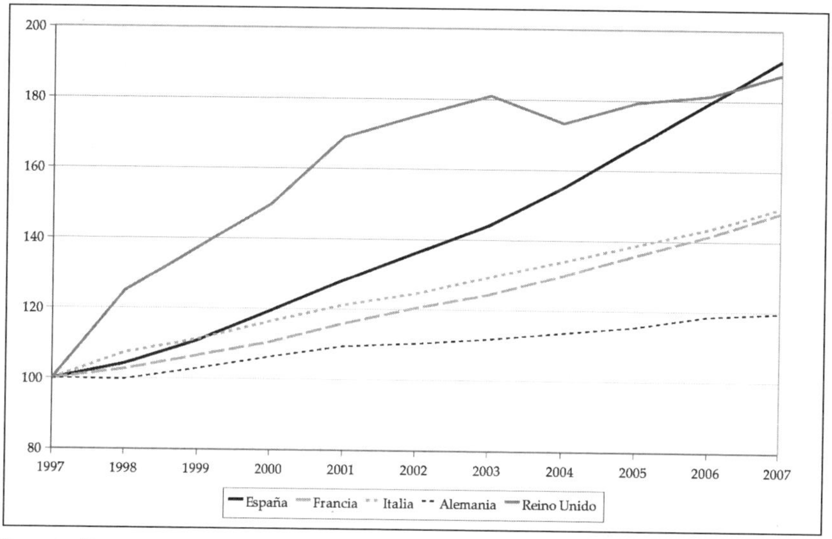

Fuente: Eurostat.

Acumulación de capital: el ciclo de la inversión y el empleo

Como se ha visto en el capitulo anterior, las lecturas de la crisis de 1992-1993 estaban marcadas por la desaparición, en el discurso oficial, de los factores centrales del éxito del primer gran ciclo inmobiliario de 1985-1991. Ni la dinámica de revalorización, ni la realización de los activos financieros e inmobiliarios forman parte del aparato analítico ortodoxo.[25] La equivocación

[25] En 1995, Naredo ya señaló que se requeriría una reforma de las cuentas nacionales para «dar cabida en ella a los ingresos derivados de las enajenaciones de patrimonio. Lo cuál exigiría diferenciar, al igual que se hace en las contabilidades privadas, entre los ingresos ordinarios y aquellos otros, extraordinarios, derivados de tales enajenaciones.» José Manuel Naredo, *La burbuja inmobiliaria en la coyuntura económica reciente (1985-1995), op. cit.*

central en la que incurren los análisis ortodoxos de la economía española es confundir el orden causal con el que se relacionan el empleo y las revalorizaciones de activos dentro de las burbujas patrimoniales. En estos análisis, el crecimiento del empleo obedece a la buena salud de la formación de capital fijo, lo que acaba por redundar en el consumo y en una mayor circulación del ahorro hacia el mercado inmobiliario.

Desde la perspectiva patrimonial, el análisis cambia radicalmente. El peso de los ingresos obtenidos por la venta de activos se convierte en el principal dinamizador del consumo, de la inversión y, por último, del empleo. Superponiéndose y amplificando la dinámica de realización de plusvalías asociada a la compraventa de vivienda, el crédito fluye hacia las familias y las empresas que poseen activos inmobiliarios y financieros; con ello aumenta conjuntamente las tasas de beneficio, la inversión y el consumo privado.

Esta importante inversión de los términos, lleva años encerrando a los economistas españoles en una suerte de mistificación permanente acerca de las causas de las fuertes subidas del consumo y la inversión en España en relación con los países de su entorno. Los análisis caen en una flagrante infravaloración de la función de los activos patrimoniales dentro la dinámica económica general. Buen ejemplo de este problema es que a cada caída de los precios de la vivienda le siga una ola de perplejidad por los efectos de arrastre que provoca, no ya en el sector de la construcción, sino en los servicios y en la industria. Como suele suceder en estos casos, el lenguaje experto es el último en registrar los movimiento reales de los procesos económicos. Esta negligencia teórica no ha impedido que tanto las políticas económicas como los agentes económicos hayan adquirido un alto grado de conocimiento práctico sobre la «peculiaridad» española. En este contexto, los sofisticados discursos de los economistas parecen cumplir una función meramente ideológica. Son mantenidos *de facto* con el fin de dar un aire de respetabilidad y productividad a lo que, de otra manera, podría parecer una situación de especulación institucionalizada destinada a dar cobertura a las aspiraciones rentistas de las clases altas, así como de una incipiente capa de propietarios de las clases medias y medias-bajas.

Inversión

Manteniendo en mente el extraordinario efecto de los aspectos patrimoniales en la coyuntura económica española —que sigue escapando a los indicadores económicos estándar—, hay que insistir en que el ciclo económico que comienza en 1997 ha sido el momento de mayor vigor del proceso de acumulación de capital desde finales de los años setenta. La naturaleza de este crecimiento debe ser, sin embargo, matizada cuidadosamente. Dicho de otro modo, sólo podemos entender el espectacular incremento del stock de capital si éste se integra en la dinámica general de creación de beneficios financieros e inmobiliarios.

Los datos de la formación de capital durante el periodo de estudio alcanzan dimensiones extraordinarias. La inversión, o en términos técnicos la formación bruta de capital fijo, experimentó un fuerte crecimiento desde 1997 y, muy especialmente desde el año 2000, en pleno relanzamiento del ciclo inmobiliario. A partir de ese año, España inició una senda de crecimiento de la inversión a ritmo superior al que mantienen los principales países de la OCDE. Según Eurostat, entre 2000 y 2007, la inversión en España aumentó más que en cualquier otro de los países europeos de tamaño similar, con un 45 % acumulado. Tan sólo Reino Unido, el otro gran feudo europeo de la financiarización, alcanzó valores semejantes, con un 30 % para el mismo periodo. A la vez, los datos de las grandes potencias industriales de la OCDE, arrojaban tasas de crecimiento incomparablemente más bajas, lo que reflejaba, otra vez, la crisis de la vía de acumulación industrial saturada por el exceso de capacidad y la creciente competencia internacional.[26]

La espectacular trayectoria de la acumulación de capital residió también en la captura de una importante porción de los flujos transnacionales de inversión directa que entre 1995 y 2007 alcanzaron la extraordinaria cifra de 250.000 millones de euros. Con una media anual cercana a los 20.000 millones de euros (más del 3 % del PIB del año 2000), estos volúmenes fueron comparables a los de la anterior burbuja inmobiliaria de 1985-1992. Sin embargo, tuvieron una importancia cualitativa mucho menor, fundamentalmente porque en este periodo España se convirtió en un exportador neto de capital. Las inversiones provenientes del extranjero fueron de hecho muy inferiores a las colocadas en el extranjero por las empresas españolas, implicadas en un agresivo proceso de internacionalización.[27]

De todos modos, no se puede entender el ciclo de inversión si no se valora adecuadamente las funciones de la construcción como sector estratégico del modelo de crecimiento. En los años centrales del ciclo (2003-2005) la inversión en vivienda rebasó todos los récord históricos, siendo con mucho el componente

26 La evolución general de los principales países OCDE fue más o menos como sigue: Alemania hizo frente a un descenso de la inversión del que tan sólo se recuperó a partir de 2005, Japón sólo volvería a alcanzar sus niveles de inversión del año 2000 en 2008; y Estados Unidos, en pleno proceso de sustitución de la burbuja bursátil por la burbuja inmobiliaria, alcanzó un pírrico 12 % de aumento acumulado respecto de los niveles de 2000.

27 Fuente Datainvex, Series 1995-2007, Dirección de Comercio Exterior, Ministerio de Turismo.

más dinámico en la formación bruta de capital. Entre 1995 y 2005, la vivienda ganó más de 10 puntos porcentuales en la cifra total de inversión, llegando a representar cerca del 40 % de la totalidad de las inversiones realizadas en el año 2005. Muestra de la sobreespecialización de la economía española en la construcción es que, en ese mismo año, la suma de la inversión en vivienda y en infraestructuras supuso la increíble cifra del 70 % de las inversiones totales.

Por otro lado, dentro del marco de este modelo de crecimiento —caracterizado por la marginación de las iniciativas destinadas a la renovación del capital fijo industrial y el desarrollo de nuevas líneas productivas—, la importancia de los flujos internacionales de capital no se refleja tanto en las inversiones directas, como en otro tipo de entradas de capital. Si por un lado la economía española fue una importante receptora de inversión extranjera —concentrada, de forma justificada, en las actividades de consumo e inmobiliarias—, la compra de inmuebles por parte de no residentes se disparó hasta el punto de suponer una entrada media anual de 6.500 millones de euros entre 2002-2004,[28] o lo que es lo mismo casi el 1 % del PIB. La masiva entrada de capitales foráneos al mercado inmobiliario contribuyó sobremanera al recalentamiento de la burbuja, convirtiendo al mercado español en uno de los más rentables de todo el planeta. Los datos de inversión, refuerzan una constatación reiterada en este trabajo: la «pieza española» en el circuito secundario de acumulación a nivel global ha sido más importante de lo que cualquier análisis convencional podría suponer.

Productividad

Otro de los indicadores que registra de una manera visible esta peculiaridad del ciclo español, es la evolución de la productividad del trabajo.[29] Precisamente porque la Contabilidad Nacional y, con ella los análisis ortodoxos, no incorporan la revalorización de los activos como parte del flujo monetario, la tendencia descendente de la productividad del trabajo tomada simultáneamente con las fuertes subidas de la inversión y el consumo puede aparecer como un enigma insoluble.

En una perspectiva histórica, el principal elemento en el cambio de modelo económico se produjo a caballo de la paulatina sustitución de la manufactura por la construcción, el turismo y los servicios asociados

28 María Asunción Rubio de Juan, «Flujos de inversión de no residentes en inmuebles residenciales. Flujos de inversión de residentes en inmuebles residenciales fuera de España», disponible en www.mviv.es/es/xls/estadisticas/ENCUESTAS/OE2.PDF.

29 El crecimiento de la productividad del trabajo mide la cantidad de producto, medido en precios, que genera una hora de trabajo. El cambio canónico en la productividad del trabajo se produce a partir del cambio tecnológico, cuando menos trabajo genera mayores cantidades de producto.

al consumo. Esta transformación no fue, sin embargo, lineal y siguió los mismos pulsos de prueba y ensayo del capitalismo español. Entre 1970 y 1985, España arrojó las mayores tasas acumuladas de crecimiento de la productividad del trabajo en relación con los grandes países de la OCDE. Se puede argumentar que estos datos estaban enmarcados en un proceso de convergencia con los países industrializados, consecuencia del fuerte desarrollo desigual de los años cincuenta y sesenta. También contribuyó a este resultado que durante los años de la reconversión industrial se destruyera empleo a un ritmo superior a la destrucción de capital, lo que habría provocado un cierto «efecto eficiencia» —menos trabajadores para el mismo capital. No obstante, la política de apreciación de la peseta y la primera burbuja inmobiliario-financiera de 1985-1991, disminuyeron notablemente la competitividad de la industria española, lo que marginó al sector manufacturero frente a los sectores volcados sobre el consumo, la construcción y la intermediación financiera. Por otro lado, no conviene olvidar que durante los años posteriores a la entrada de España en la UE se reanimó la formación de capital fijo industrial y se produjo un relativo cambio tecnológico, que no fue ni mucho menos ajeno a la fuerte subida de los precios de los activos que financiaron la ampliación de capacidad de algunos sectores industriales. Al menos por un momento, tras los fastos de 1992, pareció que la recuperación pasaría por un nuevo estímulo de la productividad de los menguados sectores manufactureros, incentivados además por las sucesivas devaluaciones de la peseta.

Esta evolución se mostró, sin embargo, efímera. A partir de 1994, cambió de nuevo el escenario. Durante los siguientes 15 años, la productividad del trabajo estuvo literalmente estancada y los niveles acumulados de productividad de los países centrales de la UE, como Francia y Alemania, volvieron a alcanzar y a superar a los españoles.[30] Se produjo así un fenómeno de desconvergencia, al tiempo que se invertía el anterior patrón de formación de la ventaja comparativa española, cuando hasta 1992 este país había sido el centro de una corriente de inversión extranjera tan arrolladora como caprichosa.

30 OCDE, Productivity Database, 2008.

GRÁFICO 4.5 CRECIMIENTO ANUAL DE LA PRODUCTIVIDAD DEL TRABAJO
PRINCIPALES PAÍSES OCDE (1971-2006)

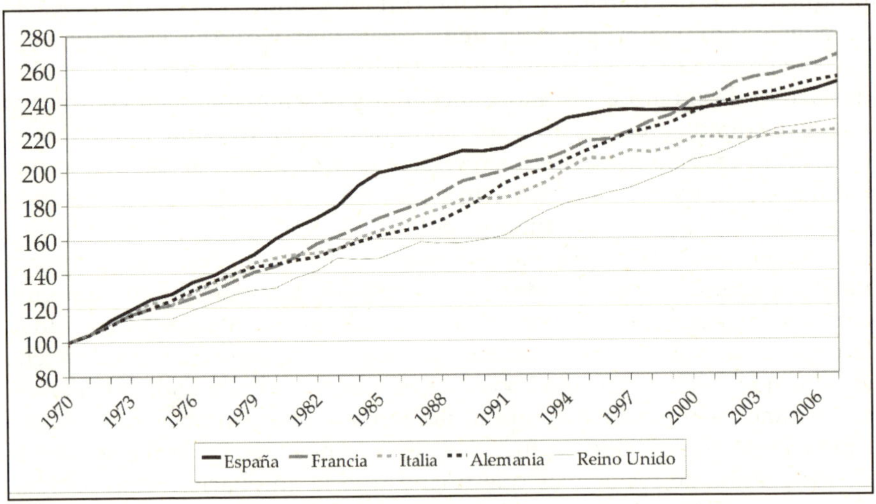

Fuente: OCDE, Productivity Database, 2008.

Aunque tanto en los medios como por boca de políticos y expertos oficiales, sea frecuente oír toda clase de lamentaciones acerca del problema de la baja productividad española, lo cierto es que la laxitud de este índice parece haber servido más de empuje al ciclo económico que de obstáculo al mismo.[31] La originalidad del modelo de desarrollo español consiste en haber desarrollado soportes para un altísimo crecimiento económico que no depende del aumento de la capacidad productiva de la hora de trabajo. Afirmar que este modelo ha generado graves contradicciones por haber lanzado la demanda mediante formas que evitan el aumento de la productividad del trabajo, no contradice en absoluto que de haberse tomado en serio los muchos discursos oficiales que colocaban el aumento de la productividad del trabajo

31 Los años de la recesión 1992-1994 son una buena muestra de la relación inversa que mantuvieron la inversión y la productividad. Según datos de Contabilidad Nacional y de Eurostat de 2008, en estos años se produjo el mayor aumento registrado en la productividad del trabajo de los últimos años y fue correspondido con la mayor caída registrada de la inversión. Aunque se pueda argumentar que el aumento de la productividad no fuera más que un efecto producido por una mayor velocidad en la destrucción de empleo que en la destrucción de capital, lo cierto es que este efecto no se vio refrendado por una mayor inversión. El ritmo de la acumulación de capital no se recuperó hasta la caída de la productividad posterior a 1994 cuando se inició la nueva revalorización de activos.

como prioridad de la política económica,[32] España habría entrado de lleno en la agresiva competencia internacional por el reparto de algunas líneas de producción. De haber tomado este camino, el crecimiento económico registrado hubiera sido mucho menor.

Si se consideran las características del proceso de acumulación a escala global, el movimiento estratégico de España ha consistido en un manifiesto abandono del objetivo de alcanzar niveles más altos de productividad a cambio de una exitosa especialización productiva en sectores de servicios y bienes no transables, altamente territorializados, como el inmobiliario y el turístico, que incorporan la revalorización de activos en el centro de su dinámica económica. La alineación formal de las declaraciones gubernamentales con las líneas maestras de la Estrategia de Lisboa de la UE, que se dirigen a producir aumentos sostenidos de la productividad, es en este sentido un puro juego de posiciones sin aplicación práctica real. En concreto, hay que tener en cuenta que estas estrategias, que se reclaman como intervenciones del lado de la oferta,[33] pretenden mejorar la calidad tecnológica de la producción.

La medida de la intensidad tecnológica de la producción que se utiliza normalmente en estos casos es la llamada Productividad Total de los Factores (PTF). Este indicador se calcula como la parte del crecimiento de la productividad del trabajo que no es directamente atribuible a los cambios en la relación capital/trabajo.[34] Se trata de una medida negativa que se suele identificar convencionalmente con los entornos socio-tecnológicos: todo aquel aumento de la producción que no se justifica directamente por un aumento del capital por trabajador es debido a factores ambientales. El problema es que esta medida no detecta de manera positiva sus causas, de modo que éstas son tomadas por evidentes por medio de un simple expediente ideológico. Por ejemplo, una bajada en el precio de la energía que consumen las máquinas puede hacer que suba la productividad del trabajo, pero al no ser una causa relacionada con la relación capital/trabajo,

32 El documento oficial en el que se explicitan estas líneas de actuación es el Plan Nacional de Reformas (PNR) que elabora la Oficina Económica del Presidente. Véase: http://www.lamoncloa.es/PROGRAMAS/OEP/PublicacionesEinformes/PNR/default.html

33 C. Mulas, «La Estrategia de Lisboa, el Programa Nacional de Reformas y las políticas de oferta en España», *Información Comercial Española*, núm. 837, julio-agosto de 2007.

34 Este indicador está relacionado con el llamado residuo de Solow, que como bien explica Oscar Carpintero es una simple medida negativa, que entre otras cosas oculta la enorme contribución de los recursos naturales no monetarizados al crecimiento económico. Hay que considerar, por lo tanto, que cualquier política concreta que pretenda aumentar este indicador elegirá unas dimensiones de actuación altamente arbitrarias. O. Carpintero, *El Metabolismo de la economía española. Recursos naturales y Huella Ecológica 1955-2000*, Lanzarote, Fundación Cesar Manrique, 2003.

el calculo de la PTF la identificaría como «cambio tecnológico». Cualquier línea de actuación con cierta apariencia de eficiencia se puede justificar como una política de aumento de la PTF.[35] La productividad total de los factores constituye, así, una medida bastante ambigua —y desde luego con una fuerte carga política— de cálculo de las externalidades positivas que generan tanto los contextos socio-económicos, como un amplia abanico de factores extraeconómicos que, como se vio en el capítulo 1, componen el gran agujero de la valorización capitalista en el marco del capitalismo cognitivo.

De hecho, la inversión en I+D y la llamada «mejora del capital humano» son las dos dimensiones centrales en los discursos oficiales de incremento de la Productividad Total de los Factores. Sobre estos dos elementos se apoyan otros tantos tipos de transferencias de recursos públicos al capital privado. No debe de escaparse, también, que uno de los principales elementos de las políticas de apoyo al ciclo inmobiliario y a la demanda agregada que éste genera —la construcción de infraestructuras de transporte de alta capacidad— se justifica por su supuesta contribución a la productividad total de los factores.[36]

Empleo

De lo dicho hasta aquí, se sigue que el verdadero objetivo de este modelo de generación de demanda no ha sido el crecimiento de la inversión *per se*, ni mucho menos el aumento de la productividad, sino el aumento de los niveles empleo. El aumento del volumen de empleo constituye el propósito final del proceso de movilización del ahorro —interno y foráneo— y del crédito que depende de la revalorización de los activos inmobiliarios. Como se puede ver en el gráfico 4.6, durante el periodo 1996-2007, España registró subidas de la tasa de empleo superiores a las de los principales países desarrollados. Entre 1996 y 2007, la tasa de creación empleo en España aumentó a un ritmo medio anual del 3 %, lo que ha supuesto un 36 % acumulado para todo el periodo, y algo más de siete millones de puestos de trabajo en cifras absolutas. En esos años, siempre en medias anuales, la economía italiana vio aumentar su tasa de empleo a un ritmo del 1,2 % y el resto de los países analizados

35 Es muy reveladora la referencia que hace Carpintero a un experimento de Anwar Shaikh, en el que se obtenían con datos falsos los mismos resultados que llevaron a Solow a formular su identificación del residuo con el «progreso técnico» en general. *Ibidem*, pp. 204-205.

36 A. Estrada, A. Pons y J. Vallés, «Productividad y competitividad en la economía española», *Información Comercial Española*, núm. 829, marzo-abril de 2006.

estuvieron por debajo del 1 % de promedio anual: Francia (0,8 %), Alemania (0,6 %), Reino Unido (0,3 %), Japón (0,1 %) e incluso Estados Unidos destruyó empleo a un ritmo del -0,1 % anual. La evolución del empleo por sectores replica por entero la estructura de inversión, con un fortísimo aumento del empleo en la construcción y en los servicios de mercado —logística y distribución, hostelería, comercio, etc.—, aumentos moderados en la industria y destrucciones netas en la agricultura y en el sector energético.[37]

Gráfico 4.6 Evolución de la tasa de empleo
Principales países OCDE 1996=100

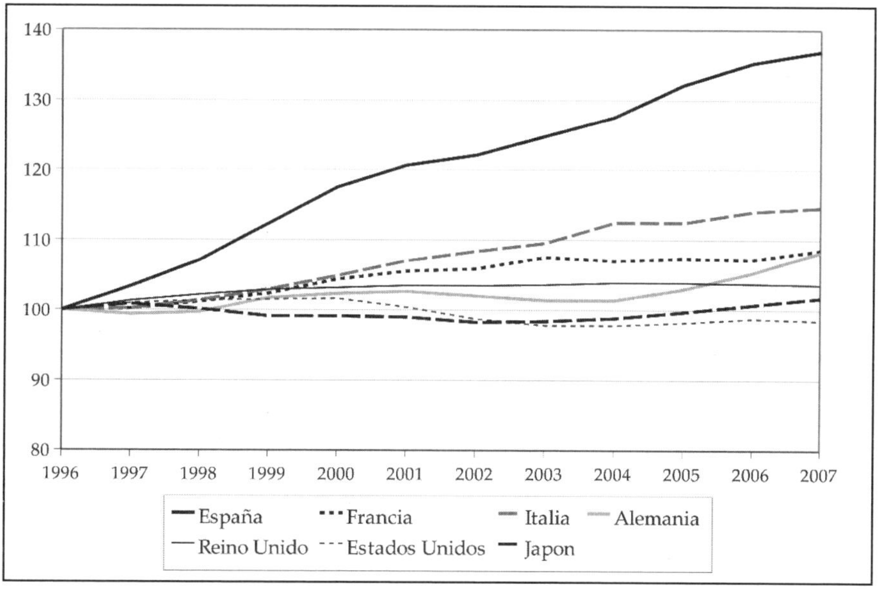

Fuente: Eurostat, 2009.

En conjunto, y a la vista de todo lo dicho, se pueden identificar cuatro factores centrales de este fuerte ascenso de la tasa de empleo durante el periodo 1997-2007:

37 INE, Contabilidad Nacional, 2008.

1. El éxito de las políticas de ataque al trabajo, lo que ha generado una fuerza de trabajo progresivamente precarizada y cada vez menos capaz de determinar sus ingresos a través de las tradicionales formas institucionales de la lucha de clases.

2. Un masivo flujo migratorio de origen transnacional que ha permitido la cobertura por trabajadores extranjeros de la multitud de posiciones de baja remuneración y altísima precariedad que genera el modelo español.

3. La persistente influencia de los elementos patrimoniales de la economía española, en forma de aumento de los niveles de inversión derivados de la revalorización de activos en sectores intensivos en trabajo y alejados de la competencia internacional.

4. El estancamiento del crecimiento de la productividad del trabajo, asociada a una fuerte ralentización del proceso de sustitución del trabajo por capital.[38] Dado además que ésta es la causa que genera el llamado paro tecnológico[39] se comprende que desde 1997 haya habido una ausencia de presión tecnológica sobre los niveles de empleo.

En términos estructurales, este modelo ha supuesto la consolidación del cambio en los patrones de acumulación de capital con los que comenzó la recuperación de la tasa de beneficio en España a partir de mediados de la década de 1980. Esta combinación de elementos dibuja un panorama general de generación de rentabilidad sobre la base de la explotación masiva y extensiva del trabajo. El aumento de la tasa de beneficio, a partir de 1994, se ha fundado, efectivamente, en una mayor tasa de extracción de plusvalía, siempre en un contexto marcado por el estancamiento de la intensidad tecnológica y de la productividad del trabajo.[40] De acuerdo con

---

38 Independientemente de lo que haya sucedido con la superchería de la productividad total de los factores, lo cierto es que las series que registran la evolución de la relación capital/trabajo se han movido en parámetros muy similares a los de la productividad del trabajo. Entre 1970 y 1985, la sustitución de trabajo por capital se realizó a un ritmo medio del 14 % anual. En los siguientes veinte años, hasta 2005, este ritmo cayó al 9 % medio anual. Entre 1994 y 2000 este indicador registró una situación de estancamiento. Véase M. Mas, F. Pérez, E. Uriel, *El stock y los servicios del capital en España y su distribución territorial (1964-2005),* Madrid, Fundación BBVA, 2007 y también INE, Contabilidad Nacional, 2008.

39 Este fenómeno esta detrás de los aumentos de la tasa de empleo en muchos otros países durante el ciclo reciente. Véase G. Dumenil y D. Levy, *Crisis y salida de la crisis. Orden y desorden neoliberales,* Buenos Aires, FCE, 2008.

40 M. Nieto, «Rentabilidad y distribución en el capitalismo Español (1954-2003)», *Laberinto,* núm. 24. 2007.

una terminología marxista clásica, podríamos decir que el modelo capitalista hispano ha estado fundado en una estrategia de incremento de la plusvalía absoluta antes que relativa,[41] acompañado por un fuerte aumento de la población activa que en 2007 rozó los 23 millones de personas.

Los datos sobre el reparto de la renta nacional confirman este diagnóstico. Consecuencia inevitable del crecimiento de la tasa de empleo, la masa salarial —la cantidad absoluta de los salarios— creció entre 1996 y 2007 un 127 %.[42] Sin embargo, cuando estos mismos datos se contextualizan dentro de una situación de conflicto distributivo por el reparto del producto social, se aprecia una fuerte recuperación del Excedente Bruto de Explotación a costa de los salarios, especialmente a partir del año 2000. En 2004, en un momento de enorme crecimiento cuantitativo de la tasa de empleo, el excedente bruto de explotación superó a la masa salarial de acuerdo con la distribución de 1995. El reparto del ingreso social en favor de los beneficios empresariales no agota, sin embargo, la pregunta de ¿cómo las estrategias financieras consiguieron aumentar la tasa de beneficio durante el ciclo inmobiliario-financiero de 1995-2007?

Tasa de beneficio

A fin de completar esta caracterización del modelo de explotación durante el ciclo 1995-2007 sería conveniente desarrollar el análisis de los datos oficiales, o por lo menos, de las series actualizadas de la tasa general de beneficio. Como sucede con muchos otros indicadores que provienen de tradiciones económicas heterodoxas —y hoy casi cualquier cosa que escape a la Contabilidad

41 El contrario de la plusvalía absoluta es la plusvalía relativa que aparece cuando los aumentos de la productividad del trabajo provocan un descenso del tiempo de trabajo socialmente necesario para la producción de mercancías. Si al mismo tiempo se mantiene constante la jornada de trabajo, lógicamente crece la parte del trabajo excedente no remunerado. Frente a esta forma de extracción de plusvalor, que permitió que se desarrollara el régimen fordista de producción, a la vez que dotaba de soporte social a las políticas keynesianas, la plusvalía simple surge por un agregado de las horas de trabajo totales. En el caso que Marx trata, estas horas surgirían de un aumento de la jornada de trabajo; en el caso del ciclo español 1994-2007, éstas vendrían de la mano de un fuerte aumento de la población activa. Véase, por ejemplo, la siguiente cita: «La plusvalía producida mediante la prolongación de la jornada de trabajo es la que yo llamo plusvalía absoluta; por el contrario la que se logra reduciendo el tiempo de trabajo socialmente necesario con el consiguiente cambio en cuanto a la proporción de magnitudes entre ambas partes de la jornada de trabajo, la designo con el nombre de plusvalía relativa». K. Marx, *El capital*, Libro I, sec. IV, cap. X, Akal, Madrid, 2007.

42 En esta categoría habría que incluir los patrones de remuneración de los trabajadores ricos, *working rich*, beneficiados con enormes salarios por la reestructuración del mercado laboral y la tendencia a percibir parte del reparto de beneficios bajo formas de asalarización.

Nacional es heterodoxo—, las únicas aproximaciones disponibles provienen del esfuerzo de investigadores independientes.[43] Estos trabajos muestran un panorama coincidente con las tendencias que venimos observando.

Desde la óptica de la onda larga del capitalismo hispano, se puede considerar que a partir de mediados de los años sesenta comenzó el declive del patrón de acumulación fordista y de los pactos sociales que lo sostuvieron, lo que acabó por reflejarse en una brusca caída de la rentabilidad. Se trata de un proceso que reduplica lo ocurrido a escala mundial y que ya ha sido suficientemente explicado en los capítulos anteriores: agotamiento del modelo fordista, explosión salarial y progresivo desplazamiento del escenario internacional hacia una situación de exceso de capacidad.[44] Como se puede ver en el gráfico 4.7, tras la increíble caída de 17 puntos de la tasa de ganancia entre 1969 y 1979, ésta sólo consiguió recuperarse con fuerza a partir de 1984. La extracción de plusvalor absoluto fue la fuerza motriz para la creación de nuevas condiciones de rentabilidad.[45] Este patrón se

---

43 Entre los más importante, además de los mencionados trabajos de José Manuel Naredo, habría que destacar las sucesivas actualizaciones de las series de patrimonio a cargo de J. M. Naredo, O. Carpintero y C. Marcos de las cuales la última es *Patrimonio inmobiliario y balance nacional de la economía española 1995-2007*, Madrid, FUNCAS, 2008; el monumental trabajo de Oscar Carpintero sobre los flujos de materiales y la huella ecológica de la economía española, *El metabolismo de la economía española 1956-2000, op. cit.*; y también los trabajos de Maximiliá Nieto y Diego Guerrero sobre la trayectoria de las tasas de plusvalor y de la productividad del capital, que utilizamos como fuente estadística fundamental para este epígrafe: D. Guerrero, *La explotación. Trabajo y capital en España (1954-2001)*, Barcelona, Montesinos, 2006; M. Nieto «Rentabilidad y distribución en el capitalismo Español (1954-2003)», *op. cit.*; y S. Camara. «La dinámica de acumulación y crecimiento económico de largo plazo en España (1850-2002)», ponencia para las XI Jornadas de Economía Crítica, 2006.

44 Robert Brenner, *La economía de la turbulencia global, op. cit.*

45 Según Nieto, a partir del año 2000, las series registran un cambio de tendencia en la tasa de beneficio con una caída conjunta en la tasa de explotación y de la productividad del capital, que es más marcada en la tasa de explotación, si bien la rentabilidad se mantiene siempre dentro de niveles altos. Dentro de las dificultades que entraña no disponer de una serie temporal más amplia, pueden apuntarse dos elementos para la interpretación de esta caída. Por un lado, la fuerte financiarización de las empresas y el bajo coste del capital pueden haber ocultado una depresión subyacente de la rentabilidad. Por otro, la rentabilidad siempre cae antes que la inversión, generando periodos de desajuste que contribuyen al aumento de los excesos de capacidad. En este sentido, la caída de la tasa general de beneficio a partir de 2000 podría haber sido la señal o el anticipo de las fuertes convulsiones económicas que se desatarían a partir de 2007. En palabras de Nieto: «La determinación de la acumulación por la ganancia es [...] indirecta y se expresa directamente a través de la evolución de la masa de beneficio. Efectivamente, no es directamente g′ (la tasa general de beneficio) quien determina la acumulación sino su relación con la masa de ganancia. Por esta razón, comprobamos que la crisis no es el resultado de una simple caída de g′ sino que se produce cuando ese descenso acaba por arrastrar a la masa de beneficio que sigue un curso ascendente mientras continúe el ritmo ascendente de la acumulación.» M. Nieto, «Rentabilidad y distribución en el capitalismo Español (1954-2003)», *op. cit.*, p. 11.

caracterizó, repitiendo lo analizado más arriba, por la caída del componente tecnológico de la formación de capital, el estancamiento de la productividad del trabajo y la reducción de los salarios reales.

Gráfico 4.7 Tasa de ganancia 1960-2003

Fuente: M. Nieto, «Rentabilidad y distribución en el capitalismo Español (1954-2003)», *Laberinto*, núm. 24, 2007

Los factores de oferta tendieron a recomponer la tasa de beneficio mediante un descenso de los costes que soportaban las empresas.[46] La parte central del repertorio político de esta reacción neoliberal vino constituido por las llamadas *supply side economics*. Las economías de oferta se enmarcaron, a su vez, en el contexto general de lo que hemos llamado acumulación por desposesión, por la vía de la elevación de la intensidad material —es decir, de los ritmos de uso de los recursos naturales— y de la reducción de los salarios indirectos que proporcionaba el Estado de bienestar. Con ello se consiguió, también en España, una moderada elevación de la rentabilidad capitalista.

[46] G. Dumenil y D. Levy observan cómo este movimiento genera toda una serie de nichos de empleo de lo que denominan «trabajo maximizador de la tasa de beneficio». «Unproductive Labour as profit rate maximizing labour», 2006, disponible en: http://www.jourdan.ens.fr/levy/biblioa.htm

Lo que queda por explicar, sin embargo, es de qué modo se consiguió recuperar la tasa de ganancia tras el retroceso, por otro lado modesto, que experimentó esta variable en la crisis de 1992-1993. La originalidad del reciente ciclo español es incomprensible sin tener en cuenta la fuerza dinámica de la demanda asociada a los efectos riqueza de las burbujas de los precios de los activos. Pero para entender esta dinámica, es necesario reconsiderar los elementos patrimoniales que son causa de la elevación del consumo y de la tasa de empleo, y que paradójicamente operan en una posición de independencia relativa respecto de las rentas salariales. El contexto de fondo está determinado por un panorama de estancamiento del poder adquisitivo de los salarios y, como consecuencia de ello, por la disminución de la demanda generada por ellos.

En caso de disponer de datos de desagregados de la tasa de ganancia por sectores se debería mostrar, de hecho, que los sectores industriales no fueron los motores de la recuperación de 1995-1997, así como tampoco de la de 1985. Como sucedió a nivel internacional, la tracción de los beneficios de los capitales españoles se encontraba en el sector financiero, la construcción y los servicios de mercado. Y de nuevo aquí el problema es inseparable del modelo de composición de la demanda agregada de la economía española y de la posición de esta última en el nuevo marco internacional pautado por la globalización financiera.

En principio, la única alternativa a la demanda interna es la demanda exportada, esto es, el comercio exterior. La anomalía española, y en realidad la de todas las economías altamente financiarizadas, ha consistido, no obstante, en escapar a esta alternativa. España no se ha incorporado al club de los países exportadores de productos industriales de alta intensidad tecnológica, preferentemente bienes de capital. La economía de este país no ha crecido a partir de las rentas obtenidas en los mercados internacionales de productos industriales, en los que se compite ferozmente por cada pequeña porción del reparto global y en los que el aumento de la productividad del capital y del trabajo es la pieza central del repertorio estratégico.[47] Esto no

47 El autor que mejor ha definido este proceso es Robert Brenner, *La economía de la turbulencia global, op. cit.* Todos aquellos que han participado en el imprescindible debate que se ha desatado desde la primera edición de este libro, están de acuerdo con el cuadro general que dibuja Brenner, si bien difieren seriamente en las causas que lo provocan. Véase A. Shaikh «Explaining the global economic crisis: A critique of Brenner», *Historical Materialism,* núm. 5, 1999; G. Dumenil y D. Levy, «Brenner on distribution», 2005, disponible en http://www.jourdan.ens.fr/levy/biblioa.htm; G. Arrighi, «The social and political economy of global turbulence», *op. cit.* y M. Aglietta, «Into a new growth regime», *New Left Review,* núm. 54, 2008. Véase también la respuesta de Brenner a dos de sus críticos en «Competition and Class: A reply to Foster and Mac Nally», *Monthly Review,* núm 7-51, 1999

ha impedido sin embargo que, desde 1973 y especialmente desde 1985, la economía española se haya movido hacia nuevas posiciones en el «ciclo de producto». Este movimiento es lo que normalmente se llama «regla del notario».[48] Dicho de forma sucinta, esta regla implica la deslocalización de las actividades productivas de menor valor añadido, en paralelo al aprovechamiento del mayor poder financiero, en la esfera mundial, para la importación de materiales y energía. La clave de esta situación se encuentra en que el poder financiero de España no se ha adquirido gracias a la especialización en actividades industriales punteras, sino a la ventajosa posición de su economía en la captación de inversión y flujos de capitales. El territorio español y sus mercados inmobiliarios se han convertido, por mor de las dos grandes burbujas inmobiliarias de 1985-1991 y 1995-2007, en una de las piezas más importantes del circuito secundario global. De esta forma, la economía española ha conseguido completar su transición de una economía de producción a otra de adquisición.

El misterio, por lo tanto, de cómo el capitalismo hispano ha conseguido escapar a la caída de la tasa de beneficio de las típicas economías industriales maduras, radica sencillamente en su especialización en los sectores económicos (construcción, turismo, intermediación financiera) claves del circuito secundario de acumulación. Éstos han servido como auténticas máquinas de captura de una importante porción de la flujos financieros globales en busca de colocaciones rentables. Lejos de ser una desventaja, esta especialización estratégica no sólo ha estado en la base de la relativa vitalidad de la tasa de beneficio en el ciclo largo 1985-2007, sino que podría haber tenido un impacto mucho mayor al que se registra con los sistemas estadísticos convencionales como el reflejado en el gráfico 4.7. Efectivamente, las plusvalías derivadas de la compra-venta inmobiliaria, el gran demiurgo de la demanda, no vienen registrada más que indirectamente en los beneficios empresariales. En caso de incluirlas, la tasa de beneficio podría acercarse o incluso superar los niveles corrientes del gran ciclo fordista.[49]

La condición de posibilidad de este modelo consiste, sin embargo, en que los salarios no proyecten ni siquiera una sombra de amenaza en el reparto general del ingreso social. Con más fuerza aun que en las típicas economías

48 J. M. Naredo y A. Valero, *Desarrollo económico y deterioro ecológico*, Madrid, Argentaria-Visor, 1998. Para una visión ampliada de la «regla del notario»: J. M. Naredo, *Raíces económicas del deterioro ecológico y social*, Madrid, Siglo XXI, 2006.

49 J. M. Naredo calculó que para los años centrales de la primera burbuja inmobiliaria-financiera 1985-1991, las plusvalías inmobiliarias y financieras (no incluidas en Contabilidad Nacional) podrían haber representado entre un 20 y un 25 % del Excedente Bruto de Explotación. Véase J. M. Naredo, *La burbuja inmobiliario-financiera, op. cit.*, pp. 25-30.

industriales, que al fin y al cabo pueden distribuir algo de los aumentos de productividad sobre los salarios,[50] el modelo hispano, basado en uso intensivo de la fuerza de trabajo y un crecimiento extensivo —o por adición de unidades de consumo y empleo—, sólo puede sostener una alta tasa de beneficio por medio de una constante dilatación de las plusvalías absolutas. Este tipo de obtención de beneficios plantea un esquema de distribución del producto social mucho más cercano a un juego de suma cero, que al juego de suma positiva propio del marco del capitalismo de postguerra en el que los aumentos de la tasa de beneficio eran inducidos por el incremento de la productividad del trabajo.

El caso español ha sido y, sigue siendo un perfecto ejemplo de recuperación del beneficio empresarial a costa de la disminución del poder adquisitivo de las rentas del trabajo. Si, como venimos haciendo, definimos el marco político neoliberal como la hegemonía de los propietarios del capital, hoy por hoy, no existe ninguna alternativa a la función generadora de demanda de las rentas del trabajo que no pase por la centralidad de los activos de las familias. Por supuesto, queda siempre la posibilidad de deshacerse definitivamente de la hegemonía neoliberal y, desde un reequilibrio de clase, generar niveles de demanda menores, pero estables, a partir de una extensión de la propiedad pública y común.

Dicho de otro modo, la caída secular de los niveles de productividad del trabajo dibuja un contexto en el que simplemente es imposible eludir la cuestión de los mecanismos políticos para la redistribución del ingreso social: cualquier aumento del ingreso para una categoría es una perdida para otra. Es ya hora de que estos aumentos dejen de circular en la misma dirección.

***

El ciclo 1995-2007 ha consolidado un conjunto de mecanismos relativamente coherentes que los regulacionistas podrían considerar como un «régimen de acumulación» o de crecimiento.[51] Sus dos principales características han

50 Hay que recordar, en este sentido, que a pesar de lo frecuente que resulta entre los economistas profesionales y los sindicalistas oficiales pensar lo contrario, no hay ninguna ley económica que vincule los aumentos de la productividad del trabajo a los aumentos salariales. Esta vinculación fue el territorio común que permitió el pacto estabilidad entre capital y trabajo, cuya naturaleza es absolutamente política, y que hoy conocemos como fordismo.

51 Para los regulacionistas el concepto de régimen de acumulación designaba una cierta coherencia de los elementos estructurales que organizaban el proceso de acumulación. La organización de estos elementos tenía que ver principalmente con un entorno institucional preciso que comprendía la moneda (cambio, tipo de interés), la relación salarial (con los medios

venido dadas por: a) la centralidad del precio de los activos financieros e inmobiliarios en el proceso de acumulación de capital, de los que han dependido la formación de la demanda, la inversión, la rentabilidad y el empleo; y b) la específica posición de la economía española en el contexto internacional, en el que su especialización en sectores como la construcción y el turismo se ha convertido en una importante ventaja competitiva para la atracción de flujos de capital. Restan por explicar, ya que aquí sólo se ha podido hacer de una forma muy somera, dos importantes dimensiones que han sido centrales en la conformación y reproducción de estas formas de adquisición del beneficio. En términos clásicos, estos dos elementos son: la relación salarial y la forma Estado.

1. *La relación salarial.* Si bien completamente desbordada respecto del marco salarial tradicional, la nueva relación salarial, o si se quiere la composición de renta social y explotación del trabajo, ha venido basculada por dos tendencias: una fuerte desposesión social y la financiarización. De una parte, durante el ciclo 1995-2007 se recrudecieron los ataques contra el trabajo que habían comenzado en anteriores etapas históricas del capitalismo español. El resultado ha sido una mayor precarización de la fuerza de trabajo y la desposesión de una parte creciente de la parte del producto social que anteriormente correspondía a los asalariados —reducción de los salarios reales directos e indirectos. De otro, se ha tratado de estimular la recomposición de la renta social por medio de un amplio proceso de financiarización de las economías domésticas, a través principalmente de la propiedad inmobiliaria, siempre en un país abrumadoramente propietario. La síntesis provisoria de estas dos tendencias viene dada por lo que aquí hemos llamado «sociedad de propietarios»: verdadera máquina de subjetivación del proceso de financiarización y dinamo material de las espirales de endeudamiento-inversión que han capturado a las economías domésticas entre 1995 y 2007. A este apartado se dedica el siguiente capítulo.

---

de producción y consumo), los marcos de competencia, la formación y composición de la demanda, las formas de adhesión al régimen internacional y la propia articulación del Estado. Los mecanismos de regulación se articulaban precisamente para asegurar la reproducción de estas relaciones institucionales. La evolución histórica de la economía española es, no obstante, mucho más contingente que lo que se podría exigir a un modelo teórico, está formada por un conjunto de especializaciones y de evoluciones institucionales cuya estructuración en los dos ciclos financieros e inmobiliarios de 1985-1993 y 1995-2007 dista mucho de mantener una estabilidad comparable a la de los ciclos fordistas. Si se quiere consultar una síntesis de la literatura regulacionista, véase: R. Boyer, *Crisis y regímenes de crecimiento. Una introducción a la teoría de la regulación*, Buenos Aires, Ceil Piette-Conicet, 2007; también del mismo autor, *La teoría de la regulación. Un análisis crítico*, Valencia, Alfons el Magnànim , 1992.

2. La *forma Estado.* Pese a haberse presentado como una etapa neoliberal de retirada del Estado de la esfera económica, este ciclo ha requerido de una enorme intervención política en todas las escalas de gobierno, desde la UE hasta las administraciones locales. La forma económica que han tomado estas políticas es la del fomento de la demanda a través del aumento del valor de los activos financieros y, muy especialmente, de los activos inmobiliarios. En este sentido, asistimos más a una mutación que a una extinción de las modalidades de intervención pública. De hecho, las políticas públicas actuales comparten con la época precedente la regulación de los principales mercados económicos (incluido el mercado laboral) y la preocupación por el impulso de la demanda, si bien de una forma distinta. La forma Estado característica de los procesos de financiarización y de los circuitos secundarios de acumulación pasa ahora por la regulación y estímulo de ámbitos antes considerados periféricos, como puedan ser los mercados de suelo, vivienda e hipotecario (objeto del capítulo 6), así como la gestión de las dinámicas territoriales y ambientales que ahora tienen una dimensión crucial en la reproducción del capital (capítulo 7).

5. De la sociedad del trabajo a la sociedad de propietarios.

La política de rentas de la financiarización

El gran éxito del régimen de crecimiento basado en las burbujas inmobiliario-financieras está en su específica solución al problema de demanda sin el recurso al déficit público y tampoco a una distribución del ingreso social en favor de los salarios. La fórmula salutífera por la que se ha logrado este particular milagro coincide con el vasto proceso de financiarización que de forma paulatina ha invadido hasta los últimos rincones del cuerpo social. Sólo así ha sido posible la privatización del «exceso de gasto» *(deficit spending)*, que se reconoce en el traspaso de la función keynesiana del endeudamiento público a las economías domésticas.

El concepto clave en este proceso es pues el de financiarización. La financiarización aplicada sobre las economías familiares ha sido definida canónicamente por una doble pendiente: una creciente marginación de la principal fuente de renta de la mayor parte de la población (los salarios) y una nueva preponderancia de los activos financieros, en tanto propulsores del consumo privado. No obstante, para que esto suceda, para que la financiarización funcione como un eficaz multiplicador de la demanda y no quede limitada a los sectores sociales más acomodados —lo que sería idéntico a una expansión de las formas de renta de las clases propietarias o directivas—, es preciso que ocupe espacios antes al margen de la producción convencional de valor. Es preciso, por ejemplo, que las pensiones o el mercado inmobiliario dejen de estar limitados y relativamente socializados como medios de provisión de bienes y servicios elementales, para convertirse en mercados de bienes de inversión, que operan sobre «activos» —la vivienda, las pensiones— a los que nadie puede sustraerse.

En este sentido, el keynesianismo de precio de activos no es sólo un nuevo método de estímulo económico y de recomposición de la demanda agregada. En la medida en que se funda sobre la continua expansión de las dinámicas financieras sobre el conjunto de la vida social, la financiarización implica también una completa reinvención de la relación salarial. Se podría decir, incluso, que la relación salarial financiarizada supone la extensión espacial y temporal de las dinámicas de explotación: lo primero, en tanto pone al servicio de la renta financiera los antiguos espacios de reproducción social, y lo segundo, en tanto implica un permanente descuento de los beneficios y rentas futuras sobre el consumo presente. La financiarización debe ser así considerada bajo la perspectiva de un conjunto de dispositivos, maquinados con un alto nivel de abstracción y dirigidos a capturar una parte creciente del producto social. En términos fotográficos, este proceso se refleja en la imagen dinámica de una nueva forma de acumulación originaria, que en este caso tiende a suprimir no sólo los medios de vida de un proletariado incipiente, cuanto la autonomía de grandes conjuntos sociales, antes atrincherada en el conflicto capital/trabajo y en la socialización relativa de la reproducción (el Estado de bienestar).

A fin de comprender la complejidad de este proceso conviene considerar por separado tres aspectos principales:

— La crisis de las economías salariales, producto de la derrota del movimiento obrero histórico y de la progresiva fragmentación, precarización e individualización de la relación salarial. Por ende: la crisis del trabajo asalariado, no sólo como medio de acceso al consumo, sino también como mecanismo de generación de derechos y acceso a una plena ciudadanía.

— La propia evolución del proceso de financiarización: la progresiva colonización de los espacios de reproducción y consumo, y la expansión de las burbujas patrimoniales que han permitido el incremento sostenido del consumo y la demanda.

— Y por último, la progresiva constitución de un cuerpo social sometido a los mercados financieros, lo que se ha llamado con el nombre de «sociedad de propietarios». La privatización o desocialización, parcial, de la reproducción social, correría así en paralelo a la formación del característico individualismo propietario, en el que necesidades y deseos se ajustan al balance contable de los activos y pasivos familiares, de la inversión y el gasto de la unidades domésticas, siempre con graves riesgos para la propia consistencia y viabilidad económica de buena parte de la población.

El asalto a los salarios: las raíces sociales de la burbuja patrimonial

¿Cómo estimular el crecimiento económico sin el recurso a un excesivo déficit público keynesiano —prohibido por Maastricht y los hegemónicos presupuestos ideológicos neoliberales—, en una situación marcada por el estancamiento de la productividad y la amenazante presencia de la depresión de las tasas de beneficio? A esta pregunta es a la que ha dado respuesta la alquimia financiera, las burbujas patrimoniales y el fuerte endeudamiento de las familias y de las empresas. Pero este ejercicio de magia financiera se ha soportado sobre la depresión continua de los salarios, la única fuente de ingresos para la gran mayoría de la población.

La depresión histórica de los salarios se puede considerar, en efecto, la clave de bóveda que soporta el complejo puzzle del modelo de crecimiento actual. Y es aquí, una vez más, donde se descubre la raíz política del modelo financiero español. Por paradójico que parezca, la financiarización no se puede explicar más que a partir del asalto histórico a los salarios; a partir de la expurgación del conflicto capital/trabajo, que durante cerca de 150 años, fue a un tiempo el principal problema y la primera forma de regulación del capitalismo industrial. Es preciso, por lo tanto, volver sobre el propio despliegue histórico de esta derrota para poder entender la imposición de un nuevo marco laboral caracterizado por la precariedad de las relaciones contractuales, la progresiva polarización de los abanicos salariales y la creciente individualización de la relación salarial. La destrucción de la autonomía del trabajo como contraparte del proceso de acumulación y la liquidación de la lucha de clases como motor del desarrollo industrial, es entonces correlativa a los procesos de financiarización, en la misma medida en que el acoplamiento de las economías domésticas a las burbujas patrimoniales es lo que ha permitido el paradójico acceso al consumo de estas décadas.

En este contexto, resulta del todo necesario mantener una perspectiva que se reconozca en lo que ahora está exorcizado de la mirada de cualquier espectador: los tiempos en los que existía un movimiento obrero capaz de poner en jaque no sólo los principales centros productivos, sino todo el modelo de regulación del capitalismo industrial.

Del asalto obrero a la derrota obrera

Para el caso español, este relato comienza con la última gran oleada de huelgas que barrió la geografía industrial de un país entonces sometido a una dictadura, impuesta principalmente contra la amenaza de los movimientos y culturas obreras de los años treinta, y que en los años sesenta volvieron a surgir con nuevas formas y renovada fuerza. Efectivamente, desde los primeros años de esa década, un nuevo malestar obrero había comenzado a organizarse, si bien sobre bases de carácter precario y ocasional. Alimentado por militantes comunistas y cristianos, y por una multitud de jóvenes obreros sin ninguna adscripción teórica o ideológica precisa, la primaria organización obrera se daba en la fábrica y en el conflicto salarial canalizado por la negociación de los convenios laborales. De hecho, los gobiernos franquistas tuvieron que reconocer muy pronto la existencia de una contraparte obrera que se expresó en una larga serie de paros y huelgas, que si por un lado habían tenido origen en los sectores y en las comarcas de la vieja clase obrera —la minería asturiana, la siderurgia vizcaína, el textil catalán, el campo de Gibraltar—, estaban entonces extendiéndose a las nuevas industrias articuladas en torno a las cadenas de montaje y los principios de tayloristas. Se trataba de los sectores industriales que al calor de la industrialización fordista estaban dando forma a un nuevo paisaje económico y social caracterizado por las grandes concentraciones fabriles y los barrios de aluvión, rápidamente alimentados por el éxodo rural. La respuesta franquista a esta conflictividad, casi siempre caótica pero que representaba un enorme desafío para una estructura política extremadamente rígida, pasó por el diseño de un débil pacto fordista que trató de subordinar, al igual que en el resto del mundo industrializado, los aumentos salariales a los aumentos de productividad.[1]

1 No otro fue el propósito de leyes como la de Convenios Colectivos de 1958 y la reforma de la Organización Sindical que permitió la extensión relativa de las elecciones sindicales y de los Jurados de Empresa. Este débil marco de negociación, siempre sometido a la supervisión del Estado, trató de emular las normas de regulación fordista vigentes en Europa y Norteamérica, por las que se trataba de vincular el crecimiento de los salarios al incremento de la productividad, reconociendo así el carácter funcional, e incluso innovador (en tanto estímulo a las mejoras tecnológicas) de una conflictividad obrera organizada de forma corporativa en grandes sindicatos. El objetivo del movimiento obrero autónomo a partir de la segunda parte de la década de 1960 fueron precisamente los presupuestos de este pacto. Todo el vocabulario militante de esta época (huelgas salvajes, *wild cat*, rechazo del trabajo) está preñado de una intención de ataque al pacto fordista. Para una perspectiva teórica de esta relación véanse algunos de los más importantes textos fundadores del *operaismo* italiano reunidos en: Mario Tronti, *Obreros y capital*, Madrid, Akal. Cuestiones de Antagonismo, 2000.

La escasa cintura de la dictadura y su permanente vaivén entre una actitud paternalista, levemente permisiva, y la represión pura y dura, ayudó a politizar y a radicalizar este incipiente movimiento laboral que, con ligeros contratiempos —como el estado de excepción de 1969—, mostró una espiral de crecimiento geométrico, al tiempo que se extendía por casi todos los puntos de la geografía industrial.[2] Desde principios de la década de 1970, los conflictos llegaron a adquirir así la forma embrionaria de huelgas generales, al menos a nivel de una ciudad o comarca, como pueden reflejar los capítulos de 1970-1971 en Barcelona, las huelgas generales de Vigo y Ferrol de 1971 o la de Pamplona de 1973. Se trataba de huelgas «duras» que duraban varios días, cuando no semanas, y en las que la represión —traducida en una larga secuencia de asesinatos políticos— contribuyó considerablemente a agravar la radicalidad del conflicto.

El marco de este movimiento obrero evolucionó sobre las siguientes líneas: la extensión y la solidaridad horizontal de los conflictos, que inmediatamente se reconocían en plataformas reivindicativas con exigencias comunes; la radicalización, expresada a nivel práctico en la generalización de las asambleas y los paros incontrolados, y teórico en la recepción sucesiva de las corrientes de la extrema izquierda inspiradas en el '68; la práctica ausencia de mecanismos de mediación eficaces, debido a la rigidez de la dictadura y a su permanente recurso a la violencia armada. Sobre esta pendiente, las luchas acabaron por convertirse en el principal vector de desestabilización política del Franquismo, pero también, y esto es quizás lo menos reconocido, de la organización económica industrial.

La radicalización obrera dio un nuevo salto de cualidad, cuando a partir de 1970-1971 los salarios acabaron por desengancharse de todos los mecanismos de control y negociación establecidos. En 1972 el crecimiento de los salarios nominales se elevó, en efecto, hasta alcanzar el 20 %, cifras que sólo comenzarían a disminuir 7 u 8 años más tarde. Los costes laborales experimentaron también un crecimiento desaforado y el Excedente Bruto de Explotación[3] en relación al PIB cayó entre 1972 y 1976 de cerca de del 38 % a poco más de un 31 % (véase gráfico 5.1). En otras palabras, los salarios

2 La bibliografía sobre el movimiento obrero en los años del Franquismo es enorme, aunque en su mayor parte se trata de monografías sobre empresas, sectores o provincias. Con el fin de observar la progresión de la conflictividad industrial, nos referimos al estudio, esencialmente cuantitativo y descriptivo, de C. Molinero y Pere Ysàs, *Productores disciplinados y minorías subversivas. Clase obrera y conflictividad en la España franquista*, Madrid, Siglo XXI, 1998.

3 El Excedente Bruto de Explotación o por sus siglas EBE es un concepto de Contabilidad Nacional que comprende la remuneración del capital y demás factores productivos descontados impuestos y salarios. *Grosso modo*, es la parte útil que queda a los capitalistas para hacer frente a inversiones, consumo de capital fijo y sus propios beneficios, después de pagar los salarios e impuestos.

estaban adquiriendo niveles históricos, que nunca antes, y nunca después, se repetirían.[4] La respuesta patronal a esta conflictividad se apoyó en la represión del Estado, pero a nivel económico consistió, como en el resto de las economías avanzadas, en trasladar los crecientes costes laborales sobre los precios. El resultado fue la típica espiral salarios-precios que, apoyada en la expansión de la crisis internacional, acabó por retroalimentarse en todos los países industrializados, sin que por ello se deba menospreciar el componente añadido del alza de los precios del petróleo y la inestabilidad monetaria derivada de la decisión de Nixon de anular la convertibilidad del dólar respecto al oro.

En España, la crisis coincidió también con el colapso de la dictadura, que se declaró definitivo tras la muerte biológica del dictador en noviembre de 1975. Las negociaciones entre los restos aperturistas de la dictadura y los aparatos institucionales de la oposición política pasó necesariamente no sólo por la fijación de un calendario de reformas políticas y la convocatoria de elecciones, sino por la urgencia de «poner orden en casa» y de generar un contexto que pusiera freno a la caótica situación económica. La gravedad de esta situación se manifestó con la máxima urgencia justo después de la muerte del propio Franco, cuando los primeros intentos realmente serios destinados a contener los salarios fueron el desencadenante del ciclo huelguístico más importante desde los años treinta: una serie de paros, que de forma más o menos autónoma e independiente, se iniciaron en las principales zonas industriales del país, y que rápidamente desembocaron en huelgas generales locales de varias semanas. En Madrid, por ejemplo, los paros iniciados antes de las Navidades de 1975-1976, dieron lugar a una situación de práctica huelga general en el cinturón industrial de la ciudad, que fue luego abundada con paros masivos en banca, Telefónica y Correos. En Barcelona sucedió otro tanto, con paros laborales en numerosas industrias y huelga general en las poblaciones más importantes del área metropolitana. Los ejemplos se podrían multiplicar en otras ciudades con paros encadenados de varias semanas hasta bien entrada la primavera.

Fue, sin embargo, en Vitoria donde los hechos alcanzaron un mayor dramatismo y significado político. En esta ciudad, los paros que habían comenzado en unas pocas empresas, se extendieron a todo el tejido empresarial y social de la ciudad desembocando en una situación de huelga

---

4 Sorprende la escasez de materiales publicados sobre la dinámica del capitalismo industrial en los años setenta y el papel de la presión obrera sobre la tasa de beneficio. La mejor síntesis sigue siendo la obra coordinada por Miren Etxezarreta, *La reestructuración del capitalismo en España 1970-1990*, Madrid, Icaria-FUHEM, 1991, especialmente el capítulo de Jesús Albarracín, «La extracción del excedente y el proceso de acumulación», pp. 313-348.

total. Durante semanas los huelguistas mantuvieron el conflicto por medio de una asamblea general que a diario reunía a varios miles de personas en una céntrica iglesia. El 3 de marzo, la ausencia de perspectiva de resolución y la extrema radicalización del conflicto llevaron a las autoridades competentes, entre las cuales estaban varios ilustres fundadores de la democracia, a ordenar la intervención criminal de la policía con el trágico balance de cinco muertos y 100 heridos de bala.[5]

Las huelgas de 1976, su exacerbado dramatismo y la práctica ausencia de mediación sindical, dieron curso el laboratorio político-institucional de los años posteriores. En primer lugar, estos conflictos mostraron la debilidad de los mecanismos de control sobre un movimiento obrero radicalizado y poco dispuesto a ceder. En un segundo término, señalaron la necesidad de establecer canales institucionales de interlocución social.[6] Ambos elementos manifestaban de forma imperiosa la necesidad de articular un nuevo marco de relaciones laborales, así como también la formalización de agentes sindicales «legítimos» capaces de contener la espiral salarial.

El control salarial debía pasar por una operación quirúrgica de institucionalización sindical, algo que había comenzado hacía ya algunos años a través de la transformación, inducida por el PCE, de las primitivas comisiones obreras en un «movimiento sociopolítico» subordinado a su política estratégica. Por otra parte, la rápida reconstrucción de UGT a partir de 1975-1976, paralela a la del PSOE, permitió la formación de una alternativa a unas Comisiones Obreras todavía herederas y deudoras de los viejos años convulsos. El nuevo marco de relaciones laborales se cerró, por último, con la recuperación de una vieja institución franquista, casi desconocida en el resto del mundo industrializado, las elecciones sindicales. La introducción del mecanismo representativo en las empresas, permitió garantizar mecanismos

5 La masacre de Vitoria, a diferencia de la de Atocha, permanece como una nota al pie de página de la historia de la democracia. Los ilustres responsables, cuya responsabilidad parece probada, son Rodolfo Martín Villa y Manuel Fraga Iribarne. Debido a estas razones, la historia de la huelga de Vitoria permanece todavía poco explorada. Con la pasión política de las palabras de los protagonistas, se pueden todavía consultar estos dos artículos: Colectivo de estudios sobre la autonomía obrera, *Luchas Autónomas en la Transición. Tomo I*, Madrid, Zero, 1977, pp. 104-150 y «Balance de la huelga de Vitoria. Las primeras huelgas del post-franquismo», *Cuadernos de Ruedo Ibérico*, núm. 44-46, pp. 192-202.

6 Fue el PCE, principal fuerza de oposición y claramente posicionado a favor de la negociación social y de la transición pacífica, el encargado de negociar la vuelta al trabajo. En Madrid, sus militantes se ocuparon de desarticular el comité unitario de huelga y de negociar en cada fábrica por separado. Para ampliar esta breve narración sobre la oposición obrera de la década de 1970, véase también la tesis de uno de los autores de este libro: Emmanuel Rodríguez, *Autonomía y capital. Recomposición y crisis de la clase obrera como sujeto político (1956-1986)*, 2002, Universidad Complutense de Madrid.

legítimos de interlocución entre la parte laboral y la patronal, limitando además la representación a nivel de sector o de industria a las agrupaciones con un mínimo de votos. De este modo, se consiguió lo que sólo de forma parcial se había conseguido en 1976: aislar las empresas más combativas y los grupos vocacionales en conflictos localizados, sectorializados, aislados, por muy radicales o graves que éstos pudieran ser. Con la rápida institucionalización de este marco de relaciones sindicales se pudo dar paso a la verdadera Transición, la que tenía por propósito neutralizar la autonomía de las movilizaciones sociales, contener la espiral salarial y la inflación, y devolver con ello cierto margen a los excedentes de explotación, aumentando la tasa de beneficio.

La viga maestra de la Transición económica fueron los ya analizados Pactos de la Moncloa, firmados en octubre de 1977 por las principales fuerzas políticas incluidas la patronal y los secretarios generales del PSOE y del PCE. Los Pactos definieron las líneas básicas de actuación contra la crisis económica: contención salarial y restricción monetaria, sobre la base del consenso unánime de los principales actores.[7] La restricción salarial, garantizada por los nuevos sindicatos, debía por supuesto contener la inflación, pero también airear la habitación de la rentabilidad del capital industrial, si bien a costa de desmantelar las industrias más obsoletas. El resultado fue una relativa contención de los precios que en los dos años siguientes pasaron de una tasa cercana al 30 % a menos del 20 %. Pero la restricción monetaria y el control de los salarios significaban también el abandono de cualquier objetivo que tuviera, aún como lejano propósito, el pleno empleo. La gestión de la crisis diseñada en los Pactos fue el pistoletazo de salida para un incesante crecimiento del número de desempleados. De esta forma, si en 1976 había poco más de medio millón de parados, en 1978 eran ya 900.000, en 1980 millón y medio, en 1982 dos millones y en 1985 más de tres. La tasa de paro pasó del 4,4 al 21,5 %.[8]

Los sindicatos UGT y CCOO, recién estrenados en su calidad de gestores del mercado de trabajo, no formalizaron su reconocimiento a los Pactos, pero fueron sus principales valedores a la hora de contener, empresa por empresa, sector por sector, los crecimientos salariales. Los acuerdos de 1977 inauguraron una época casi continua de concertación laboral, participada

---

7 Sobre la política económica que llevó a los Pactos de la Moncloa véase: Joan Trullen i Thomas, *Fundamentos económicos de la transición política española. La política económica de los acuerdos de la Moncloa*, Madrid, Ministerio de Trabajo y Seguridad Social, 1993. También el ya citado Miren Etxezarreta (coord.), *La reestructuración del capitalismo en España, op. cit.*

8 EPA. Series históricas 1976-1995. Parados por sectores de actividad y tasas de actividad, paro y empleo, INE.

tanto por el Estado y la patronal, como por los sindicatos mayoritarios. Los jalones de la «larga marcha» del consenso social, son bien conocidos: Acuerdo Marco Interconfederal de 1980, Acuerdo Nacional de Empleo de 1982, Acuerdo Interconfederal de 1983 y Acuerdo Económico y Social de 1985. Estas mesas de negociación, siempre inspiradas por el mismo espíritu de los Pactos de la Moncloa, recogieron invariablemente la apelación a la «responsabilidad de los trabajadores» y a la contención salarial en pro de los equilibrios macroeconómicos. El éxito en este propósito parece patente a la luz del gráfico 5.1. Como se puede ver, durante toda la década de 1980, los salarios retrocedieron significativamente en su participación en el PIB. La masa salarial, en pesetas constantes, se mantuvo en prácticamente el mismo nivel entre 1979 y 1986. De forma correlativa, el Excedente Bruto de Explotación creció casi un 50 % en precios constantes, recuperando e incluso aumentado la participación en el PIB que tenía a finales de la década de 1960. El propio sindicato Comisiones Obreras reconoce que entre 1980 y 1986, los salarios pactados por convenio se deprimieron en casi cinco puntos.[9]

GRÁFICO 5.1 EVOLUCIÓN DE LA RELACIÓN ENTRE MASA SALARIAL Y EXCEDENTE BRUTO DE EXPLOTACIÓN (1970-1990)

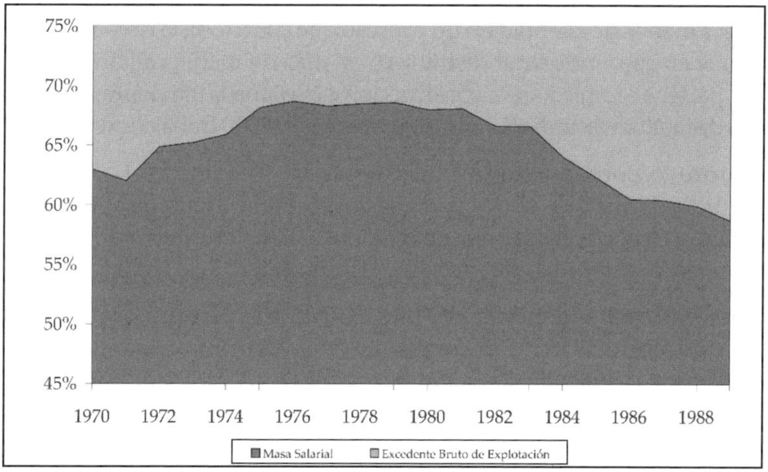

Fuente: Contabilidad Nacional series históricas

[9] Comisiones Obreras, «Negociación colectiva y negociación salarial en España», disponible en www.ccoo.es/comunes/temp/recursos/1/81339.pdfwww.ccoo.es/comunes/temp/recursos/1/81339.pdf. Actualizado el 4 de abril de 2008.

Al mismo tiempo, se produjo una completa reestructuración del mercado de trabajo, y esto tanto en términos jurídicos como funcionales. La piedra angular del nuevo marco contractual se estableció en el Estatuto de los Trabajadores de 1980. A su vez, el Estatuto, que establecía un marco de relaciones laborales mucho menos intervencionista que el del Franquismo, fue sucesivamente modificado con el fin de flexibilizar el mercado laboral: en 1984 se introdujeron los contratos en prácticas y formación, en 1988 el empleo en prácticas (empleo basura), en 1992 se rebajó la duración y cuantía de la prestación por desempleo, en 1994 se legalizaron las Empresas de Trabajo Temporal, en 1995 y 1997 se flexibilizaron de nuevo las condiciones de despido y en 2001 se precarizó aún más las figuras contractuales atípicas (tiempo parcial, inserción, formación). El resultado, ya en la década de 1980, fue la explosión de la contratación temporal que de ser prácticamente inexistente en los años setenta pasó a representar el 30 % de los ocupados a finales de la siguiente, una cifra que se ha mantenido prácticamente estable hasta hoy.[10]

Al mismo tiempo, la reconversión industrial supuso o bien el desmantelamiento, o bien distintas formas de *downsizing* —por fragmentación, externalización o simple reducción de la producción— de la mayor parte de los viejos bastiones del movimiento obrero. Tal y como ya se ha explicado en el tercer capítulo de este libro, líneas enteras de producción —la siderurgia pesada, los astilleros, las líneas blancas de electrodomésticos— vieron reducidas sus plantillas a menos de la mitad en un proceso que duró toda la década de 1980. En conjunto el empleo industrial disminuyó en más de medio millón de personas. Por otra parte, el empleo en la construcción vivió una larga depresión que duró casi una década, prescindiendo de algo más de 400.000 trabajadores.

El paro tuvo, por supuesto, un poderoso efecto disciplinador. La flexibilización del mercado de trabajo, el desmantelamiento de la industria y el desempleo consiguieron en pocos años lo que no consiguió el Franquismo: redujeron drástica y eficazmente la capacidad de presión y la autonomía de los trabajadores.

La única contratendencia a este proceso fue la expansión relativa del gasto público que, entre 1975 a 1983, pasó del 25 % del PIB al 35 %, en cualquier caso muy por debajo de los estándares de la OCDE y de la Comunidad Europea. De este modo, se pusieron en marcha algunas políticas sociales características del precario *welfare* hispano: universalización de la seguridad social y expansión de la educación. No obstante, la formación de este estrecho «Estado del bienestar» se vio limitada, muy pronto, por las urgencias de la crisis, la defensa de la estructura oligárquica tradicional y la urgencia por reactivar las rentas del capital. A partir de 1982, con la victoria electoral del

10 EPA, Series históricas, INE.

PSOE, el gasto social experimentó una tendencia al estancamiento, e incluso al retroceso en algunas partidas. Como hemos visto, una parte considerable del presupuesto fue destinada a «socializar» los costes de la crisis, ya sea por medio de la subvención de las grandes industrias en reconversión, ya financiando la concentración del sector financiero.[11]

De todas formas, la expansión del gasto público, y especialmente el proceso de institucionalización de la democracia, trajo consigo un considerable aumento del empleo público, que en algo más de una década creció en casi un millón de personas. La constitución de los ayuntamientos democráticos, la expansión de los ministerios y especialmente de las comunidades autónomas se nutrió de un nuevo cuerpo de especialistas y burócratas, al tiempo que se contrataba a una gran cantidad de profesionales, necesarios para sostener la expansión de la educación y de la sanidad.[12] Aunque los salarios de este nuevo cuerpo de funcionarios permanecieron relativamente estancados durante la década, es indudable que la expansión del empleo público tuvo también un importante papel en la pacificación del país, sirviendo como sector refugio para las nuevas y viejas clases medias en un periodo de fuerte incertidumbre económica.

Las bases sociales de la reestructuración económica, la llamada modernización democrática que constituyó el centro de la propaganda del largo gobierno socialista (1982-1996) de Felipe González, fueron precisamente ésas: la concertación laboral que neutralizó y suprimió los restos de la vieja oposición obrera, la expansión del empleo público que dio a cuerpo a una nueva clase media geográficamente repartida —gracias a la institucionalización de las comunidades autónomas— y una permanente exclusión de la generación más joven que con tasas de paro superiores al 40 %[13] fue condenada en parte no despreciable a un singular desierto de sentido.

---

11 Sobre la evolución del sector público en las décadas de 1970 y 1980 véase: Josep González i Calvet, «Transformación e intervención en la economía» en Miren Etxezarreta (coord.), *La reestructuración del capitalismo en España, op. cit.*

12 Los asalariados del sector público pasaron de ser poco más 1,4 millones a principios de 1978 (el 11,3 % del total ocupado) a más de 1,9 millones en 1986 (el 17,6 % de la población ocupada), cuando el mercado laboral venía marcado por una fuerte contracción del empleo, con apenas 11 millones de ocupados. Para el año 1993, el empleo público había crecido de nuevo hasta situarse en cerca de 2,3 millones de trabajadores (todavía el 17,5 % sobre un total de 13 millones de ocupados). EPA. Series históricas 1976-1996. Ocupados por situación profesional, INE.

13 De los tres millones de parados que registró la EPA en 1986, cerca de 1,4 tenía menos de 25 años, más de 900.000 estaban en búsqueda de su primer empleo o habían pasado más de tres años sin empleo. Durante toda la década de 1980 el desempleo juvenil (menor de 25 años) representó entre el 40 y el 60 % de los desempleados. Si a esto se añadiese la cohorte superior, entre 25 y 35 años, el trabajo negro y los contratos a tiempo parcial que se empiezan a regular en esa época, se verá que la precariedad y la falta de renta, y por ende de expectativas, fue en esa década un fenómeno escandalosamente juvenil. La crisis ligada a la reconversión industrial, o por decirlo claramente a la desindustrialización, fue transferida, como sucede actualmente, a las generaciones más jóvenes, especialmente a aquellos estratos de menor renta y recursos:

El espejo subjetivo de la nueva coyuntura compuso un sencillo poliedro de tonalidades afectivas que a su vez sirvió de garantía a la relativa estabilidad de los años ochenta. Por un lado, el miedo y la retirada del viejo proletariado industrial, que otrora fuera sujeto activo de todas las conquistas sociales y políticas del nuevo régimen —con todas las limitaciones que se quiera. Durante esos años, la condición material de la clase obrera industrial fue, en realidad, parecida a la de un chantaje: o el paro y la marginación —especialmente para los trabajadores no cualificados—, o los niveles salariales garantizados parcialmente por los dos grandes sindicatos, siempre con la posibilidad de un retiro digno en forma de prejubilación o fondos de promoción de empleo. Por otra parte, la autocomplacencia practicada por el nuevo funcionariado público, que muchas veces debía su puesto a las clientelas políticas establecidas a nivel municipal y autonómico por los grandes partidos —PSOE y las derivas de la derecha y del centro derecha, primero con UCD, AP, CDS y finalmente con la reunificación del PP, sin menospreciar tampoco las hegemonías regionales del PNV y CIU. Este expansivo funcionariado público aprendió pronto a mirar al otro lado del deterioro social que asolaba al país, abrazando el modernismo europeísta representado por el gobierno socialista, el ingreso en la UE, el referéndum de la OTAN, la firma de Maastricht y la política de infraestructuras. Y por último, el nihilismo y la desesperación de las generaciones más jóvenes: los nacidos entre 1960 y 1975, que fueron triturados en gran parte en la picadora del paro y la heroína, especialmente cuando se trataba de formar parte del imposible «recuento» del proletariado industrial. Un destino constantemente explotado en la contrapublicidad de la época y que debía servir de aviso a navegantes para todos aquellos que en principio estaban dispuestos a arriesgarse en una aventura militante.

No puede sorprender tampoco que las únicas voces críticas en la larga década socialista, que a partir de 1986 advirtió una rápida recuperación económica acompañada por el ingreso en la Comunidad Europea, proviniesen también de las contradicciones y de la voluntad de resistencia que se desplegó en estos tres sectores. La reconversión industrial, si bien más o menos controlada por el gobierno, fue el motivo de algunas de las luchas más radicales de la década: Euskalduna, Reinosa, Astilleros, estibadores. Algunos estratos del empleo público, fundamentalmente aquellos ocupados en las funciones de servicios —educación, sanidad, transportes—, llevaron a cabo un ciclo de luchas relativamente agudo contra la congelación salarial y contra la proletarización de su trabajo, tal y como lo demuestran las huelgas

---

los hijos del viejo proletariado industrial. Datos EPA. Series históricas 1976-1995. Parados por grupo de edad, INE.

de profesores de 1987-1988, las de sanitarios de 1988-1989, la de la EMT de Madrid en 1988 o los repetidos «paros salvajes» del Metro de Madrid. También un segmento de la generación más joven, desheredada y apartada de toda expresión no folclórica de la vida pública, hizo suyo muy pronto el grito bronco del punk, y convirtió su *no future* en el emblema de las nuevas okupaciones que surgieron a partir de 1986-1987, justo cuando tuvo lugar la mayor huelga estudiantil de la historia de la democracia.[14] Fue esta creciente agitación social, la que motivó la convocatoria de la huelga general del 14 de diciembre de 1988, contra la reforma laboral aprobada en ese año por el gobierno y que de una forma descarada precarizó definitivamente las figuras de contratación de los jóvenes. Este pequeño ciclo de movilizaciones, además de la resaca del referéndum de la OTAN, pareció elevar de nuevo el nivel de movilización laboral.

Desgraciadamente, la historia de estos conflictos no llegó a detener el declive de la capacidad de respuesta, y a pesar de que las reformas laborales de 1992 y 1994 fueron también objeto de nuevos paros generales, no se consiguió articular ninguna fuerza de resistencia eficaz contra la flexibilización del mercado de trabajo y el estancamiento de los salarios. Los aumentos salariales que se produjeron a caballo de la nueva ola de movilizaciones así como de la aceleración económica, se vieron estancados cuando a partir de 1992 hizo una nueva aparición el espectro de la crisis económica.

Precariedad y polarización salarial en el ciclo 1995-2007

A la altura de mediados de la década de 1990, el impacto combinado de la nueva ola de reconversión y de desmantelamiento industrial, la rápida flexibilización del mercado de trabajo, la terciarización de la economía y la nueva reorientación globalista del capitalismo hispano, habían desdibujado completamente el paisaje laboral de la década de 1970. La posible articulación de luchas que tomasen la redistribución de la renta como su objetivo inmediato ha tenido que plantearse, desde entonces, la tarea de una completa reinvención del movimiento obrero. La década larga de reestructuración económica había quebrado de forma casi definitiva al viejo enemigo de clase.

14 Común de estas luchas fue su aislamiento y un cierto espíritu resistencialista, sino nihilista, aun cuando pudieron convertirse en símbolo de lucha para algunos sectores sociales descontentos. Esta es una de las principales razones por las que en ningún caso pudiera articularse un frente amplio que renovase las prácticas sindicales y de lucha social.

El periodo que nos ocupa es el resultado, por lo tanto, de una larga historia caracterizada por la derrota del movimiento obrero, el ascenso de una nueva economía de servicios, la pérdida de importancia de la producción industrial y la flexibilización y precarización del mercado de trabajo. El deshecho de esta derrota es plenamente congruente con un modelo de económico fundado en la debilidad y subordinación de los salarios, un débil crecimiento de la productividad y, por ende, una progresiva dependencia de la demanda interna de fuentes no salariales.

El gráfico 5.2 muestra la evolución de las principales variables de las economías salariales entre 1995 y 2008. Los resultados son sorprendentes. En esos doce años la masa salarial total creció en más de 50 puntos, si bien algo menos que el Excedente Bruto de Explotación. La productividad por hora tuvo un crecimiento muy pequeño de menos de 10 puntos. Pero lo que es más significativo es el retroceso del salario medio, deflactado en relación con el crecimiento real del PIB, en cerca de 10 puntos. Los salarios reales no sólo se habían estancado, sino que habían decrecido en una cantidad importante.

GRÁFICO 5.2 EVOLUCIÓN DE LAS PRINCIPALES VARIABLES DE LA ECONOMÍA SALARIAL (1995 = 100)

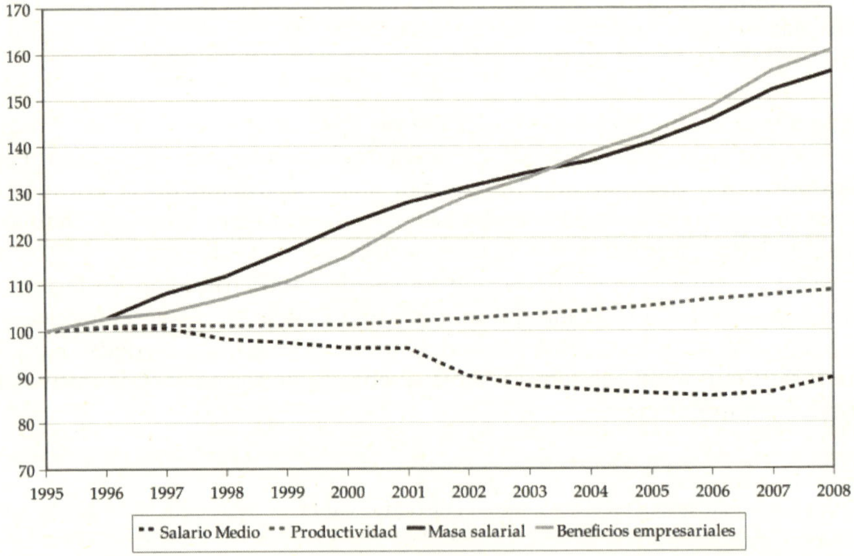

Fuente: Elaboración propia a partir de Contabilidad Nacional serie 1995-2008, INE.

Estas cifras vuelven a mostrar los principales rasgos del modelo de acumulación español, en el que el crecimiento de los beneficios empresariales se ha sostenido sobre la base de la depreciación de los salarios y la continua incorporación de mano de obra. Un modelo «extensivo» que en esos años incorporó 7 millones de nuevos empleos, pero con bajo uso de capital y nulo crecimiento de la productividad, que corresponde, parte por parte, con la expansión de los servicios de baja cualificación asociados al crecimiento del consumo y de la burbuja patrimonial: construcción, hostelería, turismo, servicios personales.[15]

Desde el punto de vista del capital, el crecimiento extensivo de la fuerza de trabajo, en sectores con una productividad estancada, sólo puede corresponder con niveles salariales bajos.[16] Desde el punto de vista del trabajo, esto significa sometimiento a una dinámicas de explotación basadas en la continua ampliación de la extracción de plusvalía absoluta; altos niveles de flexibilidad y precariedad; y la constitución, en definitiva, de lo que en otra investigación hemos denominado *servoproletariado* metropolitano. Como es fácil de imaginar, esta fuerza de trabajo sometida y adaptada a la movilidad, altamente precarizada y empleada en servicios de mercado recuerda en poco, por no decir nada, a la clase obrera industrial, mayoritariamente masculina, de los tiempos gloriosos de la lucha de clases fordista.[17] Mal remunerada y con una escasa organización laboral, esta nueva clase obrera está formada principalmente por mujeres y extranjeros.

Por otra parte, el decrecimiento de los salarios podría ser mucho más grave de lo que se deduce de las cifras agregadas. Debido al reparto cada vez más desigual de la masa salarial, es posible que incluso los débiles

15 La principal aportación al empleo se ha producido en el sector servicios, con más de cuatro millones de nuevos empleados, de los cuales más de tres corresponden a servicios de mercado. La construcción aportó un millón de nuevos efectivos y la industria tan sólo 400.000. Los servicios de no mercado (como la educación y la sanidad públicas) apenas crecieron para satisfacer las necesidades de reproducción de una población creciente. Fuente: Contabilidad Nacional, 1995-2006, INE.

16 Con esto no se quiere decir que no exista margen de crecimiento para los salarios. Existe, y mucho, si la masa salarial crece a costa de los altísimos niveles de beneficio empresarial que continuamente arrojan las grandes empresas, y que en definitiva hacen girar en torno a sí buena parte de la economía de servicios. No obstante, estos datos apuntan también a uno de los rasgos salientes del modelo de crecimiento español y de su particular proceso de terciarización: al apuntalar las partidas relativas a la demanda de bienes de consumo, como el turismo, se generan empleos de escasa cualificación y con márgenes de crecimiento de la productividad realmente bajos.

17 Para una discusión del concepto, aplicada al caso de Madrid, véase Emmanuel Rodríguez, «Nuevos diagramas sociales. Renta, explotación y segregación en el Madrid global» en Observatorio Metropolitano, *Madrid ¿la suma de todos? Globalización, territorio, desigualdad*, Madrid, Traficantes de Sueños, 2007, pp. 95-222.

crecimientos salariales registrados en la larga década de 1995-2007 hayan estado concentrados en los segmentos de mayor renta. O más aún, es posible que una parte nada despreciable de lo que pasa por la categoría «salarios» sea en realidad rentas de capital contabilizadas como salario para un pequeño segmento de directivos y profesionales, a los que hemos denominado *working rich* según el juego performativo del neoliberalismo. Desde esta perspectiva, estaríamos haciendo frente a un profundo decrecimiento de las rentas salariales de la mayor parte de la población, tal y como parece manifestar la masiva creación de empleos de ínfima calidad.

Las evidencias empíricas parecen apuntar en este sentido: muestran una polarización cada vez mayor de los abanicos salariales. Con datos testigo para 1995, 2002 y 2004-2006, la Encuesta de Estructura Salarial ofrece, por ejemplo, una clara demostración de cómo los grupos de mayor renta se han ido despegando progresivamente de la media salarial. Directivos, gerentes de empresas y profesionales cobraban en 2006 más que en 1995. De forma parecida, si se consideran las ramas de actividad, aquellas relacionadas con los servicios centrales de dirección —intermediación financiera o servicios de alta cualificación— muestran un mayor crecimiento de los salarios medios que las ramas de actividad peor remuneradas —hostelería, servicios personales—, que de hecho han visto disminuidos sus salarios respecto de la media.[18]

De una forma más precisa, los datos de la Agencia Tributaria nos dan cuenta del claro proceso de concentración de la masa salarial en el extremo superior, al tiempo que los salarios de una proporción creciente de la población se estrechan de forma irremediable. Para el año 2007, las fuentes tributarias proporcionaban cifras sorprendentes. El 40 % de los asalariados no alcanzaba, o sólo rozaba, el umbral del mileurismo. Este grupo formado por 7,7 millones de trabajadores se sostenía con un salario medio que no alcanzaba los 6.000 euros anuales. Si a este segmento se añadían aquéllos que cobraban entre 1,5 y 2 veces el salario mínimo interprofesional (esto es, entre 12.000 y 16.000 euros anuales), se podría considerar que el 56 % de los asalariados estaba en torno al umbral de los mil euros, aunque su media seguiría siendo sensiblemente inferior, con un sueldo neto anual de aproximadamente 8.000 euros. En este inmenso grupo es reseñable también la fuerte presencia de extranjeros (más del 80 % de los extranjeros asalariados se encuentra incluido en estos segmentos), mujeres y jóvenes, lo que confirma el rápido proceso de etnización y feminización de las clases trabajadoras. Otra prueba de la flexibilidad y la acelerada precarización de estos segmentos, es que las mismas fuentes tributarias señalan que el número

18 Encuesta de Estructura Salarial. Ganancia media de los grupos de ocupación por percentiles, años 1994, 2002 y 2004-2006, INE.

de pagadores de los trabajadores con menor salario es significativamente superior a los grupos con rentas salariales más altas.[19] Frente a este grupo, la verdadera clase media, en términos salariales, apenas supondría el 40 % de los asalariados, con un salario medio significativamente más alto, situado en torno a los 21.500 euros.

Tabla 5.1 Distribución de los asalariados según escalas de ingreso

Escala salarial en relación con el Salario Mínimo Interprofesional	0-1,5 (0-11.982)	0-2,0 (11.982-16.228)	2,0-5,0 (16.228-39.942)	5,0-7,5 (39.942-59.913)	> 7,5 (> 59.913)	> 10 (> 79.884)
Núm. de asalariados (en miles)	7.694	10.863	7.014	958	469	194
- *De los cuales extranjeros (%)*	17,3	16,1	4,5	1,8	3,1	4,2
- *De los cuales mujeres (%)*	55,5	50,4	35,5	28	19	14,2
- *De los cuales < 35 años (%)*	57,4	53,3	36,9	17,2	7,5	8,7
% respecto al total de asalariados	39,8	56,3	36,3	4,9	2,5	1,1
% de la masa salarial total	12,5	25,2	49,1	13	12,6	7,2
Salario medio anual	5.699	8.096	21.530	47.599	93.710	129.856

Fuente: elaboración propia a partir de datos de AEAT, Mercado de trabajo y pensiones en las fuentes tributarias, 2007.

En el otro extremo, un pequeño grupo de asalariados ha tendido a acumular una parte creciente de la masa salarial. Apenas el 7 % de los trabajadores percibe algo más del 25 % de la masa salarial. Si sólo consideramos el grupo del 1 % con mayores salarios, este segmento absorbe más del 7 % de la masa salarial total, con un salario medio cercano a los 130.000 euros anuales. De hecho, es en el ápice superior de la escala, donde salario y rentas del capital parecen confundirse, distorsionando la evolución de la masa salarial y, en buena medida, el concepto mismo de salario. Este segmento coincide, *de facto*, con la nueva élite gerencialista de las multinacionales españolas. El crecimiento y consolidación de un capitalismo corporativo de origen español, y el aumento exponencial de las plusvalías de estas empresas, se ha transmitido a sus gestores y altos ejecutivos, entre otros medios, por

---

19 De promedio el número de percepciones salariales por persona era de 1,41, mientras que los trabajadores con una renta salarial entre 0,5 y 1 vez el SMI, tenían una media de 1,74 percepciones, y aquéllos que tenían una renta entre 1 y 1,5 veces el SMI tenían una media de 1,62 percepciones. Los grupos de mayores salarios se movían entre 1,1 y 1,2 percepciones. Un mayor número de percepciones significa un mayor número de empleadores, mayor rotación laboral y mayor temporalidad. Véase Mercado de trabajo y pensiones en las fuentes tributarias, AEAT.

vía salarial. Las remuneraciones de los directivos, incluidas en la partida de gastos salariales, debieran ser así mejor entendidas como beneficios empresariales. Baste aquí una pequeña estimación acerca de las rentas salariales de esta subclase «laboral»: los consejeros de las grandes empresas españolas (las cotizadas en el IBEX 35) tienen salarios que rondan el millón de euros, y en muchas ocasiones multiplican varias veces esa cifra.[20]

Como en otros países altamente financiarizados, la concentración de las rentas salariales por arriba se ha transmitido a toda la cadena de mando de las grandes y medianas empresas, produciendo ese fenómeno del 5-7 % de los asalariados, que las fuentes tributarias recogen en los grupos con percepciones salariales entre 5 y 10 veces el SMI interprofesional. Se trata aquí de los *working rich* españoles, la clase ejecutiva y profesional, cuyas rentas salariales han crecido muy por encima de los salarios medios, tal y como muestra la estimación del salario de este grupo comprendido entre los 50.000 y los 100.000 euros anuales.

A la luz de estos datos, la dispersión de los abanicos salariales aparece simplemente como uno más de los síntomas de un modelo social cada vez más polarizado entre un sector altamente precarizado y un sector protegido y beneficiado por la nueva estructura salarial-patrimonial asociada al régimen de acumulación hispano. Más allá, sin embargo, del asalto histórico sobre los salarios, de la depresión de los salarios reales y de la acusada diferenciación salarial, podría estar apuntando un problema que no se deja entender acudiendo simplemente a la constatación, evidente por otra parte, de la creciente polarización salarial. Este problema podría manifestar un defecto estructural de la contabilidad capitalista, que tiene su raíz en las complejas transformaciones productivas de las últimas décadas.

El error contable se localiza en la creciente incapacidad de relacionar salario y productividad. Y esto no sólo a nivel de un puesto de trabajo individual sino de industrias enteras. De este conflicto, se seguiría lo que podríamos denominar una creciente *arbitrariedad de la formación del salario.* a naturalidad con la que, al menos hasta el momento, se ha desplegado la estrategia capitalista de aumentar las plusvalías directas sobre el trabajo, e incluso el propio hilo de la financiarización de las economías domésticas, podría estar fuertemente atado a esta desconexión del salario respecto de la medida del trabajo realizado.

---

20 Se calcula que en 2007 eran más de 500 los directivos de empresas que obtenían una renta salarial superior a los 900.000 euros anuales. Véase Carles Badenes, «Pobrecitos servidores empresariales» incluido en el dossier de Taifa. Seminario de Economía crítica, *Informe de Economía 4. Hay pobres porque hay muy, muy ricos*, septiembre de 2007, pp. 45-53.

Resumamos algunas de las tesis del capítulo 1: la terciarización de la economía, la complejidad de los procesos productivos, la incorporación de contenidos informacionales y culturales a prácticamente cualquier mercancía, no son sólo manifestaciones de que el universo económico tiene un carácter mucho más integrado en términos estructurales, sino también, y sobre todo, de que la productividad y la producción, lo que en la vieja lengua marxiana llamaríamos las fuerzas productivas, han mostrado una acusada tendencia hacia su socialización. De este modo, la productividad sólo puede ser mesurada en términos de interacciones económicas amplias, características de enormes conjuntos sociales —como una región urbana— o incluso de grandes bloques socio-territoriales.

La pregunta, por lo tanto, ¿qué mide el salario?, o aún mejor ¿qué se paga con una unidad de salario?, tendría que ver cada vez menos con cantidades concretas de tiempo relativas a unidades discretas de producción, como a la cualidad del trabajo o a la posición laboral en las jerarquías empresariales. Lo primero es especialmente evidente en sectores productivos relacionados con el conocimiento o con contenidos relacionales, en los que la cantidad es menos importante que algunas cualidades concretas como la calidad del servicio, su potencial de comercialización, su accesibilidad y un sinfín de valores intangibles. En relación con lo segundo, nos deberíamos servir del cuadro descrito antes, en el que el poder en la empresa es en ocasiones más importante en términos de remuneración que la propiedad de la misma. En el moderno capitalismo financiero, el sobrepago en concepto de responsabilidad de la vieja empresa fordista se ha convertido en una forma de remuneración que tiene menos que ver con criterios productivos —técnicos o de coordinación—, como de posición estratégica y de poder dentro de las corporaciones.

Esta desvinculación del salario individual respecto de la productividad, así como la débil capacidad contractual del trabajo, han tenido un efecto singularmente paradójico: la completa individualización del salario. La dificultad de medir la productividad del trabajo no sólo tiende a fragmentar las condiciones contractuales sino que se acompaña de un poderoso mecanismo disciplinador. La escala salarial deja de ser gobernada por criterios de productividad y responsabilidad cuanto de jerarquía, conectividad o promoción personalizada.

Por extraño que parezca, esta constelación de factores que determina la creciente arbitrariedad de la formación del salario ha supuesto lo que antes no se podía dar por hecho; su completa subordinación al mercado y la acumulación. La liquidación de la contraparte obrera en el conflicto capital/trabajo se ha traducido en una compleja transformación de la función del salario, que se ve reafirmado, pura y simplemente, como medio de sujeción y subordinación, aún cuando éste ya no constituya ninguna medida de valor concreta en relación con la prestación laboral efectiva o con el producto realizado. El salario ha acabado, así, de realizar lo que siempre se supuso debía ser, pero que nunca terminó de culminar: una medida arbitraria, un simple dispositivo de movilización y sujeción. Tal es el resultado de la liquidación de lo que en los años setenta empujaba a la radicalización del conflicto: la imposición del «salario como variable independiente», y por lo tanto como variable no subordinada a ningún mecanismo de responsabilización con el crecimiento de la acumulación —básicamente la inflación y la productividad.[21]

La paradoja de este proceso es que al anular la «autonomía del salario», liquidando el soporte de la conflictiva relación capital/trabajo, se destruyó también lo que había sido el principal mecanismo de expansión de la demanda durante los años del desarrollismo fordista. El nuevo «multiplicador keynesiano» se ha encontrado, como se sabe, en el estímulo de la financiarización y del valor de los activos de las familias. Éste es el verdadero sentido del reciente ciclo inmobiliario-financiero de 1995-2007.

La financiarización de las economías domésticas

Una política de decidido impulso de los mercados financieros e inmobiliarios, siete años de tipos interés bajos, casi negativos, y la explosión de toda clase de productos financieros e inmobiliarios han producido un singular espejismo social. En medio de la aridez salarial, el endeudamiento rápido y barato y el crecimiento acelerado de los inmuebles —pero también de acciones, fondos de inversión y otros productos financieros— han proyectado la imagen de un enriquecimiento posible y casi universal. Incluso para aquellos menos ambiciosos, y más sometidos a un mercado de trabajo altamente precarizado, el acceso al crédito les ha permitido respirar, canalizar sus miedos y sus pequeños ahorros familiares hacia la compra de una vivienda principal o

21 Esta transformación tiene fuertes repercusiones sobre la estructura de clases, en la que vuelve a aparecer con fuerza la figura de la clase dominante de raíz weberiana. Ésta cimenta su poder en el control de las posiciones sociales de mayor remuneración mediante el dominio de los mecanismos de exclusión. Este dominio le confiere fuertes ventajas en los conflictos distributivos que se empotran en los, aparentemente neutrales, mecanismos de mercado. Erik Olin Wright denomina a este proceso *opportunity hoarding* que podríamos traducir como «cancelación de oportunidades». E. O. Wright, «Understanding class: towards an integrated analytic approach», *New Left Review*, núm. 60, 2009.

hacia la adquisición de participaciones en un fondo de pensiones, nichos elementales de «seguridad» en un contexto de incertidumbre y decadencia de los derechos sociales.

La financiarización es, de este modo, un proceso ambiguo. La facilidad del crédito ha permitido el acceso al consumo incluso a aquellos sectores de renta menos favorecidos, compensando la debilidad y decadencia de los salarios. Esto ha sido posible, no obstante, por la constante escalada de los precios de lo que para las familias eran ahora sus auténticos «activos» de inversión: la vivienda y algunos títulos financieros. Durante la década ya terminada, el valor de la vivienda y el crecimiento del valor negociado en los mercados financieros, hacía viable el endeudamiento masivo para realizar nuevas inversiones, incluso cuando se carecía de garantías suficientes para hacer frente a los pagos de la deuda. El crecimiento del precio de estos activos parecía financiar mágicamente su compra, al menos mientras el incremento de su valor nominal fuese mayor, o incluso mucho mayor, que los intereses pagados por los créditos que sirvieron para adquirir los correspondientes títulos de propiedad. Éste es el cimiento de las llamadas burbujas patrimoniales, o lo que es lo mismo, del espectacular crecimiento del valor nominal de la riqueza en manos de las familias.

El ciclo inmobiliario y el estallido de los patrimonios familiares

La cocina de la actual burbuja patrimonial hunde de tal modo sus raíces en la historia y en las tradiciones de las políticas económicas del país, que nuevamente parece difícil sustraerse a añadir una breve referencia histórica. Como veremos en el capítulo 6, desde los años cincuenta, las políticas de vivienda, la facilitación del crédito, las leyes sobre suelo y la subvención al sector de la construcción tuvieron como principal objetivo extender la propiedad inmobiliaria. Desde una perspectiva exclusivamente relacionada con la gobernabilidad social, el acceso a la vivienda estaba destinado a someter al creciente proletariado urbano al valor de la propiedad, lo que en buena medida debía compensar (¡como ahora!) la fragilidad de sus salarios. Este programa paternalista y tramposo de desproletarización quedó magistralmente resumido en la célebre frase de un viejo ministro franquista: «Queremos un país de propietarios no de proletarios».[22]

---

22 Fue efectivamente Jose Luis Arrese, primer ministro de vivienda de la historia española, quien pronunció esta frase en noviembre de 1957 en un célebre discurso a las Cortes en el que se presentó el Plan de Urgencia Social de Madrid. Este Plan fue una de las primeras medidas adoptadas frente a la proliferación del chabolismo masivo que daba alojamiento a las primeras oleadas de la migración interna en los años cincuenta.

En la misma línea, la crisis de las décadas de 1970 y 1980 y las reformas de los mercados hipotecarios y del suelo sólo aceleraron este programa previamente diseñado.

Efectivamente, la fuerte «propensión» a la propiedad inmobiliaria de la sociedad española compuso el más fértil de los sustratos químicos para las dos burbujas inmobiliario-financieras de 1986-1992 y 1995-2007. Sin una masa de propietarios suficiente los efectos económicos del keynesianismo de precio de activos hubieran sido mucho menos claros. Y en España esta masa no paró de crecer. Según el Censo de 1981, el 73,1 % de los hogares tenía una vivienda en propiedad; en 2001 esta cifra se puso en el 82,2 % para sumar más de 14 millones de hogares En ese último año sólo el 11,4 % de los hogares vivía en una vivienda en régimen alquiler. Ambas cifras representan el mayor y el menor porcentaje respectivamente de toda la Unión Europea, lo que no les ha impedido ampliar un poco más su diferencia desde entonces.[23] España destaca también por ser uno de los países europeos con un mayor número de viviendas vacías y secundarias, más de tres millones de cada tipo, lo que supone el 35 % del parque inmobiliario. Sólo este dato es prueba suficiente de que aquéllos que se lo podían permitir han tendido a comprar no sólo su vivienda habitual, sino segundas, terceras o cuartas residencias que o bien podrían ser transformadas en liquidez en periodos de dificultad —normalmente jubilaciones— o ser destinadas a unos hijos que han visto como su edad de emancipación se ha ido dilatando sin freno en las últimas dos décadas.

Dicho de otro modo, la vivienda es para las familias no sólo el lugar habitual de residencia, el nicho de estabilidad y reproducción de la vida social, sino el más importante depósito de valor y ahorro. La vivienda ha ido adquiriendo así un protagonismo creciente como valor de inversión. Precisamente es esta condición como depósito de valor, lo que ha convertido a la vivienda y al mercado inmobiliario en algo muy parecido a un mercado financiero, en el que el precio de los bienes tiende a volverse

[23] Según la Encuesta de Condiciones de Vida, en 2006, el porcentaje de familias con vivienda en propiedad se había mantenido prácticamente estable, al tiempo que los hogares en alquiler habían vuelto a disminuir hasta el 10,7 %. En la misma fuente de la que se extraen los datos de 2006, se distingue entre alquiler a precio de mercado, que supondría un 7,6 % del total de hogares y aquéllos con un precio más bajo que suponían un 3,1 %. Estas dos categorías no estaban distinguidas en los datos del Censo. En el Censo de 2001 se utilizaba la categoría de cedida o gratis (formas de propiedad encubierta de origen familiar, en su mayoría destinada a hijos u otras familiares), que suponía el 2,6 %, al tiempo que según la Encuesta de 2006 la cesión gratuita suponía el 7,1 %. Se podría decir entonces que entre cedidas (en muchos casos de padres a hijos) y en propiedad, el porcentaje de hogares para el año 2006 era del 90,1 %, mientras que en 2001 era de 84,6 %. Datos de 2001: Censo de Población y Vivienda 2001, INE y Encuesta de Condiciones de Vida, 2006, INE.

cada vez más voluble según lo permita o no la evolución de los tipos de interés, el stock de viviendas vacías, la inversión extranjera o la cantidad de unidades disponibles.

En cualquier caso, el reciente ciclo inmobiliario no puede explicarse únicamente a partir de esta histórica propensión de las familias a la propiedad, ni tampoco exclusivamente por las políticas de keynesianismo de precios activos. Como se sabe, la condición fundamental del reciente ciclo inmobiliario se conjuga con una coyuntura internacional de abaratamiento del crédito, que está en la base de la reorientación del proceso de financiarización sobre los servicios personales. Este fenómeno se produjo en dos tiempos: por una parte, el Tratado de Maastrchit impuso el compromiso de reducir los déficit públicos, al igual que la inflación, con el consiguiente y paulatino descenso de los tipos de interés. De este modo, el tipo medio para créditos hipotecarios disminuyó entre 1993 y 1998 del 14 % a menos del 6 %. Posteriormente, la disciplina monetaria exigida por la unificación monetaria y la concentración de poderes en el Banco Central Europeo permitió nuevas rebajas de los tipos de interés, especialmente cuando a partir de 2001 la Reserva Federal de Estados Unidos decidió reducir los tipos a tasas casi negativa. Los tipos medios de interés al alcance de las familias disminuyeron entonces a menos del 4 % en 2003, con un mínimo del 3,4 en 2004:[24] valores muy próximos a la inflación de esos años.[25]

La fluidez del crédito permitió que las familias se lanzasen a una nueva vorágine de cambios de residencia, compra de segundas viviendas y de pura inversión inmobiliaria ante la expectativa de una rápida revalorización. La historia es bien conocida: la expansión de la demanda y la facilidad del crédito a los promotores permitió poner en el mercado más de 600.000 viviendas al año, cerca de 900.000 en 2006, cuando antes de 1997 la cifra corriente había oscilado entre las 250.000 y las 300.000. El rápido incremento de la oferta se acompañó también de un fuerte movimiento alcista de los precios, que experimentaron crecimientos anuales del 15 % o más. A su vez, la alta rentabilidad del mercado inmobiliario español atrajo un enorme chorro de inversión extranjera que entre 2002 y 2004 inyectó unos 6.000 millones de euros anuales en el mercado, ayudando así a conjurar la deficitaria balanza

24 Fuente: Banco de España.

25 El IPC en 2003 fue de 2,6; en 2004 de 3,2; en 2005 3,7 y en 2006 de 2,7. Los tipos de interés para las familias fueron respectivamente 3,71; 3,36; 3,28 y 4,17. Diferencias en algunos años menores al 1 %, que se deben añadir a tipos de interés aún más bajos para el préstamo interbancario que durante esos años permitió poner dinero en casi cualquier proyecto inmobiliario, por inverosímil que éste fuese.

de pagos española.[26] El crecimiento de la actividad económica asociada, el aumento de los índices de empleo y de nuevos contingentes de fuerza de trabajo —especialmente migrantes transnacionales— retroalimentaron también las inversiones en vivienda. En definitiva, el propio círculo virtuoso del ciclo inmobiliario permitió la rápida expansión del mercado y una continua alza en los precios de la vivienda.

A nivel de los balances patrimoniales de las economías domésticas estos años forman el periodo de mayor crecimiento de la riqueza nominal de los hogares de toda la historia. El valor del patrimonio inmobiliario en manos de las familias alcanzó en 2007 la cifra de seis billones de euros, esto es, seis veces el PIB nacional. En sólo una década el volumen del precio de los activos inmobiliarios creció en más de un 200 %,[27] cuando el PIB sólo lo hizo un 40 %.[28] Teniendo en cuenta que la gran mayoría de la población —el 82,5 % de los hogares— es titular de al menos una vivienda, y que el crecimiento del precio fue generalizado no hubo ningún segmento del mercado inmobiliario de vivienda residencial que no creciese de forma espectacular. Utilizando, de hecho, la Encuesta Financiera de las Familias del Banco de España, parece que sólo entre 2002 y 2005 (los años centrales del ciclo) el patrimonio medio de las familias creció en un 88 %, de 167.000 euros a más de 250.000 euros. Más del 80 % del valor de este patrimonio era de carácter inmobiliario.[29]

En otras palabras, el potlacht inmobiliario permitió que la mayoría de la población experimentase, a pesar del retroceso de los salarios —éste es el milagro—, una larga primavera económica. Años de optimismo y bonanza en los que cualquier atisbo de crisis parecía conjurado y en los que todo esfuerzo hipotecario era inevitablemente recompensado por las revalorizaciones que estaban a la vuelta de la esquina. Las plusvalías de la venta de viejas propiedades, las facilidades crediticias y el espectacular aumento de los niveles de consumo respaldados por la continua acumulación de riqueza patrimonial representaron la brisa cálida y los paisajes florales de este largo abril económico.

---

26 El equipo formado por José Manuel Naredo, Óscar Carpintero y Carmen Marcos, señalan que, durante los años centrales del ciclo, esta inversión extranjera en inmuebles se dirigió, de forma cada vez más prioritaria, hacia la vivienda nueva. *Patrimonio y balance nacional de la economía española (1995-2007)*, Madrid, Fundación de las Cajas de Ahorro, 2008, p. 50.

27 *Ibidem*. Los datos del valor patrimonial de las familias provienen también del trabajo de J. M. Naredo, O. Carpintero y C. Marcos, sin embargo su trabajo sólo alcanza hasta 2007, a partir de ahí son el resultado de estimaciones propias.

28 Un 95 % si no se deflactase su cifra, que es como se debería comparar con el crecimiento de los patrimonios familiares.

29 Encuesta Financiera de las Familias, años 2002 y 2005. Banco de España.

El festival patrimonial y la afirmación realizada por algún ministro de que «si los españoles compran tantas viviendas es porque pueden», permitió ocultar, no obstante, que la riqueza inmobiliaria no se estaba repartiendo con la misma eficacia que la lluvia de mayo. A pesar de las imágenes de éxito y bonanza, la burbuja patrimonial se ha convertido en un potente factor de desequilibrio y desigualdad social, excluyendo a muchos del acceso a una vivienda y desplazando a muchos más a una situación de fragilidad económica que sólo con la crisis se empezó a manifestar con toda su gravedad. En todo caso, a la altura de 2006, la ordalía de la euforia inmobiliaria parecía no lejos, sino completamente expulsada de la historia.

La progresiva entrada en cartera de los activos financieros

La importancia relativa de las inversiones financieras, como fuente de renta para las familias, ha sido considerada tradicionalmente como el principal indicador del grado de financiarización de las economías domésticas. No obstante, el ahorro financiero de las familias sólo comenzó a adquirir cierta relevancia, y sólo en un pequeño grupo de países, a partir de finales de la década de 1980. Hasta esos años, la explosión de las rentas financieras había sido sostenida, principalmente, por la evolución de los mercados bursátiles, la especulación con los tipos de cambio monetarios y el crecimiento de la deuda externa. A partir sin embargo de ese momento, el progresivo levantamiento de los controles sobre los movimientos de capital y la relajación de la legislación abrieron las puertas a una nueva oleada de innovaciones financieras con la creación de un número creciente de productos financieros dirigidos a capturar el ahorro de las familias.

En la transición entre las décadas de 1980 y 1990, el proceso de invasión financiera en las economías domésticas alcanzó, por lo tanto, un nuevo umbral cualitativo. En algunos países —fundamentalmente EEUU y Reino Unido— se empezó a generalizar el recurso a entidades extrabancarias que reciclaban el ahorro doméstico a cambio de la participación en una parte de los rendimientos obtenidos con la inversión de su dinero. Fueron los primeros pasos de las instituciones de inversión colectiva. Por debajo de este conjunto de innovaciones, estaba el propósito de incrementar la capacidad de captura de los mercados financieros sobre las rentas domésticas. La inversión financiera amplió así su espectro más allá de los sectores más ricos, que desde antiguo mantenían una variada cartera de inversiones financieras, para incluir a millones de pequeños ahorradores que depositaban su dinero en instituciones de inversión colectiva.

Es significativo, de otro lado, que una parte no despreciable del crecimiento del patrimonio de las instituciones de inversión colectiva proviniese de la rápida descomposición de los sistemas de prevención y protección social. En perfecta concordancia con la estrategia de acumulación por desposesión, los fondos de empleo, y especialmente los fondos de pensiones, fueron los productos financieros con mayor potencial de crecimiento. Actualmente, los fondos de pensiones suponen el 50 % del total de los activos financieros en manos de las familias en economías tan importantes como Estados Unidos, Reino Unido y Holanda. Como se puede adivinar, el rápido desarrollo de este tipo de productos financieros responde, en realidad, a una privatización *de facto* de los viejos sistemas públicos de pensiones, que a su vez genera fuertes presiones sobre lo que todavía permanece en pie de los mismos. Por otra parte, la privatización de las rentas futuras sujeta a las familias, de un modo nada ambiguo, a la suerte de los mercados financieros. Vincula su riqueza, y su futuro, a la expansión financiera y a las políticas neoliberales que fuerzan la completa libertad de movimientos de capital, con todos los riesgos que ello implica.[30]

Curiosamente, España, epicentro a nivel europeo del reciente ciclo inmobiliario internacional, dista mucho de haber alcanzado los niveles de financiarización característicos de las economías domésticas de los países anglosajones. Se trata aquí de un típico juego de suma cero sobre el ahorro privado: la preferencia de las familias españolas, de los *lobbies* empresariales y de las políticas públicas sobre el mercado inmobiliario, se refleja en el destino mayoritario del ahorro doméstico a la compra de viviendas, que absorbe entre un 75 y un 80 % del volumen total de este tipo de ahorro. Esto no ha supuesto, de todos modos, que el 20 ó 25 % del total restante haya permanecido estancado en huchas y colchones. Esta enorme masa monetaria ha servido para propulsar, también aquí, una espectacular expansión del volumen de los activos financieros en manos de particulares. Así, entre 1995 y 2007, los activos financieros de titularidad doméstica crecieron casi al mismo ritmo que los precios de la vivienda, un 200 %, alcanzando en el último año una cifra cercana a 1,8 billones de euros: o lo que es lo mismo, 1,7 veces el PIB de toda la

---

30 Como se sabe, en un buen número de países, la gestión privada de las pensiones a través de los sistemas de «aportación definida» ha sustituido progresivamente a los viejos sistemas de «prestación definida» (soportados por el Estado y las cotizaciones del trabajo). Al subsumir la capitalización de la renta y de los sistemas de pensiones en los propios sistemas financieros, el proceso de financiarización habría conseguido una suerte de perversa aquiescencia popular. Sobre este asunto véase el interesante artículo de Adam Harmes, «La cultura de los Fondos de Inversión», *New Left Review*, núm. 9, 2001, pp. 117-138.

economía del país.[31] Si bien queda lejos de las economías que han liderado el proceso de financiarización —como Estados Unidos, Holanda, Bélgica y Reino Unido—, esta cifra supone un volumen considerable; similar a la de países como Alemania o Francia en los que el valor de los activos financieros en manos de los hogares se mantiene alrededor de 1,9 veces el PIB total del país.[32]

Un rápido vistazo a la distribución del ahorro financiero de las familias españolas parecería confirmar la «modesta» penetración de las clásicas dinámicas de financiarización asociadas a los países anglosajones. Por tipos de activos, a finales del ciclo 1995-2007, los depósitos y efectivos —en cuentas bancarias— todavía suponían el 40 % del total de la riqueza financiera de las economías domésticas, las inversiones directas —deuda, participaciones, acciones—, sumaban el 30 % y la suma de fondos de inversión, fondos de pensiones y seguros acumulaban el 26 % restante.[33] No obstante, el ahorro realmente financiarizado —en acciones, fondos de inversión y de pensiones— había crecido entre 1995 y 2007 a una tasa superior al 12 % anual y en algunos años cercana al 20 %. De hecho, el patrimonio de los fondos de inversión colectiva creció entre 1995 y 2006 cerca de cuatro veces. Y sólo entre entre 2000 y 2006, a pesar del crisis bursátil de 2001, se elevó un 40 %. A finales de la década de 2000 el patrimonio de los fondos de inversión representaba una cifra similar al 30 % del PIB español.[34] Casi de 10 millones de personas tenían capitalizados una parte de sus ahorros en instituciones de inversión colectiva.

Uno de los factores que ha impedido una mayor expansión de los activos financieros es que su distribución por el cuerpo social es mucho menos democrática que la de la propiedad inmobiliaria. Efectivamente, aunque la Encuesta Financiera de las Familias mostraba que algo más del 96 % de las familias tenía algún activo financiero, la gran mayoría se refería a cuentas bancarias disponibles para realizar pagos corrientes. Considerando el resto de inversiones, sólo el 11,4 % decía poseer acciones cotizadas en Bolsa y sólo un 8,7 en fondos de inversión —lo

31 Banco de España, Cuentas financieras de los hogares y de las instituciones sin fines de lucro al servicio de los hogares, serie 1995-2007.

32 INVERCO, *Ahorro financiero de las familias, instituciones de inversión colectiva y fondos de pensiones. Informe 2007 y perspectivas de 2008.* Inverco son las siglas de Asociación de Instituciones de Inversión Colectiva y Fondos de Pensiones. En su página web (www.inverco.es) se puede ver abundante información estadística y documental sobre la evolución de las dimensiones tratadas en este epígrafe.

33 La composición de los activos financieros muestra un cierto «retraso» respecto de los países que han seguido la vía de financiarización clásica. En estos países las cantidades en depósitos y efectivos observan niveles en torno al 20 %, y sólo los fondos de pensiones se acercan al 50 % del total del ahorro financiero. Esta mayor propensión a la liquidez se debe leer con las claves del ciclo inmobiliario y de las necesidades de financiación (cuentas vivienda, pago de letras, entradas) de la vivienda. *Ibidem.*

34 *Ibidem,* pp. 29-42.

que en principio entra en contradicción con otras fuentes.[35] La única excepción relevante, era el 29,3 % de los hogares en el que al menos uno de sus miembros tenía capitalizados parte de sus ahorros en fondos de pensiones.[36]

Como en los países anglosajones, los fondos de pensiones han sido convertidos en el ariete para la penetración de las fuerzas de la financiarización en el mismo corazón de las economías domésticas. De hecho, aunque en España los fondos de pensiones sólo supongan una mínima parte de los activos financieros totales —el 6,2 % a los que habría que añadir otro 8 % en seguros—, son el tipo de inversión financiera de mayor crecimiento, con un tasa de crecimiento del 400 % en la década 1995-2006 y de un 120 % entre 2000 y 2006.[37] Este movimiento, que ha superado ya su fase de gestación, implica no sólo una progresiva vinculación de las economías domésticas a la suerte de los mercados financieros, sino lo que es más grave: uno de los ataques más serios a uno de los pocos instrumentos de socialización de la renta todavía vigentes.

Frente al sistema público de pensiones garantizado por los movimientos de caja de la Seguridad Social, los fondos de pensiones se basan en la capitalización individual de los ahorros financieros de los particulares para su posterior amortización en el periodo de jubilación. En el sistema español, la Seguridad Social se mantiene como una caja única con una aportación definida según la renta de los trabajadores. Son estas aportaciones obligatorias de las personas en situación laboral activa las que pagan las rentas de aquellas personas en una situación pasiva. Y aunque la remuneración de las pensiones está establecida según las aportaciones realizadas por los trabajadores a lo largo de su vida activa, se establece un mínimo sistema de redistribución que permite «cubrir» con una renta mínima a desempleados, inválidos y a aquellas personas que por diversas razones no pudieron cotizar los años necesarios.[38] Por contra, el principio subyacente a los fondos de pensiones es que el ahorro individual es la única fuente de renta legítima en los periodos «pasivos» de la vida laboral de una persona. De este modo, el desarrollo masivo de este tipo de productos financieros se realiza sobre un sutil desplazamiento de la «prestación definida» característica de la Seguridad Social, a la aportación voluntaria característica de los sistemas de

35 No parece plausible que habiendo 10 millones de personas con dinero en fondos de inversión colectiva (algo más del 20 % de la población) según Inverco, sólo declare tenerlo un 8,7 % de los hogares en la Encuesta Financiera de las Familias.

36 Encuesta Financiera a las Familias, 2005, Banco de España.

37 Véase Encuesta Financiera a las Familias e Inverco, *Ahorro financiero de las familias, instituciones de inversión colectiva y fondos de pensiones, op. cit.*

38 Se trata de las miserables pensiones no contributivas que permiten sostener una mínima renta para empleadas de hogar o trabajadores irregulares (como peones y temporeros de distintos sectores) que han desempeñado la mayor parte de su vida laboral en trabajos no reconocidos o en negro.

capitalización individual. No hace falta remarcar que lo que está en juego en este desplazamiento es uno de los pilares del viejo Estado de bienestar; y al mismo tiempo: que lo que la financiarización se juega aquí es su propio éxito.

De momento, los fondos de pensiones en España tienen carácter voluntario, y no excluyen de los pagos a la Seguridad Social. En otras palabras, la capitalización del ahorro financiero por esta vía ha estado limitada a la clase media real —el 40 % de las familias con rentas salariales suficientes—, y especialmente a los estratos de esta población que o bien tienen una creciente desconfianza en la viabilidad del sistema público de pensiones, o simplemente se sienten aterrorizados por la caída de su nivel adquisitivo en el periodo de jubilación. Miedo y desconfianza, por lo tanto, que se pueden traducir en un progresivo desapego del sistema público y la pérdida de uno de sus principales soportes financieros en un futuro.

Es este mismo miedo el que ha sido aprovechado —por no decir que ha sido directamente producido— por las grandes instituciones financieras para comercializar, siempre a mayor escala, estos productos financieros. La insistencia, orquestada por recurrentes campaña mediáticas, en el incierto futuro del sistema público de pensiones ha permitido capturar una gran cantidad de renta procedente de las familias, al tiempo que se inyectaba nueva gasolina monetaria en los mercados financieros. La única singularidad española es que la expansión de los fondos de pensiones ha sido impulsada por los principales grupos bancarios y las cajas de ahorro, esto es, las mismas instituciones que han estado en la base del espectacular crecimiento del crédito hipotecario. Sin que podamos calibrar en qué grado, la concentración del mando del proceso de financiarización en unos pocos agentes empresariales ha repercutido indudablemente en el notable éxito del mismo.

Por añadidura, las principales instituciones encargadas de velar por el mantenimiento y expansión del sistema público de pensiones han actuado en una dirección simétricamente opuesta a lo esperado por una mirada ingenua. De un lado, los sindicatos mayoritarios han sido, junto a los grupos financieros, los principales agentes en la apertura de la legislación a los fondos de pensiones.[39] Más

39 Los sindicatos mayoritarios UGT y CCOO no sólo han estado en las sucesivas rondas de negociación acerca del futuro del sistema público de pensiones (los llamados Pactos de Toledo), sino también en la gestación de los acuerdos sobre la legislación sobre fondos de pensiones (la Ley de Planes y Fondos de Pensiones y sus sucesivas actualizaciones). Es necesario recordar que ambos sindicatos son gestores directos, además de propietarios, de las sociedades de planes de pensiones de los trabajadores de más de cincuenta grandes empresas y administraciones públicas, entre ellas, la Administración Central cuyos planes de pensiones fueron adjudicadas a la empresa Gestión de Previsión y Pensiones, participada en un 20 % respectivamente por CCOO y UGT (el resto es del BBVA). Valga decir que este fondo de pensiones, que a 1 de enero de 2009 gestionaba inversiones por valor de 4.412 millones de euros, se encuentra entre los más grandes de Europa. Por otro lado, los sindicatos mayoritarios participan en los órganos de gobierno de la mayoría de las cajas de ahorro, lo que les convierte también en gestores indirectos de una parte no despreciable de este mercado. En sus declaraciones públicas, la línea de

aún, los sindicatos han aceptado recientemente que la caja de la Seguridad Social se «beneficie de la increíble rentabilidad de los mercados globales de capitales» permitiendo, en un primer ensayo de un programa más ambicioso, que el 2 % de su tesorería se invierta en valores financieros. Por su parte, el gobierno lleva dos décadas cediendo a la labor de *lobbying* de estos dos grupos, principalmente por medio de desgravaciones fiscales cada vez mayores para este tipo de productos.[40]

Con tales apoyos, no puede sorprender que los gestores de fondos de pensiones miren al futuro con un optimismo eufórico. Ciertamente, en tiempos de progresiva incertidumbre y en los que los niveles de deuda pública crecerán seguramente con gran rapidez, es probable que los fondos de pensiones se conviertan en valor refugio para buena parte de las clases medias asustadas ante un siempre pregonado colapso del sistema público de pensiones.

El balance financiero de las familias y el crecimiento de la deuda

En 2007, cuando se empezaban a sentir los primeros síntomas de crisis, la riqueza nominal de los hogares españoles —compuesta principalmente por la suma de los activos inmobiliarios y financieros— había alcanzado la increíble cifra de 8 billones de euros, 8 veces el PIB de la economía española, y más de tres veces la relación que suponía en 1990. En los 10 años precedentes los hogares españoles habían visto cómo el valor y la cantidad de sus propiedades se multiplicaba por tres en términos absolutos. Se trataba de un crecimiento espectacular y único en la historia reciente. Aunque distaba mucho de haberse repartido en términos democráticos, la amplia generalización de la propiedad de la vivienda en la sociedad española parecía haber aproximado a buena parte de la población a unos niveles de riqueza inconcebibles unos años atrás. Las políticas de keynesianismo de precio de activos, la promoción del sector inmobiliario, los incentivos fiscales a la compra de vivienda, la liberalización de los mercados bursátiles habían repartido las papeletas de la lotería en la que todo el mundo gana.

---

justificación de esta posición pro-financiarización de las pensiones se apoya en las ideas del mutualismo de épocas pasadas, al tiempo que obvia, de forma sospechosa, las condiciones sociales y económicas que acompañan a la expansión de los planes de pensiones privados: la fuerte individualización implícita en el sistema de «aportación definida» y el destino mayoritariamente *middle class* de este tipo de productos financieros. Basta navegar media hora en la web para encontrar un buen número de noticias en la que estos actores propugnan el refuerzo y ampliación de los fondos de pensiones.

40 Como no podía ser de otra manera, los fondos de pensiones, junto a la vivienda, han sido los grandes beneficiarios de las desgravaciones fiscales en el impuesto sobre la renta. La futura reforma de la Seguridad Social, que se discutía en los primeros meses de 2010, incluirá seguramente aún mayores ventajas fiscales para estos productos financieros.

5.3 Evolución del balance financiero de las familias (1995-2007)

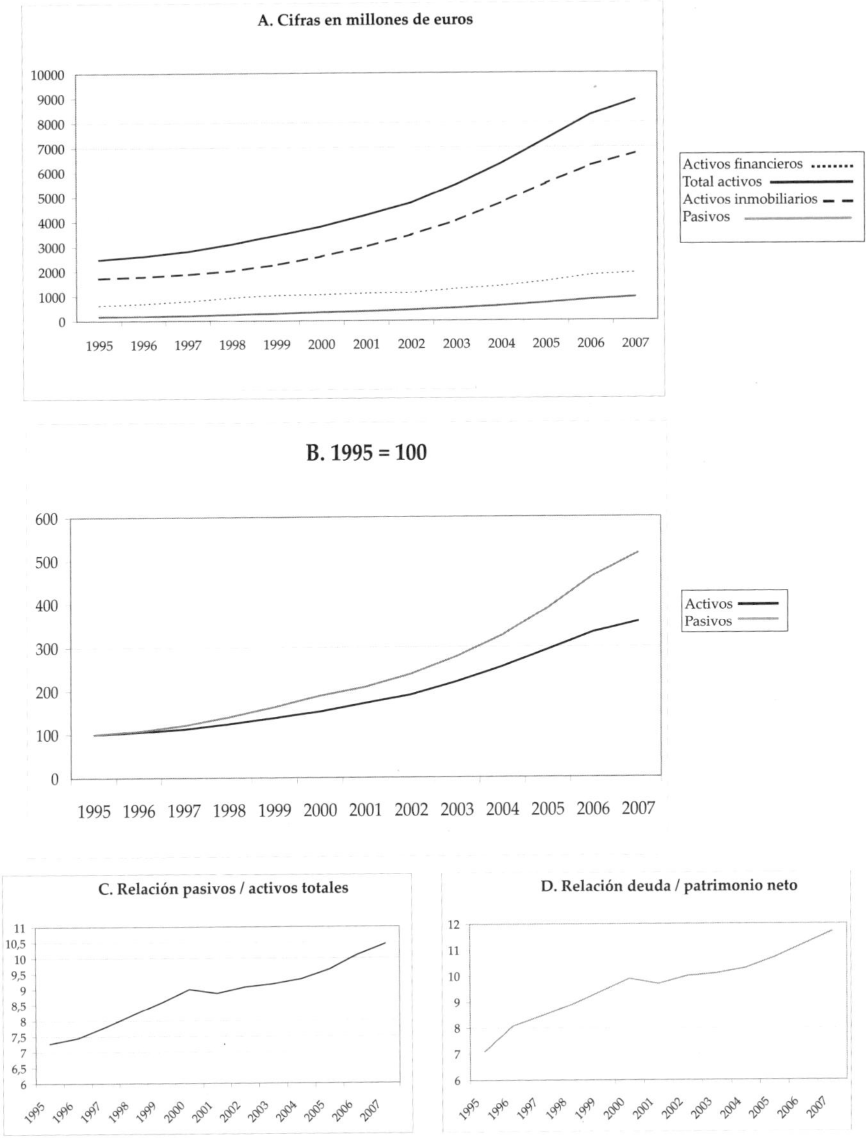

Fuente: elaboración propia a partir de Banco de España, Cuentas financieras de los hogares y las instituciones sin fines de lucro al servicio de los hogares, serie 1995-2007; y Jose Manuel Naredo, Óscar Carpintero y Carmen Marcos, *Patrimonio y balance nacional de la economía española (1995-2007)*, Madrid, Fundación de las Cajas de Ahorro, 2008.

El efecto riqueza derivado de estos casi diez años de bonanza inmobiliaria y financiera no podían ocultar, sin embargo, una importante contrapartida: el enorme esfuerzo de financiación realizado por las familias para la adquisición de estos activos. Como se puede ver en el gráfico 5.3, si se considera la otra gran partida del patrimonio de las familias, los pasivos, se concluye que este enorme incremento de los valores patrimoniales ha supuesto un crecimiento igualmente espectacular de la deuda de las familias. De hecho, entre 1995 y 2007 los pasivos de los hogares crecieron aún más que sus activos, pasando así de 188.000 millones de euros a cerca de un billón (933.000 millones de euros), un incremento de casi cinco veces. El 95 % del pasivo de las familias correspondía además a préstamos concedidos por instituciones financieras,[41] en su mayor parte crédito hipotecario para la adquisición de vivienda. En esos trece años, el volumen del crédito hipotecario comprometido creció en casi trece veces, hasta alcanzar en 2007 una cifra cercana a los 300.000 millones de euros. Valga decir que sólo en los ocho años comprendidos entre 1997 y 2005 se compraron y vendieron en España cerca de nueve millones de viviendas, cerca del 40 % del parque total del país.[42]

El crecimiento de los precios de la vivienda habría tenido un efecto paradójico. En muchos casos, el incremento de los valores nominales estimuló un enorme movimiento de los agentes del mercado, tanto de aquéllos que vieron la posibilidad de capitalizar el valor de sus antiguas propiedades, como de aquéllos que aprovecharon la espiral alcista para invertir en las compra de segundas, terceras, cuartas o quintas residencias. Sin embargo, si durante todo el ciclo la financiación de la vivienda de las familias con residencia en España se obtuvo fundamentalmente a través de los ingresos derivados de la venta de propiedades previas, el recurso al préstamo no paró de crecer y de arrancar terreno a las otras formas de financiación.[43] A resultas de todo ello, el endeudamiento de las familias y la necesidad de financiación adquirió una curva casi exponencial. Incluso en años de aguda revalorización de los activos financieros e inmobiliarios, la parte de la deuda

41 Banco de España, Cuentas financieras de los hogares y de las instituciones sin fines de lucro al servicio de los hogares, serie 1995-2007.

42 Jose Manuel Naredo, Óscar Carpintero y Carmen Marcos, *Patrimonio y balance nacional de la economía española (1995-2007)*, Madrid, Fundación de las Cajas de Ahorro, 2008.

43 Si en 1995 la financiación por medio de la venta de vivienda representaba el 55 % de la financiación total y ésta sumada a otras fuentes representaba el 80 %, el recurso al préstamo apenas llegaba al 20 %. Diez años después este último ya suponía un tercio del volumen total de financiación, mientras que los ingresos derivados de la venta de otra vivienda sólo representaban el 47 %. *Ibidem*, p. 76.

en relación con los activos totales y el patrimonio neto no dejó de aumentar (véanse gráficos 5.3c y 5.3d).

5.4 Relación Deuda / Renta Disponible Bruta de las familias

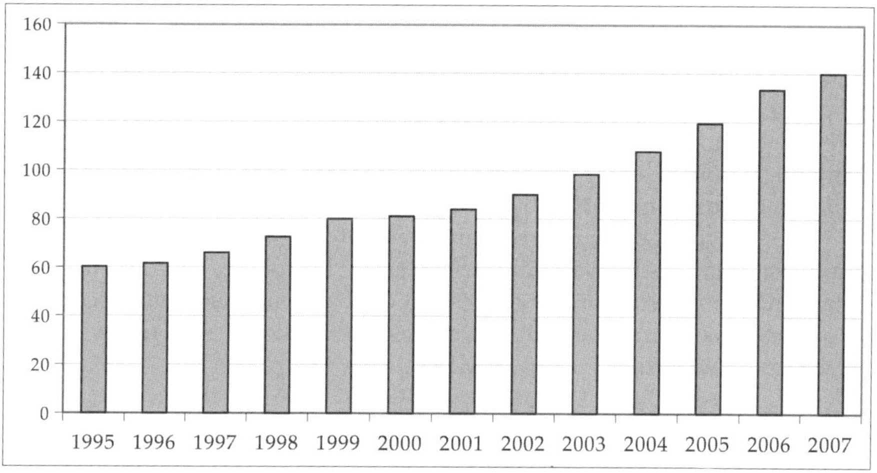

Fuente: Banco de España, Cuentas financieras y Balance financiero de los hogares y las instituciones sin fines de lucro al servicio de los hogares, serie 1995-2007.

De forma todavía más grave, la relación entre la deuda de las familias y la renta disponible tomó un perfil casi inverso al de la burbuja patrimonial: una suerte de negativo del *boom* financiero, que sirve además para medir su sostenibilidad a medio plazo: o si se quiere, la magnitud potencial de la crisis. En 1995, la deuda representaba el 62,5 % de la renta disponible de las familias, en 2008 superaba ya con creces el 130 %. Dicho de otro modo, el endeudamiento real de los hogares se había duplicado, y con él se había mermado, ¡a la mitad!, la capacidad de responder a los pagos de deuda pendiente. El peso de la deuda sobre las familias disminuyó severamente su capacidad de ahorro, destinado en su mayoría al pago de préstamos y obligaciones. Hasta 2007, el incremento del precio de los activos y de los valores patrimoniales había permitido soportar una tasa creciente de endeudamiento, pero qué podía ocurrir si se entraba en una zona de decrecimiento o incluso de brusca caída de los precios de los activos.

La financiarización y la gestión de las economías domésticas

El asalto histórico a los salarios y la liquidación del viejo conflicto capital/trabajo han encontrado una síntesis temporal en el estímulo de la financiarización y en la facilitación masiva del crédito. En este sentido, aun cuando se coincida en destacar su inviabilidad a medio-largo plazo, la financiarización ha supuesto una completa revolución en la constitución material de las economías domésticas. Las fuentes de renta, las formas de contabilidad, los conocimientos precisos para sostener y ampliar las inversiones, todo lo que componía la gramática elemental de la gestión económica doméstica se ha sofisticado a medida que iban adquiriendo importancia los elementos patrimoniales y financieros. Con el fin de no abrir otro largo epígrafe, podemos resumir estas transformaciones en tres grandes capítulos: 1) la progresiva financiarización de las fuentes de renta familiar, 2) la asimilación de la formas de gestión de las economías domésticas a las de las gestoras financieras y 3) una creciente exposición a los riesgos de los mercados financieros.

1. El rasgo más destacado de la financiarización de las economías domésticas se coteja en la importante transformación de la composición de las rentas familiares. De forma resumida, estos cambios se comprenden en un doble movimiento: han perdido importancia las rentas salariales, al tiempo que la adquirían los rendimientos y las plusvalías de los activos financieros e inmobiliarios. Este proceso de sustitución parcial es, no obstante, demasiado delicado como para aventurar datos definitivos. Algunos estudios calculan que para los años centrales del ciclo (2002-2006), la masa salarial efectiva, sumada a los salarios indirectos, habría sido menor que la de las rentas obtenidas por compra-venta de viviendas, alquiler de inmuebles, dividendos de acciones y otros rendimientos de los activos financieros.[44] A fin de

44 Éste es el resultado de los cálculos que realiza el colectivo de investigación Ioé, en el *Barómetro Social de España*. A partir de fuentes diversas (Agencia Tributaria, Banco de España, los estudios de Naredo y Carpintero sobre el Balance de la Economía Española), dan el resultado de que en los años 2003 y 2006 la suma de las rentas financieras e inmobiliarias representó el 56 y el 50 % respectivamente de los ingresos totales de las familias. Sólo en 2007 esta cifra bajó a poco más del 35 %, lo que parece mostrar su función central en las economías inspiradas en el keynesianismo de precio de activos. La dificultad de estos cálculos, y nuestra prevención con los mismos, descansa en el hecho de que si bien existen datos fiables en relación con el valor del patrimonio financiero o inmobiliario en manos de las familias, es mucho más difícil calcular las plusvalías realizadas efectivamente a partir de su revalorización. Véase: www.barometrosocial.net, indicador 17 y en papel, Colectivo Ioé, *Barómetro Social de España. Análisis de indicadores 1994-2006*, Madrid, Traficantes de Sueños, 2008, gráfico 1.17.

calibrar esta evolución: según la misma fuente, en 1995, apenas iniciada la recuperación de la crisis de 1992-1993, las rentas inmobiliarias eran sencillamente negativas y el conjunto de las rentas financieras no llegaban a representar más del 10 % de los ingresos de las familias.

Más allá de que esta enorme masa monetaria explique los espectaculares incrementos del consumo de la pasada década y el círculo virtuoso del keynesianismo de precio de activos, la nueva centralidad de las plusvalías financieras e inmobiliarias ha supuesto una completa inversión de la orientación de las economías domésticas. Considerado en términos globales, durante estos años los rendimientos de *los títulos de propiedad en manos de las familias han sido tanto o más importantes que los ingresos salariales*. La fuerte extensión social de la propiedad de la vivienda y la facilidad de acceso al crédito han acabado por producir una resurrección, podríamos decir que de masas, de la figura del rentista. Qué esta resurrección no sea más que un espejismo para la mayor parte de la población, no ha impedido que se haya apoderado de la imaginación de importantes sectores sociales.

2. La reorientación de los ingresos de los hogares hacia las rentas financieras e inmobiliarias ha producido también una radical transformación de las formas de gestión de las economías domésticas. En términos de la conceptualización microeconómica más clásica, al lado de las decisiones relativas al gasto —consumo y ahorro— y al trabajo, las familias y los particulares han empezado a hacer frente a un conjunto de decisiones hasta hace poco reservadas a los grandes patrimonios, como puedan ser opciones de inversión, niveles óptimos de endeudamiento, plazos de liquidación o de realización de inversiones, etc. En términos de la cultura económica popular, hasta la conversación económica más trivial ha quedado empapada sin remedio por la coyuntura del mercado inmobiliario: revalorizaciones, hipotecas, compras de segundas residencias, etc.

Por mor de estas transformaciones, el funcionamiento de las economías domésticas es cada vez más parecido al de pequeñas gestoras financieras. Convertidas en «centrales de coste y beneficio con dos patas» según la expresión de Blackburn,[45] las familias han aprendido rápidamente a evaluar la fortaleza de sus economías en relación con el precio de sus «activos». Estos activos tienen tasas calculables de rentabilidad, que a su vez se intentan maximizar por medio del recurso al crédito —o al apalancamiento si extendemos la jerga financiera a este tipo de operaciones. El efecto global

45 Robin Blackburn, «Finance and the Fourth Dimension», *New Left Review*, núm. II/39, mayo-junio de 2006.

de esta creciente legión de familias sedientas de inversiones rentables es lo que ha permitido la persistente retroalimentación de la espiral de inversión/ endeudamiento.

3. La contraparte de la generalización de las rentas financieras e inmobiliarias es que las economías domésticas han quedado cada vez más expuestas a la coyuntura de los mercados financieros e inmobiliarios. En la medida en que esta dinámica de patrimonialización se ha basado en el recurso masivo al endeudamiento se ha tendido a generalizar el «efecto adelanto» típicamente asociado a la financiarización. Dicho de otro modo, buena parte de los ingresos obtenidos, y consumidos durante la parte alcista del ciclo, han sido obtenidos como un adelanto sobre los ingresos futuros. Al «traer al presente los ingresos futuros» —lo que se sigue simplemente de la lógica del endeudamiento—, la exposición a los riesgos financieros se ha visto constantemente incrementada. En una mala coyuntura no sólo se pueden ver comprometidos los ingresos presentes, sino también los que se van a obtener a medio-largo plazo. Es la carga inevitable de las servidumbres que conlleva toda operación de endeudamiento.

El resultado de la colonización progresiva de los mecanismos de financiarización es, por lo tanto, una mayor dependencia de los mercados financieros e inmobiliarios. Por supuesto, esta pérdida de autonomía económica ha sido completamente desigual en términos sociales. La mayor o menor fragilidad de las unidades domésticas cuelga de un conjunto complejo de variables: niveles de endeudamiento, valor patrimonial, diversificación y seguridad de sus fuentes de ingreso, etc. De este modo se cierra el círculo por el que la financiarización opera más como un amplificador de las desigualdades salariales que como un igualador social.

La constitución de la sociedad de propietarios

La financiarización, puesto que implica una nueva relación material de las economías domésticas con sus formas de obtención y gestión de sus ingresos, apunta también sobre un tipo novedoso de sociedad, o en otras palabras, sobre modos de pertenencia y acceso a los derechos completamente distintos a los de la sociedad industrial clásica. Esta formación social en gestación, es lo que aquí, siguiendo a sus propios voceros, llamamos *sociedad de propietarios*. Se trata quizás del más ambicioso ensayo de ingeniería social desde la época keynesiano-fordista.

Durante el siglo XX, y todavía hoy, el trabajo ha sido, es, el principal medio de afiliación social. Desde las reclamaciones de los socialistas utópicos hasta los pactos sociales de postguerra ha planeado esta idea que constituye la base efectiva de la *sociedad del trabajo:* el reconocimiento del valor y la dignidad de la actividad laboral como principal, por no decir única, fuente de riqueza social. Durante la gran época de esta formación social, las treguas parciales en el conflicto capital/trabajo se resolvieron por la vía de la garantía de ciertos derechos. Los sistemas de protección de Occidente fueron simplemente el reflejo de este pacto, o si se quiere de este equilibrio, que pasaba por la consideración de un estatuto especial para esa extraña mercancía que es la fuerza de trabajo. Las medidas de aseguración colectiva, que en última instancia tendían a limitar la dinámica competitiva de los salarios, se constituyeron como una cláusula de pertenencia social, esto es, fueron convertidas en carta de ciudadanía social.

La derrota obrera de la década de 1970 —que en buena medida se forjó también sobre el novedoso terreno del rechazo al trabajo—, la larga depresión de los salarios durante los ochenta y noventa, y especialmente la financiarización de las economías familiares han conseguido quebrar la constitución material de la sociedad del trabajo, y con ella casi todas las conquistas asociadas a las luchas obreras. Por un lado, al hacer pasar una parte creciente de la renta y de la capacidad de consumo sobre los crecimientos patrimoniales y el endeudamiento, el salario ha pasado a ocupar un lugar de menor importancia en la composición de la renta de las familias. Por otro, en la medida en que la financiarización pretende colonizar buena parte de los medios reproducción social —como la vivienda, las pensiones, etc.—, antes asegurados parcialmente de forma colectiva, se ha tendido a abandonar a los individuos a una suerte de estado individual de libre de flotación, al menos en lo que a su seguridad económica se refiere.

De esta doble transformación se siguen un conjunto de preguntas de muy difícil respuesta: ¿qué sucede cuando la provisión de casi todos los servicios necesarios para la vida se realiza por medios financieros? ¿Qué tipo de vínculo social se construye cuando los mecanismos de aseguración colectiva son progresivamente desbancados por medios individuales de capitalización financiera? ¿Qué formas de subjetivación corresponden a la financiarización de la vida y a la paralela pérdida de centralidad del trabajo?

La dificultad para responder a estas cuestiones, y las bifurcaciones y contradicciones que a menudo acompañan a los procesos de financiarización, no impide reconocer un proyecto de reconstrucción social coherente, aunque de dudosa viabilidad a medio plazo. Se trata de la *sociedad de propietarios* en tanto variante contemporánea de la utopía liberal de la sociedad autorregulada por los mecanismos de mercado.[46] Este tipo de utopías está basada, en un principio de difícil justificación empírica: la efectiva capacidad de autorregulación de los mercados en los ámbitos extraeconómicos.[47] Su hipótesis de partida arranca del presupuesto de que la organización social sólo puede articularse de forma natural sobre la base de las decisiones racionales de individuos que obran de acuerdo a su propio interés. En este modelo, lo que efectivamente hace que la sociedad funcione es que ese interés está apoyado en la garantía legal de la propiedad sobre bienes y medios de producción. En otras palabras, la propiedad sirve de garantía para lo que en principio parecía tener una difícil solución: la implicación de los individuos en los asuntos comunes que, determinada por su propio interés, redunda finalmente en el interés colectivo gracias a la mediación intangible del libre mercado.

Según los principios clásicos del liberalismo, la propiedad enriquece y disciplina. Se asemeja a una fuente de dos caños: de uno de los cuales mana riqueza y del otro la responsabilidad individual. Elevada a la condición de oxímoron del liberalismo, la propiedad lleva a los individuos del puro interés particular al compromiso con la sociedad.

Nada de esto es nuevo. La propiedad está en el origen de las primeras ideas liberales de sociedad. Lo está en el orden económico, tal y como parece recogerse en la singular noción de la mano invisible y en la vieja consigna de «los vicios privados como fuente de las virtudes públicas». Y lo está en la propia concepción de los sistemas políticos liberales del siglo XIX, todos ellos inspirados en el principio del sufragio censitario, para el que la propiedad es equivalente de independencia económica, y por lo tanto de libertad de criterio. Recuérdese que en este sistema político sólo los propietarios eran aptos como sujetos activos y de este modo como sujetos sociales de pleno

46 Utopía liberal en el sentido de Polanyi. En su clásico análisis del liberalismo, éste aparece como un proyecto de construcción de una economía completamente gobernada por los mecanismos de autorregulación del mercado. En términos históricos, las épocas de hegemonía «liberal» han conducido no sólo a graves desordenes de la producción, sino también a severos ataques a cualquier forma de cohesión social. Véase el libro ya clásico, Karl Polanyi, *La gran transformación. Crítica del liberalismo económico,* Madrid, La Piqueta, 1997.

47 Convendría quizás repasar la teoría de los fallos del mercado y la incapacidad del mercado para dar cuenta de los bienes públicos (esenciales para un buen número de funciones pero especialmente para la reproducción social) y de las externalidades tanto positivas como negativas. Y también de los innumerables problemas que existen para introducir mecanismos de mercado en estos espacios. Pero, sobre todo, es preciso subrayar que el principio de autorregulación, así como su tendencia al equilibrio, está basado sobre una premisa que rara vez se encuentra en la práctica: la existencia de unas condiciones de competencia perfecta y la inmediatez de la interdependencia de los mercados. La historia económica y los mercados reales muestran una feroz resistencia a la corroboración de estos principios.

derecho. Los dependientes —obreros, mujeres, niños, sirvientes— eran, por su condición de no-propietarios, susceptibles de ser presa de las más variadas y perniciosas influencias.

La financiarización ha añadido, sin embargo, nuevos medios para hacer mucho más aceptable esta píldora. Las burbujas patrimoniales han generalizado no sólo la propiedad de algunos bienes elementales, sino también la expectativa de riqueza que antes había quedado reservado a unos pocos. Con ello la financiarización promete a los «individuos» una nueva oportunidad de independencia frente a los medios colectivos y socializantes de aseguración económica, casi siempre gestionados por ese Leviathan insolente que es el Estado. Esto no suprime, por supuesto, la necesidad del trabajo. Pero éste se convierte cada vez más en un medio de capitalización e inversión: una fuente de renta destinada a la compra de «activos», que intercambiados con inteligencia pueden enriquecer si no a toda la sociedad, sí aquella parte que más lo merece.

El paradójico giro anti-trabajista de la financiarización funciona así de la siguiente manera: la prestación laboral es progresivamente sustituida por capital (la propiedad) como principal fuente de renta, liberando finalmente al individuo de su sumisión estatal y de los pesados e injustos sistemas de aseguración colectiva. La financiarización de las rentas domésticas apunta, de este modo, sobre una nueva constitución material, en el sentido anglosajón del término —*constituency*—, de la sociedad: una nueva forma de organización y regulación de la vida social.

Aunque no es el objeto de este trabajo explorar la articulación ideológica neoliberal, sí conviene tener en cuenta algunos de sus efectos subjetivos en el reciente ciclo económico. En este sentido, por más que la sociedad de propietarios sea antes que una realidad material hegemónica, un constructo ideológico, de tintes más bien utópicos, su capacidad de movilización subjetiva ha sido enorme. Por esta razón conviene analizar brevemente lo que consideramos sus principales «promesas» —en relación con los bienes colectivos, el vínculo social y el trabajo— para luego intentar señalar algunas de sus contradicciones más importantes.

1. La nueva desamortización. La feliz privatización de lo común y el fin del Estado como principal asegurador social

El proceso de financiarización de la vida se ha infiltrado en el corazón de la reproducción social. En obvia congruencia con las estrategias de acumulación por desposesión, la vivienda y los fondos de pensiones —el principal «equipamiento» familiar y la aseguración de la vejez— han sido los dos mercados «financieros» de mayor crecimiento en la última década. El principal supuesto de la sociedad de propietarios es, sin embargo, que la socialización de la aseguración individual es injusta e ineficaz: premia a aquéllos que no lo merecen y castiga a quienes deberían ser premiados. Además detrae una gran cantidad de dinero de los individuos a un modelo social gestionado por el Estado, que podría ser capitalizado de una forma mucho más eficiente por medio de las decisiones individuales de los inversores en el mercado. Desde esta perspectiva, la liquidación relativa del Estado del Bienestar no es un problema, sino una solución que se vería «recompensada» con creces por los beneficios derivados de la financiarización de algunos de los principales ámbitos de garantía social.[48] Por ende, la eficacia de la financiarización se mide en el retraimiento parcial del Estado como principal asegurador social —véanse las políticas de vivienda y los límites al gasto social— y su sustitución por los mercados financieros.

No obstante, y a pesar de las celebradas bondades del modelo propietario, la utopía asociada a la progresiva financiarización de la reproducción social podría mostrarse tan perniciosa como la de la vieja inteligencia planificadora del socialismo real. Por un lado, al impulsar una creciente individualización de los mecanismos de aseguración colectiva, sobre la base de la progresiva desocialización de los ámbitos de garantía, va de suyo también una privatización del riesgo. Esto, tal y como hemos empezado a estudiar, reduce el grado de autonomía del conjunto social y de la inmensa mayoría de los individuos. Justamente lo contrario de la promesa inicial.

48 Valga como ejemplo una reciente propuesta de fábrica hispana: Raquel Merino (dir.), *Una sociedad de propietarios. El camino de los ciudadanos hacia la independencia financiera,* Madrid, Instituto Juan de Mariana, 2006. Este trabajo es quizás paradigmático de la sencilla belleza conceptual, de la profunda autoridad intelectual y de la perfecta «esfericidad» teórica de las propuestas en pro de la sociedad de propietarios. A partir del supuesto de la completa ineficacia e inviabilidad del sistema de seguridad social, y de una curiosa utilización, más bien simplista, de la pirámide de las necesidades humanas de Maslow. A partir también del supuesto de que el rendimiento financiero en las bolsas occidentales ha sido superior al 10 % anual en los últimos cincuenta años. Y por último, a partir del presupuesto de un ahorro financiero anual en torno a los 12.000 euros en una familia «normal» de clase media (que sin tapujos estiman en tres cuartos de la población); los autores proponen la simple sustitución del actual sistema de pensiones de aportación obligatoria por un sistema de capitalización individual voluntaria, que según los supuestos contemplados produciría una riqueza, tras un periodo de 25 años de inversión, estimada en más de un millón de euros. Sobra decir que esta propuesta de «millones para todos», y aun cuando se dejara de cotizar completamente a la Seguridad Social, sólo estaría al alcance de una minoría. La competencia de la inversión en vivienda (que estos autores no consideran como efectiva realización de su modelo), la tentación de las rentas bajas a aumentar los gastos corrientes (¡siempre esa falta frugalidad de los pobres!, Malthus *dixit*) y la arbitraria evolución de los ciclos financieros según las generaciones consideradas, hacen de este modelo uno de tantos panfletos impresos en papel *couché* destinado a promover y justificar la ampliación de la parte del ingreso social capturada por los más ricos.

De otra parte, en el fondo de armario de la sociedad de propietarios descansa lo que quizás es su principal objetivo material: convertir los ámbitos de reproducción social en nichos de acumulación y de extracción de valor. Aunque esto sería realmente objeto de otra investigación, la financiarización es en realidad el último modelo en tecnologías de acumulación por desposesión. Expolio, privatización e individualización de un conjunto de bienes y servicios, antes socializados, y que ahora son proporcionados por mercados financieros de acuerdo a una lógica de inversión/endeudamiento. Explotación de las externalidades positivas derivadas de prácticas las sociales de cuidado, de la producción de conocimiento y de determiandas formas de vida, que tienen una importancia capital en la creación de las típicas rentas de monopolio asociadas a los mercados inmobiliarios. Las crisis ha verificado, sencillamente, esta particular condición de la financiarización.

Bajo la perspectiva de la sociedad de propietarios, el conflicto entre propiedad social y garantía colectiva —relativa a la vivienda, el *welfare* o las pensiones— frente a propiedad privada y aseguramiento individual se salda aquí en favor de este último, que adquiere posiciones avanzadas en la esfera de la reproducción. La financiarización supone así un «feliz» desarbolamiento de algunas de las conquistas asociadas a las luchas sociales y a la socialización parcial de importantes ámbitos de garantía social.

2. El individualismo propietario y el rescate de las clases medias

La lógica de transformación de la deuda pública y del gasto público, en deuda privada y gasto individual, apunta también sobre el principal elemento de esta nueva constitución social, el individualismo propietario en tanto registro subjetivo de pertenencia social. La retórica neoliberal sobre la sociedad de los propietarios ha adquirido también aquí una nueva oportunidad de encarnación a través de los mecanismos abstractos asociados a la financiarización. Durante las fases de expansión de los mercados, como la reciente de 1995-2007, el chorro de plusvalías financieras e inmobiliarias actuó como un resorte para la inversión familiar y la ampliación de los planes de financiarización o privatización de los ámbitos de garantía social. La lógica subjetiva de este proceso ha sido explotada sin tregua por los propagandistas neoliberales: «Responsabilización individual sobre el futuro», «Mayor eficacia del mercado como mecanismo de provisión de servicios», etc... Así, pues, la imagen del individuo como sujeto único de decisión, exclusivo responsable de su suerte, independiente de la tutela del Estado —que inevitablemente condiciona tanto su acción como coarta su libertad— se ha vuelto tendencialmente hegemónica. La generalización e imposición del individualismo propietario nos remite, sin embargo, a una vieja pregunta ¿existe o puede existir algún tipo de vínculo general en una sociedad en la que todo, o casi todo, parece depender de decisiones y riesgos individuales?

Más allá de que esta pregunta sea completamente espuria al margen de los registros subjetivos neoliberales, de que este proceso se produzca en el marco de una acelerada socialización de la producción y de que el triunfo de los mecanismos de privatización de la economía hayan necesitado de una enorme intervención pública, permanece aquí uno de los principales escollos a la utopía liberal: la producción de sociedad.[49]

La reinvención liberal de estas décadas se ha fundado en la naturalización de las relaciones económicas y en la supuesta capacidad de autorregulación de los mercados. La naturalización de la economía no supone, de todos modos, la inmediata naturalización de las relaciones sociales realmente existentes, que en muchos casos son ajenas, cuando no claramente hostiles a los mecanismos «naturales» del mercado. Paradójicamente, el presupuesto de la economía de mercado como naturaleza inequívoca de una sociedad eficiente, exige la permanente adaptación de ésta a aquélla.[50] Y ésta es la base de las políticas neoliberales: privatización e introducción de mecanismos de mercado en los bienes públicos y en los ámbitos «artificialmente» protegidos —desde los recursos naturales hasta los servicios públicos—, ruptura de las lógicas de cooperación y solidaridad en favor de la responsabilidad y la decisión individual, minimización y sustitución de los mecanismos

49 En rigor, la noción de sociedad es extraña a la tradición liberal y es aquí donde se sitúa el núcleo de la «excentricidad» de la tradición liberal frente a cualquier otra ideología que, por difusa que sea, acepta la evidencia de la existencia de «lo social». Esta extrañeza se percibe con mucha claridad en el programa de investigación del individualismo metodológico, que quiso extender las nociones de individuo racional «microeconómico» al conjunto de las ciencias sociales. Los individualistas metodológicos se preguntaban «¿qué es una sociedad sino la suma de sus individuos?» Descartando como simple metafísica cualquier respuesta que aluda a propiedades no observables, tales como elementos institucionales o, simplemente, colectivos. Sin embargo, a pesar de su supuesto rigor empirista esta posición ha tenido serios problemas para describir y, aún más, explicar las realidades sociales más inmediatas. De manera nada sorprendente, los fracasos explicativos de los individualistas metodológicos replican en gran medida los fracasos políticos del liberalismo.

50 De hecho, ésta es la base del programa neoliberal. Éste no defiende que no deba existir intervención del Estado, sino que a éste le debe estar vedado la «corrección» de los efectos del mercado en la sociedad (base de las tradicionales políticas sociales). En otra palabras, es «la sociedad misma en su trama y su espesor» lo que debe ser objeto de intervención, «para que los mecanismos competitivos, a cada instante y en cada punto del espesor social, puedan cumplir el papel de reguladores». La verdadera política social de los neoliberales consiste así en extender los mecanismos regulatorios del mercado competitivo hasta al último rincón de la sociedad. Quizás el análisis más agudo de la genealogía del neoliberalismo como teoría de gobierno se encuentra en el curso de M. Foucault, *Nacimiento de la biopolítica. Curso en el Collège de France (1978-1979)*, Buenos Aires, FCE, 2007.

de regulación colectiva por otros de carácter individual, etc. No obstante, la adecuación de la sociedad al mercado, que está en la base de la utopía liberal, no termina de responder a la pregunta de qué es lo que finalmente sostiene la relación entre interés individual —constituido ya en el único nexo posible— y sociedad, o si se quiere cuál es la base del vínculo social.

La necesidad de esta extraña *reductio ad unum*, de la pluralidad de intereses individuales a un vago interés social, se sigue de la necesaria coherencia que debe tener todo conjunto social, especialmente si se piensa en términos de gobernabilidad o aun más de movilización o gobernanza. El problema del vínculo social en la «sociedad de propietarios» ha conducido al desarrollo de un conjunto de racionalizaciones más bien dispersas. Entre las más importante se encuentra la prolífica noción de la llamada *stakeholders society*, diseñada en el laboratorio del nuevo laborismo, cuya cuna, no por casualidad, es el ultrafinanciarizado Reino Unido. El cimiento social redescubierto se encuentra aquí en la noción de *stake* (apuesta), que arranca de un presupuesto irreprochable: la dispersión de intereses y de posiciones subjetivas en las metrópolis contemporáneas. La *stakeholders society* —en ocasiones opuesta la noción *shareholders*[51]— parecería querer reinventar el viejo vínculo social liberal basado en el equilibrio de intereses individuales en ocasiones agónicos. El resultado o balance de la contraposición de esta multiplicidad de individuos concernidos por los más variados asuntos —desde el medio ambiente, la infancia, la vejez, la discriminación de género, la orientación sexual, los derechos de los animales, hasta el propio valor de sus propiedades— debería recuperar ese «resto», que al fin y al cabo compone la sociedad, en forma de derechos, pero también de obligaciones y responsabilidades con respecto de los asuntos colectivos.

El éxito de la noción de *stakeholders society* puede ser reconocido en la importante presencia que tiene esta noción en los documentos oficiales de la Unión Europea, al igual que en su capacidad para servir de inspiración para una constelación relevante de nuevos proyectos políticos, que provienen tanto de la vieja socialdemocracia como de ciertos sectores liberales renovados.[52] La sociedad de los

51 La imposición del principio del *shareholder value* en las empresas cotizadas en Bolsa parece haber sido uno de los pilares de la financiarización y del triunfo neoliberal. Encumbrado a la categoría de principio incuestionable en el gobierno y las gestión empresarial y en norma de buen gobierno empresarial, este principio se apoyaba en la idea de que el mercado de inversión debía ser el decisor último de la gestión empresarial. Para una crítica de sus efectos empíricos véase, G. Dumenil y D. Lévy, *Crisis y salida de la crisis. Orden y desorden neoliberales*, México FCE, 2000.

52 Véase Bruce Ackerman y Anne Alstott, *The Stakeholder Society*, Yale University Press, 2006. Estos autores partían del supuesto de que la financiarización había producido un increíble aumento de las desigualdades sociales. Para superarlas proponían una medida redistributiva perfectamente congruente con la axiomática liberal: la dotación a cada joven estadounidense de un capital inicial de 80.000 dólares, en tanto garantía elemental del principio de igualdad de oportunidades.

concernidos se puede encontrar también en la base de la nueva teorización del gobierno como *governance* (gobernanza): racionalización de las prácticas de gobierno inspirada en modelos empresariales y que, como más tarde veremos, consiste básicamente en la articulación de acuerdos y consensos entre distintos actores con el objeto de perseguir un fin común.

Frente a esta concepción, todavía ingenua, que finalmente no muerde el hueso de lo social como un algo «exterior» y superfluo con respecto de la economía, la «producción de sociedad» asociada a la financiarización está fundada en realidad en formas de fontanería mucho más clásicas. La suposición de un interés previo de los individuos en algún aspecto propiamente colectivo, se ve en este caso remitida, ¡otra vez!, a la propiedad como fuente de riqueza y responsabilidad social. Repasemos: las burbujas patrimoniales han operado como un vasto programa de universalización de la propiedad, al tiempo que impulsaban un impresionante incremento del consumo privado, siempre sin el concurso de un crecimiento correlativo de las rentas salariales. En la medida en que, al menos en España, se ha apoyado principalmente en los precios crecientes de la propiedad inmobiliaria, la financiarización ha tendido a reforzar el principio material e ideológico de la clase media: la vivienda en propiedad. De igual modo, en la medida en que la tenencia de bienes inmobiliarios ha permitido el acceso y el incremento de la capacidad de consumo, con relativa independencia de las rentas salariales, la propiedad se ha convertido no sólo en una fuente principal de renta, sino también de homologación social. La función material e ideológica de la propiedad se ha visto así doblemente reforzada, cerrando el círculo que hacía fluir propiedad / consumo / clase media.

Desde esta perspectiva, la financiarización es en realidad un gran proyecto de ingeniería social dirigido al «rescate» de una clase media cada vez más presionada, en su mitad inferior, por la precarización y el estancamiento salarial. Al mismo tiempo, la financiarización, al apuntalar y «universalizar» el valor tanto material como simbólico de la propiedad, ha generalizado lo que de hecho es el principal eje vertebrador de la clase media: la propiedad como instrumento de integración social. La propiedad como vía de desproletarización, de desclasamiento de la sociedad de clases, de inclusión en una sociedad no traumada por la radical división capital/trabajo. La propiedad como refugio e inversión frente a la incertidumbre generalizada. Y la propiedad, también, como forma integración, de PERTENENCIA (en mayúsculas) a la sociedad. Paradójicamente, también, la propiedad como medio de emancipación y resistencia frente a la brutalidad del capitalismo.

A partir de mimbres tan contradictorios, la financiarización parece haber salvado, al menos temporalmente, la estabilidad casi secular de la *middle class society*, la sociedad de los dos tercios. El éxito social de la financiarización consiste en que lo que salva no es sólo la demanda agregada, sino una formación social en crisis, radicalmente transformada y atomizada —de ahí el individualismo propietario— por la decadencia de lo que había sido su base: el trabajo. De esta forma, la propiedad se ha convertido, como siempre soñaron los ministros franquistas, y como repitieron hasta hace poco los *neocons* estadounidenses, en la verdadera fuente del vínculo social.

3. *La transformación subjetiva del trabajo: la lógica de la capitalización individual*

Si la propiedad sustituye al trabajo como medio de pertenencia social, ¿en qué se convierte entonces el trabajo? En pocos aspectos la ambigüedad y la hipocresía de las retóricas propietarias es más patente. Entre la denuncia de la sociedad de vagos y subvencionados por el Estado, y la captura del deseo latente en el rechazo a la sumisión laboral del asalariado, la vida y los proyectos existenciales en la sociedad de los propietarios se mueven en un balanceo de difícil solución.

El trabajo ha dejado de ser, si bien nunca del todo, un medio de inclusión en una comunidad concreta (de clase, profesional, cultural) para convertirse en un simple instrumento de capitalización. Los valores asociados al mismo parecen sometidos a una degradación irreversible. Raro es que quien trabajando en una fábrica se sienta parte de una larga historia de luchas y de conquistas, experimentando por ello algo parecido a un orgullo de clase; o quien en su condición de productor de una parte de la riqueza social, exija una serie de derechos irrenunciables. Incluso en los cuerpos profesionales asociados a la clase media, el aspecto vocacional, que fue en su día pilar central de determinadas funciones sociales básicas —salud, educación, justicia, por ejemplo—, se ve ahora cada vez más desplazado por el principio elemental de la remuneración. Pero esto, que podría devolvernos la imagen del rey desnudo, la cruda abstracción de la relación salarial, en la que más allá de los contenidos concretos de la actividad laboral, domina la sumisión coercitiva del tiempo y de la energía, se declina por el contrario en una forma en la que nada recuerda o apela al conflicto.

En la sociedad de propietarios, trabajo y capital se confunden. Capital es todo aquello que puede proporcionar una renta. El trabajador se convierte en un inversor, un propietario y un rentista en potencia. Se entiende claramente cuál es el fondo de clase de esta concepción. El trabajo es una obligación frente a la subvención del Estado: en la utopía neoliberal no hay lugar para vagos e inútiles. Sin embargo, el trabajo «capitaliza» a su dueño, que en virtud del ahorro, su inteligencia y la autorregulación de los mercados, se verá finalmente premiado con la posibilidad de convertirse en un rentista financiero o inmobiliario.

La llamada teoría del capital humano es un ejemplo de este tránsito semántico que confunde trabajo y capital. En este marco, la formación es simplemente considerada una forma particular de capital. El presupuesto elemental de esta teoría es que el individuo es gestor de un conjunto de «activos» —como su tiempo o su renta— que pueden ser invertidos en otras formas de capital de mayor valor —como la formación. La vida se convierte entonces en un conjunto de decisiones de inversión y gasto que, según su mayor o menor acierto, colocan a los individuos en la escala social, definida en última instancia por el volumen de sus patrimonios.

Un caso reciente de la potencia práctica de estas teorías se puede encontrar en la discutida reforma de la educación superior. La aplicación española del Plan Bolonia para el espacio único europeo de educación superior, asume directamente la lógica del capital humano como espejo de esta nueva forma de individualismo propietario. De acuerdo con el tradicional vademécum de las sucesivas reformas universitarias —acercar la Universidad a la sociedad, desburocratizar su funcionamiento, desacademizar los estudios— se quiere aplicar un conjunto de medidas que, entre otras cosas, asimila la educación a una inversión individual en capital-conocimiento. Incluso, se establece un dispositivo de financiarización sobre los estudios con las llamadas becas-préstamo.[53] Estos préstamos se conceden para la realización de los estudios de tercer ciclo (másters y doctorados), que ahora dejan de estar financiados por el Estado —en una nueva retirada de otro ámbito de garantía social— para ser gestionados de acuerdo con la lógica del mercado —según la demanda y el importe de las matrículas. La aguja que se oculta en este pajar es que son los estudios de tercer ciclo los que realmente producen el capital-credencial para el acceso a los mercados de trabajo de mayor remuneración y cualificación. De esta modo, los estudios de tercer ciclo se convierten en una inversión, y dejan de inscribirse así, como muchos otros servicios, en el registro de los derechos.

53 Estas becas préstamo funcionan de acuerdo con una lógica inversionista, inspirada en un modo de gestión socio-liberal. Se establecen como un préstamo a devolver en los 20 años (en principio eran 10) que siguen a la concesión del mismo. Pero esta cantidad se devuelve sólo si el prestamista encuentra un trabajo remunerado a partir de un determinado umbral salarial. Se trataría otra vez de un consumo de rentas futuras sobre el presente, consideradas esencialmente como una inversión en formación.

****

En conjunto, la máquina de subjetivación asociada a la financiarización ha parecido funcionar de una forma óptima en la fase de bonanza del ciclo, mientras el crecimiento del poder adquisitivo se apoyaba en el rápido crecimiento de los activos financieros e inmobiliarios. La sociedad de propietarios ha sido el reflejo ideológico de esta *belle époque*. Pero ¿qué sucede cuando se inicia la fase descendente? Con la declaración del estado de crisis, la sociedad de propietarios, y con ella todo el marco de estabilidad social, ha empezado a saltar por los aires.

6. Las políticas pro-ciclo. La regulación de los mercados de suelo, vivienda e hipotecario

Existe la opinión, muy generalizada entre las izquierdas, de que la sucesión de las burbujas patrimoniales ha sido el fruto de dejar a las fuerzas del mercado a su libre albedrío. Paradójicamente, la versión neoliberal de lo sucedido comparte una igual oposición mercado-Estado, si bien para situar todos los efectos positivos —crecimiento del PIB, creación de empleo, etc.— en manos del mercado, al tiempo que los «desajustes» —como el excesivo crecimiento de los precios de la vivienda— serían el resultado de la desacertada e innecesaria intervención estatal.

A contrario de estas posiciones que dan por sentado la existencia del mercado y del Estado como campos de acción bien definidos, aquí defendemos un punto de vista casi opuesto. Las fuerzas del mercado —los intereses capitalistas— y las grandes tendencias globales —la posición de España en la división internacional del trabajo— sólo han conseguido tomar cuerpo en el interior de las políticas públicas. No ha existido ningún punto exterior a la acción del Estado. La regulación estatal ha adoptado, eso sí, una forma específica adaptada a las nuevas formas de acumulación basadas en las lógicas financieras. En la medida, además, en que estas lógicas se han apoyado en la ventajosa posición de España en el circuito secundario de acumulación a nivel global y en sus bulímicos mercados inmobiliarios, la intervención del Estado debe considerarse en el terreno de la formación de un arreglo espacio-temporal propio. Una mezcla de innovaciones legislativas, formas de gobernanza y escalas territoriales anidadas que finalmente han permitido cosechar los dos «exitosos» ciclos inmobiliario-financieros de 1985-1992 y de 1995-2007, al tiempo que dotaban de consistencia a los elementos que componen el específico régimen de acumulación español.

La importante función de la innovación institucional y de la regulación estatal en el marco general de este *spanish way* exigen, por lo tanto, algo más que una simple descripción de las políticas públicas. Es por ello que en el presente apartado se estudian los mecanismos de regulación de los tres mercados clave de las burbujas inmobiliarias: los mercados de vivienda, suelo e hipotecario; y en el siguiente, las políticas territoriales del régimen de acumulación, en concreto, el fomento de ambiciosos programas de infraestructuras de transporte, la sumisión y adaptación de las administraciones territoriales a la lógica de crecimiento urbano y, por último, la sobreexplotación de los activos comunes asociados al territorio, como el suelo, el agua o la energía, con el consiguiente expolio medioambiental.

***

El régimen de acumulación español y, muy especialmente, la extraordinaria eclosión de la demanda en el periodo 1995 y 2007, han estado firmemente apuntalados por la fortaleza y la fluidez de los mercados inmobiliarios. Esta fortaleza presupone tres aspectos importantes: 1) la facilidad de acceso a la vivienda; 2) la disponibilidad de crédito para la compra de inmuebles —lo que en realidad es una garantía de acceso a la vivienda—; y 3) la producción de edificios en cantidad suficiente —lo que implica un flujo constante del bien que le sirve de soporte: el suelo. Las políticas de vivienda, hipotecarias y de suelo forman, así, los tres ejes principales de la promoción pública del mercado inmobiliario. El objetivo común, rara vez declarado, ha sido la aceleración de las subidas del precio de la vivienda. Pero para tener éxito en este propósito, las políticas de vivienda y las que regulan el mercado hipotecario debían tener una cierta sincronía. Tal y como veremos, las modalidades de estos dos ámbitos de intervención han venido transformándose durante los últimos veinte años, invirtiendo de hecho los papeles originales que una y otra tenían en la época franquista. Así, de una política de vivienda que disponía de sus propios canales financieros para cumplir sus objetivos, se ha pasado a una nueva primacía de los dictados de los mercados hipotecarios, o lo que es lo mismo de una subordinación de los programas de vivienda a lo que dictan los mercados internacionales de capitales.

En lo que se refiere a la tercera línea de intervención, es preciso reconocer que las políticas de suelo determinan la oferta inmobiliaria y por ende resultan decisivas para el «correcto» desarrollo de los ciclos inmobiliarios. La disposición de suficiente suelo para construir en los volúmenes que se ha venido requiriendo es algo de la máxima importancia a fin de atraer cantidades crecientes de capital hacia los circuitos secundarios. En esta línea, la intervención del Estado también se ha basado en un apoyo sin resquicios a la integración de los mercados de suelo en los circuitos financieros internacionales.

El terreno compartido por estos tres tipos de políticas ha sido el aumento de la oferta de vivienda, el fomento de la propiedad, la escalada de precios y el rechazo de todo aquello que pudiera ser visto como un impedimento para el desarrollo de los mercados inmobiliarios. En este propósito, y de forma nada paradójica, la actuación decidida del Estado ha permitido crecimientos de escala mucho más eficaces y rápidos que el simplista *laissez faire* de los apologetas del libre mercado.

Las políticas de vivienda

Desde sus formas franquistas, la política de vivienda en España siempre ha estado subordinada a las necesidades más urgentes de la reproducción ampliada del capital. Ya sea como medio de fijación de la población obrera, como medio del mantenimiento de la actividad constructora en periodos de crisis o como vía para conducir grandes franjas de población hacia el mercado libre, la política de vivienda siempre ha estado demasiado ocupada como siquiera para plantearse mínimamente en serio dar realidad a una vivienda de propiedad pública, en tanto derecho para todo aquel que no quiera enfrentarse al mercado libre, en el improbable caso de que tenga que existir obligatoriamente un mercado libre de vivienda.

La acción pública sobre el mercado de la vivienda ha ido pasando, por lo tanto, por varias etapas. De la necesidad de fijar y sujetar a las poblaciones migrantes que se establecieron en el extrarradio de las grandes ciudades en los años sesenta, se pasó a dar prioridad en la Transición al relanzamiento de un deprimido sector constructor. Más adelante, en los inicios de la recuperación económica de los años ochenta, se atacó definitivamente al alquiler como forma de tenencia, disponiendo fuertes deducciones fiscales por primera y segunda residencia. Finalmente, a partir de los años noventa, la intervención del Estado en el ámbito de la vivienda se retrajo, expulsando a las nuevas cohortes al mercado libre, mientras se mantenía un nivel de intervención residual y, a todas luces insuficiente, sobre los sectores de menos recursos.

El resultado general de estas políticas es claro: la propiedad ha triunfado como forma mayoritaria de tenencia hasta convertirse en lo que podríamos llamar una forma hegemónica de dominación. El asentimiento de los dominados a este modelo suele vestirse de rasgo cultural: «Los españoles tendrían una querencia atávica por el patrimonio contra la que es imposible luchar». Aparte de lo intrigante que pueda ser escuchar este tipo de argumentos en boca de economistas que en sus modelos utilizan el más pétreo *rational choice,* lo cierto es que la cronología de este proceso es muy reciente. El análisis de los Censos de Población y Vivienda deja tajantemente claro que este proceso es relativamente tardío. Todavía en 1950, la propiedad no era el régimen de tenencia mayoritario, y en las grandes ciudades, como Madrid y Barcelona, este porcentaje descendía hasta el 5 % y el 6 % respectivamente.[1] De hecho, es sólo a partir de 1960 cuando la propiedad comienza a ganar peso en la distribución de la tenencia, al mismo tiempo que lo pierde el alquiler. Los mayores aumentos de la vivienda en propiedad se registraron entonces entre 1960 y 1980 con un aumento acumulado de 22,5 puntos en el número de propietarios. La tendencia siguió, si bien a menor ritmo, entre 1980 y 2001, con un aumento de 8 puntos para todo el periodo. En 2001, el 81 % de los hogares tenía una vivienda en propiedad. A pesar del escaso margen porcentual que quedaba para el crecimiento, la estimación estadística que publica el Ministerio de Vivienda recoge que el porcentaje de viviendas en propiedad aceleró su crecimiento en el último ciclo hasta alcanzar el umbral del 87 % en 2007. Sólo en 2008 con el desplome del mercado inmobiliario, la propiedad cayó hasta el 84,5 % y el alquiler subió hasta el 15 %.[2]

La consistencia de esta evolución exige a gritos algo más que una explicación psicológica y cultural fundada en la «natural» propensión a la propiedad de la sociedad española. El primer punto del análisis se debe concentrar, por lo tanto, en los efectos de las políticas de vivienda a largo plazo, especialmente de la vivienda pública en tanto constituye uno de los principales instrumentos de generalización de la propiedad inmobiliaria.

---

1 J. M. Naredo «Perspectivas de la vivienda», *Información Comercial Española,* núm. 815, mayo-junio de 2004.

2 Ministerio de Vivienda, *Estimación del parque de vivienda,* 2009. Disponible en http://www.mviv.es/es/index.php?option=com_content&task=view&id=687&Itemid=430

6.1 Evolución de la tenencia de vivienda (% de los hogares) 1950-2007

	Propiedad	Alquiler	Cesión	Otras formas
1950	45,9	51,3	-	-
1960	51,9	43	-	-
1970	63,4	30,1	4,6	1,9
1981	73,1	20,8	3,1	3
1991	78,3	15,2	4,5	2
2001	80,7	11,3	6	1
2007	87,1	11,1	-	-

Fuente: Censo de población y viviendas. Para 2007 estimación del Ministerio de la Vivienda.

La acumulación primitiva del sector inmobiliario: 1950-1973

Como en todo lo que se refiere a la articulación institucional del régimen de acumulación, es preciso devolver la mirada los años de la dictadura. Durante el periodo desarrollista, los regímenes de tenencia pegaron un vuelco espectacular hasta convertir la propiedad en la forma de tenencia hegemónica. Tal y como hemos venido analizando, la morfología específica del mercado inmobiliario español es una externalidad generada por los desequilibrios del ciclo industrial. Los principios rectores de la política de vivienda durante el Franquismo partían de una determinada concepción de las funciones de la vivienda pública. Con ella se intentaba solucionar, por un lado, la problemática fordista de la construcción del consumo de masas y, simultáneamente, poner en marcha vías de transferencia continúa de ingresos hacia el naciente sector de la construcción, todo ello dentro de un marco institucional análogo al de los planes industriales.

En este contexto, se presentaron, no obstante, un conjunto de problemas que tenían tanto que ver con el carácter periférico del modelo fordista español, como con el extremo autoritarismo de las formas de gobierno. El primero de ellos se refería a las funciones económicas y políticas que se derivaban de las distintas formas de tenencia y uso de la vivienda. Para la dictadura, la generalización del acceso a la vivienda de protección oficial en alquiler, podía suponer la aparición de múltiples focos de conflicto político en la interlocución directa entre inquilinos y Estado. En consecuencia, la política de vivienda intentó deshacerse, desde muy pronto, de este tipo de problemas mediante la generalización de la vivienda en propiedad. Esto es precisamente lo que acabó por decantar la línea política del periodo, bien recogida en la célebre declaración del entonces ministro de la Vivienda: «España: un país de propietarios, no de proletarios».[3] Según el texto de esta cita, la propiedad de vivienda era un medio de moralización y sujeción de las clases trabajadoras, sospechosas de desafección y en pleno proceso de mutación social y subjetiva. La propiedad se convirtió, por lo tanto, en el criterio rector de las políticas públicas.

Por otro lado, la política franquista de vivienda estuvo determinada en todo momento por el continuo desbordamiento de las previsiones demográficas implícito en las migraciones internas del periodo y por el consiguiente problema político de extensión de las redes de autoorganización entre el nuevo proletariado informal de las grandes ciudades.[4] Tan sólo en la década de 1960, ocho millones de personas migraron desde sus zonas de origen, mayoritariamente rurales, a las aglomeraciones urbanas. Al mismo tiempo, el hacinamiento y el urbanismo marginal o de autoconstrucción —el chabolismo— se convirtió en la solución residencial más viable para una parte considerable de los nuevos inmigrantes.

---

3 Sin duda, aunque el lugar común «España: un país de propietarios» tiene su origen en esta fase desarrollista del mercado de la vivienda en España, hay que distinguir entre las funciones políticas de la vivienda en propiedad y las funciones económicas que ésta fue asumiendo progresivamente a través de medios propiamente financieros. De hecho, sin necesidad de suponer que el proceso de dominación política que conllevó la generalización de la propiedad fuese dado, de una vez por todas, en la etapa franquista, lo cierto es que el posicionamiento de la vivienda como activo financiero central de las familias requirió de una larga serie de transformaciones institucionales.

4 A medida que avanzaba el régimen, estas formas de autoorganización suplieron las carencias de las organizaciones sindicales y sirvieron de inestable correa de transmisión del peculiar fordismo franquista. El fracaso de la política territorial de los polos de desarrollo, diseñada para descargar a las grandes aglomeraciones de la presión de los recién llegados es un buen ejemplo de este continuo desbordamiento. Por otro lado, los fracasos en la políticas territoriales y económicas de corte fordista-keynesiano expresaban el tipo de contradicción que supuso la ausencia de la pieza clave de la ingeniería del *welfare state* europeo: las organizaciones obreras de masas. En los modelos canónicos de la Europa socialdemócrata, las organizaciones obreras configuraron las directrices políticas de la planificación económica y social y sirvieron, simultáneamente, de correa de transmisión de las necesidades del modelo de acumulación surgido tras la potsguerra.

En otras palabras, los enormes fallos de planificación urbana y territorial de esta época estaban desembocando en un problema de gobernabilidad. Considerado a vuelo de pájaro, el desajuste derivaba de la coexistencia de modelos fordistas basados en la extracción de plusvalía relativa —la rápida industrialización, las grandes fábricas— con modelos de extracción de plusvalía simple, facilitados por la incorporación masiva de reservas laborales desde los entornos agrícolas y por la persecución de las organizaciones obreras. El hecho de que ninguna de las formas sociales asociadas a una u otra vía llegase a imponerse como modelo central de gobierno tuvo como consecuencia que la intervención estatal sobre el mercado inmobiliario estuviese permanentemente sometida a lo que en la época se llamo urbanismo de urgencia.[5] Se trataba aquí de un modelo de intervención basado en la producción de vivienda pública por parte del Estado o de operadores privados subvencionados, normalmente por detrás y a rastras de las grandes extensiones chabolistas que colonizaban la periferia de las ciudades.

A mediados de la década de 1960, de todos modos, este modelo de intervención basado en la promoción de la vivienda de protección oficial experimentó un nuevo salto de escala. Paradójicamente, este importante cambio fue el resultado de las insuficiencias del fordismo hispano y de su reorientación hacia el desarrollo de una posición fuerte en el sector de la construcción. Por una parte, los intentos de utilizar la vivienda pública como base de la composición de la demanda —vía liberación de renta disponible y no por aumento de su valor de mercado[6]— a la manera del modelo fordista-keynesiano europeo chocaron con la aparición de los primeros déficit exteriores de 1958 y 1965. De otra, las posteriores restricciones del crédito y la aparición de la inflación acabaron por retraer la figura de la vivienda de promoción pública. De este giro de la política presupuestaria, salió reforzada

---

5 El Plan de Urgencia Social de 1957 de Madrid, ampliado al ámbito nacional en 1958, establecía la figura de la vivienda subvencionada como pieza central de intervención inmobiliaria. Este tipo de planes de urgencia se impusieron como fórmula de absorción de la inmigración en las grandes áreas metropolitanas. Desde el punto de vista económico, las ayudas se canalizaron desde el lado de la oferta, es decir, el promotor fue el beneficiario de las ayudas. Se trataba de un sistema de «ayuda a la piedra», es decir, las características del futuro usuario no se tenían en cuenta a la hora de establecer las políticas, sino que era el propio acceso a la vivienda el que daba derecho a recibir las ayudas. Véase, por ejemplo, A. Fernández Carbajal, «La política de vivienda en España durante el franquismo», *Ciudad y Territorio*, núm. 35, 2003.

6 Sobre la base de los primeros planes franquistas de fomento de la propiedad inmobiliaria se había establecido un gasto máximo en vivienda del 12 % de la renta disponible por familia, en un marco de coexistencia de la promoción pública y la promoción privada de protección pública. J. Catalán, «Del milagro a la crisis: la herencia económica del Franquismo» en M. Etxezarreta (coord.), *La reestructuración del capitalismo en España, 1970-1990*, Barcelona, Icaria, 1991.

la fórmula de la subvención pública de los operadores privados. A partir de entonces, se construyó masivamente vivienda de protección oficial, pero no era el Estado, sino un emergente sector privado quien se encargaba de su ejecución. La política de vivienda del Franquismo mostraba aquí el mismo carácter de clase que las políticas fiscales, claramente regresivas, que cargaron sobre el trabajo desde los más leves costes de las recesiones hasta las grandes ampliaciones del sector público. Con ello, se renunció también a liberar una mayor parte de la renta de las clases trabajadoras con destino al consumo de masas, para destinarla al pago de la vivienda: una política del todo congruente con la debilidad del fordismo hispano y con su naciente vocación inmobiliaria.

Desde los años sesenta, la subvención directa supuso un espectacular impulso para el sector de la construcción, que además obtuvo el apoyo institucional necesario para los requerimientos expansivos —suelo, materiales y demanda— de esta etapa de «acumulación primitiva». Precisamente en esta época, la promoción inmobiliaria y la expansión del crédito a la construcción permitieron la acumulación de inmensas fortunas y la formación de un pujante grupo de grandes empresas que tienen continuidad hasta la actualidad.

Las políticas de crisis: la preparación de la primera burbuja inmobiliario-financiera

La crisis de 1973 terminó bruscamente con el *boom* precedente. Con la crisis apareció el primer exceso de oferta inmobiliaria de la historia de España. Gran cantidad de las viviendas construidas durante la época de calentamiento del mercado se enfrentaron a un mercado progresivamente deprimido. El resultado fue un enorme incremento del paro en la construcción y una interminable cadena de quiebras, especialmente en el segmento de las pequeñas y medianas empresas que habían crecido al calor de la subvención pública y del rápido aumento de la demanda garantizada por el crecimiento demográfico de las ciudades.

En este contexto, las líneas de intervención sobre el mercado de la vivienda incidieron sobre tres líneas: 1) la utilización de la vivienda protegida como vía rápida para la creación de empleo, pero siempre a través de la promoción privada; 2) el reforzamiento de la propiedad como régimen de tenencia prioritario, y 3) la vinculación de la financiación de la vivienda en propiedad a los mercados financieros. La vivienda de protección oficial (VPO) adquirió así las funciones clásicas de «sector refugio» con el fin de ofrecer incentivos a las empresas de construcción en un momento de caída de los beneficios.

Sin embargo, al tiempo que se cumplía con este propósito se trató de abrir un nuevo espacio para la VPO, que pasó a asumir funciones mucho más «productivas» en el largo plazo; funciones que preparaban efectivamente las burbujas patrimoniales de los años ochenta y noventa.[7] La innovación central del periodo fue la articulación de un nuevo sistema de facilitación del acceso a la propiedad por medio del endeudamiento hipotecario y la subvención fiscal.

El hito fundamental en esta nueva constitución del mercado de la vivienda, fueron las dos reformas de 1978. Por debajo de las mismas subyacía una concepción explícita de que el mercado inmobiliario sirviera como base de la recuperación económica. En línea con la más clásica tradición anticiclíca keynesiana, el RD 31/1978 sobre Vivienda de Protección Oficial se justificó con el fin de producir una «reactivación del sector, determinando también una reducción de las cotas de desempleo alcanzadas en la construcción».[8] Pero también, y aquí esta la novedad, el RD 31/1978 puso el acento en la financiación de la demanda de VPO, al establecer de forma provisoria canales públicos con el fin de que el crédito llegase a los sectores potencialmente capaces de comprar. Se consideraba que las vías públicas de crédito debían servir para facilitar la «transición hacia una nueva concepción del sistema financiero de la vivienda basado en la creación de un amplio mercado secundario de hipotecas».[9] Claro está, más como complemento que como sustitución a las tradicionales políticas de financiación de la oferta inmobiliaria, se abría aquí una importante vía de intervención estatal sobre la demanda inmobiliaria. Esta intervención no fue realizada a partir de la financiación pública directa, sino por medio de la articulación de la demanda inmobiliaria con la creación de un amplio mercado de compra-venta de deuda hipotecaria titulizada o, en otras palabras, ligando la financiación de la demanda inmobiliaria a los mercados financieros, tal y como más tarde veremos.

El apartado de vivienda de la Ley del Impuesto de la Renta de las Personas Físicas de 1978 introdujo también otra reforma de amplísimo calado: la deducción fiscal por compra de vivienda en propiedad. En

7 Estas nuevas funciones de la vivienda pueden resumirse sucintamente en dos aspectos. De un lado, la vivienda protegida se convirtió progresivamente en una forma «protegida» de acceso a la propiedad inmobiliaria. De otro, la VPO sirvió de campo de pruebas en el que se ensayó una nueva forma de gobernanza: las instituciones financieras privadas o para-públicas, como las cajas de ahorro, actuaron por medio de la financiación de las políticas de vivienda y de la gestión de su deuda mediante el mercado secundario de deuda hipotecaria. El nuevo régimen de gestión de la vivienda, una vez engrasado en la VPO, se utilizó para intervenir sobre el mercado libre abriendo múltiples canales de crédito.

8 RD 31/1978.

9 RD 31/1978.

concreto, se concedieron deducciones en la base imponible de los intereses de los préstamos para compra de vivienda y en el 15 % de la cantidad anual invertida en la adquisición de la vivienda habitual.[10] Estos porcentajes han ido variando con el paso del tiempo, pero la deducción fiscal a la compra de vivienda ha sido una de las líneas de intervención pública de mayor potencia. Por esta vía se ha subvencionado directamente no sólo la compra, sino también la dinámica expansiva de los precios de la vivienda y, por consiguiente, de las burbujas patrimoniales. Baste señalar que en los años centrales del último ciclo inmobiliario (2004-2006) el Estado dejó de ingresar la increíble cantidad de 7.000 millones de euros anuales, el 3 % de su presupuesto por este concepto.[11] Otra de las medidas más significativas del decreto de 1978 consistió en la redacción de planes de vivienda válidos para varios años. El objeto inicial de estos planes era establecer, de un lado, la cantidad de viviendas protegidas a construir y, de otro, sus medios de financiación. En otras palabras, estos planes debían servir como un desarrollo a largo plazo de la forma de partenariado público-privado que se estableció en el Real Decreto de 1978. Los dos planes de este periodo —el plan 1981-1983 y el plan 1984-1987— además de volver a la carga con la necesidad de generar puestos de trabajo mediante la construcción de VPO, desarrollaron nuevas vías para financiar el tipo de interés de los prestamos hipotecarios, implicando fundamentalmente a las cajas de ahorro en la concesión de préstamos para vivienda protegida en propiedad.[12] También se utilizó esta fórmula con el fin de financiar el acceso a la vivienda libre y de compensar la fuerte caída de la demanda en el mercado libre. Como novedad, el Plan Cuatrienal 1984-1987 introdujo también algunos criterios progresivos para la financiación preferencial de los préstamos para los niveles de renta más bajos.

---

10 A. Fernández Carbajal, «Veinticinco años de política de vivienda en España 1976-2001», *Información Comercial Española,* núm. 816, julio-agosto, 2004.

11 En el mes de mayo de 2009 el gobierno del PSOE anunció la cancelación de la deducción por compra de vivienda habitual a partir de 2011. El sentido más evidente de esta intervención era compensar la fuerte caída de la recaudación fiscal y el rapidísimo crecimiento del déficit público que siguió a la caída de los mercados inmobiliarios en 2008 y 2009. Pero esta medida tiene un segundo sentido: la cancelación de las deducciones fiscales no se aplica inmediatamente, se demora con un plazo suficiente como para que pueda ser asimilada por el mercado inmobiliario en forma de subida de precios. La medida del gobierno de Zapatero intentaba intervenir sobre el nebuloso campo de los precios dando apoyo institucional a la creencia en una futura subida de los precios de la vivienda. En realidad, se trataba de un ultimátum a los inversores en vivienda para que compresen cuanto ante a fin de aliviar la pesada carga que supone para los promotores inmobiliarios un stock de un millón y medio de viviendas sin vender.

12 RD 2455/1980, «[…] con la finalidad de estimular al máximo la difusión el acceso a la vivienda de determinadas clases sociales, clientela típica de las cajas de ahorro, se contempla la posibilidad de afectar fondos con cargo a los recursos de la obra benéfico social a subvencionar el tipo de interés de los prestamos para viviendas de protección oficial».

En conjunto, las medidas tomadas durante la larga fase de depresión, que duró de 1973 a 1985, consiguieron reestructurar el sector inmobiliario, al tiempo que se lograba sostener un nivel aceptable en la producción de nuevas viviendas, por medio de la promoción de la VPO. En estos años, efectivamente, el número de hogares propietarios ganó diez puntos, superando la barrera del 70 %. La reactivación del mercado de la vivienda a partir de 1986 supuso, sin embargo, una rápida reorientación de las estrategias públicas. El Estado rehusó intervenir directamente en el mercado de la vivienda, marginando progresivamente el instrumento de la vivienda protegida. Esta retirada sirvió para que los elementos de dinamización del mercado, decretados durante la fase anterior, contribuyeran a la expansión del ciclo inmobiliario de 1986-1992.

El Decreto Boyer y la primera burbuja inmobiliario-financiera

El llamado Decreto Boyer de 1985 se suele considerar como el momento inaugural de una nueva forma de intervención política. El texto legal se iniciaba, de nuevo, con una apelación a la «actividad económica», si bien esta mención iba más allá del clásico incremento de actividad del sector para colocar a la vivienda, en concreto al precio de la vivienda, en el centro de una política de aumento del consumo privado y de la demanda interna. De hecho, el Decreto Boyer puede ser considerado el precedente histórico más claro de las políticas de keynesianismo de precio de activos:

> Seis meses después de la presentación de los presupuestos de 1985, se hace evidente la necesidad de adoptar más medidas en el sentido de potenciar la demanda interna, por cuanto la desaceleración de la economía internacional está siendo más profunda de lo esperado. Por ello, el Gobierno ha decidido adoptar un conjunto de medidas destinadas a estimular el consumo privado y la inversión, a fomentar el empleo y a impulsar el sector de la construcción.[13]

El Decreto Boyer intervenía sobre varios aspectos centrales para la expansión del mercado inmobiliario, el primero y más conocido era la reforma del mercado de alquiler. La gran novedad fue la supresión de la prórroga forzosa de los alquileres. Esta medida suponía la posibilidad de liberalizar los precios de los alquileres urbanos que previamente habían estado sometidos a fórmulas del tipo renta antigua y que implicaban un fuerte control de los precios. En la base ideológica de esta medida volvían a aparecer las famosas economías de oferta que, en plena reacción neoliberal, hacían furor en Europa y Estados Unidos:

---

13 Real Decreto Ley 2/1985.

> La reforma incluida en este Real Decreto-Ley, al aumentar la oferta, reducirá la presión al alza de los alquileres con beneficio para el propietario y para el arrendatario, lo que permitirá satisfacer las necesidades de vivienda a una generación de jóvenes que, debido a la situación de bajo crecimiento económico, tienen dificultades para adquirir una vivienda.[14]

Al igual que ocurre cada vez que se moviliza la ficción de que las restricciones de oferta generan una carestía que encarece innecesariamente la vivienda, también en esta ocasión —justamente cuando se liberalizó la oferta— se dispararon los precios. El resultado fue el perfecto opuesto de lo que Boyer decía querer: las dificultades para acceder al alquiler aumentaron de forma dramática, al igual que las expulsiones de todos aquellos a los que el Decreto-Ley impuso la revisión de las rentas tradicionales. Sea por la ceguera del dogmatismo neoliberal, sea por que las razones «reales» de la medida no se correspondían con la «Exposición de motivos» del texto, lo cierto es que esta medida supuso un espaldarazo más a las políticas de fomento de la propiedad inmobiliaria y un nuevo retroceso del mercado de alquiler.

La propiedad inmobiliaria se vio además doblemente respaldada por la otra gran medida del Decreto: la ampliación de las desgravaciones por propiedad de vivienda desde el 15 % al 17 % y su aplicación a las viviendas no principales y determinadas categorías de viviendas rehabilitadas. Esta reforma supuso la sanción definitiva del proceso de «acumulación primitiva» de la propiedad inmobiliaria y resultó de enorme importancia en el modo en el que las diferentes fracciones de clase quedaron situadas en la distribución de los activos inmobiliarios antes del ciclo expansionista de 1986-1992. De este posicionamiento inicial, dependió enormemente la cuantía de las plusvalías inmobiliarias realizadas por las familias propietarias.

A partir de 1988, los planes de vivienda tomaron un sesgo asistencialista de carácter propiamente neoliberal. Los objetivos de la política de vivienda durante la fase expansiva del nuevo *boom* inmobiliario estuvieron claramente marcados por una reducción drástica de la vivienda protegida, que vino también acompañada de una fuerte proliferación de las taxonomías encaminadas a la identificación de los colectivos de mayor necesidad.[15]

---

14 Real Decreto Ley 2/1985.

15 Los estudios sobre pobreza y exclusión social han venido poniendo de manifiesto que la provisión de vivienda pública ha sido manifiestamente insuficiente, cuando no ha sido directamente una fuente de exclusión. En las distintas ediciones del informe FOESSA se pueden encontrar abundante información sobre estos temas. Vease: FOESSA, *VI Informe sobre exclusión y desarrollo social en España*, 2008 http://www.foessa.org/quePensamos/nuestrasPrioridades/index.php?MzI%3D

Siguiendo las líneas de intervención del nuevo régimen neoliberal,[16] los planes aplicaron los métodos del *means tested benefit* con el fin de expulsar al mayor número posible de familias hacia el mercado y, de este modo, acelerar el ciclo a partir de la captación directa de la renta familiar. Por otra parte, a partir de 1992 el soporte macroeconómico de estas políticas se tuvo que adaptar a las prescripciones del Pacto de Estabilidad Europeo y del Tratado de Maastricht, que puso como primera prioridad de la política económica la reducción del déficit público y la lucha contra la inflación.

El periodo 1985-1990 fue, por lo tanto, crucial como laboratorio de algunos mecanismos centrales para el lanzamiento de las burbujas patrimoniales. Estos mecanismos implicaban la marginación de la función social de las políticas de vivienda: concretamente el reforzamiento de la propiedad y la reducción, hasta su mínima expresión, del mercado de alquiler. A partir del Decreto Boyer se trató siempre de reducir la oferta de alquiler en favor de las formas de propiedad basadas en el crédito. Con un ojo siempre puesto en la demanda de viviendas libres en propiedad, el parque de vivienda pública en alquiler fue desapareciendo progresivamente bajo la formula generalizada del alquiler con opción a compra.

A su vez, estas políticas activas de privilegio de la propiedad estuvieron impulsadas por distintos elementos económicos y políticos. Desde el punto de vista de la oferta, el alquiler de la vivienda familiar —no así el de oficinas y centros productivos— ha sido considerado un obstáculo a la acumulación de capital en el sector inmobiliario, ya que supone una ralentización de la rotación de capital en la construcción y un impedimento para las economías de escala. Esto es particularmente cierto para los periodos de fuerte crecimiento inmobiliario, mientras que en las fases de contracción, el alquiler vuelve a recuperar funciones de nicho de beneficios, siempre y cuando sean lo suficientemente «flexibles» como para no aprisionar a los inversores en unas fórmulas de obtención de rentas mucho menos rentables que la venta de viviendas en propiedad en el mercado libre.

---

16 Según la clasificación estándar de los Estados de bienestar, basada en la clasificación de Esping Andersen, uno de los rasgos centrales de los regímenes liberales es la subordinación de los beneficios sociales al cumplimiento de determinadas condiciones. Como han denunciado repetidamente los partidarios de los beneficios universales como la Renta Básica, este tipo de condiciones no favorecen la cacareada eficiencia de los sistemas de bienestar, ya que en no pocas ocasiones el gasto que genera la actividad burocrática de verificación de las condiciones es muchas veces superior a los montantes de los beneficios sociales. Más bien, la razón de este tipo de políticas públicas hay que buscarlas en la subordinación a las necesidades de los mercados de trabajo. Es lo que habitualmente se denomina *workfare*. Véase: G. Esping Andersen, *The Three Worlds of Welfare Capitalism*. Cambridge, Polity Press, 1990 y R. Jessop, «Towards a Schumpeterian Workfare State? Preliminary Remarks on Post-Fordist Political Economy», *Studies in Political Economy*, núm. 40. 1993.

Desde un punto de vista político, la apuesta por la propiedad como factor de desafiliación y de individuación de la relación entre propietario y capital-dinero viene de largo: fue masivamente ensayada por el Franquismo. Sin embargo, la carta de naturaleza que tiene la propiedad en la tradición liberal, no debe impedirnos ver que ésta es una relación social que debe ser producida constantemente y que nunca está dada de una vez por todas. En realidad, se requiere una intervención continua, y a varios niveles, para que la propiedad de vivienda se imponga sobre el modelo de relación, menos mediado y más atomizado, de los alquileres urbanos.

De hecho, si se tienen en cuenta dos de las principales características del alquiler: sus funciones económicas cambiantes y su sentido político no reproducible automáticamente, la fórmula de intervención pública preferente sobre este mercado sólo puede ser la producción de «viviendas en alquiler con opción a compra». Esta fórmula ha venido enlazando las formas asistencialistas de la política de vivienda neoliberal con las típicas figuras de la sociedad de propietarios. En este marco, los alquileres son un modo de tenencia residual, destinada a aquéllos cuya escasez de ingresos o alta movilidad les haga no idóneos para la propiedad,[17] pero siempre sujetos a vías de conversión del alquiler en propiedad. Huelga decir que el camino inverso, de la propiedad al alquiler, no es practicable en el marco de la vivienda pública y, fuera de este marco, implica asumir una trayectoria social tortuosa bastante semejante a un desclasamiento.

Crisis y relanzamiento de la espiral patrimonial

La caída de los precios inmobiliarios, a partir de 1992, no supuso una vuelta a la anterior fórmula de intervención mediante la vivienda protegida. En la nueva fase no se intentó convertir la VPO en un medio de acceso masivo a la propiedad inmobiliaria para, posteriormente, generar una masa crítica de propietarios. En su lugar, y de acuerdo también con las nuevas prescripciones europeas, se redujeron drásticamente todas las formas de vivienda protegida y se lanzó a las familias hacia el mercado de una manera más violenta que en el anterior periodo de caída cíclica. No es de extrañar, que éste fuera el momento en el que comenzara a tomar nueva forma el viejo «problema de la vivienda», al tiempo que se generalizaban tanto las reclamaciones de menores tipos de

17 «El fomento del alquiler favorece a los colectivos con menores rentas y a aquéllos con necesidades especiales y, además, en la medida en que contribuye a movilizar el parque vacío, a un uso más eficiente de los recursos naturales y económicos». RD 801/2005.

interés como el discurso de la escasez de suelo urbanizable. Dos «exigencias» que componen el núcleo del discurso expansionista que se generó durante el largo ciclo inmobiliario que dió comienzo en 1997.

De forma congruente, el Plan de Vivienda 1992-1995 se afanó por envolver en un envoltorio de redistribución y eficiencia este visible repliegue de la intervención del Estado y de las formas de vivienda protegida. En realidad, este Plan continuó el trabajo de taxonomía de grupos de ingreso iniciado con los Reales Decretos de 1988 y 1989. Estableció módulos y umbrales de subsidio del tipo de interés y, en menor medida, de ayuda directa según el número de veces que la renta familiar superara el salario mínimo interprofesional. A pesar de este *tour de force* ideológico, los datos muestran una reducción drástica del volumen de producción de todas las formas de vivienda protegida y un descenso histórico del mercado de alquiler. Según los datos del Ministerio de Fomento, frente a las 122.600 viviendas protegidas que se construyeron en 1986, en 1995 tan sólo se construyeron 67.800.[18]

La línea descendente de la producción de VPO se mantuvo también durante los años posteriores, si bien a partir de 1997 este descenso se produjo en un nuevo contexto político y económico caracterizado por el espectacular crecimiento de los precios y de las viviendas iniciadas. La bajada progresiva de los tipos de interés fue el marco en el que se fabricó la nueva estrategia de gobernanza del ciclo inmobiliario. En una variante de los partenariados público-privados que caracterizan al régimen de gobierno postfordista, las instituciones financieras, muy especialmente las cajas de ahorro «semipúblicas»,[19] concedieron los créditos necesarios para alimentar la demanda inmobiliaria a precios crecientes. A cambio, la figura del préstamo hipotecario concedido por las entidades privadas se incorporó, de manera progresivamente naturalizada, como permanente telón de fondo de la legislación sobre política de vivienda. En otras palabras, los mercados de capitales, de los que surge la financiación hipotecaria, fueron incorporados como línea preferente de intervención del Estado que, a su vez, fue retenido como garantía última de los beneficios financieros.

En la nueva etapa que se abrió en 1997, la VPO quedó definitivamente confinada al asistencialismo. Tanto la demanda como las formas políticas del «problema de la vivienda» fueron trasladadas al mercado de la vivienda libre. De hecho, la generalización de los préstamos hipotecarios a bajo

---

18 Datos tomados de A. Fernández Carbajal, *op. cit.*

19 Este modelo de financiación es el que también siguieron los planes de vivienda. A partir del plan 1998-2001 se elimina la financiación oficial del Banco Hipotecario de España y crece enormemente, en términos porcentuales, la financiación por parte de las cajas de ahorro y, también en términos absolutos, la de los bancos. A. Fernández Carbajal, *op. cit.*

tipo de interés acabó por arrinconar tanto a la vivienda protegida como al alquiler. Posteriormente, en el Plan de Vivienda 2002-2005 aparecen los tres ejes que estructuraron la política de vivienda durante la fase álgida del ciclo inmobiliario. Merece la pena nombrarlos con el fin de considerar la vertebración de las políticas de vivienda en ese periodo:

1. Se siguen haciendo prevalecer los umbrales de ingreso necesarios para acceder a la protección, con una orientación todavía más ligada a la política de cohesión social y siempre con la retórica de la corrección de los fallos de mercado.
2. Comienza a ganar peso la cuestión de los arreglos público-privados necesarios para la gobernanza del mercado hipotecario. En esta línea, es significativo que el Plan de Vivienda 2002-2005 requiriera de una orden ministerial adicional en la que se esclarecieron los arreglos financieros concretos y las cantidades asignadas a cada entidad financiera en concepto de préstamos protegidos.[20]
3. La otra gran línea del discurso de estos planes ha sido la coordinación con los planes de vivienda autonómicos y la constante referencia a la falta de competencias estatales en materia de vivienda.[21] Como más tarde se verá al analizar la descentralización necesaria para la gestión de los mercados de suelo, esta cuestión aparece ligada a la relación con los agentes inmobiliarios locales.[22]

Estos tres ejes siguieron siendo fundamentales en la estructura del Plan de Vivienda 2005-2008, el último del gran ciclo expansivo. Es cierto que en el texto de este plan se introducía una retórica de mayor intervención estatal

20 J. Rodríguez, «La construcción y la vivienda mantienen el ritmo de crecimiento», *Ciudad y Territorio*, núm. 131, 2002.

21 Frente a las constantes descargas de responsabilidad de los planes de vivienda estatales en el ámbito autonómico, hay que recordar que a partir del Plan de Vivienda 1998-2001 los planes establecen un precio nacional de base para las actuaciones protegidas en torno al cual deben de fluctuar los precios autonómicos. Por otro lado, como sucede con muchas otras intervenciones en la gobernanza entre escalas de gobierno, los documentos del Estado marcan las grandes líneas de actuación y el «lenguaje común» para los gobiernos regionales.

22 «El Plan de Vivienda 2002-2005 representa, por lo tanto, una iniciativa formulada desde el Estado a las comunidades autónomas y, en su medida, y a través de éstas, a las corporaciones locales, para colaborar en una tarea que, como se ha puesto de manifiesto, resulta necesaria y que el Estado, por sí solo, no puede culminar. [...] En estas condiciones, y contando con la colaboración de los restantes agentes, y, muy especialmente, de los promotores inmobiliarios, públicos y privados, el Plan de Vivienda 2002-2005 podrá alcanzar las finalidades perseguidas por el Estado y los objetivos concretos que las propias comunidades autónomas se asignen a sí mismas». RD 1/2002.

en el mercado, que trataba de sacar a relucir a los grupos menos favorecidos. El crecimiento de los precios de la vivienda desatado en los años anteriores, había elevado notablemente las barreras de entrada al mercado de la vivienda, dejando fuera a los sectores de población de menor patrimonio. No obstante, sobre la previsión de una coyuntura recesiva, el Plan consideraba a estos sectores exclusivamente desde una lógica de intervención anticíclica. La VPO jugaba aquí un papel de estabilizador del sector prestando servicio a aquellos grupos de población que no podían acceder al mercado libre de viviendas en condiciones aceptables,[23] pero el objetivo real del Plan estaba puesto en un horizonte estratégico a medio y largo plazo.

En conjunto, las políticas de vivienda durante el largo ciclo expansivo de 1995-2007 han venido caracterizadas por el retraimiento de la intervención directa del Estado en forma de vivienda pública. La línea fuerte de intervención descansaba en la adaptación a una coyuntura marcada por la bajada global de los tipos de interés y de estímulo del crédito. La crisis, sin embargo, puede dibujar un nuevo cambio de estrategia.

La crisis de 2008-2010. La recuperación anticíclica de la VPO

A golpe de los primeros efectos de la crisis inmobiliaria, el sentido anticíclico que el Plan de Vivienda 2005-2008 intuía en 2005, reaparece, ya de manera agonística, en la ampliación de 2008. La ampliación supone una transferencia directa de dinero público hacia las promotoras en un momento de agudización del exceso de oferta inmobiliaria y de caída de los precios de la vivienda. El Plan estableció ayudas de 12.000 euros al promotor por cada vivienda que sacase en alquiler, sin que en ningún lugar se explicitara la cantidad total destinada para cubrir estas ayudas, o lo que es lo mismo, dando curso a una vía de permanente subvención pública al sector inmobiliario. Por otra parte, esta misma normativa, distorsionaba, una vez más, el significado de la propiedad pública. Con el fin de que las promociones de viviendas no vendidas pudieran acomodarse a la categoría de viviendas protegidas se estableció una sustancial relajación de los niveles máximos de precios para entrar en esta categoría.

Que la ampliación del Plan de Vivienda 2005-2008 fuera hecha por el procedimiento de urgencia nos da una buena pista de lo que muy probablemente van a ser las políticas de vivienda durante la larga fase recesiva abierta en 2008.

23 RD 801/2005.

Por un lado, es previsible una vuelta a los parámetros de mediados de los años ochenta, cuando la VPO tenía la función de generar una nueva masa crítica de propietarios que sirviera posteriormente de demanda adicional para el mercado libre. Por otra parte, frente a la situación de exceso de oferta, los planes de vivienda pretenden servir para aligerar el número de viviendas no vendidas. En este último aspecto, son previsibles mayores relajaciones en los precios máximos de las calificaciones y la aparición de nuevas figuras de protección cada vez más grotescas.[24] Además, se va a intensificar la construcción de vivienda pública, sea o no necesaria, como forma de transferencia de dinero público a los promotores en dificultades. Por último, el alquiler vuelve también a tomar un papel estratégico como fase previa a la propiedad bajo formulas de opción a compra.

En definitiva, nos encontramos aquí con toda una serie de intervenciones dirigidas a contribuir, en distintos momentos, a una nueva fase alcista del mercado inmobiliario. Se trata de buscar un refugio a la demanda en nichos estratégicos, al tiempo que se mantienen los niveles de oferta para que ambos reaccionen a la más mínima señal de subida de precios, y se genere así un nuevo ciclo especulativo. En definitiva, parece probable que durante los próximos años, volvamos a ver encabezamientos de textos legales que repitan las viejas fórmulas del tipo «para contribuir a la recuperación económica del sector...», y que tan adecuadamente han servido para transferir ingentes cantidades de recursos públicos al sector privado.

El desarrollo del mercado hipotecario

El préstamo hipotecario es una de las principales herramientas empleadas para vincular las dinámicas sociales a la evolución del sector financiero. La hipoteca permite abrir los ámbitos de la reproducción social a los flujos del capital financiero. La hipoteca traslada, además, las normas de acumulación de las finanzas a un nivel de capilaridad máxima y ello provoca un cambio decisivo en el papel que ocupa el crédito en el entramado de la sociedad de consumo.

Desde una perspectiva histórica, en la fase fordista clásica, el crédito personal y familiar era el lubricante de la demanda y de la aceleración de la rotación de capital necesaria a fin de conseguir los aumentos de escala

24 Un ejemplo de este tipo de distorsión de las categorías de protección pública es la Vivienda de Iniciativa Público-Privada (VIPP) de Castilla La Mancha, una forma de transferencia de recursos al sector promotor en apuros, por la vía de la financiación de promociones o de compra de viviendas excedentes, que permite una fuerte subida de los precios finales de la vivienda respecto a los que marca la VPO.

en la producción, indispensables para la acumulación de base industrial. Desde el punto de vista del trabajo, en cambio, el crédito era asumido como una forma de financiación ligada al crecimiento de los salarios reales. En la medida en que el ritmo de crecimiento de los salarios reales era superior al ritmo de crecimiento del endeudamiento, este proceso se desarrollaba siempre bajo una perspectiva de repago y cancelación de la deuda.

A partir de la crisis de 1973 el crédito entró, no obstante, en una nueva fase histórica. El descenso de los salarios reales impidió entonces un horizonte razonable de saldo de la deuda. Y el crédito, sin perjuicio de sus efectos económicos sobre la demanda, se convirtió progresivamente en una fuente de captación de rentas que contrarrestaba los problemas de realización del nuevo ciclo de acumulación. Para las familias, el crédito se elevó así a la condición de puerta de entrada al juego social del consumo, al tiempo que se convertía en una carga mantenida a lo largo de toda la trayectoria económica de la unidad de consumo.[25]

El apogeo del crédito hipotecario como instrumento de la demanda inmobiliaria, primero, y de forma secundaria como instrumento de consumo, nos conduce a la actual fase postfordista de los sistemas financieros. De esta forma, el crédito puede ser considerado ahora, por un lado, como una forma de obtención de beneficios en sí misma y, por otro, como una condición previa de entrada en el ciclo del consumo. Pero el préstamo hipotecario cumple además una serie de funciones políticas y económicas, que son indispensables para el desarrollo del modelo social y económico que aquí estamos llamando keynesianismo de precio de activos.

La hipoteca representa, efectivamente, un doble papel que le permite ser el vehículo de una comunidad de intereses políticos y económicos con un fuerte acento de clase: 1) realiza el objetivo político de sujetar grandes franjas de población a la propiedad y 2) realiza el objetivo económico de vincular a las familias a los mecanismos de extracción de rentas por parte del sector financiero. La hipoteca y, en mayor medida, los instrumentos financieros que las utilizan como soporte permiten una continua transferencia de rentas salariales hacia unas finanzas permanentemente

25 «En el momento, a lo largo de la década de los setenta, en el que la extensión del crédito al consumo comenzó a exceder la capacidad de los americanos para pagar la deuda, el lugar de ésta en la vida social y económica ya era inextricable. El crédito ya no era opcional. Los minoristas necesitaban el crédito para lanzar las ventas. Las industrias manufactureras ya obtenían enormes beneficios de sus operaciones de crédito. Los consumidores habían aprendido a utilizar el crédito para financiar materialmente sus vidas». Louis Hyman, «Debtor Nation: How Consumer Credit built America», *Enterprise and Society*, núm. 9, 2008, pp. 614-618.

necesitadas de liquidez. En este sentido, la hipoteca es el componente principal de los flujos que trasladan las rentas del trabajo hacia las rentas de capital. Este proceso, en la medida en que abre o intensifica las líneas de transferencia del producto social hacia el sector financiero, es fundamental dentro de los esquemas de acumulación por desposesión que se analizan en este trabajo. De otra parte, este tipo de canales de captación de rentas ha sido parte principal de la dieta del sistema financiero, hasta el punto de desbloquear las tendencias al estancamiento que regularmente acechan a la financiarización de las empresas

Otra de las ventajas de la hipoteca para el sector financiero, es que ésta traslada los principales riesgos financieros sobre las familias endeudadas. El caso más visible es el de las hipotecas a tipo de interés variable. Esta fórmula de financiación, generalizada enormemente en los últimos años, revierte automáticamente sobre los endeudados las variaciones de los tipos de interés, y con ello uno de los principales riesgos de las finanzas globalizadas. En otra palabras, las familias hipotecadas asumen la función de un extraño seguro social a la inversa, por el que los hogares cubren las perdidas que ocasionan las turbulencias financieras sobre el tipo de interés, todo ello, con una importante cobertura legal.[26]

La cuestión ahora es analizar cómo se ha producido este deslizamiento de las funciones tradicionales del crédito a las nuevas funciones de la hipoteca en España. Con el fin de responder a esta pregunta es preciso considerar la historia reciente del mercado hipotecario español y su inserción en los circuitos financieros internacionales. El análisis de esta trayectoria nos conducirá a considerar tres elementos que han sido centrales en la innovación financiera reciente: la titulización, las instituciones de inversión inmobiliaria y las hipotecas inversas.

---

26 La legislación hipotecaria ha amparado un gran número de fraudes y abusos durante los años del *boom:* «Quienes contrajeron los créditos —es verdad— no eran totalmente ajenos a los riesgos que éstos entrañaban. Pero no es menos cierto que los contratos celebrados con las entidades financieras tenían con frecuencia la fisonomía clásica de los contratos por adhesión, caracterizados por una fuerte asimetría en la información disponible por las partes y por la inclusión de cláusulas notoriamente abusivas. La lista de irregularidades es amplia: sobrevaloración de los pisos con el objeto de inflar el precio y aumentar la deuda; contratación obligada de seguros caros e inútiles; utilización de avales cruzados entre los mismos deudores; cobro de intereses variables referenciados al Euríbor más unos diferenciales desorbitados; información sesgada sobre los posibles aumentos en la hipoteca. Todo ello con una finalidad inequívoca: optimizar beneficios y sortear los controles de riesgo a los que todo sistema crediticio razonable debería someterse». G. Pisarello y J. Asensi, «Hipotecas fraudulentas», *Público,* 5 de mayo de 2009 http://blogs.publico.es/dominiopublico/1258/hipotecas-fraudulentas/

Modernización y globalización del mercado hipotecario español

Como sucede con el resto de las políticas que se analizan en este apartado, la puesta en marcha de políticas de keynesianismo de precio de activos forma parte de un proceso histórico de depuración de las políticas de apoyo al sector de la construcción. En conjunto, la unión de objetivos, aparentemente tan contradictorios, como el incremento de la riqueza patrimonial mediante la subida continuada de los precios de la vivienda, la garantía de una demanda suficiente de vivienda en propiedad y el aumento de la demanda de consumo total, sólo ha sido posible mediante una intensa reforma financiera, cuyas líneas centrales se remontan a principios de los años ochenta. Las reformas del mercado hipotecario tienen, pues, un papel central en el proceso de financiarización de la economía española.[27] De hecho, estas reformas han sido tanto uno de los principales medios de desregulación del sistema financiero español, como una de las vías de su progresiva entrada en el campo de los servicios personales.

Por otra parte, y desde un punto de vista más general, no debe olvidarse que estas reformas, han ido acoplándose a los ritmos de bajada de los tipos de interés y con ello al cambio general de las estrategias de obtención de beneficios financieros que se estudiaban en los capítulos 1 y 2. Estas reformas han tenido, pues, que entrar en resonancia con la apertura a un nuevo modelo de extracción de beneficios financieros basado en las rentas de capital y la fuerte penetración de las dinámicas de financiarización sobre el cuerpo social. Esta evolución fue en España mucho más brusca y profunda que en cualquier otro país europeo. Además este cambio marcó el relevo de las políticas de vivienda, sustituidas por el estímulo hipotecario, como principal regulador de los mercados hipotecarios.

De forma resumida, el proceso de modernización del mercado hipotecario podría haber sido como sigue. A partir de mediados de los años ochenta, la entrada de innumerables operadores privados en el mercado hipotecario español invirtió progresivamente la relación que mantenían las esferas de la política de vivienda y la regulación del mercado hipotecario. Tradicionalmente, las políticas públicas abrían canales especiales de financiación para la vivienda por medio de subvenciones al tipo de interés o la apertura de líneas de crédito

---

27 Conviene también insistir en que las políticas de regulación del mercado hipotecario han estado muy cercanas a la política de vivienda y, sin embargo, es necesario distinguirlas desde un punto de vista histórico. Tal y como ya se ha visto, integrar ambas esferas en arreglos de gobernanza más o menos estables se complica progresivamente a medida que se desregulan los mercados de capitales.

específicas que beneficiaban a los operadores financieros. Dicho de otro modo, los operadores financieros de los mercados inmobiliarios aceptaban unas determinadas reglas de formación de beneficio que además se enmarcaban en un régimen de financiación determinado por la existencia de controles sobre los movimientos de capital.

Con el avance del proceso de financiarización durante las décadas de 1980 y sobre todo de 1990, los pujantes mercados financieros han ido borrando todos los rasgos que distinguían a los mercados hipotecarios como espacios financieros con normas propias. Los mercados hipotecarios se han ido sometiendo así a las necesidades de los mercados financieros globales, al tiempo que se desarrollaban mecanismos que trasladaban de manera automática las inestables coyunturas de las finanzas globalizadas a las políticas de vivienda y suelo. El resultado ha sido una integración cada vez más sólida entre la evolución de los mercados financieros y la de los mercados hipotecarios. En la jerga de los operadores financieros y los defensores de la desregulación económica, este movimiento se ha denominado «abandono de los circuitos especiales» de financiación de los mercados hipotecarios. Siendo los «circuitos especiales» un eufemismo para referirse a las distintas formas de intervención estatal sobre estos mercados.

Como se ha visto más arriba, las primeras etapas de la política de vivienda en la Transición estuvieron caracterizadas por la amplitud de los programas de vivienda protegida y por un flujo de crédito público dirigido a financiar la adquisición de vivienda. La VPO era concebida como una fase puente hasta la formación de un mercado de deuda secundaria. Las actividades de un mercado secundario de deuda hipotecaria consistían fundamentalmente en la producción y colocación de bonos y células hipotecarias a las entidades financieras. De hecho, ya en la Ley de Regulación del Mercado Hipotecario de 1981 (ley 2/81) se establecía quiénes iban a ser los actores económicos de este mercado:

— Los bancos y, cuando así lo permitan sus respectivos estatutos, las entidades oficiales de crédito.

— Las cajas de ahorro y la Confederación Española de Cajas de Ahorros.

— Las cooperativas de crédito.

— Los establecimientos financieros de crédito.[28]

---

28 Ley 2/81.

Por otro lado, la entrada de los operadores privados en el mercado hipotecario y la generación de un mercado secundario de deuda hipotecaria vino acompañada de una fuerte transformación de la llamada relación préstamo/valor, esto es, de la cantidad del precio final de la vivienda que puede ser financiada mediante el préstamo. Antes de la Ley de Regulación del Mercado Hipotecario, la vivienda sólo se podía financiar hasta en un 50 % del precio final, asumiendo los promotores u otras formas de financiación por particulares otro 30 %. El 20 % restante se debía poner al contado. Las cantidades financiadas al margen del mercado hipotecario debían ser devueltas en 3 ó 4 años y suponían una fuerte carga sobre la renta disponible de los prestatarios. A partir sin embargo de 1981, se pudo financiar hasta el 80 % del precio final de la vivienda, aumentando automáticamente la capacidad de endeudamiento de las familias.[29] Por otro lado, la introducción de los tipos de interés variables, favoreció el alargamiento de los plazos de amortización, con la contraparte, ya mencionada, de trasladar los riesgos derivados de los movimientos en el tipo de interés a las familias contratantes del préstamo. Estas vías de desregulación del mercado hipotecario se produjeron en un momento de ofensiva, con el fin de producir un acceso masivo a la vivienda en propiedad a través de las cajas de ahorro, tanto en el mercado libre como en la VPO.

La ley 2/81 fue además uno de los principales espaldarazos institucionales con el que se desarrolló la burbuja inmobiliaria de 1986-1992. En esta ley se daba el primer paso hacia la incorporación de los mercados hipotecarios a la dinámica general de los mercados financieros, mediante la creación de mercados secundarios de deuda hipotecaria en los que se compran y se venden bonos y cédulas hipotecarias dando mayor fluidez al flujo de crédito. La ley de 1981 y la dinámica de esta primera burbuja patrimonial constituyeron el primer ensayo para un conjunto de innovaciones financieras que durante los años noventa estructuraron la canalización de los flujos globales de capital hacia los mercados hipotecarios.

La globalización de los mercados hipotecarios

En España, la pieza clave de este proceso fue la ley 19/1992 sobre Régimen de Sociedades y Fondos de Inversión Inmobiliaria y sobre Fondos de Titulización Hipotecaria. La titulización y los fondos de inversión inmobiliaria, que venían

29 G. Levenfeld, «La financiación de vivienda durante los años noventa», *Ekonomiaz,* núm. 27, 1993.

existiendo desde 1984, fueron las dos grandes apuestas anticíclicas que hizo el gobierno en plena depresión de 1992. El objetivo era la creación de las condiciones institucionales para la generación de un nuevo despegue inmobiliario en una escala muy superior a la del ciclo 1985-1992. Con la introducción de estas dos figuras, se quería apuntalar la conexión automática entre el mercado hipotecario español y los mercados financieros internacionales. Por supuesto, la justificación de estas medidas siguió la habitual retórica de la desregulación neoliberal. Las reformas se plantearon desde los consabidos parámetros de las economías de oferta, esto es: una mayor competencia no puede sino traer una mayor eficiencia y un abaratamiento de los préstamos hipotecarios. Según el texto legal:

> Estos Fondos, agrupaciones de participaciones hipotecarias cuya configuración jurídica y financiera debe distinguirse de la de los Fondos de Inversión Mobiliaria, transformarán en valores de renta fija homogéneos, estandarizados y, por consiguiente, susceptibles de negociación en mercados de valores organizados, los conjuntos de participaciones en los préstamos hipotecarios que adquieran de entidades de crédito. Ello permitirá a éstas una más fácil movilización de los préstamos hipotecarios que otorguen, lo que estimulará la competencia entre ellas, permitirá su mayor especialización en las diversas funciones inherentes al otorgamiento y posterior administración de los créditos hipotecarios y, en consecuencia, contribuirá a abaratar los préstamos para adquisición de vivienda.[30]

Debido a su complejidad, la titulización y las sociedades de inversión inmobiliaria deben analizarse por separado y con cierto detenimiento.

1. Titulización

La titulización supone un fuerte movimiento de abstracción y socialización del crédito. Mediante la descomposición y recomposición de los préstamos hipotecarios, la titulización desterritorializa en gran medida los resortes clásicos de la financiación de la vivienda. Aunque el tiempo haya demostrado que los efectos del despiece de deuda son en gran medida psicológicos, el endeudamiento se lleva a un grado máximo de socialización con el propósito de sortear el riesgo de impago. Esta práctica, que nace en los desregulados mercados de Estados Unidos, consiste en separar las fases de origen, administración y explotación de los préstamos hipotecarios repartiéndolas entre diferentes entidades. La idea es evitar los riesgos de impagos, además de aumentar la escala de generación de los préstamos hipotecarios. En lo

30 «Exposición de motivos» de la Ley 19/1992.

que se refiere a la primera de estas intenciones, la supuesta innovación pretende «gestionar mejor el riesgo», por medio de sofisticados métodos de integración de las distintas hipotecas en paquetes estandarizados, que a su vez son comercializados en los mercados financieros globales.

Quizás se pueda entender mejor esta operación con un ejemplo. Un préstamo hipotecario concedido por una caja de ahorros en España (fase de origen) puede ser transferido a un fondo que agrupa cientos de hipotecas. Mediante un complejo programa informático, estas hipotecas son separadas en partes, para ser reagrupadas luego en títulos comercializables que tienen un precio asignado (fase de administración). Finalmente, después de que reciban una calificación de riesgo por parte de una agencia «independiente», estos paquetes son vendidos a un fondo de jubilación noruego que capta los beneficios generados por estos préstamos y asume los riesgos de impago (fase de explotación).[31] Naturalmente, la rentabilidad de este tipo de activos depende del constante incremento de los precios de la vivienda y de los aumentos de escala en la contratación de hipotecas. La titulización sólo ha sido posible en el reciente ciclo inmobiliario global, en el que otros subyacentes relacionados con la producción industrial —como el *boom* de las punto.com— comenzaban a presentar síntomas de agotamiento.

---

31 Según la Comisión Nacional del Mercado de Valores el funcionamiento de los fondos de titulización tiene las siguientes características formales: «La titulización es un método de financiación de empresas basado en la venta o cesión de determinados activos, incluso derechos de cobro futuros, a un tercero que a su vez financia la compra, emitiendo los valores que se colocan entre los inversores. Las emisiones de bonos resultantes de este proceso cuentan generalmente con un *rating* muy elevado. Por sus características, suelen colocarse entre inversores institucionales.

En España, el método de titulización sigue los siguientes pasos: 1) La entidad que desea financiarse (cedente) vende los activos a un fondo de titulización, el cual carece de personalidad jurídica y está administrado por una sociedad gestora; 2) el fondo emite valores, que están respaldados por los activos adquiridos. Cuando la garantía consiste en préstamos hipotecarios cedidos por entidades de crédito, los valores emitidos son adquiridos por un fondo de titulización hipotecaria, que emite bonos de titulización hipotecaria. Cuando la garantía consiste en otros activos, éstos son adquiridos por un fondo de titulización de activos, que emitirá pagarés o bonos de titulización.

Entre los aspectos más relevantes de la titulización destacan: el fondo de titulización se configura como un patrimonio separado, de forma que la cartera titulizada queda fuera del alcance de los acreedores del cedente; los valores emitidos están respaldados por los activos titulizados y no por la solvencia del cedente. Por ello, con la finalidad de aumentar la seguridad en el pago de los valores emitidos, neutralizar las diferencias de tipos de interés entre los créditos agrupados en el fondo y los valores emitidos con cargo a él, y mitigar desfases temporales de flujos, se contratan por cuenta del fondo operaciones financieras denominadas mejoras crediticias; el riesgo financiero de los valores emitidos siempre es objeto de evaluación por una entidad calificadora (agencias de *rating*); los titulares de los bonos emitidos con cargo al fondo, asumen el riesgo de impago de los activos agrupados en él; el riesgo de amortización anticipada de los activos del fondo se traspasa a los titulares de los valores. En cada fecha de pago, los titulares de los bonos pueden soportar la amortización parcial de los mismos.» Véase: http://www.cnmv.es/inversores/esp/orientacion/html/con_or_fondostitul.html

Uno de los resultados de esta caída de las separaciones entre el mercado hipotecario y el resto del sector financiero es la incorporación de entidades ajenas a la concesión de hipotecas en el propio mercado inmobiliario. Fondos de pensiones, compañías de seguros y grandes bancos de inversión han sido clientes preferentes de los activos inmobiliarios titulizados. Este movimiento genera, a su vez, una fuerte vinculación entre este tipo de inversores institucionales y la dinámica general de los precios de la vivienda. La separación de las fases de emisión, gestión y explotación de los activos inmobiliarios titulizados supone además un fuerte incremento de la escala a la que se conceden los préstamos hipotecarios mediante la generación de figuras especializadas y desreguladas como el *broker* inmobiliario.

Pero ¿por qué la titulización ha sido una pieza tan importante en la generalización de los títulos de propiedad inmobiliaria durante los últimos años? Considerada una panacea frente a los riesgos de impago, la fórmula de la titulización ha tranquilizado a los inversores que compraban hipotecas asignadas a sectores de clase media y baja. Desde el punto de vista del sector financiero, el aumento de escala debido a la titulización ha supuesto una vía central para superar con creces las posibles restricciones al beneficio financiero ocasionadas por la trayectoria descendente del tipo de interés. De manera más general, la titulización ha sido hasta 2007 la formula preferida por las administraciones públicas para conjugar la extensión de la propiedad —mediante el crecimiento del mercado hipotecario— y la subida continuada de los precios de la vivienda. En EEUU, por ejemplo, la titulización ha sido respaldada públicamente por las grandes agencias hipotecarias en tanto forma preferente de acceso a la financiación para las clases medias y bajas. El respaldo público era asumido, en gran medida, por las cajas de ahorros, si bien durante los meses de las crisis posteriores al *crash* de 2007, el gobierno puso en marcha fondos de titulización de activos inmobiliarios con respaldo institucional explícito.

En el caso de España, la titulización ha tenido también una importancia capital en la financiación de la expansión del crédito durante el ciclo expansivo de 1995-2007. En concreto, los datos de titulizaciones en España han estado muy por encima de los registrados en otros países europeos. En 2007, España era el segundo país europeo en número de emisiones brutas de activos titulizados con un 15 % del total europeo, sólo superado por el ultrafinanciarizado Reino Unido que acaparaba el 51 % de dicho mercado. En términos absolutos las cifras son también mareantes, en sólo seis años (2000-2006) el valor de las emisiones brutas de activos titulizados pasaron de 8.000 millones de euros a 100.000 millones.[32]

32 Banco de España, «La titulización en España: principales características», *Boletín económico*, diciembre de 2007.

Gráfico 6.1 Evolución de las titulizaciones brutas (2000-2006) (Millones de euros)

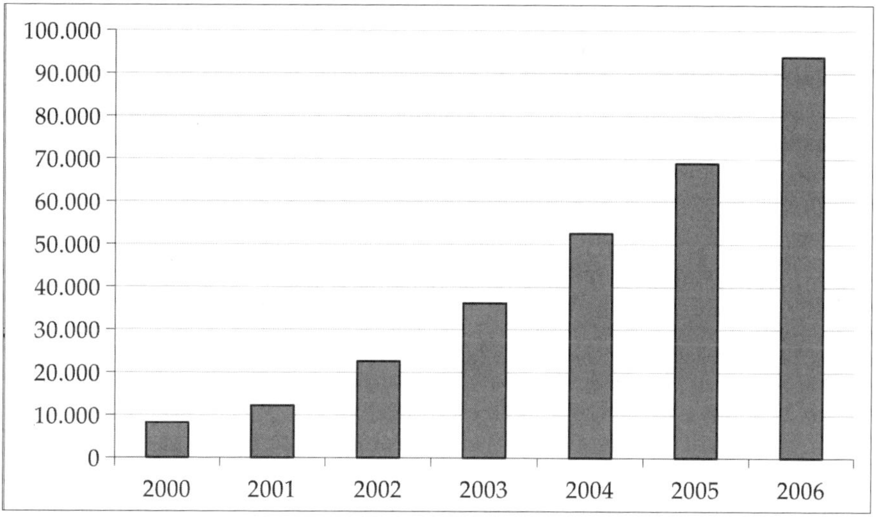

Fuente: Banco de España, 2007.

Esta masa de activos titulizados se ha gestionado, no obstante, de manera diferente que en Estados Unidos y los países anglosajones. Frente al modelo *originate and distribute* de los *brokers* inmobiliarios norteamericanos, por el que el grueso de los activos se transfieren a un fondo o vehículo especialmente diseñado para operaciones de mercado abierto, en España, las entidades que emiten la deuda titulizada mantienen en cartera una parte de los riesgos de impago. Esta diferencia se ha querido ver como una garantía de mayor seguridad para el conjunto del sistema financiero español. Lo cierto es que simplemente implica una mayor concentración territorial de los riesgos frente a la difusión global de los mismos que acarreaba el sistema anglosajón, tal y como se ha podido ver a partir del verano de 2007.[33]

33 Sin exagerar demasiado, se puede decir que la debacle de las hipotecas *subprime* en julio de 2007 estuvo ocasionada por los procedimientos titulizadores de hipotecas. En este caso sucedió lo que los sofisticados programas informáticos consideraban poco menos que imposible. Los precios de la vivienda comenzaron a caer simultáneamente en varias zonas de EEUU, con esta caída llegaron los impagos y, con ellos, las acciones titulizadas dejaron de tener precio.

Pero la titulización no ha sido sólo una herramienta para la financiación inmobiliaria sino que se ha convertido también en el principal instrumento quirúrgico del sector financiero en su propósito de ampliar el mercado de los servicios personales. En 2003, la Ley de Medidas Fiscales reguló la ampliación de las prácticas de titulización a todo tipo de créditos y se estableció que: «Los Fondos de titulización de activos podrán titulizar de forma sintética préstamos y otros derechos asumiendo total o parcialmente el riesgo de crédito de los mismos mediante la contratación, con uno o más terceros, de derivados crediticios».[34]

La generalización de los procedimientos titulizadores se puede explicar a partir de las necesidades específicas inscritas en el tránsito desde las formas de generación de beneficios financieros basadas en los altos tipos de interés hasta las formas extensivas de obtención de beneficios, basadas en los bajos tipos de interés. Por un lado, la titulización supone un acoplamiento inmediato de los mercados hipotecarios a los mercados financieros globales. Este movimiento marca el tipo de pautas de socialización y apropiación del flujo financiero que «crea» beneficios financieros, en la medida en que supone la aceptación de las reclamaciones de propiedad sobre ingresos futuros de los agentes financieros, es decir, da forma a un nuevo régimen de propiedad del «capital ficticio». Desde el punto de vista del mercado inmobiliario, este nuevo régimen supone un flujo de liquidez sobre activos en principio iliquidos —como los inmobiliarios— que permiten alimentar la espiral de subida de precios y realizar un mayor descuento sobre los valores futuros. Por supuesto, en la medida en que estamos ante una forma avanzada del señoreaje financiero —esto es, de la creación de dinero financiero—, nos encontramos también en un terreno altamente virtual y completamente sujeto a las turbulencias financieras, tanto las que circulan desde el mercado inmobiliario hacia el sistema financiero como las que se trasladan en sentido contrario.

En definitiva, la titulización ha abierto una vía de comunicación directa entre el casino financiero global y los hogares endeudados. Naturalmente, la economía ortodoxa y el Estado, no fueron en ningún caso sensibles a la potencial destructividad de este tipo de prácticas financieras. Sin ir más lejos, en 2001 la generalización de las titulizaciones era saludada como una variante de la nueva economía:

> Creemos que los procesos titulizadores que han emprendido las economías más desarrolladas van a desempeñar un importante papel en el tránsito de la economía convencional a la economía digital, obviamente agudizado por el incremento de la competencia y de la innovación tecnológico-financiera.[35]

34 Ley 62/2003.

35 F. Moreno, F. Cortés y D. Soler, «La titulización en la nueva economía», *Información Comercial Española*, núm. 2682, 2001.

El análisis retrospectivo de este tipo de posiciones muestra con claridad tanto la ceguera de la economía ortodoxa frente a los enormes riesgos sociales que entrañan las prácticas financieras, como el tipo de prácticas de apropiación que se puede recubrir bajo las abstractas nociones de innovación, corrientes en las versiones más complacientes de la «economía del conocimiento».

2. Instituciones de Inversión Colectiva Inmobiliaria

La aparición, a nivel mundial, de las sociedades de inversión colectiva especializadas en activos inmobiliarios ha impreso mayor dinamismo en la expansión de los mercados inmobiliarios y en la relación entre éstos y los mercados financieros. La escala de las sumas que pueden movilizar estos instrumentos financieros puede llegar a ser determinante en el desarrollo de los precios del suelo y de la vivienda en determinados contextos locales y repercutir positivamente sobre las espirales alcistas de los precios a niveles agregados.

En España, las Insitituciones de Inversión Colectiva Inmobiliaria adquirieron marchamo legal por la Ley 46/1984, de 26 de diciembre de 1984. Las IICI se dividían en los Fondos de Inversión Inmobiliaria (FII), dirigidos al «público» en general, y las Sociedades de Inversión Inmobiliaria (SII), utilizadas principalmente por los grandes patrimonios. La creación de las IICI era una de las vías de incorporación del mercado inmobiliario español a las grandes dinámicas de los mercados financieros mundiales. En realidad, este tipo de fondos permiten invertir en activos inmobiliarios sin necesidad de realizar ninguna adquisición real de inmuebles. Se trata de una estrategia para igualar la inversión inmobiliaria a la inversión en productos financieros clásicos como los bonos o las acciones. En este aspecto, aunque las inversiones en los Fondos de Inversión Inmobiliaria sean notablemente más líquidas que las inversiones directamente colocadas en viviendas, el talón de Aquiles de estos productos financieros es su relativa falta de liquidez frente a los productos financieros clásicos.[36] Los beneficios de las IICI provienen de la captación de rentas de los alquileres y de las revalorizaciones del valor patrimonial. Tradicionalmente, y sin que exista obligación legal, las IICI españolas han sido fondos acumulativos, es decir no reparten dividendos sino que la participación va ganando o perdiendo

36 La normativa obliga a los FII a dar liquidez anual y suelen tener liquidez semestral, trimestral o mensual. Además, suelen aplicar comisiones de reembolso elevadas, de hasta un 5 % que sirven de obstáculo a la liquidez. Las SII son sociedades anónimas de capital fijo y carácter cerrado, prácticamente ilíquidas.

rentabilidad siguiendo los movimientos del activo subyacente, la realización de las plusvalías quedaba entonces limitada al momento de la venta y del reembolso de las acciones.[37]

Hasta ahora, como se ve, estos instrumentos financieros vinculados al mercado inmobiliario han tenido todavía un desarrollo muy escaso. La línea de innovación más prometedora se encuentra en la llegada a España de las SOCIMI[38], (Sociedades Cotizadas de Inversión en el Mercado Inmobiliario), de mayor escala y menor regulación que las IICI. Más conocidas internacionalmente por el termino anglosajón REIT (Real Estate Investment Trust), este tipo de sociedades han sido ya actores fundamentales en los mercados financieros de los países anglosajones, y también de Francia y Alemania. A diferencia de las IICI, las SOCIMI cotizan en Bolsa y pueden repartir dividendos. Por otra parte, la figura central de obtención de beneficios del REIT es el alquiler de edificios urbanos y no la vivienda como en los FII.

Frente a la inversión directa en acciones o participaciones de inmobiliarias patrimonialistas, los REIT esgrimen una gran diversificación y una nueva capacidad para identificar las mayores tasas de beneficio en el mercado inmobiliario.[39] En última instancia, los REIT suponen una vía financiera para «sortear» las determinaciones del beneficio inmobiliario: las grandes cantidades de capital fijo instaladas en el territorio que ralentizan la rotación de capital y las determinaciones específicas de la localización que «distorsionan» la formación de precios. Además, el énfasis del REIT en la gestión de espacios construidos hace de los mismos un dispositivo anticíclico con el fin de trasvasar recursos desde los mercados de capitales hacia el mercado inmobiliario. De hecho, en la misma Ley que se ponían en marcha las SOCIMI se modificaba sustancialmente la fiscalidad de los viejos FII como segunda vía de animación del mercado. Como se puede adivinar, todas estas innovaciones han sido promovidas como posible vía para

---

37 En enero de 2009, ya en plena situación recesiva, los Fondos de Inversión Inmobiliaria en España tenían un valor de 7.000 millones de euros, repartidos entre las siguientes entidades: Santander Banif Inmobiliario del Banco de Santander, 3.266 millones de euros; BBVA Propiedad FII del BBVA: 1.571 millones; Sabadell BS Inmobiliario del Banco de Sabadell, 1.013; Segurfondo Inversión de Inverseguros, 604; Madrid Patrimonio Inmobiliario FII de CajaMadrid, 423 millones; CC Propietat de Caja Cataluña, 218; AC Patrimonio inmobiliario de Ahorro Corporación, 142; Segurfondo terciario de Inverseguros, 10; y Habitat Patrimonio de Banco Santander con 8 millones de euros.

38 Las SOCIMI han sido introducidas en la Ley 11/2009 de 26 de octubre de 2009 pero no podrán ponerse en marcha hasta 2010 por la ausencia del marco legal que les otorgue tratamiento fiscal favorable.

39 «El REIT más cerca de los inversores españoles. Existen REIT que se centran en centros comerciales, hoteles, campos de golf, hospitales o almacenes, generalmente ubicados en determinadas áreas geográficas. De modo que puede existir o crearse REIT que inviertan sólo en oficinas de Los Ángeles o en tiendas de lujo de Miami». *Cinco Días,* 3 de noviembre de 2007.

volver a poner en marcha la máquina inmobiliaria. Ahora bien, sin un mercado financiero en movimiento, este tipo de movilización de grandes flujos financieros hacia los mercados inmobiliarios está condenada a tener un escaso éxito.

3. Las hipotecas inversas

Procedente de Estados Unidos ha llegado también otra importante novedad financiera de amplio calado en los mercados hipotecarios. Se trata de los *Home Equity Loans* o préstamos garantizados por el valor neto de una vivienda. Este tipo de préstamos son en realidad segundas hipotecas que se conceden sobre el valor de la vivienda (*equity*), y que incluyen tanto la cantidad ya amortizada, como los aumentos de precio por encima de la cantidad que se pagó originalmente. Se trata, por lo tanto, de préstamos dirigidos al consumo corriente y que han crecido al mismo ritmo que lo ha hecho el mercado de la vivienda. También en Estados Unidos, existe una segunda variedad de este tipo de prestamos, los llamados HELOC o líneas de crédito permanente que se abren contra la garantía del valor de la casa y funcionan con tipos variables de interés.

La utilización masiva de esta clase de operaciones financieras, en ese país, ha sido fundamental para extender el ciclo del consumo basado en las revalorizaciones de activos más allá de las formas más elementales del efecto riqueza: la reducción de la tasa de ahorro familiar y la realización de plusvalías en el mercado de compraventa. El *Home Equity Loan* se ha convertido así en una de las vías centrales para generar liquidez a partir de los valores patrimoniales. Como ejemplo de la financiarización de la vida cotidiana en Estados Unidos se puede leer lo que decía en febrero de 2007 una página web de la asesoría financiera del Wall Street Journal:

> En algún momento, muchos de nosotros nos sentiremos cortos de liquidez. Quizás no hemos reservado suficiente dinero para la educación de nuestros hijos, o el balance negativo de nuestra tarjeta de crédito es más grande de lo que nos creemos. O quizás ha llegado el momento de reformar la cocina.
>
> Cualquiera que sea nuestra necesidad, tomar prestado del valor líquido de la casa ofrece una vía poco cara para acceder a una mayor liquidez. [...] Gracias a un mercado inmobiliario que sigue creciendo a pesar de la desaceleración, la gran mayoría de los propietarios tiene a su disposición más valor líquido del que piensan. Sólo recuerde que los riesgos son altos, si no paga puede perder su casa.[40]

40 *Tapping the equity in your home*, 15 de febrero de 2007, www.smartmoney.com

En el caso español, la incidencia de este tipo de préstamos al consumo con garantía hipotecaria es difícil de evaluar. Existen muy pocos datos disponibles y su regulación es escasa. Hay quien ha negado incluso que tengan relevancia alguna, normalmente para argumentar que el mercado hipotecario español ha sido mucho más prudente que el estadounidense. Sin embargo, es fácil comprobar que los bancos y las cajas de ahorro españolas han ofrecido con toda naturalidad este tipo de productos.[41] Los datos más fiables se pueden obtener de la Encuesta Financiera de las Familias del Banco de España. Entre los años 2002 y 2005, esta encuesta registró un fuerte crecimiento en el valor mediano de la categoría de «deudas con garantía hipotecaria que no estaban destinadas a la compra de primera vivienda ni de viviendas secundarias». Siguiendo con esta fuente, fueron los estratos con unas rentas salariales más degradas y, más concretamente, los estratos medios, los que vieron significativamente aumentado su endeudamiento por este concepto.[42] Este dato vuelve a apuntar hacia la importancia que han tenido este tipo de prácticas de consumo derivadas del precio de la vivienda en el mantenimiento de los niveles de vida de la clase media.

---

41 Aunque este tipo de productos financieros no haya tenido en España la difusión masiva que tuvo en Estados Unidos, parece evidente que no se trata, en absoluto, de elementos extraños a las dinámicas de financiarización del primer país. En una página española de finanzas se explica qué son y cómo funcionan en España las segundas hipotecas: «Se trata de una hipoteca que grava un bien (por ejemplo, una vivienda) ya gravado anteriormente con otra hipoteca. Generalmente se hace por una cantidad menor. En algunos casos, el valor restante de una vivienda puede garantizar el cumplimiento de otra obligación (otra hipoteca), aunque en caso de incumplimiento tiene preferencia el crédito garantizado con la primera hipoteca. Se trataría hipotéticamente y en la práctica de alcanzar una extensión hipotecaria próxima al 100 % del valor del piso. Normalmente las entidades financieras conceden hasta el 80 %. Pero la falta de recursos para cubrir el 20 % restante hace que se hable de nuevas vías de financiación. Esto es posible con una tasación alta de la vivienda, si el precio real que va a pagar el comprador es menor a esa tasación. No obstante ya no es tan sencillo. Aún así, las entidades financieras suelen reclamar mayores garantías no sólo la solvencia personal del solicitante, también la citada segunda hipoteca y avalistas. Generalmente la segunda hipoteca es más cara y debe ser amortizada en un tiempo más breve (entre cinco u ocho años de media). En muchos casos se trata en realidad de un préstamo con todas las características de préstamo personal para cubrir el citado 20 %. Las últimas ofertas y productos del mercado echan mano a seguros a cargo del cliente que garanticen el pago de los préstamos.» Véase: www.euroresidentes.com

42 En los resultados de la Encuesta Financiera de las Familias, resulta extraordinariamente llamativo que el valor mediano de la categoría «otros prestamos de garantía hipotecaria» tan sólo haya crecido del percentil 80 hacia abajo en la distribución de ingresos; esto es, el 80 % de la población que percibe menos rentas. Al mismo tiempo, el 20 % con mayores ingresos, ha reducido la cuantía de su deuda por este concepto. El efecto de saturación que ha tenido la financiarización de las economías familiares sobre la brecha social entre los estratos medios y los estratos altos de la distribución de ingresos, se puede comprobar en que mientras el valor mediano de este tipo de deudas para los segmentos de mayores ingresos se ha reducido, en el siguiente estrato de ingresos (percentil 60-80) ha registrado un aumento de 39.500 euros.

De todos modos, la forma más visible en la que han irrumpido los *Home Equity Loans* en la vida financiera de los hogares españoles, es la hipoteca inversa. Esta fórmula está especialmente destinada a aquellos que tienen una vivienda en propiedad y carecen de ingresos salariales. Los jubilados principalmente, aunque nada impide, por ejemplo, conceder hipotecas inversas a los parados estructurales. La idea es que la hipoteca de la propiedad ya pagada proporcione una renta mensual que es pagada por la institución financiera hasta cubrir el valor de la vivienda.

Por otro lado, la hipoteca inversa ha sido regulada en la nueva Ley Hipotecaria de 2007. En este caso, la hipoteca inversa era considerada como una vía de salida de las situaciones de dependencia; una forma de partenariado público-privado destinada contrarrestar la caída de las pensiones. El mensaje era claro, quien sea propietario podrá también disfrutar de las rentas inmobiliarias en su vejez. Y así lo dice el propio texto legal:

> No cabe duda, pues, de que el desarrollo de un mercado de hipotecas inversas que permita a los mayores utilizar parte de su patrimonio inmobiliario para aumentar su renta ofrece un gran potencial de generación de beneficios económicos y sociales. La posibilidad de disfrutar en vida del ahorro acumulado en la vivienda aumentaría enormemente la capacidad para suavizar el perfil de renta y consumo a lo largo del ciclo vital, con el consiguiente efecto positivo sobre el bienestar.[43]

Nótese bien que la apuesta del Estado por la hipoteca inversa es una de las formas más ambiciosas de sustitución de las prestaciones universales por políticas sociales asociadas al keynesianismo del precio de activos y a la sociedad de propietarios. Una vez más, el crédito y el precio de los activos inmobiliarios han sido convertidos en la varita mágica que la financiarización ofrece para superar las fuertes contradicciones sociales que impone el dominio de clase de los propietarios del capital. Recuérdese que gran parte de este dominio descansa sobre la restricción del flujo de rentas directas e indirectas que llega a la gran mayoría de la población con el fin de asegurarse la captación de una parte creciente del producto social. En estas condiciones, estas restricciones —en forma de salarios estancados o decrecientes y de bienes comunes expropiados— sólo pueden llegar a ser paliadas mediante dispositivos de generación de rentas financieras. Naturalmente, las consecuencias de la generalización de este tipo de fórmulas de intervención social financiarizada están marcadas por la misma inestabilidad, y la misma pendiente hacia la exclusión y la dependencia de los mercados financieros, que el resto de esquemas financieros que aquí se analizan.

---

43 Ley 41/2007.

En resumen, la evolución del mercado hipotecario en España muestra dos grandes movimientos que coinciden en el tiempo con la transición de las formas de obtención de beneficios financieros, desde una situación de altos tipos de interés hacia las grandes operaciones apalancadas y la penetración extensiva de las dinámicas financieras en el cuerpo social. Por un lado, los mercados hipotecarios se han fundido —a través de prácticas como la titulización— con los mercados financieros globales, absorbiendo y trasladando a las familias hipotecadas los riesgos derivados de las turbulencias del libre movimiento de capitales a escala global. Por otro, las fórmulas hipotecarias han ido penetrando progresivamente en las prácticas de consumo de las familias, ampliando de este modo las formas más tempranas del efecto riqueza como la reducción de la tasa de ahorro y la realización de las plusvalías en el mercado de compraventa. Por último, el Estado ha incorporado estas prácticas a sus políticas públicas, tanto a escala ascendente como descendente, con el fin de intervenir en un sentido expansionista sobre la demanda, ya sea ésta inmobiliaria o de consumo. Es lo que venimos llamando keynesianismo de precio de activos.

Formación y regulación de los mercados de suelo

Empotradas en el modo de producción capitalista, la supervivencia de las rentas del suelo y de sus beneficiarios, los propietarios de suelo —en tanto segmento de clase diferenciado—, ha sido uno de los más testarudos rompecabezas que hayan tenido que afrontar cuantos han querido plantearse limpiamente las rupturas históricas del capitalismo.[44] En este marco, la figura clásica del propietario de suelo, bien distinta de la del trabajador y el capitalista,[45] se ha tendido a representar como una rémora para la acumulación de capital: una excrecencia social a la que no parecía poder atribuirse ninguna función visible y positiva.

44 D. Kerr, «The theory of rent: From crossroads to the magic roundabout», *Capital and Class*, núm. 58. 1996. Kerr hace un buen repaso de los debates que surgieron en la década de los noventa a propósito de la renta urbana y que se centran, en gran medida, en el papel que ocupa el rentista del suelo en el capitalismo financiarizado posterior a la crisis de 1973.

45 Tradicionalmente, el propietario del suelo extrae sus rentas tanto del capitalista, al que cobra por el alquiler del suelo sobre el que se levanta la parte de capital fijo que corresponde a las instalaciones, como al obrero, al que extrae parte de su salario: ya sea por partes, en concepto de alquileres urbanos, o en una cantidad fija, en el caso de la compra de vivienda.

En este tipo de configuraciones, la posibilidad de conflicto de intereses entre el propietario del suelo y el capitalista industrial permanece siempre abierta. En el origen de este conflicto está la distinta naturaleza de las mercancías que han sido apropiadas por unos y por otros. Por un lado, los precios de las mercancías que emergen de los procesos productivos capitalistas se mueven en el marco de las fluctuaciones de la intensidad de la competencia. Por otro, las rentas del suelo surgen del dominio monopolista de una mercancía ficticia, sin costes de producción, que descuenta permanentemente los precios futuros de la producción inmobiliaria o agrícola. A partir de esta posición contradictoria, las rentas del suelo se pueden convertir tanto en costes de producción del capitalista como en beneficios financieros.

La onda larga del capitalismo hispano se presenta como uno de los mejores ejemplos de esta posición contradictoria y de las exitosas posibilidades de su «basculamiento financiero». Efectivamente, las rentas del suelo en España han ido ascendiendo en la jerarquía de las formas de obtención de beneficios financieros, hasta situarse en un punto central del modelo de acumulación. Esta trayectoria está relacionada con la progresiva pérdida de peso de los ciclos industriales, lo que ha dejado a las rentas del suelo gran parte del camino libre para constituirse en el motor de la acumulación. Insistimos, de nuevo, en que esta especialización del capitalismo hispano en la generación de rentas inmobiliarias es lo que ha permitido su ventajosa inserción en la dinámica de la globalización financiera.

Esta evolución histórica no ha hecho desaparecer, sin embargo, las contradicciones ligadas a las rentas de suelo. Sucintamente, la especialización de la economía española en el reciclaje de capitales —tanto internacionales como internos— a través de sucesivos ciclos inmobiliarios ha traído consigo un problema propiamente productivo, que tiene que ver con la capacidad de poner en el mercado un número suficiente de unidades inmobiliarias. Para ello es preciso disponer de suelo urbanizable en los tiempos y volúmenes necesarios. Propiamente, se trata de un imperativo de escala creciente en los procesos inmobiliarios que determina todos los procesos de captación de rentas de suelo.

En el marco de la evolución del capitalismo hispano, este problema de escala se ha reinventado también en la oposición de dos figuras: el propietario, asimilado a la vieja figura del terrateniente, y el promotor, o lo que podríamos denominar el capitalista en suelo. En la larga trayectoria del capitalismo hispano, a medida que este problema se ha iba haciendo más y más presente, la figura del propietario ha ido perdiendo peso en favor del capitalista en suelo, el promotor inmobiliario. El promotor es básicamente una figura capaz de operar con o sin la propiedad del suelo.

Bajo esta perspectiva, el triunfo del capitalista en suelo, supone la superación de los problemas ligados a la fragmentación política que implica el mapa tradicional de la propiedad del suelo urbano. No obstante, esta geografía de la propiedad inmobiliaria y la escala local de los desarrollos inmobiliarios ha impedido la completa superación de la figura del propietario, en la misma medida en que éste constituye una pieza determinante en la configuración de los bloques de poder de las ciudades españolas de mediano y pequeño tamaño.

La solución a este complejo conflicto dista mucho de haber alcanzado una solución definitiva. En las últimas dos décadas, el principal avance ha ido de la mano de las llamadas políticas de oferta. Estas políticas ponen el énfasis en el constante aumento de la cantidad de suelo urbano en el mercado. Sobre un plano puramente pragmático, con esta clase de intervenciones se ha tratado de actuar en distintos puntos de la cadena de generación de la rentas inmobiliarias, ya sea favoreciendo el aumento de suelo urbano y urbanizable —y, por lo tanto, forzando la alianza entre propietarios o promotores—, ya sea favoreciendo el aumento de la producción vivienda efectivamente construida —y, por lo tanto, primando la figura del promotor, especialmente en aquellos casos en que no pueda realizar la transición desde la propiedad hacia la promoción.

En cualquier caso, el problema de la escala en producción inmobiliaria se remonta, como no podía ser de otra manera, a la peculiar formación del régimen de acumulación español.

La evolución histórica de la legislación sobre suelo

Tradicionalmente, la política de suelo ha sido el medio por el que el Estado, en tanto capitalista colectivo, se ha enfrentado a los intereses particulares de los propietarios, delimitando el tipo de relación que se establece entre el rentista, el capitalista y el propio Estado.[46] La peculiaridad del caso español está en el grado en el que los capitalistas, en general, han tendido a considerar su participación en la rentas del suelo, por encima de su limitación como costes de producción. De una manera más específica, debido a la debilidad secular

46 Las leyes de suelo distribuyen los tipos de rentas que puede percibir de cada parcela, marcando las separaciones entre la renta urbana y la renta agrícola. A medida que la diferencia entre la renta urbana y la renta agrícola crece, el acto de la calificación de suelo adquiere una importancia política decisiva, especialmente en los contextos locales. Frente a esta función clasificatoria, el planeamiento urbanístico marca los tiempos de incorporación de cada parcela al proceso urbano.

de la clase capitalista española, el tipo de iniciativa urbanizadora clásica ha recaído sobre el terrateniente agrícola que asumía funciones empresariales *ad hoc*, con el fin de desarrollar promociones urbanísticas en sus tierras.[47]

En buena medida, la transición, desde la posición del rentista agrícola a la percepción de rentas urbanas vía promoción inmobiliaria, sortea la contradicción antes mencionada. Y, a su vez, nos retrotrae a la génesis de una clase específica de capitalistas especializados en suelo: los promotores, emparentados en términos genealógicos con los grandes rentistas agrarios. La contradicción clásica ideal-típica entre rentistas y capitalistas se reformula así como un conflicto distributivo entre el propietario-rentista y el promotor-capitalista mediado por la intervención del Estado.

Durante las décadas del desarrollismo, la evolución de este tipo de conflictos debió ser algo parecido a lo que sigue. En algún momento de la postguerra española, las rentas agrícolas se vieron superadas por las revalorizaciones patrimoniales. Se produjo así un cambio silencioso que marcó la evolución posterior de todas las dinámicas territoriales en España. Las consecuencias se pueden calibrar como uno de los elementos de mayor calado económico del proceso de urbanización español: las plusvalías inmobiliarias se convirtieron en una fuente de rentas de orden superior a las obtenidas por el arrendamiento de la propiedad agrícola. Como resultado de esta mutación, se fue abriendo paso todo un conjunto de prácticas que propiamente podríamos llamar especulación sin que, aparentemente, se produjera ruptura alguna dentro del marco de la producción capitalista, que por otro lado ya trataba la tierra como una mercancía ficticia dentro de los regímenes agrícolas. Desde el punto de vista del mercado, el especulador se limitaba a maximizar sus ganancias como mandan los cánones, las características peculiares del suelo simplemente no existían.

En respuesta a este cambio estructural, la Ley de Suelo de 1956 intentó limitar la especulación de la tierra en un sentido específico: prohibir la «retención de suelo» en espera de un mayor descuento de los beneficios futuros. Al mismo tiempo, tendió a favorecer la incorporación de una mayor cantidad de suelo al proceso urbanizador capitalista mediante la primera regulación específica de la figura del promotor.[48] Conviene reiterar, de nuevo, que no existía aquí ningún deseo de atacar lo que era uno de los

---

47 B. Calderón, «Ganar tamaño y territorio: fusiones de empresas y nuevos yacimientos de actividad en el sector inmobiliario español», *Investigaciones Geográficas*, núm. 28, 2002.

48 En la «Exposición de motivos» de la Ley de Suelo de 1956 se establecen primero los problemas relativos al suelo: «La retención de terrenos por propietarios que no urbanizan, ni edifican, ni acceden a enajenar sus terrenos para urbanizar y construir a precios de justa estimación».

principales sustentos sociales de la dictadura. Esta estrategia respondía, antes a un intento de presionar a las elites terratenientes para convertirse en capitalistas de suelo, que a un posicionamiento del Estado en un conflicto distributivo entre dos actores con posiciones bien definidas.

De esta posición fue desgajándose un perfil cada vez más diferenciado: el promotor, en tanto figura de intermediación entre las operaciones del mercado de suelo, los mercados financieros y la arena política de la toma de decisiones. Respecto a este último aspecto, es importante tener en mente que la tarea del especulador estructural, podríamos decir el profesional inmobiliario, no se limita a esperar a que una serie de decisiones ajenas —en las que normalmente intervienen las administraciones públicas— impacten sobre la generación de rentas urbanas, sino que aspira a formar parte activa de esa toma de decisiones.[49]

La Ley de Suelo de 1956 estableció los principios generales que habrían de marcar la intervención del Estado en el mercado de suelo, lo que constituye el eje sobre el que se van a situar las legislaciones posteriores. De su «Exposición de motivos», se entresaca su doble propósito de favorecer la incorporación del suelo y limitar las prácticas especulativas:

1. En la evaluación del precio que circunda el núcleo urbano prepondera la tendencia a hacer actuar las expectativas de uso o rentas [...]. Se computa indebidamente la plusvalía que en su momento será el resultado de la principal inversión urbanizadora.
2. [...] Suelen pretenderse precios de especulación en lugar de precios reales y en tanto se consiguen o no, se impide la parcelación, venta y edificación de los solares resultantes y la saturación del mercado con oferta de terrenos a precios razonables.
3. El beneficio que pueda obtenerse de transformar el terreno rústico en solar es perfectamente lícito, siempre que sea el propietario quien haya costeado la urbanización determinante de aquella mejora y subsiguiente incremento de valor.

Desde el primer momento parece, por lo tanto, clara la subordinación de la figura de la propiedad a las formas de beneficio extraídas de la urbanización. Formas de beneficio que, por otro lado, se consideran derivadas de la

49 H. Molotch y Logan, *Urban Fortunes*, *op. cit.*

figura pública del planeamiento y de otras actuaciones públicas y, por consiguiente, adoptan el modo de una concesión.[50] Desde este punto de vista, la ilegitimidad del especulador consiste en apropiarse de los beneficios que le corresponden al constructor-promotor mediante el descuento del valor futuro, con el perverso efecto de ralentizar el proceso urbano.

La contradicción entre la naturaleza pública de los beneficios generados por la acción del planeamiento ha venido coexistiendo con la existencia de una larga polémica sobre el valor «objetivo» de los suelos para fines de urbanización y expropiación.[51] Se trata de un debate que, ante la imposibilidad de fijar precios de suelo que no sean un descuento de los beneficios futuros que generan sus usos urbanos o agrícolas,[52] tiende a centrarse en la mediación en los conflictos distributivos, favoreciendo siempre los objetivos productivistas frente a los rentistas.[53] Ciertamente es este productivismo el que se va encontrar repetidamente en todas la legislación posterior y lo que en definitiva constituye la clave de bóveda de las políticas de suelo en España.

Con principios más o menos parecidos, se elaboró la otra gran pieza del modelo desarrollista en el ámbito urbanístico. Se trata del urbanismo asociado al turismo y del principal texto legal de la época: la Ley de Centros y Zonas de Interés Turístico de 1963. En el caso de la España de los años sesenta, el turismo vino a ser la formula mágica para mediar entre una industria completamente desligada de los contextos de la competencia a nivel global y una demanda interna bloqueada por la falta de institucionalización de la relación capital-trabajo. En este contexto, el rápido desarrollo urbanístico de los lugares turísticos se convirtió en una necesidad de primer orden.

La Ley de Centros y Zonas de Interés Turístico nacional de 1963 puso en manos de los promotores todo el control de los procesos espaciales. Básicamente, esta ley dotó a determinadas zonas o centros turísticos de un estatuto de excepción urbanística, de tal modo que todo el planeamiento

50 *Ibidem.* Molotch y Logan hablan de este proceso como generador de rentas redistributivas realizadas a partir de la progresiva identificación de los poderes locales con las elites locales, bajo la figura de un consenso acerca de la bondades de un continuo crecimiento urbano.

51 J. Roca Cladera, «¿Ser o devenir? La valoración del suelo en la ley 8/2007», *Ciudad y Territorio*, núm. 152-153, 2007.

52 En la base de este problema, bien conocido por la economía ecológica, se encuentra la incapacidad de las contabilidades monetarias hegemónicas para valorar los activos ecológicos conforme a los bienes y servicios materiales que producen. Para operar un cambio de perspectiva en este sentido, sería necesario abandonar la idea de que el suelo tiene un valor monetario de mercado.

53 Destaca en este contexto la función de los distintos tipos de «valor objetivo» en tanto artefactos jurídicos para regular el conflicto distributivo entre propietarios y promotores de acuerdo con las distintas coyunturas de mercado.

se orientara a la maximización de los objetivos turísticos.[54] Una de las innovaciones más llamativas fue la creación de la figura de la «urbanización libre» en la cercanía de las zonas turísticas, lo que las «sometía» a una mínima normativa que permitía la máxima aceleración de la construcción residencial en los puntos de mayor atractivo natural del litoral mediterráneo. La protección estatal de la promoción privada llegaba a su máxima expresión con la declaración implícita de excepcional utilidad pública para todas estas promociones urbanizadoras.[55]

A fin de considerar la importancia de este tipo de experimentos tempranos, conviene recordar que el desarrollo turístico fue, como se sabe, una importante condición de posibilidad para la inserción exitosa de los mercados inmobiliarios españoles en el entramado financiero de la globalización. En términos generales, la fase del llamado desarrollismo turístico fue el primer paso hacia la consolidación de una estrategia coherente dirigida a convertir el territorio español en una pieza clave del circuito secundario de acumulación y de la creciente circulación de capital a través del entorno construido.

Desde esta perspectiva, la posterior crisis de los años setenta no sólo dio puerta a esta estrategia de especialización económica, sino que al confirmar los problemas estructurales de la industria española, tendió a reforzar la vocación turística e inmobiliaria del país. Durante la década y medio que siguió a la primera crisis de 1973, España alimentó y reforzó su papel de proveedor de servicios turísticos y su especialización en los mercados inmobiliarios, confiados ahora a la misión de servir de dinamo del conjunto de la economía. La única pieza legal del periodo, la ley de suelo de 1975, fue en este sentido claramente continuista de la 1956.

El ciclo de 1985 - 1992 y la integración de la economía española al nuevo marco financiero global implicó, sin embargo, un cambio de escala en las operaciones de los mercados de suelo. Este salto cualitativo acabó por reforzar la centralidad de la figura del promotor como agente principal de los procesos espaciales, que ya se había ensayado durante el Franquismo. El ascenso de la figura del promotor es el resultado de al menos tres procesos

---

54 Un buen ejemplo de esta subordinación aparece en el artículo 18 de esta ley referido a la industria situada en las zonas de interés turístico: «[…] deberán efectuar las correcciones precisas en sus instalaciones, a fin de acomodarse en su funcionamiento al interés turístico. De no ser ello técnicamente posible, gozarán, de los beneficios que les pudieran ser aplicables y que esta ley establece, pudiendo llegarse, si fuere preciso, a su expropiación forzosa» citado en B. Calderón, «Entre la hipertrofia normativa y la desordenación del territorio: una aproximación a los fundamentos históricos de la ordenación del espacio turístico en España», *Terra Nueva Etapa*, núm. 26, 2001, pp. 11-41.

55 *Ibidem*.

interrelacionados. Por un lado, la fragmentación de la propiedad inmobiliaria atomiza la capacidad de decisión de los propietarios, especialmente en las operaciones que requieren la movilización de cierta cantidad de suelo, y convierte paradójicamente a los promotores en sus representantes.[56] De otro, el extraordinario aumento del volumen de los fondos que circulan desde las instituciones financieras hacia el suelo, característico del incipiente proceso de financiarización de la economía española, necesita de los promotores inmobiliarios como intermediarios en los mercados de suelo locales. Por último, la práctica de comprar reservas de suelo rural en la cercanía de las ciudades, con el fin de tomar posiciones de cara a una futura recalificación, requería también de la decisiva intermediación de los promotores, únicos capaces de conectar los mercados de suelo con los mercados financieros. En todos estos casos, el promotor era el operador del aumento de escala de los procesos de formación de capital en el sector inmobiliario residencial.

De todas formas, estas nuevas funciones de los promotores nunca consiguieron arrinconar y marginar de forma definitiva a los propietarios de suelo. En vísperas del ciclo expansionista de 1995-2007, y en realidad hasta día de hoy, el mapa de posiciones entre estas dos figuras podría ser como sigue: en un extremo, el promotor plenamente integrado en la dinámica de la financiarización del capital a escala global; en el extremo contrario, una serie de propietarios de suelo atomizados; y entre ambos toda una gama de posiciones intermedias en las que las figuras del promotor y el propietario se unen y se separan en distintas escalas de concentración de capital y suelo.[57] Debido a esta complejidad, las políticas de suelo del ciclo 1995-2007 parecen mucho más resistentes al análisis que las dedicadas a otros ámbitos.

El juego de las políticas de oferta en el ciclo 1995-2007

Como no podía ser de otra manera, la nueva posición estratégica de los promotores y la coexistencia de éstos con las formas tradicionales de propiedad del suelo constituyen los principales elementos del conflicto

---

56 B. Calderón, «Ganar tamaño y territorio», *op. cit.*, p. 75.

57 Basilio Calderón señala lo siguiente sobre la estructura actual de la actividad promotora: «De forma circunstancial o estructural pueden ser promotores inmobiliarios, tanto los propietarios de suelo que realizan actividades de promoción para sí o para otros, como los promotores profesionales con dedicación preferente pero que ya no es exclusiva a esta labor dada la importancia de otras actividades de gestión en la cartera de negocios de estas empresas, y los promotores constructores, las entidades financieras, los grupos de empresas en principio ajenas al sector y obviamente el Estado cuando actúa como promotor». *Ibidem.*

que resuena en el trasfondo de la política de suelo española desde los años noventa hasta la actualidad. Las distintas piezas legislativas han tratado de buscar compromisos, más o menos forzados, entre estos dos grupos sociales. Sin embargo, a la hora de afrontar la explicación es de especial importancia resaltar que ambas posiciones han sido coincidentes y funcionales con las lógicas de ampliación de escala del ciclo producción inmobiliaria.

En términos puramente argumentativos, se trata de un enfrentamiento entre una visión más «estatista», que a través de la intervención pública dota al promotor de la capacidad para promover grandes piezas de suelo. Y una escuela «liberal», que acabará por determinar la ley del «todo urbanizable» de 1998, y que en principio se posiciona del lado intocable y sagrado de la propiedad. Insistimos en que, a pesar de las diferencias formales, lo cierto es que ambas han acabado por convertirse, con ligeras variaciones, en ejemplos paradigmáticos de las «políticas de oferta».

En la evolución histórica reciente, la primera ley que afrontó abiertamente este enfrentamiento entre estas dos fracciones de clase, y que apostó por una posición más bien «estatista», fue la ley de suelo de 1990. Inspirada en el principio constitucional de participación de la comunidad en las plusvalías urbanísticas, formula el principio de la falta de contenido de la noción de propiedad dentro del marco urbanístico.[58] Aunque realmente este principio nunca se desarrolló plenamente en los artículos de la ley, esta circunscripción de los derechos del propietario a las transacciones rústicas fue vista como un significativo avance social en materia de legislación urbanística.[59] En la práctica, sin embargo, este tipo de acercamientos conceptuales estaba dirigido a barrer la figura del propietario del proceso de urbanización y, desde posiciones tan abiertamente estatistas como acríticas, dejar las manos libres a la acción del Estado para expropiar y desarrollar suelo con vistas a la satisfacción de la demanda social de vivienda, infraestructuras y equipamientos.

El desarrollo práctico de esta escuela, no llegó hasta la Ley Reguladora de la Actividad Urbanística (LRAU) de la Comunidad Valenciana, redactada y defendida por los urbanistas del PSOE y mantenida por los gobiernos

---

58 «La propiedad sería por naturaleza rústica. Su conversión en urbana (y la plusvalía correspondiente) no entraría dentro de las facultades de goce y disposición típicas del propietario, sino que le sería otorgada (en las condiciones marcadas por la ley) por los poderes públicos competentes». A. Menéndez Rexach, «Los objetivos económicos de la regulación del suelo: evolución de la legislación española y perspectivas de reforma», *Papeles de Economía Española,* núm. 109, 2006.

59 Por supuesto, en la medida en que se establecía un régimen de justiprecio destinado a las expropiaciones, se traicionaba el principio de reducción de los derechos de la propiedad a los suelos rústicos. *Ibidem,* p. 264.

del PP hasta la actualidad. La consecuencia inesperada, de una ley tan «socializante», al menos para los defensores de esta línea de discurso, fue la entrada en escena de la figura del «agente urbanizador». Esta innovación formal de la legislación estaba llamada a convertir la reducción de los atributos de los propietarios en una extraordinaria herramienta en manos de los promotores, ahora amparados y reforzados por los poderes públicos. En palabras de uno de sus principales críticos:

> La LRAU se construye a partir de dos hipótesis explícitas: la primera es que los propietarios son el principal obstáculo que se opone a la modernización del sector inmobiliario —modernización es el eufemismo al uso para designar un funcionamiento ajustado a las reglas de la economía de mercado liberalizado, es decir a un capitalismo sin regulaciones protectivas—; y la segunda, que el suelo es el principal factor de carestía de los productos inmobiliarios. Amunicionados con estas dos hipótesis por todo bagaje conceptual, la conclusión es clara: se impone acabar con los terratenientes clásicos, devenidos capa parasitaria. Y a ello se dedica con denuedo la LRAU, a anular la posición hegemónica de los propietarios del suelo y a auspiciar una política de fomento a toda costa de la producción de suelo urbanizado.[60]

La gran novedad en el procedimiento de la LRAU estaba, en efecto, en la posibilidad de que un promotor privado (el «agente urbanizador») desarrollase las capacidades de expropiación y de intervención sobre el suelo que pertenecían a las administraciones, o en otras palabras, que pudiera lanzarse a desarrollar suelo sin tener su propiedad, siempre con el apoyo de partida de las instituciones públicas.[61]

El modelo valenciano se trasladó, sin cambios significativos, a las legislaciones de las comunidades autónomas de Castilla La Mancha, Extremadura y Andalucía, y con formas ligeramente modificadas, a otras muchas como Murcia y Canarias. La ley de suelo estatal de 2007 se puede considerar como la versión de mayor alcance de esta escuela legislativa.

---

60 I. Gaja y F. Díaz, «El suelo como excusa: el desarrollismo rampante», *Boletín CF+S*, núm. 29, junio de 2003 http://habitat.aq.upm.es/boletin/n29/afgaj.html

61 Gerardo Roger, Director General de urbanismo y ordenación del territorio con el PSOE entre 1990 y 1995, defendió la LRAU como una apuesta por la iniciativa de los promotores en el proceso de urbanización: «En este sentido, el modelo valenciano parte de la convicción del carácter empresarial que conlleva la actividad de producir ciudad. Sobre esa base, la Ley "abre" el proceso de producción a las empresas especializadas, y no sólo a los propietarios, desde el diseño de un intencionado equilibrio entre Administración, propietarios y urbanizador y con la cobertura del principio de libertad de empresa que regula el artículo 38 de la Constitución, de acuerdo con el artículo 33 y bajo el imperio del artículo 47 de la Carta Magna.» G. Roger, «La gestión del suelo en las distintas comunidades autónomas», *Mediterráneo Económico*, núm. 3, 2003.

Por otro lado, la ley valenciana, y todas las que se inspiraron en ella, tomaron como principio un elemento del dogmatismo de la economía ortodoxa que subsiste con distinta intensidad en toda la legislación española desde 1956: la causa central de la carestía de la vivienda son las restricciones de oferta. Dicho de otra forma, la causa de las subidas de precios de la vivienda se encuentra en la escasez de suelo urbanizable y en la retención de suelo por parte de grupos sociales que nada tienen que ver con la promoción de viviendas. Desde esta perspectiva, se planteaba una redistribución de la renta urbana desde los propietarios hacia los promotores, al tiempo que se promovía una fuerte subida de la escala de producción de los procesos urbanísticos. Como ya se ha mencionado, la falacia de aplicar los principios de la demanda y la oferta de la economía ortodoxa a una mercancía ficticia, sin costes de producción, produce el efecto contrario del que se dice buscar. Los aumentos de la oferta de suelo y de la oferta residencial, en la medida, en que alimentan enormemente el ciclo de expectativas de revalorización de la vivienda, disparan enormemente los precios de la vivienda. Eso es lo que ocurrió entre 1995 y 2007.

Sin lugar para la sorpresa, estos presupuestos desarrollistas fueron también la fuente de inspiración de la otra posición en liza en los años noventa: la escuela liberal. El *revival* de la economía neoclásica hizo que no pocos expertos y políticos creyeran sinceramente en los argumentos de las economías de oferta aplicadas al caso urbanístico. En el ambiente intelectual de la época, todos los argumentos que vinieran desde el lado de la oferta contaban con un enorme «prestigio» que se trasladaba inmediatamente a la doxa de los medios de comunicación en forma de píldoras ideológicas fácilmente asimilables, la más importante de ellas: la liberalización del suelo.

La muestra más acabada y conocida de este planteamiento legislativo es la Ley de Suelo de 1998, más conocida como la ley del «todo urbanizable». El discurso de la liberalización del suelo, como vía para la reducción de los precios del suelo, comparte con la LRAU y sus sucedáneos, el punto central de las economías de oferta: la causa del encarecimiento del suelo es su escasez. En este caso, sin embargo, el eslogan central que gobernó la posición del Estado frente a los mercados de suelo fue la famosa declaración de la «Exposición de motivos» de la Ley de 1998:

> [El objetivo de esta ley es] facilitar el aumento de la oferta de suelo, haciendo posible que todo el suelo que todavía no ha sido incorporado al proceso urbano, en el que no concurran razones para su preservación, pueda considerarse susceptible de ser urbanizado.[62]

62 «Exposición de motivos» de la Ley 6/1998.

Y para ello no se duda en enmarcar la política de suelo en las «reformas estructurales» de la economía española.[63]

> Hay que tener presente, asimismo, que la reforma del mercado de suelo en el sentido de una mayor liberalización que incremente su oferta forma parte de la necesaria reforma estructural de la economía española.

A pesar, por lo tanto, de las diferencias formales, los dos modelos de regulación urbanística compartían lo fundamental: la necesidad de movilizar grandes cantidades de suelo según los ritmos y las necesidades marcados por la coyuntura. Del mismo modo, ambas escuelas legislativas han mantenido vidas paralelas gracias a las competencias autonómicas, utilizándose en cada caso de acuerdo con su repercusión sobre el proceso general de revalorización de los activos inmobiliarios de las familias e, indirectamente, de los niveles de consumo privado. Esto no quiere decir que se hayan abandonado las dos figuras retóricas centrales de la política de suelo: el abaratamiento del suelo y el acceso a la vivienda como fines últimos de las actuaciones estatales. Pero a medida que se ha ido imponiendo el nuevo régimen político de keynesianismo de precio de activos, el enfrentamiento entre los intereses de los propietarios de suelo y los promotores se ha ido transformando en algo cualitativamente distinto.

Según avanzaba el ciclo, la elección entre legislaciones favorables a los propietarios y legislaciones de apoyo a los promotores, se ha ido adaptando, en una suerte de pragmatismo político, según las diversas concepciones del grado de concentración de capital con el que debía operar el sector inmobiliario y la distinta composición de los bloques de poder locales. De hecho, estas dos vías han acabado por dar forma a un repertorio de formulaciones legales adaptables a las distintas configuraciones locales y regionales del poder de clase y de la estructura de la propiedad. De una parte, los modelos inspirados en la LRAU, que reaparecen en la Ley de Suelo de 2007, han buscado una fuerte concentración de capital en manos de unas pocas promotoras: un modelo más competitivo desde el punto de vista de los flujos financieros globales, y en el que se potencia la figura del promotor como mediador entre las instituciones financieras y los mercados de suelo, así como coordinador de los distintos mercados inmobiliarios locales. Por otro lado, los modelos basados en la «liberalización» han concentrado sus esfuerzos en la formación de los bloques locales de poder, a partir de la conversión de los propietarios de suelo en promotores; una visión más atomizada del sector inmobiliario pero mucho más cercana al modelo de

63 *Ibidem.*

funcionamiento de los mercados de suelo municipales. El resultado deseado en ambos casos era el aumento total de la oferta inmobiliaria, con los consecuentes aumentos de escala en el circuito secundario de acumulación.

De este modo, durante la fase alcista del ciclo, ambos tipos de legislación coexistieron pacíficamente, funcionando como un menú estratégico a elección de las elites autonómicas. Por ejemplo, Valencia, bajo la dirección del Partido Popular, siguió utilizando la LRAU del PSOE, en tanto ariete para eliminar las barreras a la acumulación de capital que supone una estructura de propiedad rústica atomizada.[64] Sin embargo, en el caso de Castilla y León, ese mismo partido optó por un modelo de liberalización de suelo con la clara intención de rehabilitar la figura del propietario de suelo agrícola, que constituye una de sus bases tradicionales. En esta comunidad, como en tantas otras, la figura del propietario de suelo con expectativas de revalorización está extremadamente extendida, al tiempo que su representación electoral está fuertemente sobrevalorada por el sistema proporcional. Es natural que esta opción legislativa tuviera un mejor «encaje» político.

Quizás el ejemplo más contraintuitivo de la convergencia de estos dos tipos de planteamiento es el de la Ley de Suelo de la Comunidad de Madrid, que implica, a la vez, una máxima extensión del «todo urbanizable» y una fuerte defensa ideológica de la figura del propietario. Sobre el papel, dada la escala del proceso urbanizador en la CAM y su estrecha relación con los flujos globales de capital, se puede pensar que la figura del agente urbanizador hubiera servido mejor como catalizador del proceso urbanizador. Sin embargo, aquí es necesario considerar que en el área metropolitana la mayoría de los grandes promotores tenían ya posiciones aventajadas sobre las reservas de suelo rural.[65] En la gran región madrileña, la contradicción

64 El ejemplo más conocido del tipo de conflicto que ha generado la LRAU es la denuncia que interpusieron los pequeños propietarios extranjeros ante el Parlamento Europeo por la vulneración de sus derechos de propiedad. Aunque este caso haya sido el más notorio, quizás porque, al dañar el turismo residencial, supone una contradicción en el interior del modelo de hegemonía inmobiliaria, por su repercusión cultural y ecológica, la destrucción de las zonas de huerta alrededor de Valencia, una de las zonas de mayor productividad agrícola de España, posiblemente sea aun más significativa.

65 Según el Atlas Estadístico de las Áreas Urbanas, del Ministerio de Vivienda, en 2006, la mayoría del suelo urbano no edificado de la CAM ya estaba en manos de empresas: 18.845 Ha. frente a 12.520 Ha. en manos de personas físicas. En cuanto al suelo rústico, un 21,3 % del suelo de la CAM estaba en manos de empresas frente al 13 % de la Comunidad Valenciana. Siguiendo con la comparación, en el Área Metropolitana de Madrid la proporción de suelo rústico en manos de empresas sube hasta el 27 % mientras que en Valencia se mantiene en el 13 %. A nivel municipal, en varios de los términos municipales de mayor crecimiento de la CAM, la propiedad empresarial de suelo rústico ya supera a los propietarios particulares. Esto sucede, por ejemplo, en Las Rozas, Rivas Vaciamadrid, Alcorcón, Leganes, San Fernando de Henares, Valdemoro, San Martín de la Vega, Galapagar, Fuenlabrada y por supuesto en el término municipal de Madrid.

entre promotores y propietarios se encontraba en un estado muy avanzado de disolución. En realidad, se ha tratado de crear un modelo más «acabado» de agente inmobiliario: una síntesis que pone el espacio urbano a los pies de la nueva oligarquía, al tiempo que reúne de forma perfecta términos que parecían en principio contradictorios: propietario y promotor, local y global, agente económico y agente político, rentista y desarrollista.

La ley de 2007: ¿cambio de modelo o regulación para un nuevo ciclo expansivo?

La fase culminante (2002-2006) del ciclo trajo consigo una creciente oposición a los excesos urbanísticos, que si bien en muchos casos fue meramente estética, hacía un legítimo hincapié en los enormes costes ambientales del modelo de crecimiento. Por otro lado, a partir de 2006 se empezó a hacer visible un creciente exceso de capacidad urbanística, que venía impulsado por la multiplicación del número de promotores que se habían amparado la ley «del todo urbanizable» de 1998. La ley de Suelo de 2007 fue elaborada, precisamente, como una respuesta a estos dos procesos.

Las respuestas a los problemas no fueron, obviamente, de igual intensidad. Si los principios de la sostenibilidad quedaron relegados a la «Exposición de motivos», pero fuera del articulado, los artículos centrales de la ley estaban orientados a promover una completa reorganización del sector promotor que favoreciera la concentración del capital, de cara a una nueva fase alcista. Siguiendo, por lo tanto, la tradición de la LRAU, la ley de 2007 ha tratado de poner los recursos de la acción pública a disposición de aquellos agentes urbanizadores más capaces de operar a grandes escalas.

En el centro de esta pieza legislativa se encuentra la vieja idea de un justiprecio para las transacciones en suelo rústico. La noción de «justiprecio» deriva del principio, ya expuesto pero no aplicado en la ley de 1990, del origen público de las plusvalías urbanísticas. Según sus partidarios, esta medida tiende a acabar con la especulación sobre los suelos rústicos en expectativa de revalorización. En consonancia con la tradición de la Ley de 1956, se identifica la especulación únicamente con el descuento de los precios futuros de una actuación urbana por parte de un propietario que no tiene ni intención ni medios para construir. Frente a la especulación se apela al «legítimo beneficio» que surge de la actividad promotora y constructora.

En contra, sin embargo, de las buenas intenciones de sus defensores, es preciso reconocer que existe un abismo entre una verdadera generalización de la propiedad pública y la puesta en marcha de un régimen de compensación a los propietarios de suelo que redunde en favor de un sistema generalizado de «agentes urbanizadores» —esto es, promotores respaldados por la acción pública para el aumento del beneficio privado. De hecho, el único objeto que la legislación trata extensivamente es el modo en que los agentes privados, y en concreto, los inmobiliarios pueden apropiarse de los beneficios que genera la acción pública.

El presupuesto implícito de la ley es así doble: por un lado, favorece el circuito virtuoso asociado al keynesianismo de precio de activos, debilitado por una coyuntura que anunciaba un incipiente cambio de signo y, por otro, refuerza a los grandes promotores como únicos agentes capaces de promover una nueva superación de los niveles de escala de las operaciones urbanísticas. Dentro de este marco, las políticas de suelo se entienden como parte de los aumentos del valor de los activos inmobiliarios que se derivan de las subidas de escala de la producción de viviendas. Por lo tanto, a pesar de la retórica del desarrollo sostenible, los argumentos más sólidos, o al menos los que parecen más reflejados en los artículos de la ley, son aquéllos que inciden en la necesidad de un aumento de escala de la producción inmobiliaria frente a la ralentización que implica la figura del propietario.[66] Desde este punto de vista, lo verdaderamente importante, lo que impacta en el PIB por medio del aumento de la demanda privada, es la generalización de la vivienda en propiedad, y los efectos riqueza derivados. En este sentido, la ley de 2007 declara que «su objetivo no es, por tanto, aumentar la oferta de suelo urbanizable en el mercado sino actuar sobre el proceso de transformación de suelo urbanizado, acelerándolo, cumpliendo los plazos establecidos, y haciéndolo más objetivo y transparente en todas

66 Gerardo Roger, autor de la LRAU y uno de los principales defensores de la ley de suelo de 2007, argumentaba así en contra de la ley de 1998: «Ciertamente la Administración puede (y debe) intervenir en el proceso mediante la aplicación de sus prerrogativas públicas con el objeto de hacer prevalecer "el interés general para impedir la especulación", tal y como mandata el artículo 47 de la Constitución Española. Sin embargo la debilidad crónica de las haciendas locales, los insuficientes *staff* técnico-jurídicos de que disponen y, sobre todo, los valores legales que adquiere el suelo a efectos expropiatorios, aún más elevados que los tradicionales, pues en virtud de la Ley Estatal 6/98 (en adelante, también referida como LRSV), los terrenos con destino al patrimonio público de suelo se les adjudica el valor subjetivo y expectante (el especulativo, en el estricto sentido de la palabra). Todo ello hace que la intervención pública no sea lo relevante que podría desearse y que, en consecuencia, el proceso de producción de nuevo suelo urbanizado siga siendo muy insuficiente.» G. Roger, «La gestión del suelo en las diferentes Comunidades Autónomas», *op. cit.*

sus fases»[67] [el énfasis es nuestro]. Es por eso, que esta ley promueve un tipo de intervención que se ajusta mucho mejor a las necesidades del nuevo modelo de políticas de demanda.

Por otro lado, los únicos agentes capaces de promover este cambio de escala eran las grandes promotores que emergieron del proceso de fusiones de finales de los años noventa.[68] Estos gigantes del sector controlaban grandes bancos de suelo, en los que la promoción residencial sólo resultaba competitiva bajo la forma de grandes desarrollos, normalmente con tipologías de ciudad difusa (*urban sprawl*). Recuérdese que las promotoras controlaban también los alquileres de los centros de trabajo deslocalizados por la periferia, así como la explotación de los centros comerciales.[69]

En definitiva, la ley de suelo de 2007 ha apostado claramente por la urbanización efectiva y por la primacía de las grandes promotoras convertidas en agentes urbanizadores. Bajo esta perspectiva, las referencias a la sostenibilidad del modelo urbanístico y al uso «racional» de los recursos explicitados en el texto legal, no tienen más función que la de señuelos semánticos que antes, en la ley de 1998, eran ocupados por términos como «flexibilidad», «liberalización» y «reforma estructural».

La víctima de este largo proceso de aumento de la escala de la movilización del suelo ha sido un territorio que difícilmente se recuperará de los brutales excesos de estos años y una ciudadanía que ha visto seriamente disminuidos una parte importante de sus bienes comunes.

---

67 A Berges y E. Ontiveros, «La nueva ley de suelo desde la perspectiva económica», *Ciudad y Territorio*, núm. 152-153, 2007.

68 Nos referimos aquí al llamado G-14, lobby de presión de las principales promotoras del país, que experimentó un fuerte proceso de concentración mientras duró el ciclo, siempre apoyado por niveles increíbles de capitalización derivados tanto del acceso al crédito masivo por parte de bancos y cajas, como de sus espectaculares cotizaciones bursátiles. El G-14 llegó a dominar prácticamente todo el sector en los últimos años del ciclo, hasta que se desencadenó la cadena de bancarrotas de 2008. Es preciso reconocer que buena parte del articulado de la ley se hizo a demanda de sus intereses.

69 Basilio Calderón ha descrito, con gran precisión, cuál era la posición de estas grandes promotoras, ya antes de la aprobación de la Ley de Suelo de 2007: «Prácticamente todas las grandes empresas aspiran a dirigir una parte del proceso urbanístico aportando una parte sustancial del suelo que, adquirido con la adecuada antelación y mantenido en reserva especulativa, será la materia prima del futuro urbanístico de todas las ciudades, especialmente ahora que lo que se espera es un incremento en las formas de urbanización difusa [...] que requieren ingentes cantidades de suelo que ya no está en manos de la propiedad tradicional sino que ha pasado a manos de las promotoras que disponen de reservas millonarias de suelo en todas las comunidades autónomas, en casi todas las provincias y en casi todas las fases de la tramitación urbanística, desde solares a suelo apto para urbanizar o incluso suelo rústico protegido para abarcar toda la gama posible de la demanda». B Calderón, «Ganar tamaño y territorio: fusiones de empresas y nuevos yacimientos inmobiliarios en el sector inmobiliario español», *op. cit.*, p. 88.

7. El arreglo espacial español. Los costes políticos y ambientales del modelo territorial

La solución espacial del capitalismo hispano, o mejor aún, la especialización del capitalismo español en las «soluciones espaciales», no sólo ha requerido de las regulaciones relativamente abstractas de los mercados de suelo, vivienda e hipotecario. La principal característica del circuito secundario de acumulación es que éste requiere intervenciones extremadamente localizadas y con un fuerte impacto sobre el territorio. En este aspecto, el cuadro completo del *spatial fix* exige el análisis de las dinámicas de movilización y explotación de los «activos» territoriales. En concreto, aquí se analizan lo que consideramos los tres grandes aspectos del arreglo espacial del régimen de acumulación español: 1) la política de infraestructuras de transporte, en tanto elemento primordial de la movilización del circuito secundario; 2) el propio diseño territorial del Estado constituido sobre la base de una amplia descentralización y flexibilidad de los agentes regionales y municipales, y una profunda y creciente dependencia de las economías locales respecto de las rentas del suelo y 3) las políticas medioambientales, que operan como una suerte de vasto programa de subvención a los requerimientos materiales del ciclo inmobiliario, sin ofrecer ninguna solución real a las crisis ecológicas que éste tiende a generar.

La política de infraestructuras

Históricamente, el capítulo de Fomento y la inversión en infraestructuras componen uno de los instrumentos convencionales de la políticas keynesianas. La obra pública constituye un potente motor de la demanda agregada y de reutilización de los factores «desempleados» —principalmente trabajo y capital. A esta probada función anticíclica, se debería añadir, no obstante, otras más innovadoras, y que se muestran completamente congruentes con la nueva estrategia de estímulo del precio de los activos inmobiliarios como motor de la demanda. La política de infraestructuras de transporte cumple efectivamente un doble papel en relación con los mercados inmobiliarios: 1) al generar nuevas posibilidades de accesibilidad sobre bolsas de suelo antes relativamente «desconectadas» se facilita su incorporación a las dinámicas de producción residencial y de revalorización patrimonial; y 2) la producción de infraestructuras funciona como el principal regulador del negocio inmobiliario, al tiempo que permite la formación de mercados cada vez más homogéneos.

1. Las infraestructuras, especialmente aeropuertos, autovías y ferrocarriles de alta velocidad, son los instrumentos básicos de accesibilidad territorial. La red de infraestructuras determina la conectividad geográfica de cada fragmento de una región o de un país, y con ello también sus «oportunidades» de valorización. En este sentido, la obra pública constituye el eje director del nuevo proceso de acumulación basado en los circuitos secundarios. La ecuación infraestructuras / crecimiento de los precios inmobiliarios, trata de traducir algo tan singular como la accesibilidad, en revalorización monetaria del suelo o del entorno ya construido. La apertura, por ejemplo, de una autovía o de cualquier otra infraestructura de transporte cercana a una determinada área metropolitana produce una inmediata revalorización de las bolsas de suelo adyacentes, lo que normalmente acaba por traducirse en nuevas construcciones, crecimiento demográfico y creación de servicios. Igualmente, la inauguración de un nuevo eje viario, que conecta una zona de vocación turística —ya sea de costa o de montaña— con un aeropuerto o núcleos urbanos consolidados estimula el mercado de segundas residencias y el valor de los activos inmobiliarios.

La construcción de infraestructuras no siempre implica el crecimiento de los precios inmobiliarios. Concurren aquí factores coyunturales y otro conjunto de políticas asociadas. No obstante, la accesibilidad territorial es una condición necesaria para la llamada «escalabilidad de los mercados inmobiliarios». En otras palabras, las infraestructuras de transporte son a los mercados inmobiliarios, lo que el capital fijo es al sector industrial: puede que no se produzca la inmediata colonización y valorización de una bolsa de suelo asociada a una determinada autovía o aeropuerto, pero es casi seguro que sin esta inversión no se producirá revalorización alguna. Lo paradójico de esta aportación de «capital fijo» es que se realiza casi siempre con financiación pública, si bien las plusvalías producidas por la revalorización acaban por ser embolsadas por capitales privados.

2. De lo dicho se deduce que la inversión en obra pública es uno de los principales reguladores del mercado inmobiliario. Por un lado, la construcción de infraestructuras pretende garantizar los retornos de inversión en la compra de activos inmobiliarios, al favorecer las oportunidades de «valorización». Pero las infraestruturas producen también otro efecto interesante: generan un entorno estable de inversión y un marco de confianza, relativamente seguro, para los propios mercados inmobiliarios. La producción de infraestructuras de transporte supone un importante nicho de negocio, que muchas veces es explotado por los mismos grupos empresariales que se ocupan de la producción residencial. Por otro lado, la red de transportes tiende a generar condiciones de accesibilidad cada vez más homogéneas, y con ello resuelve uno de los principales obstáculos a la creación de un mercado de suelo «fiable», como pueda ser la absoluta falta de homogeneidad territorial —ahora garantizada por determinados índices de accesibilidad— así como cierta seguridad en el retorno de las inversiones. En este sentido, las infraestructuras no sólo producen un *output* material medido en términos de tiempo de acceso o «caudal» —de mercancías, pasajeros, turistas—, sino también paquetes de información —índices de accesibilidad— que permiten la comparación de bolsas de suelo en principio completamente heterogéneas. A su tradicional función de eliminación de la fricción de la distancia, se debería añadir así un propósito mucho más intangible, en la medida en que aporta uno de los pocos tipos de información que puede sirve para garantizar cierta homogeneidad territorial al mercado inmobiliario.[1]

Este conjunto de factores otorgan a la política de infraestructuras una función central en la expansión y articulación territorial de los sucesivos ciclos inmobiliarios. Las «ventajas competitivas» de España, su especialización inmobiliaria y turística, así como la profundidad y potencia de los sucesivos ciclos inmobiliario-financieros, han estado soportadas por la construcción

1 Esta heterogeneidad viene caracterizada porque el suelo es una mercancía única, cuyo valor depende de un conjunto de externalidades de muy distinto tipo, como puedan ser elementos paisajísticos —costa, montaña, bosques— y climáticos, al igual que urbanos y sociales —entorno construido, servicios, nivel de renta. Las infraestructuras funcionan como el primer y principal factor de comparación de bolsas de suelo heterogéneas. De esta forma, sus tradicionales funciones de valorización —que permiten la conexión con núcleos urbanos consolidados, al igual que facilitan la instalación de nueva población y toda clase de servicios— se articulan con las nuevas funciones contables para el cálculo seguro de los riesgos de inversión. Evidentemente, las infraestructuras no resuelven la «singularidad» de cada parcela del territorio, pero permiten una incorporación sustancial de nuevas bolsas de suelo al mismo tiempo que ofrecen posibilidades de valorización «mensurables».

de una de las mallas de transporte más amplia y densa del planeta. En la medida en que el «modelo de desarrollo español» ha encontrado un fuerte *feedback* en este factor, parece preciso dedicar unas páginas a la trayectoria histórica de este capítulo de las políticas públicas.

Al igual que en la mayoría de los apartados estudiados en este capítulo, la peculiar articulación del fordismo español y su incipiente especialización en el turismo plantearon rápidamente la necesidad de crear una red de infraestructuras de transporte adecuada. La desigualdad de los intercambios internacionales con los países más desarrollados y la consecuente urgencia por obtener moneda extranjera condujo, ya en fechas tan tempranas como la década de 1950, a una ambiciosa apuesta por el turismo internacional.[2] Pero para que esta apuesta tuviese un mínimo de garantías, la dictadura tenía que poner en marcha un vasto programa de construcción de infraestructuras a partir de una situación terriblemente deficitaria.

El objetivo del Franquismo fue, en este sentido, estrictamente funcional al desarrollo turístico. Se construyó primero la red aeroportuaria; con tal rapidez, que en 1970 estaban en funcionamiento prácticamente todos los aeropuertos actualmente existentes.[3] La inversión en infraestructuras de tráfico aéreo era óptima tanto en un sentido económico como turístico. Era una inversión segura y relativamente barata, orientada casi exclusivamente al movimiento pendular entre las zonas turísticas —el Mediterráneo y los dos archipiélagos[4]— y los principales puntos de origen del turismo europeo —Francia, Gran Bretaña, Alemania y los países escandinavos. De este modo, las entradas de turistas en avión experimentaron un espectacular ascenso hasta situarse en más de cuatro millones de pasajeros en 1973. Por otro lado, se desarrollaron y mejoraron las principales carreteras de conexión entre las

2 Recuérdese que la «estrategia de desarrollo» del Franquismo se orientó por el propósito de una industrialización rápida, primero con la expansión de la industria de base y luego de las industrias de bienes de consumo. El «descubrimiento» de un circuito de acumulación secundario pertenece a una época posterior y en cualquier caso parece una estrategia de segundo orden en la todavía época dorada del fordismo internacional. Las políticas de vivienda de las décadas de 1950 y 1960 estaban por completo dirigidas a satisfacer las necesidades residenciales en las grandes ciudades, abarrotadas por la inmigración masiva del campo. Igualmente, la apuesta por el turismo de masas a partir de los años cincuenta, estuvo orientada principalmente a reequilibrar la balanza de pagos española.

3 Antes de la Guerra Civil sólo existían cuatro aeropuertos civiles, en 1956 ya eran 22. Este rápido desarrollo permitió que el número de vuelos y pasajeros pasara, respectivamente, de 22.400 y 350.000 en el año 1950, a 98.200 y 2,2 millones en 1962. En 1973 España recibía 34,5 millones de turistas extranjeros de los que una cifra nada despreciable lo hacía por avión. Véase: *50 años de turismo español. Un análisis histórico y estructural*, Madrid, Fundación Ramón Areces, 1999.

4 Es preciso reconocer que el primer modelo de ocupación turística de la costa se desarrolló en un radio de unos 50 ó 60 km. de distancia respecto de los principales aeropuertos turísticos como Alicante, Málaga, Palma de Mallorca, o Tenerife Norte.

principales ciudades —la llamada red nacional—, al tiempo que se tejía una compleja malla de menor calidad y prestaciones entre los núcleos menores. Es significativo, que en este caso se primaran no sólo los ejes de comunicación industriales y urbanos, sino también las zonas turísticas y su correspondiente comunicación con el exterior. Baste decir que el primer gran eje viario de alta capacidad fue la Autopista del Mediterráneo, que aparte de integrar este importante corredor económico, servía de conexión de cualquier población de la costa con los principales puertos y aeropuertos.

A pesar de este desarrollo espectacular, el esfuerzo inversor no consiguió superar la situación de déficit relativo respecto a los países del entorno, especialmente si se tiene en cuenta la práctica ausencia de autovías y autopistas fuera de Madrid y del corredor mediterráneo, además del precario estado de la red ferroviaria. Por otra parte, la declinación regional de la crisis de los años setenta, las nuevas «urgencias» presupuestarias de los gobiernos de la Transición y posteriormente las políticas de reconversión industrial relegaron el capítulos de infraestructuras a uno de los últimos escalones en la jerarquía de prioridades de las políticas públicas. En esta larga década, que se extendió de 1973 a 1985, y en la que todavía vacilaba el diseño de la nueva estrategia de desarrollo para España, las únicas obras publicas de cierta importancia fueron la construcción de las primeras autovías metropolitanas de Madrid y Barcelona —los principales anillos, los primeros kilómetros de los ejes radiales— y la duplicación de la calzada de algunos tramos de las carreteras nacionales con mayor tráfico.

Este *impasse* de la obra pública quedó limitado, de todos modos, a los primeros años de la democracia. La apuesta por el desmantelamiento de líneas enteras de producción, y especialmente las condiciones de incorporación a la Unión Europea,[5] modificaron sustancialmente la función económica de la producción de infraestructuras. A partir de 1985 y 1986, el capítulo de Fomento experimentó un nuevo desarrollo, aún más espectacular si cabe que el de la última década de la dictadura. En los años del *boom* inmobiliario-financiero de 1986-1991, la inversión en obra pública alcanzó una cifra cercana al 5 % del PIB, un porcentaje que nunca antes, y tampoco después, alcanzaría. Basta decir que entre 1986 y 1992 se construyeron cerca de 3.000 kilómetros de autovías, multiplicando de largo la red precedente, y se electrificaron y se desdoblaron las principales líneas de ferrocarril.

5 Las ayudas de la CEE al Estado español fueron articuladas a través de los mismos instrumentos, que el Parlamento Europeo, había diseñado en 1982: las «Redes Transeuropeas», los Fondos de Desarrollo Regional (FEDER), los Fondos de Cohesión y el Fondo Europeo de Inversiones, además de los préstamos del Banco Europeo. En el marco de esta política redistributiva a nivel europeo, España se convirtió en el principal beneficiario, con cerca del 40 % de las ayudas. Véase Jurgen Erdmenger, «Redes e infraestructuras en el sistema de transporte europeo», en el monográfico «Perspectivas en torno al Plan Director de Infraestructuras», *Ciudad y territorio*, núm. 97, otoño de 1993, pp. 331-339.

La financiación de este rápido desarrollo de las infraestructuras encontró una oportunidad inmejorable en la políticas de transferencias europeas. Como se recordará, la destrucción de buena parte del capital industrial obsoleto, exigido por la Comunidad Económica Europea, fue en parte compensada con un regular y generoso chorro de fondos y transferencias que fue destinado en su mayor parte a la construcción de redes ferroviarias y autovías, así como a la mejora de puertos y aeropuertos.[6] En otras palabras, las inversiones europeas soportaron este rápido aumento de la obra pública, que de otro modo se hubiera visto radicalmente limitado, al tiempo que sirvieron como mecanismo de relanzamiento del crecimiento económico.

El ambicioso programa de inversiones del periodo no tuvo, en cualquier caso, funciones exclusivamente económicas. Como en épocas recientes, la construcción de obra pública tenía también una clara pretensión de creación de una nueva imagen para el país, útil tanto para atraer la inversión extranjera, que en esos momentos estaba calentando rápidamente los mercados, como para legitimar el nuevo modelo de acumulación. Este programa de inversiones en Fomento se apoyó también en una ambiciosa política de proyección internacional que alcanzó su cénit en 1992 con los Juegos Olímpicos de Barcelona y la Exposición Universal en Sevilla. Como no podía ser de otra manera, una gran infraestructura de transporte —la primera línea ferroviaria de Alta Velocidad entre Madrid y Sevilla— apuntaló los eventos. A pesar de las críticas de importantes sectores sociales, esta costosísima construcción que supuso el desembolso de más un billón de las antiguas pesetas —a precio actual más de 15.000 millones de euros—, se convirtió en el mejor símbolo del esfuerzo por «mejorar y modernizar el país», al tiempo que la demostración más evidente de la capacidad y el ingenio de la «séptima potencia mundial».[7] De este modo, los fastos de 1992 se convirtieron en el más eficaz de los medios dirigidos a imponer los necesarios elementos de consenso social que exigía el nuevo modelo de acumulación basado en el

6 Entre 1989-1993, sólo los FEDER —de los que el 43 % se gastó en infraestructuras— financiaron 1.000 kilómetros de autovías, 471 kilómetros de los 600 del AVE Madrid-Sevilla, la construcción de 12 embalses, las obras de mejora de 30 puertos, la ampliación de 12 aeropuertos y la construcción de varias centrales térmicas. La inversión asociada a estas transferencias fueron responsables de la aceleración anual de un 0,3 % del PIB. Véase Eneko Landaburu, «El papel de las infraestructuras en el desarrollo regional y en la política regional», Monográfico «Perspectivas en torno al Plan Director de Infraestructuras», *op. cit.*, pp. 341-347.

7 Según la «feliz» expresión de Mario Gaviria y su libro *La séptima potencia. España en el mundo* (Barcelona, Ediciones B, 1996). Un texto visitado y celebrado por Felipe González y la cúpula del PSOE, y que fue quizás uno de los mejores servicios intelectuales a la consagración de la propaganda pro-desarrollista. Sin los complejos del «subdesarrollo» relativo de España respecto a Europa, este tipo de mensajes permitió allanar el camino a cualquier política, por absurda que fuera, que fuese considerada capaz de estimular el crecimiento económico.

uso intensivo del territorio. Celebrado como año bisagra en la historia de España, el final de la penuria económica del postfranquismo y el definitivo ingreso de España en la modernidad, los eventos de 1992 reforzaron tanto las funciones económicas señaladas, como la consagración de un modelo que identificaba progreso con infraestructuras, y crecimiento con construcción.

Los años posteriores desembocaron, sin embargo, en una nueva interrupción de esta línea de tendencia. La crisis de 1991-1992, la firma del Tratado de Maastricht y la consiguiente política de austeridad y control del gasto público, trajeron consigo una cierta retracción del impulso inversor, mucho menor, en cualquier caso, que el de las políticas sociales.[8] Este periodo fue, no obstante, crucial en un determinado sentido. En 1993 se publicó un documento de enorme transcendencia para la sistematización de la inversión en obra pública, fue el Plan Director de Infraestructuras, texto rector del Fomento español entre ese año y 2007. El PDI reunió en una visión integral lo que hasta entonces habían sido políticas parciales, muchas veces improvisadas al calor de las subvenciones europeas o de planes sectoriales —como el de carreteras o de ferrocarriles. Además de proporcionar el marco para una política extremadamente expansiva en lo que se refiere a la construcción de infraestructuras —que han sido quizás el soporte más efectivo al desarrollo turístico e inmobiliario de esta última década—, supuso la más decisiva apuesta pública por el nuevo modelo de crecimiento. La planificación y la expansión de la obra pública se convirtieron, desde ese momento, en política de Estado, con independencia del signo político de los distintos gobiernos.

Las exigencias de financiación del PDI fueron impresionantes. En el documento original se estimaban en 18 billones de pesetas (unos 110.000 millones euros), una cifra similar al 30 % del PIB, o al presupuesto general de todas las administraciones públicas de 1993. Tal y como se puede ver en el gráfico 7.1, el PDI logró mantener el ritmo inversor durante toda la década de 1990 y los primeros años del siglo XXI. Y de nuevo lo hizo destinando aproximadamente la mitad de las transferencias europeas (FEDER y Fondos de Cohesión) a la producción de infraestructuras. El valor de las licitaciones de obra pública en relación con el PIB se mantuvo así entre el 1,9 y el 2,7 del PIB entre 1993 y 2004, con sólo dos caídas relativas en 1995 y 1997. Al mismo tiempo, durante este periodo, las cifras de inversión se multiplicaron por dos en términos absolutos, de cerca de 10.000 millones de euros anuales a más de 20.000.

8 Se podría decir que la austeridad presupuestaria, inscrita en el Tratado de Maastricht, se derivó casi por completo sobre los capítulos de gasto social, que vieron reducida su importancia en el PIB en algo más de 8 puntos, del 27,4 % en 1993 (cifra equiparable a la europea), al 19,7 % en 2002. Véase V. Navarro, *El subdesarrollo social de España,* Barcelona, Anagrama, 2006.

De hecho, el PDI tenía una función que no era completamente neutra en relación con los distintos segmentos del capital nacional. Respondía a las demandas de lo que iba a convertirse en uno de los mayores grupos de presión de la política española. Un conjunto de empresas que habían nacido bajo el paraguas de la rápida urbanización del desarrollismo, pero que con el nuevo impulso del Fomento nacional en los años ochenta encontraron una rápida vía de crecimiento e internacionalización. Como ya ocurriera con el sector financiero, la intervención del Estado, vía licitación de obra pública (véase gráfico 7.1), permitió que este grupo corporativo iniciara un rápido proceso de concentración que culminó a mediados de la década de 1990 y que vendría seguido de una agresiva política de internacionalización. El PDI proporcionaba un nuevo marco de estabilidad y crecimiento sostenido, un nicho de beneficio alimentado por un caudal continuo de dinero público. Por extraño que parezca desde una perspectiva exclusivamente técnica, el Plan supuso el primer triunfo de la nueva oligarquía corporativa con base en el sector de la construcción, y también su acta de constitución como un importante *lobby* de presión con capacidad para orientar las políticas de Estado.[9]

[9] El regocijo del entonces presidente de la patronal de las grandes constructoras SEOPAN era indisimulado: «El PDI, con su visión a largo plazo (2007) ofrece la posibilidad de crear para el sector de las construcción un marco estable, o sea un sistema operativo, que por su crecimiento sostenido, permita planificar adecuadamente la innovación tecnológica, la formación de recursos humanos o la gestión financiera de las empresas». De este modo, para patronal y Estado la función de la obra pública no sólo tenía objetivos de naturaleza social y económica generales, sino que además debía proporcionar un marco favorable para y por el sector de la construcción, lo que implicaba otorgar carácter de «pacto político» —lo que, nótese bien, es siempre el resultado de una relación de fuerzas— a todo un conjunto de condiciones relativas a los plazos, ejecución, financiación y coordinación del propio PDI. Mariano Aisa Gómez, «Actitud empresarial ante el Plan Director de Infraestructuras», Monográfico «Perspectivas en torno al Plan Director de Infraestructuras», *op. cit.*, pp. 349-355.

GRÁFICO 7.1 EVOLUCIÓN DE LA LICITACIÓN DE OBRA PÚBLICA (1989-2003)
(en millones de euros)

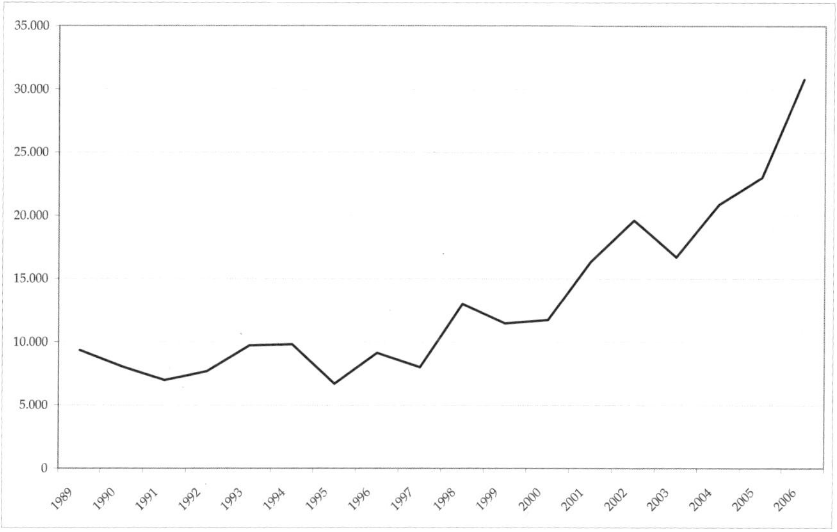

Fuente: Ministerio de Fomento, 2009.

Como en el periodo anterior, el PDI orientó la mayor parte de los esfuerzos públicos a la construcción de autovías: el 76 % del presupuesto y la producción de 5.000 nuevos kilómetros. También se hicieron importantes obras de mejora en aeropuertos y puertos. A partir de 1994, el retorno del crecimiento económico, la aceleración de la tasa de consumo y la revitalización del turismo internacional se manifestaron, efectivamente, en un crecimiento del 40 % en el tráfico de mercancías y del 200 % en el número de pasajeros en avión.[10]

El enorme esfuerzo inversor permitió que pasados sólo 10 años de la aprobación del PDI ya se hubieran cumplido sus principales objetivos. La red radial de autovías y los ejes del Ebro y el Mediterráneo estaban

10 En lo esencial, la crítica ecologista a los resultados del PDI resultó tremendamente certera. Las principales apuestas del Plan (las autovías, la concentración de la inversión en el Corredor del Ebro, el arco mediterráneo y las grandes áreas metropolitanas) supusieron un nuevo ahondamiento en los desequilibrios territoriales, un crecimiento espectacular de la movilidad, que por sí misma hizo prácticamente inviable el cumplimiento de Kyoto (aumento de las emisiones de CO_2 de un 15 % entre 1992 y 2010, cuando en 2008 ya habían aumentado un 45 %), además de las clásicas externalidades negativas asociadas al modelo: destrucción de ecosistemas naturales, aumento de la siniestralidad, concentración del desarrollo en las grandes ciudades, etc. Véase, en este sentido: Pilar Vega Pinado (AEDENAT), «El Plan Director de Infraestructuras: un impedimento para la movilidad sostenible», Monográfico «Perspectivas en torno al Plan Director de Infraestructuras», *op. cit.*, pp. 375-384.

completamente terminados, así como los anillos metropolitanos de las principales ciudades. El agotamiento del PDI llevó entonces a plantear un nuevo documento-marco. En línea con el antiguo, el nuevo plan, redactado en 2000 por el gobierno popular, se propuso un ambicioso redimensionamiento de la red de autovías, al tiempo que recuperó la idea de los ferrocarriles de alta velocidad, que hasta entonces habían quedado limitados a la línea del '92 Madrid-Sevilla.

La vida de este documento, que apenas pasó de borrador, fue sin embargo corta. El cambio de signo político en 2003, llevó a la administración socialista a la redacción de un nuevo programa: el Plan Estratégico de Infraestructuras y Transportes (PEIT), todavía vigente.[11] Como sus predecesores, el PEIT presupuestó un enorme volumen de inversión pública, calculado en 241.392 millones de euros para el periodo 2005-2020, pero con una clara concentración en los primeros años del Plan.[12] En pleno auge del ciclo inmobiliario, el PEIT apostó, como no podía ser de otra manera, por el tipo de infraestructuras más funcionales a la dinámica de colonización y revalorización del territorio: las autopistas y los ferrocarriles de alta velocidad.

Las cifras eran mareantes, el documento proponía la construcción de otros 7.000 km. de carreteras de alta capacidad, con un horizonte para 2012 de una red total de 18.000 km. La justificación de esta nueva ampliación, cuando el PDI había previsto la terminación de los principales corredores, y el plan del PP había iniciado ya la mayor parte de los ejes secundarios que tenían una clara justificación territorial —el eje cantábrico, la vía de la Plata, el corredor Valencia-Zaragoza— debe ser considerada como puramente ideológica. Con el pretexto de superar el carácter radial y fuertemente concéntrico de la red viaria en torno a Madrid se proponía un sistema «mallado» que estableciese corredores Este-Oeste y Norte-Sur que no pasasen por la capital. El propósito era unir todas las capitales de provincias con sus vecinas, aunque no existiera un volumen de tráfico que lo justificase, al mismo tiempo que se garantizaba la accesibilidad del conjunto del territorio, de tal modo que el 94 % de la población tuviera su residencia a menos de 30 km. de una vía de alta capacidad. Por supuesto, una de sus principales justificaciones estaba apuntalada en la vieja ecuación, falsa por otro lado, de autovía = menos siniestralidad.[13] En cualquier caso, el derroche desde un punto de vista técnico era patente. La ordenación del Plan proponía

11 *Plan Estratégico de Infraestructuras y Transportes (documento propuesta)*, Madrid, diciembre de 2004, Ministerio de Fomento.

12 Esta cifra estaba cerca del 29 % del PIB de ese mismo año, y suponía mantener el nivel de obra pública en una tasa en torno al 2-2,5 % para los siguientes 15 años.

13 *Plan Estratégico de Infraestructuras y Transportes, op. cit.*, pp. 72-84.

la duplicación de calzada de carreteras con 5.000 e incluso 2.500 vehículos día, cuando la cifra recomendada por los organismos internacionales es a partir de los 10.000.

Con estos presupuestos, este faraónico programa de obras públicas estaba destinado a convertir a España en el país con la red de autovías más extensa de toda Europa.[14] Naturalmente, el nuevo escenario que propugnaba el PEIT estaba ya por completo alejado de la tradicional imagen del sempiterno déficit de infraestructuras español. De hecho, la sobrecapacidad de la red de autovías españolas se puede considerar como el principal factor de la sorprendente capilaridad territorial que ha caracterizado al reciente ciclo inmobiliario. Las nuevas condiciones de accesibilidad territorial están sospechosamente conectadas con la homogeneidad espacial de la escalada de los precios de la vivienda y los impresionantes desarrollos urbanísticos que han caracterizado a zonas completamente marginales en los pasados ciclos inmobiliarios. Así, la generalización de complejos turísticos y de segundas residencias en todo el eje cantábrico, el Pirineo, las costas meridionales hasta hace poco relativamente poco explotadas —como el área del Estrecho o la costa sur de Murcia— o una buena cantidad de áreas del interior peninsular especialmente privilegiadas por sus características ecológicas o climáticas.

Es preciso considerar también que el PEIT preveía destinar el 14 % de su presupuesto a los capítulos de transporte urbano, principalmente ferrocarril de cercanías y autovías metropolitanas, proporcionando el mejor instrumento para la dispersión suburbana de las principales regiones metropolitanas. Como en el caso anterior, la justificación tampoco es clara, la red de autovías de las metrópolis españolas es muy superior a las de sus homónimas europeas. Por sólo considerar las mayores, el número de kilómetros de vías de alta capacidad en 2008 era de 964 en la provincia de Madrid, 632 en la de Barcelona, 588 en el País Vasco, 575 en Valencia y 493 en Sevilla.[15] Por si esto pareciera insuficiente, las comunidades autónomas no han cejado de plantear nuevos ejes viarios y la ampliación de los anillos metropolitanos con el fin de facilitar la «movilidad regional». No hace falta decir que estas sucesivas oleadas de inversión en las autovías metropolitanas están en la base de los paisajes cada vez más fragmentados y dispersos de las ciudades españolas.

14 En 2006 las redes viarias más extensas de la UE como las de Italia (7.000 km.) Francia (10.000 km.) Alemania (12.000), todas ellas congeladas, eran muy inferiores a los 18.000 km. previstos para España en 2012, e incluso, a los 14.000 km. existentes en ese año.

15 Véase *Anuario de Fomento 2008*, Madrid, Ministerio de Fomento, 2009. Por sólo considerar el caso de Madrid, ésta era la capital europea con mayor número de kilómetros de autovía en relación a sus habitantes.

La gran estrella del PEIT ha sido, en cualquier caso, el ferrocarril de alta velocidad, con algo más del 40 % de las inversiones previstas. Ya desde principios de la década del nuevo siglo, el ensayo del AVE Madrid-Sevilla, se había prolongado con el inicio de las obras a Barcelona. La novedad del PEIT no se encontraba, sin embargo, en la construcción de líneas de alta velocidad en los principales corredores del Estado, sino en la pretensión de generalizar los ferrocarriles de «altas prestaciones» hasta construir una malla viaria de 10.000 km. que conectase todas las capitales de provincia para antes de 2020.[16] Como en el caso de las carreteras, esta cifra pondría a España a la cabeza del mundo en lo que a ferrocarriles de alta velocidad se refiere.

La alta velocidad tiene, funciones completamente distintas a las señaladas para las autovías. La «socialización» del TAV, prevista por el PEIT, no puede ser vista como una política de sustitución del transporte urbano: en primer lugar porque se plantea como complementaria a la construcción de autovías y, en segundo, porque el TAV acarrea unos impactos ambientales y energéticos comparables a los del transporte privado por carretera. Según un conocido análisis de los impactos de la Y vasca,[17] una vez que se superan los 200-220 Km/H se desatan tres tipos de efectos: 1) una disminución de las funciones ferroviarias por la desconexión con las redes regionales y de cercanías y la incompatibilidad con el tráfico de mercancías; 2) una caída de la eficiencia energética; y 3) un incremento de los impactos ambientales como las emisiones de gases de efecto invernadero, el ruido y la fragmentación del territorio.[18]

Con velocidades medias superiores a los 200 km. por hora y con un coste superior al doble del que supone una autopista, el tren de alta velocidad parece destinado a unir los principales corredores económicos del país. Al conectar las principales ciudades con costes de tiempo que compiten con el

---

16 *Plan Estratégico de Infraestructuras y Transportes, op. cit.*, pp. 84-93.

17 R. Bermejo, *Análisis de rentabilidad del proyecto de la 'Y' vasca y bases para una estrategia ferroviaria alternativa*, Bilbao, 2004. Disponible en: http://www.ahtgelditu.org/dokumentuak/informe_bermejo_es.pdf; Véase también la increíble cantidad de material documental de AHTGELDITU y de la asamblea contra el TAV, organizaciones protagonistas de las numantinas movilizaciones contra esta obra pública en Euskadi y Navarra.

18 Las enormes inversiones exigidas, y unos periodos de amortización que se miden en décadas, hacen del TAV un medio de transporte caro, que a pesar de la propaganda institucional acerca de su sostenibilidad implica un consumo energético similar al del coche privado. De hecho, el TAV no supone prácticamente ninguna mejora en la eficiencia energética del modelo de transporte español. Véase *ibidem* y también de Roberto Bermejo, «La política de transportes española ante el fin de la era de los combustibles fósiles», en S. Alvarez Cantalapiedra y O. Carpintero (coord) *Economía ecológica: reflexiones y perspectivas*, Madrid, Círculo de Bellas Artes, 2009.

transporte aéreo, el TAV funciona en paralelo con la tendencia a concentrar las funciones económicas centrales en los principales núcleos urbanos, al tiempo que extiende el radio de las grandes regiones metropolitanas sobre las capitales provinciales próximas.[19] En este caso, la conectividad parece repercutir positivamente sólo en las centros urbanos de las grandes ciudades del país. A pesar de las aparentes ventajas de la conexión ferroviaria por alta velocidad, las ciudades pequeñas y medianas podrían tener que hacer frente a un proceso de creciente descapitalización de funciones estratégicas en favor de los grandes núcleos.[20] Por otro lado, el nuevo modelo ferroviario, basado en la alta velocidad, vendría acompañado del cierre de numerosas estaciones intermedias y de la pérdida de algunas de las antiguas funciones sociales del ferrocarril, como la vertebración territorial a escala de ciudades y municipios de tamaño medio, marginados definitivamente de las altas prestaciones.

Concebido como una lanzadera entre grandes ciudades, el TAV supone también un importante coste social, en la medida en que el acceso a este servicio queda reservado para las rentas medias y altas. Las enormes inversiones necesarias y los altos costes de mantenimiento se traducen en una forzosa «elitización» del transporte, aun cuando las inversiones realizadas en la construcción de la propia infraestructura no tengan ningún viso de ser amortizadas en el medio-largo plazo, y el propio sostenimiento de la red requiera de una permanente subvención.

En conjunto, a pesar de su retórica democratizadora de los parabienes de las infraestructuras, el desarrollo del PEIT se ha realizado en una nítida línea de continuidad con la política de infraestructuras precedente. En paralelo a la evolución de la mayor burbuja inmobiliaria de la historia de España, el PEIT ha intentado traducir en términos territoriales las oportunidades de revalorización y de nueva construcción asociadas al aumento de la

19 Así la llegada del AVE desde Madrid a Segovia, Guadalajara, Toledo y Ciudad Real —y en un futuro a Ávila y Cuenca—, ha convertido a este medio de transporte en una suerte de cercanías metropolitano, que extiende más allá de los 100 km. el radio de influencia de Madrid en todo lo referido a ámbitos como el ocio de fin de semana, el turismo de negocios e incluso la residencia de profesionales y directivos de muy distinto tipo. Algo parecido sucedería con el TAV vasco que uniría las tres capitales, más Pamplona, en un tiempo estimado no superior a 40 minutos.

20 Precisamente por mor de la rápida conectividad, un buen número de sedes empresariales, trabajadores de alta cualificación y funciones de coordinación económica podrían encontrar más ventajas en trasladarse a las áreas metropolitanas, en lugar de permanecer en entornos urbanos mucho menos dinámicos y, sin embargo, mucho más «próximos» gracias al TAV. No se trata de una hipótesis, esto es lo que se desprende de algunos estudios, como los efectos de la construcción del TGV a París para la ciudad de Lyon. Véase Roberto Bermejo, «La política de transportes española«, *op. cit.*

conectividad y de la accesibilidad territorial. Bajo esta perspectiva, la enorme inflación de infraestructuras de transporte deja de tener ese tinte de irracionalidad que parece siempre asociado a las políticas públicas en España para reconocerse, de una forma completamente coherente, con las funciones políticas y económicas del keynesianismo de precio de activos.

Esto no quiere decir que la apuesta por el «transporte» se haya producido sin costes. En primer término, costes de oportunidad flagrantes en uno de los países europeos con uno de los niveles más bajos de inversión en investigación y desarrollo. Baste señalar aquí la siguiente relación: si España es el país con mayor ritmo de inversión en obra pública de la Unión Europea de los 15 es, sin embargo, el penúltimo en gasto social. Pero también importantes costes ambientales, y esto a pesar de la pátina ambientalista que recubría el texto del Plan, y que sólo ha conseguido expresarse en términos paliativos según la fatídica máxima de «primero construir y luego corregir».[21] La sobredotación de autovías y TAVs conlleva, efectivamente, un aumento masivo de las emisiones de CO_2, lo que ha alejado a España del cumplimiento del protocolo de Kyoto. De modo parecido, la saturación de autovías y líneas de alta velocidad ha producido una creciente fragmentación y destrucción de numerosos hábitat naturales,[22] al tiempo que ha provocado una rápida aceleración de la ocupación de suelo, tanto por los enormes consumos que requiere este tipo de obra pública, como por sus efectos inducidos en forma de desarrollos inmobiliarios. Por último, el PEIT ha entrado en resonancia con las políticas de dispersión metropolitana, lo que implica una acentuación de los desequilibrios centro-periferia en las principales regiones urbanas.

En el otro lado, los obvios beneficiarios de la política de infraestructuras de las últimas dos décadas han sido las principales empresas comprometidas en su construcción. La concentración de los beneficios de la producción de

21 Paradójicamente el diagnóstico que abrió el PEIT fue alabado por las principales organizaciones ecologistas. El principal objetivo nunca dejó de ser, sin embargo, la sobreproducción de obra pública, tal y como manifiesta la propia la articulación de las fases de desarrollo del Plan, que apremiaba una rápida construcción de la nueva red de transportes entre 2005 y 2012, para iniciar luego una fase de «aplicaciones enfocadas de manera prioritaria a asegurar la compatibilidad a largo plazo entre el transporte y sus efectos ambientales».Véase el *Análisis del PEIT* de Ecologistas en Acción en: http://www.ecologistasenaccion.org.

22 Así lo manifiestan algunos estudios que señalan una pérdida de biodiversidad en los principales espacios naturales españoles (tomando como base la red de Lugares de Interés Comunitario) de cerca del 0.5 %. Y esto sin tener en cuenta los desarrollos inmobiliarios que seguramente irían anejos a las obras del PEIT. Véase Belén Martín, Santiago Mancebo, Emilio Ortega y Elena López «Evaluación de los efectos del PEIT sobre la fragmentación de hábitats», Centro de Investigación del Transporte, Universidad Politécnica de Madrid. Véase también TAU (consultora ambiental), *Informe de sostenibilidad del Plan Estratégico de Infraestructuras de Transporte*, Madrid, Ministerio de Fomento, diciembre de 2004.

obra pública en estos agentes empresariales no se ha limitado a la licitación. En multitud de ocasiones, los mismos grupos empresariales tienen intereses especiales en los desarrollos urbanos que «cuelgan» o dependen de las infraestructuras de transporte que se encargan de llevar a cabo. Como hemos visto, la enorme capitalización del sector de la construcción, promovida por la sobreinversión pública, ha catapultado a un reducido número de grupos empresariales —en realidad las seis grandes constructoras del país[23]— al mercado internacional de producción de infraestructuras. Y al mismo tiempo, ha permitido su constitución como gigantescos *trust* empresariales con importantes intereses en los sectores y subsectores que dependen directamente de la expansión de las infraestructuras. De este modo, las grandes constructoras han pasado a ocupar los principales sillones del «consejo de administración» de la oligarquía española, consolidando o ampliando una importante participación en: la industria inmobiliaria —durante los años centrales del ciclo económico, las constructoras ampliaron de forma espectacular sus líneas de negocio asociadas a la promoción residencial y a la compra-venta de suelo—; la producción energética —las grandes empresas de energía están ampliamente participadas por estas empresas—; y los servicios urbanos y sociales que en muchísimas ciudades han sido privatizados en favor de las divisiones de servicios de estas mismas empresas. Su peso político ha llegado a ser tan grande que se puede decir que sus intereses se han hecho indisociables de las decisiones de inversión de las administraciones públicas. Nadie esconde ya que la parte corporativa es el principal elemento en la negociación y redistribución permanente de las principales rúbricas del gasto público.

El modelo territorial: la formación de las *growth machines* urbanas

Uno de los elementos centrales de la especialización territorial del capitalismo hispano se encuentra en un factor pocas veces reconocido. Se trata de la arquitectura territorial del Estado. La estructura administrativa, muy flexible y competitiva a nivel territorial, se debe tomar como una de los principales factores propulsores de los enormes ratios de producción de suelo urbano

[23] Se trata de ACS, convertida en la tercera constructora del planeta con 33.825 millones de dólares de facturación en 2009, Acciona con 20.950 millones, Grupo Ferrovial con 20.705 y Fomento de Construcciones con 20.515 millones de dólares, respectivamente en las posiciones 12, 13 y 14 de las mayores del mundo. *Global 500*, www.cnnmoney.com. A éstas habría que añadir además: OHL y Sacyr Vallehermoso.

de las últimas décadas. Efectivamente, la mayor parte de la realización de las rentas inmobiliarias no viene regulada por los grandes poderes del Estado, sino por las entidades subestatales, como los ayuntamientos y las comunidades autónomas. Sin el concurso de éstos, y su especial aplicación a la reproducción ampliada de las rentas inmobiliarias, el reciente ciclo inmobiliario-financiero hubiera sido, sencillamente, una quimera. Esto es lo que explica que el desarrollo urbanístico de la última década haya sido mucho más «democrático» y homogéneo que el del urbanismo concertado de la época franquista, al menos en lo que a los nichos geográficos de desarrollo se refiere. El primer interrogante es por lo tanto: ¿por qué y de qué forma se ha producido este espectacular crecimiento urbano que no ha excluido ni a las regiones y municipios menos previsibles?

Para dar cuenta de esta pregunta conviene recurrir a una de las teorías de los estudios urbanos que más éxito ha tenido en las últimas décadas. Se trata del análisis de las economías urbanas como «máquinas de crecimiento», o en su lengua original, como *growth machines*. Con este sintético concepto, Moloch y Logan[24] resumían la dinámica competitiva de las ciudades estadounidenses desde el siglo XIX. El presupuesto central era que el alto grado de descentralización administrativa de Estados Unidos había situado a las ciudades y condados en una posición especialmente activa y dinámica en lo que a su desarrollo urbano se refiere. A su vez, este desarrollo se apoyó, de forma primordial, en la activación y aceleración de los mercados inmobiliarios. Ello unido a las singulares características del capitalismo estadounidense puso los cimientos para que la orientación, casi prescriptiva, de las administraciones y las élites locales hubiera sido la de promover y estimular un desarrollo constante. A diferencia del modelo industrial clásico, este crecimiento está basado principalmente, no tanto en el crecimiento de la actividad económica *per se*, cuanto en el incremento sostenido del suelo urbano, los precios inmobiliarios y la base demográfica. Dicho de otro

24 La tesis de la *growth machine* fue desarrollada primariamente en un *paper*, firmado por Molotch en 1976, titulado «The City as a Growth Machine: Toward a Political Economy of Place» y publicado en *The American Journal of Sociology*. El desarrollo más sistemático de esta teoría, que permitió reencontrar en la «ciudad» un elemento dinámico en la formación y acumulación de capital, se debe buscar, no obstante, en un libro editado por primera vez en 1986 y que venía firmado ya por los dos autores: R. Logan y Harvey L. Molotch, *Urban Fortunes, The Political Economy of Place*, Berkeley y Londres, University of California Press, 2007. La hipótesis de la *growth machine* ha inspirado, desde entonces, numerosos estudios urbanos sobre ciudades concretas. Su principal defecto, o más bien deberíamos decir el principal problema de su popularización en la sociología y la geografía urbanas, se debe reconocer en la falta de perspectiva sobre los elementos estructurantes de la competencia interterritorial que efectivamente condicionan o determinan la vocación *progrowth* de las administraciones locales de algunos países, y no de otros.

modo, la fortaleza de las economías urbanas descansa en su capacidad para aumentar el flujo de rentas y plusvalías inmobiliarias, lo que presupone una permanente preponderancia del valor de cambio de los activos inmobiliarios sobre cualquier otro elemento relativo a sus valores de uso.

En definitiva, la teoría de la *growth machine* comprende tres elementos principales: 1) el desarrollo de políticas dirigidas fundamentalmente a la promoción urbana y el desarrollo del mercado inmobiliario, reconocible en un término con fuertes resonancias en la historia estadounidense, *boosterismo;*[25] 2) la necesaria articulación de los agentes y las élites «parroquiales» en particulares alianzas *progrowth;* y 3), por último, un factor cultural, a menudo poco estudiado: la imposición de una ideología que hacía del crecimiento un valor absoluto *(value-free development),* en tanto única vía de promoción del empleo, y por lo tanto del bienestar social.

La tesis que aquí se persigue es que el desarrollo de las ciudades españolas en la década de 1995-2007, pero en realidad de todo el periodo que sigue a la larga crisis de 1973-1985, incluido el *boom* de 1986 -1991, sólo puede ser entendido a partir de unas condiciones políticas y económicas que tienden a convertir a cada municipo en una *growth machine* en potencia, cuando no directamente en acto. Sólo así se puede explicar el masivo proceso de movilización de suelo durante este ciclo largo, y que éste se haya visto cumplido en espacios relativamente aislados de las áreas metropolitanas más ricas y dinámicas, así como de las zonas turísticas tradicionales.

En la generalización del modelo de las máquinas de crecimiento sobre las regiones y municipios españoles han sido necesarios, sin embargo, dos importantes prerrequisitos. Por un lado, una estructura administrativa extremadamente flexible y descentralizada, especialmente en lo referido a materias como urbanismo y medio ambiente. A partir de la muerte de Franco y de la apertura de la llamada Transición democrática, la organización territorial del Estado estuvo orientada, de una parte, a fomentar la legitimidad de los entes locales y su autonomía en los principales asuntos que competían a las demandas inmediatas de los ciudadanos. De este modo, si bien los municipios no han tenido nunca una potestad fiscal autónoma, así como tampoco legislativa, sin embargo han «disfrutado» de amplios poderes en relación con el urbanismo local: disposición de suelo, planificación del suelo

[25] Del inglés *boosterism.* Generalizado ya en los estudios urbanos, viene a significar el acto de promover una ciudad o población con el objetivo de mejorar la percepción pública de la misma. La voz se acuña con el actual significado en los tiempos de la expansión de la frontera Oeste de Estados Unidos, cuando los pequeños pueblos ensayaron toda clase de medios con el fin de atraer a nuevos pobladores y animar, en ocasiones con éxito, un aumento espectacular de los precios del suelo.

urbano, servicios como agua y alumbrado, etc.[26] De otra parte, el nuevo régimen que nace con la Transición trató de dar solución a las reclamaciones territoriales de los distintos regionalismos y nacionalismos sin recurrir al expediente del federalismo, creando para ello el marco del llamado «Estado de las autonomías». Lo más significativo para nuestro propósito es que las comunidades autónomas han tenido, prácticamente desde su creación, competencias casi absolutas en lo relativo a medio ambiente, ordenación del territorio y vivienda, además de en infraestructuras de transporte como las carreteras y ferrocarriles que discurren íntegramente por su propia comunidad. A estas competencias habría que añadir las transferencias por parte de la administración central de todas las materias referidas a las principales partidas del *welfare* como la educación, la sanidad y los servicios sociales.[27] En conjunto, la duplicidad de los entes territoriales, en ayuntamientos y en comunidades autónomas, apunta sobre unas condiciones *locales* determinadas, que han dotado a las regiones y a las ciudades, o para ser más precisos, a sus élites, de un alto grado de flexibilidad y autonomía a la hora de diseñar y promover sus mercados inmobiliarios. Esto es lo que, en definitiva, constituye la principal condición de posibilidad para el desarrollo de las máquinas de crecimiento urbanas.

No obstante, si bien el alto nivel de descentralización administrativa, en materia de urbanismo y ordenación del territorio, es un elemento imprescindible, no es una condición suficiente en la generalización de este imperativo *progrowth* a casi todas las ciudades españolas.[28] Es necesario, además, un modelo de regulación de los mercados que garantice la efectiva mercantilización del suelo y de la vivienda, al menos sin muchos estorbos relacionados con sus tradicionales valores de uso. Para ello ha sido necesario el concurso del Estado. La fragmentación inicial del mercado inmobiliario en una multitud de ciudades y localidades concretas tiende a provocar, efectivamente, que la información de precios sea parcial y heterogénea. Todas las políticas relativas a la liberalización del suelo, la desregulación de los mercados hipotecarios, la marginación del mercado de alquiler, la subvención fiscal al sector inmobiliario y la sobredotación de infraestructuras, que hemos visto en los anteriores

---

26 Véase Ley de Bases del Régimen Local.

27 El ritmo de transferencias de estos capítulos ha sido completamente desigual, comienza ya en la década de 1980 para las comunidades «privilegiadas», los territorios históricos (Cataluña, Galicia, País Vasco y Navarra) y se generaliza a todas las regiones a partir de mediados de los años noventa. Para un desarrollo más exhaustivo véase el capítulo 10 de este libro.

28 Caso patente es el de los *länder* alemanes, con competencias similares a las comunidades autónomas españolas, pero con políticas desarrollo urbano mucho más limitadas, sin duda por la preponderancia de la vocación industrial alemana.

apartados, han sido desarrolladas, entre otras muchas razones, con el fin de garantizar ciertas condiciones de homogeneidad al mercado inmobiliario español.

Del mismo modo, las funciones asignadas a las ciudades y a los entes territoriales en la movilización de sus respectivos mercados inmobiliarios ha requerido, también, de un cierto nivel de coordinación desde arriba.[29] Este régimen de constricciones estructurales se despliega en un doble nivel. En primer lugar, a escala global, la nueva división internacional del trabajo que sigue a la crisis del modelo industrial y de provisión de servicios de los países desarrollados y el doble movimiento de descentralización de los procesos productivos y de centralización de las funciones de mando —grandes empresas, centros financieros, infraestructuras de transporte y logística— ha convertido a las ciudades y a las regiones en un «lugar» mucho más propicio para la toma de ciertas decisiones económicas «estratégicas» que el plano tradicional de los Estados nación. Se podría decir, así, que el nuevo marco de regulación del modelo de acumulación está experimentando un nuevo reescalamiento, ajustado al nuevo arreglo espacio-temporal que supone la globalización. En este sentido, aunque las condiciones generales de regulación del régimen de acumulación español sean todavía competencia de las políticas y la legislación estatal —véase por ejemplo todo lo dicho hasta ahora sobre los mercados de suelo e hipotecario, la fiscalidad y la política de infraestructuras—, las decisiones concretas referidas a la efectuación del valor y de las rentas inmobiliarias se encuentran cada vez más en un nivel subestatal.

La estructura descentralizada del Estado español ha sido así completamente funcional a las condiciones propias de un modelo de crecimiento basado en el circuito secundario de acumulación. En este contexto, determinado en buena medida por la dirección cambiante de los flujos turísticos y de inversión de origen transnacional, las comunidades autónomas y los municipios de cierto tamaño se han convertido en las unidades elementales de un juego

29 En este punto, es preciso hacer caso a aquéllos que han sido más críticos con la generalización de la hipótesis de la *growth machine*, como explicación autosuficiente de la vocación *progrowth* de muchas ciudades de todo el planeta. En contra precisamente del énfasis en la autonomía de las élites locales y en el empirismo excesivamente localista que ha inspirado buena parte de los estudios urbanos, estos críticos apuntan principalmente a los factores estructurales que se encuentran detrás del aparente éxito explicativo de la hipótesis de la *growth machine*. Entre ellos, la externalización de buena parte de las responsabilidades y los riesgos del desarrollo económico de los Estados a los gobiernos urbanos —especialmente tras la crisis del fordismo— y el marco de competencia inter-territorial impuesto por la globalización. Véase Bob Jessop, Jamie Peck y Adam Tickel «Retooling the Machine. Economic Crisis, State Restructuring and Urban Politics» en Andrew E. G. Jonas y D. Wilson, *The Urban Growth Machine. Critical Pespective Two Decades Later*, Nueva York, State University of New York, 1999, pp. 141-159.

que les impela a mejorar permanentemente su posición competitiva sobre una base propiamente empresarial. En cierto modo, es como si el marco y el contexto del nuevo juego competitivo fuera decidido a escala global; las reglas concretas y el reparto de fichas a escala estatal; y las estrategias de cada jugador fuesen elaboradas al nivel de cada región o ciudad concreta.

El segundo elemento que conforma las economías urbanas tiene que ver con la propia organización económica y fiscal del Estado, que ha tendido a delegar en los entes territoriales tanto decisiones relativas al crecimiento económico, como también algunas importantes contrapartidas, en términos de gasto social e infraestructuras. Esto es especialmente cierto si atendemos a la organización fiscal y presupuestaria de los ayuntamientos y de las propias comunidades autónomas. Como se puede ver en la tabla 7.1, los ayuntamientos, que a todas luces se deberían considerar la «parte pobre» del Estado, presentan una total dependencia de las tasas e impuestos derivados del parque inmobiliario —impuesto sobre bienes inmuebles, impuestos sobre el incremento de los valores patrimoniales— y de la producción de nuevo suelo urbano —licencias de obras, licencias de reforma, además de los ingresos por enajenación de suelo municipal. En conjunto, la ingresos de distinto tipo que dependen directamente de los mercados inmobiliarios suponen cerca de un 50 % de los impuestos y recursos propios de los ayuntamientos y un 30 % de sus ingresos no financieros. Por otro lado, durante el periodo 2001-2007 estos ingresos fueron las partidas de mayor incremento acumulado, doblándose de forma generosa y, en el caso de la venta de suelo municipal, multiplicándose por cuatro.[30] Al mismo tiempo, las transferencias del Estado, comunidades autónomas y otras administraciones (UE, comarcas, diputaciones) crecieron a menos de la mitad de ritmo que los ingresos inmobiliarios.

La primera consecuencia de esta dependencia fiscal respecto de los mercados inmobiliarios locales, que discurre en paralelo al casi continuo incremento de sus obligaciones —urbanismo, servicios urbanos e incluso ahora algunos servicios sociales y educativos—, es la fuerte adicción al crecimiento de sus políticas, a veces acompañada de sofisticados experimentos de atracción de flujos turísticos y de inversión. Poco puede sorprender así que los gobiernos de los ayuntamientos se hayan visto forzosamente abocados a defender la principal fortaleza de las haciendas locales: el valor del parque inmobiliario y la continua aprobación de nuevas promociones dentro del perímetro municipal.

30 Fuente: Presupuestos municipales. Ingresos y gastos muncipales 2003-2007, Ministerio de Economía y Hacienda.

TABLA 7.1 DEPENDENCIA DE LOS INGRESOS MUNICIPALES DEL CICLO INMOBILIARIO

	MEDIA 2003-2007			EVOLUCIÓN 2001-2007 (%)
	Sobre el total de ingresos	**Sobre los ingresos no financieros**	**Sobre impuestos y recursos propios**	
TOTAL INGRESOS	**100**			72,3
Ingresos financieros	20,6			80,5
Ingresos no financieros	79,4	**100**		70,2
Transferencias (Estado, CCAA y otros)	31,4	39,5		56,3
Impuestos y recursos propios	48,1	61,5	**100**	80,6
- Impuesto sobre bienes inmuebles	11,4	14,3	23,8	69,5
- Impuesto sobre el incremento del valor de los terrenos	2,2	2,9	4,6	106,8
- Impuestos sobre construcciones, instalaciones y obras	3,3	4,2	6,9	177,4
- Enajenación de terrenos	5,9	7,5	12,2	281,6
- Rentas inmobiliarias	0,1	0,2	0,4	65,3
TOTAL INMOBILIARIO	**22,9**	**29,1**	**47,9**	**116,4**

Fuente: Ministerio de Economía y Hacienda. Liquidación de los Presupuestos de las Entidades Locales, 2001-2007.

Por su parte, las comunidades autónomas, mucho más beneficiadas por las transferencias monetarias del Estado, están también obligadas a dirigir una importante atención a sus respectivos mercados inmobiliarios. Las razones son de nuevo fiscales: sólo el impuesto de transmisiones, básicamente sobre bienes inmuebles, suponía en 2006 el 70 % de la gestión fiscal en manos de las CCAA y el 16 % de su presupuesto.[31] Los movimientos de compra-venta de suelo y viviendas, y el incremento de los activos inmobiliario son, igualmente, áreas prioritarias del fisco de las autonomías.

31 Otro impuesto de importancia y que en algunos casos —como en la Comunidad de Madrid—, ha sido suprimido recientemente, es el impuesto sobre donaciones, que en 2007 suponía el 11 % y el 2 %, de los ingresos gestionado y percibidos, respectivamente, por las Comunidades Autónomas. Fuente: www.gestha.es

En definitiva, la tenaza formada por las nuevas obligaciones presupuestarias y la dependencia fiscal de las rentas inmobiliarias parece imprimir, cuando menos en términos estructurales, una cierta orientación *progrowth* de las economías públicas locales. La aquiescencia de ayuntamientos y comunidades autónomas a su nuevo papel de promotores urbanos, la comodidad y unanimidad en su aceptación de la función de *boosters* de los territorios y poblaciones que administran, explicaría también que las excepciones a nuestro particular «modelo de desarrollo local» hayan sido raras, cuando no inexistentes. Las consecuencias políticas y territoriales son desde luego incalculables, pero al menos pueden ser comprendidas a partir de tres grandes líneas: a) la casi total aceptación de las políticas *progrowth* como estrategia prioritaria de desarrollo local o regional; b) la imposición del llamado «empresarialismo urbano» como forma primordial de gobierno local; y c) la emergencia de una nueva capa de beneficiados con enorme influencia en las políticas locales. En última instancia, los grandes sacrificados de la imposición de este modelo de desarrollo han sido el medio ambiente y las posibilidades de una verdadera democracia local.

a) La generalización del modelo de la growth machine

Ninguna excepción, ningún modelo de desarrollo alternativo, ninguna bifurcación no prevista, y esto a pesar de la generalización de las retóricas de la sostenibilidad y de la gestión responsable. Éste es el principal resultado de cualquier descripción empírica sobre las «vías locales a la prosperidad». La tabla 7.2 se presenta como un muestrario de la vocación inmobiliaria de todas las comunidades autónomas: la sobreespecialización sorprendentemente homogénea en el sector de las construcción, la fuerte dependencia de su crecimiento económico sobre el desarrollo inmobiliario y el salvaje derroche de recursos, especialmente en lo que ocupación de suelo se refiere. Vayamos por partes.

Durante la larga década que va de 1995 a 2007 el incremento medio del peso del sector de la construcción en la riqueza total del país creció en cerca de 5 puntos, del 7,5 al 12,2 %.[32] En clara línea de tendencia, en su momento álgido en 2007, la construcción no representaba menos del 10 % del PIB de ninguna comunidad. Incluso en aquéllas con economías

32 Nunca se destacará lo suficiente que la participación de la construcción en los países del entorno (Francia, Italia, Alemania) apenas representa el 4 o el 5 % del PIB.

más diversificadas —Madrid, Cataluña y País Vasco— el peso del sector en la riqueza total no había crecido menos de 3,5 puntos durante todo el periodo. En términos absolutos, el VAB de la construcción se multiplicó en esa década por un factor 2,5, e incluso 3,5 en algunas comunidades, y su participación directa en el crecimiento total de las economías regionales llegó a suponer más del 15 %. En algunas esta cifra se situó en torno a la increíble cifra del 20 %.

Si se pudiese considerar el crecimiento inducido por el sector —la riqueza que la construcción genera en las industrias y servicios auxiliares como la industria del mueble, los servicios inmobiliarios, etc.— algo menos de un euro de cada cuatro, generados en este periodo, procedió, directa o indirectamente, de la construcción.[33] Si aún tuviésemos en cuenta los efectos multiplicadores en el consumo y en la riqueza patrimonial de los hogares, a partir de lo que hemos llamado keynesianismo de precio de activos, quizás más del 60 % del incremento PIB se debería imputar directamente al crecimiento de la actividad de los mercados inmobiliarios.

En lo que se refiere al empleo no hay tampoco ninguna anomalía significativa. Todas las comunidades autónomas han sido testigos del despliegue de la construcción en tanto elemento central de la generación de empleo, situándose en algunos casos por encima del 15 % de la población ocupada. La homogeneidad de este patrón de crecimiento, común tanto a las grandes áreas metropolitanas y a las comunidades autónomas de mayor vocación turística —y por lo tanto de mayor propensión inmobiliaria— como a las regiones menos previsibles, es por lo tanto la principal característica de la comparación entre las distintas economías regionales.

33 Se trata, en cualquier caso, de aproximaciones que tienen una escasa fiabilidad. Los modelos más utilizados para hacer una estimación del crecimiento inducido por el sector de la construcción en el resto del PIB suelen señalar que una aportación directa del sector de un 1% del PIB, genera otro medio punto en otras ramas de actividad, como puedan ser las industrias auxiliares, del mueble o en las actividades inmobiliarias. Evidentemente, esto no considera los efectos de las revalorizaciones patrimoniales.

Tabla 7.2 Principales indicadores del ciclo inmobiliario (1995-2007) en las Comunidades Autónomas

	1. VAB construcción / VAB total en % 1995	2. VAB construcción / VAB total en % 2007	3. Variación 1995-2007	4. Contribución del sector de la construcción al crecimiento del PIB (1995-2007)	5. Evolución del empleo en la construcción (1995-2006)	6. Empleo en la construcción sobre el total en 2006	7. Incremento del valor del patrimonio inmobiliario (1995-2004)	8. Crecimiento de superficies artificiales (1987-2000)	10. Superficie comprometida según licencias de vivienda sobre el total del territorio de las CCAA (2000-2006)
España	**7,5 %**	**12,2 %**	**+ 4,7**	**17,0 %**	**108 %**	**12,3 %**	**162 %**	**29,5 %**	**1,16 %**
Andalucía	8,5 %	14,7 %	+ 6,2	19,2 %	142 %	14,7 %	168 %	28,1 %	1,16 %
Murcia	8,3 %	12,5 %	+ 4,2	15,1 %	198 %	14,9 %	171 %	61,9 %	2,35 %
Valencia	7,4 %	13 %	+ 4,6	14,4 %	111 %	13,3 %	170 %	52,1 %	3,57 %
Baleares	6,6 %	11,3 %	+ 4,7	14,5 %	204 %	14,7 %	217 %	41,4 %	1,88 %
Canarias	7,4 %	12,5 %	+ 5,1	16,1 %	154 %	14,8 %	114 %	8,4 %	3,12 %
Madrid	7,2 %	10,9 %	+ 3,8	15,4 %	106 %	10 %	200 %	47,7 %	7,46 %
Cataluña	6,6 %	10,5 %	+ 3,9	13,6 %	115 %	10,6 %	182 %	12,8 %	2,85 %
País Vasco	6,1 %	10,3 %	+ 4,2	13,7 %	75 %	9,1 %	168 %	13,9 %	1,75 %
Cantabria	7,1 %	14,1 %	+ 7,0	19,5 %	128 %	15,7 %	145 %	22,1 %	1,79 %
Asturias	8,5 %	14,3 %	+ 5,8	20 %	96 %	12,9 %	86 %	25,1 %	1,0 %
Galicia	8,6 %	13,8 %	+ 5,2	18,1 %	39 %	12,5 %	75 %	19,9 %	1,31 %
Castilla-León	7,7 %	12,4 %	+ 4,7	17 %	58 %	12,7 %	99 %	33,1 %	0,23 %
Castilla-La Mancha	9,5 %	14,6 %	+ 5,1	18,7 %	57 %	14,7 %	127 %	32,1 %	0,67 %
Extremadura	12,1 %	16,6 %	+ 4,5	20,4 %	39 %	15,8 %	93 %	30,7 %	0,2 %
La Rioja	5,8 %	12,5 %	+ 6,7	17 %	194 %	12,1 %	161 %	13,2 %	1,35 %
Navarra	6,6 %	11,7 %	+ 4,1	11,4 %	166 %	11,2 %	134 %	46,3 %	0,59 %
Aragón	6,8 %	12,3 %	+ 4,5	17,1 %	123 %	11,1 %	162 %	21,6 %	0,34 %

Fuente: (1), (2), (3), (4), (5) y (6) elaboración propia a partir de Contabilidad Regional de España; (7) a partir de datos de Jose Manuel Naredo, Óscar Carpintero y Carmen Marcos, *Patrimonio y balance nacional de la economía española (1991-2004)*, Madrid, Fundación de las Cajas de Ahorro, 2005; (8) Observatorio de la Sostenibilidad en España, *Cambios de ocupación del suelo en España*, Madrid, 2006; y (9) Ministerio de Fomento.

No obstante, es preciso señalar algunos matices y diferencias que se declinan según las especializaciones económicas de cada región y que parecen determinar modalidades diferentes dentro del mismo modelo de «desarrollo». Estas diferencias tienen su causa en los distintos patrones regionales que se habrían conformado tras la crisis industrial de las décadas de 1970 y 1980, y en el diferencial de peso específico de sectores como el turístico o el financiero. Por un lado, las regiones de vocación turística consolidada —los dos archipiélagos, Andalucía, Murcia y Valencia—, en las que era esperable un mayor desarrollo inmobiliario, han experimentado tanto los mayores crecimientos absolutos en número de viviendas, como relativos en relación a su población. El consumo de suelo ha sido sencillamente gigantesco, en los casos más extremos el 3,6 % de la superficie total de la Comunidad Valenciana o el 3,1 % de las Islas Canarias en los siete años que median entre 2000 y 2006. El peso de la construcción en el PIB y en el empleo, ya considerable, se ha agigantado, pero quizás sin saltos espectaculares respecto al resto del país. La dependencia del dinamismo inmobiliario ha sido, por lo tanto, muy alta, probablemente mayor incluso de lo que se expresa en las tablas debido a la fuerte interrelación entre el sector turístico y el crecimiento inmobiliario.

Por otra parte, las tres mayores regiones metropolitanas —Madrid, Barcelona-Cataluña y País Vasco—, con economías industriales y de servicios mucho más complejas y diversificadas que las otras comunidades autónomas, han mostrado un enorme incremento del empleo en la construcción y del peso de este sector, pero en cualquier caso inferior a la media y siempre compensado por el crecimiento general de sus economías. Lo más significativo en este grupo, y probablemente lo que tiene mayor relevancia económica, es el espectacular crecimiento de los precios de la vivienda y del valor del conjunto del patrimonio inmobiliario, lo que ha supuesto la transferencia de enormes cantidades de dinero, en forma de plusvalías inmobiliarias, al conjunto de los agentes económicos. En este caso, sería necesario considerar también su expansivo dinamismo demográfico en el crecimiento de la demanda inmobiliaria, en la misma medida en que el incorporación de casi seis millones de inmigrantes ha sido absorbida casi por completo por estos dos grupos de comunidades autónomas. Desgraciadamente, es necesario remarcar aquí también el fuerte sacrificio de suelo virgen que entraña este modelo de desarrollo metropolitano, que en el caso de Madrid sobrepasa de largo el 7 % de su territorio tan sólo entre 2000 y 2006, y que para la provincia de Barcelona no ha debido ser muy distinto.

Hasta aquí el patrón de distribución territorial del ciclo inmobiliario pareciera ajustarse al guión convencional de la particular geografía económica del país. Las sorpresas están, no obstante, en los comensales no previstos: la fachada cantábrica, por un lado, y las grandes regiones del interior.[34] Efectivamente, Cantabria, Asturias y Galicia, de una parte, y las «regiones dormidas» de las dos mesetas —las dos Castillas y Extremadura—, de otra, han sido las comunidades autónomas en las que la construcción ha querido mostrarse como el verdadero, sino único, motor del crecimiento económico de la pasada década.[35] La vía al crecimiento de ambos grupos ha sido, de todos modos, bastante distinta. El modelo de crecimiento de la fachada cantábrica parecería obedecer a una extensión del tipo de turismo costero propio del Mediterráneo, con predominio de la segunda residencia, sin menospreciar por ello la propia activación de los mercados inmobiliarios de las ciudades tradicionales. El resultado ha sido una apertura masiva de las líneas de costa, una franja hasta ahora relativamente virgen, al gran negocio de la compra-venta de suelo y de producción de vivienda. Así lo manifiesta la rápida colonización residencial de la costa cántabra, el Oriente y el Poniente de Asturias, la Marina Lucense y la re-masificación de las rías altas y bajas gallegas.[36] Por el contrario, en el caso de las comunidades mesetarias, esta expansión urbana parecería obedecer a una extensión relativamente retardada de los grandes mercados inmobiliarios urbanos, algo patente a la luz de los desarrollos tardíos pero importantes de las ciudades-puente entre Madrid y la costa —Albacete, Ciudad Real, Valladolid—, y también a la propia expansión metropolitana de Madrid sobre las ciudades y comarcas más cercanas —Segovia, Ávila, Toledo, Cuenca y Guadalajara.[37] En ambos

34 Se debería añadir a estos cuatro grupos, uno último formado específicamente por la comunidades autónomas del Corredor del Ebro (Aragón, Navarra y La Rioja), todas ellas con incrementos espectaculares de la ocupación de suelo, del precio de la vivienda y del valor de los activos patrimoniales. Se trata en este caso de regiones de base fundamentalmente industrial que presentan un modelo a medio camino entre las regiones metropolitanas y las dos Mesetas.

35 Sólo en términos directos, la construcción ha supuesto entre el 18 y el 21 % de cada nuevo euro creado en estas comunidades, cuando la media sólo suponía el 15 %. En términos indirectos e inducidos las cifras deberían ser incluso mayores, lo que paradójicamente parece demostrar la mayor dependencia relativa del desarrollo económico de estas regiones sobre el sector de la construcción.

36 Aquí, nuevamente, la política de infraestructuras ha sido esencial: la apertura de las autovías de la Meseta —y por lo tanto al turismo madrileño—, de grandes tramos de la autovía del Cantábrico —y por lo tanto a las segundas residencias, principalmente para ciudadanos vascos— y la densificación de las redes metropolitanas emergentes —el eje atlántico gallego y Asturias central— han facilitado la urbanización de grandes bolsas de suelo hasta hace poco relativamente inaccesibles.

37 La activación de la producción residencial en estas comunidades ha mostrado un cierto retardamiento respecto del rápido despegue de la costa mediterránea y de las grandes metrópolis. Por otra parte, la dependencia de la expansión metropolitana de Madrid, ha sido tan potente que las dos provincias de mayor dinamismo inmobiliario de Castilla La Mancha han sido Guadalajara y Toledo. Para un análisis específico de las comarcas más integradas en la dinámica inmobiliaria de la región metropolitana de Madrid, como el corredor del Henares en Guadalajara o la Sagra en el norte de Toledo, véase Laboratorio Urbano, «La explosión urbana de la conurbación madrileña», en *Madrid ¿La suma de todos? Globalización, territorio, desigualdad*, Madrid, Traficantes de Sueños, 2007, pp. 223-325.

grupos regionales, en cualquier caso, el patrón de crecimiento se ha basado en la producción de gran cantidad de viviendas, pero sin una dinámica de revalorización similar a la de las regiones centrales.

b) Las políticas progrowth *y el empresarialismo urbano*

La enorme activación de los mercados inmobiliarios locales, de la que prácticamente no se ha descolgado ninguna región, se podría aún analizar a nivel microscópico, atendiendo a los desarrollos municipales, demostrando así la fuerte capilaridad del modelo que comprende tanto a los municipios costeros como a los de interior, a las áreas industriales como a las regiones metropolitanas, a los pequeños pueblos de montaña, aventurados ahora en los «turismos alternativos», como a los prósperos pueblos agroindustriales de algunas comarcas. Las diferencias entre estos espacios han sido, por supuesto, sustantivas. En todos los casos, hay sin embargo una característica común: la disposición activa de las administraciones locales al crecimiento urbano, lo que ha acabado por convertir a los gobiernos locales en empresarios urbanos.

Como ya se ha comentado, la constitución *progrowth* de las administraciones locales viene determinada por el abrumador campo de fuerzas al que han sido sometidas: la debilidad de su base fiscal, su enorme dependencia de las rentas inmobiliarias y unos gastos y competencias crecientes. Directamente interesadas en la producción urbana, las áreas de intervención a su alcance se pueden reducir básicamente a dos: una primera, dirigida al incremento y la regulación de la oferta de suelo; otra, de carácter más innovador, y que podríamos denominar propiamente con el término *boosterismo* urbano, que tiende a convertir también a los municipios en empresarios de sí mismos.

El factor determinante de esta situación reside en el hecho de que los municipios tengan casi todas las competencias relativas a urbanismo. De los ayuntamientos depende la calificación de suelo, los documentos marco de planificación[38] y la secuencia temporal de los desarrollos. Aunque estas competencias se vean limitadas por las comunidades autónomas y el Estado, la flexibilidad legislativa y especialmente la laxitud de la ley del suelo de 1998 les ha otorgado un amplio poder de maniobra a la hora de ofertar suelo urbanizable. Se puede decir, de hecho, que los municipios son propiamente

38 Nos referimos aquí a los Planes Generales de Ordenación Urbana, que deben regir la organización de la producción urbana, así como a las modificaciones posteriores de los mismos, por medio de planes parciales específicos y normas subsidiarias.

los principales reguladores de la oferta de suelo. En la medida, además, en que la disposición de suelo urbanizable representa la fuente de recursos más importante para las arcas municipales, la respuesta al incremento de los precios y a los intereses de los promotores suele ser automática. Con ello se ha conseguido que la oferta de suelo urbanizable sea completamente elástica respecto a la demanda. La sucesión de Planes Generales de Ordenación Urbana, que en muchos casos duplicaban e incluso triplicaban el parque de viviendas existente, es sólo un buen ejemplo de esta vinculación de las economías públicas locales a las necesidades del ciclo.[39]

El *boom* inmobiliario ha representado, por lo tanto, una oportunidad inmejorable para movilizar suelo hasta entonces aparcado de los mercados. En lo que se refiere a las grandes ciudades esto quizás no requiera mayor explicación. Pero incluso allí donde existía una masa demográfica crítica, y nos referimos con ello a las ciudades medias o incluso a las comarcas de densidad media, ha bastado el arrastre de la bajada de los tipos de interés y de la espiral de precios, para que la demanda se tradujera en una rápida expansión de la oferta de vivienda.

En lo que se refiere a los pueblos y pequeñas ciudades no todo ha dependido de la simple recalificación de suelo para la urbanización. La demanda interna de estas poblaciones, aun en el mejor de los casos, no representaba una fuerza suficiente como para producir crecimientos significativos de la oferta inmobiliaria y de los precios de la vivienda. No obstante, en una coyuntura tan favorable, las ventajas estratégicas, incluso de pueblos minúsculos, se han multiplicado hasta el infinito. Una ubicación costera, o simplemente no muy lejos de la costa, la cercanía relativa a un área metropolitana, la construcción de una nueva autovía, un entorno natural aceptable y relativamente bien comunicado, han sido motivo suficiente como para suscitar el interés de promotores e inmobiliarias, que han sabido canalizar hacia sus «productos» tanto las dinámicas de descongestión metropolitana como la demanda de segundas residencias. En conjunto, el éxito del anidamiento multiescalar de este sistema de «máquinas de crecimiento» se puede considerar como una consecuencia no prevista de unos mercados inmobiliarios bulímicos, en los que el aumento de los ratios de inversión inmobiliaria se han traducido inmediatamente en aumentos del precio del suelo, lo que a su vez suponían un poderoso estímulo a la producción de nuevas unidades urbanas.

---

39 Véase a este respecto el interesante documento sobre los municipios madrileños contenido en Laboratorio Urbano, «La explosión urbana de la conurbación madrileña», *op. cit.*, y especialmente las tablas de las páginas 323, 324 y 325.

Por otro lado, este modelo de desarrollo local no ha dependido únicamente de una generosa regulación de la oferta de suelo. Los últimos veinte años se pueden considerar desde la perspectiva de un complejo laboratorio de nuevas formas de gobernanza local, que parecen apuntar una completa transformación de las tradicionales funciones de los gobiernos municipales. Los municipios se han convertido, efectivamente, en actores principales del régimen de acumulación basado en el territorio. La novedad de las políticas *progrowth* reside precisamente en el nuevo carácter proactivo, cuando no directamente agresivo, de las administraciones locales en el propósito de capturar flujos de inversión, turismo y atención que puedan canjearse, sin tampoco muchas mediaciones, por plusvalías y rentas inmobiliarias.

De acuerdo con esta nueva función, los gobiernos urbanos han asumido políticas del todo alejadas de las clásicas asociadas a la gestión de los marcos de producción y reproducción industrial. En un contexto caracterizado por la alta movilidad y volatilidad de los capitales, conseguir capturar la «atención» sobre un «lugar», convertirlo en un espacio «que cuenta», una ciudad singular, que merece ser visitada, o en la que las oportunidades de inversión o empleo se vuelven «irresistibles», supone movilizar todo un conjunto de intangibles hasta ahora al margen de la producción directa de valor.

Estos intangibles situados propiamente en el mundo de la vida, incorporados al campo de la percepción y de la relevancia pública, suponen una doble explotación y movilización de lo que hasta hace poco era público y común. De una parte, este tipo de estrategias trata de promover la valorización indirecta de dimensiones propiamente extraeconómicas, aunque éstas sean poco definibles o aprehensibles: espacios públicos, cualidades naturales excepcionales, creatividad, «calidad de vida», culturas o subculturas específicas, «personalidades urbanas» y un larguísimo etcétera. Esta valorización es indirecta porque no entra en la contabilidad de las economías urbanas, aunque sea en calidad de «activos inmateriales» o fuente de externalidades positivas conscientemente explotadas con el fin de incrementar las principales partidas de las economías urbanas: las rentas inmobiliarias y la movilización de los mercados de suelo. La principal característica de estos intangibles es que normalmente son parte de un patrimonio común, que pertenece al ecosistema social y natural de los territorios, y cuya reproducción requiere de un trabajo no reconocido y por el que obviamente nada se paga.[40]

40 Propiamente, estaríamos hablando aquí del procomún urbano, fruto o bien de la decantación de prácticas sociales y culturales basadas en una cooperación indefinida pero real. Para un desarrollo más exhaustivo de estas ideas véase Emmanuel Rodríguez, «La riqueza y la ciudad» en YProductions (ed.), *Producta 50. Una introducción a las relaciones que se dan entre la cultura y la economía*, Barcelona, 2007, pp. 190-210.

De otra parte, en su nuevo papel de *boosters* urbanos, los gobiernos municipales han aceptado la subordinación de los presupuestos y de las iniciativas públicas al propósito de facilitar la traducción de estos intangibles en producción de valor.[41] Y es aquí, precisamente, donde el nuevo marco de competencia regional por la atracción de los distintos flujos de inversión o consumo, ha determinado que el modelo de gobernanza urbano sea completamente modelado según los principios y formas del llamado empresarialismo urbano.[42] La asunción de las formas empresariales implica un giro radical en la propia concepción y gestión de los gobiernos locales. Éstos están dejando de ser considerados como meros prestatarios de servicios, para reformular los recursos públicos —y entiéndase con ello también aquí los intangibles asociados al territorio— en tanto activos económicos en la promoción de las economías urbanas. De hecho, la nueva división internacional del trabajo les ha obligado a emprender un camino similar al que toman las corporaciones industriales cuando tratan de crear «marcas» sobre productos prácticamente iguales, capturando con ello importantes rentas de monopolio.[43]

La vieja teoría de la *growth machine*, así como la de los llamados regímenes urbanos, y de hecho la mayor parte de los *case studies*, llevan largo tiempo señalando que el impacto de la globalización y de las llamadas políticas neoliberales, con su correlatos de descentralización y «abandono» de las ciudades a sus propios recursos, han transfigurado las ciudades a la imagen y

41 Aunque el desarrollo de las políticas públicas está completamente dirigido sobre este propósito, es notable el escaso desarrollo del trabajo crítico. A grandes rasgos, la adquisición de cierto «capital-atención» sobre un determinado lugar debería producir flujos turísticos o de inversión que acabarían por traducirse, tanto en un incremento general de la actividad económica, como en una activación de los mercados inmobiliarios. Nótese bien que este capital-atención se obtiene por medio de recursos fundamentalmente semióticos o lingüísticos que se apoyan en intangibles como la «creatividad que se respira en una ciudad», lo que sin duda se apoya en una buena cantidad de trabajo no pagado y en un fuerte drenaje de recursos públicos —como pueda ser, en este caso, la financiación de eventos culturales o la extensión de la formación que hace posible la aparición tanto de una capa de «creadores» como de un público capaz de apreciarla. En este sentido, esta estrategia es sólo una parte de los mecanismos de capitalización y colonización de lo común asociados a la financiarización.

42 D. Harvey, «De la gestión al empresarialismo: la transformación de la gobernanza urbana en el capitalismo tardío» en *Espacios de capital. Hacia una geografía crítica,* Madrid, Akal. Cuestiones de Antagonismo, 2007, pp. 366-390.

43 Este conjunto de iniciativas de empresarialismo urbano tienen, en realidad, un fuerte efecto predatorio sobre la producción inmaterial urbana y las cuencas de cooperación social. Por supuesto, al «mercantilizar» estas dimensiones de la vida urbana, los espacios públicos se convierten en escenarios turísticos, en un proceso de homogenización (disneyficación) y de destrucción en cadena de aquello que hacía propiamente singular a un lugar. Para un desarrollo didáctico del problema véase: David Harvey, «El arte de la renta: la globalización y la mercantilización de la cultura» en D. Harvey y N. Smith, *Capital financiero, propiedad inmobiliaria y cultura,* Barcelona, MACBA, 2005.

semejanza de la empresas: una entidad con un capital —población, recursos, patrimonio, intangibles como su «vida urbana», etc.—, que le permite vender una serie de «productos» —en fuerte correspondencia con el dinamismo de su mercado inmobiliario—, que a su vez deberían quedar reflejados en una hoja-cuenta de ingresos / gastos a la que se tiene que subordinar toda la política urbana. El objetivo último consistiría en una mejora de las «ventajas competitivas», capaz de atraer nuevas inversiones en forma de capitales, turismo, subvenciones e infraestructuras. Con éstas arrancaría el conocido bucle virtuoso de la acumulación.

En esta línea, el abanico de estrategias al alcance de las administraciones locales se ha derramado en una multitud de opciones: desde las campañas publicitarias para atraer flujos turísticos, hasta las estrategias más sofisticadas de construcción de una marca urbana distintiva; desde la promoción de grandes eventos deportivos y culturales hasta la labor de *lobbying* territorial para atraer la inversión pública. De hecho, la mayor parte de los enfrentamientos políticos de la última década, tanto entre comunidades autónomas y/o con el gobierno central, así como entre municipios de una misma comunidad, se puede entender —desde luego bastante mejor que en clave nacionalista o regionalista— según esta nueva gramática de la competencia territorial, que empuja a cada ciudad y a cada región a presionar por obtener una mayor cuota de infraestructuras o inversiones públicas con el fin de mejorar su posición competitiva.[44]

Una de las consecuencias de este nuevo marco competitivo es que aquello que se ha llamado desarrollo endógeno se vuelve propiamente una contradicción. La incapacidad de la economía española de generar un modelo de acumulación industrial clásico se ha resuelto, en términos locales, en la apuesta de muchas ciudades por convertirse en centros de ocio y consumo. Éste es por ejemplo el caso de algunas de las principales aglomeraciones industriales del pasado como, Barcelona y Bilbao, que han dirigido sus políticas de reestructuración económica hacia su reconversión en importantes decorados turísticos, con poderosos efectos en el capítulo más importante de sus economías urbanas.

44 Queda aquí por hacer un análisis crítico, y de inspiración materialista antes que ideológica, del llamado Estado de las Autonomías. En términos estrictamente funcionales al régimen de acumulación inmobiliario-financiero, las comunidades autónomas han sido elementos centrales en la activación del marco de competencia interregional, y por lo tanto del propio ciclo de acumulación. En esta línea, el marco de descentralización política parece no haberse movido sobre la difícil vía de una mayor democratización de la vida política. Antes al contrario, la proliferación de casos de corrupción, el patente clientelismo en las formas de gobierno, la estrecha asociación con las oligarquías locales e incluso la mezquindad ideológica de las nuevas formas de nacionalismo y regionalismo, han acabado por constituir formas específicas de caciquismo inmobiliario, perfectamente ensambladas para conseguir los efectos de movilización económica típicos de la larga década de crecimiento de 1995-2007.

Exportada a medio mundo como archi-modelo de renacimiento urbano, Barcelona se sirvió de los Juegos Olímpicos de 1992 para orquestar una ambiciosa operación de marketing internacional, al tiempo que legitimaba y servía de paraguas para un amplio proceso de renovación de su tejido urbano, especialmente en lo que se refiere a su fachada marítima y a los barrios populares del centro histórico. La promoción de un importante sector cultural, la explotación del patrimonio histórico, así como el uso intensivo de las externalidades generadas por el tejido social de una ciudad todavía relativamente viva, han permitido transformar su imagen urbana —dominada por el carácter obrero, industrial y portuario de su historia— en una suerte de síntesis de cosmopolitismo, creatividad y modernidad, que cada año atrae a varios millones de turistas, al igual que sirve de residencia, más o menos permanente, a decenas de miles de europeos.[45] Tras el éxito de Barcelona, el modelo de «gran evento» como operación de marketing y reforma urbana ha creado escuela y ha servido también de prototipo para Sevilla y la Expo del '92, Valencia y la Copa América, Zaragoza y la Expo '08, etc.

En relación con el segundo caso, el «nuevo Bilbao» se ha logrado, en buena medida, en torno a la proyección internacional de un nuevo icono urbano de la ciudad: el Museo Guggenheim, franquicia de la importante matriz neoyorkina diseñada por Frank Ghery, una de las *stars* de la arquitectura internacional. La operación museística parece aquí orientada como una intervención radical de cirugía estética: el solar del museo había sido previamente el lugar de los Astilleros Euskalduna, en el arranque de la Margen Izquierda de la ría del Nervión, y bastión de una población obrera todavía poco entregada a las ventajas de los *liftings* urbanos. En todo caso, la inauguración en 1997 se vendió también como un éxito incontestable para la ciudad. Aunque a menor escala que Barcelona, es preciso reconocer que el efecto Guggenheim permitió abrir nuevas operaciones de reforma interior, al tiempo que el número de turistas se multiplicaba por tres en unos pocos meses.[46] Por supuesto, desde la puesta en marcha de la operación Guggenheim, toda ciudad que se precie ha tratado de contratar edificios-marca, más o menos ambiciosos, que sirvan como iconos modernizantes de su propia imagen ante el mundo.

45 Sobre Barcelona es tal el volumen de documentación relativa a los Juegos Olímpicos y al modelo de desarrollo urbano posterior que sería imposible resumirla aquí. Baste señalar dos títulos importantes y que sirven de pequeña muestra de los enfoques más críticos: la colección de ensayos *Barcelona. Marca registrada. Un model per desarmar*, Barcelona, Virus, 2004; y el ensayo del antropólogo Manuel Delgado, *La ciudad mentirosa. Fraude y miseria del «modelo Barcelona»*, Madrid, Catarata, 2007.

46 Desde una posición orientada al análisis de las políticas culturales y sus efectos urbanos, se puede leer Iñaki Esteban, *El efecto Guggenheim. Del espacio basura al ornamento*, Barcelona, Anagrama, 2007. Un análisis más general, prácticamente un estudio de caso acerca de los efectos sociales que se derivan de este tipo de estrategias urbanas es el de Andeka Larrea y Garikoitz Gamarra, *Bilbao y su doble ¿Regeneración urbana o destrucción de la vida pública?*, Gatazka, Bilbao, 2007.

En definitiva, tanto en Barcelona como en Bilbao, los beneficios económicos se han producido no tanto en las áreas de intervención directa —incluso el Guggenheim exige de un constante drenaje de dinero público— como en forma de rentas indirectas. En ambos casos, las operaciones se cerraron también con un inaudito consenso ciudadano, y esto a pesar de que sus efectos sociales a corto y largo plazo no dejan de ser controvertidos: expulsión de las poblaciones de menor renta, banalización y empobrecimiento de los espacios públicos y generación de una economía de servicios alimentada por una fuerza de trabajo precarizada e infrapagada. En ambas operaciones, la cultura, el deporte, la modernidad, el crecimiento han funcionado como dispositivos ideológicos de ambiciosas intervenciones urbanas con consecuencias notables en la activación de unos mercados inmobiliarios relativamente estancados por el pasado industrial y obrero/popular de estas mismas ciudades.[47] En otras palabras, Bilbao, Barcelona, y otras muchas ciudades que, con mayor o menor suerte, han tratado literalmente de «poner a la venta» sus intangibles urbanos han tenido que pagar un inmenso precio por ello.

c) Coaliciones progrowth *y gobernanza urbana*

La reconversión empresarial de las administraciones locales ha supuesto también una serie de importantes cambios en los equilibrios entre los sectores público y privado. Esta reorientación podría ser resumida en tres aspectos: 1) la institucionalización de la presencia privada en las administraciones locales, 2) la constitución de nuevos bloques oligárquicos alimentados por los políticas *progrowth* y 3) la naturalización de la doble identificación entre progreso y crecimiento urbano, y entre beneficio privado y progreso.

1. La progresiva organización de las administraciones municipales según fórmulas y funciones empresariales, ha venido acompañada naturalmente de una creciente presencia del sector privado en las economías públicas.

47 Dentro de las disciplinas urbanas, es moneda corriente pensar que el modelo de la *growth machine* queda reducido únicamente a las localidades con crecimientos basados en grandes operaciones de construcción de tejido urbano. De este modo, la *intelligentsia* progre y bienpensante, que muchas veces ha sido la encargada de diseñar y promocionar estrategias como las de Bilbao o Barcelona, se sitúa en un paradigma de crecimiento sostenible y socialmente responsable. Parece sin embargo mucho más adecuado considerar este tipo de intervenciones como un simple repertorio de estrategias dentro del modelo general *progrowth*, aunque formalmente, y siempre con una pretensión de salutífera santidad social, tengan por propósito el embellecimiento urbano, la promoción cultural, el fomento del deporte o la producción de marcas urbanas de calidad. En este sentido, empresarios y asociaciones patronales manifiestan de forma mucho más clara, que sus diseñadores los impactos previstos por esta clase de intervenciones.

Estos años de crecimiento han estado caracterizados por una «feliz» confluencia de intereses: municipios preocupados en aumentar la oferta de suelo, propietarios interesados en recalificar (su) suelo, promotoras ávidas de encontrar nuevos polígonos residenciales y constructores ocupados en la urbanización y en las obras públicas asociadas a todo crecimiento.

De forma congruente, la reorganización funcional de las administraciones y de las economías municipales ha derivado en una voluntad de mayor cercanía a sus principales socios corporativos. Esta nueva «proximidad» ha encontrado carta de naturaleza institucional en la expansión de una suerte de empresarialismo mixto.[48] Efectivamente, la generalización de los llamados partenariados público-privados, ha llevado a ayuntamientos y comunidades autónomas a implantar todo tipo de consejos mixtos dirigidos a administrar de forma «más eficaz» las más variadas funciones: servicios urbanos, universidades públicas, sanidad, aspectos importantes de las políticas económicas y por supuesto las políticas de fomento.[49] Esta nueva forma de institucionalidad se ha querido recubrir ideológicamente como una nueva forma de *gobernanza*. Con esta noción bastante manida tanto en los estudios urbanos como en los informes institucionales, se ha tratado de defender la constitución de partenariados público-privados con el objetivo de «favorecer» promover y facilitar el crecimiento local; al tiempo que esta estrategia se hacía pasar como un bien indiscutible (incluso como un *fatum* de la globalización) a un cuerpo social reconocido como parte (de ahí el énfasis institucional en la «participación») pero sin ningún peso real en las decisiones de importancia.[50]

48 La institucionalización de los partenariados público-privados no ha sido exclusiva de los municipios españoles, viene reconocida como orientación general (por ejemplo, por parte de la Unión Europea) para la reforma de unas administraciones que deben estar más cerca y ser más útiles a la «sociedad», naturalmente siempre por la vía empresarial. En sentido, y tal y como señala Jessop, «si el partenariado [público-privado] ahora importa es, entonces, porque se ha hecho que importe». B. Jessop, *El futuro del Estado, op. cit*, p. 155.

49 Esta política ha sido auspiciada tanto por la Unión Europea como por el Estado español, dando carta de naturaleza a los llamados consejos sociales que a día de hoy gestionan importantes aspectos de las universidades públicas, la gestión sanitaria y la investigación, además de tener una fuerte presencia en organismos consultivos de las concejalías y consejerías de hacienda, urbanismo y economía. De hecho, estas instituciones, en principio consideradas meramente consultivas, han ido adquiriendo mayor fuerza a medida que las economías públicas se hacían más y más dependientes de los grupos empresariales. Valga aquí como ejemplo, el hecho de que las nóminas y los recursos financieros de las universidades madrileñas dependen casi exclusivamente del Banco Santander, o que las nóminas y recursos del Ayuntamiento de Madrid son «competencia» de la financiera de El Corte Inglés.

50 El concepto de gobernanza, del ingles *governance*, quiere representar un cambio en los órdenes de gobierno dirigido fundamentalmente a fomentar la cooperación y participación de los agentes sociales en un proyecto compartido. La pretensión institucional, manifiesta en la aburridísima reiteración del concepto en los informes de la Unión Europea, es la de una

2. A resultas de esta constitución *progrowth* de las administraciones municipales y del nuevo protagonismo de los parternariados público-privados, se han ido decantando grupos empresariales con un creciente poder político. Hablando propiamente, estos nuevos bloques oligárquicos locales se han alimentado del crecimiento de las economías urbanas en forma de rentas y plusvalías inmobiliarias, construcción y financiación de infraestructuras, y transferencias públicas. De hecho, al igual que en lo que se refiere a la inflación de obra pública promovida por el Estado, la explosión urbana de las ciudades españolas ha supuesto la formación de conjuntos más o menos coherentes de propietarios, constructoras e inmobiliarias con fuertes intereses locales y con capacidad suficiente para dirigir las decisiones públicas en beneficio propio.

El resultado inmediato de este nuevo protagonismo empresarial en los gobiernos locales ha sido lo que en la literatura especializada se llaman alianzas *progrowth*. En un primer plano, estas coaliciones son la expresión del maridaje entre la clase política local y los agentes empresariales —propietarios, inmobiliarias, constructoras, especuladores— implicados en la obtención de las plusvalías inmobiliarias. No hace falta explicar aquí que estas coaliciones no han dejado de tener un cierto sello de clase, marcado por una identificación cada vez más estrecha entre la clase política y la clase empresarial, remachada por la articulación de un fluido sistema de intercambios y equivalencias entre carreras profesionales y carreras políticas.[51]

3. En pocos o en ningún caso, las plusvalías generadas por los enormes crecimientos urbanos han sido dirigidas o gestionadas con un claro propósito de redistribución social. *A contrario, growth & bussiness,* crecimiento y beneficio privado se han convertido en términos intercambiables. El

---

completa inversión de los medios de legitimación social. Frente a un modelo de administración en crisis y a la clara descomposición del viejo *welfare*, se propone la «participación» como fuente de consenso en una suerte de «empresa social» compartida. No por casualidad, la etimología de este término es de origen empresarial y corresponde bien al capitalismo de la ciudad por proyectos descrito por Boltanski y Chiapello en *El nuevo espíritu del capitalismo,* Madrid, Akal. Cuestiones de Antagonismo, 2004. Su carácter ideológico, en tanto reduce lo social a lo económico, y los «objetivos compartidos» al crecimiento económico, no agota sin embargo su fecunda capacidad heurística a la hora de comprender la reciente transformación de las relaciones entre poder político y acumulación de capital.

51 Empresarios que emprenden carreras políticas, y sobre todo políticos que tras una vida más o menos activa son «fichados» por la empresa privada, normalmente en los sectores más interesados en las rentas públicas, garantizando así el flujo de información relevante y privilegiada entre ambos sectores. Los casos y ejemplos son interminables y se reproducen a todas las escalas territoriales.

principal propósito de estas alianzas inter-élites consiste en la eliminación de cualquier visión alternativa al consenso pro-desarrollo con independencia de los costes sociales o ambientales que éste pudiera entrañar. Durante la fase alcista del ciclo, el éxito de esta estrategia se medía por su capacidad para imponer lo que los propios teóricos de la teoría de la *growth machine* llamaron el *value-free development*, el valor indiscutible de un desarrollo desembridado de cualquier bloqueo institucional.[52]

Se trata de argumentos y clichés repetidos hasta la saciedad en medios de comunicación y declaraciones públicas, incluso en relación con las iniciativas más aberrantes: «Este proyecto es una iniciativa de desarrollo irrenunciable para esta región»; «oponerse a la autovía es oponerse al futuro de la comarca»; «las obras asegurarán riqueza y empleo»; etc. Riqueza, futuro, modernidad, desarrollo y especialmente empleo, han sido los instrumentos permanentes del chantaje *progrowth*, esgrimidos como razones suficientes para legitimar grandes transformaciones del medio físico urbano, aun cuando supusieran una radical transformación, no sólo del paisaje, sino de las condiciones de vida de la mayoría de la población. Naturalmente, el éxito de este tipo de consenso no ha podido evitar la oposición de algunos colectivos sociales, especialmente ecologistas, e incluso la radical división de la población frente a la construcción de infraestructuras o desarrollos urbanos que suponían un claro atentado contra la viabilidad más elemental de algunos recursos naturales básicos.[53]

Pero no nos engañemos, durante los años centrales del ciclo, estos movimientos de rechazo fueron más bien exóticos, todo lo más pequeñas «anécdotas», producto del abuso o de la corrupción de un modelo por lo general considerado positivo. La pregunta no es aquí, por lo tanto, por qué han existido movimientos de oposición, sino ¿cómo y por qué se ha conseguido tal unanimidad en este consenso *progrowth*? La clave de la respuesta se encuentra en un conjunto de interdependencias que se ramifican

52 Véase R. Logan y L. Harvey Molotch, *op. cit.*

53 Casos bien conocidos de fractura civil, que en estos últimos 15 años han llegado a producir grandes movilizaciones sociales han sido: el pueblo de Aoiz (Navarra) a los pies de la inmensa presa de Itoiz, destinada supuestamente a la extensión del regadío en la ribera del Ebro, pero apoyada sobre una ladera de material inestable que amenaza con el desbordamiento del pantano y la catastrófica inundación de la población; el de la comarca de Tierra de Barros (Badajoz), extremadamente rica en productos agrarios de calidad (vino y aceite) y ahora convertida en destino de una «imposible» refinería de interior; el de Candeleda (Ávila) en la Sierra de Gredos, donde la construcción de una macro-urbanización aguas arriba supondría el desabastecimiento para el pueblo en épocas de estío y sequía. A esta lista podríamos añadir una multitud de pueblos costeros de Andalucía, Levante, Cataluña, la Costa Cantábrica y las sierras interiores de Madrid y Barcelona, en los que desmesurados desarrollos urbanísticos han dado lugar a movimientos de rechazo, en algunos casos con éxitos notables.

por todo el cuerpo social. En primer lugar, la identificación de crecimiento con prosperidad ha sido perfectamente obvio para cierta mayoría social. El ritmo de crecimiento del empleo en todos aquellos sectores directamente ligados a la producción de ciudad —construcción, inmobiliarias, industrias auxiliares— ha sido tan espectacular que ha llegado a ocupar a una parte significativa de la población activa: sólo en la construcción el 12,3 % del total de la población activa en 2006, además de otro 2 % en industrias auxiliares y otro 2 % en servicios inmobiliarios. De otro lado, el ciclo inmobiliario ha «atado» las economías de la mayor parte de las familias a la evolución de los mercados inmobiliarios. Tal y como se ha visto, en un país donde el 80 % de la población es propietaria de vivienda y donde el 80 % del patrimonio de las familias está constituido por bienes inmobiliarios, el crecimiento espectacular de los precios de la vivienda se ha presentado como un maná democráticamente repartido, una posibilidad de enriquecimiento casi generalizado. El keynesianismo de precio de activos y los altos niveles de consumo asociados al mismo han tenido el particular efecto ideológico de generalizar la aceptación del modelo de desarrollo. Es difícil que nadie directamente interesado en el mercado inmobiliario se pueda oponer a las medidas que tienden a sostenerlo.

La capilaridad del proceso de acumulación basado en el uso intensivo del territorio y en la financiarización de las economías domésticas ha resultado así plenamente congruente tanto con la nueva estrategia de gobernanza neoliberal, como con la hegemonía de las alianzas *progrowth*. En buena medida, el principal axioma de la ideología neoliberal ha sido «comprendido» por muchos como una realidad tangible, a saber: que la libertad de mercado y la iniciativa privada constituyen la mejor garantía para el estímulo del crecimiento económico, y que ésta es la única y verdadera política social efectiva. Durante la fase alcista, este ciclo virtuoso pareció realmente incuestionable: el estímulo de la actividad económica «dejada a sí misma» generaba empleo que finalmente «redistribuía la riqueza» hasta el último rincón de la sociedad.

***

La nueva constitución *progrowth* de las economías públicas, el triunfo del empresarialismo urbano y la preponderancia creciente de los *lobbys* inmobiliarios plantean serias dudas, tanto acerca de la viabilidad económica del modelo, como de las funciones reales de las democracias urbanas. Durante la larga década de crecimiento, las cuentas resultaron óptimas: el crecimiento urbano proporcionó la base fiscal suficiente para que los municipios, y también las comunidades autónomas, pudieran hacer frente a unas competencias crecientes, al tiempo que la colaboración público-privada parecía repartir generosamente amplias oportunidades de negocio. En esos años, los rendimientos del capital financiero e inmobiliario y el superávit de las administraciones locales crecieron a la par.[54] La crisis, no obstante, ha destruido los mecanismos internos de este circuito retroalimentación. Al detenerse el crecimiento urbano, pero no los gastos, las administraciones locales han tenido que hacer frente a un endeudamiento creciente.

Por otra parte, la capilaridad de los partenariados público-privados ha generado una fuerte relación de interdependencia entre las economías públicas y los intereses de los bloques empresariales más directamente implicados en las principales partidas de las economías urbanas. Al contrario de lo que predica la propaganda neoliberal, el régimen *progrowth* se ha mostrado muy exigente en relación con los recursos públicos. Además del constante drenaje de inversión pública en operaciones urbanas de dudosa utilidad social, el resultado de varias décadas de colaboración ha contribuido a un fuerte debilitamiento de la viabilidad económica de los gobiernos locales. La debilidad fiscal de los municipios y su dependencia de la evolución de los mercados inmobiliarios ha tendido a subordinar su autonomía a la de los agentes corporativos, al tiempo que la mayor parte de los beneficios empresariales gravitaba cada vez más sobre las decisiones de los gobiernos locales y las rentas obtenidas a partir de las mismas. La sobreabundancia de casos de corrupción en los últimos años es sólo la ramificación extralegal de esta mutua dependencia que en muchos casos tiene carta de naturaleza legal.[55] De hecho, la corrupción podría ser sólo la punta de iceberg de un espacio de decisiones cada vez más opaco socialmente.

---

54 Según el Banco de España el superávit de las cuentas públicas alcanzó su máximo en 2006, siendo con mucho el sector menos endeudado, incluso en una situación de acusado sobreendeudamiento por parte de las familias y de las empresas. Un superávit que como se ha visto ha resultado completamente pírrico a partir de 2007, demostrando su fuerte dependencia de la volatilidad del ciclo inmobiliario.

55 El 26 de marzo de 2009, el Parlamento Europeo aprobó un acta condenatoria al Estado español por la irregularidad sistemática de su desarrollo urbanístico que, según el propio informe, había hecho de la corrupción un mal endémico de los municipios españoles. La resolución señalaba que la falta de preparación de la Justicia y su lentitud hacían completamente ineficaces los recursos legales y las sentencias condenatorias. El acta se acompañaba de una recomendación dirigida a imponer fuertes sanciones al Estado español, entre ellas la retirada de las ayudas europeas. El documento era el resultado de 15.000 reclamaciones de particulares a los tribunales europeos.

Lo que se está produciendo realmente es una efectiva «privatización de los gobiernos locales». Esto implica no sólo una pérdida de calidad de la democracia, sino también que el sector público se convierta en un nicho de acumulación propiamente dicho. A caballo del último ciclo inmobiliario-financiero se ha producido una nueva ronda de «acumulación por desposesión» que ha permitido aumentar la rentabilidad de los agentes corporativos sobre la base del deterioro y la privatización de algunos servicios públicos, antes gestionados por las administraciones locales y autonómicas. En este sentido, el devenir empresa de las administraciones locales dista mucho de haber consistido en una feliz y eficiente respuesta a las necesidades de adaptación de las economías públicas a la lógica de mercado. Antes al contrario, la crisis está poniendo en evidencia que estas transformaciones pueden acabar por ahogar a un buen número de gobiernos locales atrapados en una espiral de endeudamiento creciente, que sin duda desembocará en una nueva oleada de privatizaciones, cierres de servicios y anulación de derechos públicos.

Impactos y políticas ambientales

La solución espacial del capitalismo hispano ha tenido también un enorme impacto sobre el medio ambiente. Como consecuencia de la fuerza del ciclo inmobiliario, en los años que median entre 1995 y 2007, todos los indicadores de impacto ambiental, de consumo de recursos y de vertidos a la naturaleza se dispararon de forma espectacular. Dentro de este contexto, se podría esperar que las políticas públicas en materia medioambiental hubieran articulado un conjunto de contramedidas, más o menos eficaz, con el fin de racionalizar los niveles de consumo de recursos y de esquivar el colapso, local y regional, de algunos ecosistemas. Lejos, en la práctica, de haber producido nada parecido, las políticas «verdes» se han constituido como una pieza más dentro de la creciente demanda de materiales y energía exigida por las expansivas dinámicas del ciclo inmobiliario. En definitiva, en esta bizarra composición armónica que se viene explicando en este libro, la directrices públicas en materia de medio ambiente además de retrasar cuestiones decisivas —como la disminución del consumo de agua y energía— han sido utilizadas para trasladar al cuerpo social las externalidades negativas que genera el modelo de crecimiento, ya sea por la vía de la financiación directa de los costes ambientales, ya por la falta de actuación sobre la contaminación del aire o las emisiones de CO_2.

Entre la desmaterialización y el ciclo inmobiliario

Si algo constituye una constante en el capitalismo español desde los años del desarrollismo es su fuerte dependencia de los ciclos de materiales y de energía. A pesar de que España ha cargado siempre la mayoría de las exportaciones de energía sobre el «debe» de la balanza exterior, desde la década de 1950 en adelante se consideró que la subvención de los precios energéticos era prioritaria a fin de sacar adelante los programas de industrialización masiva. Según este patrón, las políticas de subvención pudieron perdurar hasta bien pasada la primera crisis del petróleo.[56] La dureza de la segunda crisis del petróleo trajo, no obstante, el esquivo «ajuste energético» en forma de una subida generalizada de los precios de los combustibles. El «ajuste» de los años ochenta fue más allá de una recomposición, vía precios, del mercado interno de combustibles fósiles. Implicó una completa reconversión del sector extractivo, especialmente en la minería del carbón. El nuevo objetivo de las políticas públicas consistió, desde entonces, en promover la deslocalización de las partes de la cadena de valor menos rentables del ciclo energético. Aún así, y como ha sucedido en otros países, este movimiento no se ha traducido en un menor impacto ambiental.

Por otra parte, el proceso de financiarización de la economía española ha implicado un fuerte aumento de la capacidad de captación de los flujos de materiales y energía. En una nueva versión de la dinámica centro-periferia, las economías metropolitanas españolas se han convertido en auténticos centros atractores de capitales y de materiales. Obviamente, esta dinámica de «rapiña» se ha producido sobre los territorios especializados en recursos naturales, tanto dentro[57] como fuera del país, que les han servido como zonas de abastecimiento y vertido. Así, la llamada huella ecológica[58] española ha experimentado un

---

56 O. Carpintero, *El metabolismo de la economía española: recursos naturales y huella ecológica (1955-2000)*, Lanzarote, 2005, Fundación Cesar Manrique.

57 Dentro de España, o en los *hinterland* de las grandes áreas metropolitanas, hay zonas que funcionan como lo hacen las zonas del Sur global con respecto a la economía española tomada como un todo. Se trata de comarcas y regiones abastecedoras de materiales o, aún peor, áreas de concentración de «no recursos» como vertederos, incineradoras, centrales térmicas, parques eólicos, etc.

58 La huella ecológica fue formulada por primera vez por el economista ecológico Mathis Wackernägel. Este indicador traduce los patrones de consumo de un país, una ciudad o un individuo en hectáreas de tierra biológicamente productiva. Aunque se trata de una medida técnicamente muy compleja hay cinco dimensiones básicas en el cálculo de la huella ecológica: 1) la superficie artificializada o la cantidad de hectáreas utilizadas para urbanización, infraestructuras o centros de trabajo; 2) la superficie necesaria para proporcionar alimento vegetal; 3) la superficie necesaria para pastos que sirvan de alimento al ganado; 4) la superficie marina necesaria para producir pescado; y 5) la superficie de bosque necesaria para servir de sumidero del CO 2 que arroja el consumo energético. En los países desarrollados, la huella energética o huella de carbono es la dimensión que

aumento constante, con un crecimiento de dos puntos porcentuales cada año desde 1985,[59] de tal forma que en 2005, el valor de este indicador se situaba en un valor 6,3. Este índice situaba al Estado español dentro del grupo de países con un mayor impacto ambiental del planeta. Dicho de otro modo, en términos de jerarquía posicional, España tiene una relación parasitaria respecto al resto del planeta y especialmente en relación con las economías del Sur global. Su déficit ecológico —o si se quiere su huella ecológica / biocapacidad global disponible— está cifrado en 3,5 hectáreas globales por hectárea propia.[60]

En este cambio en la posición global de la economía española es preciso destacar, de nuevo, la función del modo de inserción en la economía global. La política energética de subvención indiscriminada seguida durante el Franquismo logró que, a pesar de la total ausencia de combustibles fósiles, se desarrollara una fuerte industria petroquímica, al mismo tiempo que se mimaba y se protegía a las compañías eléctricas. A partir de esta especialización económica, la liberalización del sector energético en los años noventa, dejó a los actores corporativos privatizados en una posición de fuerte ventaja financiera a nivel global. Transformadas en grandes multinacionales (Repsol, Endesa, Iberdrola, etc.), estas corporaciones cambiaron por recursos físicos el poder que obtenían de los mercados financieros globales; acometiendo una masiva compra de las compañías de los sectores homónimos en América Latina. En otras palabras, la historia del ascenso hispano en la cadena de depredación de los recursos naturales[61] es sobre todo consecuencia del reciente poder financiero español que ha permitido la deslocalización de las fases de extracción de menor valor añadido y la captación neocolonial de recursos en el resto del mundo.

Al lado del tradicional déficit energético de la economías española, el otro gran factor de carga medioambiental directamente ligado con la posición de España en la globalización ha sido el incremento del transporte aéreo y por carretera consecuencia de la creciente separación entre los centros de producción y los de consumo. La explosión del consumo familiar en los años del ciclo alcista provocó, naturalmente, un fuerte incremento del uso del

---

más contribuye al ascenso de la huella ecológica.

59 Ministerio de medio ambiente y medio rural y marino, *La Huella Ecológica de España*, Madrid, 2009.

60 *Ibidem.*

61 Naredo propone un modelo de relaciones interestatales que llama «regla del notario». Según este modelo, en la base se sitúan las actividades más intensivas en materiales y energía, siempre peor remuneradas, y en la cúspide las actividades mejor remuneradas, intensivas en tecnología y de menor intensidad material. José Manuel Naredo, *Las raíces económicas del deterioro ecológico y social*, Madrid, Siglo XXI, 2006.

transporte privado, con la fuerte carga de emisiones de CO_2 y de partículas que ello conlleva. Por otro lado, el aumento de los niveles de consumo se acompañó también de un fuerte crecimiento del sector de la distribución y de las infraestructuras que le son necesarias.[62]

En este punto, si bien puede parecer un tanto excesivo culpar a las dinámicas inmobiliarias de todos los males ambientales, lo cierto es que como se suele señalar desde el lado de la economía ecológica «lo que sucede sobre el territorio es determinante para el resto de dinámicas ambientales».[63] El modelo de ciudad difusa, los patrones de transporte de personas y mercancías o la especialización turística son motores de degradación ambiental debido fundamentalmente a las perdidas ecosistémicas que provocan, el alto volumen de consumo de recursos que inducen y las emisiones de CO_2 y de contaminantes que conllevan. Por añadidura, el tipo de inputs materiales que requiere el ciclo inmobiliario, como canteras, graveras, etc., refuerzan estas mismas dinámicas de deterioro, muchas veces en la cercanía de los lugares de construcción.

Por otro lado, la espiral de consumo de materiales se ha visto acrecentada por el modelo de la ciudad difusa que ha acompañado al ciclo inmobiliario. Apoyado en el mito de la vida en contacto con la naturaleza y alejada del estrés, el despliegue de la ciudad difusa es impensable sin un fuerte crecimiento del uso del coche privado. La homogeneidad funcional de los fragmentos que componen las nuevas periferias suburbanas y la separación de los espacios residenciales de los espacios de consumo y trabajo, implica forzosamente la generalización del automóvil privado para casi todos los desplazamientos. La consecuencia es un fuerte aumento de la demanda energética y de las emisiones contaminantes. Por añadidura, la frenética actividad de construcción de carreteras de alta capacidad en el perímetro de las grandes áreas metropolitanas ha supuesto un fuerte daño a los ecosistemas de las áreas protegidas que se sitúan en estas zonas de alto riesgo.

En resumen, dentro del marco de los intercambios desiguales propios del actual arreglo global, de no haber sido por la especialización inmobiliaria del modelo de acumulación español, se podría pensar que España debería haber seguido el camino de la «desmaterialización» económica de las economías más desarrolladas. La cantidad de recursos

62 En estos años, efectivamente, se han creado una multitud de plataformas logísticas, que constituyen los nodos de control del modelo de consumo, y que además de fuertes consumidoras de suelo, favorecen el proceso de expansión periurbana del modelo de ciudad difusa, al situarse en los enclaves estratégicos de la red de transportes fuera de las ciudades.

63 Jose Manuel Naredo y Luis Gutiérrez (eds.), *La incidencia de la especie humana sobre la faz de la Tierra (1955-2005)*, Lanzarote, 2005, Fundación Cesar Manrique.

materiales consumidos por unidad de PIB tendría que haber descendido.[64] Sin embargo, la actual situación de consumo de materiales por encima de lo que marcaría la renta per capital, señala simplemente que España genera un impacto ecológico mucho mayor de lo que le correspondería en relación al tamaño de su economía, y por supuesto de su población. Esto es precisamente lo que refleja el indicador de productividad de los recursos, que mide el valor añadido en euros por kilogramo de material físico utilizado. Como se puede ver en el gráfico 7.3, durante los años del ciclo, si las economías europeas centrales como Alemania, Reino Unido o Francia, tendieron a aumentar la productividad de sus recursos, en España se mantuvo una situación de práctico estancamiento a los niveles de 1993. Pocas pruebas hay más patentes de la ineficiencia ecológica de la economía de la burbuja hispana.

GRÁFICO 7.2 PRODUCTIVIDAD DE LOS RECURSOS (PIB / REQUERIMIENTO TOTAL DE MATERIALES)

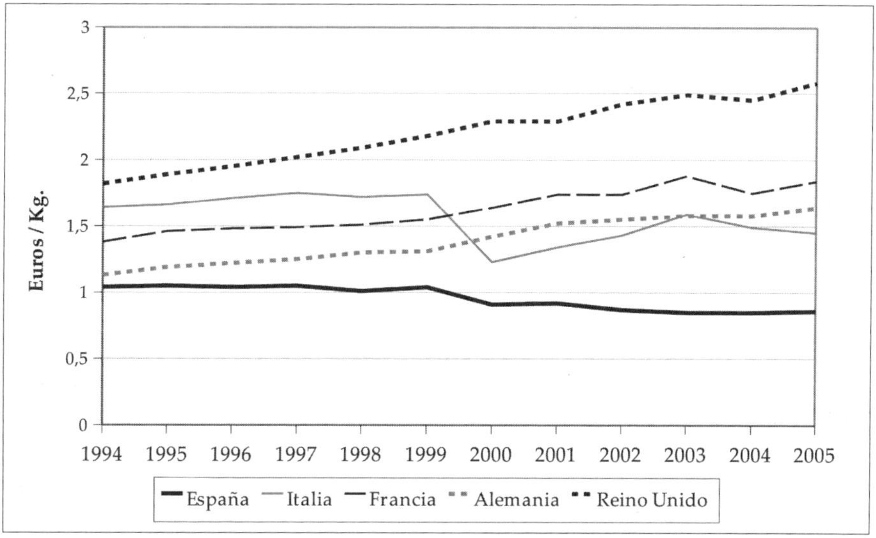

Fuente: Eurostat, 2009.

64 Como se sabe, este efecto no suele significar tanto que en estos países centrales se avance hacia modelos económicos menos dependientes de los inputs materiales, como el desplazamiento exitoso de las actividades de mayor carga ambiental hacia países pobres o emergentes. El movimiento complementario es la retención de las partes de la cadena productiva con un mayor valor añadido.

Políticas ambientales

Si la especialización inmobiliario-financiera de la economía española no ha traído consigo una creciente desmaterialización de la economía sino todo lo contrario, las políticas medioambientales tampoco han aportado ningún contrapeso significativo. Al revés, las políticas públicas han servido adecuadamente a las necesidades del ciclo inmobiliario evitando en gran medida que las externalidades medioambientales generadas por el modelo se cargaran sobre la tasa de beneficio de las empresas.

La primera dificultad a la hora de corroborar esta tesis es que el discurso que enmarca este tipo de políticas no es ni mucho menos transparente. Por un lado, la fuerza de las regulaciones europeas se ha impuesto en las interpretaciones mayoritarias de las políticas ambientales. Sin decir que estos intentos por racionalizar las políticas ambientales españolas no hayan tenido efectos «extradiscursivos», lo cierto, tal y como se verá, es que en la gran mayoría de los casos han servido de cobertura para políticas *progrowth,* en las que obviamente nunca se plantea la contradicción entre medio ambiente y crecimiento del PIB. Por otro lado, las cuestiones ambientales, salvo quizás el cambio climático[65] y las fugaces apariciones de la abusiva ocupación de suelo en las costas, tampoco han estado demasiado presentes en la esfera mediática; y si alguna vez tuvieron una presencia significativa, la irrupción de la crisis simplemente las ha borrado del mapa.

Como en todo lo que se refiere a la articulación concreta del ciclo inmobiliario, es preciso aquí recuperar de nuevo la dimensión territorial y el contexto de competencia regional. En la medida en que la configuración territorial del Estado se ha ido asemejando, progresivamente, a una asociación de máquinas de crecimiento regionales y urbanas coordinadas desde las instancias centrales,[66] el

65 Éste no es el lugar para un análisis profundo de las condiciones en las que se ha popularizado la causa del cambio climático. Baste decir que el señuelo de la apertura de un espacio de negocio verde vinculado a las políticas de adaptación y mitigación al cambio climático, utilizado por algunas grupos ecologistas desde hace años, parece haber fagocitado a los propios objetivos de reducción de emisiones. Una simple mirada a la cumbre de Copenhague de diciembre de 2009 resulta suficiente para atestiguar que el tamaño de su fracaso político es comparable al de su éxito comercial. Sin demasiado temor a simplificar, se puede decir que para los gobiernos occidentales «cambio climático» quiere decir poco más que la apertura de nuevas oportunidades de obtener «ventajas comparativas» en la arena económica internacional.

66 El control de los recursos naturales comunes y la determinación unilateral de los usos que se hace de ellos por parte de las elites locales es una de las características del modelo de la máquina de crecimiento local. Sin embargo, las comunidades locales distan mucho de ser autosuficientes en términos de abastecimiento: cuanto más se superan las capacidades del territorio, menos independientes son del mismo. En este sentido, independencia y sostenibilidad son términos que van de la mano. La consecuencia política es que por fuertes que sean los consensos de las élites locales en torno a la puesta de los recursos naturales a disposición de las políticas de crecimiento, éstos no son

tipo de requerimientos naturales específicos para el crecimiento ha ido quedando relegado a las escalas más bajas. El único problema de este modelo es que cuando se superan las capacidades de carga de los territorios concretos —y esto es lo que ha sucedido en relación con los consumos de agua o energía—, las máquinas de crecimiento locales o regionales entran inmediatamente en conflicto. Por eso, el circuito de acumulación español requiere de un modelo de gobernanza extremadamente sofisticado y delicado, que muchas veces no ha conseguido resolverse de forma satisfactoria.

El caso más conocido de este tipo de enfrentamientos es el de la llamada «guerra del agua». Este particular episodio de competencia regional, se inició por los requerimientos de agua por parte de los grandes desarrollos urbanísticos del Sureste, especialmente de Murcia y la Comunidad Valenciana. La primera propuesta para afrontar el problema vino de la mano del Plan Hidrológico Nacional. Este Plan estableció un ambicioso programa de trasvases, fórmula franquista de política hidráulica que perjudica seriamente las funciones ecosistémicas de los ríos al hacer disminuir su caudal. La fuerte protesta popular que generó el PHN, fundamentalmente en Aragón, reforzó los consensos políticos en el interior de cada comunidad autónoma. En el caso valenciano y murciano, acabó por generar un fuerte alineamiento de los municipios con el gobierno regional. En Aragón, la reivindicación del agua del Ebro se utilizó institucionalmente, tras la caída del velo de un ecologismo oportunista, para el desarrollo de nuevas y agresivas estrategias de competitividad urbana y regional.[67]

De una manera que corresponde perfectamente a la gobernanza del ciclo inmobiliario, las políticas públicas estatales contemplaron la «guerra del agua» desde el punto de vista de un conflicto entre autonomías que perjudicaba el crecimiento, antes que como un conflicto ambiental que se pudiera solucionar mediante un redimensionamiento de una demanda que estaba fuera de control. Congruentemente, una vez derogado el trasvase del Ebro se puso en marcha un plan de construcción masiva de desaladoras, especialmente en Murcia, que con un menor impacto ambiental, pero ni mucho menos de manera neutra, pudieran servir el agua que necesitaban

capaces de garantizar, por sí solos, la viabilidad de las máquinas de crecimiento.

67 Quizás el caso de Aragón represente el más manifiesto fracaso de la posibilidad de que las luchas anti-trasvase y el interesante experimento de la Nueva Cultura del Agua abriesen un horizonte social y político de defensa del agua como bien común. Derogado el PHN, el gobierno de Aragón se ha sumado a la frenética carrera del marketing urbano y de los megaproyectos de urbanización con el despliegue de la Expo de Zaragoza de 2008 o el delirante asunto del Gran Escala en los Monegros. Todo ello sin mencionar la absurda, y a la larga suicida, política de desarrollo del turismo de nieve en el Pirineo a través de la nefanda empresa público-privada Aramón.

los desarrollos inmobiliarios con campo de golf de la cuenca del Segura. La solución fue groseramente funcional a las necesidades del ciclo: antes de operar un ajuste de la demanda de agua a las capacidades bioclimáticas del territorio, lo que hubiera sido lo más lógico desde un punto de vista social y ambiental, se prefirió subvencionar con grandes cantidades dinero público las externalidades negativas que generaba el ciclo inmobiliario. El Estado dio así absoluta prioridad al arreglo político de conjunto. Con ello se debía permitir que «todas» las comunidades autónomas tuvieran las mínimas condiciones de partida para desarrollar sus «respectivos ciclos inmobiliarios», algo que se puede reconocer bastante bien en el eslogan chabacanamente populista de «agua para todos».

En otros aspectos, las políticas de medio ambiente han sido aun más descaradas: simplemente se han subordinado a las prioridades políticas del ciclo. Como se ha visto, los impactos ambientales de las grandes infraestructuras apenas han contrarrestado el empuje de la construcción de obra pública con criterios ajustados al keynesianismo de precio de activos. Pocas o ninguna han sido aquí las contemplaciones con los aspectos ecológicos. En la medida en que son el principal soporte del desarrollo general de los movimientos de los mercados de suelo, las infraestructuras son indispensables y por lo tanto indiscutibles. El fuerte consenso en torno a la idoneidad de la política de infraestructuras ha evitado que se plantee la necesaria sustitución por modos de transporte de menor impacto, tal y como demuestra el desarrollo en paralelo de la mayor red de autovías de la Unión Europea y la mayor red de tren de Alta Velocidad del mundo.

Más aún, la completa subordinación de la intervención del Estado al desarrollo del modelo ha convertido los pruritos medioambientales en algo puramente formal. En España, el único trámite «ambiental» que debe superar un proyecto de infraestructuras es la Evaluación de Impacto Ambiental; una figura muy laxa que realmente no ha tenido efectos significativos sobre el desarrollo de la obra pública. Por ejemplo, la lectura de la Evaluación de Impacto Ambiental del PEIT, llamada en términos tan rimbombantes como ineficaces «Evaluación Ambiental Estratégica», señala el escasísimo nivel de rigor exigido a estos procedimientos. Según este documento doblar los kilómetros de autovía —con el consiguiente aumento de emisiones de CO_2 por la doble vía de su construcción y del previsible aumento del tráfico rodado— y cumplir el Protocolo de Kyoto de emisiones de gases de efecto invernadero (GEI) son perfectamente compatibles.[68] Pero incluso, estos procedimientos formales, en la medida en que provocan ligeros retrasos en la construcción de obra pública, resultan inaceptables para las grandes constructoras. A finales de 2008 conocimos la servil respuesta gubernamental a las exigencias del *lobby* de la construcción: la desaparición del antiguo Ministerio de Medio Ambiente y la reducción de los tiempos de tramitación de los expedientes.

El último gran capítulo de las políticas ambientales, que puede resultar aquí significativo, es el de las áreas protegidas. En conjunto, durante los años que median entre 1995 y 2007 bastantes espacios naturales han obtenido alguna figura de máxima protección. Sin embargo, este incremento de los espacios protegidos, que en principio debería ser considerado altamente positivo, no guarda consonancia alguna con un sistema integrado de mantenimiento del territorio. Antes al contrario, estamos asistiendo a la formación de un modelo territorial basado en una nueva forma de polarización entre un grupo de pequeñas islas protegidas y un océano de territorios sometidos a un desbocado crecimiento urbano o en expectativa de estarlo en las próximas décadas. En términos estrictamente ecológicos este modelo es inviable en la misma medida en que impide la conectividad de los ecosistemas, reducidos a un pequeño grupo de zonas emblemáticas. Por otro lado, estas mismas zonas protegidas han acabado por convertirse en un importante activo territorial: un atractor del turismo y, por ende, de la actividad constructora en las áreas circundantes. De hecho, esta situación termina en muchos casos con la degradación de los espacios protegidos y la progresiva colonización del territorio por infraestructuras turísticas o residenciales, incluso en el interior de las zonas con máximo grado de protección, tal y como muestran las constantes denuncias de grupos ecologistas en muchas comunidades autónomas como Madrid, Murcia y Andalucía. No hace falta decir que las figuras menos fuertes de protección, como las de la Red Natura 2000, han acabado por ser testimoniales.

El consumo de recursos asociado al ciclo 1995-2007

De todo lo dicho, se puede deducir fácilmente que el último ciclo inmobiliario sólo ha podido efectuarse por medio de la generación de una gran cantidad externalidades ambientales negativas. Durante el periodo comprendido entre

68 Este informe fue realizado por la consultora TAU a petición del Ministerio de Fomento. Disponible en http://peit.cedex.es/documentos/sostenibilidad.htm

1995 y 2007, todos los indicadores de consumo de recursos no renovables registraron fuertes alzas, al tiempo que se aplicaba una sistemática campaña de desposesión sobre los bienes naturales comunes.

En realidad, no sabemos con exactitud cuáles han sido los costes naturales de estos años atroces. Las cuentas económicas ordinarias no registran los flujos de materiales como tales, sino una vez que éstos han sido convertidos en flujos monetarios. En esta conversión de los recursos naturales en valor de cambio se retienen ciertas dimensiones del proceso productivo, al tiempo que desaparecen otras. En el caso del consumo de recursos no renovables se contabilizan los costes de extracción pero no los de reposición de un determinado *stock* natural, lo que hace que los costes nominales sean siempre menores de lo que en realidad son.[69] Por añadidura, el efecto necesario de estos patrones de consumo de recursos es la intensificación de los flujos de salida del metabolismo económico en forma de aumentos de las emisiones de gases de efecto invernadero, partículas tóxicas y ozono, que profundizan todavía más la crisis ecológica global, al tiempo que provocan graves problemas de salud en los entornos locales en los que se producen.

Por empezar con el indicador más significativo de la intensidad material del reciente ciclo inmobiliario, los datos de consumo de suelo han reflejado una evolución espectacular (véase tabla 7.2). Conforme a la evolución de los dos últimos ciclos inmobiliarios, entre 1987 y 2000 el suelo ocupado por superficies artificiales —como viviendas, instalaciones industriales o vías de transporte— creció en un 30 %, con la ocupación de 300.000 nuevas hectáreas.[70] Por otro lado, según el Ministerio de Fomento, entre 2000 y 2006 la superficie comprometida sólo por licencias de vivienda supuso otras 500.000 hectáreas, el 1 % del territorio español. En conjunto, en las dos décadas que median entre 1987 y 2006 se habría construido tanto suelo «virgen» como desde el Neolítico hasta 1986.

En el marco de esta inundación masiva de las construcciones humanas sobre el territorio destaca principalmente la expansión, ya mencionada, de la mancha suburbana. El *tejido urbano difuso,* compuesto principalmente por urbanizaciones exentas y ensanches de baja densidad, se ha convertido ya en el paisaje urbano predominante de la geografía hispana, con una extensión

---

69 José Manuel Naredo, *La economía en evolución,* Madrid, 2003, Siglo XXI.

70 Estos datos han sido obtenidos a partir de la comparación de las fotografías de satélite de varios años, realizadas dentro del marco del proyecto europeo Corine Land Cover. Véase: Observatorio de la sostenibilidad en España, *Cambios de ocupación del suelo en España: implicaciones para la sostenibilidad,* Madrid, Mundi Prensa, 2006.

similar a la de la ciudad compacta tradicional.[71] Como se ha visto, este tipo de urbanización dispara la dependencia del automóvil privado, pero también los consumos de agua y de energía, aumentando la superficie de suelo afectada por las *servidumbres indirectas* del proceso urbanizador, como puedan ser canteras y graveras, que lejos de reducirse ocuparon un 35 % más de suelo entre 1987 y 2000.

La serie anual de consumo de cemento permite tener una perspectiva aun más amplia de la dinámica de artificialización del territorio, en la que recuérdese, además de la vivienda nueva, hay que incluir la construcción de infraestructuras, zonas logísticas y centros comerciales. A la hora de echar cemento sobre el territorio, el ciclo expansivo ha alcanzado otra vez cifras sin precedentes, el consumo de este material aumentó entre 1995 y 2007 un sorprendente 133 %, mientras que entre 1980 y 1994 sólo lo hizo un 32 %. De hecho, durante los años 1998-2001 y 2004-2006 el consumo de cemento creció a ritmos superiores al 10 % anual, y sólo en el año 2006 alcanzó un máximo histórico de crecimiento con un 18 %.

Gráfico 7.3 Consumo aparente de cemento 1973-2007

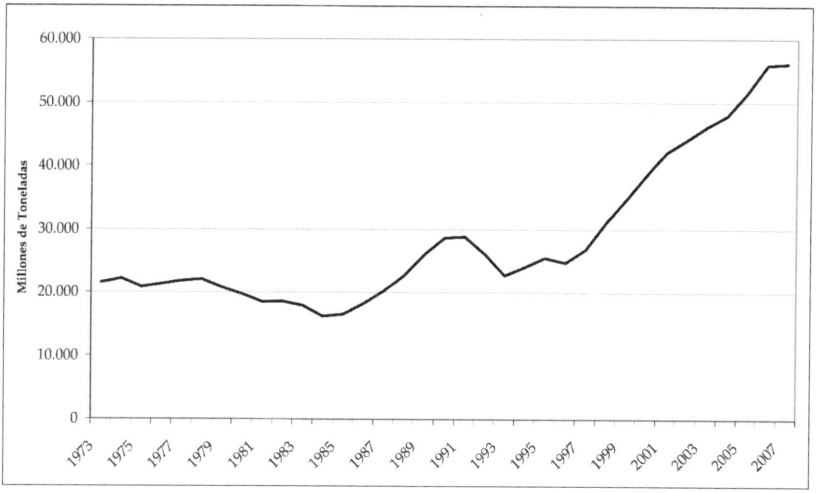

Fuente: Oficemen, 2008

71 *Ibidem.*

Por zonas geográficas, el crecimiento urbano, aunque haya estado repartido de forma bastante democrática, se ha concentrado lógicamente en las áreas metropolitanas y las costas. La costa mediterránea, el gran activo natural sobre el que ha descansado la especialización turística española, ha sido tan sobreexplotado que, en muchos zonas, se está a punto de poner en peligro la propia viabilidad del sector turístico. Según las últimas estimaciones basadas en fotos por satélite, las superficies artificiales, en los primeros kilómetros de las costas españolas, crecieron un espectacular 22 % entre 2000 y 2005. Este dato dobla el ritmo de crecimiento registrado entre 1987 y 2000. De continuar a este ritmo, en 2071 no quedaría un solo centímetro de la franja costera sin construir.[72]

El otro gran polo de crecimiento del consumo de suelo han sido las áreas metropolitanas, y muy en concreto la megalópolis madrileña. En un estudio reciente, extremadamente detallado sobre los cambios de uso de suelo en la región, se calculaba que habían sido ya artificializadas 156.855 hectáreas: esta cifra corresponde a un 20 % de la superficie total de la Comunidad de Madrid. Por añadidura, y como suelen señalar los urbanistas, en el modelo de desarrollo suburbano «a saltos», los espacios que quedan entre los intersticios de los desarrollos urbanos son cada vez menos reconocibles como espacios naturales. Constatando de nuevo la fuerza del modelo de ciudad difusa, el mismo estudio revelaba que los m^2 residenciales por habitante en Madrid habían pasado de 62,6 a 72,3 entre 1980 a 2005. En la medida en que este incremento se produjo, además, en un periodo de fuerte dinamismo demográfico, se deduce que la ocupación de suelo creció al triple de velocidad que la población en el mismo periodo.[73]

El otro gran capítulo en el despilfarro de recursos naturales ha venido de la mano de la evolución del consumo energético. Por un lado, las viviendas suburbanas aisladas o adosadas que componen la *ciudad difusa* tienen un consumo energético mucho más alto que el de la ciudad compacta. Por otro, la omnipresencia del coche, en este modo de vida suburbano, dispara también las emisiones de los vehículos. Si a esto se añade la creciente distancia entre las áreas residenciales y los centros de producción y consumo se obtiene una curva de crecimiento geométrico del consumo energético. Baste señalar que si el consumo de energía ha experimentado una constante subida desde

72 «La superficie construida en la costa sube un 22 % en tan sólo seis años», *El País,* 24 de noviembre de 1988.

73 En este estudio han intervenido un gran número de investigadores dirigidos por José Manuel Naredo y Ricardo García Zaldivar. Ministerio de Medio Ambiente y Medio Rural y Marino, *Estudio sobre la ocupación de suelo por usos urbano-industriales, aplicado a la Comunidad de Madrid,* 2008. Disponible en: http://www.eukn.org/espana/themes/Urban_Policy/Urban_environment/Land_use/in_030_EstudioOcupacionSuelo-CAM_ES_1331.html

1980, durante los años del último ciclo inmobiliario esta trayectoria ha crecido a casi el doble de velocidad. Entre 1996 y 2005 el consumo de energía final creció aun más rápido que el PIB produciendo un nuevo aumento de la llamada intensidad energética de la economía.[74]

De acuerdo con este patrón de consumo energético, al que se deben sumar las emisiones de las centrales térmicas, las refinerías petroquímicas y las industrias de apoyo al ciclo inmobiliario como las cementeras y la industria cerámica, no es de extrañar que España tenga niveles de emisiones de gases de efecto invernadero propios de un país emergente. En 2008 y a pesar de dos bajadas consecutivas de las emisiones debidas al parón de la actividad económica, España emitía un 42,7 % de CO_2 más que en 1990. Recuérdese que el compromiso de Kyoto asignaba a este país la posibilidad de aumentar un 15 % sus emisiones respecto a los niveles de ese año.[75]

Otra consecuencia de este modelo energético viene dada por el continuo aumento de las emisiones de partículas y de ozono que provienen de los vehículos y de las centrales térmicas. En este último caso, la crisis medioambiental se ha convertido directamente en un problema de salud pública. Se calcula que este tipo de emisiones son responsables, cada año, de más de 150.000 muertes prematuras en la Unión Europea. La contaminación atmosférica supone, efectivamente, un incremento de los índices de mortalidad y morbilidad y contribuye a la aparición de asma, bronquitis, ataques al corazón y otras enfermedades pulmonares y cardiovasculares crónicas. Sirva aquí el dato de que 13 grandes municipios de la Comunidad de Madrid superan reiteradamente los niveles medios permitidos de emisión de partículas: el contaminante más peligroso para la salud.[76]

74 Incluso en los años finales del ciclo, entre 2005 y 2007, el consumo de energía final siguió aumentando, si bien ya un ritmo menor al PIB. Observatorio de la Sostenibilidad en España, *Sostenibilidad en España 2008*, Madrid, Mundi Prensa, 2009.

75 Las dos grandes apuestas políticas respecto al cambio climáticox han sido los sucesivos Planes Nacionales de Asignaciones que, salvo a las compañías eléctricas, permitieron emitir más contaminantes a sectores como el cementero y el petroquímico, al tiempo que se centraban en los llamados Mecanismos de Desarrollo Limpio, y que implicaban la compensación de las emisiones excedentes mediante la subvención de proyectos de reducción de emisiones en terceros países. Estos MDL pagados con dinero público muestran, una vez más, como se ha querido trasladar los costes externos de la actividad empresarial al cuerpo social. La otra gran apuesta han sido los mercados de compra de carbono, un extraño artefacto que, con una fe ciega en las virtudes de los mercados, logró que el coste de la tonelada de carbono llegase a mínimos históricos.

76 Observatorio de la Sostenibilidad en España, *La calidad del aire en las ciudades españolas*, Madrid, Mundi Prensa, 2009.

Tercera parte.
La crisis

8. Crisis: el colapso del ciclo financiero y las políticas de rescate

Como se sabe, los ciclos financieros son extremadamente inestables. En las burbujas de precios de activos, la línea que separa la rápida creación de riqueza de su desaparición, todavía más vertiginosa, es extremadamente fina. La burbuja de los tulipanes holandeses del siglo XVII, la crisis de la Banque Royale, la burbuja de la compañía de los Mares del Sur o la burbuja de los ferrocarriles británicos del siglo XIX abundan en imágenes de arruinamientos repentinos y de inversores desesperados ante la evaporación de sus fantasías rentistas. Los valores de los activos financieros se construyen a partir del descuento sobre sus precios futuros, los precios crecen porque se cree que van a crecer, pero para que esto suceda es indispensable que una mayoría de los propietarios no quiera convertir inmediatamente sus títulos en dinero contante y sonante.

Los sofisticados entramados institucionales de las finanzas modernas parecen tener poco que ver con el timo descarado de las primeras burbujas financieras.[1] No obstante, los mecanismos básicos de las subidas y bajadas de precios, como la información manipulada o las falsas innovaciones, lejos de desaparecer, se han incorporado al arsenal de las políticas públicas convencionales. Como consecuencia de este soporte institucional, las burbujas de precio de activos han ganado en duración y repercusión. Las innovaciones institucionales se suelen utilizar para decir que esta vez no ocurrirá lo de siempre, que hay una novedad decisiva que hará que el ciclo en curso duré indefinidamente. Como sabemos, este tipo de enunciados performativos constituyen la clásica profecía autocumplida, y para que ésta

1 Para una revisión histórica de las burbujas de precios de activos véanse los clásicos C. Kindleberger, *Manias, Panics and Crashes,* Basingstoke, Palgrave, 2005 (5ª edición) o el delicioso libro de J. K. Galbraith, *Breve historia de la euforia financiera,* Barcelona, Ariel, 1993.

tenga una completa eficacia simbólica es indispensable que los emita alguien investido de los signos externos del saber económico: el experto, el broker de éxito, el analista de mercados, el ministro de economía, etc.

La realidad es, sin embargo, muy diferente. Las características formales de los ciclos financieros tienden a seguir un patrón definido en el que el autoengaño, por diferentes que sean su ropajes, es una parte esencial. Quizás el economista que mejor ha analizado este proceso en los ciclos financieros históricos es el postkeynesiano Hyman Minsky en su teoría de la inestabilidad financiera.[2] El corazón de esta hipótesis se basa en la idea de que los ciclos financieros evolucionan sobre una tendencia a la degeneración progresiva, o en otras palabras, la expansión de los ciclos financieros genera inevitablemente las condiciones necesarias para su estallido. El punto central de su enfoque está en la concesión de créditos por parte de los agentes financieros. En una primera fase, a la que Minsky llama *hedge finance*, los préstamos están cubiertos por el capital disponible. La progresiva relajación de los criterios de concesión de crédito lleva, sin embargo, a una fase en la que el capital disponible sólo puede cubrir los intereses de la deuda, es la fase de finanzas especulativas. Finalmente, la creación de crédito se relaja hasta que el ciclo financiero toma una estructura piramidal en la que el capital disponible ya no es suficiente para cubrir el tipo de interés. Se confía entonces en la revalorización de las rentas de capital o en la captación de nuevos fondos para pagar los intereses de la deuda. En honor del inventor del timo piramidal, Minsky llamó a esta fase *Ponzi finance*, finanzas piramidales. La fase de Ponzi acaba inevitablemente en un *crash* financiero, pasado el cuál se inician una serie de controles y de intervenciones que generan el contexto para una nueva fase de finanzas cubiertas.

Dentro de este esquema, lo que se suele entender por desregulación financiera son simples etapas en la formación del beneficio financiero que se topan rápidamente con sus propios límites, especialmente cuando este beneficio no encuentra el suficiente respaldado institucional. Por ejemplo, con unos controles rígidos del coeficiente de caja —que regulan la cantidad de créditos en relación con los depósitos—, es imposible que se pase de una fase a otra del esquema de Minsky. La teoría de la inestabilidad financiera comprende una descripción adecuada del mecanismo de la degeneración progresiva de los controles institucionales sobre las finanzas[3] que son,

2 Instute of Bard College, mayo de 1992. http://www.levy.org/pubs/wp74.pdf

3 Minsky mantiene una posición bastante afín a la de la escuela postkeynesiana en la que las

por otra parte, indispensable para la duración y extensión de los ciclos financieros. Cuando se habla de desregulación o de innovaciones financieras se está hablando, en realidad, de los requerimientos para pasar de una fase a otra del esquema de Minsky.

La actual crisis se sitúa en la fase final del ciclo financiero, justo cuando la estructura piramidal comienza a desmontarse como un castillo de naipes, destapando las relaciones sociales que lo constituían. Para analizar esta caída, y recomponer la forma en que ha afectado al ciclo inmobiliario-financiero, es indispensable considerar las distintas escalas que determinan las grandes corrientes que afectan a la economía española, hoy convertida en una economía regional del capitalismo financiero global. En este trayecto vamos a considerar cinco puntos, que a su vez se corresponden con las cinco caras de este multiforme proceso que llamamos financiarización:

— La irrupción de la crisis de las hipotecas *subprime* en Estados Unidos como consecuencia de las fuertes contradicciones a las que está sometida la expansión de las finanzas sobre el cuerpo social.

— La expansión de la crisis norteamericana a la esfera global mediante los tipos de cambio monetarios y la posterior irrupción del problema de la demanda.

— La traslación de las dinámicas globales de crisis a la economía española a través de su conexión con la división internacional del trabajo, primero en el sector inmobiliario y luego en todo el dispositivo de acumulación de capital a través del territorio.

— La aparición en España del problema de la demanda como consecuencia del descenso de los precios de la vivienda que marcaban el valor nominal de la riqueza de las familias.

— Por último, la entrada del Estado en una posición deficitaria como consecuencia de la socialización creciente de la crisis. Esta posición ha llevado al gobierno a español a un enfrentamiento directo con el sector financiero, que a su vez ejerce una fuerte presión sobre los programas de gasto público.

---

instituciones responden, o en la jerga económica, «acomodan las tensiones» sobre la demanda de crédito que genera el ciclo económico. A esta posición se le llama generación de *dinero endógeno*.

El fin del *boom* crediticio: las hipotecas y la turbulencia estadounidense

Independientemente de lo que tiene de común con otros ciclos financieros, la fase de crecimiento financiarizado que acabó bruscamente en 2007 ha tenido una clara especificidad histórica. Desde un punto de vista muy general, la crisis ha estado marcada por una fuerte contradicción que proviene de la expansión de las finanzas sobre el cuerpo social. Paradójicamente, lo que seguramente se podrá dar a conocer como una de las grandes épocas de generación de beneficios financieros ha requerido de un fuerte movimiento de descenso de los tipos de interés. Esta aparente contradicción no ha sido superada con un simple ensanchamiento de los sectores de población endeudados, ni con formas de crédito novedosas, sino que se ha apoyado en un programa social capaz de generar beneficios financieros a una escala nunca vista. El prerrequisito: que las esferas de la producción y la reproducción social sean sometidas a una tensión financiera cada vez mayor.

Tradicionalmente, el dominio de los intereses rentistas en la política económica se había traducido en altos tipos de interés. Aquí no hay secreto alguno: mediante una decisión política se desvía una parte mayor del producto social hacia el capital financiero.[4] No obstante, en la larga década que comienza en 1995, el escenario ha sido muy diferente. La bajada de los tipos de interés compone el arma política central, si bien no es la única, utilizada para extender el endeudamiento al cuerpo social y, con éste, el dominio de los propietarios de capital-dinero. En este sentido, la vía dominante de obtención de beneficios ha sido sobre todo extensiva. Esencialmente, se ha compensado la caída del tipo de interés a través de dos estrategias: por un lado, mediante una fuerte intrusión de las finanzas en esferas sociales de las que anteriormente estaban ausentes y, por otro, mediante el uso por parte de los propios bancos y de los *hedge funds* de las facilidades de endeudamiento con el fin de aumentar sus niveles de apalancamiento. A partir de las enormes masas de liquidez obtenidas, las entidades financieras han podido forzar los mercados en la dirección deseada, siempre sobre la base de la potencia que proporciona la gran escala.

Conviene señalar que en este marco, la indignación bienintencionada dirigida sobre los defectos morales —egoísmo, lucro desmedido, etc.— implícitos en las practicas financieras que han acabado por generar la crisis,

---

4 La ilustración clásica de esta sencilla formula económica es el «golpe» de Volcker, antiguo presidente de la Reserva Federal Americana que hizo pasar los tipos de interés desde el 11 al 20 % en menos de dos años, lo que supone el movimiento más brusco a favor de los propietarios de capital de la historia reciente.

deja traslucir un gran desconocimiento de lo que han llegado a ser los sistemas financieros y del tipo de extorsiones que éstos imponen al resto de la sociedad. De una manera más bien cínica, estas explicaciones han sido aprovechadas para tratar de salvar el modelo financiero a costa de «culpar» a determinados individuos de su mal funcionamiento. No hace falta recordar, que la evidente falta de escrúpulos de banqueros y financieros sólo existe dentro del mismo mandato de acumular que las finanzas comparten con el resto de los procesos productivos capitalistas. A diferencia de éstos, sin embargo, la ausencia de mecanismos clásicos de acumulación, como la formación de capital o el cambio tecnológico, les obliga a seguir un sólo camino: captar una parte cada vez mayor del producto social desde distintos puntos de la cadena de producción de valor.

Volviendo al esquema de Minsky: la fase extremadamente barroca y agónica de la financiarización que precedió al estallido de las *subprime* no fue consecuencia de un inesperado y extravagante repunte del afán de lucro, sino del tipo de arreglos institucionales que permitieron pasar a la «fase piramidal» del mayor ciclo financiero de la historia. En esta evolución, es imprescindible entender el papel que jugaron los prestamos titulizados y, más concretamente, las hipotecas *subprime*, en un momento en el que se trataba de obtener unos beneficios financieros crecientes, por medio de unos tipos de interés —recuérdese: la herramienta tradicional de captación de rentas— que, no obstante, eran más bajos de lo que lo habían sido en las décadas precedentes. Por supuesto, cuando se sobrepasan los límites de esta contradicción, la contraparte del juego político consiste en que la sociedad entera debe convertirse en una extraña póliza de seguros que garantice el beneficio financiero.

Las hipotecas, tanto en el imaginario popular como en la economía ortodoxa, no son más que un medio de acceso a la vivienda. Desde julio de 2007, sin embargo, nadie mínimamente informado desconoce que los préstamos hipotecarios pueden ser un factor central del modelo de crecimiento, sin que por ello se deje de lado otros muchísimos factores, como los tipos de cambio, los tipos de interés o los desequilibrios externos, por no hablar de los grandes problemas estructurales del proceso de acumulación capitalista. De todas formas, el protagonista realmente nuevo de este ciclo han sido las hipotecas sobre la vivienda.

Para comprender lo que sucedió con las hipotecas *subprime* es necesario remontarse al periodo comprendido entre 2001 y 2003 cuando la Reserva Federal de EEUU combatió la explosión de la burbuja tecnológica con varias bajadas de tipos de interés, especialmente de aquéllos a corto plazo. Esto permitió a los bancos norteamericanos financiarse abundantemente a la manera clásica, esto es, tomando prestado barato a corto y prestando más caro a largo. En un primer momento, los beneficios derivados de las diferencias de tipo de interés fueron enormes. A la larga, sin embargo, esta práctica acabó por minar las diferencias entre uno y otro tipo de interés como consecuencia de la gran cantidad de actores financieros que estaban intentando obtener beneficios de la misma forma.[5] En 2003, mientras las autoridades monetarias de los países asiáticos seguían inundando los mercados internacionales de liquidez —que luego era dirigida a los canales de concesión de crédito—, los inversores financieros, atenazados por la caída de sus beneficios procedentes de este tipo de negocio, se lanzaron en masa sobre los derivados financieros compuestos por hipotecas *subprime* y *Alt-A*, cuyos beneficios estaban explícitamente relacionados con sus altos niveles de riesgo.

La práctica central que permitió esta «innovación que todo lo cambia» fue la titulización de activos. Como ya se ha visto en el análisis del modelo español, la titulización consiste en separar las fases de origen, administración y cobro de la deuda, lo que se conoce como sistema de «contratar para distribuir» (*originate to distribute*). La diferencia entre Estados Unidos y España es que en el primer caso la totalidad de la deuda podía ser titulizada, mientras que en el segundo la entidad que originaba la hipoteca tenía que mantener un 50 % de la gestión del préstamo. En Estados Unidos, el procedimiento de la titulización de hipotecas era bastante conocido: las agencias hipotecarias estatales Fannie Mae y Freddie Mac llevaban años titulizando hipotecas de bajo riesgo con periodos de amortización y tipos de interés claros. Sin embargo, la oleada de derivados financieros de la segunda mitad de los años noventa convirtió a las titulizaciones en algo muy diferente.

Según este nuevo patrón, la secuencia típica de titulización de una hipoteca estadounidense empezó a ser como sigue: un broker independiente concedía una hipoteca y la vendía a una compañía especializada, que, a su vez, la revendía a un banco de inversión; por su parte, esta entidad financiera ensamblaba esta hipoteca con otras muchas según distintas combinaciones de riesgos realizadas con sofisticados modelos matemáticos. Creaba así un derivado financiero llamado MBS (*Mortgage Backed Securities*),[6] un título respaldado por hipotecas que se negociaba en los mercados mundiales y se vendía a fondos de inversión, *hedge funds*, fondos de pensiones, etc. Para financiar esta operación, los bancos asumieron mayores niveles de

5 Robert Brenner, *La economía de la turbulencia global*, Madrid, Akal. Cuestiones de Antagonismo, 2009, p. 75.

6 Las MBS son una forma de *Asset Backed Securities* (títulos respaldados por activos) que a su vez se agrupaban en CDO *(Collateralized Debt Obligations)*, que a su vez estaban empaquetadas en unos contratos de seguros llamados *Credit Default Swaps* (CDS)

deuda, pensando que la revalorización automática de sus derivados sobre hipotecas compensaría con creces la deuda asumida. Como consecuencia de estos nuevos procesos, los bancos acabaron por adoptar una posición completamente novedosa con respecto a las hipotecas:[7] el interés de la operación no se situaba en el tipo de interés recibido hasta la amortización de la hipoteca sino en la transacción de venta del derivado financiero. La desregulación financiera permitió, a los bancos tradicionales, asumir funciones de la banca de inversión. Desde ahí pudieron rehacer sus beneficios a través de los productos relacionados con la deuda de consumo y compensar el declive de sus beneficios a partir de la gestión de ahorros y depósitos, una actividad cada vez menos rentable debido a la creciente preeminencia de los fondos mutuos y de jubilación.[8]

En la jerga de los brokers inmobiliarios estadounidenses se llama hipotecas *subprime* a aquéllas que se contratan con familias con escasos recursos para devolver los créditos. La entrada de los operadores financieros en estos tramos de ingresos no fue ni mucho menos casual, los demás estratos sociales ya habían alcanzado el tope de su capacidad de endeudamiento hipotecario y la inmensa legión de los *working poor* estadounidenses aparecía como una fuente de beneficios inexplorada. En el sistema vigente de gestión de riesgos, la palabra *subprime* implica un riesgo mayor de impago y, por lo tanto, se trata de títulos con una mayor remuneración. Para los contratantes, estos préstamos llevaban aparejados mecanismos tales como las *teaser rates*, esto es, tasas de interés muy bajas durante dos o tres años, que posteriormente se alineaban con los tipos de interés vigentes. La tasa inicial de interés, siempre baja, servía como señuelo: los problemas de solvencia aparecían después. Por supuesto, los préstamos se contrataban porque detrás había todo un entramado financiero que disolvía las responsabilidades del *broker* que concedía las hipotecas. Pero también, y esto se dice menos a menudo, porque existía una base «científica» materializada en modelos de gestión de riesgos que aseguraba que no iba a pasar absolutamente nada por conceder este tipo de hipotecas. De hecho, la afirmación de que las sofisticadísimas técnicas modelísticas habían

7 «Los prestamistas hipotecarios —ya se especializaran en las hipotecas *subprime* como New Century Financial o fueran firmas nacionales diversificadas como Citigroup o Countrywide— ya no contrataban hipotecas con el fin primordial de conservarlas hasta su amortización y beneficiarse del pago de intereses sino que ahora, por el contrario, lo hacían con la ayuda de agentes hipotecarios independientes, con la intención de venderlas a bancos de inversión y su beneficio residía en la tasa que cobraban por la operación». Robert Brenner, *La economía de la turbulencia global, op. cit.*, p. 70.

8 Entre 1997 y 2007, la proporción de activos financieros procedentes de las actividades tradicionales de depósito se redujeron desde 56,3 % hasta el 23,7 %. Robin Blackburn, «The Subprime Crisis», *New Left Review*, núm. 50, marzo-abril de 2008.

alejado los riesgos financieros fue la base ideológica que se utilizó para atentar contra el más elemental sentido común: prestar a interés a todo un colectivo sin recursos es normalmente una garantía sólida de impago. Como bien saben los economistas, unas matemáticas con aire lo suficientemente complejo pueden hacer las veces de ciencia durante el tiempo en que la realidad, siempre terca, tarda en imponerse, e incluso después. Por otra parte, la fuerte demanda generada por la burbuja inmobiliaria fue interpretada como un signo de la robustez de los «fundamentos» de la economía real. Este tipo de créditos se podía conceder porque la situación económica futura lo permitiría.

Sobre estos mimbres, los bancos acumularon una enorme cantidad de hipotecas *subprime* en los llamados vehículos especiales o *conduits*.[9] El vehículo especial es una forma de mantener los activos dudosos fuera del balance del banco, de manera que no afecten a la cuenta de resultados y, por lo tanto, al valor bursátil del banco. El procedimiento de sacar activos fuera de balance es un clásico de la ingeniería financiera que bordea el delito de cuello blanco. Dicho de otro modo, se trata de una herramienta para engañar a los inversores. Una vez escondidas las deudas, se iban emitiendo derivados financieros en los que la deuda se incorporaba a productos con complejísimas estructuras y en los que era prácticamente imposible rastrear su origen.[10] Este tipo de prácticas tuvieron tanta difusión durante los años de las *subprime* que se suele hablar de un sistema bancario en la sombra (*shadow banking system*). Para terminar de rematar los riesgos asociados a este sistema, los «vehículos especiales» se financiaban mediante un fuerte endeudamiento, que les llevo a tener una ratio medio de 15 dólares de deuda por cada dólar de patrimonio. Se calcula que, a principios de 2007, estos vehículos, entre hipotecas y títulos respaldados por hipotecas, tenían un valor que rondaba la cifra de 1,8 billones de dólares, una vez y media el PIB español.[11]

Por otro lado, en 2005 la política monetaria estadounidense comenzó a virar de nuevo, con una pequeña sucesión de subidas del tipo de interés. La contradicción de intereses dentro del mando financiero era evidente: las políticas dirigidas a mantener el valor del dólar, con el fin de atraer activos financieros de todo el mundo, se estaban tambaleando como consecuencia de unos tipos de interés cada vez menores. Una eventual bajada del dólar o la

9 A estos vehículos especiales, también se les suele conocer por sus siglas inglesas como SIV: *Structured Investment Vehicles.*

10 Robin Blackburn, «Finance and the fourth dimension», *New Left Review*, núm. 39, mayo-junio de 2006.

11 Z. Poszar, «The rise and fall of the shadow banking system», citado en R. Brenner, *La economía de la turbulencia global, op. cit.*, p. 78.

posibilidad de que las economías asiáticas revaluasen sus monedas hubiera implicado un descenso de la afluencia de capitales a EEUU. Por añadidura, las diferencias entre los distintos tipos de interés estaban desapareciendo a toda velocidad. En definitiva, la presión a la baja sobre el dólar amenazaba la capacidad de EEUU para seguir siendo el destino preferido del capital excedente a nivel mundial. La respuesta financiera fue una rebaja de los tipos de interés a largo plazo que cayeron por debajo de los tipos a corto. Los bancos se lanzaron entonces con renovada fuerza al negocio de las *subprime* y de las operaciones apalancadas. El problema se hizo aún más profundo.

Durante 2006 y 2007, continuaron las subidas de los tipos para contrarrestar la caída del dólar. Estas subidas se trasladaron al crédito hipotecario, provocando una brusca parada de los aumentos de los precios de la vivienda que comenzaron a registrar bajadas a partir del cuarto trimestre de 2006. Detrás de los precios de la vivienda, comenzó a registrarse un número creciente de impagos en las hipotecas. Las *subprime* titulizadas tenían como garantía el valor de las viviendas hipotecadas, pero ahora este valor estaba en caída libre; los modelos que les ponían precio simplemente no contaban con que tal «anomalía» pudiera llegar a suceder.

El problema de los activos de base inmobiliaria se fue manifestando de forma paulatina, hasta que finalmente en julio de 2007 acabó por estallar en pleno corazón del sistema financiero. Los grandes bancos tenían en propiedad una enorme cantidad de hipotecas de alto riesgo y de derivados de crédito que habían estado ocultos en sus balances. Cuando el enorme mercado de derivados de crédito inmobiliario se vio forzado a reconocer que los vehículos especiales, cargados con una extraordinaria cantidad de títulos de deuda insolvente, tenían unos precios ilusorios ya fue demasiado tarde. Sencillamente el mercado de derivados sobre hipotecas se disolvió en el aire, al tiempo que la crisis era transmitida al grueso de sus propietarios: los bancos de medio planeta.

El problema fue, por lo tanto, más allá de una simple caída de los precios de los activos, En rigor, estos sofisticadísimos productos financieros acabaron por no tener precio: los billones de dólares que contenían dejaron de existir. Gran parte de los astronómicos beneficios financieros formados entre 2005 y 2007 se evaporaron de golpe. De todos modos, frente al brutal desplome de la crisis de 1929 que se resolvió en un solo día, la crisis de 2007 fue declarándose a cámara lenta, en un juego en el que los riesgos de quiebras multimillonarias eran respondidos por rescates gubernamentales.

La publicación de resultados[12] de los bancos y las entidades financieras afectadas por el cataclismo *subprime* marcó el ritmo de la crisis. Cada salida pública de los balances —en los que se desvelaban las cantidades de activos colocados en vehículos especiales y en el sistema bancario en la sombra— suponía un riesgo de quiebra.[13] Frente a ello, las instituciones monetarias respondieron primero rescatando y luego nacionalizando las partes más expuestas del sistema bancario.

En parte, esta crisis ha llevado consigo el amargo descubrimiento de que el sector financiero no era ni mucho menos lo que parecía. Las finanzas tenían el aspecto de una actividad económica no pensada para humanos, sino para titanes engominados que dormían un puñado de horas a la semana y pasaban el resto del tiempo sintetizando mentalmente millones de datos que luego convertían en decisiones estratégicas. Si los operadores en los mercados parecían hechos de otra pasta y asumían riesgos sobrehumanos, parecía justo que fueran remunerados como tales. Después de la explosión de las hipotecas *subprime,* a casi nadie le quedan dudas de que en la base del beneficio financiero no están las hábiles maniobras de los yuppies financieros, sino las hipotecas de las familias afro y latinoamericanas de los guetos estadounidenses, que en el mejor de los casos tienen tres o cuatro trabajos que no les sirven para superar la línea de pobreza y que, desde luego, no tienen ni la más remota esperanza de que el Estado vaya hacer nada por ellos. Pero todo tiene un límite y para que funcione la acumulación por desposesión hace falta que su objeto posea efectivamente algo que se le pueda arrebatar.

---

12 Robin Blackburn explica a la perfección en qué consiste la operación de poner precio a los activos de un fondo cuyos precios están marcados por modelos: «Cada cierto tiempo, los contables del banco están obligados a hacer un *mark to market* —operación de ajuste de precios sobre los precios de mercado. A los mejores activos (Nivel 1) se les puede poner precio simplemente consultando una pantalla de Bloomberg en la que aparecen sus precios en un determinado momento. A los activos de Nivel 2 se les pone precio mediante índices de activos similares. En el caso de los activos de Nivel 3, que están simplemente basados en los precios que les atribuye el modelo, la operación de poner precio es una forma de adivinanza y, en situaciones turbulentas, una especie de suplica o de oración». Robin Blackburn, «The Subprime Crisis», *op. cit.*

13 Por si esto fuera poco, los mercados financieros tienen su propia forma de lidiar con las acciones de las entidades en dificultades y ésta consiste en lo que en la jerga de los brokers se llama «ponerse bajista» o mantener «posiciones cortas». Esta maniobra, desconcertante para los profanos, consiste en vender acciones de las que no se tiene propiedad para que una vez baje el precio comprarlas más baratas *(buyback).* De esta forma, cada vez que uno de los bancos de inversión americanos, que fueron los más afectados en los primeros momentos de la crisis, revelaba que estaba pasando por dificultades, el resto de los operadores de mercado, ávido de beneficio, aceleraba las caídas en Bolsa.

El *crash* global

La forma más frecuente de contar los hechos que siguieron a los desplomes de las bolsas internacionales en el verano de 2007 sigue la secuencia: caída de los colosos bancarios / rescates gubernamentales. Existe sin embargo una trama secundaria, todavía poco explorada, que resulta central en la explicación de la crisis. Nos referimos al escenario geomonetario que entre el verano de 2007 y el verano de 2008 se convirtió en la arena de juego por la que los distintos bloques económicos regionales trataron de transmitirse los primeros golpes de la crisis.

Una vez más, la iniciativa corrió a cargo de la Reserva Federal. A partir del 18 de septiembre de 2007, la FED inició una serie de bajadas de los tipos de interés con el argumento de que sus bancos necesitaban inmediatamente afluencia de capital. Cada bajada de los tipos de fue saludada por Wall Street con breves pero intensas subidas. El efecto combinado de las continuas bajadas de los tipos y los anuncios de intervenciones billonarias dirigidas a reactivar los canales de crédito produjo una intensa tendencia a la baja en la cotización del dólar. A su vez, esto imprimió una fuerte presión sobre los capitales extranjeros, muy especialmente asiáticos, invertidos en activos denominados en la moneda hegemónica. Los flujos financieros no tardaron en comenzar a salir del dólar para trasladarse a los mercados de derivados del petróleo y de las materias primas, que experimentaron también fuertes subidas. Fue el momento del espectacular capítulo de las subidas del precio del petróleo que entre septiembre de 2007 y junio de 2008 pasó de 80 a 140 dólares por barril.

Sin embargo, la reacción de los inversores asiáticos sobre activos estadounidenses fue justo la contraria a la que se podría esperar. Lejos de echarse atrás, se lanzaron a la compra masiva de títulos de deuda pública americana, en lo que en definitiva fue una gran operación de rescate sobre el dólar. Por añadidura, a pesar de las renovadas presiones sobre China con el fin de que revalorizase su moneda y abriera su economía a los flujos de capital financiero, el gigante asiático se defendió persistiendo en la política de mantenimiento de su propia moneda, el yuan, alineado con la cotización del dólar.

La dinámica de huida del dólar y de búsqueda de beneficios financieros en otros campos de especulación derivó, de todas formas, en una fuerte espiral inflacionista en los países compradores de petróleo, que ahora tenían que hacer frente a unos costes energéticos mucho mayores. En esta primera ronda de efectos, el principal perjudicado fue la Unión Europea. La fuerte dependencia energética de los países europeos disparó los mecanismos automáticos de lucha contra la inflación. El Banco Central Europeo respondió con una rápida subida de los tipos de interés.

El círculo de efectos de esta particular guerra entre divisas y de control sobre los tipos de interés no se cerró aquí. La revalorización del euro y la subida de los tipos atrajeron también los flujos financieros sobre Europa, reforzando la presión bajista sobre el dólar y reiniciando otra vez la cadena de luchas monetarias. A lo largo de toda esta etapa, la FED se comportó de un modo pendular. Cuando la moneda entraba en una banda de cotización peligrosa, favorecía los rescates del dólar con los países asiáticos como aliados. En realidad, esta cadena circular de efectos forma parte de las posiciones a largo plazo de la triada (EEUU, Asia, UE) dentro del contexto de la crisis de cambio hegemónico del capitalismo mundial.[14] Se trata de una transición de largo recorrido, y futuro incierto, que difícilmente podrá dejar de tener efecto en las próximas décadas, y que será objeto de continua negociación en los siguientes estallidos financieros.

Por retomar la crónica de la crisis: la subida de los tipos de interés decretada por el BCE fue el detonante definitivo del *crash* europeo. En Estados Unidos, cuna del keynesianismo del precio de activos, se entendió rápidamente que la inflación ya no era la prioridad económica sino la reanimación de los mercados de crédito interbancario. En Europa, sin embargo, se siguió con las inercias monetaristas de la época de los programas de estabilidad. Consecuentemente, se mantuvo la línea ascendente de los tipos que había comenzado en 2006. El resultado fue la sequía crediticia en un mercado interbancario ya atenazado por la debacle de las *subprime*.

El movimiento de los tipos provocó también una abrupta parada de la construcción de viviendas y un estancamiento, y luego bajada, de los precios de la vivienda en aquellos países que habían participado más activamente en el *boom* inmobiliario de los años precedentes como España, Reino Unido, Irlanda y algunos países del Este. El colapso venía anunciándose desde la primavera de 2007, pero fue en el acople con la crisis internacional cuando se desplegó con todos sus efectos, precisamente a partir del otoño de 2007. España y los

14 Michel Husson describe un cambio en la dinámica de las relaciones Norte-Sur. Frente al imperialismo clásico, estamos en un momento en el que los flujos de capital circulan desde el Sur hacia el Norte. Las posiciones de las grandes potencias de la Triada están marcadas por esta circulación. Estados Unidos está sometidos a los dilemas del dólar, un dólar bajo reactiva las exportaciones y reduce el déficit pero ahuyenta a los flujos de capital procedentes de Asia y afecta, por lo tanto, a la financiación de sus mercados de crédito y a su demanda interna. China, por su parte, se debate entre seguir financiando a EEUU y su demanda de consumo basada en el crédito o desarrollar su demanda interna. Michel Husson, *Capitalismo puro,* Madrid, Maia, 2009.

demás países que dependían de los precios de la vivienda para mantener la demanda de consumo se llevaron la peor parte. Pero en este proceso a varias bandas, la crisis golpeó también a los países exportadores, como Alemania o Francia, sometidos a la fuerte revaluación del euro frente al dólar.

A finales de 2007, la caída de los precios de la vivienda continuó en EEUU y siguió llevándose por delante los diferentes activos que dependían de ellos. Los modelos habían hecho aguas: no había ya mercado para los sofisticados productos financieros que habían dejado de tener precio. La destrucción de «riqueza» financiera era inmensa. El histerismo de los medios de comunicación y de los gobiernos hacía que las medidas fueran tomadas por sumarísimos procedimientos de urgencia, sin que hubiera tiempo para definir las estrategias a medio plazo y mucho menos para nada semejante a un debate público, si es que tal cosa es posible hoy. Entre la vorágine de los rescates y la violencia de los movimientos de capitales hacia el petróleo y las materias primas, se tardó todavía unos meses en descubrir que ésta no era una crisis monetaria, ni siquiera de los mercados de crédito —la famosa «crisis de confianza»— sino un verdadero desplome de la demanda que, producida por medios financieros, había mantenido la pujanza económica mundial desde mediados de los años noventa. Repentinamente, alguien le había quitado las muletas a la economía mundial, las mismas prótesis con las que venía caminando en los últimos quince años.

Bear Stearns,[15] Northern Rock en Inglaterra o las aseguradoras *monoline* fueron algunos de los rescates más sonados de esta primera fase de la crisis. En la mayoría de los casos, los rescates se fueron haciendo según el modelo de intervención probado en 1997 sobre el *hedge fund* Long Term Capital Management: los bancos centrales respaldaron la compra, a precios de saldo, de las instituciones en quiebra por parte de otros bancos. En el caso del colapso de Northern Rock, en noviembre de 2007, se empezó a pronunciar una palabra que llevaba muchos años fuera del repertorio de la economía política: nacionalización. Pero, como no tardaron en comprobar los más entusiastas socialdemócratas, se trataba de un tipo de nacionalización forzada por la falta de compradores y dirigida a recomponer los mercados financieros, no de un cambio de prioridades políticas.

La crisis se recrudeció en el verano de 2008 con el rescate de los gigantes hipotecarios norteamericanos Freddie Mac (Federal Home Loan Mortgage Corporation) y Fannie Mae (Federal National Mortgage Association). Estas dos agencias estatales, típicamente fordistas, habían sido creadas en 1970 y 1938 respectivamente para garantizar la financiación de las hipotecas de

15 El 14 de Marzo de 2008, la Reserva Federal de Estados Unidos intervino el banco de inversiones Bear Stearns a través de la facilitación de su compra por el banco J. P. Morgan.

la clase media estadounidense. Ambos organismos habían pasado de ser emisores estables de deuda hipotecaria garantizada por el gobierno a actuar, sin dejar de tener este respaldo, como los más arriesgados agentes del mercado global de titulizaciones hipotecarias. En la mejor tradición de los bancos de inversión norteamericanos, estas agencias estatales funcionaron con enormes niveles de apalancamiento y también recurrieron a las típicas prácticas «fuera de balance» con el fin de evitar la declaración de bancarrota.[16] El precio que tuvieron que pagar vino de la mano de la fuerte caída de los precios de la vivienda y del desplome del mercado de titulizaciones. Cuando ya parecía que el mercado inmobiliario no iba a detener su espiral bajista, las dos agencias hipotecarias entraron en una situación de quiebra técnica, con una deuda de 800.000 y 780.000 millones de dólares respectivamente. Ambas entidades sólo contaban conjuntamente con un capital 85.000 millones,[17] en un momento además en el que garantizaban seis billones de dólares en deuda hipotecaria.[18]

Desde el punto de vista del Tesoro estadounidense, la no intervención de Freddie Mac y Fannie Mae hubiera supuesto una paralización completa del mercado hipotecario y la puntilla definitiva al sistema financiero. Más importante aún, con este rescate estaban en juego buena parte de las inversiones chinas en activos financieros estadounidenses. Se calcula que en 2008 el Banco Central de China y varias instituciones financieras poseían 350.000 millones en títulos de deuda de las agencias hipotecarias[19] respaldados por el Tesoro de EEUU. El rescate confirmó que el gobierno estadounidense pensaba hacerse cargo de los títulos de deuda extranjeros, al tiempo que animaba una fuerte apreciación del dólar. El correlativo descenso de los precios del petróleo y de las materias primas dio la señal para la entrada en una nueva fase de la crisis: finalmente se empezaba a reconocer que el problema estaba en la caída de la demanda de consumo.

El cambio de fase se aceleró también con la caída del banco de inversiones Lehmann Brothers en septiembre de 2008 y una inflación en retirada que amenazaba incluso con convertirse en deflación.[20] Las consecuencias fueron inmediatas, las Bolsas de todo el mundo se arrojaron en caída libre y los mercados de crédito interbancario quedaron completamente paralizados.[21]

---

16 *Público,* 8 de septiembre de 2008.

17 *Cotizalia,* 8 de septiembre de 2008.

18 *Público,* 24 de julio de 2008.

19 *Cotizalia,* 9 de septiembre de 2008.

20 Ese mismo día, el banco de inversiones Merrill Lynch era comprado por Bank of America a instancias de las autoridades estadounidenses.

21 A la caída de Lehmann Brothers le siguió una fuerte presión sobre la aseguradora AIG que garantizaba las finanzas estructuradas del banco de inversiones mediante los llamados CDS *(Credit Default Swaps).* AIG fue rescatada el día 17 de septiembre de 2008 por 80.000 millones de dólares.

Tanto la Reserva Federal de EEUU como el Banco Central Europeo aumentaron la frecuencia de las inyecciones de liquidez que venían realizando desde el comienzo de la crisis. Es fácil perder la cuenta del dinero público que se transfirió a los bancos y a las instituciones financieras durante esos días. Pocas horas antes del desplome de Lehmann, la Reserva Federal, el Banco de Inglaterra, el Banco Central Europeo (BCE), el Banco de Japón, el Banco de Canadá y el Banco Nacional Suizo realizaron una inyección conjunta de capital de 180.000 millones de dólares.[22] Antes de que terminase esa misma semana, el Tesoro y la Reserva Federal pusieron en marcha su plan de compra de activos intoxicados por más de 700.000 millones de dólares. No hay que dejarse engañar por la jerga de las autoridades financieras; cuando se habla de compra de unos activos que han dejado de tener precio y para los que no hay mercado, se está hablando de subvenciones a fondo perdido, cuyo montante se determina en un conflicto distributivo entre el Estado y el sector financiero. Pero, como todo el mundo sabe, en el régimen ideológico neoliberal, cualquier gasto parece mucho más aceptable cuando toma la forma de un intercambio mercantil.

Hasta septiembre de 2008, la crisis siguió leyéndose mayoritariamente en términos de una «crisis de confianza». Según esta versión, todo iba bien en el fondo, como dicen los economistas ortodoxos, los «fundamentos son sólidos». El único problema residía en que las turbulencias financieras habían hecho que nadie se fiase de nadie a la hora de conceder créditos. El fondo del asunto era psicológico, se trataba de restaurar los mecanismos de confianza y de reanudar el ciclo financiero en el mismo lugar en el que se había quedado. Algunos irreductibles continuaron manteniendo esta posición, pero a partir de la caída de Lehmann Brothers y de la serie de intervenciones fulminantes que le siguieron, las posiciones políticas frente a la crisis se volvieron enormemente confusas. Sobre el telón de fondo de una serie interminable de intervenciones, de subastas de liquidez discrecionales y de planes de salvamento cada vez más caros, ni siquiera la caída de Lehmann Brothers fue interpretada como la consecuencia de las fuerzas del mercado que eliminaban implacablemente a los menos eficientes, sino como un acto de intervención negativa: a Lehmann Brothers se le «dejó caer» como parte de la estrategia de intervención de las autoridades monetarias americanas. En resumen, el mito de la no intervención del Estado en los mercados saltó por los aires.

Por burdamente falso que haya sido, el principio de que el régimen actual se define como neoliberal por la renuncia a la intervención estatal seguía, y sigue siendo, una opinión mayoritaria, muy acorde, por cierto, con la forma

22 *Cotizalia*, 18 de septiembre de 2008.

en que a los neoliberales les gusta ver sus políticas como meras extensiones de las fuerzas de mercado.[23] Precisamente, la fuerza de esta identificación del régimen neoliberal con la ausencia de intervención ha logrado que sus detractores hayan celebrado su muerte como consecuencia inevitable del regreso de la intervención visible, sin reparar en que la reanudación de las intervenciones reforzaba, en realidad, el dominio del *geldkapitalist* colectivo, esto es, de la clase de los propietarios del capital-dinero.

El debate entre partidarios de la intervención y de la no intervención estaba sencillamente descentrado respecto del tipo de dilemas prácticos a los que se venía enfrentando la política económica. El desarrollo de los acontecimientos de septiembre de 2008 dejó bien claro que las bases monetaristas, más o menos modificadas, sobre las que se había articulado la intervención económica desde mediados de los años ochenta habían dejado de servir. Las sutilezas de la política monetaria, en las que la intervención se esconde debajo de decisiones técnicas, no estaban siendo capaces de parar la sangría. La intervención descarada era la única vía que seriamente se podía tomar. Pero a partir de aquí, todo eran dudas.

Lejos de atenuarse, las contradicciones económicas que estaban en el fondo de la crisis se fueron agudizando cada vez más. El nuevo régimen del keynesianismo del precio de activos no existía, y no existe todavía, en ningún lugar visible, ni en los manuales de economía, ni en los periódicos, ni en los documentos de política oficial. Es práctica pura. No sorprende que cuando se trata de entrar a rescatarlo no se sepa por dónde empezar. La sensación de estar ante fenómenos completamente nuevos fue abriéndose paso entre las mistificaciones del análisis económico ortodoxo. La evidencia de que, a pesar del espectáculo de quiebras y rescates, la crisis se estaba jugando en la arena de las economías familiares se fue barruntando poco a poco.[24] Las conexiones con Wall Street y con las políticas monetarias resultaban evidentes, pero pocas veces habían sido analizadas en profundidad.

---

23 Ya Carl Schmitt señalaba que en el orden liberal, la política tiende a esconderse en las formas mercantiles de la competencia económica para aparecer como una fuerza impersonal y necesaria. C. Schmitt, *El concepto de lo político,* Barcelona, Alianza, 1999. p. 99-100

24 En abril de 2008, aparecieron en Estados Unidos las primeras bancarrotas de hogares en los que sus miembros no habían perdido su trabajo, pero que sin embargo habían sido atrapados por los excesos del endeudamiento durante el ciclo alcista. El investigador americano Robert Manning describía así lo que estaba sucediendo en el terreno del consumo familiar y personal: «Sólo el 40 % aproximadamente de los poseedores de tarjetas de crédito pagan el saldo completo a fin de mes. El 60 % restante, que paga amortización más intereses, es de todas formas un dato que se mantiene artificialmente bajo gracias a los préstamos obtenidos sobre el valor de la casa. Pero, aun así, la deuda por consumo está ya a niveles de saturación y asistimos a una verdadera explosión de quiebras personales. Nunca antes había sucedido: la gente se declaraba en bancarrota debido a la pérdida del trabajo, no cuando lo tenía.» *Cotizalia,* 31 de marzo de 2008.

No se trataba, por lo tanto, de rescatar al sector financiero porque sí, sino en la medida en que éste era una pieza clave para la formación de la demanda de consumo. Y aquí aparecían dos posiciones que traducían dos formas de ver el circuito de la demanda financiarizada. En la primera, mayoritaria, se sostenía que había que dar dinero a los bancos para que ellos lo trasladasen a las economías familiares y a las empresas en forma de crédito. Esta visión todavía creía que la llamada economía real se había venido abajo como consecuencia de la escasez de crédito. La segunda, defendida por una gran cantidad de miembros del partido demócrata americano,[25] entre ellos Barack Obama,[26] defendía que el dinero debía de ser transferido a las familias directamente.[27] Para ser más precisos, los fondos públicos debían tocar el punto nodal de las economías familiares financiarizadas: las hipotecas. El grueso caparazón retórico acerca de la «justicia social» con el que suelen presentarse estas medidas es un obstáculo a la hora de comprender su ajuste al funcionamiento real del modelo económico. En realidad, se trataba de que la reactivación de la demanda familiar y del pago de las hipotecas reiniciase los mecanismos de transferencia monetaria desde las economías domesticas hacia los bancos. En esta lectura, se sobreentiende que la demanda basada en el crédito es lo que verdaderamente sostiene la economía real y no al contrario. Sencillamente, observar el problema en este sentido es más realista.

La disyuntiva estaba, por lo tanto, en cómo hacer llegar el dinero a la esfera financiera. Si se hacía por medio de transferencias directas a los bancos, la demanda seguiría renqueante porque éstos utilizarían el dinero público para sanear sus balances antes que reanimar los mercados de crédito. Si se hacía llegar directamente a las familias propietarias de vivienda,

25 «Los demócratas quieren que el plan de rescate no mire sólo al sector financiero, al que señalan como responsable de esta crisis. Y proponen incluir medidas para dar un balón de oxígeno a los propietarios que se están topando con dificultades para preservar sus viviendas. Para ello se quiere introducir una modificación en la legislación para que se puedan cambiar los términos de las hipotecas con riesgo de desahucio. Además buscan que parte de los beneficios generados por el plan nutran un fondo para promover viviendas a un precio asequible, una iniciativa que irrita a los republicanos.» *El País,* 28 de septiembre de 2008.

26 «Obama y otros muchos demócratas consideran que el plan tiene que ir dirigido a proteger los intereses de la llamada "Main Street", término que se emplea con frecuencia en Estados Unidos para referirse a lo que le afecta al norteamericano de a pie, en contraposición a los generalmente sofisticados intereses de aquéllos que integran Wall Street.» *Cotizalia,* 22 de septiembre de 2008.

27 Han existido todo tipo de versiones acerca de cómo tratar el problema de las deudas familiares y de la reanudación del consumo. Las primeras de ellas, como la defendida por Henry Paulson en los primeros momentos de la crisis consistían en buscar formulas para retrasar los pagos de las hipotecas. Desde ahí, en la fase de maduración de estas propuestas se pasó a formulas de transferencia activa de ingresos a las familias, con la esperanza de que reactivaran las conexiones entre las familias y los bancos.

éste acabaría igualmente en manos de los bancos —vía servicio de la deuda, contratación de nuevos préstamos, compras de vivienda, etc.—, pero en el camino habrían reanimado la demanda y habrían puesto en pie, de nuevo, la burbuja inmobiliaria. Por supuesto, se trata de un debate a posteriori. Cuando se quiso entrar a considerar el papel de las familias en el régimen económico ya se habían gastado billones de dólares en los rescates bancarios. Las políticas que fueron a buscar a las familias como origen de la demanda de consumo, se plantearon como líneas adicionales de gasto público, y en ningún caso llegaron a disputarle ni un céntimo a los bancos.

Después de la caída de Lehmann Brothers, y de la puesta en marcha del plan de rescate de activos tóxicos, y de la disipación de las tensiones inflacionistas de la primera parte de la crisis, parecía evidente que esta crisis no tenía nada que ver con la falta de confianza entre los bancos, sino con una debilidad abrumadora de la demanda de consumo de las familias. Pasado el huracán de quiebras e intervenciones, los efectos de la debilidad de la demanda se estaban dejando sentir en dos frentes, estrechamente interrelacionados: las quiebras de empresas y el aumento del desempleo.

Estábamos ya en un terreno bien conocido, el del keynesianismo clásico. El aumento galopante del paro, trajo consigo las más encendidas defensas de los mecanismos anticíclicos liderados por la inversión pública, especialmente en materia de infraestructuras y de una emergente economía verde liderada por las energías renovables. Entre sus defensores más acérrimos estuvieron el Nobel de economía Paul Krugman y el «gurú» de los analistas financieros progresistas Nouriel Roubini.[28] Parte de lo que se pedía desde estas posiciones fue asumido por los gobiernos: pero no nos engañemos, ni fueron los únicos métodos de intervención, ni tampoco se destinaron las cantidades que pedían los neokeynesianos.

28 El 13 de octubre de 2008, Roubini escribía en el blog *Naked Capitalism*: «Es urgente relanzar la demanda agregada para asegurar que una recesión de dos años no se convierta en un estancamiento de una década. Puesto que el sector privado no gasta y el primer plan de estímulo fiscal ha fracasado miserablemente, porque los hogares y las empresas están ahorrando antes que gastando, es necesario dar un impulso al consumo público de bienes y servicios a través de un programa de gasto masivo (300.000 millones de dólares): el gobierno federal debería tener un plan para comenzar a invertir en infraestructuras y tecnologías verdes; las prestaciones de desempleo deben ser fuertemente incrementadas junto a rebajas fiscales, pero sólo para los hogares con menos ingresos; el Estado federal debe dar ayudas para que los gobiernos estatales y locales puedan incrementar sus inversiones en infraestructuras. Si el sector privado no quiere o no puede gastar, el gasto keynesiano clásico de los gobiernos es necesario.» www.nakedcapitalism.com

De todos modos, sin necesidad de señalar sus contradicciones en términos ecológicos, es preciso reconocer que este tipo de argumentaciones no fueron nunca lo suficientemente keynesianas. Keynes estaba convencido que el *deficit spending* tenía que ser el catalizador de un crecimiento del empleo que redundaría en un aumento de los salarios reales que, a su vez, fuera el detonante de la demanda privada de consumo. Por supuesto, ni Krugman, ni Roubini, ni la gran mayoría de los que han desenterrado al Keynes del gasto público,[29] están dispuestos a sostener que la inversión pública genera una subida sostenida de los salarios reales, ni mucho menos a entrar a considerar el tipo de ordenación institucional que sería necesario para que eso sucediese.[30] En otras palabras, detrás de estos programas keynesianos «puros» sólo se deja ver el engendro del keynesianismo del precio de activos, amenazado como única forma ideológicamente viable para la generación de demanda privada. El horizonte de actuación volvía a estar marcado por las burbujas de precio de activos: las estrategias de actuación directa sobre las familias hipotecadas debían servir como instrumentos de estabilización del mercado inmobiliario y, desde ahí, de relanzamiento del consumo.

Dentro de este marco, aunque era previsible que la política monetaria tradicional tendiera a agotar su eficacia en un horizonte de estancamiento «a la japonesa» con tipos de interés cero, lo cierto es que sobre todo en Europa quedaba margen suficiente como para reducir los tipos, una vez que la inflación, la bestia negra del BCE, se transformó en una tendencia deflacionista provocada por las caídas de los precios del petróleo y las materias primas. A partir de octubre de 2008, el BCE se lanzó efectivamente a una política de reducción masiva de los tipos que cayeron al 1 %. También en Europa, donde los bancos sufrieron los efectos más duros de la crisis en el otoño de 2008, se pusieron en marcha planes millonarios de rescate, como los 400.000 millones de euros —cantidad proporcionalmente muy superior a la de EEUU— que el gobierno alemán destinó a la adquisición de activos o los 320.000 millones del plan de rescate francés.

---

29 En España esta posición fue asumida por las editoriales del diario *El País*: «Son necesarias nuevas y urgentes reducciones coordinadas de los tipos de interés y la intensificación de los programas de inversión pública». *El País,* editorial del 27 de octubre de 2008. «Los Gobiernos han de ser conscientes de que la política monetaria empieza a agotarse. Deberán ser activos en las decisiones de inversión pública. La justificación está sobrada: en todos los países el desempleo crece a un ritmo más que inquietante.» *El País,* editorial del 16 de enero de 2009.

30 Muy al contrario, cada vez que Krugman menciona la situación de la economía española suele sentenciar que es necesaria una bajada del 15 % tanto de los salarios como de los precios, con el fin de compensar la incapacidad de devaluar la moneda para ganar competitividad. La cosa es ciertamente sorprendente si tenemos en cuenta que Krugman ha sido uno de los autores que más duramente ha atacado el concepto de competitividad.

En definitiva, entrados ya en el año 2009, se habían planteado las tres vías centrales desde las que posteriormente se intentó realizar el descomunal rescate estatal de la demanda. Todos los países y, muy especialmente EEUU, de cuya capacidad de consumo dependían los países exportadores, mezclaron en distintas proporciones estos tres elementos:

— Política monetaria de tipos de interés cero con el fin de reanimar los mercados de crédito.

— Programas keynesianos puros de inversión y consumo público con el fin de generar empleo a corto plazo.

— Programas de subvención de la demanda privada, intervenciones a favor de los propietarios de vivienda para estabilizar los mercados inmobiliarios y programas de estímulo a la compras de automóviles y viviendas.

Y efectivamente, a partir del verano de 2009, esta tipo de operaciones de rescate de la demanda comenzaron a dar sus frutos. Se puso suelo a la caída del consumo, al tiempo que la actividad económica se estabilizó en el estancamiento. Varios países, entre ellos EEUU, Francia y Alemania, salieron tímidamente de la zona de recesión. Estos datos fueron saludados por la prensa mundial y los gobiernos como el final de la crisis.[31] Pero realmente ¿se podía dar por superada?

A principios de 2010, los circuitos económicos, tanto internos como globales, del modelo que había generado la crisis estaban en gran medida intactos. Como había sucedido hasta 2007, los aumentos de la demanda en los países de Europa y EEUU empezaron a redundar, de nuevo, en un aumento de la acumulación de capital en Asia, y muy en concreto en China, donde las previsiones de crecimiento del PIB alcanzaron el 9 % anual.[32] En gran medida, el escenario era el ya conocido, la demanda se recuperó en Occidente, al tiempo que China se adelantaba, en este caso sobre Alemania, como mayor exportador mundial.[33] En paralelo, Occidente

31 De manera coherente con el tipo de política que suelen llevar a cabo tanto la OCDE como la Reserva Federal estadounidense, se prefiere atribuir la recuperación a una estabilización del mercado financiero que a una triple operación sobre la demanda. Lo contrario sería admitir que se ha regalado dinero público con el único criterio de salvar las estructuras de poder existentes.

32 «El PIB chino creció un 8,9 % en el tercer trimestre y la previsión es que alcance 9 % al cierre de 2009. Corea del Sur, por su parte, ha registrado un inesperado crecimiento del 2,9 % en el tercer trimestre, un porcentaje que ha sorprendido incluso al ministro de finanzas y que es el mayor en siete años.» *Cotizalia,* 28 de octubre de 2009.

33 Según la OMC, entre enero y junio de 2009, China vendió bienes al exterior por valor de

reanimó los clásicos estereotipos del «terror amarillo» en forma de guerras comerciales y renovadas presiones al gobierno chino para que revaluara el yuan. Se trataba de los mismos problemas de reparto económico que precedieron a la crisis, con una única salvedad: la fuerte debilidad de la demanda de los países occidentales[34] estaba obligando a China a relanzar su demanda interna.

La activación de la demanda en China ha sido, desde hace ya una década, la gran esperanza para la economía global. La paradoja de esta recuperación es que podría producirse de una forma perversa. Es muy probable que China esté más cerca de probar su propia formula del keynesianismo de precio de activos, utilizando sus grandes masas de ahorro y su bajo nivel de endeudamiento como mecanismos para lanzar una burbuja inmobiliaria, que de dañar sus posiciones competitivas mediante una subida generalizada de los salarios.[35] Esta posibilidad ha sido bien vista en Estados Unidos, que ha animado al país asiático a relanzar su demanda doméstica para sacar ventaja de la bajada del dólar y recuperar su maltrecho sector exportador[36] sin renunciar a la corriente de bienes consumo de tecnología baja y media, progresivamente abaratados por la alta productividad y los bajos salarios chinos. De hecho, por primera vez en muchos años, el superávit por cuenta corriente de China ha bajado desde el 10 % en 2008 hasta el 6,5 % en el primer semestre de 2009, reflejo de la creciente demanda de importaciones americanas.[37]

521.700 millones de dólares (364.875 millones de euros), mientras que Alemania, líder mundial en exportación, se situó en los 521.600 millones de dólares (364.790 millones de euros).

34 Como señala Walden Bello: «Para las economías orientadas a la exportación como la de China y otros países del Este asiático, una recuperación sostenida dependerá de la recuperación de una robusta demanda de consumo en EEUU y en Europa. Muchos analistas sostienen, sin embargo, que aun si Washington siguiera apoyando a la economía con más dólares de estímulo, se tardaría mucho antes de que los consumidores norteamericanos —buena parte de los cuales se hallan endeudados hasta las cejas— pudieran volver a ser el motor de la economía global. Lo que significa que el estancamiento global será un fenómeno de largo plazo.» Walden Bello, «Cumbre en Pittsburgh del G-20: Forma sin substancia», *Sinpermiso,* 5 de octubre de 2009. Disponible en: http://www.sinpermiso.info/textos/index.php?id=2804

35 En un interesante articulo sobre la situación de las fuerzas de la demanda en China, Hung Ho Fung descarta la posibilidad de una reanimación de la demanda interna por la vía salarial, debido básicamente al control de la política económica por parte de las élites de las áreas costeras que tienen importantes intereses en la asociación con Estados Unidos. Estas élites han favorecido una política territorial de castigo económico al campo a fin de garantizar un flujo constante de fuerza de trabajo barata. H. Ho Fung, «America's Head Servant», *New Left Review,* núm. 60, noviembre-diciembre de 2009.

36 *Cotizalia,* 5 de octubre de 2009: «Bernanke destacó también que las economías asiáticas deben igualmente actuar para corregir los desequilibrios globales, y que la mejor forma de hacerlo es reduciendo la brecha existente entre ahorros e inversión e incrementar la demanda doméstica, acciones que deberían centrarse en el impulso del consumo».

37 *Cotizalia,* 5 de octubre de 2009.

En definitiva, las dificultades estructurales persisten en Estados Unidos y en el resto del mundo. Éstas se siguen colocando en el polo menos reconocido de la situación económica: la reanimación de la demanda por medios financieros. A principios de 2010, los programas de estímulo parecían haber logrado contener las caídas del consumo, pero en ningún caso se estaba cerca de volver a alcanzar los niveles de consumo del anterior ciclo de crecimiento. Durante el tercer trimestre de 2009 los datos de morosidad y de desahucios en Estados Unidos volvieron a batir récord,[38] al tiempo que la tasa de paro se situaba muy por encima del 10 %. Los gobiernos saben perfectamente que el problema está en un punto muerto y por eso la última gran apuesta política consiste en restablecer los vínculos entre los mercados financieros y las economías domésticas a través de su figura preferida: la titulización. Naturalmente, la vuelta a la escena de este procedimiento, que prácticamente acabó con el sistema financiero mundial, se ha hecho bajo todo tipo de cautelas discursivas y siempre con «el bien de las familias de clase media» por delante. El gobierno de Barack Obama ha defendido que la titulización es una buena herramienta de la que se ha hecho mal uso y ha insinuado también que el keynesianismo de precio de activos es un buen sistema, siempre y cuando se limite su fuerte componente privado. La solución es una versión con una presencia estatal más fuerte que el modelo anterior. Cuando se escribían estas líneas, parecía repetirse el ritual de la puesta en marcha de una mayor regulación, si bien esta vez las familias aparecían como rehenes de la recuperación económica que Minsky creía indispensable para el lanzamiento de las primeras fases de un nuevo ciclo financiero.

El colapso del circuito secundario español

¿Cómo se ha desarrollado la crisis en España? Los ritmos de la crisis española están inevitablemente vinculados a la caída a cámara lenta de los mercados internacionales y, en no poca medida, comparten los rasgos de los países más financiarizados como Reino Unido, Irlanda o incluso Estados Unidos. No obstante, España tiene una peculiaridad que la distingue de estos países y que define su posición en la división internacional del trabajo. Frente a otras economías financiarizadas que padecen una casi continua situación de desinversión, el volumen de inversión que ha podido absorber el crecimiento

---

38 En el tercer trimestre de 2009, la morosidad hipotecaria alcanzó el 9,94 % y el indicador de ejecuciones hipotecarias el 4,4 % la cifra más alta del periodo. *El País*, 21 de noviembre de 2009.

físico del stock de vivienda y de infraestructuras, lo que venimos llamando el circuito secundario de acumulación, ha sido superior al de cualquiera de los grandes países desarrollados.[39] A partir de esta peculiaridad, el fuerte parón del mercado inmobiliario español ha producido dos grandes tipos de efectos. Por un lado, ha acabado con el ciclo de inversión y empleo en la construcción y en los sectores vinculados al inmobiliario; por otro, la bajada de los precios de la vivienda ha producido una fuerte caída de la demanda familiar. El primero de estos efectos es lo que va a ser objeto de análisis en este epígrafe.

Algo antes de la crisis de las hipotecas *subprime*, las grandes inmobiliarias españolas ya habían empezado a experimentar los primeros síntomas de una profunda caída de la demanda residencial. El cambio de tendencia había sido consecuencia de las subidas de los tipos de interés, que pasaron del 3,4 % de 2004 al 5,3 % de julio de 2007. De hecho, ya en abril de 2007, se produjeron fuertes caídas de los valores bursátiles de las principales empresas inmobiliarias. El caso más sonado fue el de la compañías estrella de la última fase de la burbuja, la inmobiliaria valenciana Astroc, que perdió hasta un 40 % de su valor en un solo día. En la medida, no obstante, en que la crisis se declaró como una caída de los mercados, la solución política parecía relativamente fácil: negar la mayor para «evitar el pánico». Políticos y expertos asumieron esta tarea, rechazando rotundamente que estuviéramos ante el final del ciclo inmobiliario o, doblando la apuesta, que hubiera burbuja alguna.[40]

A pesar de que faltase tiempo para que se dijese que no estaba sucediendo nada reseñable, la política de pasillos se activó como un resorte y se empezaron a buscar salidas para lo que evidentemente era un callejón sin salida. La diversificación de inversiones, que ya había empezado con la entrada de las

39 Para Michel Husson una de las características estructurales de la financiarización es la separación de la trayectoria de la tasa de beneficio de la tasa de acumulación. La primera sube y la segunda se estanca o baja. La situación española supone un buen contraejemplo de esta afirmación. La hipótesis quedaría más matizada si se habla de una situación de desinversión industrial en los países financiarizados. Michel Husson, *Capitalismo puro, op. cit.;* también «Lo que está en juego en la crisis», *El Viejo Topo,* núm. 249, octubre de 2008.

40 Es difícil elegir entre las innumerables insensateces que se dijeron durante esos días por parte de todos los estamentos del *mainstream.* El gobierno afirmó que se trataba de una corrección leve, «situación que no puede catalogarse de desplome y tampoco vincularse a que se desinfle ninguna burbuja inmobiliaria». El gobernador del Banco de España, Miguel Angel Fernández Ordóñez, mostró su convencimiento de que el mercado inmobiliario se desacelerará de una manera «suave» y «gradual». La palma, en representación de la incompetencia y el servilismo de la casta de los expertos, se la llevó Juan Iranzo, del Instituto de Estudios Financieros, que achacó el desplome de las grandes constructoras e inmobiliarias a una situación de «histeria colectiva injustificada», ya que «el sector de la construcción sigue teniendo buenas perspectivas en España». *Expansión,* 24 de julio de 2007.

grandes constructoras en las compañías eléctricas o en las concesiones de servicios urbanos,[41] y la internacionalización de los capitales inmobiliarios españoles fueron perfilándose como una salida idónea para lo que se estaba vendiendo como una desaceleración inmobiliaria con consecuencias locales. No hace falta señalar que lo que entonces sólo comenzaba a manifestarse era un exceso de capacidad inmobiliaria que tendría fuertes repercusiones sobre el sector financiero español.[42] Recordemos algunos datos: en mayo de 2007 el saldo vivo de la deuda alcanzó la cifra de 1,5 billones de euros de los cuales el 60 % correspondía a los promotores inmobiliarios; por su parte, el 70 % del crédito de las cajas de ahorro estaba vinculado a la construcción;[43] y tanto las cifras de compraventa de viviendas como el descenso en un 35 % en las viviendas iniciadas entre julio de 2006 y el mismo mes de 2007,[44] confirmaban una brusca, rápida e irremediable caída de la demanda. Frente al narcotizante mantra del «aterrizaje suave» del mercado inmobiliario, los elementos centrales de la crisis del circuito secundario eran fácilmente visibles mucho antes de la explosión *subprime*. Por si esto fuera poco, a partir de septiembre de 2007, el proceso interno de descomposición de la maquina inmobiliaria española tuvo que acoplarse con la crisis de los mercados de crédito internacional. La crisis se aceleraba: a la caída de la demanda interna había que sumarle la desaparición de la demanda extranjera; ese «extra» que hacía que las dimensiones del mercado inmobiliario español no fueran comparables con las de ningún país europeo.

Los primeros impactos de la crisis se tradujeron en una inmediata caída de los beneficios empresariales. Por paradójico que parezca, la crisis imprimió una fuerte presión a la alianza oligárquica que se había reforzado y alimentado en los «años buenos» gracias a las altísimas rentabilidades del mercado inmobiliario. Durante el periodo crecimiento, los intereses eran

41 El caso de las grandes constructoras haciéndose con el control de los servicios urbanos o de los hospitales vía decreto ley en la Comunidad de Madrid es el paradigma de este tipo de movimientos hacia posiciones de rentabilidad garantizada. Observatorio Metropolitano, *Manifiesto por Madrid. Crítica y crisis del modelo metropolitano,* Madrid, Traficantes de Sueños, 2009.

42 El economista Ricardo Verges explica así las causas de la crisis inmobiliaria de la primavera de 2007: «Lo primero para Europa ha sido cerrar la ventana abierta en 2003, por la que se colaba la corriente interbancaria de 350.000 millones que han financiado buena parte de las obras de más de cuatro millones de viviendas. Cosa hecha a finales de 2006 al descubrir la magnitud de los hechos. Acto seguido caen inmobiliarias, constructoras y entidades que contaban con la perennidad del fabuloso negocio que, según Cuentas Nacionales, les traían otros tantos beneficios. Caen también los visados mientras se acumulan los invendidos. Todo ello desinfla la actividad, el consumo, la confianza y la abundancia de dinero, antes mismo de empezar a hablar de *subprime.*» *Cotizalia,* 27 de octubre de 2008.

43 *El País,* 24 de mayo de 2007.

44 *Cotizalia,* 27 de septiembre de 2007.

comunes: la maximización de los rendimientos inmobiliarios era buena para todos los agentes capitalistas. La caída de la demanda acabó por desembocar, sin embargo, en un conflicto distributivo entre las distintas facciones de la clase capitalista española. Desde finales de 2007 hasta principios de 2010 los tres principales beneficiarios del ciclo inmobiliario —promotoras, constructoras y entidades inmobiliarias— se vieron envueltos en una lucha competitiva por captar la única fuente de recursos que podía enjuagar sus déficit, los recursos públicos, en lo que se puede considerar como la versión española de los programas de rescate europeos y estadounidenses.

El Estado respondió fielmente, pero de un modo distinto según las fases de la crisis: primero de forma desorientada, a golpe de silbato de las organizaciones patronales, luego por medio de medidas algo más sistemáticas y restrictivas. Al fin y al cabo, lo que la crisis planteaba a los agentes capitalistas en su relación con el Estado era un problema de selectividad estratégica, sin que por ello se cuestionase que el pagador último de la crisis debía ser el cuerpo social. Dicho de otro modo, el Estado tenía que operar estratégicamente a favor de una u otra fracción de clase, con el fin de racionalizar los intereses del capitalista colectivo.[45] En momentos de crisis esta tarea se puede volver bastante opaca. Con el fin de introducir algo de orden, analizaremos cada sector por separado.

En el caso de las constructoras, dedicadas principalmente la producción de infraestructuras, la fórmula de intervención fue el recurso a la clásica vía de la aceleración de los contratos de obra pública. Durante 2007, la contratación de obra pública ascendió a 26.500 millones de euros de los cuales, el 45 % estaba controlado por las seis mayores constructoras del país (ACS, FCC, Acciona, Ferrovial, Sacyr y OHL).[46] Al año siguiente, el lobby de las grandes constructoras presionó con fuerza para acelerar las obras del PEIT y aumentar el número de licitaciones de todas las administraciones, especialmente de los Ministerios de Fomento y Medio Ambiente y de las comunidades autónomas. Baste decir sobre este aspecto, que en los tres primeros meses de 2008, el Ministerio de Fomento destinó 5.913 millones a contratos de obra pública, un 117 % más que en 2007.[47] Todos estos contratos, se celebraron sin ambages bajo formulas de partenariado público privado; una expresión rimbombante, que como ya hemos visto se puede sustituir por «gasto público y beneficio privado», sin que ello altere demasiado el contenido de la relación entre las partes. No obstante, la situación no pudo

45 El concepto de selectividad estratégica se debe a Robert Jessop, *El Futuro del Estado capitalista, op. cit.*

46 *Expansión,* 14 de enero de 2008.

47 *Cotizalia,* 22 de abril de 2008.

darse por concluida. El fuerte crecimiento del déficit público en 2009 empezó a hacer tambalear, de nuevo, la posición de las constructoras. A finales de año, las perspectivas de una avalancha de contratos de obra pública se había deteriorado sustancialmente,[48] y la propia reforma del PEIT, que debía drenar con más rapidez el dinero público a las grandes constructoras, sufría ya un retraso de más de un año.

La posición de las inmobiliarias resulta, sin embargo, mucho más complicada y esto no sólo porque dependía de la demanda residencial y del propio precio de la vivienda, sino también por su fuerte vínculo con las entidades financieras. En efecto, el elevado nivel de apalancamiento de las promotoras españolas ha exigido constantes refinanciaciones de una deuda que, en una situación de contracción del crédito y de parada del mercado inmobiliario, se ha acabado por convertir en una larga serie de bancarrotas —así ocurrió con la valenciana Llanera y luego con Martinsa-Fadesa.

Frente a la cadena de impagos, el Banco de España no tardó en recomendar a los bancos y cajas que vendiesen todo el suelo que pudieran, acelerando las caídas de los precios del suelo, para compensar la diferencia entre el bajo ritmo de captación de depósitos y el creciente endeudamiento bancario.[49] Todo ello sin abandonar ni por un solo segundo el discurso de la solidez del sistema bancario español, que supuestamente le hacía inmune a la turbulencia financiera que venía de EEUU.[50] Por supuesto, las caídas en Bolsa continuaron y las cuentas del tercer trimestre de 2007 empezaron a reflejar fuertes pérdidas en las grandes promotoras, que acabaron por llevarse a un buen número empresas constructoras de tamaño mediano y pequeño.

Las promotoras tuvieron que construir su propio lobby, el G-14, para tratar de compensar con dinero público la mayor cantidad posible de sus pérdidas. Con el permanente chantaje de la fuerte dependencia de los niveles generales de actividad del empleo en la construcción residencial, durante todo 2008 las promotoras amenazaron con el apocalipsis

48 A pesar del arranque espectacular de las licitaciones de obra pública en los tres primeros meses de 2009, en septiembre la cifra agregada de todas las administraciones ya estaba un 17 % por debajo de la de 2008. Como ha sucedido desde el principio de la crisis, desde las patronales de la construcción se culpa al Ministerio de Medio Ambiente y, en concreto, a la Evaluación de Impacto Ambiental de estar retrasando las licitaciones de obra pública.

49 *Cotizalia*, 1 de octubre de 2007.

50 Dentro de las muchas «visiones» de este periodo, destaca el editorial de *El País* del 8 de octubre de 2007 en el que se afirma: «Es muy probable que Llanera sea un caso aislado y que las zozobras de liquidez no afecten gravemente a las grandes constructoras e inmobiliarias. Aunque pueden trastornar a las pequeñas promotoras de última hora, muy dependientes de proyectos especulativos financiados con escasa prudencia.»

económico, ergo lo más racional era compensar su enorme cantidad de viviendas sin vender[51] en un mercado lanzado a la baja. Las exigencias fueron de lo más variado: desde medidas fiscales hasta la inyección directa de dinero en el sector, pasando por los avales gubernamentales al crédito a los promotores. En este sentido, el Ministerio de Vivienda convertido en el Caballo de Troya de los promotores lanzó la ampliación del Plan de Vivienda 2005-2008 que recogía generosamente sus reivindicaciones: una fuerte laxitud en la conversión de viviendas libres en protegidas y 6.000 euros por unidad a cada promotor que alquilase sus viviendas sin vender (véase capítulo 6). Por si esto fuera poco, el mismo Ministerio promulgó un programa anticíclico de licitaciones, en este caso, en forma de programas de rehabilitación de barrios y centros urbanos.

Evidentemente, esta política de rescates no pudo impedir que desde mediados de 2008, los precios de la vivienda comenzaran a descender y, salvo para las estadísticas del Ministerio de la Vivienda, lo hicieran con fuerza.[52] Aunque con menor claridad que en Estados Unidos, también aquí se planteó la necesidad de manejar políticas de demanda[53] que actuaran directamente sobre las familias y, desde ahí, se transfirieran a bancos y promotores.

---

51 La cuestión del tamaño del stock de vivienda sin vender, como casi todos los datos que tienen que ver con la vivienda, está sometida a una fuerte incertidumbre. La mayoría de las fuentes independientes lo sitúan en un millón de unidades.

52 Los datos oficiales, las estadísticas del Ministerio de Vivienda, sobre precios de la vivienda no son fiables. A las tradicionales incertidumbres metodológicas que rodean a las estadísticas de vivienda usada, que parten de la ficción de que todo el stock sale a la venta a la vez, hay que añadir incertidumbres más interesadas. Las tasadoras tienden, efectivamente, a sobrevalorar los precios de los inmuebles porque o bien no les interesa que los precios caigan por debajo de los valores hipotecados, o bien, como es el caso actualmente, que las casas embargadas se incorporen a los balances de los bancos. Naredo explica así la función que cumple la sobrestimación de los precios de la vivienda: «En nuestro país las caídas de precios observadas por los operadores del sector, no han tenido un reflejo estadístico claro e inmediato. Este contexto de opacidad informativa tiende a evitar ajustes bruscos vía precios, al mantener ciertos "precios de consenso" que se supone que valen las viviendas por encima de los de mercado a costa de forzar la iliquidez del patrimonio inmobiliario así valorado y de prolongar artificialmente los periodos de venta, para que la inflación diluya el ajuste a lo largo del tiempo». Jose Manuel Naredo, «La cara oculta de la crisis. El fin del *boom* inmobiliario y sus consecuencias», *Revista de Economía Crítica,* núm. 7, primer semestre de 2009, p. 313-340.

53 Por ejemplo, en una columna del diario electrónico de economía *Cotizalia* se sostiene que: «Para propiciar que el mercado inmobiliario vuelva a funcionar, algunas de las medidas que se deberían tomar para apoyar a los potenciales compradores podrían ser: 1) complementar las garantías de aquellos que son rechazadas por las entidades financieras, prestándole especial atención a los que firmaron un contrato privado de compraventa de vivienda y ahora no les conceden el préstamo, viéndose forzados a perder la cantidad entregada; 2) colaborar con los actuales propietarios para que estos puedan renegociar sus hipotecas; y 3) extender las ayudas a la compra de determinadas viviendas de precio concertado.» *Cotizalia* 2 de octubre de 2008.

La medida más significativa para mantener el precio de la vivienda fue el Plan de Vivienda 2009-2012. Este Plan estableció, por un lado, una serie de ayudas a la compra y al alquiler con opción a compra[54] elevando los niveles mínimos de renta necesarios para percibir las ayudas; y, por otro, planificó la construcción de 20.000 nuevas viviendas, la compra de suelo a las promotoras y la posibilidad de convertir las viviendas libres en protegidas. En total una inversión directa de 10.185 millones de euros y otros 34.000 millones en avales. Es decir, menos las desgravaciones fiscales explícitamente prohibidas por el Ministerio de Hacienda, se articuló toda forma de rescate posible a las promotoras.[55] Por añadidura, en diciembre de 2009, se anunciaron una serie de medidas transitorias del Plan de vivienda 2009-2012, que abundaron en la utilización de la VPO como figura anticíclica destinada a la reanimación del mercado inmobiliario, entre ellas la posibilidad de que los particulares calificaran su vivienda como VPO de cara a facilitar su venta.[56]

La tendencia al rescate indiscriminado de los promotores tenía, no obstante, que encontrar algún límite. Existía un problema presupuestario evidente. El parón del ciclo inmobiliario estaba haciendo caer rápidamente la recaudación fiscal, al tiempo que se disparaba el gasto público, recortando de forma acelerada el superávit presupuestario de los años del *boom*. El problema principal se encontraba en el tercer agente capitalista, con mucho el de mayor peso político y económico: los bancos y las cajas de ahorros. Su «rescate» iba a requerir, probablemente, una cantidad de fondos públicos muy superior a la de los otros dos. En buena ley, no se debían desviar recursos hacia los eslabones de la cadena productiva con menor capacidad de generar demanda, como en efecto eran las promotoras. Se trataba de un problema de demanda, no de oferta, y del tipo de gobernanza necesario para generarla. Al igual que se había planteado en EEUU, la cuestión de fondo consistía en rehacer el vínculo de las economías domésticas con los mercados financieros. La titulización de las hipotecas era el mecanismo preferido para intentar poner en marcha el mercado inmobiliario o, al menos, poner un tope a su caída. Pero para que se reanudase la titulización sólo hacían falta tres tipos de actores: bancos, familias y Estado. Con un millón de viviendas sin vender la oferta inmobiliaria estaba garantizada.

54 Como ya adelantamos en el capitulo 6, el alquiler con opción a compra es la opción política preferida para hacer política anticíclica con la vivienda protegida, siempre con el propósito de alimentar tanto la sociedad de propietarios como los efectos riqueza en el momento en el que vuelvan las fases alcistas.

55 En este sentido también hay que interpretar la suspensión de las desgravaciones por compra de vivienda a partir de 2011, si bien se deja un plazo de más de un año y medio entre el anuncio de la medida y su puesta en marcha para provocar una reanimación de la compra de viviendas en ese periodo.

56 *Cotizalia*, 17 de diciembre de 2009.

El abandono de los promotores no fue, en cualquier caso, ni mucho menos absoluto, siguieron contando con el apoyo de los planes del Ministerio de la Vivienda como el Plan de 2009-2012 y con una notable fuerza en los contextos políticos locales y regionales que, como se ha visto, están fuertemente determinados por los mercados de suelo. El único límite aquí era el que provenía de las necesidades del sistema financiero, y por lo tanto de evitar incurrir en un aumento insostenible del déficit público. En concreto, el gobierno se concentró en avalar las emisiones de deuda hipotecaria de los Bancos para intentar reiniciar las consabidas titulizaciones. En la medida en que esto ocurriese, los bancos y cajas podrían sacar de sus balances los préstamos a los promotores.

El canal de está intervención corrió a cargo del Instituto de Crédito Oficial. El ICO dispuso efectivamente los avales públicos para las titulizaciones de deuda de las promotoras, una medida que estaba más encaminada a reforzar las posiciones de los bancos que a recapitalizar a los promotores.[57] En muchos casos, como ocurrió con los avales a la construcción de VPO, las ayudas se vistieron de un aire productivista que agravó, en realidad, el exceso de capacidad inmobiliaria.[58]

A partir de finales de 2008, el problema del exceso de capacidad tomó una dirección diferente para el sector financiero. La paulatina caída de los precios de la vivienda y el parón del mercado de titulizaciones inmobiliarias había seguido deteriorando los balances de los bancos y de las cajas de ahorro. Los balances bancarios contaban dentro de su activos con una gran cantidad de viviendas y de suelo que al perder precio hacían que la enorme carga del endeudamiento bancario fuera aun mayor. Obviamente esta situación acrecentaba el riesgo de quiebra.[59] Por otra parte, la oleada de desapariciones de promotores y constructores dejó a sus acreedores con la propiedad de

57 Entre las principales líneas de Crédito del ICO en 2008 destacan: 10.000 millones de euros en avales para promotoras en dificultades en febrero, 5.000 millones para titulizar prestamos de VPO en marzo, 2.500 millones de euros para la rehabilitación energética de edificios y 3.000 millones adicionales para que las promotoras construyeran viviendas en alquiler en septiembre. En total 20.500 millones en avales en seis meses para poner en marcha los mecanismos de titulización.

58 La ministra de Vivienda aseguró, en ese momento, su intención de construir 150.000 viviendas protegidas, que se sumarían al stock acumulado de 1,5 millones de viviendas en régimen de alquiler con opción a compra. Es la misma fórmula que tan adecuadamente caracteriza las funciones de la VPO como «incubadora de propietarios». *Cotizalia,* 3 de junio de 2008.

59 Se suele decir que hay que excluir de estas tensiones inmobiliarias al Banco de Santander y al BBVA, ya que ambos pueden sortear este tipo de dificultades contables gracias a sus posiciones en América Latina. En estos países, en efecto, hay un gran número de depósitos y un escaso endeudamiento, lo que permite sanear los balances, si bien les hace mucho más vulnerables a los ciclos de los países emergentes. Lo cierto, sin embargo, es que el Banco de Santander, con la compra de más de 3.000 millones de euros en activos inmobiliarios, fue la entidad que inició la fase de compras de suelo y vivienda.

una creciente cantidad de suelo y casas devaluadas.[60] Esto último trastocó fuertemente la posición de los bancos respecto a los precios de los activos inmobiliarios. Cuando los bancos negociaron las refinanciaciones de deuda con las inmobiliarias estaban muy interesados en bajar el precio de los activos, especialmente el suelo, que los promotores querían utilizar como garantía de la deuda para forzar una mayor entrada de liquidez. En la medida en que la paralización del mercado de suelo era total, pudieron hacerlo. Como en el caso de las compras de hipotecas *subprime* titulizadas, después de su caída, el precio a pagar por un activo para el que no hay mercado es una simple cuestión de poder. Así por ejemplo, en junio de 2008 los bancos aplicaron una reducción media del 40 % a todos los activos inmobiliarios involucrados en refinanciaciones de deuda.[61] No obstante, una vez adquirieron la propiedad de los inmuebles y del suelo, la cosa tomó el signo contrario. Los bancos tenían, ahora, un enorme interés en mantener los precios de los activos inmobiliarios.

A principios de 2009, el Banco de España pretendió obligar a las entidades bancarias a provisionarse, a buscar liquidez por el equivalente a un 30 % de sus activos inmobiliarios. Ante las protestas, la provisión quedó reducida a un 10 %,[62] lo que significaba que podían mantener la ficción de que los suelos y las casas que tenían en propiedad valían tan sólo un 10 % menos que sus precios de burbuja. Inmediatamente los bancos cambiaron de actitud hacia los activos inmobiliarios y comenzaron a adquirir suelo a las promotoras al mismo valor que éstas les marcaban.[63] Lo mismo sucedió con las viviendas. El truco: al permitir incorporar estos activos a los balances, el Banco de España estaba rescatando de la quiebra al sector financiero, en una operación que normalmente se llama «tuneado» de cuentas.

La operación de «tuneado» viene a resumirse en lo siguiente: una vez admitido que no hay liquidez para aprovisionar las cuentas de los bancos y las cajas, se les permite que mantengan en balance activos inmobiliarios hinchados. De manera indirecta, se traslada a las entidades financieras el exceso de capacidad inmobiliaria, pero en la medida en que los altos precios de la vivienda suman en positivo en sus balances, éstas encuentran muy pocos incentivos para reconocer la caída de los precios inmobiliarios. El resultado

60 En diciembre de 2007, las cajas de ahorros ya habían perdido 5.067 millones de euros, el 40 % por caídas de precio de los activos inmobiliarios. *Cotizalia,* 24 de marzo de 2008.

61 *Cotizalia,* 25 de junio de 2008.

62 *Cotizalia,* 29 de enero de 2009.

63 «En los últimos tres meses se está produciendo una especie de mercado primario y opaco de suelo entre promotores y bancos y cajas de ahorro, con descuentos relativamente bajos si nos atenemos a la situación de mercado, pero que responden exclusivamente a una estrategia defensiva de ambas partes por imperativo contable de los segundos». *Cotizalia,* 7 de octubre de 2008.

era una ralentización generalizada de las caídas de los precios de la vivienda, lo que por otro lado era el objetivo de la política económica desde el principio de la crisis. En resumen, el «tuneado» de los balances bancarios por medio de los precios inmobiliarios ha sido otra vía más para salvar a promotores, bancos y cajas de ahorro y, de paso, ha realizado en parte el objetivo central de la política económica: evitar una bajada mayor de los precios de la vivienda.

En junio de 2009, España era ya el país de la OCDE que más dinero público había destinado a salvar al sector inmobiliario, un 2 % de su PIB, cuatro veces más que Estados Unidos, el doble que Irlanda y seis veces más que Reino Unido.[64] Estas cifras astronómicas no han servido para evitar que el circuito secundario de acumulación de capital haya caído en una fuerte depresión. La evidencia más palmaria fue la contracción de la inversión, por primera vez en doce años, a partir del segundo trimestre de 2008.

La caída de la demanda: el efecto pobreza

El parón del mercado inmobiliario y de los precios de la vivienda no tuvo como única consecuencia la caída de la inversión. De una manera genuinamente ligada al corazón del proyecto económico de la financiarización, supuso también la caída de la demanda de consumo de las unidades familiares y de los beneficios de las empresas. En efecto, la caída de los precios de la vivienda implicaba la desaparición de los llamados «efectos riqueza», es decir, la relación entre el aumento constante de los patrimonios personales y familiares y el crecimiento del consumo hasta niveles capaces de sostener crecimientos del PIB entorno al 3 ó 4 %. Una vez descienden los precios de la vivienda, se detienen los mecanismos de generación de los efectos riqueza.

En el caso español, el ahorro se había agotado ya en las primeras fases del ciclo. En la fase final, el fuerte endeudamiento de las economías domésticas empezó también a limitar la capacidad de éstas para lanzar más dinero a la esfera del consumo. Por otra parte, el descenso de los precios de la vivienda, provocado por la paralización del mercado inmobiliario, impidió la realización de plusvalías en las compraventas inmobiliarias. Y al mismo tiempo, la caída de los precios de la vivienda hizo descender la «riqueza» nominal de las familias que garantizaba los préstamos hipotecarios. En una situación de restricción del crédito a nivel global, se paralizan los préstamos

64 Datos del Servicio de Estudios Económicos del BBVA, junio de 2009.

nuevos y los antiguos se vuelven de cobro dudoso. Por último, la caída general de la demanda golpeó sobre los niveles de empleo, que ya estaban tocados por la caída de la inversión, y disparó el desempleo (véase capítulo 9) en las franjas más desprotegidas del mercado laboral. Finalmente, el paro agravó la reversión de los efectos riqueza, cerrando este círculo vicioso.

De manera semejante a lo que ocurrió en el panorama económico mundial, los mecanismos de financiarización incrustados sobre el mercado inmobiliario trataron de mantener con respiración artificial una dinámica económica cuya tendencia central era el estancamiento. La crónica de la caída de la demanda durante la crisis resume este movimiento de retorno, desde el gasto frenético propulsado por los precios de la vivienda, hacia lo que siempre estuvo por debajo del *boom*: unos salarios reales degradados, una precariedad feroz y unos salarios indirectos —por la vía de los servicios sociales— en descenso. Este cuadro socioeconómico no vino provocado por la crisis, sencillamente volvió a aparecer ante la completa ausencia de un régimen de crecimiento alternativo. De hecho, podemos llamar efecto pobreza a esta fuerte contracción del consumo que surge de la evidencia repentina de que debajo de la riqueza financiero-inmobiliaria no existe más que un régimen social polarizado y una situación de precariedad masiva.

Las lecturas habituales de la crisis ignoran la dimensión de la fuerza de las ganancias patrimoniales en la formación de la demanda de consumo. Por eso mismo difícilmente pueden considerar el hecho de que la boyante situación de la llamada economía real, antes de los mecanismos de formación de la demanda por medios financieros, era una mera ficción. En la medida en que se trata de un fenómeno extraño al análisis *mainstream*, la reversión y la propia existencia del efecto riqueza no se ha hecho visible inmediatamente. Las primeras reacciones a la desaceleración de la construcción trataron de interpretar sus efectos en términos de una caída de la inversión, con su correlato en forma de un fuerte desempleo sectorial. Los obreros de la construcción acababan en el paro y con ellos los de sus industrias auxiliares, pero se esperaba que la industria y los servicios fueran capaces de integrarlos. Esta lectura de la estructura económica española se volvió insostenible cuando los índices de producción industrial comenzaron a caer, a lo que siguió una autentica debacle del empleo en los servicios. A comienzos de 2008, según el Banco de España, la utilización de capacidad industrial se situaba en el 80 %, y se había iniciado ya la caída de los precios industriales. Un poco más tarde, en marzo de 2008, el comercio minorista cayó un 5,5 % interanual,[65] un 3,5 % desde el mes de enero.

65 *Cotizalia,* 30 de abril de 2008.

No quedaba más remedio que admitir que existía un fuerte problema de demanda. El exceso de endeudamiento y los bajos salarios aparecían ahora como los grandes lastres para la movilización de la demanda de consumo. Ninguno de los dos factores era nuevo, pero en el caso del segundo la tendencia a la refinanciación de las hipotecas mediante el alargamiento de plazos había colocado a un mayor número de familias en una situación delicada.[66] Por si esto fuera poco, la subida de tipos de interés, que el BCE venía manteniendo como parte de sus políticas contra la inflación, acabó por desplazar una cantidad mayor de la renta disponible de las familias a pagar los intereses de la deuda.

En el modelo de generación de efectos riqueza los tipos de interés definen el volumen del consumo familiar en la medida en que afectan a la actividad del mercado inmobiliario. Dicho de otra forma, la restricción del crédito a las familias está mediada por la caída de los precios de la vivienda. La subida paulatina de los tipos, en la medida en que restringe la liquidez disponible para que entren nuevos compradores al mercado inmobiliario, provoca un estrangulamiento de la subida de los precios de la vivienda. En términos de Hyman Minsky, es aquí donde termina la fase piramidal de Ponzi de la burbuja especulativa. A partir de ese punto, se produce un cambio de signo en la profecía autocumplida: los precios bajan porque se sabe que van a bajar. El descenso de los precios de la vivienda hace descender el número de transacciones inmobiliarias y de plusvalías realizadas, pero también provoca una caída de la riqueza patrimonial de las familias que sirve como garantía de los préstamos concedidos. De hecho, esto es lo que ocurrió entre principios de 2007 y el primer trimestre de 2008 —un periodo en el que ya estaban subiendo los tipos de interés pero todavía no se habían desplegado con claridad las evidencias de una caída generalizada de precios de la vivienda— cuando se dispararon los niveles de financiación del consumo corriente mediante prestamos hipotecarios.[67]

---

66 Según Ricardo Vergés, la cantidad de 1,56 billones de euros contratados en hipotecas entre 2003 y 2007, se habían convertido en 1,86 billones en 2008 debido a las refinanciaciones de la deuda. *Cotizalia,* 27 de octubre de 2008.

67 «La utilización de hipotecas por parte de las familias para financiar gasto corriente sigue creciendo. Hasta tal punto, que en el tercer trimestre del año pasado se marcó un nuevo récord histórico. En concreto, y según los datos del Banco de España, el total del crédito con garantía hipotecaria que no se ha destinado a la adquisición de vivienda se sitúa ya en 38.455 millones de euros, un 13,5 % más que al comenzar el año. Para hacerse una idea de lo que ha crecido este segmento del crédito hay que tener en cuenta que hace apenas dos años —en el primer trimestre de 2005— la cuantía de este tipo de préstamos ascendía a pocos más de 22.000 millones de euros, lo que significa que en sólo dos años han crecido más de un 50%.» *Cotizalia,* 3 de marzo de 2008.

La caída progresiva de los precios de la vivienda, ha enfrentado a la mayor parte de la población a unas rentas salariales muy inferiores a sus niveles de endeudamiento, unas rentas estancadas o en disminución frente a unos tipos de interés crecientes. Los contratos hipotecarios encierran una asimetría fundamental que sólo se puede leer en términos de poder de clase.[68] La aparente neutralidad de la contratación de la deuda hipotecaria esconde un acto institucionalizado de dominación y de reproducción de las desigualdades. Si por un lado, la cuantía de deuda permanece constante, el precio de la vivienda que originó y respaldó los préstamos desciende según el mercado. La consecuencia más típica de este seguro social contra las pérdidas de los bancos es el llamado *negative equity*, las situaciones en las que la deuda vale más que la vivienda. En general, una situación de deuda creciente, valores patrimoniales decrecientes y salarios estancados significa una presión enorme sobre la renta disponible. Cae, evidentemente, la demanda de consumo y con ella aumenta el paro en los sectores directamente ligados al consumo interno. A su vez, el paro aumenta la tensión sobre el pago de la deuda y dispara la morosidad.

El aumento de la morosidad, además de ser el detonante de los desahucios y las ejecuciones hipotecarias, tiene un efecto inmediato sobre los balances bancarios: hace descender el valor del activo, aumenta las ratios de endeudamiento y pone a los bancos en la necesidad perentoria de buscar liquidez. En el caso español, el sistema de titulizaciones, obliga al banco o a la caja que concede la hipoteca a guardar en balance al menos la mitad de los riesgos asociados al impago de la misma. Se ha repetido hasta la saciedad que este sistema de titulización salvaba al sistema bancario español del tipo de turbulencias causadas por las hipotecas *subprime*. Pero esto es falso: sencillamente el sistema español concentra los efectos del impago en unas pocas entidades frente a la dispersión global de los riesgos del modelo americano. Lo cierto es que la creciente aparición de problemas en los pagos de hipotecas, sumados a los problemas, ya analizados, que se derivan de los créditos a los promotores, han generado una fuerte convulsión en el sector financiero, cuyas consecuencias a principios de 2010 estamos todavía lejos de ver.

Como se ha visto a lo largo de este trabajo, el régimen del keynesianismo de precio de activos lleva aparejado una determinada forma de gobierno en la que el Estado se sirve de las entidades bancarias y de las familias

68 En este sentido, Naredo apunta que: «El riesgo que comportan estas "burbujas" arranca de la distinta calidad de los activos y los pasivos generados. Ya que, mientras el valor de los compromisos de pago contraídos es inequívoco y hasta puede aumentar si lo hace el tipo de interés, no ocurre los mismo con el de los activos, es decir, el de los pisos.» J. M. Naredo, «La cara oculta de la crisis. El fin del boom inmobiliario y sus consecuencias», *op. cit.*

para el desarrollo de políticas de demanda a través de los efectos riqueza. Esta fórmula traspasa la deuda de las administraciones públicas a las familias y a las empresas. Como contrapartida, convierte a las entidades bancarias en custodios de la deuda privada, que a su vez obtienen enormes beneficios en forma de flujos de interés y de operaciones de venta de deuda como la titulización. Desde esta perspectiva, se puede decir que activos inmobiliarios y economías domésticas son sinónimos. Se trata de una situación novedosa, en la que las familias, en tanto demandantes netas de financiación,[69] tienen el mismo tipo de problemas que las empresas. El cemento de este modelo es el continuo crecimiento de los precios de la vivienda, pero con la caída de los mismos y la aparición de la morosidad, el modelo sencillamente quiebra.

Como sucedió con el caso estadounidense, el gobierno intentó rescatar al sistema financiero sustituyendo los flujos de liquidez que llegaban desde las familias y las empresas con dinero público. A falta de garantías sobre los activos inmobiliarios, los bancos pudieron recomponer sus balances con estas transferencias monetarias de origen público, sin embargo no hicieron circular el dinero hacia familias y empresas, impidiendo la recuperación de la demanda, y a la postre agravando los efectos de la crisis.

En definitiva, lo que en la pomposa jerga de la administración se llama «partenariado» aparece ahora como un conflicto distributivo, en el que las entidades financieras se posicionan en el centro de la actividad económica y desde ahí se reclaman como receptores preferentes de dinero público. Esta concepción, y no otra, es la que estuvo detrás del fondo estatal de compra de activos inmobiliarios e hipotecas titulizadas, que a partir de octubre de 2008 obtuvo una dotación por valor 50.000 millones. Concebido a imagen y semejanza del TARP estadounidense, este plan estaba sometido a la misma dinámica política que aquél. Los precios a establecer por unos activos para los que no hay mercado miden la fuerza de los bancos. En el caso de España, los bancos rechazaron inicialmente las ofertas de precio del gobierno y supeditaron la posibilidad de acudir al fondo a poder hacerlo de forma anónima. El resultado es escandaloso: no sabemos con certeza qué entidades se han financiado mediante este fondo, cuánto han costado estos activos y cuánto dinero ha perdido el Estado por el deterioro del subyacente, es decir, por las caídas del precio de la vivienda.

69 En diversos trabajos, Naredo ha puesto el énfasis en la importancia histórica de este cambio en la función económica de las familias. De la familia que hacía circular sus ahorros hacia el sistema financiero se ha pasado a la familia demandante de financiación. J. M. Naredo, *Las raíces económicas del deterioro ecológico y social*, Madrid, Siglo XXI, 2006.

La publicación de este millonario plan de rescate coincidió con el primer trimestre de caídas del PIB y con la confirmación de la caída del consumo de las familias por primera vez en quince años. Estos datos señalaron también el punto de arranque de varias posiciones discursivas, con efectos políticos definidos, en torno a la reactivación de las economías domésticas. Por un lado, la oleada de críticas a los bancos se centró en que éstos «debían hacer llegar» el crédito a las familias. Como en el caso norteamericano, este discurso estaba sostenido desde las posiciones de la antigua socialdemocracia y estaba teñido con las clásicas reivindicaciones *a posteriori* del carácter social de las intervenciones sobre el sistema financiero. A diferencia, no obstante, de Estados Unidos, en España no se han generado verdaderas políticas capaces de reconstruir el vínculo entre las familias y los bancos desde el lado de la demanda de consumo. El déficit público español tiene un margen de crecimiento mucho menor y, por ende, el conflicto distributivo sobre el gasto público es mucho más duro. Si hay dinero, éste debe ser para bancos, constructoras y promotoras. Las reclamaciones de mayores niveles de crédito para las familias y las advertencias ritualizadas, del gobierno a la banca, para que ésta «haga llegar» el crédito a las familias, no han hecho sino reforzar la dependencia tanto del sector público como de las economías domésticas respecto del sistema financiero.

Otra de las cuestiones que han marcado las posiciones ante la crisis ha sido la reclamación de que el BCE siguiera el ejemplo de Estados Unidos y abandonara su política de tipos altos, siempre con el propósito de reanimar el consumo. Disipado el fantasma de la inflación provocada por los movimientos especulativos del dólar, el BCE bajó los tipos de interés hasta los niveles más bajos de su historia. Esta bajada no fue transmitida al crédito a las familias, al menos no de forma suficiente. De hecho, las diferencias entre el tipo de interés al que toman prestado los bancos y el que utilizan para los nuevos prestamos hipotecarios se abrió hasta llegar a los 3 ó 4 puntos porcentuales. Sorprende poco, pues, que el crecimiento de los créditos hipotecarios no llegase a despegar.

Por otro lado, la caída de la demanda era algo más que una simple falta de liquidez. La caída del consumo venía determinada fundamentalmente por las previsiones de colapso de los precios de la vivienda y estaba constreñida por un clima general de fragilidad de las situaciones laborales. Como se sabe, la amenaza del paro masivo y unos niveles desorbitantes de endeudamiento animan poco el consumo.[70] Las familias que conservan

70 Contrariamente a la imagen popular de las familias abalanzándose sobre la ventanilla de crédito del banco, los datos de la Encuesta de Prestamos Bancarios del Banco de España

su trabajo y que se benefician de la revisión de los tipos de sus hipotecas tienden a utilizar ese dinero para el servicio de la deuda o guardarlo como ahorro «precaucionario». El resultado es un incipiente problema de atesoramiento[71] que está también condicionado por la perdida de valor patrimonial.[72]

A finales de 2009 se puso en marcha la última gran maniobra de rescate del sistema financiero, por medio del así llamado Fondo de Reforma Ordenada Bancaria (FROB),[73] dirigido a financiar el saneamiento de las cajas de ahorro. Las cajas han sufrido un fuerte deterioro de sus balances, debido al crecimiento de la morosidad y su fuerte exposición a las dinámicas de los mercados de suelo en las escalas territoriales más bajas. Al igual que en Estados Unidos, el FROB constituye un último intento de recomposición del sistema financiero y de su función en el modelo de keynesianismo de precio de activos. Se trataba de restituir el mercado inmobiliario abriendo una vía de intervención permanente sobre las cajas de ahorro. En términos políticos es algo más que una mera reforma. Supone un fuerte movimiento de toma de control de los principales órganos financieros de las comunidades autónomas. En este sentido, la quiebra de los circuitos financieros de las máquinas de crecimiento regionales, ha requerido de una intervención a una escala superior, en este caso por parte del Estado, con el fin de racionalizar y retomar las funciones de financiación, siempre dentro de un contexto en el que un buen número de cajas de ahorro se encuentran al borde del colapso.[74]

---

registraron una caída de la demanda de crédito a lo largo de 2008. Banco de España, *Informe de Estabilidad Financiera,* mayo de 2009.

71 Según Contabilidad Nacional, en el segundo trimestre de 2009, el ahorro familiar registró una subida de 87,5 % interanual, llegando a los 46.000 millones de euros.

72 A la perdida de valor del patrimonio inmobiliario hay que sumarle una perdida de un 26,5 % del patrimonio financiero de las familias en tan sólo un año. Esto es, 262.000 millones de euros. Véase *Público,* 21 de abril de 2009.

73 El FROB deja las manos libres al gobernador del Banco de España para inyectar capital en las cajas de ahorro y para fusionarlas según convenga. Se pone en marcha con una dotación de 9.000 millones de euros pero puede llegar a endeudarse hasta los 99.000. *Público,* 26 de junio de 2009.

74 En la medida en que las comunidades autónomas quedan fuera de las decisiones estratégicas, incluidas las fusiones, sobre las cajas de ahorro, el FROB supone que el gobierno central se haga cargo de estas entidades. De hecho, todos los partidos nacionalistas votaron en contra del FROB en el Congreso en julio de 2009.

El peso de la deuda pública: la financiarización de las cuentas del Estado

Incluso en los momentos de mayor ferocidad intervencionista, la Unión Europea no se ha cansado de repetir que el Pacto de Estabilidad, que limita la posibilidad de incurrir en un déficit público del 3 %, seguía plenamente vigente. Más allá, sin embargo, de este celo neoliberal, los factores de control de la deuda pública han sido otros. El recurso a la financiación masiva de los Estados en los mercados de capitales ha generado algo parecido a una financiarización de las cuentas del Estado. En el nuevo contexto abierto por la crisis, las variaciones de las cotizaciones de la deuda pública pueden tener un efecto disciplinante sobre el gasto público mucho más fuerte que las advertencias de Bruselas. Dicho de otro modo, el último efecto colateral de la financiarización es que ésta estaría en disposición de tomar el control sobre el gasto público, incluso en los viejos Estados centrales. Como luego veremos (capítulo 9), esta influencia no se limita a las grandes decisiones del gobierno, sino que se ha hecho capilar a todas las economías públicas, atenazando todos los niveles de gobierno con consecuencias devastadoras para las haciendas locales de ayuntamientos y comunidades autónomas.[75]

Los rescates, la caída de los ingresos fiscales y la articulación de los clásicos mecanismos anticíclicos de gasto público han transmitido rápidamente una fuerte presión sobre las cuentas públicas. En sólo el primer año de la crisis (de julio de 2007 a julio de 2008), el celebre superavit de las cuentas públicas despareció en un 80 %.[76] En septiembre se registró ya un déficit del 1,41 % y éste se fue ampliando irremediablemente a lo largo de 2009.

A caballo de estas noticias, los mecanismos de corrección pusieron rápidamente en marcha los automatismos ideológicos: el subsidio de desempleo fue unánimente señalado como responsable de la entrada del gobierno en una fase deficitaria. Naturalmente, tanto las enormes cantidades que habían sido transferidas al capital como las sumas, aún mayores, dedicadas a rescatar a los bancos y cajas de ahorro fueron pasadas por alto. Tampoco se dijo nada de la evidente dependencia de las cuentas públicas del ciclo inmobiliario. Resultaba más sencillo volver a los exitosos lugares comunes que habían venido acompañando

75 Las comunidades autónomas fueron las primeras en sentir que la recaudación estaba cayendo muy por debajo de lo previsto como consecuencia de la caída del ciclo inmobiliario. En septiembre de 2007 cayeron conjuntamente la recaudación por el impuesto de transmisiones patrimoniales y la del IVA.

76 *Cotizalia*, 25 de junio de 2008.

a los programas de reducción del déficit público: estigmatización de los receptores del seguro social y culpabilización a los sectores más dependientes y vulnerables.[77]

En el corto plazo, sin embargo, la salida a esta situación deficitaria se fue a buscar en los mercados de capitales. El recurso a los mercados de capital implica la asimilación de las cuentas públicas a los mismos criterios de supervisión utilizados para las empresas. Esta evaluación es realizada con un carácter casi institucional por las llamadas agencias de *rating*. El resultado es paradójico: unas pocas empresas —Standard and Poor's, Fitch y Moody's[78]— han llegado a adquirir un creciente poder sobre el precio del endeudamiento público, con capacidad incluso para determinar los ritmos de ampliación y contracción del gasto y, por consiguiente, del tipo de política económica posible.

El recurso masivo al endeudamiento público en los mercados de capital no es un fenómeno exclusivamente español, el polo deficitario de producción de plusvalor de la economía mundial, es decir, buena parte de los países europeos y Estados Unidos, llevan años lanzados a la obtención de crédito por esta vía. La consecuencia, no obstante, es que se ha abierto un doble proceso de competencia por la deuda: entre los países entre sí y entre las emisiones de bonos de deuda pública, y las de deuda privada. En este conflicto, las agencias de *rating* se han convertido en auténticos árbitros, actuando *de facto* como punta de lanza política de los intereses financieros, en el intento, casi siempre exitoso, de reconducir la mayor cantidad posible de dinero público hacia las finanzas. El mecanismo es más o menos como sigue: para que los países puedan obtener la máxima calificación de su deuda, tienen que ajustarse a las directrices políticas de reducción del déficit. Como la calificación de la deuda influye sobre el tipo de interés que se aplica a los créditos, una línea de política económica que no satisfaga a los mercados financieros implica una retroalimentación del déficit, que crece a su vez por el aumento de los tipos de interés.

Por su parte, las relaciones entre los bonos de deuda pública y la deuda privada funcionan de forma pendular, en circunstancias de inseguridad crece la demanda de deuda pública, del mismo modo que en las fases de euforia financiera crece la de bonos privados. En la crisis de 2008-2009, la rapidez de la irrupción del déficit público y el

77 *Cotizalia*, 28 de abril de 2008.

78 Las agencias de *rating* o de calificación se han vuelto enormemente populares durante la crisis. Directamente relacionadas con la debacle *subprime*, dieron la máxima calificación de calidad crediticia a los títulos respaldados por hipotecas de dudoso cobro. Las propias agencias de calificación cobraban en relación con la venta de estos títulos.

recurso masivo a los mercados financieros obligó a los Estados a emitir cantidades extraordinarias de deuda. La persistencia de las turbulencias hizo también que el periodo de preferencia por los valores seguros de la deuda pública se alargase. A ojos de los operadores de los mercados esto suponía una expulsión (*crowding out*) de los demandantes privados de deuda del acceso a la financiación.[79] Gran parte de los discursos que ahora ponen la reducción de la deuda pública como primera prioridad económica lo hacen pensando en la restauración de los canales de financiación para los agentes privados.

En el caso español, la primera vía de salida al creciente déficit público se encontró en los llamados Fondos Soberanos de los países del Golfo Pérsico, principalmente de los emiratos de Abu Dhabi y Dubai, que habían captado grandes cantidades de capital durante el ciclo alcista del petróleo del primer semestre de 2008. El entonces ministro de Industria, Miguel Sebastián, se encargó personalmente de intentar propiciar colocaciones masivas de títulos de deuda pública española a estos fondos. Este plan «visionario» consistía en «vender España» a los árabes, esto es, colocar un paquete conjunto de deuda pública, pero también de inversión en las atroces burbujas inmobiliarias de los Emiratos Árabes. Sin embargo, cuando durante el otoño de 2009, los fondos soberanos de Dubai amagaron con el impago de su deuda, los títulos españoles se vieron inmediatamente sometidos a una fuerte presión en los mercados de capital.

La rápida financiarización de las cuentas públicas ha ido debilitando la posición del Estado. En julio de 2009 se anunció que el déficit público de España estaba por encima de los criterios de Maastricht, en concreto era un 3,6 %. En septiembre ya había crecido por encima del 4 %. Desde entonces se han multiplicado las advertencias de autoridades europeas que han puesto 2012 como fecha tope para reconducir el déficit o del FMI que predecía una subida del déficit presupuestario en España hasta el 11 % en 2010.[80] Pero quizás lo más novedoso es la constante aparición de los informes de las agencias de

79 Christian Marazzi ha señalado la importancia de este proceso de competencia entre operadores privados y Estados: «La competencia entre empresas privadas y gobiernos en los mercados de obligaciones corre el riesgo de inhibir la salida de la crisis, en la medida en que para las empresas la emisión de obligaciones puede volverse particularmente cara [...] Si más adelante, hipotéticamente, la economía mundial se recuperara, el proceso inverso de *crowding out*, es decir, la salida de los títulos públicos hacia los privados, haría aumentar no poco el servicio de la deuda en los países endeudados.» Marazzi, C. «La violencia del capitalismo financiero» en *La gran crisis de la economía global. Mercados financieros, luchas sociales y nuevos escenarios políticos*, Madrid, Traficantes de Sueños, 2009, p. 28.

80 Esta predicción se confirmó en enero de 2010 con el anuncio de la subida del déficit público al 11,4%.

calificación que han ido respondiendo a cada dato y a cada nueva previsión con amagos de reducción de las calificaciones, imprimiendo una presión sobre las políticas públicas mucho más fuerte que la de los viejos guardianes del orden presupuestario.

La crisis de la deuda pública en Grecia de noviembre de 2009 es una buena muestra del tipo de problemas que se perfila para los próximos años. Las tres agencias de *rating* bajaron la calificación de la deuda griega provocando un estrangulamiento de la capacidad de financiación del Estado. La razón estaba en que a su parecer las políticas de reducción del déficit no eran lo suficientemente firmes, al tiempo que preveían un deterioro de la competitividad del país. Con parecidas razones, Standard and Poor's aprovechó la ocasión para aumentar la prima de riesgo de España, esto es, el coste del endeudamiento, provocando de inmediato un aumento del mismo cercano a 1.500 millones de euros anuales.[81] Para hacerse una idea de lo que supone esta cantidad hay que tener en cuenta, por ejemplo, que la ampliación del seguro de desempleo en el verano de 2009, a la que se suele responsabilizar del aumento del déficit público sólo costó 1.300 millones de euros.

Este tipo de presión financiera sobre las cuentas de los Estados no es completamente nueva, no hay más que recordar la crisis de la deuda latinoamericana, los salvajes programas de ajuste del FMI o el impago ruso durante la crisis de 1997. Lo que si es nuevo es el hecho de que estas presiones se sientan en las economías centrales del capitalismo mundial. Con el cambio de los flujos de capital del sentido Norte-Sur del imperialismo clásico al modelo actual Sur-Norte, los países que dependen más de la captación de capitales exteriores, como es el caso de España, se están viendo en una posición que antes era más propia de los países pobres y emergentes.

La consecuencia última de la vulnerabilidad asociada a los procesos de dependencia financiera, es que las decisiones de gasto están siendo presa de los intereses de las finanzas y, por extensión, de los propietarios del capital-dinero que se ponen como prioridad absoluta de las políticas públicas. Muchos expertos y la mayoría de la clase política preferirá leer esta situación en términos más familiares, responsabilizando o aplaudiendo a los programas de estabilidad de la Unión Europea que marcan los límites del déficit público. Pero lo cierto es que estas prescripciones no se han llevado a efecto más que cuando el propio sector financiero, a través de las agencias de calificación, así lo ha exigido. Hoy por hoy, las políticas de estabilidad de la UE son poco más que un caparazón ideológico en el que se han escondido los mercados financieros para dar legitimidad a sus intereses.

81 *Cotizalia,* 17 de diciembre de 2009.

9. Diez años de crecimiento, dos de crisis.

Financiarización, sobreendeudamiento y desempleo

Como todas las crisis económicas que anuncian un cambio radical de ciclo, ésta ha devorado rápidamente muchas de las convenciones establecidas. Ni los medios de crecimiento, ni los medios de obtención de renta por vía patrimonial parece que vayan a seguir siendo funcionales, al menos durante un largo periodo de tiempo. Con su colapso, la crisis ha rebasado el umbral de estabilidad que logró mantener la «paz social» de la larga década de prosperidad: la ficción de una clase media amplia y mayoritaria. El gran ingenio social de las políticas de financiarización fundado en el acceso generalizado a la propiedad —ya se trate de activos financieros o de viviendas—, en tanto forma de inclusión social, está quebrando a la misma velocidad en la que el efecto riqueza se convierte en su estricto opuesto. Dicho de otro modo, lo que la crisis parece haber mostrado de la forma más evidente es que las burbujas patrimoniales vienen acompañadas de enormes riesgos sociales. Y más aún, que estos riesgos están fuertemente concentrados en los sectores más vulnerables, aquéllos que se vieron abocados a una situación de sobreendeudamiento derivada de una mezcla de resistencia —a no perder capacidad adquisitiva— y sometimiento —a los nuevos riesgos asociados a su financiarización.[1]

Desde esta perspectiva, el keynesianismo de precio de activos, o en términos más precisos, la estrategia de aumento de la demanda basada en la continua alimentación de los valores patrimoniales, parece haberse movido

1 Ciertamente, la financiarización de las economías domésticas y el acceso masivo al crédito tiene perfiles demasiado ambivalentes como para ser despachado con un sencillo expediente acerca de su inequívoco resultado en desastre social y económico. La facilidad del crédito ha soportado el consumo y el acceso a la vivienda a mayorías sociales que en otro caso hubiesen tenido que depender exclusivamente de sus menguantes salarios. Al menos en los años centrales del ciclo, el endeudamiento ha sido también un recurso contable masivo con el fin de escapar a la penuria salarial, y en muchos caso al pluriempleo y la sobreexplotación.

en una dirección justamente contraria a la de los principios liberales que muchas veces la justifican: la igualdad de oportunidades y el mérito por el trabajo. La burbuja patrimonial ha beneficiado mucho más a los titulares de importantes masas patrimoniales que a aquéllos que no tenían patrimonio o cuyo patrimonio era de escaso valor. Al fin y al cabo, se trata de un proceso de distribución de la riqueza claramente descompensado en favor de los sectores más ricos, convertidos ahora en nuevos rentistas, al tiempo que el estímulo del consumo de las rentas más modestas se realizaba a través del recurso a un endeudamiento insostenible.

A la violencia de la sujeción financiera, habría que añadir sin embargo un fenómeno mucho más clásico, pero que es el más recurrente en los periodos de recesión: el desempleo. La crisis y la rápida devaluación de los activos financieros ha derivado inevitablemente en un «retorno al empleo» como medio de garantía social elemental. Pero ¿qué ocurre cuando, tras varias décadas de precarización y congelación salarial, las rentas salariales ya no pueden ser atadas con ningún tipo de garantía, y cuando las cifras del paro se deslizan por encima de los cuatro o incluso los cinco millones de desempleados? La estrategia de crecimiento basada en el keynesianismo de precio de activos parece aquí presa de sí misma: incapaz de generar más consumo a través de la facilidad crediticia observa, impotente, como la otrora potente dinamo del empleo se deteriora con velocidad estruendosa. El colapso de los mecanismos del keynesianismo financiero nos ha descubierto, con la crueldad que es propia a este tipo de coyunturas, las grandes líneas de fractura social.

Financiarización y polarización social

La financiarización de las economías domésticas ha operado como una suerte de milagro económico: ha permitido elevar sustancialmente el consumo de las familias a pesar del estancamiento relativo de las rentas del trabajo. Este aparente éxito fue fabricado por medio del recurso al endeudamiento dentro de una atmósfera de indisimulado optimismo fundada en las expectativas de constante revalorización de los activos inmobiliarios. En paralelo, las políticas patrimoniales fueron justificadas sobre una vaga pretensión de ingeniería social basada en una asunción liberal. El acceso y la generalización de la propiedad inmobiliaria deberían permitir un vasto proceso de desproletarización, que a su vez serviría como un eficaz medio afiliación social: aquéllos vinculados por la titularidad de una vivienda son más «responsables» y se sienten más concernidos por la marcha de los asuntos económicos. La fábula de las abejas había sido escrita de nuevo[2] y con ella se había pintado el fresco de la resurrección de las clases medias.

A pesar de estas alegorías, la burbuja patrimonial se ha declinado de forma por completo diferente según los tramos de riqueza y renta. La «democrática» generalización de los títulos de propiedad ha sido en realidad una manzana envenenada. La financiarización puede y debe ser comprendida antes como un mecanismo de ampliación de las desigualdades sociales, que como un eficaz igualador social basado en el estímulo de la responsabilidad y el trabajo personal. Las fuentes estadísticas parecen confirmar este argumento: sólo una mínima parte de la población se ha visto indudablemente beneficiada por el ciclo de crecimiento del precio de la vivienda. Aprovechando las plusvalías generadas por el constante crecimiento de sus patrimonios, este segmento de los verdaderamente beneficiados ha podido iniciar una espiral de inversiones sostenida en las propias revalorizaciones patrimoniales. Otra parte, quizás la más importante, se ha visto literalmente forzada a entrar en el mercado inmobiliario vía crédito hipotecario con el fin de adquirir su residencia habitual. En este sentido, las fuentes disponibles sobre financiación de la vivienda parecen corroborar la importancia creciente del crédito hipotecario como uno de los principales mecanismos de adquisición de vivienda nueva.[3] Finalmente, otra parte de la población se ha visto desplazada del mercado inmobiliario. Este grupo ha dependido únicamente de sus salarios como fuente de renta. Se trata de poblaciones que viven al día, sin que las medidas compensatorias en forma de salarios indirectos y transferencias públicas hayan paliado de forma significativa la carestía de vivienda.

Cuando se considera de forma detallada el impacto de la burbuja patrimonial sobre este último grupo, el problema mayor se encuentra en el incremento sostenido de las barreras de entrada al mercado inmobiliario. Para las rentas salariales más bajas, éste sólo ha sido posible si previamente ya se estaba dentro del mercado, normalmente con una vivienda en propiedad. Para este sector, la expansión sin precedentes del crédito hipotecario, de la construcción de obra nueva y de las operaciones de compra-venta ha significado la exclusión directa del acceso a la compra vivienda. Las cifras son de nuevo explícitas: si en 1996 el precio de una vivienda media suponía la renta disponible de 4 años íntegros de todos los miembros de un hogar

2 Nos referimos aquí el célebre poema de Bernard de Mandeville de 1705, «acerca de cómo los vicios privados son fuente de beneficios públicos».

3 J. M. Naredo, O. Carpintero y C. Marcos, *Patrimonio inmobiliario y balance nacional de la economía española (1995-2007)*, Madrid, FUNCAS, 2008.

medio, en 2007 suponía ya 7,7 años de dedicación total, o lo que es lo mismo el pago de una cuota de hipoteca superior al 30 % de la renta disponible del hogar durante los 40 años siguientes.[4] Los costes de acceso a la vivienda se habían multiplicado casi al mismo ritmo que el encarecimiento de los precios del metro cuadrado y esto a pesar del abaratamiento de los créditos, el alargamiento de las hipotecas y las deducciones fiscales. Aquéllos que no poseían patrimonio propio, que recuérdese ha sido el principal medio de financiación de la vivienda, resultaron más castigados que cualquier otro grupo, forzados o bien a renunciar a una vivienda propia, o bien a recurrir a formas de endeudamiento draconianas.

En otras palabras, la burbuja patrimonial y su particular efecto riqueza dejó sus primeros cadáveres ya en los años de prosperidad y optimismo. Entre un 10 y un 20 % de la población no pudo acceder a una vivienda en condiciones durante esos años. Las bajas se cubrieron sin ninguna sorpresa entre los jóvenes de las familias de menos recursos —o con escaso colchón familiar—, para los que los costes de emancipación se vieron elevados de forma exponencial. Igualmente, habría que contabilizar aquí también a segmentos importantes de la nueva inmigración, en situaciones muchas veces de alta incertidumbre legal y económica y que en muchos casos han tenido que recurrir a tácticas de hábitat basadas en una mezcla de hacinamiento y comunidad.[5]

Como ocurre con todos los ciclos financieros, durante la última fase, aquella que corresponde con los esquemas piramidales de Ponzi, los *last commers*, jóvenes e inmigrantes han sido los grandes paganos de la revalorización patrimonial de los últimos años del ciclo. El resultado ha sido por completo injusto: estos dos grupos, en los últimos puestos de la carrera patrimonial y de las típicas prácticas de refinanciación asociadas a la escalada de precios, componen el grueso de las víctimas de la exclusión y del encarecimiento de un bien básico, ahora convertido en un medio de inversión. Dicho de otro modo, las políticas progrowth y pro financiarización han hecho cada vez más imposible la garantía de una de las condiciones elementales de autonomía y reproducción a una parte mayor del cuerpo social. No puede así extrañar que lo que podríamos

---

4 Banco de España, «Indicadores del mercado de la vivienda».

5 Un reciente estudio del Colectivo IOE señalaba que para 2005 sólo el 12,5 % de los inmigrantes extracomunitarios residentes en ciudades tenían su vivienda principal en propiedad. Más de un 77 % eran inquilinos y un 47,2 % vivía en régimen de subarriendo. Todavía para ese año, el déficit de vivienda para los inmigrantes extracomunitarios era de casi el 50 % en relación con el número de hogares constituidos (lo que quiere decir que en cada vivienda cohabitaban de media casi dos unidades familiares). Véase *Inmigración y vivienda en España*, Madrid, 2006, Ministerio de Trabajo y Asuntos Sociales / Observatorio para la Inmigración.

considerar como las primeras formas de resistencia frente al régimen de acumulación inmobiliario-financiero hayan tomado esta paradójica carestía de la vivienda como su principal bandera y motivo de protesta.[6]

En todo caso, el desigual impacto social de la burbuja patrimonial no se detiene en la exclusión de una parte de la población del acceso a la vivienda. Quizás los resultados más significativos se encuentren en los procesos de segmentación del gran grupo de los «beneficiados» por la constante subida de precios. Como se ha visto, una de las condiciones de posibilidad del régimen de crecimiento hispano es la enorme masa de propietarios existente, que abarca buena parte de las clases medias y trabajadoras que habían obtenido una posición en el mercado inmobiliario durante los ciclos precedentes. Pero incluso entre los «sectores propietarios» y a pesar de que en un principio el saldo de su balance patrimonial parece haber ofrecido resultados altamente ventajosos para casi todos, la burbuja patrimonial ha beneficiado mucho más aquellos que más tenían. De acuerdo con una de las pocas fuentes disponibles, la Encuesta Financiera de las Familias realizada por el Banco de España,[7] a la hora de calibrar las ganancias patrimoniales según clases económicas y otras variables sociales —como la edad o la situación profesional—, el rápido crecimiento de los activos financieros e inmobiliarios ha estado claramente concentrado en los colectivos sociales más ricos. Como se puede ver en la tabla 9.1, entre 2002 y 2005, esto es, en sólo tres años, el segmento del 10 % más rico de la población incrementó su patrimonio en cerca de un 50 %. En conjunto, el patrimonio de este grupo había pasado a representar más del 40 % del patrimonio neto de las familias. La línea de la tendencia parece clara, en esos años los patrimonios de los más ricos aumentaron en relación con el resto de la sociedad: con respecto de las familias más pobres (percentil 0-25) cuya riqueza era 66 veces menor que la de una familia media de la decila superior; pero también con respecto de las clase medias y medias-altas.[8] Si se compara en términos absolutos, en 2005, el grupo de los más pobres (<25 %) tenía de media un patrimonio de 16.100 euros, es decir,

6 Se trata de las manifestaciones, concentraciones y protestas que entre 2004 y 2007 tomaron las calles de muchas ciudades para denunciar la enorme carestía de este bien básico. Con formas de organización novedosas, basadas principalmente en foros virtuales y en consignas y lemas como «V de Vivienda», estas movilizaciones fueron quizás la parte más novedosa, y probablemente más potente, de la crítica a la fuertes tasas de extorsión y exclusión que producía el modelo de crecimiento español. Véase www.vdevivienda.net, o www.viviendadigna.org.

7 Encuesta Financiera de las Familias, años 2002 y 2005, Banco de España. Desgraciadamente a la fecha de la finalización de este ensayo no se había publicado la siguiente edición de la encuesta correspondiente a 2008 que permitiría seguir las tendencias aquí sólo esbozadas.

8 Además si para la mayor parte de la población, el 75 % del valor de su patrimonio estaba compuesto por la vivienda principal, en este grupo la cartera patrimonial estaba mucho más diversificada con una importante presencia de segundas y terceras residencias, de otros bienes inmuebles (como suelo, oficinas, etc.), negocios propios, activos financieros y joyas.

vivía al día y con lo puesto; mientras que el 10 % más rico disponía de un valor patrimonial superior al millón de euros. En otras palabras, el sector más pobre de la población se ha hecho aún más pobre en términos relativos —incluso cuando se ha visto «beneficiado» por la espiral de los precios nominales de la vivienda.

9.1 Evolución de la distribución de la riqueza por tramos de patrimonio y renta (2002-2005)

Tramos por percentiles de riqueza patrimonial	2002 (miles de €)	< 25 = 1	2005 (miles de €)	< 25 = 1	Incremento absoluto 2002-2005 (miles de €)
Menor de 25	13,3	1	16,1	1	2,8
Entre 25 y 50	74,1	5,57	119,2	7,40	45,1
Entre 50 y 75	144,1	10,83	232,2	14,42	88,2
Entre 75 y 90	260,5	19,59	387,1	24,04	122,6
Mayor de 90	719,5	54,1	1068,3	66,35	348,8
Tramos por percentiles de renta	**2002**	**< 20 = 1**	**2005**	**< 20 = 1**	**Incremento absoluto 2002-2005**
Menor de 20	80,2	1	130,2	1	50
Entre 20 y 40	109,2	1,36	154,9	1,19	45,7
Entre 40 y 60	127,3	1,59	192,4	1,47	65,1
Entre 60 y 80	176,2	2,19	264,6	2,03	88,4
Entre 80 y 90	231,9	2,89	364,8	2,80	132,9
Entre 90 y 100	471,2	5,87	718,1	5,52	246,9

Fuente: Encuesta Financiera de las Familias, Banco de España, 2002-2005.

La financiarización de las economías domésticas ha permitido, por tanto, una enorme concentración patrimonial en los tramos más altos de riqueza, que se ha acelerado en relación proporcional con la evolución de la burbuja patrimonial. Se trata de un resultado que deriva directamente de la propia lógica de los ciclos financieros, que premia más a los patrimonios previos, grandes o medianos, frente a aquellas familias que carecían de bienes significativos. Burbuja patrimonial significa, al fin y al cabo, que la riqueza previa es en un factor mucho más importante a la hora de multiplicar el patrimonio propio que un alto nivel salarial.[9]

[9] La comparación de los tramos por percentiles de riqueza frente a los tramos ordenados por percentiles de renta muestra que los segmentos más altos en términos de riqueza, han conseguido aumentar su patrimonio absoluto de una forma no sólo mucho más acusada que los tramos más pobres sino que además han aumentado su distancia frente a aquellas familias con patrimonios escasos o pequeños (percentiles 0-25 y 25-50). Fuente: Encuesta Financiera de las Familias, años 2002 y 2005, Banco de España.

Por otra parte, la rápida acumulación patrimonial en el segmento más rico del cuerpo social parece ser el mejor indicador del retorno de masas, también en España, de la figura del rentista. Más allá de que la burbuja patrimonial haya sido una vasta y efectiva operación de financiación y rescate de la clase media, la financiarización responde ante todo, como en Estados Unidos, a una estrategia de clase que favorece nítidamente a aquellos que han actuado en lo que podríamos llamar «el lado de la inversión». Para estos nuevos rentistas, la burbuja patrimonial ha representado una enorme oportunidad de multiplicar su patrimonio. La facilidad del crédito permitió operaciones de inversión, que propiamente podríamos considerar, según la jerga financiera, como inversiones «apalancadas» sobre productos inmobiliarios que observaron tasas sostenidas de rentabilidad del 15, e incluso del 20 %, durante casi una década. Este segmento, relativamente libre de las urgencias del consumo o de la reproducción inmediata, ha redirigido así una importante parte de las plusvalías inmobiliarias a ampliar sus propias carteras patrimoniales en forma de activos financieros o compras de nuevos bienes inmobiliarios. La prueba de esta resurrección del rentista es que todas las grandes fortunas del país han seguido estrategias de inversión parecidas, que mezclaban la compra de locales y viviendas con inversiones en útiles financieros, a veces específicamente diseñados para las «grandes» fortunas.[10]

Frente a este segmento, las llamadas clases medias han operado más bien desde «el lado del endeudamiento», si bien siempre con distintos grados de riesgo que acercan a los sectores más desahogados a esa nueva figura del rentista. De forma sucinta, durante los años de euforia, el manual financiero para las «mayorías sociales» podría resumirse como sigue: el crecimiento nominal de los activos patrimoniales y la facilidad crediticia permitieron comprar la vivienda principal, o permutarla por otra mejor, acceder a una segunda residencia en la costa o en la montaña —España tiene el parque de segundas residencias más grande de Europa—, e igualmente alimentar una espiral de «consumo» basada tanto en el flujo de las plusvalías inmobiliarias como en créditos apoyados, en última instancia, en la relativa seguridad de los «avales» inmobiliarios. La burbuja patrimonial «soportó» así la prosperidad de los sectores medios, pero sólo a costa de su creciente endeudamiento. Hasta los primeros síntomas de crisis todo pareció funcionar: el crecimiento de los precios de la vivienda multiplicaba, como por arte de magia, el valor total de la riqueza nominal de los hogares, y esto permitía afrontar

10 Nos referimos aquí a las Sociedades de Inversión de Capital Variable (SICAV) con una tributación del 1 % (lo que quiere decir prácticamente libres de impuestos) y en teoría dirigidas a fomentar el ahorro colectivo. En la medida en que la ley no establece proporción máxima para los accionistas mayoritarios, las SICAVs son en realidad un instrumento de ahorro, claramente privilegiado fiscalmente, de las grandes fortunas. De hecho casi todas tienen su propia SICAV.

nuevas rondas de compras y préstamos. Sin embargo, la crisis declarada ya en 2008 terminó, bruscamente, con la eficacia de la retroalimentación financiera. La combinación de la caída libre de las finanzas internacionales, el decrecimiento de los precios de la vivienda y el ya excesivo endeudamiento restringieron inmediatamente el crédito y con ello cortocircuitaron la lógica de alimentación financiera de estos sectores sociales. Éste es sin duda el Talón de Aquiles de la ingeniería del keynesianismo inmobiliario. El espejismo estaba en la creencia de que las burbujas patrimoniales podían ser una fuente de renta y enriquecimiento más importante incluso que el trabajo, y que lo podían ser de forma indefinida. De hecho, al considerar los datos disponibles sobre el proceso de patrimonialización se confirma una tendencia ya prevista: aunque todos los sectores que tenían un patrimonio, por mínimo que éste fuese, han sido testigos de la multiplicación de su valor, sólo la parte obviamente «rica» ha podido beneficiarse de la burbuja con un incremento proporcional de su renta.[11]

La frontera social entre aquellos claramente beneficiados por las burbujas patrimoniales, y aquellos que simplemente han accedido a la propiedad de un bien básico, normalmente por medio de un endeudamiento excesivo, podría situarse en el 10 % de la población con mayores patrimonios. Los gráficos 9.1 y 9.2 comparan la evolución de la renta y de las masas patrimoniales según tramos de renta entre los años 2002 y 2005. Como era de esperar, todos los segmentos de la escala muestran una evolución positiva del valor de su patrimonio: el crecimiento de los precios de la vivienda situado en una horquilla entre el 15 y el 20 % anual para esos años acrecentó automáticamente el valor de los activos patrimoniales de las familias —compuesto principalmente por viviendas—, entre un 40 y un 60 %. Sin embargo, cuando se considera la renta —fundamentalmente sostenida sobre los salarios— la evolución es justamente la contraria, todos pierden salvo ¡el 10 % de mayor renta! La evolución de la renta parece haber sido inversamente proporcional a las necesidades de financiación por medio del recurso al crédito hipotecario. De este modo, si el valor patrimonial de las familias de menores ingresos creció en un 50 %, su renta disponible disminuyó en un 25 %. De igual modo, los tramos de rentas medias vieron también crecer sus patrimonios, pero a costa del sacrificio de parte de su renta.

11 El término renta, en este contexto, designa los ingresos corrientes de las familias, fundamentalmente de origen salarial. No debe de ser confundido con las formas de renta que surgen de la capitalización de activos financieros o inmobiliarios. Por ejemplo, la cantidad que recibe el propietario de una vivienda en concepto de alquiler. Es de este segundo uso del término de dónde surge el concepto de rentista.

GRÁFICO 9.1 EVOLUCIÓN DEL PATRIMONIO DE LAS FAMILIAS POR TRAMOS DE RENTA 2002-2005

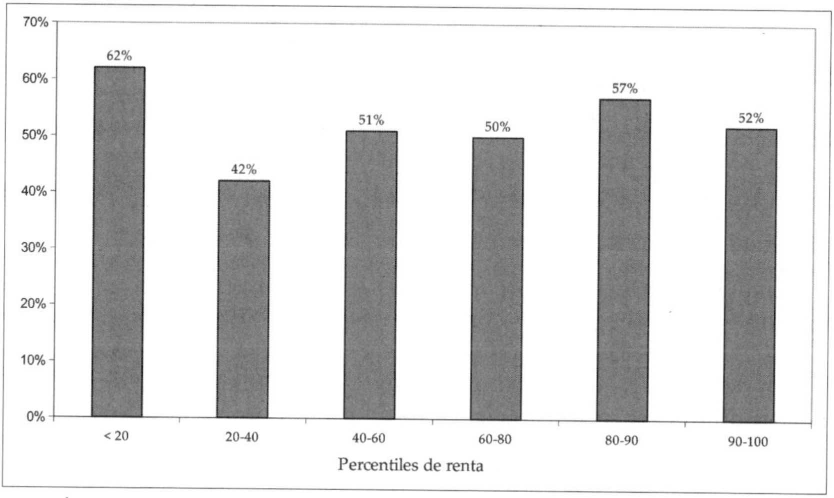

Fuente: Banco de España, Encuesta Financiera de las Familias, 2002, 2005.

GRÁFICO 9.2 EVOLUCION DE LA RENTA POR TRAMOS DE RENTA 2002-2005

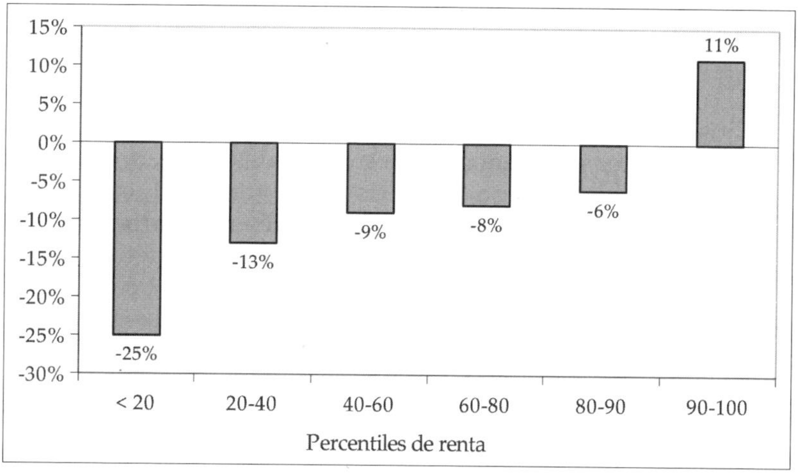

Fuente: Banco de España, Encuesta Financiera de las Familias, 2002, 2005.

¿Cómo se explica, entonces, esta aparente paradoja que parece poner en relación inversa el crecimiento de la riqueza y el decrecimiento de la renta, al mismo tiempo que todavía seguía creciendo el consumo de los hogares? La respuesta está en el estancamiento de los salarios y en el fuerte endeudamiento de las familias que tiende a comprometer una parte cada vez mayor de la renta salarial en los servicios de la deuda. Lo que en definitiva muestra este gráfico es que sólo los más ricos han conseguido convertir el crecimiento patrimonial en renta, en concreto un 11 % entre 2002 y 2005. La burbuja patrimonial ha permitido a este segmento explotar su creciente propiedad y convertirla en rentas de propiedad volcadas directamente sobre su renta disponible.

Frente a este grupo de nuevos rentistas, el resto puede comprenderse como un complejo conjunto con distintos niveles de desahogo y riesgo, pero que en todo caso comparte una característica común: han tendido a hacer recaer el crecimiento de sus niveles de consumo y del valor de su patrimonio sobre un creciente endeudamiento. En esto consiste la magia expansiva de la clase media española. Hasta 2007, el crecimiento patrimonial permitió sostener nuevas rondas crediticias, pero ¿qué ocurre cuando empiezan a caer los precios de la vivienda y se restringe el crédito?

Sobreendeudamiento y riesgo social

La burbuja patrimonial, como se ha visto repetidas veces, sólo fue posible sobre la base de unos niveles crecientes de recurso al crédito. En este ambivalente juego de resistencia frente al estancamiento salarial y de acceso a la propiedad, las familias acabaron por aceptar su nueva función como agentes permanentemente deficitarios. Así, el crédito hipotecario se multiplicó por 11 entre 1996 y 2007 para llegar a representar algo más del 25 % del total del PIB. Sin embargo, el endeudamiento hipotecario dista mucho de representar el rango total del endeudamiento de las familias. Baste tomar aquí unos pocos datos de la Encuesta de Condiciones de Vida para darse cuenta de que una parte mayor del consumo se ha realizado sobre la base del crédito. En 2008, de los 16,7 millones de hogares reconocidos: 15,7 tenían pendientes pagos de préstamos contratados para la adquisición de bienes de consumo duraderos, 9,8 por la compra de equipamientos relacionados con la vivienda, 6,7 millones tenían hipotecas pendientes por la compra de una vivienda distinta de la principal, 3,7 en concepto de refinanciaciones, 2,7 para la realización de inversiones y negocios, 900.000 para gastos vacacionales, otros 900.000 para gastos sanitarios, y 600.000 para pagar gastos educativos.[12] Esta fuerte expansión del crédito dibuja, de hecho, el frágil perfil de las economías domésticas en una coyuntura recesiva.

Hasta ahora hemos definido tres importantes grupos en relación con su posición en el proceso de financiarización: los excluidos, los endeudados y los nuevos rentistas. Esta clasificación es, sin embargo, demasiado estrecha como para considerar los diferentes umbrales de riesgo de conjuntos sociales más pequeños, pero quizás más significativos. El grado de exposición al desempleo y los niveles de endeudamiento nos pueden aportar nuevos datos con el fin de discriminar quien va a asumir los mayores costes de la factura de la crisis. La Encuesta Financiera a la Familias del Banco de España proporciona, de nuevo, una información extraordinariamente detallada de acuerdo a variables como la renta, la riqueza, la situación profesional, la edad o el número de miembros con trabajo de cada hogar. Gracias a esta fuente, resulta posible esbozar una primera cartografía social del endeudamiento, y de este modo una primera aproximación a los grupos más expuestos a la crisis, especialmente si a ésta se añaden los efectos del paro y la inversión de la curva de precios de los activos patrimoniales. El gráfico 9.3 pretende sintetizar el grado de vulnerabilidad de los sectores que parecen más expuestos. Aunque los datos vienen referidos al periodo 2002-2005, años todavía de prosperidad», señalan ya claramente la pendiente que se ha visto cumplida en estos última fase de crisis que comienza en 2008.

12 Fuente: INE, Encuesta de Condiciones de Vida, 2008.

GRÁFICO 9.3 SECTORES DE POBLACIÓN SOBREENDEUDADOS. EVOLUCIÓN 2002-2005

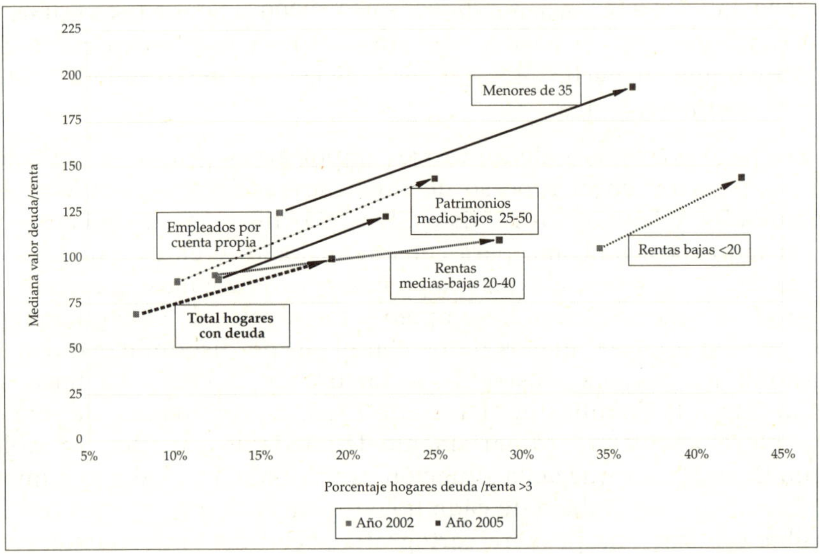

Fuente: Banco de España, Encuesta Financiera de las Familias, 2002, 2005.

En el cuadro se recogen dos dimensiones elementales para cada uno de los segmentos: 1) el valor de la deuda respecto de la renta, lo que nos ofrece una perspectiva del grado de endeudamiento en relación con el poder adquisitivo de cada segmento poblacional —y por lo tanto con su capacidad de amortizarla—; y 2) el porcentaje de hogares de cada uno de estos sectores cuya deuda ha adquirido una proporción superior a tres veces su renta disponible anual; este umbral señala el momento en el que el riesgo comienza a ser muy peligroso. En conjunto, entre 2002 y 2005, el grado de endeudamiento de las economías domésticas muestra una evolución rápida, casi espectacular. La relación entre deuda y renta pasó de un 0,69 a 0,99 —recuérdese que, según Contabilidad Nacional, en 2008 el valor de la deuda de los hogares era ya más de 1,4 veces su renta disponible bruta. Si se atiende, no obstante, al porcentaje de hogares cuya deuda superaba ya en tres veces su renta, las cifras se duplican holgadamente, del 7,8 % de las familias al 19,1 %. Sin muchas sorpresas, los sectores en los que estas dos variables adquirieron los valores más elevados, y en los que esta evolución es más acusada fueron, por un lado, los last commers, los jóvenes y seguramente los extranjeros —que sin embargo no aparecen diferenciados en la encuesta—; y, por otro, los pobres, las rentas bajas y los patrimonios medios-bajos. Los últimos en llegar, los jóvenes (menores de 35), que tuvieron que recurrir de una forma masiva al mercado hipotecario para la compra de una vivienda, han visto como el valor mediano de su deuda pasó en esos años de la espectacular cifra de 1,24 veces su renta anual a prácticamente dos veces —a principios de 2010 es probable que se encuentren por encima de tres. De hecho, en 2005, el porcentaje de hogares jóvenes cuya deuda era superior a tres veces su renta se acercaba ya al 40 %. De otra parte, las rentas bajas (entre el percentil 0-20) vieron cómo el valor mediano de su deuda pasaba de ser más o menos equivalente a su renta, a 1,43 veces. Si se atiende al porcentaje de hogares cuya deuda era ya superior a tres veces su renta en 2005, éste alcanzaba el 40 % de las familias de renta baja, superior incluso al de los jóvenes. Dicho de otro modo, casi todas las familias de renta baja que adquirieron una vivienda con recurso al crédito, se encuentran en una situación financiera frágil o muy frágil. Valores altos, superiores a la media de la población, pero menores a los ya señalados tienen también: los familias con patrimonios de valor medio o bajo, que normalmente coinciden con las familias de renta baja altamente endeudadas; los parados e inactivos; el conjunto de las rentas medias y medias bajas; y los hogares cuyo cabeza de familia tiene una edad entre 35 y 45 años.

En definitiva, la Encuesta Financiera de las Familias apunta sobre un conjunto de sectores —jóvenes, rentas bajas, familias con patrimonios medios y bajos— con una clara situación de sobreendeudamiento en relación con su propia capacidad adquisitiva y que ahora se ven comprometidos en una situación de riesgo alto o muy alto. Fluctuaciones, incluso menores, de los tipos de interés, del empleo y del precio de la vivienda, pueden significar una entrada directa en bancarrota, su expulsión definitiva de la sociedad de los propietarios por ruina, morosidad o indigencia. Si en algún caso el término expropiación financiera tiene un valor incuestionable es evidentemente para estos grupos, que con condiciones hipotecarias peores que las del resto de los segmentos del mercado se verán obligado a pagar los servicios de la deuda durante décadas.[13]

Pero incluso aunque la crisis sea transferida mayoritariamente sobre los jóvenes, los extranjeros y/o las rentas más bajas, tampoco los sectores de renta media y las familias que han generado patrimonios medianos, e incluso grandes, pueden considerarse a salvo de verse en una situación

13 El concepto de «expropiación financiera» se ha definido fundamentalmente a partir del creciente aumento del volumen de los servicios de la deuda sobre las economías domésticas que, recuérdese, en su mayoría recurren al préstamo con objeto de sostener el consumo, antes que sobre una posición inversionista. Sobre este concepto léase el breve ensayo de Costas Lapavitsas, *El capitalismo financiarizado. Expansión y crisis*, Madrid, Maia, 2009.

comprometida. La curva depresiva de los precios de la vivienda, que seguramente seguirá profundizándose en los próximos años, ha dejado a muchos con un *equity* negativo, esto es, con deudas mayores que el valor de los activos patrimoniales para los cuales se endeudaron. Como en Estados Unidos[14] varios cientos de miles de hogares han contraído deudas superiores al valor actual de sus propiedades, o al que adquirirán en un futuro inmediato.

En esta línea, el principal indicador de la creciente fragilidad de las familias es la tasa de morosidad. Diseñada específicamente para medir el grado de exposición del sector financiero, la tasa de morosidad permite conocer también, aunque sea de forma indirecta, la creciente incapacidad de las familias para afrontar sus deudas. En dos años y medio —del primer trimestre de 2007 al tercero de 2009— el valor de los créditos de dudoso pago crecieron en más de cinco veces, de poco menos de 6.000 millones de euros a más de 32.000.[15] La morosidad de las familias, o los impagos de hipotecas y créditos por parte de los hogares a los bancos, se ha corregido en dos momentos. El primero se produce a finales de 2007 y principios de 2008 debido a la rápida subida de los tipos de interés y a la incapacidad para seguir haciendo crecer los niveles de endeudamiento. Este primer aviso sobre la creciente fragilidad financiera de los hogares no ha evitado que ya en 2009, el impacto del paro haya destruido rápidamente las posibilidades de pago de la deuda de una gran cantidad de familias. Así, el ratio de morosidad del crédito a las personas físicas pasó del 1 % (sobre un 0,5-0,6 en 2006) en diciembre de 2007 al 2,8 % sólo un año después, una tasa que podría haber alcanzado el 4,5 % a finales de 2009.[16] La morosidad de los hogares se repartía también de una forma muy desigual atendiendo a la función del crédito: los créditos al consumo —poco más del 30 % del total del crédito a los hogares— presentaban una tasa de morosidad del 5,4 % en junio de 2009 y la vivienda de «sólo» el 2,9 %.[17] La razón de esta diferencia se encuentra de nuevo en la «querencia financiera» de la legislación española y en la tradicional importancia de la propiedad de la vivienda. Tal y

14 En Estados Unidos, el número de hogares que tras el colapso del mercado inmobiliario vieron como el valor de su hogar era menor que el de su deuda pudo alcanzar a principios de 2009 el número de 8 millones de personas. El número de morosos creció por encima de los cuatro millones, al igual que el de desahucios. Las especificidades de la legislación española, especialmente el hecho de que los propietarios se endeudan por el valor del préstamo y no por el bien (la vivienda) ejerce un efecto disciplinario que tiende a disminuir la morosidad o, en otra palabras, la huida respecto de la deuda.

15 Banco de España, *Boletín Estadístico*, Madrid, 2009.

16 En los estudios al uso se considera que el umbral en el que el sistema financiero tendría que afrontar una situación de peligro real se situa en una tasa de morosidad del 7 % para el conjunto de los sectores económicos (incluidas las actividades productivas). En septiembre de 2009, se superaba el 5 %. La quiebra sucesiva de varias cajas de ahorro, desde que lo hiciera la de Castilla-La Mancha en la primavera de 2009, tiene una estrecha relación con su exposición al crédito al sector inmobiliario (especialmente de las promotoras) y también al endeudamiento a las familias.

17 Datos del Banco de España, véase *Informe de estabilidad financiera*, noviembre de 2009.

como reza un informe del Banco de España acerca de la mayor «responsabilidad» de las familias españolas, con respecto de las estadounidenses, a la hora de hacer frente a sus obligaciones:

> Existen varios elementos que explican este resultado, reflejando los incentivos del prestatario a cumplir con sus obligaciones crediticias. Así, para muchas familias se trata de la adquisición de un activo muy importante, tanto por su importe como por el destino (vivienda habitual), teniendo en cuenta, además, que, a diferencia de otros países, el porcentaje de vivienda en propiedad en España es muy elevado. Por otro lado, *el sistema legal español, a diferencia del estadounidense [...] hace que el impago de la deuda hipotecaria no quede saldado con la entrega del bien hipotecado (si la vivienda vale menos que la deuda contraída), sino que el prestatario es responsable con el resto de su patrimonio hasta la devolución total del importe adeudado.*[18]

Se descubre aquí otro de los más importantes mecanismos de disciplinamiento de las familias: la obligación de devolver no el bien hipotecado, sino el valor de la deuda contraída. La imposibilidad de hacer frente a las deudas está llevando a muchas familias a deshacerse de las viviendas; y más grave aún a un creciente número de desahucios que en 2009 podría haber alcanzado una cifra de varias decenas de miles.[19] Como se sigue de la cita anterior, el desahucio no implica la cancelación de la deuda, sino la pérdida de la vivienda, a la que se añade la obligación de pagar la cantidad restante, lo que en la mayor parte de los casos ni siquiera resuelve la situación financiera de las familias desahuciadas.[20] Jóvenes y extranjeros, los últimos en llegar, y las rentas más bajas, los más sobreendeudados, han sido otra vez las víctimas propiciatorias de este sistema de abuso bancario sancionado legalmente.

---

18 Banco de España, *Informe de estabilidad financiera*, noviembre 2008, p. 32 [la cursiva es nuestra].

19 Así lo denuncia un reciente informe del Consejo de Justicia del Poder Judicial que esperaba un aumento de los desahucios de un 194 % para 2009 (citado en *Diagonal* 3-03-2009) o también de unos 100.000 posibles desahucios estimados por fuentes cercanas a la Plataforma Ahorcados por la Hipoteca. Ésta última ha sido la principal iniciativa social de respuesta a los desahucios y no por casualidad está protagonizada por familias inmigrantes, fundamentalmente ecuatorianas, embarcadas recientemente en la compra de una vivienda a la que ya no pueden hacer frente. Entre sus exigencias se encuentra que la deuda se cuente sobre el bien y no sobre el valor hipotecado. Véase http://www.blogcreditos.com/ahorcados-por-la-hipoteca-movimiento-de-deudores/

20 El desahucio supone una pérdida completa de autonomía en la cancelación de sus deudas. El desahucio va seguido de la subasta de la vivienda por parte de la entidad financiera que efectuó el préstamo. Bancos y cajas de ahorro se dan habitualmente por satisfechos con que el precio de subasta no rebaje la cifra del 50 % del valor de tasación. La venta rápida de la vivienda, normalmente por debajo del valor de mercado, supone que el antiguo prestamista tendrá que pagar la deudas pendientes menos el valor de una vivienda mal vendida.

Lo visto hasta aquí parece demostrar que el proceso de financiarización, acabada la fiesta inmobiliaria, tiende más bien a dilatar y a multiplicar el riesgo y la vulnerabilidad de los sectores más frágiles. Dicho de otro modo, la deuda opera como un eficaz medio de transmisión de los riesgos sobre estos sectores. Queda ahora por determinar en que grado la crisis inmobiliaria se está declinando como crisis económica *tout court* con la consiguiente destrucción de empleo, y por lo tanto con la destrucción de lo que, en última instancia, es la fuente de renta de los más pobres: el empleo.

Paro y mercado de trabajo

A mediados de 2007, justo cuando empezaron a conocerse los primeros indicios del estancamiento de los precios de la vivienda y del consumo, la economía española alcanzó su cenit histórico en cuanto a número de ocupados se refiere: 20.510.000 sobre una población activa que superaba de largo los 22 millones.[21] Durante la larga «década de prosperidad» se crearon siete millones netos de puestos de trabajo: un crecimiento de un 30 % respecto de los niveles de mediados de los años noventa. Al mismo tiempo, la tasa de paro rebajó la barrera del 10 %,[22] un umbral considerado irrebasable y que parecía haber sido un objetivo definitivamente abandonado desde principios de la década de 1980. El éxito rotundo de las políticas macroeconómicas fundadas en el endeudamiento privado y la solución espacial, parecían situar a España sobre la senda de los «valores europeos».

A la luz de los primeros datos volcados por la nueva coyuntura de crisis, el victorioso combate contra el paro se ha mostrado, por contra, bastante efímero. El deterioro del empleo se ha dejado ver con una velocidad tan rápida como potencialmente inmanejable. Como se ve en el gráfico 9.4, desde el segundo trimestre de 2007, la tasa de paro inició una leve espiral ascendente que tendió a acelerarse a mediados de 2008, para adquirir una tasa exponencial en 2009. De poco menos de 1,8 millones de parados en 2007 se pasó a más de cuatro en el segundo trimestre de 2009. Sólo en el primer trimestre de 2009, el más catastrófico de toda la serie, se añadieron 750.000

21 Todos los datos que siguen, salvo cuando se indique lo contrario, provienen de la Encuesta de Población Activa, actualizada al cuarto trimestre de 2009.

22 Si bien es verdad que una parte de este decrecimiento se debe a los cambios de la «contabilidad estadística» desarrollada por el INE a fin de equiparse a los estándares europeos, y que corregía a la baja la antigua metodología de la Encuesta de Población Activa en un punto porcentual.

nuevos desempleados. En sólo dos años se destruyeron 1.900.000 empleos netos. Y la tasa de paro volvió a rozar la frontera del 20 % (el 18,83 % para el cuarto trimestre de 2009). Al cierre de la edición de este libro, aunque el número de parados parecía haberse estabilizado en términos relativos, nada parecía impedir una nueva oleada de despidos, especialmente a medida que se acuse el agotamiento del estímulo del gasto público. El escenario de cinco o incluso seis millones de parados para 2011 ó 2012 resulta perfectamente posible.[23] Y es seguro que se continuará escuchando la misma letanía de predicciones catastrofistas y mensajes tranquilizadores que nos vienen acompañando en estos últimos años: expresión de la pura confusión, siempre con buenas dosis de oportunismo, que reina en los ámbitos de la *intelligentsia* económica.

Gráfico 9.4 Parados y tasa de paro 1-2007 / 4-2009

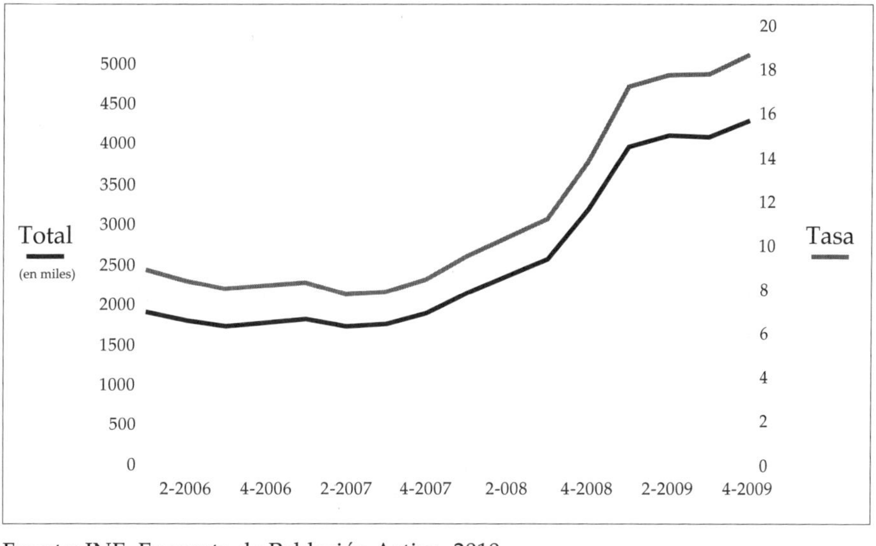

Fuente: INE, Encuesta de Población Activa, 2010.

23 En el cuarto trimestre de 2010 la cifra de parados según la EPA era de 4.326.500. Algunos expertos como Miguel Ángel Fernández de Pinerdo, ex-presidente de PrivewaterhouseCoopers España llegó a hablar incluso de 6 millones. Otros analistas han situado la tasa de paro en torno al 30 % para 2010-2012.

Los números absolutos del paro tienden, no obstante, a ocultar el verdadero impacto de la crisis. Que a finales de 2009 hubiera más de un millón de hogares en los que ninguno de sus miembros recibía renta salarial, supone una condena a un estado de indigencia o de supervivencia apenas garantizada por unas prestaciones sociales menguantes. Es también patente que la prolongación de una situación para la que no se apunta ninguna señal de cambio implica que una cantidad cada vez mayor de esos parados ingresará en el grupo de los «sin cobertura», lo que quiere decir sin ningún ingreso. No obstante, aquí es mucho más importante saber sobre qué sectores de actividad, y por qué en algunos grupos sociales, el paro se extiende como una pandemia incontenible, mientras que en otros se muestra como una coyuntura moderadamente negativa.

El análisis de la reciente evolución del paro nos ofrece, en este aspecto, una perfecta radiografía de la contraparte del proceso de financiarización: la fragilidad estructural del trabajo en el régimen de acumulación financiarizado. El desempleo y su concentración en determinados sectores sociales muestran, de la manera más clara, que el modelo español de crecimiento se ha producido sobre una profunda dualización del mercado de trabajo. Destacan asimismo que las políticas económicas se han basado en la transferencia y posterior concentración de riesgos sobre los colectivos más vulnerables, aquéllos que se habían visto o bien marginados del *potlacht* patrimonial, o bien habían participado más del lado del endeudamiento hipotecario que de la explosión consumista del nuevo capitalismo popular.

Por consiguiente, al analizar la evolución del paro se está analizando, en realidad, la estructura laboral que cuelga del régimen de acumulación español. El paro constituye sólo el penúltimo recibo de la crisis y del colapso del modelo de crecimiento basado en la financiarización. Pero para completar el análisis de los efectos sociales del desempleo tenemos que considerar las tres características principales del modelo laboral español:

- La fuerte dependencia del crecimiento del empleo de los sectores económicos centrales en el régimen de acumulación: como la construcción y los servicios de consumo.
- La fuerte dualización del mercado laboral y la debilidad estructural de una parte importante de la fuerza de trabajo convertida en una variable de ajuste, casi inmediata, a la evolución del ciclo económico.
- La concentración de los riesgos sociales en el segmento de trabajo más precarizado, que además coincide de nuevo con los segmentos más fragilizados por los procesos de financiarización / endeudamiento.

1. El «modelo laboral español»

La fórmula más comúnmente empleada para explicar este rápido crecimiento del desempleo viene a decir lo siguiente: como «la economía española ha creado mucho empleo en muy poco tiempo, es por eso que el ajuste es aquí mucho más rápido que en otros países de Europa». Y es probable que haya mucho de verdad en esta frase, siempre a condición de que se explique lo que se quiere decir con esa «rápida creación de empleo». La fábrica española del empleo ha sido fundamentalmente de carácter extensivo, con poca inversión de capital y en los sectores directamente relacionados con la estrategia del keynesianismo de precio de activos: la construcción y los servicios de mercado.

En plena expansión de la llamada sociedad del conocimiento y de las tecnologías de la información, más de la mitad de los siete millones de nuevos empleos creados entre 1995 y 2006 fueron generados o bien en el sector inmobiliario, o bien a costa de la inflada cuenta de consumo de los hogares españoles. En concreto, la construcción, las industrias de suministros de la construcción, los servicios inmobiliarios y la industria del mueble crearon más de un millón y medio de empleos. A su vez, al comercio, la hostelería y los hogares que recurrían al empleo doméstico le correspondieron otros 2,3 millones. En conjunto, el 53,5 % del empleo generado en esos años fue absorbido por estas ramas de actividad.[24] Se trata en su mayoría de empleos de cualificación media o baja, en sectores caracterizados por una alta temporalidad, la presencia de importantes bolsas de trabajo negro —especialmente en la construcción y en el servicio doméstico— y niveles de remuneración por debajo de la media salarial.

Como era previsible, han sido estos mismos sectores los que más rápidamente se han deshecho de sus «excedentes» laborales. A pesar de los numerosos medios de respiración artificial puestos en marcha —fundamentalmente a través del gasto público y la subvención al consumo—, sólo la construcción ha representado cerca de la mitad de los empleos perdidos entre 2008 y el cuarto trimestre de 2009, el 60 % si se incluyen aquí los servicios inmobiliarios y las industrias auxiliares. Los servicios relacionados con el consumo muestran un ritmo de destrucción algo menor con cerca del 20 % del total. La industria y especialmente las ramas

---

24 Estos sectores suponían en 1995 el 38 % del empleo total. Su evolución, de acuerdo con los parámetros de evolución de la llamada «sociedad de la información» debiera haber conducido a una reducción de su participación. Lejos de ello, el ciclo inmobiliario español había hecho aumentar la participación de sectores hasta concentrar el 43,5 % del empleo total en 2006. Datos de Contabilidad Nacional, años 1995 y 2006, INE.

relacionadas con la demanda de la construcción y de los hogares representan el otro 30 % del empleo destruido.[25] En el resto las pérdidas han sido todavía mínimas, si bien es probable que a medida que se deterioren los indicadores macroeconómicos y siga cayendo la demanda, se profundice todavía más el deterioro del empleo en la construcción, aumente mucho más en los servicios relacionados con el consumo de los hogares y empiece a alcanzar a sectores todavía relativamente al margen de la crisis.

2. *La dualización del mercado de trabajo.*

La caída de la actividad inmobiliaria a partir de 2007 y el inicio del declive del consumo de los hogares han puesto también de manifiesto los «beneficios» inmediatos de tres largas décadas de flexibilización del mercado de trabajo. La práctica totalidad de los asalariados que han engrosado las filas del paro entre el primer trimestre de 2008 y el primero de 2009 eran temporales.[26] Asimismo en el capítulo de trabajadores por cuenta propia, que incluye autónomos, «externos» y freelancers, se perdieron otros 289.000 empleos, el 14 % del total destruido. La «proverbial» rigidez del mercado de trabajo español, cacareada en tantas ocasiones por la patronal y el Banco de España,[27] ha sido sólo un tigre de papel para los balances contables de las empresas españolas: la altos índices de temporalidad del mercado de trabajo —el 32 %

25 En concreto 870.000 empleos destruidos en la construcción entre el primer trimestre de 2008 y el cuarto de 2009, 640.000 en la industria (sólo 61.000 en la industria del mueble), 290.000 en el comercio (en su mayoría en el comercio al por menor) y 40.000 en actividades inmobiliarias. Son además significativos los 45.000 empleos destruidos en el sector financiero. Véase EPA, 1er T 2009, INE.

26 Entre el tercer trimestre de 2007 y el primero de 2009 se perdieron 1.363.000 contratados temporales, un 10 % de los cuales pasó a ser indefinido y el resto fue directamente al paro. EPA, IT 2009, INE.

27 La receta de ambos organismos apunta, como es costumbre, sobre una nueva ronda de medidas con el fin de aumentar la flexibilidad laboral, siempre según la lógica de que tal flexibilidad es el «único» medio de garantizar la capacidad de respuesta empresarial, aumentar la competitividad, etc. La línea de presión de la CEOE, de la que oposición y gobierno ya han tomado buena nota (y que tiene por lo tanto grandes posibilidades de imponerse como futura reforma laboral) consistiría en reducir la temporalidad laboral, en este caso con un tipo de contrato único que debiera acompañarse de la reducción de los costes de despido (reducción de los días de indemnización por año trabajado) y la reducción de los pagos a la seguridad social por parte empresarial. El Banco de España apunta además de estas medidas, incentivos a la movilidad geográfica y ocupacional. Véase, por ejemplo, la persistencia ideológica de este tipo de tesis, incluso antes del rápido deterioro de 2009, en el Infome Anual 2007 del Banco de España, especialmente en el capítulo «Desacelaración y reequilibrio de la economía española: el ciclo inmobiliario y el funcionamiento del mercado de trabajo», en www.bde.es/informes/be/infanu/infanu.html

sobre el total de los asalariados antes de la crisis— y la subcontratación de externos y autónomos han permitido reducir los efectivos laborales con un retraso de escasos meses en relación con la caída de la actividad económica.[28] Obviamente, este nuevo desempleo dista mucho de poder ser reducido al estrecho corsé del «paro friccional»: los empleos, que simplemente estarían disponibles para aquellos dispuestos a formarse o sacrificar algo de su movilidad y sus salarios, no aparecen por ninguna parte.

Antes al contrario, la rápida evolución del paro parece mostrar otro de los principales rasgos del correoso modelo de crecimiento español, y de su indeleble especialización en la creación intensiva de empleo de baja cualificación y con escasa inversión de capital. Nos enfrentamos aquí a una radical segmentación del mercado de trabajo en dos circuitos bien diferenciados. El impacto del desempleo en los sectores relacionados con el consumo de los hogares y con la construcción coincide, efectivamente, como las aristas de un jarrón partido por la mitad con un segmento del mercado de trabajo permanentemente caracterizado por la volatilidad en el empleo, la precariedad de las condiciones laborales, la baja cualificación y los escasos niveles de remuneración salarial. El perfil de este segmento es propiamente el del «trabajador superfluo», que se reconoce en las categorías de los ocupados que se han visto reducidas en mayor número y más rápidamente: los jóvenes (16-34 años) que representan más del 90 % del empleo destruido por franjas de edad y los trabajadores no cualificados (22 % del total si se considera la ocupación) o semicualificados de la industria y la construcción (46 %).

Por otro lado, frente a este sector laboral existe otro importante grupo de trabajadores a los que, al menos todavía, la crisis sólo le parece haber arañado levemente en su estabilidad laboral y en su poder adquisitivo. Se trata de los técnicos y profesionales, con nivel de estudios medio o alto, y de los empleados del sector público, especialmente los funcionarios.[29] Los sectores económicos menos impactados por la crisis son propiamente los mismos a los que se destina esta composición laboral: los relativos a las nuevas economías del conocimiento como «información», «actividades

28 De hecho este retraso de algunos meses, se puede leer de una forma mucho más interesante, si se tiene en cuenta que si bien la destrucción de empleo comienza a partir del 3er trimestre de 2007, la reacción empresarial durante todo el año siguiente (hasta finales de 2008), consistió en aumentar los niveles de temporalidad y precariedad, recurriendo a la contratación de trabajadores extranjeros y mujeres, que en términos absolutos alcanzan el máximo número de ocupados en el 3er trimestre de 2008 (un año después). Véase cifras EPA.

29 Por sólo poner un ejemplo, si entre el 3er trimestre de 2007 y el 1ero de 2009 la destrucción neta de empleos entre los trabajadores cualificados de la construcción y la industria alcanzó a casi el 20 % de los trabajadores y a más del 10 % de los trabajadores no cualificados, entre los técnicos y profesionales apenas alcanzó al 4 %. Véase cifras EPA.

artísticas y recreativas» (que incluso han conseguido crear empleo en estos años), así como también ramas de actividad más tradicionales como los servicios profesionales, la educación y la sanidad. Curiosamente, la frontera entre ambos sectores, que en ocasiones parecen más bien departamentos estancos, se sostiene sobre el viejo sistema educativo y su clara excrecencia «credencialista».[30] Los certificados «profesionales» y los títulos académicos parecen seguir siendo los principales variables a la hora de determinar los niveles de renta y también de estabilidad en el empleo.[31]

En definitiva, la dualización social, que marca la línea de tendencia de la estructura social, viene aquí ratificada por la separación en dos mercados de trabajo distintos y con pocas conexiones entre sí. El desigual impacto del desempleo en ambos sectores sirve como agrimensor de las curvas de nivel de la composición laboral. Se trata no obstante de una máquina todavía poco precisa. Lo que categóricamente parecen mostrar las cifras del desempleo es que éste se ceba sobre los sectores sociales minorizados, aquellos desplazados a una posición de subalternidad y de enorme fragilidad contractual.

3. *El paro: vehículo de transmisión de los riesgos asociados a la crisis*

Al comparar el impacto diferencial del paro con el mapa de riesgos asociado al endeudamiento y los procesos de financiarización, parece completarse el cuadro de los sectores más vulnerables, atenazados por la doble pinza del desempleo y un endeudamiento insostenible. Así los grupos con tasas de

30 A pesar de la supuesta apertura social de las carreras y profesiones, los títulos educativos siguen siendo con mucho las mayores garantías de acceso a determinadas categorías profesionales caracterizadas por evidentes ventajas en cuanto a las condiciones de trabajo y remuneración. En este sentido, el sistema educativo no sólo se comporta como un sistema de cualificación, sino también como un dispositivo de cierre social en el sentido weberiano del término: un sistema que limita el acceso a los recursos y oportunidades a un número determinado de candidatos. Véase sobre este concepto un libro ya clásico, Frank Parkin, *Marxismo y teoría de clases. Una crítica burguesa*, Madrid, Espasa, 1984.

31 A finales de 2009, la tasa de paro era más de cuatro veces superior para los analfabetos que para los titulados universitarios, y más de dos veces superior que para los trabajadores que hubieran realizado sólo estudios primarios o el primer ciclo de secundaria. La reforma del mercado de trabajo actualmente en discusión (véase nota 27 de este capítulo) no pretende destruir este sistema, por mucho que se apoye retóricamente en la necesidad de terminar con esa injusta dualización del mercado de trabajo. Simplemente equiparará, y sólo en parte, a los contratados fijos con los trabajadores temporales, sin que ello afecte a ninguna de las variables que realmente deducen la profunda dualización del mercado de trabajo. En otras palabras, la reforma del mercado de trabajo sólo busca «adaptar» de un modo más fino el volumen de empleo a los turbulencias del ciclo económico.

paro muy superiores a la media son los muy jóvenes de 16-19 años (58 %) y los jóvenes de 20-24 (35 %); los trabajadores de nula o escasísima preparación (sin estudios, 46 %; y con estudios primarios, 28 %); y los extranjeros (32 %, especialmente las mujeres). Otros grupos que están sufriendo también tasas de paro por encima de la media son los trabajadores de cualificación media-baja (25 %) y las mujeres (19 %).

Gráfico 9.5 Sectores sociales con mayores y menores tasas de paro. Evolución 1/2007- 4/2009

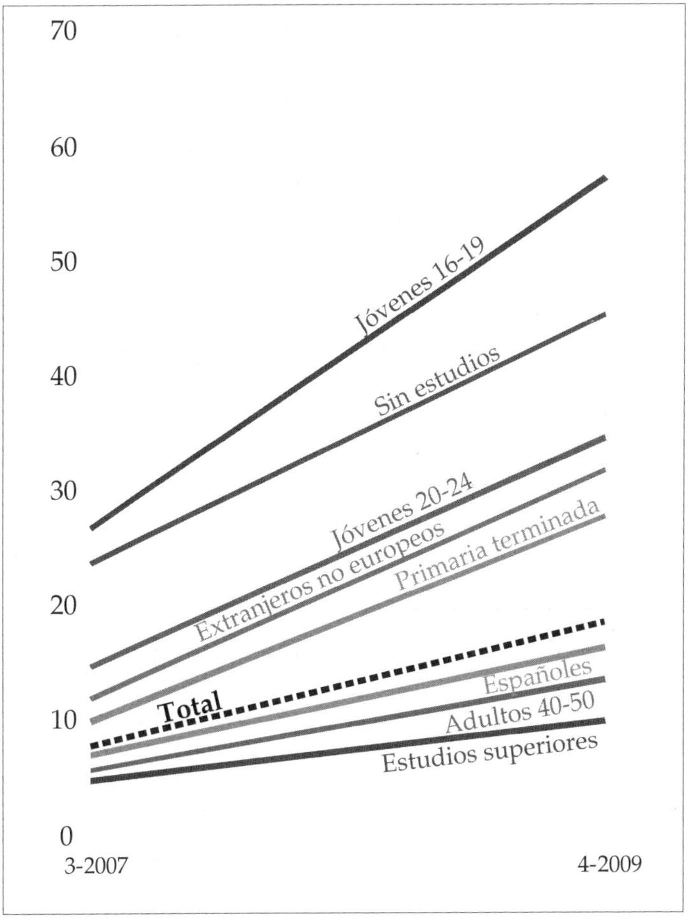

Fuente: INE, Encuesta de población activa, 2010.

Con sólo un poco de imaginación histórica, dentro de este patrón social del desempleo, se podría reconocer el largo espectro de los análisis de la teoría crítica clásica. Efectivamente, en una licencia quizás a contrapelo de la historia, lo que parece mostrar la profunda dualización del mercado de trabajo es la actualidad de las funciones del «ejercito industrial de reserva» del que hablara Marx hace 150 años.[32] Lo que hasta ahora hemos definido como el segmento del trabajo superfluo en España puede ser comprendido también como:

Superpoblación relativa fluctuante por la que, según Marx, «ora se repele a los obreros, ora se los atrae en mayores proporciones», y cuyo volumen viene determinado precisamente por las fases del ciclo económico y de creación-destrucción de empleo, además de por la existencia de una población permanentemente desempleada. Una categoría nada difícil de reconocer en la curva de España. En efecto, el número de desempleados en los últimos treinta años no ha descendido de 1,5 millones, ni por debajo de una tasa del 8 %, con picos recurrentes según la evolución de los ciclos económicos de más tres millones de desocupados. La alta tasa de temporalidad del mercado de trabajo —desde finales de los años ochenta, más del 30 % de los ocupados están sujetos a contratos temporales— y la progresiva asimilación de la contratación indefinida al trabajo temporal (véase capítulo 4) han convertido a un segmento mayor de la fuerza de trabajo en una simple variable de ajuste del ciclo económico. La alta tasa de creación de empleo basada en un modelo intensivo en trabajo pero de escasa inversión en capital no proporciona ninguna resistencia frente a las caídas cíclicas de la actividad económica, que invariablemente se traducen en tasas de desempleo superiores al 20 %. No puede extrañar que esta masa «fluctuante» se «ajuste» y reaccione bruscamente a la baja en los periodos recesivos. Constituye el coste de la escasa calidad del empleo, la destrucción histórica de toda capacidad de resistencia en los sectores más precarizados y la desarticulación de todo poder estructural de negociación en el proceso productivo.

Superpoblación relativa latente que procede de los mercados de trabajo externos y que en épocas históricas coincidía con el excedente de población agrícola. Ahora los mercados de trabajo externos son propiamente el resto del planeta y su permanente «superávit» de población laboral. Así, los más de tres millones de trabajadores extranjeros que la economía española ha capturado de los países de Europa del Este, América Latina y el Magreb.

32 La visita del original que aquí tomamos de forma libre a fin de ejemplificar la fuerte dualización del mercado de trabajo corresponde a la sección VII, capítulo XXIII del Libro I, «La ley general de la acumulación capitalista». K. Marx, *El capital*, Libro I, Tomo III, Madrid, Akal, 2007, pp.106-116.

Trabajadores que, sumergidos de pleno en la fase recesiva, se han convertido en números «excedentarios». La «gestión» de esta fuerza de trabajo es también una de las claves de bóveda de la crisis social en ciernes. La permanente oscilación de los poderes públicos entre el retorno, la invisibilización o la criminalización parece dejar pocas dudas de que los discursos de integración tienden a aplicarse más en épocas de crecimiento que de crisis. De momento, la presencia de esta población extranjera parece «no eliminable». Ni el Plan de Retorno Voluntario, que ofrece en un sólo pago los derechos de subsidio de desempleo (no así otras cuotas como las destinadas a pensiones) a aquellos inmigrantes que se comprometan a retornar a su país,[33] ni tampoco la presión policial y el aumento de las deportaciones parecen haber conseguido «extinguir» el problema de los nuevos «superfluos». Mucho más éxito —además de probablemente más daño— está teniendo la campaña orquestada, para sino culpabilizar de la crisis a los trabajadores migrantes, sí para reconocer en ellos una amenaza en una época de recursos escasos sobre los que los «españoles» deben tener preferencia.

Y por último, superpoblación relativa estancada, formada por aquellos que efectivamente están activos y empleados pero con «una ocupación muy irregular» y cuyo «nivel de vida desciende por debajo del nivel normal medio de la clase obrera». Se trata de una de las características salientes del modelo laboral resultante de la destrucción del marco laboral fordista y que de nuevo representa tanto a los temporales y aquellos condenados a una permanente rotación laboral, como a los sometidos a regímenes de contratación alegales (trabajo negro) y/o coactivos (como el que viene impuesto por la ley de extranjería y los permisos de trabajo de los inmigrantes). En su condición de «estancada», esta población está compuesta principalmente por colectivos minorizados, sometidos a las peores situaciones laborales. Extranjeros (especialmente extracomunitarios), jóvenes y mujeres (sobre todo de baja cualificación) son el grueso de este nuevo ejército de reserva del nuevo proletariado del régimen de acumulación financiarizado, siempre con tasas de desempleo y de rotación laboral mucho más elevadas que las de la media.

En definitiva, si se considera el impacto diferencial del paro, o si se quiere de la destrucción de la renta salarial apoyada en la segmentación de los mercados de trabajo y en la «funcionalidad» de la «superpoblación obrera», no puede sorprender la enorme asimetría del golpe de la recesión. La crisis

33 El Plan de Retorno Voluntario fue puesto en marcha en noviembre de 2008 con el propósito de «incentivar» la reducción de los excedentes laborales. La medida consistía en proporcionar a los inmigrantes acogidos el pago íntegro del subsidio de desempleo al que tuvieran derecho por su cotización laboral, a cambio de no volver a España en un plazo de tres años. En mayo de 2009 sólo se habían acogido al plan 3.000 extranjeros, de los más de 100.000 previstos.

se traslada por los mismos hilos (la edad, la nacionalidad, el género) que organizan la sociedad española en clases y grupos sociales diferenciados. Así, bajo el rostro del desempleo y de la destrucción de la renta salarial, la factura de la recesión es primero expedida a los jóvenes, que o bien tienen mucho más difícil encontrar su primer empleo, o bien son los primeros en ser despedidos; también a los extranjeros, que en los años bulliciosos eran contratados por decenas de miles, y ahora son despedidos en igual número y modo; y finalmente a las mujeres, especialmente a aquellas de nivel de formación bajo, extranjeras y jóvenes.

***

El análisis de las cifras de paro y del proceso de financiarización de las economías domésticas, que aquí hemos intentado, refuerza también otra de las intuiciones de esta obra, a saber: que la llamada clase media, sin la intervención cada vez más imposible de medios financieros, es sencillamente una quimera, y que la fortaleza de los mecanismos de inclusión y pertenencia social se está demostrando tan frágil como el reciente ciclo de prosperidad. De otra parte, si el fin de la «sociedad de los propietarios», en tanto cemento del vínculo social, ha dejado en realidad un rosario de situaciones personales y familiares de dificilísima gestión, el trabajo ha sido debilitado hasta el punto de que es ya difícil reconocer en el mismo nada ni lejanamente parecido a su función social en el viejo ciclo de la producción industrial. El trabajo es hoy un recurso y un medio de vida necesario, especialmente para aquellos que no tienen cierto nivel de riqueza patrimonial, pero en ningún caso un medio de pertenencia social.

En definitiva, la crisis ha demostrado la enorme fragmentación social que subyace a las diferencias sociales de salarios y niveles de endeudamiento, así como en los riesgos derivados de la pérdida del empleo. El paraíso de una clase media enriquecida por el crecimiento del valor de su propiedad y el acceso generalizado al empleo se ha hecho añicos al primer golpe. Pero antes de concluir, conviene analizar otro conjunto de factores que seguramente llevarán aún más lejos las notas aquí esbozadas.

10. De la crisis económica a la crisis social

Un espectro de amenazantes proporciones recorre la geografía española. Se trata no sólo de los clásicos efectos asociados a las crisis económicas, cuanto de una novedosa reedición de la devastación urbana de la década de 1980. Algunos elementos parecen idénticos: el paro, la transferencia de los riesgos sociales a los más jóvenes, la cada vez más difícil viabilidad de las rentas bajas. Otros son completamente nuevos y específicos del nuevo régimen de desarrollo: la centralidad de la deuda, las desigualdades patrimoniales, la complejidad social asociada a la inmigración.

En la más banal de las imágenes de los *mass media*, parecería que los factores ya analizados —los altos niveles de endeudamiento, el rápido ajuste del empleo y los devastadores costes ambientales— son los elementos centrales de la crisis social. Sin embargo éstos podrían ser sólo la manifestación superficial, o si se quiere los efectos más rápidamente reconocibles, de otro conjunto de procesos que se encuentran anidados de una forma mucho más profunda en el régimen de acumulación inmobiliario-financiero y que sin embargo definen la «situación» actual como una coyuntura en cierta forma inédita o, lo que es lo mismo, como una situación para la que las recetas económicas, sociales y políticas elaboradas en épocas pasadas se muestran completamente inadecuadas. En este epígrafe vamos a intentar explorar sólo algunas de las preguntas que se siguen directamente de las premisas del modelo analizado en las páginas precedentes:

- Si la geografía social es crucial a la hora de determinar el impacto diferencial de la crisis, así como sus distintas cadencias y manifestaciones sociales ¿qué podemos decir a partir de la efectiva constitución de modelos urbanos radicalmente distintos a los de la crisis de la década de 1980?

— De otra parte, ¿cuáles son las consecuencias de la progresiva financiarización de las economías públicas, y específicamente, cuáles son sus efectos en la propia lógica de prestación de los servicios sociales? ¿Qué sucede con las principales partidas del *welfare* cuando la crisis inhabilita los mecanismos virtuosos asociados a la estrecha dependencia de las administraciones locales respecto del crecimiento urbano?

— Por último, y quizás lo más importante, la crisis ha quebrado los mecanismos financieros de sostenimiento de la clase media, mostrando el verdadero rostro de la patrimonialización: una profunda dualización social y un debilitamiento relativo de los soportes subjetivos del Estado del bienestar. ¿Qué escenario político y social se sigue de esta ruptura?

Patrimonialización y segregación urbana

El triunfo de la «propiedad» sobre cualquier pretensión socializante en la tenencia de vivienda, los usos del suelo y, en general, la producción urbana, no son sólo el producto de nuevas formas de experiencia urbana, constituyen también el principal factor en la constitución material de una nueva modalidad de ciudad. La masiva construcción de viviendas, el nuevo predominio de los modelos de ciudad dispersa, la expansión del crédito y la dilatación de las desigualdades sociales que vienen implicadas en esta época de expansivas burbujas patrimoniales han tenido la suficiente potencia como para dibujar geografías sociales y ecológicas bastante distintas de la ciudad industrial clásica. Dejando de lado la creciente depredación de recursos naturales, que es sin duda una de las notas más características del reciente crecimiento urbano, lo que podríamos bautizar con el nombre de «geografía urbana de la financiarización» ha venido caracterizado por espacios metropolitanos cada vez más segregados, modelados por una suerte de darwinismo espacial en el que, al estilo de los viejos análisis de la Escuela de Chicago, las clases sociales exacerban su lucha por el suelo y los espacios urbanos.

El mecanismo que asocia burbuja patrimonial y segregación urbana podría ser tremendamente sencillo. Como se sabe, la revalorización patrimonial ha beneficiado más a las rentas altas y a los patrimonios grandes y medios, que a las rentas medias y bajas. Factor principal de esta asimetría es la creciente importancia de la capitalización previa para la adquisición de nuevos activos inmobiliarios. Dicho de una forma sencilla, aquéllos que al comienzo del ciclo tenían patrimonios de mayor valor lo han aumentado más durante el ciclo alcista que aquéllos que accedían por primera vez a la propiedad inmobiliaria.

Otro importante factor de este proceso se encuentra también en la diferente evolución de los precios de la vivienda. La espiral de precios y el calentamiento de los mercados inmobiliarios son casi siempre arrastrados por aquellos estratos del parque inmobiliario de mayor calidad y precio. El incremento de los precios de la vivienda ha sido así más acusado en los barrios y localidades de las poblaciones de mayor poder adquisitivo, siempre mejor situadas geográficamente y con mejores estándares ambientales y arquitectónicos, que en los barrios y localidades típicamente asociados a las clases trabajadoras, con dotaciones y servicios de peor calidad.[1] La seguridad y el atractivo de las áreas más caras para los inversores ha supuesto, además de las consiguientes plusvalías a sus propietarios, un mayor coste de entrada para aquellos nuevos vecinos que quisieran establecer allí su residencia. El propio mercado inmobiliario se ha convertido así en un mecanismo selectivo, no sólo en lo que al acceso de la propiedad se refiere, sino también frente a posibles *new commers* de rentas inferiores que pudieran suponer una amenaza de «degradación» social relativa de un determinado entorno urbano, y por lo tanto de devaluación de los precios de la vivienda.[2] El resultado de este crecimiento diferencial de precios y las barreras de entrada

---

1 Desgraciadamente la comprobación estadística de esta regularidad dista mucho de ser fácil. Las series más fiables proceden del idealista.com —uno de los principales intermediarios inmobiliarios por internet. Con información de numerosos distritos y municipios de las principales metrópolis españolas, los primeros datos son, sin embargo, del último trimestre de 2000, o en algunos casos ya entrado 2002. Por ejemplo, la serie para las áreas metropolitanas de Madrid y Barcelona comprende sólo el periodo 2002-2009, lo que nos ofrece algunos resultados significativos pero no concluyentes. De hecho, la ausencia de información para el primer «arranque» del ciclo (1996-2000) limita severamente la distancia que los distritos y municipios más caros pudieron adquirir en esos años, y del que fueron protagonistas, ya que sólo más tarde arrastraron a las áreas periféricas. En cualquier caso, lo que parece del todo claro es que los distritos y municipios más ricos han mantenido durante más tiempo el precio del metro cuadrado respecto de los más humildes que desde 2008 han experimentado una caída libre. Véanse los datos brutos en http://www.idealista.com/pagina/informacion.

2 La carrera por conseguir lo que en el «lenguaje nativo» del propietario de vivienda se denomina «entorno seguro», y que podríamos traducir por «entornos sociales homogéneos», es un proceso contradictorio que tiende a retroalimentarse de forma indefinida. Los servicios de mantenimiento y cuidados personales de estos búnqueres urbanos implican la entrada de estratos sociales más bajos y en ocasiones la residencia en estas zonas. Cuanta mayor es la segregación de estos espacios mayores son las necesidades de servicios externos a domicilio, lo que implica mayores entradas de personal laboral en los recintos cerrados o semi-cerrados. Paradójicamente, el recurso a estos trabajadores termina por alimentar la maquina ideológica de la «inseguridad» que revierte sobre el sistema de formación de precios. Véase por ejemplo, D. Harvey, *Urbanismo y Desigualdad social*, Madrid, Siglo XXI, 1977.

a las zonas más pudientes de las ciudades españolas es la consolidación de la tendencia a construir espacios urbanos cada vez más segregados y homogéneos socialmente.

De otra parte, la dinámica expansiva de los tejidos urbanos y las modalidades urbanísticas dominantes durante la pasada década podrían haber contribuido también a dilatar la segregación espacial. Si, por un lado, las políticas de liberalización de suelo y la articulación de regiones metropolitanas cada vez más complejas, apoyadas en una creciente sobredotación de infraestructuras de transporte, han estado en la raíz de los espectaculares procesos de crecimiento urbano —especialmente los casos de Madrid y Barcelona. De otro, el consenso generalizado entre administraciones, promotores y consumidores en torno a propuestas residenciales claramente orientadas sobre un modelo de ciudad difusa han acabado por configurar esas enormes manchas de «urbanismo discontinuo», desconectadas de los tejidos urbanos consolidados, que caracterizan tanto a las costas como a las principales regiones urbanas. Como se ha visto, entre 1987 y 2000 el llamado «tejido urbano discontinuo» creció a un ritmo cinco veces superior a los tejidos continuos característicos de la ciudad tradicional.[3]

El protagonismo indiscutible de este vasto proceso de urbanización de grandes extensiones de terreno de baja densidad residencial, atravesadas por carreteras y rellenas con fragmentos de naturaleza domesticada, se encuentra en la vivienda unifamiliar; pero también en los desarrollos en vertical a la manera de las urbanizaciones unifamiliares: manzanas cerradas, muchas veces bunquerizadas, con un buen número de equipamientos privados en su interior. Ambas morfologías urbanas son el reflejo de los ideales (anti) urbanos de la sociedad de propietarios y de su desapego por los espacios sociales complejos.[4] Por añadidura, la rápida construcción de barrios y

---

3 En el año 2000 la «ciudad difusa» alcanzó prácticamente la misma extensión en hectáreas que los núcleos compactos tradicionales, 320.417 ha. frente a 340.882. La segunda parte del ciclo inmobiliario, los años comprendidos entre 2001 y 2006, han confirmado con toda seguridad esta tendencia, haciendo del urbanismo disperso la modalidad de ocupación de suelo residencial más importante en España. Véase el estudio del Observatorio de la Sostenibilidad, *Cambios de ocupación del suelo en España. Implicaciones para la sostenibilidad,* Ministerio de Medio Ambiente, Madrid, 2006, p. 101.

4 Se trata de una modalidad residencial que en apariencia recupera el ideal urbano racionalista propio de los ensanches de finales del siglo XIX y principios del XX, pero en la que los espacios públicos y la vida urbana desparecen en una sucesión de espacios desiertos, sin locales comerciales —que se concentran en un gran recinto franquiciado o de una gran cadena de distribución—, con grandes avenidas dispuestas sólo para el tráfico motorizado y densidades de vivienda por hectárea apenas por encima de las urbanizaciones de unifamiliares. Ejemplo significativo de esta modalidad de desarrollos en el municipio de Madrid son los nuevos barrios conocidos por la figura de los Planes de Actuación Urbanística o PAUs. Para una crítica más exhaustiva de esta modalidad residencial véase, Observatorio Metropolitano, *Madrid ¿la suma de todos?, op. cit.*, pp. 286-296.

áreas residenciales, a veces de extensión considerable, dirigidas a ciertos segmentos del mercado, ha tendido a reforzar aún más la homogeneidad social de estos espacios.

En conjunto, la superposición de estos factores de segregación espacial parecen identificar las grandes líneas subyacentes a las nuevas geografías de la financiarización. Simplificando mucho, tres son las zonas críticas que pueden llegar a definir el tablero social de la crisis urbana en ciernes:

1. *La gentrificación de los centros urbanos.*[5] En perfecta sintonía con el nuevo paradigma del empresarialismo urbano, los centros históricos y los principales conjuntos patrimoniales han sido considerados como uno de los «activos» económicos más importantes a la hora de atraer flujos turísticos, así como inversiones productivas e instalaciones de ocio y servicios. Los centros urbanos se han convertido así en uno de los principales motores internos de las máquinas de crecimiento urbano. Una vasta oleada de intervenciones públicas y privadas han tratado de producir lo que podríamos llamar la segunda gran reforma interna de las ciudades españolas tras la demolición de las murallas y la apertura de las grandes vías para el tráfico rodado. Esta revolución urbanística se ha conducido, normalmente, por medio de una rápida acumulación de intervenciones cosméticas, apuntaladas en la construcción de nuevos viarios y la recuperación de avenidas o fachadas emblemáticas —como los frontales marítimos. Entre los ejemplos paradigmáticos de estos *liftings* urbanos se deben mencionar la gran reforma de Barcelona, que se viene realizando sobre el centro de la ciudad desde 1992, y los proyectos urbanos de la Ría de Bilbao apoyados en intervenciones espectaculares como el Museo Guggenheim.

Siguiendo al pie de la letra los manuales de gestión urbana, la construcción de edificios emblemáticos, las obras de embellecimiento, las infraestructuras culturales y este largo etcétera de intervenciones urbanas han venido acompañadas por una guerra de baja intensidad contra pobres y marginales.[6] Por lo general, el *target* principal de estas intervenciones

5 Del inglés *gentry* (noble) designa los procesos de sustitución de las clases populares por población de más recursos, normalmente a partir de una situación intencionada de degradación urbana derivada de la ausencia de intervención pública. Para una aproximación general véase la obra ya clásica de Neil Smith, *The New Urban Frontier. Gentrification and The Revanchist City*, Londres, Routledge, 1996 [de próxima publicación en Traficantes de Sueños].

6 La genealogía de estas formas de gobierno sobre los centros históricos, que por cierto está aún por ser escrita, tiene sin embargo un conjunto de hitos bien reconocibles: la generalización de la seguridad privada por parte de empresas y servicios públicos —principalmente en el transporte público—, que fue consecuencia de la intencionada atmósfera de inseguridad ciudadana de los años ochenta; la progresiva incursión de la policía en la penalización de prácticas antiestéticas en

se ha concentrado en arrinconar, reducir o eliminar los focos de pequeña criminalidad, prostitución o autoorganización vecinal o juvenil que todavía existían en amplias zonas de los cascos históricos a principios o mediados de la década de 1990.

Conviene aquí, sin embargo, ser más precisos. Dentro de la increíble complejidad social de los centros históricos parece difícil apostar por un balance definitivo. Si se considera la historia reciente de muchos barrios céntricos habría que destacar el evidente proceso de degradación que siguió a la crisis de los años ochenta, con todos sus corolarios en forma de desinversión, envejecimiento, marginación, heroína, etc. Esta rápida degradación, que de acuerdo con los modelos explicativos tradicionales podría ser inmediatamente previa a un paulatino proceso de gentrificación, se vio contrapesada, en muchas ciudades, por formas relativamente consistentes de experimentación social, protagonizadas principalmente por los sectores más jóvenes. Bares alternativos, comercios singulares, algunas plazas apartadas de los recorridos turísticos, okupas, centros sociales, salas de arte y ensayo, conformaron durante la década de 1990 un pequeño ecosistema *underground*, de a veces notable importancia, que podría ser considerado tanto la primera avanzadilla de la gentrificación, como una posible utilización y recreación alternativa de los centros históricos. Igualmente, la colonización de algunos barrios centrales por población migrante, que gracias a estrategias de hacinamiento y compartición de gastos han podido ocupar buena parte del parque de viviendas en alquiler, especialmente en las zonas con peores estándares de calidad y habitabilidad, tampoco parece haber concluido en un proceso de gentrificación canónico. Por citar un último contraejemplo, la paralela apertura de algunos barrios históricos de las grandes ciudades a colectivos más o menos jóvenes de cierto poder adquisitivo y reconocidos muchas veces en formas de vida similares —valga como ejemplo arquetípico los conocidos barrios gays de Chueca en Madrid y de algunas zonas del Eixample de Barcelona— ha tenido también un profundo sabor ambiguo, funcionando al mismo tiempo como una forma de gentrificación y una particular alternativa a la misma.

Hechas estas precisiones, conviene reconocer también que la lenta acumulación de intervenciones regeneracionistas ha conseguido buena parte de sus objetivos. Salvo reductos especialmente correosos y abandonados como reservas urbanas para futuras activaciones del mercado de suelo, los centros

los años noventa —persecución de yonquis, jóvenes, inmigrantes—; y las recientes ordenanzas municipales, que se han promulgado en multitud de ciudades españolas y que prohíben todo un conjunto de actos «incívicos»: desde la práctica juvenil del botellón hasta escupir en la calle, desde el graffiti hasta la mendicidad.

urbanos de las ciudades españolas han experimentado un rápido proceso de renovación y museificación que ha tendido a sustituir a las poblaciones de menores ingresos y a convertir muchas de las principales vías y plazas en auténticos «centros comerciales al aire libre», con representación de las principales cadenas internacionales de moda, restauración y hostelería. El *mélange* de intervenciones urbanísticas y procesos sociales ha conseguido lo que se puede considerar la principal virtud económica de la gentrificación: la rápida activación de los mercados inmobiliarios de los centros históricos, con la consiguiente expulsión de población en alquiler —muchas veces envejecida— y la masiva remodelación de viviendas destinadas a las poblaciones de mayor poder adquisitivo.

2. *El «vuelo» de las clases medias y altas*. Si la batalla por los centros históricos no se puede considerar plenamente concluida —los centros históricos siguen siendo el gran reservorio de diversidad urbana—, el masivo crecimiento de la «ciudad dispersa» obedece a patrones de organización social nítidamente ordenados por «segmentos de mercado». La ausencia de alguna contratendencia significativa, siquiera a nivel de opinión pública, ha adecuado *de facto* la enorme producción urbana de estos años a la matriz de un vasto programa de suburbanización destinado a las clases medias y altas. Como en Estados Unidos en las décadas de 1940 y 1950, los centros urbanos y las viejas periferias de los años del desarrollismo parecen haber sido testigos de la huida de una parte considerable de la población pudiente, expulsada o «asustada» por el colapso circulatorio, la pequeña criminalidad, la «baja calidad de vida» y el deterioro de los servicios públicos.

Considerado a grandes rasgos, las principales características de este proceso han sido, por un lado, su generalidad —que ha abarcado a amplios segmentos tanto de las rentas más altas como de las clases medias y medias-bajas— y, por otro, su perfecta organización según segmentos sociales homogéneos, o si se quiere según una nítida estratificación de renta y patrimonio. Confluyen aquí tres factores: la «madurez» del mercado, que ha permitido la creación de productos inmobiliarios específicos para cada tramo de la escala salarial; el hecho correlativo de que la revalorización patrimonial de aquellas familias con vivienda en propiedad haya podido ser correctamente dirigida sobre estos productos inmobiliarios; y, por último, los factores subjetivos que han convertido la compra de vivienda nueva en un signo de estatus social. (En estas masivas migraciones intraurbanas, parece que ha predominado la búsqueda de una «mejor» calidad de vida y el acceso a determinados signos de prestigio —el unifamiliar, el jardín, la piscina privada— tan característicos de la sociedad de propietarios.) De la alineación de estos tres elementos se sigue la configuración de un orden socio-espacial completamente ajeno a la ciudad tradicional, e incluso a la fuerte polarización de la ciudad industrial. La nueva ciudad difusa se parece a un *patchwork* de promociones urbanas completamente homogéneas y separadas entre sí, que tiende por otro lado a coincidir, zona por zona, con el mapa de los precios de la vivienda. De esta ciudad se destila también una experiencia urbana completamente distinta. Una experiencia marcada por el transporte privado —en ocasiones, ni siquiera existe una idea congruente de barrio y es del todo necesario el uso del automóvil hasta para la gestión más nimia—; la pobreza de los espacios públicos —reducidos, en demasiados ocasiones, a la otra gran estrella del ciclo: el centro comercial—; y la individualización de los servicios y de la vida cotidiana en general.

En cualquier caso, esta vasta transformación urbana no termina en estas mutaciones antropológicas. En realidad, dibuja una completa fragmentación social y política de la ciudad tradicional, antes relativamente unificada en las dinámicas convencionales del barrio obrero y el barrio burgués. En la última década, la proliferación suburbana ha tendido a hacerse cada vez más autónoma de los viejos centros urbanos, anunciando lo que podríamos reconocer como una versión mediterránea de las *edge cities* (ciudades-borde) de Garrou.[7] En efecto, la suburbia hispana ha comenzado también a consolidarse como una ciudad completa, si bien mucho más pobre que la tradicional. La proliferación de enormes complejos de ocio y consumo, así como la deslocalización a los extrarradios metropolitanos de los centros de gestión y administración de las grandes corporaciones, han convertido a muchos de estos fragmentos urbanos en espacios autosuficientes, que cada vez necesitan menos del resto de la ciudad.[8] La geografía social metropolitana que resulta de este proceso no intensifica simplemente las dinámicas de segregación espacial, en una suerte de estampida masiva de las clases medias hacia las periferias, sino lo que es mucho más grave, tiende a separar sus mundos urbanos en espacios protegidos y separados. La expresión política de este proceso ha dado ya suficientes pruebas de vitalidad con la entrada en escena de movimientos de propietarios semejantes a los que estuvieron detrás de la contrarrevolución fiscal de las metrópolis estadounidenes durante las décadas de 1980 y 1990.[9] Se trata de las grotescas movilizaciones

[7] J. Garrou, *City. Life in the new frontier*, Nueva York, Anchor Books, 1998.

[8] Véanse por ejemplo las nuevas ciudades-empresa (a veces con capacidad para varios miles de empleados), que buena parte de los grupos empresariales que cotizan en el IBEX 35 han construido en el arco suburbano de la zona norte y oeste de la metrópolis madrileña: ciudad Santander, complejo Telefónica, próxima ciudad BBVA, etc.

[9] Véase para el caso estadounidense, y en concreto para la conurbación de Los Ángeles, el bello análisis de Mike Davis, *Ciudad de cuarzo. Arqueología del futuro en Los Ángeles*, Madrid, Lengua de Trapo, 2005.

de las comunidades de vecinos de urbanizaciones más o menos exclusivas, que han tratado de obtener su secesión administrativa de «municipios más pobres» —que no pueden controlar políticamente y/o para los que pagan excesivos «impuestos»—;[10] y también de los conflictos urbanos que han tenido por *leit motiv* el bloqueo de cualquier cambio que afectase al valor de sus viviendas. Aunque no exentos de cierta ambigüedad, estos movimientos han trabajado en realidad en el reforzamiento de las líneas de la segregación urbana. Al fin y al cabo, son una de las prolongaciones políticas naturales de la sociedad de propietarios.

3. *La constitución de la nueva periferia urbana.* ¿De qué huyen las clases medias? Si los nuevos suburbios y la renovación de los centros históricos han rellenado los folletos publicitarios del sector inmobiliario, los viejos cinturones obreros se pueden considerar como su más importante excrecencia.

Otra vez, jóvenes y recién llegados —los inmigrantes de la última década— han sido quienes han soportado la peor parte de estas nuevas geografías metropolitanas. De un lado, han ocupado las peores viviendas del mercado, destinadas muchas veces al alquiler, mayoritariamente situadas en los centros urbanos degradados. De otra, han sido los colonizadores de un espacio característico de casi todas las ciudades españolas, los viejos barrios industriales. Recordemos: entre las décadas de 1950 y 1970 se realizaron las mayores operaciones de construcción de vivienda obrera de la historia española. Éste fue el origen de los gigantescos barrios de urgencia, destinados a una población de origen rural que acababa de llegar a las ciudades. Adyacentes en la mayoría de los casos a las zonas fábriles, estas barriadas fueron levantadas con un urbanismo tan precario y estándares tan deficientes, que no puede sorprender que al lado de algunas de las zonas más degradadas de los cascos históricos, constituyan todavía hoy el grueso del parque de vivienda de menor calidad y valor.

Según la propia lógica de los mercados inmobiliarios, las malas condiciones de estas viviendas las hacen poco propicias para ser incorporadas a la dinámica de precios característica de las burbujas patrimoniales. En condiciones normales, la escasez de demanda de este tipo de viviendas haría de las mismas cualquier cosa antes que un bien de inversión. Y efectivamente, la mayor parte de este parque inmobiliario ha sido ocupado por aquéllos

10 El ejemplo prototípico es el de La Moraleja, urbanización de lujo del norte de Madrid, que ha intentado obtener repetidas veces un consistorio propio, independiente del municipio de Alcobendas. Este municipio es una de las grandes aglomeraciones de clase trabajadora de la metrópolis madrileña.

que no tenían otro objetivo que su compra como bien de uso. De este modo, se ha producido un efecto paradójico: los grupos sociales más vulnerables —esencialmente jóvenes de rentas bajas y/o inmigrantes— han sido quienes han valorizado unos entornos urbanos en expectativa, que antes del último ciclo inmobiliario apenas tenían valor de mercado.[11] Estos grupos se han convertido así «en el negativo» del proceso de suburbanización de las clases medias: al alojarse en los barrios más alejados y peor comunicados de las grandes ciudades, han ocupado el nicho de muchos de los desertores de las clases trabajadoras que, relativamente enriquecidas por el ciclo inmobiliario, han podido incorporarse a los nuevos ensanches suburbanos de las metrópolis españolas.[12]

El resultado es una clara concentración de las poblaciones más frágiles en las zonas peor dotadas; y esto mismo es lo que las convierte en el territorio por antonomasia de las nuevas periferias sociales. La profundidad de la crisis y su prolongación en el tiempo podrían generar, en estos espacios, las condiciones de una explosión cuya magnitud es difícil de pronosticar. Al menos tres factores confluyen aquí de un modo que nada tiene que ver con cualquiera de las otras grandes áreas de esta nueva geografía urbana:

a) La fragilidad financiera de buena parte de su población, normalmente compuesta por jóvenes y/o inmigrantes que, en demasiadas ocasiones, han llegado a estos barrios por medio de la compra residencial en los últimos años del ciclo. Se trata, por lo tanto, de los segmentos de población más endeudados en relación con su capacidad adquisitiva, además de ser los más vulnerables al paro, dado que componen también la carne de cañón de los empleos más precarizados y superfluos del mercado laboral.

b) El rápido deterioro de los servicios públicos que está teniendo un impacto mucho mayor en estos barrios que en el resto de la ciudad. En primer lugar, porque la dependencia de los recursos públicos —especialmente sanidad y

---

11 Sin el concurso de las políticas del keynesianismo de precio de activos es probable que estos segmentos del mercado inmobiliario hubieran permanecido completamente al margen de las burbujas patrimoniales. La activa política de expansión de la propiedad, aun a costa de un endeudamiento insostenible, ha conseguido movilizar los mercados residenciales incluso en los barrios peor dotados de las ciudades españolas. Al mismo tiempo, la oleada inmigratoria produjo el movimiento demográfico necesario para valorizar efectivamente las viviendas de las viejas periferias obreras.

12 Los patrones residenciales de la población extranjera parecen seguir, en términos estadísticos, una secuencia relativamente simple de dos fases: en la primera, o de llegada: alquiler y hacinamiento en los barrios céntricos; en la segunda, o de proyecto familiar: alquiler o compra de vivienda en los viejos cinturones obreros o en los barrios ultraperiféricos. Véase Colectivo Ioé, *Inmigración y vivienda en España*, Madrid, 2006, Ministerio de Trabajo y Asuntos Sociales / Observatorio para la Inmigración.

educación— es aquí mucho mayor. Así pues, las políticas de externalización y privatización afectan primero a estas poblaciones, para las que seguramente no existe ninguna alternativa de «mercado».[13] Y en segundo lugar, porque es previsible que las políticas urbanas se orienten con un claro sesgo de clase, determinado también por la sociología electoral, desmantelando antes los dispositivos sociales de estos barrios que los de cualquier otra zona de la ciudad.

c) La propia complejidad social de las nuevas periferias en las que se encuentran poblaciones envejecidas que no han podido apostar por el cambio residencial, familias jóvenes de distintas procedencias y una nueva generación adolescente —en su mayoría hijos de los nuevos inmigrantes— en la que se acusa especialmente el «fracaso escolar» y la falta de expectativas laborales. La creciente complejidad social, la vulnerabilidad y probable competencia por los recursos puede derivar en toda clase de fenómenos: desde la explosión de brotes racistas hasta formas inéditas de autoorganización vecinal.

Estos tres factores componen, con proporción variable, la receta de los espacios más complejos y potencialmente explosivos de la geografía urbana española. En cierta medida, su historia reciente parece haber acabado por reencontrarles con sus orígenes cuando, en las décadas del desarrollismo, estas zonas, conocidas como los cinturones obreros —o cinturones rojos, atendiendo a su antigua efervescencia política—, concentraban toda la atención social tanto por la fuerza de sus organizaciones vecinales, como por su capacidad de generar conflicto. De todas formas, que en un futuro inmediato estos barrios se conviertan en una nueva fuente de democracia urbana o en un agujero social, al estilo de las *banlieues* francesas, es algo que no estamos en condiciones de responder.

En definitiva, el tremendo poder invasivo de la asociación entre ciclo inmobiliario y financiarización de las economías domésticas ha acabado por producir una ciudad a su imagen y semejanza. La gentrificación de los cascos urbanos, el *middle class flight* a los nuevos suburbios bunquerizados y la relegación de los «pobres» hacia las viejas periferias obreras, conforman el escenario principal de una geografía urbana de fronteras sociales cada vez más

13 Una simple nota sobre el marcado carácter racista y de clase del sistema educativo viene proporcionado por la clara segmentación según la titularidad del centro: pública o privada. En el caso del municipio de Madrid, los colegios públicos sólo escolarizan al 37 % de los alumnos, si bien asumen la mayor parte de la población escolar «extranjera» (el 62 %) y sólo son mayoritarios precisamente en los grandes distritos del cinturón industrial de la ciudad. Muchachas y muchachos de clase media y origen español asisten invariablemente a los centros concertados, subvencionados completamente por la administración autonómica, pero en los que un sutil sistema de filtración selectiva aleja de forma efectiva a pobres e inmigrantes. Datos del Ayuntamiento de Madrid para el curso 2006-2007.

marcadas. No hay ningún síntoma de inversión de la situación, al igual que tampoco es mucho lo que sobre estas cuestiones se filtra a la opinión pública. Los escasos estudios disponibles apuntan de hecho a que las divisiones espaciales en términos de renta se han reforzado en este periodo.[14] La pregunta clave asociada a la ciudad de los propietarios y los nuevos excluidos podría ser la siguiente: ¿qué tipo de ecología social se puede construir en metrópolis cada vez más segregadas, y sobre un sustrato social cada vez menos resistente a ser barrido por las estrategias de miedo y criminalización que dominan ya espacios urbanos paradigmáticos, como las grandes urbes estadounidenses y la metrópolis postcoloniales del Sur global? El siguiente fenómeno que aquí se trata de analizar es el registro de esta creciente vulnerabilidad social en relación con la fragilidad financiera de las economías públicas locales.

La privatización de los gobiernos locales: nuevo impulso al desmantelamiento del *welfare*

La crisis parece haber puesto al descubierto la precariedad de las economías públicas, radicada en última instancia en la generalización de la estrategia *progrowth* y su dependencia de las rentas inmobiliarias. La financiarización de los gobiernos locales ha acabado por someterlos a las mismas dinámicas de sobreinversión / endeudamiento de las economías domésticas. Desde esta perspectiva, comunidades autónomas y ayuntamientos se han hecho cada vez más dependientes de las rentas obtenidas del desarrollo urbanístico, al tiempo que se veían cada vez más sujetos a los intereses de sus interlocutores empresariales.

Apenas clausurada la espiral alcista del ciclo inmobiliario-financiero la combinación de esta doble dependencia —de los mercados inmobiliarios y de los agentes empresariales— ha comenzado a mostrarse como una trampa de difícil escapatoria. La crisis ha acelerado rápidamente el deterioro de las economías públicas locales, profundizando más si cabe la propia lógica de la subordinación financiera. El resorte de este empeoramiento se encuentra en el recurso masivo al endeudamiento que ha seguido a la caída de los ingresos fiscales, así como en la necesidad de emprender nuevos y ambiciosos proyectos urbanos con el fin de atraer las inversiones que supuestamente prepararían el

[14] Un estudio reciente de esta nueva geografía metropolitana cada vez más segregada se puede encontrar en Emmanuel Rodríguez, «Nuevos diagramas sociales. Renta, explotación y segregación en el Madrid global», en Observatorio Metropolitano, *Madrid ¿la suma de todos?*, *op. cit.*, especialmente pp. 139-149. Véase también el mapa 10 «La ciudad dual», pp. 690-691 del mismo libro.

terreno para la salida de la crisis. Los principales riesgos se encuentran en la permanente tentación de las administraciones públicas de hacer frente a la deuda por medio de la enajenación de los únicos activos que todavía están bajo su control: los bienes y servicios comunes —sanidad, educación, servicios sociales e infraestructuras urbanas—, socializados históricamente bajo la tutela estatal y transferidos en las últimas décadas a los entes locales.

La financiarización de las administraciones locales y la ley de hierro del endeudamiento público

Como ya se ha analizado en otra parte, la autonomía de los gobiernos locales ha venido cada vez más limitada por la división internacional del trabajo y el nuevo contexto de competencia globalizada. Las distintas versiones locales de este movimiento se han materializado, casi siempre, en la descentralización de determinados ámbitos de gobierno y en el correlativo aumento de las cargas sociales y económicas de las unidades territoriales.[15] Para el caso español, la política de traspaso de competencias sobre las comunidades autónomas ha sido la expresión más importante de esta estrategia general de delegación de las viejas partidas del *welfare* —educación, sanidad, servicios sociales— sobre los niveles subestatales. De esta forma, las entidades territoriales han tomado bajo su responsabilidad la mayor parte de la gestión del gasto social del país. Prácticamente completada en los primeros años del ciclo,[16] la política de

15 Estas reformas se han practicado sobre un fondo ideológico de marcado carácter neoliberal. El renovado interés por la teoría de las ventajas competitivas, o nociones tan en boga como el desarrollo endógeno o el desarrollo local son buena muestra de ello. De otra parte, el *making policy* inspirado en esta nueva ideología de gestión parece coincidir, punto por punto, con el empresarialismo urbano descrito más arriba. La práctica de responsabilizar a las regiones y a las ciudades de todo aquello que tenía que ver con su propio crecimiento económico, se ha efectuado con total independencia de los condicionantes externos y del propio marco de relaciones regionales y estatales en las que éste tendría, forzosamente, que producirse. De este modo, la flexibilidad legal ajustada al *trend* neoliberal y la enorme presión competitiva están haciendo cada vez más difícil la propia gestión de estos servicios como un derecho universal.

16 Las competencias de las comunidades autónomas están establecidas en la Constitución y comprenden asuntos tan centrales para nuestro propósito como medio ambiente, ordenación del territorio, urbanismo, obras públicas, turismo o la administración de la sanidad y la educación. Sin embargo, en la medida en que el propio texto constitucional establece tres vías de acceso a las plenas competencias, la mayor parte de las comunidades (salvo las históricas) sólo pudieron acceder a la gestión de los recursos propios del *welfare* (sanidad, educación y servicios sociales) a mediados de la década de 1990, aun cuando los Estatutos de Autonomía fueron aprobados todos ellos entre 1979 y 1983. Esto ha puesto bajo responsabilidad de las administraciones autonómicas no sólo una creciente cantidad de servicios, sino también un importante número de tributos, y la transferencia de la principal partida del gasto público.

transferencias ha colocado en manos de las administraciones autonómicas, pero también municipales, una importante cantidad de nuevas responsabilidades; funciones que podrían ser contabilizadas también como «activos» económicos, esenciales tanto para estimular el desarrollo local como para servir de aval crediticio o fuente de financiación en coyunturas de dificultad.

Durante la larga década de crecimiento, los problemas derivados de esta rápida asunción de riesgos del nuevo marco territorial eran pocos: las cuentas públicas parecieron mantener un equilibrio óptimo. El crecimiento económico proporcionaba una base fiscal suficiente para que el sector público pudiera hacer frente a una continua expansión del gasto. Los rendimientos del capital financiero e inmobiliario y el superávit de las administraciones públicas fueron más o menos a la par.[17] Cuando se consideran, sin embargo, las cifras desagregadas del sector público, las cuentas ya no salen tan fácilmente. Aunque durante estos años el déficit público se redujo efectivamente, la deuda pública pasó de cerca del 60 % en el año 2000 a menos al 36 % en 2007,[18] las administraciones territoriales experimentaron un creciente desfase en su cuenta de ingresos-gastos.

Responsables en última instancia de la producción de suelo y vivienda, las comunidades autónomas, y especialmente los ayuntamientos, son extremadamente dependientes de los impuestos sobre las rentas inmobiliarias, así como de las plusvalías obtenidas por la venta de suelo público. Como se ha visto, el 30 % de los recursos de los ayuntamientos y el 50 % de sus ingresos directos —descontadas las transferencias de otros organismos— provienen de tres únicas fuentes: los impuestos sobre bienes inmuebles y sobre el incremento del valor de los terrenos, los impuestos sobre construcción y obras y la enajenación de suelo público.[19] Esta cantidad sería sin duda mayor si se añadiesen todas las actividades económicas que generan recursos fiscales y que dependen directamente del sector inmobiliario y patrimonial. Por su parte, los tributos cedidos a las comunidades autónomas, y que suponen

17 Las cuentas públicas tuvieron un pequeño superávit entre 2005 y 2007, siendo con mucho el sector con menores necesidades de financiación, en una situación de máximo endeudamiento por parte de las familias y las empresas, y a pesar de las fuertes desgravaciones fiscales a los movimientos inmobiliarios. Este superávit se ha revelado, sin embargo, completamente pírrico, mostrando su fuerte dependencia de la volatilidad del ciclo inmobiliario. La capacidad neta de financiación fue efectivamente positiva a partir del año 2005 (8.752 millones de euros de superávit), alcanzado sus máximos históricos en 2007 (23.169), para empeorar rápidamente a partir de 2008. Fuente: Banco de España.

18 Lo que corresponde claramente con el desplazamiento del *deficit spending* keynesiano del Estado al sector privado. Banco de España, Cuentas Financieras de las Administraciones Públicas, Base 2000.

19 Liquidación de Presupuestos de los Ayuntamientos 2001-2007, Ministerio de Economía y Hacienda.

el 30 % de sus ingresos, dependen también de una forma muy importante del volumen de compra-venta de viviendas. Este monocultivo fiscal sobre el ciclo inmobiliario ha sido el principal factor en su constitución *progrowth*, manifiesta en las típicas espirales de gigantismo urbano.

Por si esto fuera poco, el *modus operandi* de la mayor parte de los gobiernos locales se ha basado en una estrategia estrechamente cortoplacista, que ha apoyado toda posibilidad de expansión de los presupuestos públicos en el incremento de la fiscalidad asociada a los crecimientos futuros. Así, pues, la obra pública, pero también los servicios y el funcionamiento ordinario de las administraciones, han pasado a depender, casi exclusivamente, de la expansión urbana y de los precios del suelo y la vivienda. Como es el caso en los mercados financieros, durante un tiempo, la apuesta al alza del crecimiento urbano y de los valores inmobiliarios jugó relativamente a favor de la salud financiera de las economías locales. La contrapartida fue, sin embargo, enorme: la creciente vulnerabilidad de las economías públicas las había vuelto extremadamente quebradizas no sólo ante cualquier interrupción del crecimiento urbanístico, sino también en relación con el propio mecanismo de crecimiento. Atrapados en una suerte de bulimia incorregible, los municipios —y también las comunidades autónomas— cayeron en lo que normalmente se conoce como «trampa infraestructural».

El desarrollo urbanístico y la atracción de inversiones acabaron por exigir niveles de inversión creciente en la construcción y mantenimiento de infraestructuras —carreteras, urbanización, servicios municipales—, normalmente con costes muy superiores a los retornos esperados por sus rendimientos fiscales. La partida de los gastos corrientes ha tendido así a crecer mucho más que la partida de sus ingresos ordinarios, de tal modo que la primera se ha corregido o parcheado temporalmente con nuevos desarrollos urbanísticos o la venta de más suelo público, pero también por medio del recurso al endeudamiento. Por esta razón, incluso en los años boyantes del periodo 2002-2007, en el que existió una continua ampliación de la base fiscal, la deuda municipal experimentó un crecimiento a una tasa media superior al 6 %.[20] Del mismo modo, la deuda de las comunidades autónomas creció un espectacular 80 %, lo que situó los pasivos de estas administraciones en una cifra cercana a los 90.000 millones de euros.[21]

---

20 El límite legal de déficit municipal es del 10 % anual. Esta alta tasa de endeudamiento es un excelente indicador del fuerte ritmo de inversión de las administraciones locales, al tiempo que demuestra su alta sensibilidad a la crisis. De hecho, en 2008 la tasa de endeudamiento municipal creció al 9,24. Fuente: Banco de España.

21 Banco de España, Balance financiero. *Cuentas financieras de las comunidades autónomas 2000-2008*. Los mecanismos de financiación son sin embargo mucho más complejos para

Pero si el diagnóstico que pesa sobre las economías públicas sólo puede ser definido a partir de su fuerte adicción al crecimiento urbano ¿qué ocurre cuando éste se detiene? Como era de esperar, la caída de los precios de la vivienda y la práctica paralización de la construcción residencial ha recortado rápidamente la base fiscal de las economías públicas locales. Ante los primeros síntomas de recesión, la deuda municipal se disparó creciendo a la tasa más alta de los últimos 20 años: un 9,24 % en 2008 —la deuda autonómica lo hizo en un 14,18 %—, que será sin duda pequeña en relación con la esperada para 2009. Baste como botón de muestra los datos de un informe del Ministerio de Economía y Hacienda que, a 31 de diciembre de 2008, cifraba la deuda viva de las entidades locales en más de 32.000 millones de euros, de los que 26.000 millones correspondían a los ayuntamientos,[22] al tiempo que la de las comunidades autónomas se ponía en 120.000 millones de euros. La causa principal de este «desajuste» provenía del hecho de que si bien los ingresos se han mostrado muy elásticos «a la baja» en relación con la crisis inmobiliaria, los gastos a corto plazo son siempre mucho más rígidos.[23] La respuesta a la pregunta de qué sucede cuando el crecimiento urbanístico se detiene es, pues, el colapso de las administraciones locales.

Por otra parte, la generalización de los impagos públicos a proveedores de bienes y servicios ha actuado, además, como uno de los principales medios de propagación de la crisis. En casos extremos, la drástica reducción de los ingresos ha llevado a situaciones grotescas. Algunos ayuntamientos han recurrido al pago de nóminas a través de financieras que dependen de las cajas de ahorro locales o de empresas privadas. Yendo aún más lejos, otros han propuesto a algunas empresas la condonación de impuestos por el intercambio de servicios.[24] La incapacidad de los municipios de hacer frente a

---

las comunidades autónomas que para los municipios, su dependencia directa de las rentas inmobiliarias es mucho menor, a pesar de que el impuesto de transmisiones patrimoniales suponga una fuente sustancial de ingresos.

22 Los ayuntamientos más endeudados eran los mayores del país —Madrid, Málaga o Zaragoza tenían por ejemplo una deuda por habitante superior a los 1000 euros—, sin que por ello faltasen un buen número de municipios de tamaño medio (entre 5.000 y 50.000 habitantes), fundamentalmente de las zonas turísticas o de las áreas metropolitanas más dinámicas. *Deuda viva de la entidades locales a 31/12/2008*, Ministerio de Economía y Hacienda.

23 Si se considera en términos funcionales, cerca del 50 % del gasto de los ayuntamientos se destina a servicios sociales, otro 12 % se consume en gastos de gestión y administración y otro 30 % en urbanismo e infraestructuras. Ni siquiera éste último puede ser reducido de forma significativa, consumido en su mayor parte en el mantenimiento de unas infraestructuras sobredimensionadas. *Liquidación de Presupuestos de los Ayuntamientos 2003-2006*, Ministerio de Economía y Hacienda.

24 Recientemente, los autores de este libro pudimos comprobar directamente esta situación en unas jornadas financiadas por un ayuntamiento de una importante capital castellano-leonesa. Esta administración no pagaba las habitaciones del hotel donde nos alojábamos, y a cambio

la crisis por sí solos adquirió, ya en 2008, tal gravedad que el gobierno se vio forzado a poner en marcha lo que en realidad era un plan de rescate financiero, bajo la forma, más o menos propagandística, de «programa de creación de empleo». Se trata del Plan E (o Plan Español para el Estímulo de la Economía y el Empleo), cuyo eje principal ha sido la creación de un fondo de inversión local dotado de 8.000 millones de euros para 2009, renovables en 2010. Esta cantidad estaba destinada a financiar pequeñas obras públicas, de tal forma que además de retener parte del empleo en la construcción se inyectara liquidez en los ayuntamientos.[25] Gracias al Plan E, los municipios han estado obteniendo algo de dinero fresco, que ha sido inmediatamente dirigido a hacer frente a pagos atrasados o a repartir pequeñas prebendas «compensatorias» por la morosidad pública —especialmente a las constructoras locales—, al tiempo que daban curso definitivo a una multitud de obras inacabadas. Sobra decir que este programa clásicamente keynesiano ha sido completamente funcional en relación con las dinámicas de inversión del ciclo inmobiliario anterior, y que no ha supuesto ninguna modificación sustancial del sistema de financiación municipal.[26]

A fin de tomar quizás el ejemplo más significativo de este proceso de dependencia/endeudamiento se puede analizar la reciente evolución de la contabilidad del Ayuntamiento de Madrid. El consistorio madrileño se ha convertido en el municipio más endeudado de todo el país: ya sea en términos absolutos, con 6.683.943.000 euros de deuda viva a principios de 2009 —más del 25 % de la deuda total de los municipios españoles—, como relativos, con más de 2.000 euros por habitante. Esta gigantesca cifra es la contraparte de la ambiciosa política de obras públicas perseguida por la administración

---

éste último se veía libre del pago de varios impuestos municipales. Igual trato tenía con otras empresas, como por ejemplo El Corte Inglés, del que recibía los suministros de papelería a ¡precio de venta al público! De esta forma, el municipio evitaba la entrada de liquidez que sería reclamada inmediatamente por los acreedores. Se trata sin duda de una situación de auténtica quiebra fiscal.

25 Ese fondo fue establecido por el Real Decreto Ley 9/2008, firmado a 28 de noviembre de 2008 y con validez para 2009. Está previsto una nueva ampliación del mismo para 2010 estimada en una cantidad igual o mayor.

26 Cuando se escribían estas líneas estaba en discusión una nueva reforma del régimen de financiación de las corporaciones locales. Hasta la fecha, la financiación de los ayuntamientos ha estado regida por Ley Reguladora de las Bases del Régimen Local de 1985 y la Ley Reguladora de Haciendas Locales de 1988. Estas dos leyes han experimentado varias modificaciones, siendo la última en 2002. En todas ellas se ha manifestado preocupación por la perseverancia de los déficit presupuestarios. Sin embargo, las medidas realmente articuladas han consistido en aumentar levemente la financiación a través de los tributos del Estado y en aumentar la autonomía fiscal de los municipios. La primera no ha podido compensar, ni de lejos, el aumento de los gastos derivados de las crecientes funciones de los entes locales. La segunda implica la lenta creación de un marco de competencia fiscal entre los municipios, que tiende a exacerbar la competencia territorial y por lo tanto su propia constitución *progrowth*. No hay ninguna razón para pensar que las nuevas reformas apunten en un sentido contrario.

municipal entre 2003 y 2009, y que llevó, entre otras cosas, al enterramiento parcial del primer anillo metropolitano de la ciudad (M-30). Como viene ocurriendo con casi todas las grandes ciudades, esta faraónica obra debe ser analizada dentro del marco de las lógicas competitivas asociadas a las estrategias *progrowth.* El enterramiento de la autovía metropolitana fue publicitado como la pieza estrella de la candidatura olímpica y de la nueva condición global de la ciudad; y obviamente supuso la transferencia directa de varios miles de millones de euros a las principales constructoras del país.[27]

Sea como fuere, el desmesurado crecimiento de la deuda ha obligado a la administración local a recurrir a mecanismos de «colocación» no tradicionales. Una parte no despreciable se ha convertido en obligaciones que posteriormente han sido vendidas a bancos y fondos internacionales en operaciones completamente al margen de las garantías políticas asociadas a la gestión financiera por medio de las cajas de ahorros.[28] En los mercados internacionales, los bonos municipales son un título financiero más, con una tasa de rentabilidad y retorno que deja poco margen a la negociación política, y cuya «calidad» viene garantizada por las llamadas agencias de calificación de riesgos. El resultado es que la bancarrota del ayuntamiento de Madrid, que a finales de 2008 presentó su enésimo balance con ahorro bruto negativo, y una ratio deuda-ingresos de un 176 % —un déficit considerado insostenible para cualquier administración—, se ha traducido en una constante amenaza de devaluación de la calificación o *rating* de la deuda municipal, especialmente por intermedio de la agencia Standard & Poor's.[29] Lo más significativo del caso es que a fin de evitar la tan temida rebaja del *rating,* el municipio madrileño se ha comportado respecto a sus propios servicios como una empresa de capital riesgo: ha suprimido algunos considerados no rentables —como por ejemplo parte de los dirigidos a la población migrante—, ha congelado o rebajado los presupuestos de otros que legalmente no son «prescindibles» —como

27 El coste de las obras de la M-30 fue de 4.000 millones de euros, a lo que habría que sumar una cifra entre el doble y el triple en concepto de pago de intereses en los siguientes 30 años.

28 En septiembre de 2008 se filtró a la prensa que el banco de inversión, ya extinguido, Lehmans Brothers, había suscrito obligaciones del Ayuntamiento de Madrid por valor de 200 millones de euros en 2007, además de otros 66 millones en manos del Barclays. Con el propósito de financiar sus inversiones, el Ayuntamiento de Madrid, como muchos otros de otras grandes ciudades españolas han empezado a recurrir a los mercados financieros internacionales (véase *Cotizalia,* 26-09-2008). La diferencia con las cajas de ahorro, siempre bajo el control de las administraciones locales, es que aquí los mecanismos de rescate político son mucho más difíciles, por no decir que tienen evidentes contraprestaciones políticas.

29 Esta agencia emitió varios informes negativos entre finales de 2008 y principios de 2009, especialmente cuando se conoció el balance contable de 2008 (*Cotizalia,* 15-10-2008 y 9-02-2009). La rebaja de la calificación llevaría inmediatamente a una subida de los tipos de interés y de los servicios de la deuda, lo que ayudaría a empeorar aún más la situación financiera del ayuntamiento.

bibliotecas—, ha vendido una parte de sus bienes considerados «activos rentables» —suelo e instalaciones— al mismo tiempo que creaba todo un conjunto de impuestos y tasas directas —como la recogida de basuras o la ampliación de las zonas de pago por aparcamiento.

El caso extremo de Madrid marca tendencia de los problemas que pueden hacer frente un buen número de medianas y grandes ciudades en un futuro inmediato. De hecho, éste es ya el caso de la mayoría de las ciudades turísticas, claramente volcadas durante la pasada década sobre el negocio residencial y que presentan, junto con las grandes ciudades, niveles de endeudamiento mucho mayores que la media. La fuerte dependencia de sus ingresos de las rentas inmobiliarias, y la necesidad de asegurar los servicios municipales, especialmente durante el verano, han producido un auténtico colapso de las arcas públicas.[30]

De todo lo dicho, se puede concluir, sin muchas fisuras, que la fuerte dependencia de los recursos municipales sobre el ciclo inmobiliario ha supuesto una efectiva financiarización de las economías públicas, similar en muchos aspectos a la de las economías domésticas. Se trata de una cadena de gruesos eslabones que podríamos bautizar como *ley de hierro de la financiarización de las economías públicas*. Esta ley es tanto más sólida cuanto mayor sea la dependencia sobre el ciclo inmobiliario. Su funcionamiento básico se podría resumir en los siguientes enunciados:

1 *Propensión al crecimiento.* La debilidad fiscal y la dependencia de las rentas inmobiliarias y patrimoniales, y su inmersión en el nuevo marco de competencia global e interregional, están en la base de las políticas hiper-expansivas de crecimiento urbano.

2 *Empresarialismo urbano.* El gasto público tiende a convertirse en una función de inversión con el fin de producir más crecimiento. La política de inversiones de promoción de una localidad se convierte así en una prescripción para los gobiernos locales con el fin de atraer nuevas inversiones, que a su vez aumenten los ingresos públicos a medio plazo.

---

30 Exceltur, patronal turística, reivindicaba antes del verano de 2009: «Un plan para financiar los servicios urbanos elementales (policía, recogida de basuras, limpieza de playas) de estos municipios para una temporada 2009 que se preveía "complicada"». Esta organización reclamaba un estatuto propio para los municipios turísticos con el fin de ajustar su financiación a una suerte de régimen fiscal especial. En cualquier caso, los municipios costeros, absolutamente sobredimensionados con cientos de miles de viviendas e instalaciones infrautilizadas, son el ejemplo paradigmático de lo que aquí llamamos la «trampa de las infraestructuras».

3 *La trampa de las infraestructuras.* El crecimiento produce un incremento más que proporcional de los gastos corrientes respecto a los ingresos ordinarios. Es la contraparte de tener que mejorar constantemente la posición competitiva por medio de un aumento sostenido de las inversiones públicas y de la creación de nuevas infraestructuras.

4 *Endeudamiento.* En una fase ulterior, el creciente desfase entre ingresos-gastos dirige las políticas municipales hacia una nueva espiral de endeudamiento, especialmente en periodos de recesión. La respuesta es, de nuevo, promover nuevos crecimientos urbanos con el fin de ensanchar la base fiscal. Se cierra así el círculo de la máquina de crecimiento, para dar comienzo a una nueva ronda de desarrollos urbanos.

5 *Financiarización de las economías públicas.* La deuda, finalmente, no sólo «engancha» las economías públicas al poderoso estupefaciente del crecimiento, sino que también las hace cautivas de los mercados de deuda. De esta forma, se refuerza la afirmación de que a más crecimiento mayor dependencia del mismo.[31]

La orientación *progrowth* acaba por convertirse en una ratonera para las políticas municipales.[32] La transformación de esta estructura a un tiempo política, legal, fiscal y económica, en un mecanismo más equilibrado y menos dependiente del sector inmobiliario implicaría una reforma estructural de tal calibre, que se podría considerar similar en envergadura a la creación de las

31 A pesar del ejemplo de Madrid, los mercados libres de deuda municipal son todavía una realidad incipiente en España: la mayor parte de la deuda sigue siendo soportada por las cajas de ahorro locales. Sin embargo, en Estados Unidos las agencias de evaluación de riesgos se han convertido en el principal mecanismo disciplinario de lo que podríamos llamar gestión urbana neoliberal. La evaluación de los riesgos asociados a los bonos municipales, obliga a las ciudades a comportarse como agentes corporativos y a ser especialmente solícitas con los tenedores de estos activos —que dicho sea de paso cotizan en un mercado libre. El caso más patente de la importancia de los mercados de deuda y de las agencias es el de la crisis fiscal de Nueva York de 1975. La bancarrota de la ciudad de Nueva York se desencadenó cuando uno de los gigantes del *rating,* la agencia Moody's devaluó progresivamente la calificación de los bonos municipales de la ciudad, hundiendo el valor de los mismos y multiplicando las tasas de interés. Nueva York recuperó la «confianza» del mercado deshaciéndose de programas sociales y gran cantidad de empleados públicos, al tiempo que adoptaba una política mucho más *friendly* con los negocios. Véase Jason Hackworth, *The Neoliberal City. Governance, Ideology and Development in American Urbanism*, Ithaca (NY), Cornell University Press, 2007.

32 La paradoja de este juego es que si bien se conoce el resultado para la mayor parte de las ciudades, los costes de la espiral inversión-crecimiento-endeudamiento resultan en realidad menores que los derivados de no participar en el «juego». Véase, de nuevo, R. Logan y Harvey L. Molotch, *Urban Fortunes, The Political Economy of Place*, Berkeley y Londres, University of California Press, 2007.

comunidades autónomas.[33] La doble dependencia del mercado inmobiliario y de los mercados de deuda municipal constituye la mayor restricción de la autonomía municipal y la principal fuente de su vulnerabilidad frente a las nuevas oligarquías inmobiliario-financieras.

La privatización de los gobiernos locales

El encumbramiento del crecimiento como objetivo prioritario de los gobiernos locales, su justificación en términos de «competitividad» territorial y la enorme constricción estructural manifiesta en las políticas ya señaladas han sido tanto causa como consecuencia de la constitución de nuevos bloques oligárquicos directamente interesados en la activación de las economías urbanas —rentas y plusvalías inmobiliarias, construcción y financiación de viviendas e infraestructuras. La rápida confluencia entre las administraciones y este emergente *lobby* inmobiliario se ha materializado en esa capilaridad de los partenariados público-privados y de las típicas alianzas *progrowth* que tan bien han caracterizado el desarrollo urbanístico de este periodo. Ésta, y no otra, ha sido la base química de las oligarquías locales y regionales: la asociación de las clases políticas locales con constructores, inmobiliarias y propietarios de suelo, además de la decidida participación financiera de las cajas de ahorros y la colaboración inapreciable de los medios de comunicación locales. Se trata de un esquema que se puede reconocer a todas las escalas según el *zoom* utilizado: a nivel comarcal o municipal, a escala de una ciudad de tamaño medio o de una comunidad autónoma, y finalmente a nivel del Estado si se consideran los grandes agentes corporativos —la seis grandes constructoras, el G14 del sector inmobiliario y las principales entidades bancarias.

La quiebra del mecanismo virtuoso que convertía el crecimiento urbano en plusvalías empresariales y rentas fiscales ha producido un pequeño maremoto en las articulaciones de estos «tinglados» locales. Desde 2008, la vieja ecuación que hacía equivalentes *growth & bussiness* ha dejado de ser evidente. La entrada en recesión ha venido acompañada de un rápido

33 Esta reforma debería garantizar la autonomía real de las economías municipales, al tiempo que bloquearía la tentación de enajenar o sobreexplotar los recursos públicos, en aras de mantener sus ingresos. Sin duda esto implicaría una nueva ronda de descentralización en beneficio de los ayuntamientos, sustrayendo recursos tanto de la administración central como de las comunidades autónomas. De igual modo, una reforma de este calibre sería inviable sin una efectiva y profunda democratización de las formas de gobierno y una desarticulación de su constitución fiscal, que prácticamente obliga a los municipios a competir por la captación de recursos y en la promoción inmobiliaria.

recorte de los beneficios empresariales. En un primer término, la respuesta a esta caída de los ingresos empresariales ha pasado por un nuevo asalto a los recursos públicos a través de la reactivación de la inversión en Fomento, mecanismo compensatorio de la caída de la actividad residencial, y clásico instrumento anticíclico frente la depresión de la demanda. Durante 2008 y 2009, efectivamente, los recortes de la inversión pública fueron todavía muy escasos: apenas significativos a nivel del Estado, tal y como parece demostrar la aceleración de las obras del PEIT,[34] así como tampoco a nivel autonómico[35] (nuevo pacto de financiación) o municipal (Plan E).[36]

No obstante, las reformas de fontanería dirigidas a mantener a nivel constante el flujo de las transferencias no han podido evitar el creciente endeudamiento de las economías públicas, así como tampoco la consiguiente caída de los beneficios empresariales. Las «soluciones» a medio plazo, a lo que ya parece va a ser un largo periodo de paralización del sector de la construcción, se han orientado hacia otro tipo de estrategias, que quizás llevan años de prueba y ensayo, pero que ahora podrían tener una poderosa función anticíclica, aunque sólo sea desde las perspectivas de los intereses oligárquicos. Se trata sencillamente de tomarse en serio uno de los principales presupuestos del empresarialismo urbano y de la lógica de financiarización de las economías públicas: que los servicios y los bienes públicos no son sólo funciones de gasto de las administraciones sino también importantes activos empresariales.

Como ya se ha visto en el caso del ayuntamiento de Madrid, las administraciones locales han visto en el sector público la gran oportunidad para su propio rescate financiero. Ya sea través de la externalización, ya de la privatización, municipios y comunidades autónomas han tratado de obtener algo de liquidez, al tiempo que reducían el número de sus

34 Desde los primeros indicios de la crisis, SEOPAN (patronal de las grandes constructoras) ha realizado una considerable presión para mantener y acelerar el ritmo de obra pública. La administración se ha rendido sin protestas a estas exigencias, orquestando toda una campaña progandística justificada, ¡otra vez!, en el pertinaz déficit de infraestucturas español y en la necesidad de «corregir» los desequilibrios territoriales. Así en la primavera de 2009, se nombró ministro de Obras Públicas, no a un ingeniero o a un experto, sino a un hombre del partido en el gobierno, José Blanco, con el objetivo de acelerar las obras del PEIT y negociar con las comunidades la puesta en marcha de nuevos contratos con las grandes constructoras.

35 La Comunidad de Madrid lanzó ya en 2008 un ambicioso programa de construcción de autovías, con cerca de 200 nuevos km., siempre dentro de una región considerada la de mayor capacidad viaria de toda Europa, y que en 2009 contaba con 1.000 km. de vías alta capacidad.

36 La intencionalidad keynesiana de estas políticas, justificada en la creación, o al menos en el mantenimiento de los puestos de trabajo, no contradice en absoluto que esta enorme cantidad de gasto se podría haber destinado a fines mejores, probablemente con mayores rendimientos futuros.

obligaciones. Recuérdese que la transferencia de competencias sobre las administraciones locales ha puesto en sus manos una enorme masa patrimonial, además de una parte nada desdeñable de las responsabilidades sociales asociadas al llamado Estado de bienestar.[37] La magia de la nueva gestión municipal y autonómica podría consistir en convertir las cargas presupuestarias en activos económicos.

Por su parte, el nuevo bloque oligárquico ha encontrado en la prestación de servicios un «sector refugio» frente a la caída de la actividad inmobiliaria, un nicho de acumulación asegurado por medio tanto de la transferencia directa de dinero público, como del pago obligado de los usuarios. De esta forma, la efectiva empresarialización de las formas de gestión y gobierno ha conducido, ya antes de la crisis, a un paulatino proceso de desmantelamiento del *welfare* desde abajo.

Todavía en fase de experimentación, los laboratorios regionales de este proceso han puesto en marcha un conjunto de iniciativas innovadoras que tienen en común que el beneficio de los agentes privados está garantizado por el sector público. La forma más común, la de mayor éxito y la que lleva ya años en el repertorio político, es la privatización. Se trata, por lo general, de empresas públicas rentables que estaban dirigidas a producir algún servicio elemental para las poblaciones. Así se hizo en los años noventa con los gigantescos monopolios de la energía y las telecomunicaciones, y también con un conjunto de empresas públicas de titularidad municipal o autonómica. Otro de los medios más usuales de enajenación de bienes públicos es la venta de bienes patrimoniales, normalmente suelo público.[38]

Las ventas patrimoniales y la simple privatización de empresas públicas tienden, sin embargo, a encontrar un límite natural en el volumen del patrimonio público disponible. En tiempos de crisis, resulta mucho más prometedor, y también mucho más arriesgado en términos sociales, la privatización de la gestión y administración de los servicios públicos, incluso cuando estos no se consideran «rentables». En este caso, el servicio sigue siendo garantizado por el sector público, pero la administración del mismo es subcontratada, concertada o cedida a un tercero. La justificación de este

37 Las comunidades autónomas gestionan actualmente el sistema sanitario y la educación, desde la enseñanza primaria hasta los estudios superiores. Además tienen encomendados la mayor parte de los servicios sociales. Los ayuntamientos gestionan una pequeña parte del gasto sanitario y educativo, pero son responsables de la mayor parte de los servicios urbanos como la recogida de basuras, el suministro de aguas, la urbanización, etc., además de buena parte de las instalaciones deportivas y culturales.

38 La venta de suelo ha constituido uno de los principales mecanismos de crecimiento urbanístico, uno de los canales de financiación de las administraciones y también un importante dispositivo de regulación del ciclo y de las plusvalías empresariales.

tipo de operaciones se apoya en una nueva sofisticación del axioma neoliberal acerca de la mayor eficiencia del mercado como regulador de la provisión de bienes escasos. Según este principio, la extensión de los mecanismos de mercado a la prestación de los servicios públicos debiera permitir un ahorro de costes a las arcas públicas y una mayor eficiencia y calidad de los mismos. En pocos lugares, sin embargo, este argumento se muestra más ideológico. A luz de los estudios de caso, la privatización significa sencillamente la transferencia de dinero público al sector privado con el fin de alimentar unas tasas de beneficio menguantes, normalmente a costa de la calidad del servicio. De forma paradójica, la apertura a la competencia en el sector público se ha resuelto desde la perspectiva empresarial, con una contradictoria garantía de una tasa de rentabilidad a salvo de cualquier presión competitiva.[39]

En definitiva, la crisis, la debilidad de las administraciones, la necesidad de garantizar tasas de beneficio menguantes y especialmente la ausencia de toda alternativa al modelo, ha concentrado de nuevo la mirada sobre los «activos» públicos; ya no sólo con el propósito de hacerse cargo de alguna empresa pública rentable sino, de una forma mucho más audaz, con el objetivo de «gestionar» una parte sustancial del gasto público de las administraciones. Aunque sería prácticamente imposible resumir aquí la nueva oleada privatizadora conviene considerar algunos procesos recientes.

El primero es el suministro de aguas. Competencia de ayuntamientos, y a veces gestionado por mancomunidades o comunidades autónomas, todavía en 2005 la mayor parte de la población recibía el agua de sus casas por medio de empresas públicas de larga tradición y experiencia, normalmente con una administración rentable y con facturas bajas o moderadas.[40] Desde el punto de vista del ciudadano, así como de su viabilidad económica, habría pues pocas

---

39 De otra parte, se debería afirmar, y de hecho ésta podía ser una importante línea de investigación, que la autorregulación de los servicios públicos por profesionales vocacionales —sin entrar aquí en si su estatuto debe ser o no el funcionariado— es la mejor garantía de la calidad de los servicios públicos. En este sentido, el programa político consistiría en la introducción de la sociedad —que no del mercado— en la gestión del *welfare* y de los servicios urbanos, por medio de mecanismos de participación democrática directa. Se trataría de reinventar la condición «común» de los bienes públicos, más allá de su administración estatal, y más allá también de la simple condición de «derechos sociales». Al fin y al cabo, el reto está en reconocerlos como un patrimonio colectivo inalienable por parte de las administraciones.

40 Concretamente, el 50 % de la población estaba abastecido por empresas públicas, y otro 17 % por empresas mixtas, y esto a pesar de la constitución de un gran gigante español de la gestión de aguas como es Agbar —que abastece a 17 millones de personas en España y a otros 24 en el extranjero— y de la entrada en la última década de varias multinacionales extranjeras en el mercado español (Vivendi, Bouygues-Saur, etc). Véase, por ejemplo, el dossier de ATTAC, «No a la privatización del agua» en: http://www.attacmadrid.org/d/6/050404233542.phphttp://www.attacmadrid.org/d/6/050404233542.php

razones para defender su privatización. Los servicios de agua se han convertido, sin embargo, en uno de los más golosos objetivos de las presiones empresariales. Los ayuntamientos de Avilés y León,[41] sumergidos en una poderosa espiral de endeudamiento, han anunciado ya la venta de las empresas públicas de aguas de sus localidades a dos importantes constructores. Igualmente, la Comunidad de Madrid ha emprendido los primeros pasos para privatizar el prestigioso Canal de Isabel II, importante empresa pública con beneficio constante en la última década y una alta calidad de servicio. La justificación de esta operación se ha basado en una supuesta necesidad de capitalización con el fin de acometer nuevas inversiones.[42] La sospecha sobre las verdaderas intenciones del «negocio» se encuentra, sin embargo, en la enorme cantidad de terrenos de servidumbre de aguas que son de titularidad de la empresa y que representan evidentes oportunidades urbanísticas.

La privatización de las empresas de aguas es, en cualquier caso, sólo uno de tantos objetivos de las formas clásicas de gestión neoliberal. A los servicios de aguas se deberían sumar funciones urbanas tan importantes como la limpieza, la recogida de basuras —son ya mayoría las ciudades que los han externalizado/privatizado—, los institutos e instalaciones deportivas, la gestión de los aparcamientos públicos, los servicios funerarios, etc. Con ello, las grandes constructoras, principales beneficiarias de esta política de privatizaciones, se han convertido también en las principales empresas de servicios del país.

Más graves aún son los recientes episodios de privatización de la gestión sanitaria, en este caso bajo responsabilidad de las comunidades autónomas. Paradigma del paulatino desmantelamiento del Estado de bienestar desde abajo, la privatización de la salud se apoya en una oscura ley aprobada con el consenso de los dos principales partidos en 1997. Básicamente, el texto legal abría las puertas a la participación del sector privado en la administración

41 En otoño de 2008, el ayuntamiento de León anunció la privatización del 49 % del Servicio Municipalizado de Aguas a cambio de 20 millones de euros —suficiente para dar un respiro al consistorio y que éste pudiera acometer la ambiciosa obra pública que corresponde a cada legislatura. El beneficiario era un importante constructor con causas pendientes por corruptelas urbanísticas en otras comunidades autónomas. En diciembre de 2008 el consistorio de la tercera ciudad de Asturias, Avilés, decidió también la creación de una sociedad mixta público-privada (con un 76 % de capital privado) que se encargaría también de la gestión del agua. Esperaban ingresar 15 millones de euros por esta operación. En ambos ayuntamientos el grupo mayoritario era el PSOE y en ambas ciudades se organizaron plataformas ciudadanas con el fin de frenar el proceso.

42 A finales del verano de 2008, Esperanza Aguirre, presidenta de la comunidad madrileña, anunció la salida a Bolsa del 49 % de la empresa. La inversión que se consideraba necesaria acometer en los próximos años era de 4.000 millones de euros, de los que sin embargo 2.700 iban a ser proporcionados directamente por el gobierno central a través del Plan Nacional de Aguas.

del sistema público de salud.[43] Desde entonces, casi todas las comunidades autónomas han cedido a empresas privadas el control de importantes segmentos de los servicios sanitarios. La vanguardia del proceso privatizador se encuentra ahora en la apertura de centros mixtos público-privados, como las fundaciones sanitarias y los llamados hospitales de financiación privada, que ya funcionan en Madrid, Valencia, Murcia, Galicia y Castilla-León. La mayor parte de estas fórmulas tienen en común la cesión de la gestión del servicio sobre la base de un convenio económico, que garantiza una transferencia regular a las empresas concesionarias. De nuevo, los principales beneficiarios de estas políticas han sido las divisiones de servicios de las grandes constructoras.[44] Como es obvio, el nuevo estilo empresarial de gestión corre el peligro de llevarse por delante la calidad de las prestaciones. De hecho, el resultado —e incluso el objetivo político— es promover la fuga de las rentas medias y altas hacia el sector privado, espantadas por el rápido deterioro de los servicios públicos; y por ende, la especialización de estos últimos en las poblaciones más vulnerables. Esta pinza convierte a la privatización en un negocio por partida doble: de un lado, estimula el crecimiento del sector privado, y por otro aumenta la cuota de gestión privada sobre el sector «público». Paradójicamente, la única contrapartida de la política de privatizaciones, el ahorro de costes para el erario público, ha sido en la mayor parte de los casos completamente ficticio.[45]

El ambicioso proceso de privatización de la sanidad tiene su correlato en las políticas educativas, también en manos de las comunidades autónomas. En este caso se trata de reforzar las transferencias sobre

43 La Ley 15/1997 se titula «sobre habilitación de nuevas formas de gestión en el sistema nacional de salud» y permite la entrada del sector privado y de la gestión indirecta por medio de la concesión administrativa a terceros. Según el texto, la ley «debe constituir un importante instrumento de flexibilización y autonomía en la gestión sanitaria». Es preciso destacar que esta legislación corre en paralelo a la finalización del proceso de transferencia de las competencias sanitarias a las comunidades autónomas. Las transferencias se iniciaron muy pronto —en 1981, Cataluña; y entre 1984 y 1994 Andalucía, Valencia, País Vasco, Navarra, Galicia y Canarias— pero el proceso no fue completado hasta que en 2002 se transfirió la gestión del servicio a las 10 comunidades restantes. Para más información véase www.casmadrid.org

44 Para un desarrollo exhaustivo sobre el proceso de privatización de la sanidad en España véase CAS Madrid (comp.), *Por nuestra salud. La privatización de los servicios sanitarios,* Madrid, Traficantes de Sueños, 2010. En el caso de los hospitales de nueva creación en la región madrileña (los hospitales PFI) los principales beneficiarios fueron las constructoras Sacyr, Dragados, ACS y FCC, y las multinacionales sanitarias Capio, Ploder, Hispánica y Apax Partners. Véase también, *El modelo del futuro ya está aquí. Aplicación del modelo de la «concesión» en la sanidad pública madrileña* en www.casmadrid.org.

45 Baste decir que un hospital PFI es más caro que un hospital público convencional (véase de nuevo www.casmadrid.org). De hecho, el ahorro de costes sanitarios se encuentra sólo en las novedosas formas de contabilidad asociadas al *new managment* neoliberal. La agencia estadística europea, Eurostat, no considera gasto público las transferencias a las concesiones sanitarias, lo que permite que las comunidades autónomas realicen un extraño enjuague contable.

el sector privado / concertado a costa del público, si bien con una increíble factura social en forma de un creciente fracaso escolar y un estancamiento generalizado del nivel educativo de la población. Incluso el llamado cuarto pilar del Estado del bienestar, la ley de dependencia, pieza *estelar* de la nueva administración socialista, se está articulando sobre las mismas prácticas de concesión y subcontratación que ahora se extienden sobre el sistema público de salud. No sorprende así que esta ley haya sido recibida con un gran aplauso y enormes ovaciones por parte de las principales asociaciones patronales.

Tomada en su conjunto, la crisis fiscal de las economías públicas amenaza con conducir a una nueva oleada de privatizaciones, aun mayor que las que ya hemos conocido, sellada además con la celebración de las bodas de plata entre el sector público y las oligarquías inmobiliario-financieras. Según las reglas de la gramática de la financiarización, el gasto público debe adquirir una función anticíclica, convirtiéndose en refugio y nicho de acumulación para la alianza empresarial hegemónica durante el pasado ciclo inmobiliario. Se podría decir incluso que la práctica totalidad del gasto público está en proceso de convertirse en un apéndice contable de un conjunto relativamente pequeño de agentes corporativos. Por supuesto, la correlativa pérdida de calidad de los servicios, la «huida de lo público» por parte de las clases medias —paralela a la profunda financiarización de las economías domésticas— y la especialización social de los servicios públicos en las rentas más bajas acabará por liquidar, tarde o temprano, buena parte de la formalidades todavía recurrentes en la concepción de la sanidad, la educación y los servicios sociales como derecho universal de todos los ciudadanos.

Bajo estos supuestos, nuestra *ley de hierro de la financiarización de las economías públicas* podría ser completada con dos nuevos puntos:

6 *La privatización de los bienes públicos.* La financiarización de las economías públicas acaba por convertir los bienes públicos en activos económicos, susceptibles de ser vendidos en épocas de crisis o penuria fiscal. Al igual que ocurre con las economías domésticas, la financiarización se organiza como una vasta operación de invasión del cuerpo social, que en este caso deriva en una nueva ronda de acumulación por desposesión.

7 *La privatización de los gobiernos locales.* El endeudamiento y la adicción financiera sobre las rentas inmobiliarias terminan por convertirse en un eficaz mecanismo de subordinación del gasto público a los intereses

de los principales agentes corporativos. La democracia local deviene así un juego ficticio, en el que es cada vez más difícil intervenir sobre el campo de fuerzas que determina la subordinación de las economías públicas a los procesos de financiarización.

Durante más de dos décadas, hemos asistido a un proceso de adecuación de la estructura administrativa y del gasto público a una lógica financiera e inmobiliaria que se realizaba a todas las escalas territoriales, sin necesidad del concurso de grandes reformas estructurales. El *spatial fix* del régimen de acumulación hispano se basó precisamente en el fuerte dinamismo de los entes territoriales, convertidos en los verdaderos operadores del ciclo de acumulación, lo que evidentemente comprendía la subordinación estructural de las administraciones territoriales a su función de *boosters* o promotores urbanos en competencia. Desde esta perspectiva, la ecuación que hacía equivalente descentralización y democracia ha resultado completamente falaz, hasta el punto de que la insistencia en la misma se muestra plenamente congruente con la lógica competitiva impresa por la globalización en los gobiernos locales.[46] La progresiva financiarización de las economías públicas locales y regionales apunta a resolverse de una forma trágica: desmantelamiento del *welfare*, destrucción de las bases de las democracias locales y completa pérdida de autonomía de lo público.

El siguiente paso hacia la crisis social, se encuentra en el colapso de otro tipo de economías altamente financiarizadas, las economías domésticas, y en la previsible desintegración del principal mecanismo de estabilización social. Se trata del fin de las clases medias tal y como las hemos conocido hasta ahora.

46 Esta insistencia, expresada en las demandas de los nacionalismos y regionalismos de distinto pelaje (periféricos y español, reactivos y contra-reactivos) se debe leer más bien en términos de lucha competitiva, que de promoción subjetiva de un espacio diferenciado. En otras palabras, la competencia territorial es la forma de la competencia intercapitalista en el actual mundo globalizado, en el que el circuito secundario de acumulación de capital y las dinámicas financieras tienen una centralidad evidente. Por lo tanto, reequilibrar de nuevo la equivalencia descentralización/democracia significa en este caso poner mucho más el acento en el segundo de los términos que en el primero; pensar las democracias locales no sólo a partir de un entramado institucional sino de la participación y control ciudadano sobre las administraciones; y por supuesto promover una reforma estructural de la estructura territorial, que recombine el papel de los distintos niveles territoriales con el fin de dar poder real a las poblaciones, y no tanto a los mecanismos de mediación. Este proceso sólo sería eficaz si quebrase la lógica de competencia interterritorial y se blindasen los bienes comunes —incluido el medio ambiente— frente a su subordinación a los mecanismos de crecimiento.

La crisis de la financiarización o el fin de la clase media

A lo largo de este libro, se han desarrollado dos tendencias aparentemente contradictorias. De un lado, el estancamiento salarial, la precarización laboral, la dispersión de los abanicos salariales, la propia complejidad de la composición de la fuerza de trabajo y la creciente desigualdad social asociada al peso creciente de la riqueza patrimonial en las economías domésticas se nos aparecen como los poderosos indicios de un vasto proceso de proletarización.[47] De otro, y en sentido casi opuesto, la financiarización y toda la trama institucional articulada en torno al keynesianismo de precio de activos han permitido mantener una dinámica tremendamente expansiva del consumo, acompañada por una sensación de prosperidad casi generalizada. La dificultad para resolver esta ecuación, en principio entre términos tan contrapuestos, no es tal, si se considera que esta imagen de prosperidad, que en definitiva ha inspirado el consenso y la relativa paz social de esta década larga, no se ha proyectado a partir de una expansión de los ingresos salariales, estancados o decrecientes, o de políticas de redistribución de la riqueza. Antes al contrario, lo que ha actuado como la más importante contratendencia a la principal característica de la reestructuración política neoliberal —esto es, la redistribución del poder y el ingreso social hacia el segmento más rico de la población— ha sido la centralidad de los activos inmobiliarios de las familias.

Los mecanismos institucionales, que tan eficazmente han facilitado las vías de comunicación entre el crédito y el crecimiento continuo de los precios de la vivienda, y por lo tanto del valor de los patrimonios familiares, han producido este extraño espejismo de que todavía hoy el centro de la sociedad española está ocupado por una vigorosa clase media. Desde esa perspectiva, no extraña en absoluto que la inmensa mayoría de las actuaciones sobre el mercado de vivienda hayan venido revestidas de un aroma, inequívocamente fordista, de centralidad de las clases medias, apuntaladas en su condición de propietarias. Aunque simplemente sean propietarias de deuda.[48]

---

47 Algunas de las mejores descripciones de la dualización social han venido de la mano del campo de los estudios urbanos. Edward Soja habla de este fenómeno como un estrechamiento de la franja central de la estructura de clases. «La metáfora utilizada de forma predominante para describir lo que le ha estado ocurriendo a las, en su momento acrecentadas, clases medias se encuentra en el cinturón social que ha cambiado la forma general del mercado de trabajo. Algunos analistas hablan del "medio desaparecido" o de la nueva forma de "diábolo" de los mercados de trabajo urbanos que surgen de la pronunciada polarización que ha permitido a unos pocos afortunados alcanzar los más altos niveles de renta, mientras que un segmento mucho mayor ha sufrido una significativa movilidad social descendente». E. Soja, *Postmetropolis. Estudios críticos sobre las ciudades y regiones*, Madrid, Traficantes de Sueños, 2008.

48 Se debe aquí reiterar que la contrapartida de este penúltimo intento de rescate de las clases medias ha sido la generación de fuertes barreras sociales en torno al acceso a la propiedad respaldado por el crédito, que simplemente excluye del modelo a todos aquéllos que quedan fuera de los criterios de asignación de crédito.

La cuestión subyacente aquí tiene que ver, por lo tanto, con la coherencia y solidez, a medio plazo, de este ambicioso programa de respiración artificial de este cuerpo social «medio», heredero todavía de la vieja sociedad de los dos tercios que servía para medir la opulencia del fordismo europeo o norteamericano. Todos los aparatos institucionales del keynesianismo de precio de activos han tenido un efecto político evidente: han tratado de evitar la caída de una clase media que se enfrenta a un mercado de trabajo crecientemente polarizado, en el que la amenaza de la movilidad social descendente nunca aparece demasiado lejos. El pinchazo de la burbuja patrimonial, los altos niveles de desempleo, el peso creciente de la deuda, y en definitiva la parada en seco de la máquina económica pueden acabar por confirmar la realidad de estas amenazas, y romper también con ese espejo social imaginario en el que todavía las mayorías se autoperciben como «clase media». En este caso, lo que nuestra Alicia descubriría tras el espejo sería un vasto proceso de proletarización, en tanto destino inevitable para muchos de los integrantes de la clase media.

Dicho de otro modo, lo que permanece aquí pendiente de análisis es la clave de la gobernabilidad social de todo el edificio económico en el que se ha fundado el capitalismo hispano de las últimas tres décadas, a saber: que la llamada clase media, sin la intervención cada vez más imposible de medios financieros, es sencillamente una quimera, y que la fortaleza de los mecanismos de inclusión y pertenencia social se está demostrando tan frágil como el reciente ciclo de prosperidad. Para responder a esta cuestión es preciso atender no sólo a la evolución económica, sino a las condiciones propiamente imaginarias, ideológicas, subjetivas que han soportado ese espacio social, siempre ambiguo, que conforma las clases medias, así como esa formación hegemónica que hemos llamado sociedad de propietarios y que representa su más fiel reflejo político.

A grandes rasgos, la noción de clase media tiene en España acepciones singulares y algo diferentes a la de otros países europeos: formas de autorrepresentación que entroncan con la propia historia social del país y la doble derrota de los experimentos de cambio social de 1936 y, en menor medida, de la Transición a la democracia. Lo que en España, y en esto no parece haber grandes diferencias regionales, se entiende como clase media es la pertenencia a un cuerpo común caracterizado por un cierto nivel de consumo, el acceso a ciertos recursos garantizados directa o indirectamente por el Estado —sanidad y educación, sobre todo— y la centralidad de la familia como medio de integración social primario, sin que por ello se descuide su enorme importancia en la provisión de recursos. Estas tres condiciones determinan que en las encuestas sociológicas la mayoría se autodesigne como «clase media», antes que con cualquier otra categoría: como «clase trabajadora», «clase obrera», etc.[49] Es importante destacar que de acuerdo con este marco de interpretación, el régimen de pertenencia social tiene dos fuentes, que no obstante tienden a confundirse: por un lado la familia y por otro ese grupo social que propiamente compone la clase media.

Lo que hace coincidir ambos términos es la propiedad, y especialmente la vivienda en propiedad. La propiedad inmobiliaria tiene una función social que va mucho más allá del estímulo económico y de las relaciones entre burbuja patrimonial y expansión del consumo privado. La propiedad es un medio de integración social, en cierta medida coincidente con el valor semántico de la categoría «clase media» y «familia». Prácticamente se podría decir que sin un hogar en propiedad no hay garantía para un proyecto familiar y que sin la riqueza materializada en ese título legal no existe posibilidad de una pertenencia real a la clase media. En términos subjetivos, la propiedad inmobiliaria es el principal vehículo de desproletarización; la vivienda en propiedad constituye el depósito de valor de la riqueza familiar, la garantía de acceso al consumo en periodos de carestía (jubilación) y el principal patrimonio heredable dentro del marco familiar. La circulación social entre los términos propiedad inmobiliaria / familia / clase media / pertenencia social tiene, como se ve, una densidad histórica que desborda completamente el ámbito puramente económico. Éste y no otro fue el principal «descubrimiento» del Franquismo que, transmitido a sus herederos de la etapa democrática, fue sistemáticamente explotado y ampliado en las últimas tres décadas.

La crisis está atacando el tuétano de esta relación social. El pinchazo de la burbuja patrimonial, la caída de los precios de la vivienda y su posible estancamiento durante un buen número de años han acabado por dejar al descubierto el fuerte endeudamiento de la gran mayoría, y el probable colapso de un buen número de economías domésticas. Aunque la estructura de propiedad de las familias no sea destruida por completo y tampoco pierda fuerza el valor social de la propiedad, la pretensión de construir sobre ésta un criterio fuerte y masivo de inclusión social puede estar al borde de ser desbaratada. En la medida en que la crisis se prolongue en una

---

49 Desde los años setenta, la clase media es la posición de autoidentificación mayoritaria de la sociedad española (véase la serie de los Informes Foessa 1967, 1970, 1975, 1980-83). En un reciente estudio (a partir de fuentes estadísticas del Ministerio de Trabajo), se recogía que el 60 % de los ocupados se auto-identificaba como clase media-media, el 20 % como clase media-alta, y otro 14 % como clase media-baja. Casi la totalidad de la población se clasificaba a sí misma como clase media, y más del 80 % se situaba en lo que, por posición social, compone propiamente la identidad de la clase media (las categoría media-media y media-alta). No hace falta decir, que con indicadores «objetivos» la sobrestimación de esta categoría es considerable. Véase Antonio Antón, «Cambios de identidades laborales y de clase», *Revista del Trabajo,* núm. 63, 2008.

situación de bajo crecimiento, los altos niveles de endeudamiento aparecerán sencillamente como lo que son: un eficaz medio de subordinación social sobre la base de la especulación generalizada en los mercados inmobiliarios. El hundimiento prolongado de los precios de la vivienda y la destrucción de «riqueza» que necesariamente le acompaña pueden terminar en la defunción de la «sociedad de las propietarios».

Parodójicamente, el colapso de las funciones sociales de la propiedad acabará por deteriorar también lo que queda de ese otro espacio social que había construido la base del consenso social en el viejo ciclo de la producción industrial fordista. En las últimas décadas, efectivamente, la centralidad social del trabajo ha sido erosionada hasta el punto de que la prestación laboral es sólo garantía —necesaria pero no suficiente— de acceso al consumo y a cierta capacidad de endeudamiento. La inestabilidad laboral, el estancamiento de los salarios, la dispersión de los abanicos salariales, la individualización de las relaciones laborales, la segmentación en mercados diferenciados (véase de nuevo el diferencial de las tasas de paro), la progresiva etnización y feminización de la fuerza de trabajo, y el larguísimo etcétera de transformaciones ya comentadas, hacen del trabajo un recurso y un medio de vida necesario, sobre todo para aquéllos que no tienen cierto nivel de riqueza patrimonial, pero en ningún caso un medio de pertenencia social de carácter universal, siquiera bajo el prisma dicotómico (capital-trabajo) de la sociedad industrial. Aquí reside la gran contradicción de la financiarización, pues al tiempo que mantiene con vida, por medios artificiales, a la clase media, corroe sus propios fundamentos basados en los dispositivos sociales heredados del fordismo, a saber, la relativa fortaleza del salariado y los derechos sociales asociados al Estado del bienestar.

Resumiendo mucho, la crisis, especialmente si se prolonga en el tiempo, amenaza con partir en dos, literalmente, esa extraña formación social que compone la clase media. La revelación descarnada y sin paliativos del proceso de proletarización, que se sigue del modelo de acumulación, haría del todo absurda el tipo de declaraciones que tanto gustan a los políticos como la de «una clase media que sufre y padece la crisis por igual». Sencillamente, el paraíso de una clase media enriquecida por el crecimiento del valor de su propiedad, e incluso el de una mayoría social —ya no sólo de clase media— beneficiada por el acceso generalizado al empleo podría estar haciéndose añicos, si no para siempre sí para un duro invierno de varios años... o décadas.

¿Qué significado político puede tener el anunciado fin de la clase media? ¿Qué alternativas de gobernabilidad se abren en el marco de este régimen financiarizado? Se trata de preguntas que importan a todos los que, de una forma u otra, se ven enfrentados a las modalidades de explotación financiarizadas declinadas ya en una fase de crisis o de depresión. Durante la pasada época de crecimiento, los mecanismos de la sociedad de propietarios lograron sostener un extraordinario consenso social, y esto a pesar del aumento de las desigualdades sociales y de la enorme depredación sobre los bienes comunes, tanto naturales como aquellos conquistados por las pasadas luchas bajo la ambigua tutela del Estado. El colapso de la sociedad de propietarios se sitúa, por lo tanto, en el epicentro de un vasto movimiento sísmico con efectos a todos los niveles.

En las previsiones más duras, aquéllas que podrían llegar a cumplirse en una situación de decadencia prolongada y sin alternativas políticas viables, el agotamiento de la eficacia del keynesianismo de precio de activos amenaza con traducirse en una brusca ruptura del consenso social. Una ruptura que no necesariamente habría de orientarse en términos progresivos. Repasemos: los efectos inmediatos de la crisis han sido transmitidos exitosamente a los sectores más vulnerables; el paro, el subempleo, el trabajo negro, los riesgos del excesivo endeudamiento se han concentrado en los sectores sociales más frágiles: las rentas bajas, los hogares más endeudados y más pobres, los jóvenes, los migrantes y las mujeres de todos estos sectores. Todos ellos han sido o están siendo incorporados al amplio grupo de los desenganchados de la sociedad de propietarios, los desclasados de la clase media, formando una suerte de incógnita para las próximas décadas.[50]

A primera vista, la alternativa política natural para este conjunto de colectivos debiera pasar por una apuesta por lo que podríamos llamar *resocialización de la economía*; un horizonte de luchas centrado en la defensa y expansión de los servicios públicos y de los bienes comunes, la conquista de medios efectivos de distribución del producto social, el control y subordinación de los poderes financieros a mecanismos de intervención democrática, la conquista de derechos de ciudadanía para los excluidos (como los migrantes), etc. El principal obstáculo se encuentra, no obstante, en la propia situación de partida: la precariedad y la propia lógica de gobierno

50 En paralelo a la burbuja hispana, la generalización de las hipotecas *subprime* en Estados Unidos supuso un intento, subordinado a las necesidades de generación de beneficio del sistema financiero, para ampliar el espectro social del crédito hipotecario hacia la zona que habitualmente se considera de exclusión: «La visión de la administración Bush de la "sociedad de propietarios" de alguna manera entró en contacto con los mandamientos de la "gran sociedad" de Johnson para animar a los pobres a que se endeudaran en el momento álgido de una burbuja de precios de activos. La calidad de los contratos de los hipotecados más pobres era manifiestamente deficiente [...] y, además, evitaba el verdadero problema, que es la verdadera magnitud de la pobreza en Estados Unidos y la locura de pensar que puede desaparecer simplemente blandiendo la varita mágica de la creación de deuda.» R. Blackburn, «The Subprime Crisis», *New Left Review*, núm. 50, marzo-abril de 2008.

asociada a la financiarización han tendido a generar condiciones de vida fuertemente individualizadas que difícilmente pueden condensarse en un terreno común de luchas. Los mecanismos de dominación y explotación se han vuelto tan variados y abstractos que cada vez resulta más difícil localizar puntos efectivos de encuentro político entre sujetos sociales tan amplios. Pero,incluso si este programa pudiese empezar a dibujarse como un horizonte compartido, es más que probable que estos colectivos tuvieran que hacer frente a la insistencia de los otros grupos sociales en la conservación sus privilegios.

Dicho de otro modo, si el curso económico sigue el rumbo de un estancamiento prolongado y el colapso de los consenso sociales asociados a la sociedad de propietarios entrasen en vía muerta, ¿qué tipo de respuesta política se podría esperar de la clase media real, esto es, de la clase media que se ha conservado como tal? Con el concepto, ciertamente poco preciso, de clase media «real»[51] nos referimos a ese 40 % de la población que durante los años del ciclo inmobiliario ha podido actuar más desde el lado de la renta y de la inversión que del lado del endeudamiento; a ese sector relativamente amplio que en buena medida se ha visto protegido del paro y de la precarización laboral por su posición privilegiada en el mercado laboral; que ha abandonado los espacios complejos de la ciudad tradicional por los nuevos ensanches suburbanos de las periferias residenciales; y que, en definitiva, compone el *core* ideológico de la sociedad de propietarios. Para estos grupos, la crisis representa también, sin embargo, una amenaza real a su posición social y económica. En el mejor de los

51 El perímetro de la clase media, establecido por las distintas escuelas sociológicas, ha sido siempre objeto polémico. Establecida en principio como una suerte de excrecencia del pasado, la visión clásica de la clase media comprendía a la pequeña burguesía (siempre amenazada de desaparición), los profesionales liberales, los funcionarios y la casta militar. Desde los años treinta y cuarenta, se abre otra perspectiva que incluye también al nuevo segmento de los técnicos y empleados de la gran fábrica fordista y ya desde los años setenta y ochenta a los *knowledge workers*, los trabajadores del conocimiento, que en conjunto permitirían hablar de una «nueva clase media». Dentro del marco de esta obra, lo que más interesa es la posición en el proceso de financiarización. Bajo esta perspectiva, lo que define a la clase media financiarizada, es el viejo valor de la propiedad, que tiende a consolidarse y reforzarse (si bien no necesariamente) por una posición relativamente desahogada en el mercado laboral (en los circuitos primarios profesionales), con determinados cierres de exclusión (como el credencialismo educativo) y también con una serie de *habitus* culturales: como la preferencia por los ensanches residenciales y el «cuerpo de valores» de la sociedad de propietarios. Más allá, por lo tanto, de que aquí no se establezca una definición rigurosa en términos empíricos, lo que se quiere destacar es que el proceso de financiarización ha tenido efectos reales en la estructuración de la sociedad española y que esto que llamamos «clase media» genera efectos culturales e ideológicos de enorme importancia, que si bien no constituyen propiamente una identidad definida, si tienen algunos de los rasgos del «para sí» que en términos clásicos definía la conciencia de clase.

casos, estos grupos han podido perder una parte importante del valor de sus patrimonios; en el peor —sobre todo en los segmentos más vulnerables—, los efectos del endeudamiento excesivo y de la amenaza del desempleo les podrían llevar a una asimilación con la situación de los nuevos proletariados urbanos.

A diferencia, no obstante, de los verdaderos sujetos pacientes del proceso de proletarización, el principal interrogante político asociado a la clase media real se encuentra precisamente en su propia ambigüedad. Básicamente, la alternativa política que se le presenta a estos supervivientes del cuerpo medio se puede figurar en términos históricos. Si durante el periodo dorado del fordismo, la alianza del viejo proletariado industrial y de la clase media permitió defender y ampliar los salarios y expandir las partidas sociales del gasto público, ¿cabe pensar lo mismo en la era del capitalismo financiarizado? ¿Por qué a la clase media le habría de interesar un nuevo pacto social basado en la desarticulación de los mismos mecanismos financieros que han soportado su reciente sensación de opulencia? Al fin y al cabo, casi todos los mecanismos de aseguración de este sector social han servido como punta de lanza de la privatización y/o la financiarización de las garantías sociales: fondos de pensiones, seguros médicos privados, enseñanza privada o concertada y expansión de los mercados de segundas residencias. Se podría decir, incluso, que la línea, tanto subjetiva como material, que ha separado a la clase media real de sus imitadores, aupados temporalmente por la burbuja financiera, han sido los usos diferenciados de los servicios sociales, que han distribuido a la población en dos sistemas paralelos: sistema público de salud *versus* seguros médicos privados, enseñanza pública *versus* enseñanza concertada, fondos de pensiones más pensiones públicas *versus* sólo pensiones públicas. Como ya se ha visto, dentro de la lógica de la financiarización y del keynesianismo de precio de activos, el Estado y las comunidades autónomas han contribuido a favorecer este doble sistema como medio de desarrollo de nuevos nichos de beneficio.[52]

52 Las políticas públicas han sido determinantes en este proceso. No sólo han dejado que el mercado avanzase en los espacios asociados al *welfare*, sino que han tenido un papel determinante en este avance. El desarrollo de estos sistemas paralelos de provisión de servicios hubiera sido imposible sin un implacable apoyo legislativo y un permanente flujo de recursos públicos. De hecho, estos ámbitos deberían considerarse como un sector para-público o «privado subvencionado», antes que como un sector privado, tal y como refleja la situación de la enseñanza concertada o de buena parte de los seguros médicos (valga por ejemplo el caso de la mutua de los ¡funcionarios!, MUFACE, separada de la seguridad social, y gestionada por las principales empresas de seguros médicos privados). En este sentido, el papel de las administraciones ha sido, una vez más, central y determinante en la lógica de segregación social asociada a la financiarización.

Los factores subjetivos tienen una importancia mayor en esta posible decantación conservadora del «medio social». La sociedad de propietarios y la propia clase media son construcciones sociales que parten de una radical individualización de todas las dimensiones económicas: individualización de los medios de obtención de renta manifiesta tanto en la profunda fragmentación y des-sindicalización de las posiciones laborales como en la posición del «inversionista» individual en la construcción de los patrimonios familiares; individualización del riesgo debido a las propias lógicas de acceso al crédito y de endeudamiento creciente; e individualización, por último, de los medios de aseguración colectiva que en estos sectores se han deslizado del ámbito de la provisión y garantía estatal al ámbito de la renta financiera (fondos de pensiones y de inversión) o inmobiliaria (vivienda como inversión). De esta condición se sigue que si bien la clase media se siente permanentemente tentada a reclamar del Estado la defensa de sus privilegios —baste recordar el claro sesgo de clase de los principales ejes de las políticas públicas—, es también cada vez menos propensa a financiar los sistemas públicos de provisión de servicios y de aseguración colectiva, en relación con los cuales se siente cada vez menos comprometida.

Al mismo tiempo, la fuerte individualización de las condiciones económicas de este sector social, que se recogen incluso a nivel geográfico en su reclusión en los nuevos búnkeres suburbanos, la hacen mucho más vulnerables a las oleadas de miedo y securitarismo que parecen acompañar cada crisis económica. El securitarismo podría ser, de hecho, la peor respuesta política imaginable de las clases medias, que por su propia atomización son cada vez menos capaces de organizarse políticamente y de generar espacios públicos de democracia real.[53] En la medida, por lo tanto, que el securitarismo y el miedo de estos fragmentos sociales se impongan como respuesta a la crisis, será poco menos que imposible revivir las viejas veleidades socializantes de la vieja clase media. Antes al contrario, presa del miedo y de los privilegios concedidos por la intervención pública y

53 De la clase media española se podría decir lo mismo que decía K. Marx de los campesinos franceses en su apoyo del gobierno de Luis Bonaparte: «La parcela, el campesino y otra familia; y al lado, otra parcela, otro campesino y otra familia. Sesenta de éstas hacen un pueblo, y sesenta pueblos, un departamento. Así se forma la gran masa de la nación francesa, mediante la simple adición de unidades homónimas, como las patatas de un saco forman un saco de patatas. [...] En la medida en que entre los campesinos parcelarios existe una relación puramente local y la identidad de sus intereses no produce ni comunión, ni unión nacional, ni organización política, no forman una clase. [...] No pueden representarse, tienen que ser representados. Su representante tienen que aparecer al mismo tiempo como su señor, como una autoridad por encima de ellos, como un poder gubernamental ilimitado que les proteja de otras clases y, desde arriba, les mande lluvia y sol». K. Marx, *El dieciocho Brumario de Luis Bonaparte,* Madrid, Alianza Editorial, 2003, p. 161.

la lógica financiera, la posición objetiva de estos grupos puede ser la de principal aliado de una nueva ronda de privatizaciones y de acumulación por desposesión.

El actual debate acerca del futuro de las pensiones señala los mecanismos que están ya generando la alineación de esta ameba social —basada en una mezcla de miedo, mezquindad, privilegio e incapacidad política—, con las oligarquías financieras. Como se sabe, esta polémica, que más bien se debería considerar como la justa reclamación del *lobby* financiero ante la caída relativa de la rentabilidad de las instituciones financieras, ha estado centrada históricamente en la presunta incapacidad de la Seguridad Social para garantizar el actual sistema de pensiones a medio-largo plazo. El argumento esgrimido refiere siempre una ineliminable inviabilidad técnica de las pensiones de prestación definida: el crecimiento de la población activa es insuficiente para compensar el rápido envejecimiento de la población. Según algunas previsiones, hacia 2030 habrá poco más de un trabajador activo por cada jubilado y esto hará tremendamente costosa, además de insoportablemente injusta, la financiación de las pensiones. Poco vale aquí recordar que, durante la década de 1990, previsiones parecidas se vieron radicalmente refutadas por la fuerte expansión de la población ocupada —fundamentalmente de la mano de los migrantes del Sur global— y que esto dio lugar a los mayores superávit de la Seguridad Social de los últimos treinta años. Más allá de la simpleza de este tipo de previsiones, el argumento sobre la inviabilidad es ante todo un argumento político, no técnico.[54] La alternativa que estos expertos proponen, además del típico programa de soluciones técnicas, que incluyen por cierto la financiarización de la tesorería de la Seguridad Social, es una reforma radical del sistema público y la ampliación de los fondos de pensiones. De otra parte, los efectos de esta polémica no se quedan en el ámbito experto. Preparan el terreno para su aceptación social. Su correcto empaquetamiento en píldoras de propaganda, refuerza y multiplica el miedo de las pacatas y asustadizas clases medias, que poco a poco van dando por desahuciada la Seguridad Social, al tiempo que colocan sus ahorros financieros en fondos de pensiones y seguros privados.[55]

54 Así lo reflejan también algunos análisis expertos como David Asensi, *La viabilidad del sistema público de pensiones*, Universidad de Salamanca, 2003.

55 Al cierre de este trabajo, se discutía el primer borrador del proyecto de reforma de la Seguridad Social. Aparte de las clásicas medidas de ahorro de costes, normalmente con un tinte singularmente «antisocial» (restricción de las prejubilaciones, alargamiento de la edad de jubilación a los 67 años, y exigencia de más años de cotización para las jubilaciones máximas y el cómputo de las pensiones), el paquete de medidas incluía, *sobre todo*, nuevas ventajas fiscales para los fondos de pensiones.

Análisis parecidos se podrían hacer en lo que respecta a la privatización de la sanidad y la continua erosión de la enseñanza pública en beneficio de la enseñanza concertada y privada en muchas comunidades autónomas. Sobra decir que estos efectos sociales, además de crueles, pueden hacer estallar una bomba de relojería de efectos económicos devastadores. De seguir esta pendiente, el fundamental desajuste entre la radical individualización de la renta en la sociedad de propietarios y la creciente socialización de la actividad económica acabará provocando una caída de los niveles de salud y de educación, esto es, del capital colectivo tendencialmente privatizado, con obvios efectos antiproductivos.

Dentro de este cuadro, que no puede dejar de ser esquemático no se excluye, por tanto, la posibilidad de una profunda involución social. Ante la mirada indiferente, cuando no culpabilizadora, de los supervivientes de la clase media y del más corrupto de los oportunismos políticos, es más que probable que en el medio plazo se produzca el estallido de una crisis urbana de vastas proporciones; una crisis jalonada por toda clase de dinámicas microfascistas y de las primeras batallas de la próxima guerra entre pobres. El precedente de la devastación urbana de las décadas de 1970 y 1980 sigue todavía suficientemente vivo como para recordarnos el significado de estas palabras. De todas formas, cualquier sondeo en el terreno de la prognosis deja de lado lo que sin duda debería componer las variables independientes de la crisis: la apertura de un nuevo horizonte de posibles horadado por los movimientos, siempre imprevisibles, de las resistencias y las luchas políticas. A esta baza apostamos todo lo que en este libro no se ha podido concluir.

Epílogo. Next

La segunda década del siglo XXI se ha abierto con un escenario global preñado de incertidumbres. A principios de 2010, la crisis de la economía global no parecía ni mucho menos cerrada. Ninguna síntesis de los principales factores que habían dominado la fase precedente había sido capaz, todavía, de reimpulsar el crecimiento económico del capitalismo global de forma fiable y duradera. Antes al contrario, al cierre de este trabajo, la crisis estaba registrando con toda su virulencia los efectos de una agudización del proceso que venimos describiendo como la última fase de las crisis financieras. Las finanzas públicas de muchos Estados y muy especialmente del Estado español, estaban justo al borde de declarar el impago de la deuda, con todos los riesgos que esto conllevaría en términos de pérdida capacidad de intervención de las políticas públicas.

La deuda pública se había disparado, efectivamente, como consecuencia de un triple proceso. Por un lado, se ha registrado una caída de la recaudación asociada al bloqueo de las revalorizaciones patrimoniales y, por ende, de la actividad económica y del consumo. Por otro, el gasto público no ha parado de subir como consecuencia de los rescates y de las políticas anticíclicas de las primeras fases de la crisis. Por último, la prohibición de una política fiscal expansiva ha obligado a acudir a los mercados financieros para obtener recursos. En este proceso, la avalancha de emisiones de deuda pública (más seguras) ha desplazado a las colocaciones de deuda privada (más rentables), recortando los beneficios del sector financiero.

La crisis de la deuda griega y la devaluación de la deuda española organizada por los lobbys financieros a través de las agencias de *rating*[1] constituyen, por el momento, la principal línea de ofensiva. Con estas

1 La modificación a la baja de las calificaciones crediticias supone una recarga por primas de seguro sobre el coste del endeudamiento. Está dinámica puede llevar a crecimientos autorreforzados del déficit público sin necesidad de que medie ningún gasto efectivo.

operaciones, se quiere conseguir que los Estados funcionen como cualquier otra empresa sometida a los dictados de los mercados financieros, limando las diferencias entre deudores públicos y privados. Como parte de este programa político, tratan de imponer las políticas públicas que más convienen al *geldkapitalist* colectivo: la liberación de las presiones sobre la tasa de beneficio, abaratamiento del trabajo, amnistía fiscal y restricción del gasto público, así como la aserción de los derechos de propiedad del sector financiero. La agenda política española está, de hecho, concentrada en estas tareas: control del gasto público, una nueva reforma laboral que abarate los costes de despido y una profunda reestructuración de la Seguridad Social que entre otras cosas otorgue nuevas ventajas fiscales a los fondos de pensiones.

En términos más generales, la falta de imaginación a la hora de plantear políticas económicas innovadoras, la ausencia de un nuevo *pull* de sectores económicos emergentes y la escasa voluntad de impulsar una gran reestructuración de los intercambios económicos a escala internacional, tampoco parecen dejar entrever una salida alternativa a la crisis. Los mismos problemas que durante las últimas tres décadas ha arrastrado la economía global, así como la economía española, siguen acentuándose de forma contradictoria, probablemente en la antesala de otro *crash* financiero o de una fase duradera de estancamiento económico. La lenta decadencia de la hegemonía política y económica estadounidense, y en general de Occidente, y la crisis ecológica subyacente contribuyen a ensombrecer, más aún, el horizonte, a medio, e incluso corto plazo.

Se podría pensar que para la economía española, convertida en una de las principales beneficiarias de este periodo dorado de acumulación por vía financiera, esta coyuntura pudiera significar tanto una reestructuración radical de su específico régimen de acumulación, como una brutal insistencia en los elementos que le habían permitido cosechar sus «considerables éxitos», probablemente a caballo de una nueva oleada de burbujas financieras a escala global. Aunque toda prognosis es por naturaleza sospechosa en un escenario tan incierto, parece plausible que los problemas estructurales asociados a la crisis internacional y el análisis de la onda larga del capitalismo hispano puedan encontrarse en torno a tres grandes escenarios:

1. Un radical cambio de orientación de las políticas económicas y una profunda reestructuctaración del eje central del capitalismo español. Esto supondría, básicamente, una apuesta decidida por el desarrollo de líneas de producción de alto contenido tecnológico y mayor valor añadido: la entrada de España en la dura competencia internacional en mercados como el

biotecnológico, el software, la nanotecnología, las tecnologías verdes, etc. La propaganda institucional lleva ya cierto tiempo recalcando machaconamente que esta es la gran vía de salida de la crisis inmobiliaria: el futuro para un capitalismo más justo, más sostenible y con mayores salarios.

La reciente discusión sobre la llamada Ley de Economía Sostenible está directamente inspirada en estos supuestos: inversión en I+D, mejora de la formación, industrias culturales y refuerzo de las ventajas competitivas en algunos sectores, como las energías renovables o la ingeniería civil.[2] Aparte de abundar en las líneas de intervención socioeconómicas que ha marcado la UE en la última década y que en España han fracasado rotundamente, el *marketing* de esta nueva ley pretendía dar un aire de novedad «ambiental» a las políticas de recuperación. La retórica oficial del «cambio de modelo productivo» se articula en relación con una oleada de innovación verde que, a través de la intensificación del uso de las energías renovables, desembocaría en una economía baja en carbono. Más allá de estas fantasías tecnocráticas, lo cierto es que las políticas energéticas que, sobre el papel, tienen la misión de liderar este cambio son poco más que intentos de generar nuevas burbujas ligadas a las energías renovables. En ningún caso se plantea seriamente la necesidad de una menor demanda energética, aspecto indispensable para plantear un nuevo escenario energético medianamente creíble. Igualmente, la célebre apuesta por las nuevas tecnologías apenas ha llegado a expresarse más allá de un guiño a la industria del cine y una apuesta por el refuerzo de los derechos de autor.[3] En esto quedaba la otra gran vía de salida: el capitalismo cognitivo

Por mucho, por lo tanto, que se le añadan elementos del capitalismo verde o cognitivo, el principio de esta apuesta está completamente orientado por las teorías neoclásica y/o schumpeteriana del desarrollo económico basadas en el cambio tecnológico y en la apuesta por las llamadas rentas de innovación. Pero ¿por qué la economía española, que justamente se vio desplazada de los mercados industriales internacionales en la década de 1970, habría ahora

2 Pese a lo rimbombante del nombre, el anteproyecto de Ley de Economía Sostenible es poco más que un refrito de las vagas propuestas tecnológicas de la llamada Agenda de Lisboa de la Unión Europea para el Crecimiento y el Empleo y de su versión española, el Programa Nacional de Reformas. Sobre el papel, estos documentos han sido la guía de las políticas económicas españolas desde el año 2000. Después de todo lo dicho en este trabajo, es preciso reconocer que su efecto sobre las líneas políticas de mayor peso se ha reducido a poco más que cosmética.

3 El anteproyecto de ley ha sido bastante contestado por asociaciones de internautas, colectivos de defensa de los derechos de internet y otros grupos sociales en la misma medida en que abría la posibilidad a una «censura» indiscriminada y sin las debidas garantías legales, dirigida a perseguir las páginas que violaran derechos de autor. Para más información véase http://red-sostenible.net.

de revertir sus específicas ventajas en el circuito secundario para conformarse a un modelo de exportación de bienes de alta composición tecnológica? La carrera de una veintena de países en los mismos sectores que debieran ser el nuevo motor económico español; los límites de un mercado internacional de moderado crecimiento para el desarrollo de estas líneas productivas; la sobreespecialización de la propia economía española en sectores intensivos en trabajo (como el inmobiliario o el turístico) pero con poca inversión de capital; además de la propia inconsistencia, siempre en términos capitalistas, de la producción cognitiva, más allá de unas pocas líneas productivas, deberían ser elementos suficientes para cuestionar la verosimilitud de esta posible reestructuración del capitalismo hispano. De hecho, la falta de credibilidad de estas propuestas, incluso para la mayor parte de las élites capitalistas de este país,[4] ha obligado a dirigir los esfuerzos políticos y financieros en una dirección diametralmente opuesta a la que se expone en este tipo de documentos

2. El segundo escenario se vislumbra en una «deseable» repetición, con ligeras variaciones si bien a mayor escala, de las burbujas inmobiliario-financieras de las pasadas décadas. Éste ha sido, de hecho, el objetivo real de los distintos paquetes «anticrisis» analizados en las páginas precedentes (incluidas partes importantes de la Ley de Economía Sostenible): las subvenciones a las promotoras y las medidas dirigidas a liquidar el stock de viviendas no vendido, el fomento de la VPO como recurso temporal anticíclico, el reforzamiento de la figura del promotor en la ley del suelo de 2007, la reforma del mercado hipotecario que permitía la creación de nuevos canales de refinanciación de la vivienda, el ambicioso Plan de Infraestructuras de 2004-2017. Y también: el rescate de entidades financieras (principalmente de las cajas de ahorro), inmobiliarias, ayuntamientos y comunidades autónomas, todo ello sin tocar ningún elemento estructural de lo que ha compuesto el ciclo precedente. En definitiva, la alineación sin fisuras del Estado en la defensa a ultranza tanto de este modelo de extracción y acumulación como del dominio de clase que lo sostiene apuntan en una dirección bien distinta a la de una reforma real del modelo de crecimiento. Antes bien, la prioridad indiscutible de estos

4 Los sindicatos mayoritarios son los más entusiastas defensores de esta hipótesis del cambio de modelo productivo. Resulta curioso comprobar como se ha completado la transición desde la defensa de los intereses de clase pasando por las luchas para la captación de los aumentos de productividad del trabajo para, en un contexto de agotamiento de la productividad, acabar asumiendo la defensa de modelos en los que la productividad se reanima y, con ella, la posibilidad de una negociación colectiva institucionalizada. Es sorprendente que se eviten sistemáticamente las cuestiones que tienen que ver con la redistribución social de la riqueza en contextos de bajo crecimiento de la productividad. Véase Fundación 1º de Mayo *Reflexiones y propuestas para el cambio de modelo productivo en España,* Informe núm. 13, octubre de 2009.

últimos años ha sido evitar un desplome brusco del precio de la vivienda, medida elemental de la riqueza patrimonial, con el fin de preparar un nuevo ciclo de crecimiento apoyado en el perfeccionamiento de las políticas de keynesianismo de precio de activos. La cuestión aquí es si es posible una nueva repetición del ciclo inmobiliario-financiero.

Entre los obstáculos a este relanzamiento, la escala es quizás uno de los principales. La posibilidad de generar rentas financieras e inmobiliarias en cantidad suficiente como para alimentar las tasas de beneficio de las élites corporativas y multiplicar, al mismo tiempo, la riqueza patrimonial de una parte apreciable de la población, con obvios efectos en la demanda agregada, conllevaría un considerable incremento de los volúmenes de crédito y con ello del endeudamiento de las economías domésticas. Sin que pueda afirmarse tajantemente que esto está fuera del alcance de la ingeniería financiera, el continuo desplazamiento hacia arriba de los umbrales de endeudamiento familiar y la nueva ronda de financiarización de las economías familiares aumentaría, seguramente de forma exponencial, los niveles de riesgo, rozando quizás zonas incontrolables o socialmente intolerables, con efectos probablemente antieconómicos. Por otro lado, el relanzamiento del ciclo en estos términos, sólo podría ser posible a través de medios y activos que tengan un gran potencial de extensión social: la vivienda de nuevo, combinada con la generalización de los fondos de pensiones y quizás también del endeudamiento o de la aseguración privada de servicios que, a día de hoy, están todavía garantizados por el sistema público, como puedan ser la sanidad o la educación superior. En este caso, sería pues necesario un nuevo *shock*, aun más agresivo que el anterior, aplicado por medio de un recrudecimiento de las estrategias de privatización y de acumulación por desposesión.

De todos modos, el mayor impedimento a este tipo de estrategias, no depende de la mayor o menor inteligencia política de las clases dominantes o incluso de su capacidad para aumentar el grado de explotación de las mayorías sociales. El principal obstáculo a un nuevo ciclo inmobiliario-financiero se encuentra en el contexto económico internacional. Y este impedimento coincide con la última de las hipótesis que aquí contemplamos.

3. El tercer escenario posible es sencillamente el estancamiento: un largo periodo de crecimiento casi nulo. Las especulaciones en torno a la entrada de la economía global en una zona de crecimiento cero se han disparado a raíz de la crisis.[5] De acuerdo a estas hipótesis, los déficit estructurales de la

5 Véase en esta dirección el interesante ensayo de Gopal Balakrishnan, «Speculations on the Stationary State», *New Left Review*, núm. 50, septiembre-octubre de 2009.

fase precedente habrían cruzado un umbral irreversible de forma que ni el recurso a las políticas keynesianas, ni la ingeniería financiera, serían ya capaces de producir un mecanismo sostenido de generación de demanda agregada a nivel global. La doble pinza de las contradicciones del capitalismo industrial convencional —el exceso de capacidad y la ausencia de nuevas líneas productivas con función de motor económico— y los problemas ínsitos a la valorización de los bienes y servicios típicamente asociados a los procesos de terciarización —o si se quiere la relativa inviabilidad del capitalismo cognitivo—, apuntarían a una fase de prolongada atonía económica, con consecuencias políticas y sociales impredecibles.

La prueba empírica preferida por estos agoreros del futuro del capitalismo global es la larga década pérdida por la economía japonesa tras la espectacular burbuja inmobiliario-financiera de 1986-1991. Efectivamente, en 1986, y ante la relativa atonía de las exportaciones japonesas provocada por la rápida revaluación del yen, el gobierno japonés decidió reducir drásticamente los tipos de interés, dando pié a la mayor burbuja financiera que haya experimentado la economía de ese país. El espectacular crecimiento de los precios del suelo y de la vivienda, unido a la euforia de la Bolsa de Tokio, permitió a los conglomerados empresariales japoneses obtener tasas de beneficio récord. Tras el estallido de la burbuja en 1990-1991 la economía japonesa se tuvo que recomponer, sin embargo, en una situación absolutamente atípica para la inteligencia económica convencional; una situación que sólo forzada con una violencia arbitraria puede llegar a encajar en los modelos teóricos hegemónicos. Especializada en la producción de bienes de alta tecnología, precisamente la posición óptima según los modelos schumpeterianos y la teoría de las ventajas comparativas, la economía japonesa se ha mantenido, hasta día de hoy, en un estado de continuo de estancamiento.[6] Ni su ventajosa posición en las ramas de industriales de mayor valor añadido, ni la masiva exportación de capitales a los países vecinos de Asia Oriental, con los que ha establecido un próspero circuito comercial, a partir precisamente de esta especialización en la producción de bienes de capital y equipo, han propulsado a la economía japonesa un poco más lejos de esa zona de crecimiento cero.

Metáfora de lo que puede ser el horizonte inmediato de la economía global, el ejemplo japonés puede iluminar alguno de los rasgos específicos de la economía española en las próximas décadas, pero siempre a condición de anotar dos importantes precisiones. Primero, la economía española carece

---

6 Se puede encontrar una descripción muy completa de la larga crisis japonesa en M. Itoh, «The burst of the bubble and political economy of the 1990's depression». Disponible en http://ricardo.ecn.wfu.edu/~cottrell/OPE/itoh/itoh.pdf

de una especialización consistente en sectores tecnológicos de alto valor añadido, por mucho que legalmente se decrete la voluntad de impulsar una *new economy* a la carta. Y segundo, la economía española es, desde hace 25 años, una economía consciente y «virtuosamente» especializada en los circuitos secundarios de acumulación —a través principalmente de su inmenso sector turístico e inmobiliario— y en la producción de demanda y consumo a través de sucesivas burbujas financieras (1985-1991 y 1995-2007). En este sentido, la posible viabilidad de la «economía de la burbuja» depende también del contexto externo. Depende, en otras palabras, de la reactivación de una estrategia de financiarización a escala global que haga reverberar sobre la propia economía española grandes masas de liquidez en forma de inversión extranjera y endeudamiento barato.

Definitivamente, tanto las condiciones estructurales de la economía hispana, costrificadas por casi tres décadas de especialización en el circuito secundario de acumulación, como la orientación de las políticas públicas de los años 2007-2009, parecen querer apostar por un escenario semejante al tipo 2, descrito mas arriba. En caso de tener éxito, esto supondría algo así como un poco «más de lo mismo», por medio de un reescalamiento del keynesianismo de precio de activos y de las burbujas patrimoniales. No obstante, los límites a este nuevo peldaño en la escala de las estrategias de financiarización, así como el probable horizonte de un estancamiento a medio plazo de la economía global, o al menos de los países «avanzados», pueden conducir a un estado estacionario similar al que tuvo Japón en los años noventa o, mucho más cerca, Italia en la primera década del siglo XXI. De hecho, la situación más probable es una combinación de ambos escenarios.

Según esta combinación de las hipótesis 2 y 3, los intentos de poner en marcha el mecanismo del keynesianismo de precio de activos darían lugar a burbujas patrimoniales más débiles y probablemente más localizadas. El crecimiento del crédito produciría cada vez menos impacto en el valor de los títulos de propiedad y en la capacidad de consumo de las familias, incrementando sin embargo los umbrales de riesgo asociados al endeudamiento. El dinamismo de los mercados inmobiliarios quedaría igualmente limitado a las ciudades y regiones con mayores garantías de recuperación de las inversiones, produciendo probablemente lo que podríamos llamar una suerte de destrucción creativa de las máquinas locales de crecimiento así como una intensificación del régimen de competencia territorial. En conjunto, los niveles de crecimiento del PIB y del empleo serían mucho menores.

Por otra parte, aunque sea todavía pronto para predecir si la economía española basculará más hacia el estancamiento o hacia una nueva ronda de burbujas financieras, o mejor dicho si la combinación de estos dos elementos se resolverá más en una dirección que en otra, parece seguro que la completa ausencia de alternativas a esta estrategia de crecimiento amenaza con estallar en una profunda crisis del modelo social. En los capítulos precedentes se han intentado analizar las líneas que acabarían por convertir la opción por el régimen de acumulación financiarizado y su actual bloqueo en una crisis social de perfiles inéditos. Se ha intentado desentrañar también la específica función de las burbujas patrimoniales en tanto balón de oxígeno para unas clases medias cada vez más polarizadas por la desigualdades salariales y la creciente precarización laboral. Igualmente, se ha advertido sobre los enormes riesgos que entraña la financiarización y el creciente endeudamiento de los sectores sociales más frágiles. Se ha discutido largamente acerca del previsible colapso de las economías públicas y del correlativo reforzamiento de las estrategias de privatización de los servicios públicos y de acumulación por desposesión como vía de saneamiento de las mismas y de recomposición de la rentabilidad de las élites capitalistas. También se han descubierto algunas de las consecuencias implícitas a la lógica social de las burbujas patrimoniales como la creciente segregación urbana. Ahora bien, ¿cómo se pueden declinar estos elementos si la actual coyuntura de crisis no se resuelve en dos o tres años? ¿Si durante la próxima década se mantiene un nivel de desempleo en torno al 15-20 %? ¿Si los niveles insostenibles de endeudamiento —espoleados por el inmediato aumento de los tipos de interés— acaban produciendo un colapso en cadena tanto de segmentos enteros de la sociedad como de una parte del sistema financiero y de las administraciones públicas? ¿Si empezara a dibujarse un escenario de bancarrota económica y social más parecido al de otras fases históricas o de otras regiones del planeta?

La crisis de los años setenta y ochenta fue partera de una sociedad bastante distinta a la de la época del desarrollismo franquista. La crisis actual tiene al menos la misma entidad y la misma potencia performativa que la precedente. En caso de que la recesión o el crecimiento cero se mantengan durante varios años, o de que las recuperaciones se vean rápidamente interrumpidas por nuevas crisis, las heridas que ahora sólo hemos empezado a reconocer se convertirán en verdaderas hemorragias. El proceso de proletarización subyacente, contenido por el momento por las burbujas patrimoniales, tomará entonces las dimensiones reales que en estos años sólo hemos visto de una manera oblicua y distante, como si actuase sólo en los bordes de lo «social»

De otra parte, a la hora de organizar la resistencia a la crisis es preciso reconocer que ésta se va a formar en unas coordenadas y con el protagonismo de unos sujetos hasta ahora borrados del mapa político.

La transmisión de los costes de la recesión a los sectores más vulnerables como puedan ser las comunidades migrantes, los jóvenes con menos apoyos familiares y/o menor formación, las mujeres de ambos grupos, etc., conforman un registro de impactos de difícil composición subjetiva y política. De hecho, la profundización de la crisis podría generar cuadros de auténtica involución social. El anunciado despeñamiento de la sociedad de propietarios no parece que vaya a encontrar, al menos por el momento, ningún colchón político que traduzca el malestar, la incertidumbre y la creciente inseguridad en formas de lucha expansivas. Desgraciadamente, a medio plazo es mucho más probable una suerte de «guerra entre pobres» de baja intensidad —con nuevas formas de microfascismo, racismo y *apartheid* urbano—, ante la mirada indiferente de la, siempre protegida, clase media real y el aprovechamiento mediático por parte de unas élites propensas al oportunismo más vil.

Pero detengamos aquí la prognosis. Al fin y al cabo, no es éste el lugar para hacer una descripción prolija del mural de las catástrofes. Tampoco de aventurar ninguna recomendación programática a los movimientos frente a una situación prolongada de crisis: serán las luchas, su iniciativa y su imaginación, las que descubran los resortes concretos para articular las respuestas políticas más apropiadas. Hay, no obstante, un conjunto de consecuencias políticas que, a nuestro juicio, resulta imprescindible explorar a la luz de lo expuesto hasta aquí. Se trata de marcar el perímetro del juego político posible: una operación nada gratuita, frente a las apelaciones oportunistas de la clase política y la actual impotencia de la izquierda social. Nuestras conclusiones serían básicamente tres:

1. No hay afuera de la financiarización. El proceso de financiarización es el resultado, en última instancia, de las contradicciones irresueltas del desarrollo capitalista, sometido a una permanente crisis de rentabilidad industrial y subordinado a la incapacidad de desplegarse de forma viable en el horizonte de la terciarización y de la producción cognitiva. Las consecuencias de este proceso son ambivalentes. Reflejan la extrema socialización de las condiciones de producción y la compleja malla de interdependencias entre factores económicos y extraeconómicos que constituye la producción real. De hecho, buena parte de la producción social del conjunto del planeta se intercambia hoy bajo la forma de títulos financieros. Y es esto mismo, que podríamos denominar financiarización de la riqueza social, lo que hace posible que una parte creciente del producto social sea capturado por las élites capitalistas.

Pero si admitimos que al menos una zona significativa de la riqueza se traduce y se negocia en forma de títulos financieros resulta posible pensar en formas de ataque sobre los mercados financieros y los movimientos de capitales que devuelvan al cuerpo social aquello de lo que ha sido despojado. En otras palabras, la riqueza social abstraída de sus condiciones de producción concretas se manifiesta como capital financiero, y esto abre también la posibilidad de una radical exigencia de distribución. Por consiguiente, que los efectos de la financiarización hayan venido signados hasta ahora por el endeudamiento, la pérdida de autonomía, la expropiación de lo común, la individualización del ingreso, etc., no significa que estos mismos mecanismos abstractos puedan convertirse en otra cosa. Esa otra cosa es una distribución democrática de la riqueza: una renta básica financiada a través de la imposición fiscal a los movimientos de capital,[7] o la construcción de sistemas de mutualismo capaces de crear nuevas instituciones políticas que redirijan los flujos de capital hacia el cuerpo social.[8]

2. No hay lugar para una reforma desde arriba. Si alguna vez hubo la posibilidad para un programa de reformas que pusiese los aparatos del Estado al servicio de un proceso real de distribución de la riqueza, actualmente esta vía parece cerrada. No es esperable, ni a escala europea ni a escala internacional, ninguna gran reforma del capitalismo vigente, similar a la que representaron los planes keynesianos de las décadas de 1930 y 1940. Esto quiere decir que no existe siquiera una contraparte capitalista orientada a la reforma del actual régimen de acumulación. La relación de fuerzas que compone los equilibrios políticos de los aparatos estatales ha basculado completamente hacia la facción financiera de las élites capitalistas. De hecho, el neoliberalismo, con toda su retórica antiestatalista, no es otra cosa que la estrategia ideológica y política de conquista del Estado por parte de los

7 En esto consistiría básicamente la propuesta de una tasa sobre las transacciones financieras que sirviese como medio de distribución y de financiación del gasto social. Véase Yann Moulier Boutang, «Pour una nouvelle donne fiscale», *Multitudes*, núm. 39, 2009.

8 Robert Pollin resumía las posibilidades de reconducir la financiarización desde criterios democráticos acudiendo a la distinción clásica de Hirschmann entre la «opción salida» (exit) y la «opción voz» (voice) en las organizaciones sociales. Mientras la opción salida implica la liquidación de las participaciones, literales o metafóricas, como muestra de desacuerdo con la gestión; la opción voz implica resolver los desacuerdos mediante la participación en la gestión. Una mayor democracia dentro de los sistemas financieros implicaría una extensión de la opción voz a los grupos sociales excluidos de las decisiones de inversión y, tendencialmente, a todo el cuerpo social. Se trata de un planteamiento a la altura de la abstracción financiera actual que retoma la vieja idea socialista del control colectivo del excedente social. Robert Pollin, «Financial structures and egalitarian economic policy», *New Left Review*, núm. 214, noviembre-diciembre de 1995.

centros financieros. Decir, por lo tanto, que el Estado cumple, como siempre antes, las funciones objetivas del «capitalista colectivo» es cierto siempre que se añadan los adjetivos oportunos y propios del capitalismo financiarizado.

A escala del Estado español esta afirmación resulta particularmente cierta. En primer lugar, porque las políticas públicas han sido esenciales para la consolidación de la orientación financiera e inmobiliaria de la economía española. Igualmente, porque la intervención pública ha operado, en todo momento, de parte de los intereses generales de la oligarquía financiero-inmobiliario, reforzando su posición objetiva en el proceso de acumulación. Y finalmente, porque las líneas maestras de los paquetes anti-cíclicos de estos últimos años no sólo no modifican este mapa, sino que refuerzan la tendencia secular, insistiendo en el keynesianismo de precio de activos y desplazando los costes de la crisis sobre los sectores más débiles, con pocos paliativos.

Por otra parte, en los niveles subestatales o paraestatales la situación no es mucho mejor. Incluso, en caso de que una propuesta política alternativa lograse obtener una influencia significativa en el gobierno de alguna comunidad autónoma o de un municipio de relativa importancia se toparía inmediatamente con serios límites a su capacidad de acción. La fuerte financiarización de las economías públicas y su meticulosa articulación como máquinas de crecimiento las ha convertido en un terreno minado para la acción política; dependencia fiscal de los mercados inmobiliarios, corrupción estructural y fuertes niveles de endeudamiento parecen lacras insuperables para cualquier programa de gobierno bienintencionado. Del mismo modo, la ausencia de mecanismos de representación efectivos para los nuevos proletariados urbanos y la coparticipación de los sindicatos mayoritarios en la gestión del régimen de acumulación financiarizado deponen toda posibilidad práctica de oponer un contrapoder desde el interior del modelo de acumulación.

En definitiva, no existe palanca que dentro del Estado pueda abrir ya no un proceso de democratización y control del producto social financiarizado, sino una intervención dirigida a la reforma del «modelo de crecimiento». Bajo esta perspectiva, el retorno al keynesianismo, exigido de forma repetido por parte de la clase experta y la «izquierda» política más honesta suena, en realidad, como un canto de sirena, involuntariamente dirigido a hacer encallar las energías sociales.[9] La imposibilidad de un nuevo pacto social

[9] La expresión más inteligente a nivel local podría ser la de Vicenç Navarro y sus colaboradores. Véanse sus numerosos artículos en el periódico *Público*, la web del Observatorio Social de España (http://www.observatoriosocial.org/ose/) y algunas de sus obras: V. Navarro (dir), *La situación social en España*, Barcelona, Pompeu Fabra, 2007; V. Navarro (coord.), *El Estado de Bienestar en España*, Madrid, Tecnos, 2004; o V. Navarro, *El subdesarrollo social de España*, Barcelona, Anagrama, 2006.

keynesiano se ve corroborada no sólo por la total ausencia de una contraparte interesada en una línea de reforma y reestructuración del capitalismo vía recomposición de los salarios y, por lo tanto, de la demanda agregada. También, el estancamiento de la productividad monetaria del trabajo impide un mecanismo de reparto entre salarios y beneficios que se exprese en el tiempo en un juego de suma positiva. La crisis de la medida de la productividad del trabajo, típicamente asociada al desarrollo de la industria supone también la defunción definitiva del keynesianismo histórico. En las economías más financiarizadas, como es la española, esta situación sólo puede conducir a una lucha distributiva cada vez más exacerbada. Tal y como se ha visto en este trabajo, en el marco del juego de suma cero del actual modelo de crecimiento, el capital sólo se puede ver compelido a renovar la guerra contra el trabajo (y los bienes comunes) con el fin de aumentar sus márgenes de rentabilidad.

3. La insistencia en la vía financiera va a traer consigo una nueva oleada de acumulación por desposesión y de depredación sobre los bienes comunes. El neoliberalismo ha promovido una nueva desamortización de aquellos bienes y servicios que en la terminología decimonónica estaban en «manos muertas», esto es, que eran considerados improductivos debido a las formas de propiedad sobre las cuales eran gestionados. Con ello ha conseguido elevar temporalmente las tasas de rentabilidad del capital a través de una estrategia de desposesión dirigida principalmente sobre dos grandes áreas: los bienes naturales y los bienes y servicios públicos.

Efectivamente, lo que podríamos llamar bienes comunes naturales han sido uno de los grandes *targets* del reciente ciclo de acumulación. El suelo, el aire, el agua, y en general el medio ambiente han sido masivamente dilapidados en la orgía inmobiliaria de las últimas décadas. La falsa paradoja entre el creciente estrés de los ciclos naturales y la promesa de desmaterialización de una economía cada vez más terciarizada, se ha saldado en perjuicio de los primeros. La actual crisis sólo supone una ralentización temporal del acoso al medio natural. El relanzamiento, por débil que sea, de nuevas burbujas patrimoniales traerá consigo una nueva oleada de colonización del territorio, construcción de infraestructuras y empeoramiento de la cuenta de materiales de la economía española

Por otro lado, el Estado, acusado de una profunda ineficiencia, de incurrir en enormes despilfarros y de distorsionar el funcionamiento natural de la economía ha sido progresivamente marginado de la gestión de los antiguos bienes y servicios públicos. La lógica financiera neoliberal se expresa por medio de la privatización, completa o parcial, de estos bienes y servicios, o al menos por la introducción de mecanismos de mercado que garanticen una asignación eficiente. De acuerdo con esta estrategia, se ha llevado a cabo un progresivo desmantelamiento del *welfare* y de los sistemas públicos de educación, salud y servicios sociales. La crisis, en la medida en que amenaza de nuevo los niveles de rentabilidad, acusará la tendencia a la privatización y a la desposesión, espoleada más si cabe por la previsible bancarrota de las economías públicas.

El doble triunfo del neoliberalismo y de la financiarización parece haberse fundado así en la imposición de unas formas de propiedad sobre otras. Las formas de propiedad estatal o pública o aquellas formas de propiedad que se movían en el limbo jurídico de lo común, lo consuetudinario y lo público —como la mayor parte de los bienes comunes naturales—, han sido o bien desechadas por formas de propiedad absoluta, o bien matizadas por la introducción de mecanismos de mercado, que en realidad no son sino medios de privatización encubierta. Dejando a un lado la cobertura ideológica del neoliberalismo y de la supuesta eficiencia natural del mercado, el balance de este vasto programa de privatizaciones ha sido singularmente desastroso: destrucción del medioambiente a todas las escalas, deterioro de la calidad de bienes y servicios, empeoramiento de los estándares generales de algunas dimensiones básicas como la salud o la educación, etc. Dicho de otro modo, la desamortización neoliberal no ha producido, ni ha querido producir, un aumento general de la productividad y de la eficiencia de los bienes naturales y de los servicios públicos. Sencillamente ha servido para aumentar la parte de la riqueza social capturada por las élites capitalistas a costa de la mayoría.

Frente a la lógica de la acumulación por desposesión resulta preciso promover una estrategia eficaz de defensa de todos estos ámbitos que sólo de una forma colectiva o común pueden ser sostenidos o ampliados de una forma eficaz. Esto pasa, a nuestro juicio, por una contra-desamortización; por la imposición de formas de propiedad común para todos los bienes y espacios que se consideran esenciales para la vida social. Propiamente hablando, se trataría de establecer un estatuto de propiedad común en tanto condición legal distinta y diferenciada, tanto de la propiedad pública como de las formas de propiedad privada. Según este estatuto, todo aquello en régimen de propiedad común debería al menos garantizar las siguientes condiciones: 1) universalidad, el acceso a estos bienes y servicios debe ser universal y sin ninguna contrapartida; 2) sostenibilidad, las únicas restricciones de usos y aprovechamientos debieran estar fijadas en orden a mantener intactas las condiciones materiales de reproducción de los bienes comunes; 3) democracia, los criterios de gestión y uso deben ser transparentes y democráticos, organizados según principios progresivos en relación con la renta y la riqueza; y 4) inalienabilidad, la gestión privada, estatal o comunitaria no puede en ningún caso confundirse con la propiedad de los bienes y servicios de propiedad común, que no podrán ser enajenados a manos de terceros. La lucha, la defensa y la expansión de este nuevo estatuto de propiedad «común» debiera ser suficiente para detener, e incluso invertir, la permanente renovación de la violencia capitalista sobre el cuerpo social.

Quizás lo que la crisis ha cerrado de forma definitiva es la ilusión de una reforma, la posibilidad de un pacto positivo entre el capital y el cuerpo social. El horizonte inmediato del estancamiento económico obligará a las élites a jugar a las cartas de un nuevo juego de desposesión y financiarización. La situación será sencillamente descarnada y habrá que afrontar las luchas que, querámoslo o no, nuestra contraparte está obligada a jugar.

Sin embargo, el agotamiento del carácter progresivo del capital, la extrema socialización de la producción y la propia financiarización nos han dejado también los instrumentos para el mayor programa de distribución de la riqueza que haya conocido la historia. Lo único que nos queda es apurar y recuperar lo que hay de común entre todos nosotros.

Bibliografía

Ackerman, B. y Alstott, A., *The Stakeholder Society,* Yale University Press, 2006.

Aglietta, M., *Crisis y regulación del capitalismo,* Madrid, Siglo XXI, 1997.

_____ «Into a new growth regime», *New Left Review,* núm. 54, 2008.

Aisa Gómez, M., «Actitud empresarial ante el Plan Director de Infraestructuras», en Monográfico «Perspectivas en torno al Plan Director de Infraestructuras», *Ciudad y territorio,* núm. 97, otoño de 1993.

Albarracín, J., «La extracción del excedente y el proceso de acumulación» en Miren Etxezarreta (coord.), *La reestructuración del capitalismo en España 1970-1990,* Madrid, Fuhem / Icaria, 1991.

Aldanondo Ochoa, P., *La influencia de la crisis económica sobre el territorio,* Madrid, COTMAVI, 1984.

_____ (dir.), *Cambios en las relaciones sociales y en las formas de vida de la población trabajadora madrileña durante la crisis (1975-1985),* Madrid, COTMAVI, 1985.

Álvarez Cantalapiedra, S., y Carpintero, O. (coords.), *Economía ecológica: reflexiones y perspectivas,* Madrid, Círculo de Bellas Artes, 2009.

Antón, A., «Cambios de identidades laborales y de clase», *Revista del Trabajo,* núm. 63, 2008.

Arestis, P. y Sawyer, M., «Aggregate demand, conflict and capacity in the inflationary process», *Cambridge Journal of Economy,* 2005.

Arrighi, G., «Financial expansions in a world historical perspective. A reply to Robert Pollin», *New Left Review,* núm. I/224, 1997.

_____ *El largo siglo XX. Dinero y poder en los orígenes de nuestra época,* Akal, Cuestiones de Antagonismo, 1999.

_____ «La economía social y política de la turbulencia global», *New Left Review,* núm. 20, 2003.

_____ *Adam Smith en Pekín. Orígenes y fundamentos del siglo XXI,* Madrid, Akal. Cuestiones de Antagonismo, 2007.

Asensi, D., *La viabilidad del sistema público de pensiones,* Universidad de Salamanca, 2003.

Badenes, C., «Pobrecitos servidores empresariales» en Taifa. Seminario de Economía Crítica, *Informe de Economía 4. Hay pobres porque hay muy, muy ricos,* septiembre de 2007.

Balakrishnan, G., «Speculations on the Stationary State», *New Left Review,* núm. 50, septiembre-octubre de 2009.

Balestrini N., y Moroni, P., *La horda de oro (1968-1977). La gran ola revolucionaria y creativa, política y existencial,* Madrid, Traficantes de Sueños, 2006.

Baran, P. y Sweezy, P. M., *El capital monopolista,* México, Siglo XXI, varias ediciones.

Bazzicalupo, L., *Il governo delle vite. Biopolitica ed economia,* Roma, La Terza, 2005.

Berges, A. y Ontiveros, E., «La nueva ley de suelo desde la perspectiva económica», *Ciudad y Territorio,* núm. 152-153, 2007.

Benko, G. y A. Lipietz, A., «From the regulation of space to the space of regulation», *Geojournal,* núm. 44-4.

Bello, W., «Cumbre en Pittsburgh del G-20: Forma sin substancia», *Sinpermiso,* 5 de octubre de 2009, disponible en: http://www.sinpermiso.info/textos/index.php?id=2804

Bermejo, R., *Análisis de rentabilidad del proyecto de la 'Y' vasca y bases para una estrategia ferroviaria alternativa,* Bilbao, 2004, disponible en: http://www.ahtgelditu.org/dokumentuak/informe_bermejo_es.pdfhttp://www.ahtgelditu.org/dokumentuak/informe_bermejo_es.pdf.

_____ «La política de transportes española ante el fin de la era de los combustibles fósiles», en S. Alvarez Cantalapiedra y O. Carpintero (coords.), *Economía ecológica: reflexiones y perspectivas,* Madrid, Círculo de Bellas Artes, 2009.

Blackburn, R., «El nuevo colectivismo: reforma de las pensiones, capitalismo gris y socialismo complejo», *New Left Review,* núm. II/2, 2000.

____«Finance and the Fourth Dimension», *New Left Review,* núm. II/39, mayo-junio de 2006.

____«The Subprime Crisis», *New Left Review,* núm. II/50, marzo-abril de 2008.

Boltanski, L. y Chiapello, E., *El nuevo espíritu del capitalismo,* Madrid, Akal. Cuestiones de Antagonismo, 2003.

Boyer, R., *Teoría de la regulación. Un análisis crítico,* Valencia, Alfons el Magnànim, 1992.

_____ *Crisis y regímenes de crecimiento. Una introducción a la teoría de la regulación,* Buenos Aires, Niño Dávila / Ceil Piette, 2007.

BRENNER, R., «Competition and Class: A reply to Foster and Mac Nally», *Monthly Review,* núm. 51-7, 1999.

_____ *La expansión económica y la burbuja bursátil,* Madrid, Akal. Cuestiones de Antagonismo, 2003.

_____ *La economía de la turbulencia global, Las economías capitalistas avanzadas de la larga expansión al largo declive, 1945-2005,* Madrid, Akal. Cuestiones de Antagonismo, 2009.

CAMAGNI, R., «On the concept of territorial competitiveness Sound or misleading?», *Urban Studies,* núm. 39-13, 2002.

CAMARA, S., «La dinámica de acumulación y crecimiento económico de largo plazo en España (1850-2002)», ponencia para las XI Jornadas de Economía Crítica, 2006.

CALDERÓN, B., «Entre la hipertrofia normativa y la desordenación del territorio: una aproximación a los fundamentos históricos de la ordenación del espacio turístico en España», *Terra Nueva Etapa,* núm. 26, 2001.

_____ «Ganar tamaño y territorio: fusiones de empresas y nuevos yacimientos de actividad en el sector inmobiliario español», *Investigaciones Geográficas,* núm. 28, 2002.

CARMONA, P. y RODRÍGUEZ, E., «Barrios: planificación, inmigración y movimiento vecinal (1939-1986)» en *Madrid ¿la suma de todos? Globalización, territorio, desigualdad,* Madrid, Traficantes de Sueños, 2007.

CARPINTERO, O., *El metabolismo de la economía española 1956-2000,* Lanzarote, Fundación Cesar Manrique, 2004.

CARRERAS, A. y ESTAPÉ-TRIAY, S., «Enterpreneurship, organization and Economic Performance among Spanish Firms 1930-1975. The Case of The Motor Industry», *paper* de la Universidad Pompeu Fabra.

CAS MADRID (COMP.), *Por nuestra salud. La privatización de los servicios sanitarios,* Madrid, Traficantes de Sueños, 2010.

____ *El modelo del futuro ya está aquí. Aplicación del modelo de la «concesión» en la sanidad pública madrileña* en www.casmadrid.org.

CATALÁN, J., «Del "milagro" a la crisis: la herencia económica del franquismo» en Miren Etxezarreta (coord.), *La reestructuración del capitalismo en España 1970-1990,* Madrid, Fuhem / Icaria, 1991.

CASE, K. E.; QUIGLEY, J. y SHILLER, R., «Comparing Wealth Effects, Stock Market versus Housing Market», *Cowles Foundation Discussion Paper,* núm. 1335, 2001.

CEBRÍAN VILLAR, M., «La regulación industrial y la transferencia internacional de tecnología en España, 1959-1973», European Universty Institute.

CHISLETT, W., *The Internationalization of Spanish Economy,* Madrid, Real Instituto El Cano de Estudios Internacionales y Estratégicos, 2002.

_____ *La inversión española directa en América Latina: retos y oportunidades,* Madrid, Real Instituo El Cano de Estudios Internacionales y Estratégicos, 2003.

COLECTIVO IOÉ, *Inmigración y vivienda en España,* Madrid, Ministerio de Trabajo y Asuntos Sociales / Observatorio para la Inmigración, 2006.

_____ *Barómetro Social de España. Análisis de indicadores 1994-2006,* Madrid, Traficantes de Sueños, 2008.

COMISIONES OBRERAS, «Negociación colectiva y negociación salarial en España», disponible en: www.ccoo.es/comunes/temp/recursos/1/81339.pdfwww.ccoo.es/comunes/temp/recursos/1/81339.pdf

COLECTIVO DE ESTUDIOS SOBRE LA AUTONOMÍA OBRERA, *Luchas Autónomas en la Transición. Tomo I,* Madrid, Zero, 1977.

CORIAT, B., *Pensar al revés. Trabajo y organización en la empresa japonesa,* Madrid, Siglo XXI, 1993.

_____ *El taller y el robot. Ensayos sobre el fordismo y la producción en masa en la era de la electrónica,* Madrid, Siglo XXI, 1993.

CORSANI, A.; LAZZARATO, M y NEGRI, A., *Le bassin de travail inmmatériel dans la métropole parisienne,* París, L'Harmattan, 1996.

CROTTY, J., «The Neoliberal Paradox: The Impact of Destructive Product Market Competition and "Modern" Financial Markets on Non Financial Corporation Performance in the Neoliberal Era» en EPSTEIN (coord), *Financialization and the world economy,* Cheltenham, Edward Elgar, 2005.

____«If Financial market competition is so intense, Why Are Financial Firm Profits so High?», *PERI Working paper series,* núm. 134, 2007.

CUBEL A., y SANCHÍS, M. T., «Comercio de bienes de capital y desarrollo de la industria de bienes de equipo en España, 1950-1975», Universidad de Valencia.

DAVIS, M., *Ciudad de cuarzo. Arqueología del futuro de Los Ángeles,* Madrid, Lengua de Trapo, 2005.

DE LONG, B., «The triumph of monetarism?», *Journal of Economic Perspectives,* 2000.

DELGADO, M., *La ciudad mentirosa. Fraude y miseria del «modelo Barcelona»,* Madrid, Catarata, 2007.

DEL OLMO, C., «El secuestro de Europa, Entrevista con Peter Gowan», *Minerva,* núm. 1, 2006.

DÍAZ ROLDÁN, C., «La política monetaria española: evolución reciente e implicaciones macroeconómicas», *Información Comercial Española,* julio-agosto de 2007.

DONGES, J. B., *La industrialización en España,* Barcelona, Oikos-Tau, 1976.

DUMENIL, G. y LEVY, D., «Neoliberal income trends», *New Left Review,* núm. 30, 2004.

_____ «Brenner on distribution», 2005, disponible en: http://www.jourdan.ens.fr/levy/biblioa.htm

_____ *La finance capitaliste: rapports de production et rapports de classe,* 2006, disponible en: http://www.jourdan.ens.fr/levy/bibliof.htm

_____ «Unproductive Labour as profit rate maximizing labour», 2006, disponible en: http://www.jourdan.ens.fr/levy/biblioa.htm

_____ *Crisis y salida de crisis. Orden y desorden neoliberales,* México, FCE, 2007.

ERDMENGER, J., «Redes e infraestructuras en el sistema de transporte europeo», en Monográfico «Perspectivas en torno al Plan Director de Infraestructuras», *Ciudad y territorio,* núm. 97, otoño 1993.

ESTEBAN, I., *El efecto Guggenheim. Del espacio basura al ornamento,* Barcelona, Anagrama, 2007.

EPSTEIN, G., (coord), *Financialization and the world economy,* Cheltenham, Edward Elgar, 2005.

_____ «Central banks as agents of economic development», *PERI working paper,* núm. 105, 2005.

ESPAI EN BLANC (coord), *Luchas autónomas en los años setenta,* Madrid, Traficantes de Sueños, 2008.

ESPINA, A., «La vuelta del hijo pródigo: el Estado de Bienestar español en el camino hacia la Unión Económica y Monetaria», *Política y sociedad,* núm. 44-2, 2007.

ESPING-ANDERSEN, G., *The Three Worlds of Welfare Capitalism,* Cambridge, Polity Press, 1990.

ESTRADA, A.; PONS, A. y VALLÉS, J., «Productividad y competitividad en la economía española», *Información Comercial Española,* núm. 829, marzo-abril de 2006.

ETXEZARRETA, M., (coord), *La reestructuración del capitalismo en España 1970-1990,* Madrid, Fuhem / Icaria, 1991.

_____ «La economía política del proceso de acumulación» en M. ETXEZARRETA (coord), *La reestructuración del capitalismo en España 1970-1990,* Madrid, Fuhem / Icaria, 1991.

FERNÁNDEZ CARBAJAL, A., «La política de vivienda en España durante el franquismo», *Ciudad y Territorio,* núm. 35, 2003.

_____ «Veinticinco años de política de vivienda en España 1976-2001», *Información Comercial Española,* núm. 816, julio-agosto de 2004.

FRIEDMAN, M., y FRIEDMAN, R., *Two Lucky People,* Chicago, The University of Chicago Press, 1998.

FOX GOTHAM, K., «The Secondary Circuit of Capital Reconsidered: Globalization and the US Real State Sector», *American Journal of Sociology,* núm. 112-1, julio de 2006.

FOESSA, VI *Informe sobre exclusión y desarrollo social en España,* 2008, disponible en: http://www.foessa.org/quePensamos/nuestrasPrioridades/index.php?MzI%3D

FOUCAULT, M., *Nacimiento de la biopolítica. Curso en el Collège de France (1978-1979),* Buenos Aires, FCE, 2007.

FUMAGALLI, A.; LUCARELLI, S.; MARAZZI, C.; NEGRI, A. y VERCELLONE, C., *La gran crisis de la economía global. Mercados financieros, luchas sociales y nuevos escenarios políticos,* Madrid, Traficantes de Sueños, 2009.

FUMAGALLI, A., *Bioeconomía y capitalismo cognitivo,* Madrid, Traficantes de Sueños, 2010.

FUNDACIÓN 1º DE MAYO, *Reflexiones y propuestas para el cambio de modelo productivo en España,* Informe núm. 13, octubre de 2009.

GAJA I. y DÍAZ, F., «El suelo como excusa: el desarrollismo rampante», *Boletín CF+S,* núm. 29, junio de 2003 http://habitat.aq.upm.es/boletin/n29/afgaj.html

GALBRAITH, J. K., *Historia de la euforia financiera,* Barcelona, Ariel, 1983.

_____ «The collapse of monetarism and the irrelevance of the new monetary consensus», Policy Note, The Levy institute of Bard College, 2008-1.

GARROU, J., *City. Life in the new frontier,* Nueva York, Anchor Books, 1998.

GAVIRIA, M., *La séptima potencia. España en el mundo,* Barcelona, Ediciones B, 1996.

GLYN, A., «The costs of stability: Advanced capitalist countries in the 80's», *New Left Review,* núm I/195, 1992.

_____ *Capitalism Unleashed,* Oxford, Oxford University Press, 2006.

GÓMEZ URANGA, M., «La internacionalización de la industria española: un proceso acelerado» en Miren ETXEZARRETA (coord.), *La reestructuración del capitalismo en España 1970-1990,* Madrid, Fuhem / Icaria, 1991.

GORZ, A., *Le immateriel. Connoisance, Valeur et Capital,* Galilée, 2003.

GODECHOT, O., *Working Rich,* París, La Decouverte, 2007.

GONZÁLEZ CALVET, J., «Crisis, transición y estancamiento. La política española 1973-1982» en Miren ETXEZARRETA (coord), *La reestructuración del capitalismo en España 1970-1990,* Madrid, Fuhem / Icaria, 1991.

GOWAN, P., *La apuesta por la globalización. La geoeconomía y la geopolítica del imperialismo euro-estadounidense,* Madrid, Akal. Cuestiones de Antagonismo, 2000.

GUERRERO, D., *La explotación. Trabajo y capital en España (1954-2001),* Barcelona, Montesinos, 2006.

HARMES, A., «La cultura de los fondos de inversión», *New Left Review,* núm. 9, 2001.

HARVEY, D., *Urbanismo y desigualdad social,* Madrid, Siglo XXI, 1977.

_____ *Los limites del capitalismo y la teoría marxista,* México, FCE, 1982.

_____ «El Nuevo imperialismo: acumulación por desposesión», *Socialist Register,* 2004.

_____ «El arte de la renta: la globalización y la mercantilización de la cultura» en D. HARVEY y N. SMITH, *Capital financiero, propiedad inmobiliaria y cultura,* Barcelona, MACBA, 2005.

_____ *Espacios del capital,* Madrid, Akal. Cuestiones de Antagonismo, 2007.

HARVEY, D. y SMITH, N., *Capital financiero, propiedad inmobiliaria y cultura,* Barcelona, MACBA, 2005.

HACKWORTH, J., *The Neoliberal City. Governance, Ideology and Development in American Urbanism,* Ithaca (NY), Cornell University Press, 2007.

HO FUNG, H., «America's Head Servant», *New Left Review,* núm. 60, noviembre-diciembre de 2009.

HUSSON, M., «Lo que está en juego en la crisis», *El Viejo Topo,* núm. 249, octubre de 2008.

_____ *Capitalismo puro,* Madrid, Maia, 2009.

HYMAN, L., «Debtor Nation: How Consumer Credit built America», *Enterprise and Society,* núm. 9, 2008.

INGLEHART, R., *The Silent Revolution,* Princeton University Press, 1977.

ITOH, M., «The burst of the bubble and political economy of the 1990's depression», disponible en: http://ricardo.ecn.wfu.edu/~cottrell/OPE/itoh/itoh.pdf

JESSOP, R., «Towards a Schumpeterian Workfare State? Preliminary Remarks on Post-Fordist Political Economy», *Studies in Political Economy,* núm. 40. 1993.

_____ *El futuro del Estado capitalista,* Madrid, La Catarata, 2008.

JESSOP, R.; PECK, J. y TICKELL, A., «Retooling the Machine. Economic Crisis, State Restructuring and Urban Politics» en A. E. G. JONAS Y D. WILSON, *The Urban Growth Machine. Critical Pespective Two Decades Later,* Nueva York, State University of New York, 1999.

JONAS, A. E. G. y WILSON, D., *The Urban Growth Machine. Critical Perspective Two Decades Later,* Nueva York, State University of New York, 1999.

KALECKI, M., «Political Aspects of Full Employment», *Political Quarterly,* núm. 14, 1943.

KAPP, K. W.,*Los costes sociales de la empresa privada,* Madrid, La Catarata, 2006.

KERR, D., «The theory of rent: From crossroads to the magic roundabout», *Capital and Class,* núm. 58. 1996.

KEYNES, J. M., *Ensayos de persuasión,* Crítica, Barcelona, 1988.

_____ *Teoría general de la ocupación, el interés y el dinero*, FCE, México, 1997.

KINDLEBERGER, C., *Manias, Panics and Crashes*, Basingstoke, Palgrave, 2005.

KING, J. E., *Una historia de la economía postkeynesiana desde 1936*, Madrid, Akal, 2009.

KRUGMAN, P., *El internacionalismo «moderno»: la economía internacional y las mentiras de la competitividad*, Crítica, Barcelona, 2004.

LABORATORIO URBANO, «La explosión urbana de la conurbación madrileña» en *Madrid ¿La suma de todos? Globalización, territorio, desigualdad*, Madrid, Traficantes de Sueños, 2007.

LARREA, A., y GAMARRA, G., *Bilbao y su doble ¿Regeneración urbana o destrucción de la vida pública?*, Gatazka, Bilbao, 2007.

LAPAVITSAS, C., *El capitalismo financiarizado. Expansión y crisis*, Madrid, Maia, 2009.

LAVOIE. M., *La economía postkeynesiana*, Barcelona, Icaria, 2005.

LAZZARATO, M.; MOULIER-BOUTANG, Y.; NEGRI, A. y SANTILLI, G., *Des entreprises pas comme les autres. Benetton en Italie. Le Sentier a Paris*, París, Publisud, 1995.

LAZZARATO, M., *Lavoro immateriale. Forme de vita e produzione di soggettività*, Verona, Ombre Corte, 1997.

LEVENFELD, G., «La financiación de vivienda durante los años noventa», *Ekonomiaz*, núm. 27, 1993.

LEVY, S., *Hackers: Heroes of the Computer Revolution*, Nueva York, Anchor Press, 1984.

LINDE, L. M., «La evolución de la peseta 1984-1994» en *Historias de una década. Sistema financiero y economía española 1984-1994*, Madrid, AB Asesores, 1995.

LIPIETZ, A., «Amenagement du territoire et developpement endogene», *Informe para el Consejo de Análisis Económico*, 18 de enero de 2001.

LOGAN, J. y MOLOTCH. H., *Urban Fortunes: The political economy of place*, University of California Press, 2007.

MALO DE MOLINA, J. L., «Diez años de la economía española» en *Historias de una década. Sistema financiero y economía española 1984-1994*, Madrid, AB Asesores, 1995.

_____ «Una larga fase de expansión de la economía española», *Documentos ocasionales*, núm. 0505, Banco de España, 2005.

_____ «Los principales rasgos y experiencias de la integración española en la UEM», *Documentos ocasionales*, núm. 0701, Banco de España, 2007.

MAKI, D. y PALUMBO, M., «Disentangling the Wealth Effect: A Cohort Analysis of Household Saving in the 1990s», *FEDS Working Paper*, núm. 2001-21, 2001.

MANDEL, E., *El capitalismo tardío*, México, Era, 1979.

_____ *Las ondas largas del desarrollo capitalista. La interpretación marxista*, Madrid, Siglo XXI, 1986.

MARAZZI, C., «La violencia del capitalismo financiero» en *La gran crisis de la economía global. Mercados financieros, luchas sociales y nuevos escenarios políticos,* Madrid, Traficantes de Sueños, 2009.

MARX, K., *El capital,* México, FCE, 1959.

_____ *Grundrisse,* México, Siglo XXI, 1989.

_____ *El dieciocho Brumario de Luis Bonaparte,* Madrid, Alianza Editorial, 2003.

MARTIN, R., *The financiarization of daily life,* Filadelfia, Temple, 2002.

MARTÍN, B.; MANCEBO, S.; ORTEGA E, y LÓPEZ, E., «Evaluación de los efectos del PEIT sobre la fragmentación de hábitats», Centro de Investigación del Transporte, Universidad Politécnica de Madrid.

MARTÍNEZ DE PABLOS, F. J., «La banca, de los setenta al mercado único» en Miren Etxezarreta (coord.), *La reestructuración del capitalismo en España 1970-1990,* Madrid, Fuhem / Icaria, 1991.

MARSHALL, A., *Principios de economía,* Madrid, Síntesis / Fundación ICO, 2005.

MAS, F. PÉREZ, M., y URIEL, E., *El stock y los servicios del capital en España y su distribución territorial (1964-2005),* Madrid, Fundación BBVA, 2007.

MENÉNDEZ REXACH, A., «Los objetivos económicos de la regulación del suelo: evolución de la legislación española y perspectivas de reforma», *Papeles de Economía Española,* núm. 109, 2006.

MERINO, R., (dir.), *Una sociedad de propietarios. El camino de los ciudadanos hacia la independencia financiera,* Madrid, Instituto Juan de Mariana, 2006.

MINSKY, H. P., *Stabilizing an unstable economy,* Nueva York, Mc Graw Hill, 1986.

_____ «The financial instability hipothesis», *Working Paper,* núm. 74, The Jerome Levy Instute of Bard College, mayo 1992, disponible en: http://www.levy.org/pubs/wp74.pdf

MONTES, P., «La integración en la Comunidad Económica Europea en el marco de la internacionalización del capitalismo español», en Miren Etxezarreta (coord.), *La reestructuración del capitalismo en España 1970-1990,* Madrid, Fuhem / Icaria, 1991.

MOLINERO, C., y YSÀS, P., *Productores disciplinados y minoría subversivas. Clase obrera y conflictividad en la España franquista,* Madrid, Siglo XXI, 1998.

MOLOTCH, H., «The City as a Growth Machine: Toward a Political Economy of Place», *The American Journal of Sociology,* núm. 82-2, 1976.

MORENO, F.; CORTÉS, F. y SOLER, D., «La titulización en la nueva economía», *Información Comercial Española,* núm. 2682, 2001.

MOULIER-BOUTANG, Y., *Le capitalisme cognitif. Nouvelle grande transformation,* París, Amsterdam, 2006.

____ «Pour una nouvelle donne fiscale», *Multitudes,* núm. 39, 2009.

_____ *La société pollen,* París, Amsterdam (en preparación).

MULAS, C., «La Estrategia de Lisboa, el Programa Nacional de Reformas y las políticas de oferta en España», *Información Comercial Española,* núm. 837, julio-agosto de 2007.

NAREDO, J. M., *La burbuja inmobiliario financiera en la coyuntura económica reciente (1985-1995),* Madrid, Siglo XXI, 1996.

_____ *La economía en evolución,* Madrid, 2003, Siglo XXI.

_____ «Perspectivas de la vivienda», *Información Comercial Española,* núm. 815, mayo-junio de 2004.

_____ *Raíces económicas del deterioro ecológico y social,* Madrid, Siglo XXI, 2006.

_____ «La cara oculta de la crisis. El fin del boom inmobiliario y sus consecuencias», *Revista de Economía Crítica,* núm. 7, primer semestre de 2009.

NAREDO, J. M., y VALERO, A., *Desarrollo económico y deterioro ecológico,* Madrid, Argentaria-Visor, 1998.

NAREDO, J. M., y GUTIÉRREZ, L. (coord), *La incidencia de la especie humana sobre la faz de la Tierra (1955-2005),* Lanzarote, Fundación Cesar Manrique, 2005.

NAREDO, J. M.; CARPINTERO, O., y MARCOS, C., *Patrimonio inmobiliario y balance nacional de la economía española 1992-2004,* Madrid, FUNCAS, 2005.

_____ *Patrimonio inmobiliario y balance nacional de la economía española 1995-2007,* Madrid, FUNCAS, 2008.

NAVARRO, V. (coord.), *El Estado de Bienestar en España,* Madrid, Tecnos, 2004.

_____ *El subdesarrollo social de España,* Barcelona, Anagrama, 2006.

_____ (dir), *La situación social en España,* Barcelona, Pompeu Fabra, 2007.

NEGRI, A., *Los libros de la autonomía obrera,* Madrid, Akal. Cuestiones de Antagonismo, 2004.

_____ *La forma Estado. Por la crítica de la economía política de la Constitución,* Madrid, Akal. Cuestiones de Antagonismo, 2003.

NIETO, M., «Rentabilidad y distribución en el capitalismo Español (1954-2003)», *Laberinto,* núm. 24, 2007.

OBSERVATORIO METROPOLITANO, *Madrid ¿La suma de todos? Globalización, territorio, desigualdad,* Madrid, Traficantes de Sueños, 2007.

_____ *Manifiesto por Madrid. Crítica y crisis del modelo metropolitano,* Madrid, Traficantes de Sueños, 2009.

PALLEY, T., *Milton Friedman, the great conservative partisan,* disponible en: http://www.thomaspalley.com/?p=59

PAPADIMITRIOU, D.; SHAIKH, A.; DOS SANTOS, C. y ZEZZA, G., «Is personal debt sustainable», *Levy Institute Strategic Analysis,* noviembre de 2002.

PARENTEAU, R., «The late 1990's US bubble», en G. EPSTEIN (coord), *Financialization and the world economy,* Cheltenham, Edward Elgar, 2005.

PARKIN, F., *Marxismo y teoría de clases. Una crítica burguesa,* Madrid, Espasa, 1984.

PISARELLO, G. y ASENS, J., «Hipotecas fraudulentas», *Público,* 5 de mayo de 2009.

PIKETTY, T., y SAEZ, E., «Income Inequality In The United States 1913-1918», *The Quarterly Journal of Economics,* vol. CXVIII, Issue 1, febrero de 2003.

POLANYI, K., *La gran transformación,* Madrid, La Piqueta, 1997.

POLLIN, R., «Financial structures and egalitarian economic policy», *New Left Review,* núm. I/214, 1995.

_____ «Contemporary stagnation in world historical perspective», *New Left Review,* núm. I/219, 1996

_____ *Los contornos del declive,* Madrid, Akal. Cuestiones de Antagonismo, 2006.

POWER, D.; EPSTEIN, G. y ABRENA, G., «Trends in the Rentier Income Share in OECD Countries 1960-2000», *PERI Working paper,* núm. 58a, 2003.

QUINTANA P. (coord.), *Asalto a la fábrica. Luchas autónomas y reestructuración capitalista 1960-1990,* Barcelona, Alikornio, 2002.

RENDUELES, C., «Copiar, robar, mandar», *Archipiélago,* núm. 55, 2003.

ROCA CALDERA, J., «¿Ser o devenir? La valoración del suelo en la ley 8/2007», *Ciudad y Territorio,* núm. 152-153, 2007.

RODRÍGUEZ LÓPEZ, E., *Autonomía y capital. Recomposición y crisis de la clase obrera como sujeto político (1956-1986),* 2002. Tesis doctoral depositada en la UCM.

_____ «La riqueza y la ciudad» en YPRODUCTIONS (ED.), *Producta 50. Una introducción a las relaciones entre la cultura y la economía,* Barcelona, 2007.

_____ «La ciudad global o la nueva centralidad de Madrid» en OBSERVATORIO METROPOLITANO, *Madrid ¿La suma de todos? Globalización, territorio, desigualdad,* Madrid, Traficantes de Sueños, 2007.

_____ «Nuevos diagramas sociales. Renta, explotación y segregación en el Madrid global» en OBSERVATORIO METROPOLITANO, *Madrid ¿la suma de todos? Globalización, territorio, desigualdad,* Madrid, Traficantes de Sueños, 2007.

RODRÍGUEZ, J., «La construcción y la vivienda mantienen el ritmo de crecimiento», *Ciudad y Territorio,* núm. 131, 2002.

_____ «Tres boom inmobiliarios de la economía española», *Papeles de Economía Española,* núm. 109, 2006.

ROGER, G., «La gestión del suelo en las distintas comunidades autónomas», *Mediterráneo Económico,* núm. 3, 2003.

SASSEN, S., *La ciudad global: Nueva York, Londres, Tokyo,* Buenos Aires, Eudeba, 1991.

_____ *Cities in a world economy,* Pine Forge, Thousand Oaks, 2000.

SASTRE JIMÉNEZ, L., «Simultaneidad e interdependencia entre los flujos de ingresos por turismo e inversión extranjera en inmuebles en España», *ICE. Sector Exterior Español,* núm. 802, octubre de 2002.

SAMUELSON, P., *Economía,* Madrid, Mc Graw Hill, varias ediciones.
SÁNCHEZ-SÁNCHEZ, E. M., «Turismo, desarrollo e integración internacional de la España franquista», ponencia en la EBHA Annual Conference, Barcelona, septiembre de 2004.
SAN ROMÁN, E., *La empresa pública industrial en España: el INI,* Madrid, Instituto de Estudios Fiscales, 1973.
_____ *Ejército e industria: el nacimiento del INI,* Barcelona, Crítica, 1999.
SCHMITT, C., *El concepto de lo político,* Barcelona, Alianza, 1999.
SCHUMPETER, J. A., *Ciclos económicos. Análisis teórico, histórico y estadístico del proceso capitalista,* Zaragoza, Prensas Universitarias de Zaragoza, 2002.
SHAIKH, A., «Explaining the global economic crisis: A critique of Brenner», *Historical materialism,* núm. 5, 1999.
SHILLER, R. J., «Household reactions to changes in housing wealth», *Cowles Foundation Discussion Paper,* núm. 1459, 2004.
SILVER, B., *Fuerzas de trabajo. Los movimientos obreros y la globalización desde 1870,* Madrid, Akal. Cuestiones de Antagonismo, 2003.
SMITH, N., *The New Urban Frontier. Gentrification and The Revanchist City,* Londres, Routledge, 1996 [de próxima publicación en Traficantes de Sueños].
_____ «New Globalism, New urbanism: Gentrification as Global Urban Strategy», *Antipode,* núm. 34-3, 2002.
SOJA, E., *Postmetropolis. Estudios críticos sobre ciudades y regiones,* Madrid, Traficantes de Sueños, 2008.
STOCKHAMMER, E., «Is the NAIRU a Monetarist, Neokeynesian, Post Keynesian or a Marxist Theory?», *Working paper,* núm. 96, Vienna University of Economics, 2006.
SWYNGEDOUW, E.; MOULAERT, F., y RODRIGUEZ, A., «Neoliberal Urbanization in Europe: Large Scale Urban Development Projects and the New Urban Policy», *Antipode,* núm. 34- 3, 2002.
TAMAMES, R., *La economía española, 1975-1995,* Madrid, Temas de Hoy, 1995.
TAIFA. SEMINARIO DE ECONOMÍA CRÍTICA, *Informe de Economía 4. Hay pobres porque hay muy, muy ricos,* septiembre de 2007.
TERMES, R., «Los últimos doce años del sistema bancario español» en *Historias de una década. Sistema financiero y economía española 1984-1994,* Madrid, AB Asesores, 1995.
TOBIN, J., «The monetarist counter-revolution», *The Economic Journal,* núm. 361, 1981.
TORTELLA, G., *El desarrollo de España contemporánea. Historia económica de los siglo XIX y XX,* Madrid, Alianza, 1995.
TRONTI, M., *Obreros y capital,* Madrid, Akal. Cuestiones de Antagonismo, 2001.

TRULLEN I THOMAS, J., *Fundamentos económicos de la Transición política española. La política económica de los Acuerdos de la Moncloa,* Madrid, Ministerio de Trabajo y Seguridad Social, 1993.

VERCELLONE, C., «Crisis de la ley del valor y devenir renta de la ganancia. Apuntes sobre la crisis sistémica del capitalismo cognitivo», en *La gran crisis de la economía global. Mercados financieros, luchas sociales y nuevos escenarios políticos,* Madrid, Traficantes de Sueños, 2009.

VEGA PINADO, P., «El Plan Director de Infraestructuras: un impedimento para la movilidad sostenible», Monográfico «Perspectivas en torno al Plan Director de Infraestructuras», *Ciudad y territorio,* núm. 97, otoño 1993.

VIRNO, P., *Virtuosismo y revolución. La acción política en la era del desencanto,* Madrid, Traficantes de Sueños, 2003.

VVAA, *Work in America,* USA, The Colonial Press, 1973.

VVAA, *Cincuenta años de turismo español: un análisis histórico y estructural,* Madrid, Fundación Ramón Areces, 1991.

VVAA, *1968. Una revolución mundial,* Madrid, Akal. Cuestiones de Antagonismo, 2001.

VVAA, *Capitalismo cognitivo, propiedad intelectual y creación colectiva,* Madrid, Traficantes de Sueños, 2004.

VVAA, *Barcelona. Marca registrada. Un model per desarmar,* Barcelona, Virus, 2004.

WALLERSTEIN, I., *El moderno sistema mundial,* 3 vols., Madrid, Siglo XXI, varias ediciones.

WERMER, R., y AGUIRRE, F., *Insurgencia obrera en la Argentina 1969-1976. Clasismo, coordinadoras interfabriles y estrategias de la izquierda,* Buenos Aires, IPS, 2007.

WRIGHT. E. O., «Understanding class: towards an integrated analytic approach», *New Left Review,* núm. 60, 2009.

YPRODUCTIONS (ED.), *Producta 50. Una introducción a las relaciones que se dan entre la cultura y la economía,* Barcelona, 2007.

Fuentes estadísticas e informes institucionales

AEAT, *Mercado de trabajo y pensiones en las fuentes tributarias*, 2007.

Banco de España, «La titulización en España: principales características», *Boletín económico*, diciembre 2007.

______ *Boletín Económico*, 2009.

______ *Central de Balances*, 2009.

______ *Cuentas Financieras de la Economía Española*, 2009.

______ *Cuentas financieras de los hogares y de las instituciones sin fines de lucro al servicio de los hogares*, serie 1995-2007.

______ *Encuesta Financiera de las Familias*, 2002 y 2005.

______ *Informe anual*, 2007.

______ *Informe anual*, 2008.

______ *Informe de estabilidad financiera*, mayo de 2009.

______ *Informe de estabilidad financiera*, septiembre de 2009.

Colectivo Ioé, *Inmigración y vivienda en España*, Madrid, Ministerio de Trabajo y Asuntos Sociales / Observatorio para la Inmigración, 2006.

_____ *Barómetro Social de España. Análisis de indicadores 1994-2006*, Madrid, Traficantes de Sueños, 2008.

Datainvex, *Estadísticas de inversión extranjera en España*. Series 1995-2007, Secretaría de Estado de Comercio, Ministerio de Industria, Turismo y Comercio.

Eurostat, *New Cronos Database*, 2010.

FMI, *World economic outlook*, mayo de 1992.

Idealista.com, *Precios de la vivienda por trimestres*, Series históricas 2000-2009.

Insituto Nacional de Estadística, *Contabilidad Nacional*, serie 1995-2009.

_____ *Contabilidad Nacional*, series históricas.

_____ *Contabilidad Regional*, serie 1995-2007.

_____ *Censo de Población y Vivienda*, 2001.

_____ *Encuesta de Condiciones de Vida*, 2008

_____ *Encuesta de Estructura Salarial*, 1994, 2002 y 2004-2006.

_____ *Encuesta de Población Activa*, 2009 y series históricas.

Inverco, *Ahorro financiero de las familias, instituciones de inversión colectiva y fondos de pensiones. Informe 2007 y perspectivas de 2008*

Naredo, J. M. y Zaldivar, R. G., *Estudio sobre la ocupación de suelo por usos urbano-industriales, aplicado a la Comunidad de Madrid*, Ministerio de Medio Ambiente y Medio Rural y Marino. 2008, disponible en: http://www.eukn.org/espana/themes/Urban_Policy/Urban_environment/Land_use/in_030_EstudioOcupacionSuelo-CAM_ES_1331.html

Mas, M.; Pérez F. y Uriel, E., *El stock y los servicios del capital en España y su distribución territorial (1964-2005)*, Madrid, Fundación BBVA, 2007.

Naredo, J. M.; Carpintero, O. y Marcos, C., *Patrimonio inmobiliario y balance nacional de la economía española 1992-2004*, Madrid, FUNCAS, 2005.

_____ *Patrimonio inmobiliario y balance nacional de la economía española 1995-2007*, Madrid, FUNCAS, 2008.

Ministerio de Economía y Hacienda, *Deuda viva de la entidades locales a 31 de diciembre de 2008*, Madrid, 2009.

_____ *Presupuestos municipales. Ingresos y gastos municipales 2003-2007.*

_____ *Liquidación de Presupuestos de las Corporaciones Locales 2001-2006.*

Ministerio de Fomento, *Anuario 2007*, Madrid, 2008

_____ *Anuario 2008*, Madrid, 2009

_____ *Plan Estratégico de Infraestructuras y Transportes (documento propuesta)*, Madrid, diciembre de 2004.

Ministerio de medio ambiente y medio rural y marino, *La Huella Ecológica de España*, Madrid, 2009.

Ministerio de Vivienda, *Atlas Estadístico de las Áreas Urbanas*, 2006

_____ *Estimación del parque de vivienda*, 2009.

Observatorio de la sostenibilidad en España, *Cambios de ocupación del suelo en España: implicaciones para la sostenibilidad*, Madrid, Mundi Prensa, 2006.

_____ *La calidad del aire en las ciudades españolas*, Madrid, Mundi Prensa, 2008.

_____ *Sostenibilidad en España 2008*, Madrid, 2009.

OCDE, *Economic outlook*, junio de 1992.

_____ *Productivity Database*, 2009.

Rubio Juan, M. A., *Flujos de inversión de no residentes en inmuebles residenciales. Flujos de inversión de residentes en inmuebles residenciales fuera de España*, Ministerio de Vivienda, 2005, disponible en: http://www.mviv.es/es//xls/estadisticas/ENCUESTAS/OE2.PDF

traficantes de sueños

http://traficantes.net>>editorial@traficantes.net

mapas

1. Virtuosismo y revolución
   La acción política en la época del desencanto
   Paolo Virno
   I.S.B.N.: 84-932982-1-2, 154 pp., 9 euros.

2. Contrageografías de la globalización
   Género y ciudadanía en los circuitos transfronterizos
   Saskia Sassen
   I.S.B.N.: 84-932982-0-4, 125 pp., 8,5 euros.

3 En el principio fue la línea de comandos
   Neal Stephenson
   I.S.B.N.: 84-932982-2-0, 158 pp., 9,5 euros.

4. El gobierno imposible
   Trabajo y fronteras en las metrópolis de la abundancia
   Emmanuel Rodríguez
   I.S.B.N.: 84-932982-3-9, 188 pp., 9,5 euros.

5. La fábrica de la infelicidad
   Nuevas formas de trabajo y movimiento global
   Franco Berardi (Bifo)
   I.S.B.N.: 84-932982-4-7, 188 pp., 10.5 euros.

6. Otras inapropiables
   Feminismos desde las fronteras
   bell hooks, Avtar Brah, Chela Sandoval, Gloria Anzaldúa...
   I.S.B.N.: 84-932982-5-5, 188 pp., 10 euros.

7. Gramática de la multitud
   Para un análisis de las formas de vida contemporáneas
   Paolo Virno
   I.S.B.N.: 84-932982-6-3, 160 pp., 9 euros.

8. Capitalismo cognitivo
   Propiedad intelectual y creación colectiva
   Y. Moulier Boutang, Antonella Corsani, M. Lazzarato et alli.
   I.S.B.N.: 84-932555-0-X, 160 pp., 10.5 euros.

9. Software libre para una sociedad libre
   R. M. Stallman
   I.S.B.N.: 84-932555-0-X, 320 pp., 18 euros.

10. Plan sobre el planeta
Capitalismo Mundial Integrado y revoluciones moleculares
Félix Guattari
I.S.B.N.: 84-932555-0-X, 140 pp., 10 euros.

11. Derecho de fuga
Para un análisis de las formas de vida contemporáneas
Sandro Mezzadra
I.S.B.N.: 84-932555-7-7, 184 pp., 12 euros.

12. Cuando el verbo se hace carne
Lenguaje y naturaleza humana
Paolo Virno
I.S.B.N.: 84-96453-01-4, 184 pp., 12 euros.

13. Por una cultura libre
Como los grandes grupos de comunicación utilizan la tecnología y la ley para clausurar la cultura y controlar la creatividad
Lawrence Lessig
I.S.B.N.: 84-96453-02-2, 302 pp., 18 euros.

14. Micropolítica
Cartografías del deseo
Félix Guattari y Suely Rolnik
I.S.B.N.: 84-96453-05-7, 384 pp., 20 euros.

15. Por una política menor
Acontecimiento y política en las sociedades de control
Maurizio Lazzarato
I.S.B.N.: 84-96453-12-X, 244 pp., 15 euros.

16. El gobierno de la excedencia
Postfordismo y control de la multitud
Alessandro De Giorgi
I.S.B.N.: 84-96453-15-4, 148 pp., 12,5 euros.

17. Ciudades muertas
Ecología, catástrofe y revuelta
Mike Davis
I.S.B.N.: 84-96453-17-0, 254 pp., 18 euros.

18. El estado del mundo
Contraperspectivas
Karl Heinz Roth
I.S.B.N.: 84-96453-20-0, 248 pp., 15 euros.

19. Estudios postcoloniales. Ensayos fundamentales
Dipesh Chakrabarty, Achille Mbembe, Robert Young, Nirmal Puwar, Sandro Mezzadra, Federico Rahola, Gayatri Spivak, Chandra Talpade Mohanty ...
I.S.B.N.: 84-96453-22-7, 288 pp., 22 euros.

20. Producción cultural y prácticas instituyentes
Líneas de ruptura en la crítica institucional
transform
245 pp., 15 euros.

21. Postmetrópolis
Estudios críticos sobre las ciudades y las regiones
Edward S. Soja
594 pp., 35 euros.

22. Mil maquinas
Breve filosofía de las máquinas como movimiento social
Gerald Raunig
126 pp., 10 euros.

23. Deseo (y) libertad
Una investigación sobre los presupuestos de la acción colectiva
Montserrat Galcerán
208 pp., 14 euros.

24. Código 2.0
Lawrence Lessig
568 pp., 26 euros.

25. movilización global
Breve tratado para atacar la realidad
Satiago López Petit
148 pp., 12 euros.

26. Entre el ser y el poder
Una apuesta por el querer vivir
Satiago López Petit
280 pp., 16 euros.

27. La gran crisis de la economía global
Mercados financieros, luchas sociales y nuevas escenarios políticos.
A. Fumagalli, S. Lucarelli, C. Marazzi, A. Negri y C. Vercellone
182 pp., 14 euros.

2. Nociones comunes
Experiencias y ensayos entre investigación y militancia
Derive Approdi, Posse, Colectivo Situaciones, Colectivo Sin Ticket, Grupo 116...
280 pp., 12 euros.

3. La empresa total
Mercados financieros, luchas sociales y nuevas escenarios políticos.
A. Fumagalli, S. Lucarelli, C. Marazzi, A. Negri y C. Vercellone
114 pp., 10,8 euros.

4. Madrid. ¿La suma de todos?
Globalización, territorio, desigualdad
Observatorio Metropolitano
704 pp., 24 euros.

5. Barómetro social de España
Colectivo Ioé
472 pp., 25 euros.

6. Innovación en la cultura
Yproductions
222 pp., 14 euros

7. ¿Por nuestra salud? La privatización de los servicios sanitarios
CAS Madrid (Comps.)
166 pp., 12 euros.

8. Micropolíticas de los grupos.
Para una ecología de las prácticas colectivas
David Vercauteren, Olivier «Mouss» Crabbé, Thierry Müller
284 pp., 12 euros.